中国邮政集团公司

年鉴 2019

中国邮政文史中心（中国邮政邮票博物馆） 编

中国文史出版社

图书在版编目（CIP）数据

中国邮政集团公司年鉴．2019／中国邮政文史中心（中国邮政邮票博物馆）编．—北京：中国文史出版社，2019.12
ISBN 978-7-5205-1846-8

Ⅰ.①中… Ⅱ.①中… Ⅲ.①邮政业务－企业集团－中国－2019－年鉴 Ⅳ.①F426.63-54

中国版本图书馆 CIP 数据核字（2019）第 286846 号

责任编辑：李晓薇

出版发行：中国文史出版社
社　　址：北京市海淀区西八里庄路 69 号　　邮编：100142
电　　话：010－81136606　81136602　81136603（发行部）
传　　真：010－81136655
印　　装：北京新华印刷有限公司
经　　销：全国新华书店
开　　本：889mm × 1194mm　1/16
印　　张：23.25
字　　数：851 千字
版　　次：2020 年 11 月北京第 1 版
印　　次：2020 年 11 月第 1 次印刷
定　　价：238.00 元

《中国邮政集团公司年鉴》编委会

《中国邮政集团公司年鉴》编辑部

编辑说明

2019年12月，中国邮政集团公司改名为中国邮政集团有限公司，因为年鉴记载的内容是上一年度的内容，因此本书名称仍采用“中国邮政集团公司”的称谓。《中国邮政集团公司年鉴》由中国邮政集团公司主管。所载内容主要包括中国邮政集团公司总部各部门、直属各单位、控股子公司、各省（自治区、直辖市）分公司工作，是一部全面、翔实记录全国邮政工作的纪年性资料工具书。

《中国邮政集团公司年鉴（2019年）》以年鉴体例为基础，根据邮政特点，采用分类编辑法，分为专文，综述，大事记，网路建设，邮政服务，业务发展，邮票发行及集邮，企业管理，邮政科技，党群工作和精神文明建设，交流与合作，控股子公司、直属单位及寄递事业部工作，各省、自治区、直辖市分公司工作，重要文献14个栏目。起止时限为2018年1月1日至12月31日，个别条目采取了追溯的办法，以保证文献的连贯性。

本年鉴所涉及单位名称除第一次出现时使用全称外，其余部分均采用简称，如“中国邮政集团公司”简称“集团公司”，“中国邮政集团公司内蒙古自治区分公司”简称“内蒙古邮政分公司”，“中国邮政集团公司广西壮族自治区分公司”简称“广西邮政分公司”，“中国邮政集团公司西藏自治区分公司”简称“西藏邮政分公司”，“中国邮政集团公司宁夏回族自治区分公司”简称“宁夏邮政分公司”，“中国邮政集团公司新疆维吾尔自治区分公司”简称“新疆邮政分公司”，“中国邮政储蓄银行股份有限公司”简称“中国邮政储蓄银行”或“邮储银行”，“中国邮政集团公司寄递事业部”简称“寄递事业部”，“中邮人寿保险股份有限公司”简称“中邮保险”，“中邮证券有限责任公司”简称“中邮证券”，“中国邮政广告传媒公司”简称“中邮传媒”，“石家庄邮电职业技术学院（中国邮政集团公司培训中心）”简称“石邮学院”。

本年鉴所载全国性统计资料和数据均未含香港、澳门特别行政区和台湾地区；部分内容含港澳台地区。全书数据因各单位统计层级、口径不同略有差异。

本年鉴在编辑过程中，得到各单位的大力支持，在此谨致以诚挚的感谢。因编辑水平有限，不足之处，敬请批评指正。

《中国邮政集团公司年鉴》编辑部

2020年6月

目　录

业务发展 45

邮票发行及集邮 65

企业管理 75

邮政科技 101

党群工作和精神文明建设 109

交流与合作 141

控股子公司、直属单位及寄递事业部工作 151

各省、自治区、直辖市分公司工作 181

专 文

◇ 以习近平新时代中国特色社会主义思想为指导

奋力推进世界一流邮政企业建设

——2018年中国邮政集团公司工作报告

以习近平新时代中国特色社会主义思想为指导 奋力推进世界一流邮政企业建设

——2018年中国邮政集团公司工作报告

（2018年1月22日）

这次会议的主要任务是：以习近平新时代中国特色社会主义思想为指导，深入贯彻落实党的十九大和中央经济工作会议精神，总结党的十八大以来中国邮政改革发展成就，明确新时代中国邮政发展的战略目标和总体思路，部署2018年重点工作，动员全国邮政干部职工不忘初心、牢记使命，锐意进取、埋头苦干，为做强做优做大中国邮政、建成世界一流邮政企业努力奋斗。

这次会议，是我们在党的十九大后召开的第一次全国邮政工作会议。党的十九大是在全面建成小康社会决胜阶段、中国特色社会主义进入新时代的关键时期召开的一次十分重要的大会。习近平总书记的报告，是我们党团结带领全国各族人民在新时代坚持和发展中国特色社会主义的政治宣言和行动纲领，是马克思主义的纲领性文献。学习宣传贯彻党的十九大精神，是我们当前和今后一个时期的首要政治任务，必须全面准确、学深悟透，做到"十个深刻领会"；必须突出重点、抓住关键，做到"六个聚焦"。我们要牢固树立"四个意识"、坚定"四个自信"，坚决维护以习近平同志为核心的党中央权威和集中统一领导，自觉在思想上政治上行动上同以习近平同志为核心的党中央保持高度一致，自觉用习近平新时代中国特色社会主义思想武装头脑、指导实践、推动工作。

一、过去五年的发展成就

党的十八大以来，我们认真贯彻落实党中央、国务院的决策部署，坚持稳中求进工作总基调，深入贯彻新发展理念，推进供给侧结构性改革，坚持党的领导，加强企业党建，深入实施"一体两翼"经营发展战略，加快改革创新，推进转型升级，实现了收入规模和经济效益双提升、物质文明和精神文明建设双丰收，取得了令人瞩目的辉煌成就。5年来，习近平总书记、李克强总理、张德江委员长、汪洋副总理、马凯副总理等中央领导同志，到邮政生产经营场所考察工作或对邮政工作作出重要指示批示，给予肯定。

5年来，取得的主要成就是：

1. 坚持战略引领，推进转型升级，邮政发展跃上新台阶

我们主动适应经济发展新常态，准确把握复杂局势，科学判断，正确决策，确定了建成世界一流邮政企业的战略目标，明确了廿四字中心任务，确立了"一体两翼"经营发展战略、信息化引领的科技兴邮战略和以人为本的人才强邮战略，巩固了邮储银行作为大型零售商业银行的战略定位，提出了打造中邮保险业务、包裹快递业务和农村电子商务三大新增长极的战略重点，构建了比较完整的战略体系。为确保战略落地，我们加强了集团管控，对控股子公司、省（区、市）邮政分公司和直属单位分类实施战略绩效管理，形成了较为完善的战略绩效管理体系。在明确的战略目标指引下，中国邮政由传统的邮政企业转型升级为经营邮政基础性业务、金融业务、快递物流业务和电子商务的现代企业集团，走出了一条具有中国特色的邮政发展之路。5年来，集团公司总收入从3213.5亿元增长到4890.5亿元，年均增长8.8%；利润从318.2亿元增长到534.5亿元，年均增长10.9%；国有资产保值增值率达191.6%，全员劳动生产率增长68%。2017年，中国邮政在《财富》"世界500强排行榜"中，收入规模列119位，5年跃升了139位，利润列98位，5年跃升了26位；在"2017中国企业500强"排名中，收入规模列25位，5年跃升了5位。

2. 坚持深化改革，完善体制机制，企业活力充分迸发

我们坚持以改革促发展，针对长期积累的老问题和不断出现的新挑战，推出了一系列事关邮政长远发展的重大改革举措，极大地解放和发展了邮政生产力。一是完成

了集团公司、速递物流公司母子制到总分制的改革，完善了“自营+代理”“自营+代管”“自营+协同”的发展模式，完善了板块协同发展机制，提升了全网资源利用效率。二是邮储银行在香港联交所主板成功上市，募集资金总额591.5亿港元，成为当年全球最大IPO项目，建立起了资本金补充长效机制；成功发行72.5亿美元境外优先股，是2010年以来全球最大的金融机构优先股发行。三是实施包裹快递业务改革，发挥邮速双方优势，整合资源、共拓市场，包裹快递业务发展速度不断加快。四是实施干线运输方式改革，打破了60多年来主要依靠铁路运邮的干线组网模式，建立了自主、灵活、高效的汽车运邮模式。五是实施邮务板块经营组织架构改革，调整优化省、市、县各级邮政分公司机构编制，促进了企业从“以产品为中心”向“以客户为中心”的转变。六是改组组建中邮资本和中邮资产，积极稳妥地开展资本运营，战略投资前海再保险、蚂蚁金服、滴滴出行，控股收购国内最大的智能包裹柜运营公司速递易。七是根据中央对国企改革的部署，制定了集团公司公司制改制方案，已报送财政部。八是实施邮政物流设备制造业务重组，有序推进“三供一业”分离移交工作。

3. 坚持创新驱动，加强能力建设，企业竞争力显著增强

我们大力实施信息化引领的科技兴邮战略，落实集团公司信息化建设规划和寄递网建设规划，5年投资1002亿元用于能力建设，增强了企业核心竞争能力。

信息化建设持续加强。一是ERP系统构建起了投资到资产、采购到付款、销售到收款、核算到报告四大流程体系。二是大数据平台投产，成为集团数据共享和大数据分析核心支撑平台。三是新一代寄递业务信息平台揽投功能全国上线，国内领先的邮政私有云平台建设完成。四是指挥调度系统、远程集中监控平台等相继推广使用，大大提升了全网运营管理能力。五是在国内首次应用开放式系统小型机集群技术建设金融核心业务系统，为国家实现核心技术“自主可控”的安全战略作出了积极探索。六是组建集团公司软件开发中心、数据中心，提升了信息化核心软件自主掌控能力和大数据规划、建设、应用能力。

寄递网转型升级取得重大进展。首先，按照“新架构、新标准、新流程、新制度、新工艺、新系统”的理念，以75个一二级中心局为节点，采用双层包裹分拣机、分拣机器人等先进的自动化邮件处理设备，利用自有车辆和社会运力，推广流水化、散件与集包相结合作业和甩挂运输，建立了全程时限管控体系、质量考核结算体系、生产指挥调度体系，初步建成了“国内领先、世界一流”的邮政陆运网。全网骨干节点峰值日处理能力已经达到5476万件，5年提高了18倍。其次，提升邮政自主航空网能力，引进飞机15架，飞机运力规模达33架，运营航线47条，构建了以南京为集散中心、附加点对点直飞的航空运输网。再次，积极推进邮政投递网优化升级，推进人工自提点和智能包裹柜建设，推进城市投递电动化、农村投递汽车化和手持智能终端的应用，投递能力明显增强。最后，在美国、英国等国家和地区设立了11个海外仓，在美国、德国等国家和中国香港等地区注册了公司，组建了运营团队，落实“走出去”战略取得实质性进展。

“双创”工作成效显著。首次召开集团公司科学技术表彰大会，建成中国邮政云创平台，建立鼓励全员创新的激励机制，“提创意，争创新”已蔚然成风。

4. 坚持集团管控，推进精细化管理，管理规范化科学化水平明显提升

财务管理水平稳步提高。一是改变过去财务收支差额包干管理模式，建立了以利润为导向的财务管控体系，在省（区、市）邮政分公司实施了零基预算管理。二是推进财务对标，进一步规范会计核算，强化对重点成本费用的管控，深入推进降本增效工作。三是深化省级财务集中核算工作，对集团公司费用型直属单位实施了财务集中管理，对集团公司经营型直属单位实施了财务机构负责人派驻制。四是实现全网资金集中管理，拓宽融资渠道，有效支撑了业务发展和战略实施。

人力资源管理持续优化。一是加强机构、人员编制管理，规范非领导职务设置。二是建立健全市场化用工配置机制，健全用工总量动态调控机制，注重发挥技术装备和社会渠道替代作用，提升人员配置效率。三是将人工成本管理从沿用多年的“基数+新增”的工效挂钩管理模式改变为弹性人工成本管控，并实行零基预算。四是制定各级领导人员人均工资和工资总额控制标准，建立控股子公司负责人市场化薪酬决定机制。这些年我们在提升企业管理的精细化、规范化水平上还是卓有成效的。比如，在财务管理方面，各控股子公司和邮政分公司都取消了地市以下的财务核算，实现了省级集中核算，集约化水平大幅提升，不仅降低了企业财务日常管理成本，更重要的是还进一步规范了财务的基础管理。我们改变了过去财务收支差额包干的管理办法，建立了以利润为导向的财务管理体系，2017年又实施了零基预算，充分发挥了政策激励作用。这是促使我们这个承担繁重普遍服务任务的邮政企业，近年来利润能够稳步增长的主要因素。在人工成本管理方面，我们改变了过去工资总额基数加新增的管理办法，实行零基预算。同时，为了防止基层企业干群收入差距过大，将四级及以上领导干部的工资计划单列出来，由集团公司统一管理，取得了较好成效。

审计监督和采购管理水平不断提升。重点关注“三重一大”决策制度执行情况、经营管理合规性和收支真实性。5年开展审计11.4万项，促进增收节支64.7亿元。构建采购工作组织管理体系，建立了以招标为主、多种方

式并用的采购模式，增强采购公开性、竞争性和规范性。5年实施集采项目3.1万个，节约资金124亿元。

风险防控和安全生产管理得到加强。第一，加强内控管理体系建设，贯彻落实监管部门有关银行、保险、证券金融机构安全行业标准，做好“两个加强、两个遏制”。第二，严格落实安全生产责任制，开展“平安邮政”创建活动，5年内未发生重特大安全事故。第三，圆满完成党的十九大、全国“两会”、北京APEC会议等重要会议期间的邮政服务安全保障任务，得到了国家有关部门的好评。

5. 坚持为民服务，推进开放合作，企业社会影响力不断扩大

邮政服务水平明显提升。一是做好邮政普遍服务和特殊服务。完成8793处空白乡镇局所补建运营工作，邮政网点乡镇覆盖率达到100%。实现普包按址投递，建立普遍服务全程时限标准库并达标。全国18个省份县级城市党政机关党报党刊实现当日见报，超额完成监管部门提出的任务。机要通信连续10年未发生国家秘密载体失泄密事故，做到了万无一失。二是邮政金融服务水平不断提升，邮储银行获惠誉国际“A+”长期信用评级，中邮证券分类监管评级提升为BBB级。三是以速递物流11183呼叫中心系统和客服系统为基础，实施主动客服，构建了邮速统一的包裹快递服务质量体系。四是积极服务“三农”和小微企业。完善邮储银行三农金融事业部运作机制，涉农贷款余额1.06万亿元，5年增长8717亿元；小微企业贷款余额7596亿元，5年增长5038亿元。大力发展农村电商，完善县乡村三级物流配送体系，助力精准脱贫。

对外合作取得重大进展。着重做好了两方面工作：一方面，集团公司、邮储银行、速递物流公司共与26个省（区、市）政府、4个部委、59家大型企业、6个大型互联网平台签订了战略合作协议；另一方面，积极参与交通运输部全国公路ETC联网工程建设，与民政部、国家税务总局、公安部交管局等部委合作，承接体育彩票销售、代开国税发票、代办交管业务等政府服务项目和便民服务业务。与20个省（区、市）政府网上平台对接，进驻607个市县行政服务中心，深度融入“互联网+政务”服务。中欧班列“渝新欧”实现常态化运邮。

邮政社会影响力进一步扩大。一是积极参与“一带一路”建设，成功举办2016中国（重庆）邮政高层论坛，签署了多项多边、双边合作协议。二是《人民日报》《光明日报》《经济日报》等主流媒体在头版头条、新华社在《国内动态清样》中都报道了中国邮政改革创新、转型升级的成就。三是举办了纪念中国邮政开办120周年系列活动，开展了“砥砺奋进的五年”系列宣传活动，展示了中国邮政良好的企业形象。

6. 坚持发展依靠员工，发展成果惠及员工，员工获得感、幸福感不断增强

员工队伍素质不断提升。一是制订人才发展规划，构建人才测评技术体系，利用中邮网院着力开展全员培训，上网学习达9370万人次。二是举办了两届全国邮政通信特有职业技能竞赛。三是加大紧缺人才引进力度，实施“千人引进”工程，引进金融、物流、电子商务和信息技术等领域的专业人才2699人。全系统获得国务院政府特殊津贴的人数达82人，获得“全国技术能手”荣誉称号的达25人，企业“四高”人才达14.7万人。

员工生产生活条件明显改善。完成职工小家建设三年目标任务，建成职工小家3.9万余个，受益职工66万余人。全国总工会和国防邮电工会在郑州市召开了邮政系统职工小家建设经验推介会，对中国邮政注重职工小家建设，发展依靠员工、发展成果让员工充分共享的做法给予高度评价。员工薪酬福利水平大幅提升。全面建立员工企业年金、重大疾病保险和意外伤害保险制度；坚持薪酬分配向一线员工倾斜，两次大幅调增基本工资，员工收入年均增长11.4%，高于同期业务收入年均增幅2.6个百分点，一线员工的收入年均增长12.8%。

7. 坚持党的领导，加强企业党建，为企业发展提供了坚强的政治保证

企业党的建设全面加强。一是开展党的群众路线教育实践活动和“三严三实”专题教育，深入推进“两学一做”学习教育常态化制度化，深入学习宣传贯彻党的十九大精神，增强了“四个意识”，坚定了“四个自信”。二是将党建工作纳入集团公司章程和战略绩效考核体系，强化党建考核结果运用，做到了“四个同步”“四个对接”。三是加强了党建工作机构和队伍建设，开展基层党组织示范点创建工作，认真抓好“三会一课”、民主生活会、组织生活会、民主评议党员等制度的落实，完善了党建制度体系，提升了企业党建工作水平。

全面从严治党深入推进。首先，认真履行管党治党政治责任，严格落实中央专项巡视整改，在全系统开展内部巡视，全面完成了内部巡视“三年巡视全覆盖”目标。其次，实施纪检监察体制改革，对控股子公司实行派驻制，组建了3个分组（局），强化了纪检监察力量；健全派驻派出纪检监察机构工作机制，加大对纪检监察干部的培训力度，不断提升监督执纪问责能力。再次，严格落实中央八项规定精神，在重要时间节点向全系统印发通知，开展违规公款购买消费高档白酒问题集中排查整治工作，严查隐形变异“四风”问题，防止反弹回潮。第四，深入开展机关作风建设专题活动，着力解决总部机关存在的八个方面突出问题，取得了实效。第五，以“零容忍”态度保持反腐败高压态势，把握运用监督执纪“四种形态”。5年共查处邮政系统党员干部违纪案件580件，给予991人党

政纪处分，移交司法机关3人。第六，督促各单位严格落实“三重一大”决策制度，强化采购监督和廉洁风险防控工作的监督检查。

领导干部队伍建设明显加强。一是坚持党管干部原则，按照好干部标准和“对党忠诚、勇于创新、治企有方、兴企有为、清正廉洁”的要求，将一批基层工作经验丰富、能力素质过硬、群众信得过的优秀干部充实到领导岗位。二是加强干部监督管理，认真落实领导干部报告个人有关事项“两项法规”，实现选人用人专项检查全覆盖。三是充分发挥邮政党校干部教育培训主渠道作用，举办中央党校分校班11期、邮政党校班7期，提升了党员干部的理论素养、党性修养。

精神文明创建活动和企业文化建设卓有成效。5年全系统共计获得“全国文明单位”40个，“全国五一劳动奖状”12个，“全国工人先锋号”79个，“全国青年文明号”54个，全国交通运输行业精神文明建设先进集体、先进个人26个，“全国劳动模范”39人，“全国五一劳动奖章”57人，全国道德模范（含提名奖）5人，“感动交通年度人物”4人。积极推进邮政企业文化建设，形成了全国统一的邮政企业文化体系。

过去的5年，统战、民族宗教、离退休、群团、法务、信访、保密、舆情、档案、后勤等工作得到加强，取得了成效。

2017年是实施“十三五”规划的重要一年，是推进供给侧结构性改革的深化之年。一年来，我们在以习近平同志为核心的党中央坚强领导下，加快改革创新，推进转型升级，圆满完成了各项经营目标任务。

一是经济效益显著提升。集团公司总收入完成4890.5亿元，同比增长12.2%；实现利润总额534.5亿元，同比增长21.5%。二是三大新增长极发展取得突破。中邮保险完成营业收入451.6亿元，同比增长34.9%；利润实现3.7亿元，同比增长62.4%。包裹快递业务量完成47.8亿件，同比增长61.7%；业务收入完成606.9亿元，同比增长28.9%；量收增幅均超行业平均水平，市场占有率稳步提升，更好地发挥出了国家队主渠道作用。农村电商批销额突破百亿元大关，同比增长188%；新增邮乐购站点12.3万个，线上注册激活邮乐小店700万个；成功举办首届“邮乐919购物狂欢节”，提升了邮乐品牌影响力。三是邮政金融业务持续发展。邮储银行收入、利润均保持了两位数增长，增幅高于其他几家国有大型商业银行平均水平。中邮证券收入完成3.6亿元，同比增长26.7%；实现利润1.5亿元，同比增长25.8%。代理金融加快转型发展，低成本发展储蓄业务，大力发展中间业务，代理保险5年趸交及期交保费增幅180.7%。四是传统邮政业务平稳发展。函件传媒业务完成收入65.6亿元，同比增长0.6%，其中媒体业务增长显著，同比增长136.4%。报刊发行业务完成收入82亿元，同比增长1.8%。集邮业务完成收入99亿元，同比增长2.4%。这些传统邮政业务在新技术、新媒体、新业态的不断冲击下，能够保持平稳发展，是难能可贵的。

同志们，过去的5年是中国邮政发展历史上极不平凡的5年。5年来，我们克服重重困难，应对复杂严峻的挑战，取得的成就是辉煌的，积累的经验也是弥足珍贵的。回顾5年来的工作，我们深刻体会到，做强做优做大中国邮政、建成世界一流邮政企业，要做到“三个坚定不移”“三个着力推进”。

坚定不移把加强党的领导体现在邮政工作各方面。我们牢固树立“四个意识”，坚定“四个自信”，坚决维护以习近平同志为核心的党中央权威和集中统一领导，自觉在思想上政治上行动上同以习近平同志为核心的党中央保持高度一致。把党的领导融入公司治理各环节，把党组织研究讨论重大问题作为企业决策前置程序，不折不扣地贯彻执行党中央决策部署，保证中国邮政始终沿着正确的道路前进。

坚定不移把以人民为中心的发展思想贯穿到邮政事业各环节。我们始终坚持“人民邮政为人民”的服务宗旨，发展必须为了更好地服务人民大众，发展必须依靠广大员工，也必须让广大员工充分享受企业改革发展成果，不断增强员工的获得感、幸福感。

坚定不移把高质量发展的根本要求落实到邮政发展全过程。高质量发展是保持经济持续健康发展的必然要求，我们必须深入贯彻新发展理念，深入推进供给侧结构性改革，转变发展方式，推动邮政发展由规模速度型向质量效率型转变，提高邮政发展的质量和效益。

着力推进“一体两翼”战略体系落地不动摇。“一体两翼”经营发展战略是从三足鼎立、四业并举、三大板块，不断演化而来，是在邮电分营20年来不断实践的基础上总结出来的，完全符合目前国家对邮政行业的产业定位，能够充分发挥中国邮政当前资源禀赋优势，具有广泛市场前景的经营发展战略。

着力推进改革创新不停步。改革激发发展活力，创新带来发展动力。中国邮政20年来的发展经验充分证明，只有不断改革创新，才能使传统企业焕发出新的生机。面对新形势新任务，我们必须坚持深化改革，破除束缚企业发展的体制机制障碍，把创新摆在邮政发展全局的核心位置，不断增强邮政的创新力和竞争力。

着力推进三大新增长极跨越式发展不松劲。农村电商符合国家政策导向，与乡村振兴战略高度契合；包裹快递业务随着电子商务的进一步发展以及人们消费习惯的变化，市场空间将不断扩大；人寿保险业务顺应社会发展潮流，人们满足温饱之后，将会追求更高品质、更有保障的生活，为中邮保险发展创造了机遇。

5 年来，中国邮政取得的辉煌成就，是党中央、国务院正确领导的结果，是中央和国家有关部门大力支持的结果，是全体邮政干部职工团结奋斗的结果。在此，我代表集团公司党组，向关心、支持邮政事业发展的各级领导，向全国邮政干部职工、离退休老同志，表示衷心的感谢并致以崇高的敬意！

在肯定过去 5 年发展成就的同时，我们还要清醒地看到存在的问题：一是企业体制机制还不适应市场竞争需要，集团公司公司制改制、寄递事业部改革、邮务事业部改革需要加快推进。二是新技术、新业态、新模式蓬勃兴起，对我们的产品、服务带来巨大挑战，亟须提升我们的创新能力。三是管理的精细化、规范化有待进一步提升，营销费用使用不规范的问题突出。四是全面从严治党还存在薄弱环节，“四风”问题时有发生。五是蓬勃发展的邮政事业与高素质人才不足的矛盾比较突出。对这些问题，我们必须高度重视，认真研究，切实加以解决。

二、新时代中国邮政发展的战略目标和总体思路

党的十九大作出了从全面建成小康社会到基本实现社会主义现代化，再到全面建成社会主义现代化强国的战略部署，提出“深化国有企业改革，发展混合所有制经济，培育具有全球竞争力的世界一流企业”，为新时代国企改革发展指明了前进方向。中国邮政必须把自身发展放在中国特色社会主义事业发展全局中来谋划、放在中国经济高质量发展进程中来谋划、放在服务国家战略中来谋划，确立新时代中国邮政发展的战略目标和总体思路，开启建设具有全球竞争力的世界一流企业新征程。

1. 战略目标

集团公司“十三五”规划确立了建成世界一流邮政企业的目标——到 2020 年，中国邮政集团公司收入规模力争达到 7000 亿元；力争进入世界 500 强企业前 100 名、中国 100 强企业前 20 名、世界邮政前 2 名；从业人员人均收入与企业效益同步增长。

经过测算，按照当前的发展速度，以 2012 年的数据为基数，到 2020 年，中国邮政的收入将从 3213.5 亿元增长到 6460.7 亿元，利润将从 318.2 亿元增长到 729.5 亿元，总资产将从 5.06 万亿元增长到 11.85 万亿元，从业人员人均年收入将从 5.9 万元增长到 12.7 万元，相当于 8 年时间再造一个邮政集团公司。但是，从全面实现“十三五”规划目标来看，到 2020 年，距离 7000 亿元的战略目标还有 500 多亿元的缺口。因此，我们必须振奋精神、集中精力打好转型升级、加快发展、提质增效攻坚战；我们必须保持定力、毫不动摇推进“一体两翼”经营发展战略；我们必须真抓实干、重点突破，加快打造三大新增长极，力争中邮保险业务收入、包裹快递业务收入和农村电子商务交易额分别突破千亿元大关，实现“十三五”规划目标。

在建成世界一流邮政企业的基础上，从 2020 年到本世纪中叶，我们考虑分“两步走”来建设具有全球竞争力的世界一流企业。

第一步：从 2020 年到 2035 年，奋斗 15 年，使中国邮政收入和利润规模在世界邮政排名中位居第一。到那时，中国邮政企业法人治理结构更加健全，市场化机制更加完善；创新能力显著增强，国际化运营能力显著提高；产业布局结构不断优化，企业盈利能力显著增强，在服务经济社会发展中的作用和地位更加凸显。

第二步：从 2035 年到本世纪中叶，再奋斗 15 年，将中国邮政建设成为具有全球竞争力的世界一流企业。到那时，中国邮政将成为拥有一流的经营业绩、一流的公司治理、一流的科技创新、一流的人才队伍、一流的品牌形象，在国际资源配置中占有主导地位，在全球行业发展中具有引领作用和话语权的领军企业，在社会主义现代化强国建设中发挥更大作用。

从建成世界一流邮政企业，到建设具有全球竞争力的世界一流企业，是新时代中国邮政事业发展的战略安排。我们既要立足当前，围绕建成世界一流邮政企业的目标努力奋斗，又要放眼未来，以全球视野、国际标准来谋划建设具有全球竞争力的世界一流企业，对标全球领先企业，努力实现从对标向超标迈进、从并跑向领跑跨越。

2. 总体思路

党的十九大报告指出，我国经济已由高速增长阶段转向高质量发展阶段，必须坚持质量第一、效益优先，以供给侧结构性改革为主线，推动经济发展质量变革、效率变革、动力变革，提高全要素生产率。我们要认真贯彻落实党中央要求，紧密结合邮政实际，建设“一体两翼”协同发展的现代邮政经济体系，服务好防范化解重大风险、精准脱贫、污染防治三大攻坚战。这既是贯彻落实新发展理念、推进供给侧结构性改革的必然要求，也是适应社会主要矛盾变化、满足人民日益增长的美好生活需要的必然要求，更是做强做优做大中国邮政、保持邮政经济持续健康发展的必然要求。

（1）要着力推进邮政发展质量变革。高质量发展就是能够很好满足人民日益增长的美好生活需要的发展。推进邮政发展质量变革就是要把提高邮政产品和服务质量作为主攻方向，显著增强邮政经济的质量优势，从“有没有”转向“好不好”。要牢固树立质量第一、效益优先的意识，把高质量发展的要求贯穿于邮政发展全过程。要大力开展质量提升行动，向国内外先进质量标准看齐，加强全面质量管理，利用新技术改造提升产品和服务质量，弘扬工匠精神，倡导精益求精的敬业风气，使邮政产品和服务成为

高质量的标志，不断满足客户个性化、便利化、多元化需求，改善客户体验，提升客户满意度，提高邮政品牌美誉度。

（2）要着力推进邮政发展效率变革。市场竞争，归根到底是效率高低的竞争。推进邮政发展效率变革就是要提高投入产出比率，以最小的要素投入获得最大产出，提高全要素生产率。当前，面对市场同质化竞争加剧的挑战，我们要着力提升劳动生产率、收入利润率、资产收益率。要向增强企业活力、推动企业创新、提升人力资本素质、强化板块协同发展和加强精细化管理要效率。要强化对标管理，紧盯国内外最高标准、最好水平，虚心学习其他企业的好做法好经验，找差距、补短板。通过对标国内外领先企业，实施效率变革，增强企业盈利能力，提高经济效益。

（3）要着力推进邮政发展动力变革。创新是引领发展的第一动力。我们要依靠改革创新来解放和发展邮政生产力。要向改革要动力。积极适应市场化、专业化、国际化新形势，加快推进集团公司公司制改制，健全公司法人治理结构，完善产权清晰、权责明确、管理科学的现代企业制度。创新集团管控模式，从战略、财务、人力、审计、党建和纪检等方面加强对控股子公司的管控，形成管理闭环。坚持市场化导向，对标行业特点和发展水平，加快建立各板块与市场接轨的薪酬分配机制，增强人才吸引力和行业竞争力。进一步加大薪酬分配与业绩考核挂钩力度，切实做到“业绩升、薪酬升，业绩降、薪酬降”，合理拉开分配差距。强化对经理层的任期制和契约化管理，探索推行职业经理人制度。要向创新要动力。发挥好数据的要素价值、基础资源和创新引擎作用，建设数字邮政。加强互联网、云计算、大数据、物联网、人工智能和邮政业务深度融合，以科技创新引领产品创新、服务创新、商业模式创新和企业管理创新，驱动企业高质量发展。要向人才要动力。加强职业技能教育培训，加大人才引进力度，提高全系统劳动者的人力资本素质，建设知识型、技能型、创新型员工队伍，努力培养造就一大批具有全球视野和战略思维的高层次经营管理人才、科技创新人才、职业化专业人才和高素质技能人才。

三、2018 年主要工作安排

2018 年是贯彻党的十九大精神的开局之年，是改革开放 40 周年，是决胜全面建成小康社会、实施“十三五”规划承上启下的关键一年，做好今年的邮政工作意义深远。

2018 年邮政工作的总体要求：以习近平新时代中国特色社会主义思想为指导，认真贯彻落实党的十九大和中央经济工作会议精神，坚持党的领导，贯彻新发展理念，按照高质量发展要求，以供给侧结构性改革为主线，着力推进邮政发展质量变革、效率变革、动力变革，深入实施“一体两翼”经营发展战略，着力打造三大新增长极，推进转型升级，实现提质增效，为做强做优做大中国邮政、建成世界一流邮政企业努力奋斗。

2018 年邮政主要发展目标：集团公司总收入达到 5467.3 亿元，同比增长 11.8%，其中，邮政公司收入 1687.4 亿元，同比增长 7%；速递物流收入 487.2 亿元，同比增长 20%；中邮保险收入 548.4 亿元，同比增长 21.4%；中邮证券收入 4.7 亿元，同比增长 30.6%。集团公司利润总额 603 亿元，同比增长 12.8%。劳动生产率稳步提升，员工收入增长与企业效益增长基本同步。

要重点做好以下六个方面工作。

1. 坚持实施“一体两翼”经营发展战略，建设协同发展的现代邮政经济体系

要整合各板块客户、营销和渠道资源，在依法合规的前提下，完善利益分配机制，推进板块间交叉销售和精准营销，大力推动板块间业务协同发展。

以打造中邮保险业务新增长极为重点，完善现代邮政金融产业体系。要充分发挥邮政金融牌照资源丰富、业务联动性强的优势，尽快完善金融板块协同机制，实行金融产品协同开发，推进邮政公司与邮储银行、中邮保险、中邮证券、中邮资本的业务创新和协同发展，实现板块联动、资源共享、项目齐推、互利共赢。

邮储银行：要坚持大型零售商业银行战略定位，立足服务实体经济，按照“零售主导、公司协同、金融市场补充”的思路，抓好发展，防控风险。一是负债业务要以稳增长和控成本为核心，实现存款规模和付息成本的平衡。二是资产业务要加快普惠金融发展，认真做好“三农”、小微和社区金融服务，认真落实“两增、两保、两提高”的监管要求。三是公司业务根据供给侧结构性改革要求，按照有保有控的策略，积极调整公司信贷结构。四是同业资管业务要贯彻监管新规，坚持回归本源，完善制度，优化运营，实现新形势下资金、资管业务转型发展。五是要抢抓互联网金融发展良机，加快手机银行发展，深化客户、产品和场景线上线下联动，实现提质增效。六是要加快网点转型，将网点打造成客户综合服务销售中心，全面实施网点轻型化，加快推进网点智能化，加强 ITM 等智能设备运用。七是要积极推广金融产品交叉营销，加强存款、贷款和投资业务的联动，切实提高客户综合营销水平。

中邮保险：要重点抓好四项工作。首先，要积极研究深化“自营 + 代管”模式，力争 2018 年取得实质性突破。“自营 + 代管”是保监会批准的中邮保险特有的运营模式。这么多年，中邮保险虽然取得了长足的进步，但对“自营 + 代管”模式的研究还不够，自营的优势还没有充分发挥出来，代管也没有摸索出特别有效的措施。我们最

大的优势就是可以充分利用邮政和银行的网络资源，这是很多保险公司不具备的。希望中邮保险的同志们深入研究，怎么才能把优势资源充分结合起来、利用起来，发挥“自营＋代管”模式的独特优势，加快提升中邮保险业务的规模和效益。其次，要加快筹建中邮保险资产管理公司，充实高端人才，优化资产结构，切实解决投资能力不足的问题。第三，要健全机构，打造队伍，优化产品，从个团险业务入手，实现城市高端市场突破。中邮保险在发展过程中要抓好自营。目前，我们可以充分依托邮政分公司和邮储银行的渠道资源，但是也不能永远地、完全地依赖这个渠道。现在中邮保险是集团公司全资控股子公司，但按照国家对国企改革的整体思路和保监会的相关规定，中邮保险需要加快进行股改、引战、上市。按照监管部门要求，保险业的股份公司最大股东持股不能超过一定比例。因此，大家一定要从长远发展的角度考虑中邮保险的自营问题。第四，要发挥邮银渠道优势，大力推进期交业务发展，实现长期期交业务突破。在邮政分公司和邮储银行的鼎力支持下，中邮保险期交业务发展还不错，但仍然有很大的发展压力。一方面，中邮保险要推出更多适合市场、更受老百姓欢迎的产品，同时一定要和市场接轨，按市场化运作。另一方面，各省邮政分公司和邮储银行一定要把中邮保险产品作为代理保险的主要产品来卖，大力支持中邮保险的发展。

中邮证券：要深入研究解决“自营＋协同”模式发展过程中的问题，完善协同机制，充分利用好邮政资源，促进各项业务发展。加强内部管理，正确处理发展质量、速度与效益的关系，加快提升综合实力。稳步推进分支机构建设，优化经营机制，夯实发展基础。

中邮资本：要积极发挥资本平台作用，重点开展能为集团公司带来增长点、能为寄递翼与金融翼引入更多客户流量、能提升邮政科技能力的战略投资。开发和盘活不动产，重点依托中心局、办公场地、网点等资源，探索开发运营物流地产、城市商业综合体和医养大健康等产业。加大对子改分上划股权投资的清理、重组整合力度，继续推进对各省邮政分公司非主业、低效的“僵尸企业”的清理，划转合并有存续价值的企业，合并重组有一定发展前景的类型相同或相近的投资企业，培育新的增长点。一方面要加大不动产盘活的力度。邮件处理中心有些位于城市中心地带，占地面积比较大。当前和今后一个时期的重要工作，就是把处理中心搬到郊区，既便于大吨位车辆进出，又有利于中邮资产开展资产盘活工作，也有利于地方邮政获得资产收益。如中邮资产与湖南省邮政分公司在长沙开发的项目就做得很好，可以讲是互利共赢的。另一方面要做好“僵尸企业”清理工作。有的省做得挺好，如上海、广东等省（市）邮政分公司，这次集团公司将四家设备制造厂整合成了一家，他们配合得很好，集团公司也给予了利益补偿。目前，我们在各地还有大大小小十多家印刷企业，下一步要加强清理，该关停并转的要坚决关停并转。

代理金融：要以存款为核心，建立“金融＋非金融”客户增值服务体系。以代收付项目为抓手，推广“聚合支付”，抢抓农业经济、商贸结算、消费支付等低成本资金。主动管控付息成本，推行差异化存款利率定价策略，规范使用代理金融专业营销费用。大力发展高效中间业务，增加客户资金净流入。

以打造包裹快递业务新增长极为重点，开创寄递翼快速发展新局面。

国内标快业务：一是要提高高端产品的供给质量，完善时限承诺服务，强化航空产品运营。二是要继续优化市场营销布局，优化增值服务，提高客户综合服务能力，为客户提供优质优价的高端产品。三是要突出重点区域、重点城市，聚焦省际航空标快业务发展，重点发力商务市场，拓展中小现费客户群。四是要巩固优势、补齐短板，创新服务产品供给，升级政务市场发展方式，搭建全程冷链体系，实施揽投部销售化转型，拓展终端渠道，提升客户全环节服务体验。

电商快包业务：要继续加快发展速度，持续提高市场占有率。电商快包是典型的规模效益型业务，只有做大规模才能出质量、出效益。一方面，业务规模上去了，就可以够量直达、减少中转层次、优化流程，缩短时限；另一方面，业务规模扩大了，可以有效提升运行效率，提高效益。要完善适应电商市场发展的经营模式。针对市场、客户区域集中度高的特点，全力抓好长三角、珠三角、京津冀等重点区域拓展，在时限、服务、资费和结算等方面与行业接轨；狠抓重点市场客户开发，入驻产业集群，提高开发效率。要进一步提升服务品质。增强营揽投能力和主动客服水平，优化仓储布局，推进分仓配送，满足竞争需要。

国际业务：要建立客户分等、产品分类、发运分层的国际业务运营体系。一是要加强国际产品整合，建立高、中、低层次分明的国际产品体系，突出发展中高端国际业务。二是要进一步强化国际渠道建设，全力加快海外仓建设和境外公司注册步伐，深化与跨境电商平台合作，继续做大跨境电商寄递规模。三是要建立相对集中的经营管理体系，统一经营主体、产品管理、价格管控和平台对接，有序开发市场，为大客户提供一站式综合解决方案，加强账务结算管理。四是要做好专业化营销队伍建设，实现国际业务高质量快速发展。

供应链物流业务：要加快重点省、市公司实体化机构建设，构建本地化和区域化物流运营平台体系。聚焦线上线下日益融合的新兴制造和零售行业，加快发展。整合内外部资源，加快供应链解决方案、仓储、快运、落地配等物流模式创新。

以打造农村电商新增长极为重点，建设更具活力的综合便民服务平台。一是要做好工业品下乡，强化总部招商、仓配和地推能力，做大批销业务规模，提升自营占比；做好农产品进城，依托“邮乐农品网”国家重点实验室，推进农产品标准化、品牌化、规模化，助力打好精准脱贫攻坚战。二是要量质并重加快推进邮乐购店建设，力争总量突破55万个，重点在有条件的乡镇支局建设自营邮乐购店，发挥中心点作用，承担对周边加盟邮乐购店的辐射管理职能。三是要促进农村电商与包裹快递、代理金融联动发展，将电商快包客户群引流到邮乐网开店，做好积分换礼、金融客户优惠购等活动。四是要用好中央及地方政府相关政策，加快农村电商仓配能力建设。五是要组织好第二届“邮乐919购物狂欢节”活动。六是要进一步加快综合便民服务平台建设，促进邮政基础性业务创新发展，积极承接政府服务项目。

2. 深入推进改革，进一步激发企业发展活力

推进集团公司公司制改制工作。要落实集团公司公司制改制经营管理决策机制。谋划集团总部组织架构调整和邮务事业部组建，明确邮务类业务经营发展损益责任主体。组建中国邮政研究院，建设“战略规划、现代金融、现代物流、企业管理、技术应用、情报信息”6个专业，打造决策智库和科创基地。做好剥离国有企业办社会职能等配套改革工作，做好家属区“三供一业”分离移交工作。

系统推进寄递翼改革。要充分整合寄递资源，组建寄递事业部，对寄递业务实行“统一管理、统一经营、统一网络、统一核算、统一考核”，建立市场化机制，激发经营活力，实现寄递业务做大做强做优目标。参与国家“一带一路”建设，推进寄递翼国际化进程。

持续推进薪酬分配机制改革。要在中邮资本、中邮速递易、新中邮科技等公司先行先试，研究建立高度市场化的薪酬分配机制。突出市场化导向，完善控股子公司负责人薪酬决定机制。强化薪酬分配激励约束作用，对各级经营管理者加大绩效考核结果应用力度，进一步拉开分配差距，对一线操作岗位大力推行计件工资分配模式，鼓励多劳多得，奖优罚劣。完善基本工资正常增长机制，继续坚持向一线倾斜，提高员工基本工资标准。

提升战略绩效管理能力。要推进省分公司差异化考核，提升绩效考核科学性。坚持市场化原则，增加控股子公司外部对标指标比重。加强战略绩效过程监控，发挥绩效管理的战略执行纠偏作用。依托ERP信息系统，启动战略绩效管理信息化建设。

全面启动对标管理体系建设。要加强世界一流企业对标研究。各控股子公司要向本行业内的领先者对标，研究竞争对手发展态势，提升市场竞争力和抗风险能力。各省邮政分公司要向集团内部的领先者对标，不断提升发展质量和效益。

3. 加快创新驱动，增强邮政核心竞争能力

要发挥好信息化规划的先导作用，完成集团信息化规划目标，启动数字邮政建设和大数据规划，制订陆运网发展和建设规划。要推进业技融合，加快共享服务中心建设，从业务牵头、技术支撑的传统模式，向以产品线为中心、开发运营一体化的模式转变。既要坚持科技创新、加大投入力度，又要控制好建设和运营成本。处理中心场地建设要租建结合，快速形成生产能力；工艺流程要注重以经济适用设备和科技手段实现场院停车、卸车、接收、分拣、发运全程流水化。

积极推进数字邮政建设。要加快物联网技术应用、物流装备创新实验室建设，开展物联网、人工智能及无人机等智能装备的研究应用，推进智能客服、智能调度、智慧网点研究。推动设立科技创新投资基金，加强与外部高新技术企业合作，获取优质科技资源。按计划完成新一代寄递业务信息平台、CRM系统、在线业务平台建设任务，推进各板块资源共享的新一代呼叫中心、数据中心建设。加快金融业务系统建设，重点实施资金业务、信贷业务、互金平台等“十大平台”“五大集市”工程。

加快寄递网能力建设步伐。要全面整合邮速资源，打破行政区划，增加省际中心数量，加快推进网络组织扁平化。对标先进，全力打造一批行业领先省内网，加大长三角、珠三角、环渤海等重点区域网络能力投入，以直达为主，集散为辅，全面提高重点区域市场竞争能力。2018年全国省际快递包裹T+3日递率达到88%，省内互寄次日递率达到90%。按照增强邮航资源为主，民航资源合理补充的原则，增加邮航运行频次，扩大覆盖范围，优化作业组织，实现航空邮路与陆运邮路无缝对接。加快推进西安、合肥等12个陆运中心和成都、武汉等4个航空中心建设，确保重庆、华南陆路等8个处理中心建成投产。推进AGV异形件分拣、自动卸车、机器臂分拣、转向分路等自动化处理技术试点应用。加快国际处理能力建设，着力解决运能和处理能力不足问题，推进国际航空运邮转型，逐步向固定吨位和专线包机运输模式转变，做好中欧班列国际铁路运邮工作，提高口岸处理能力，稳定产品时限。

要整合邮速揽投资源，融合再造投递网络，加强投递、中转等环节有效衔接，提升揽投服务效率，增强投递网能力，提升服务品质。重点城市推进包裹快递揽投网建设及网格化作业，一般城市混投、专投灵活组网；加大人工自提点和中邮速递易智能包裹柜建设及应用力度；改造投递作业场地，增配皮带机等设备，实现内部处理机械化；城市优先使用新能源汽车实现投递电动化，农村以“私车公助”为主实现投递汽车化；全面应用智能终端，实现投递作业流程信息化及质量管控可视化。

大力推进“双创”工作。要以“提创意、争创新”活动和金点子评选为抓手，加快创新项目孵化，充分发挥云

创平台的作用，打造共享型创新管理平台。出台加快推进科技成果转化的指导意见，推动技术创新成果应用。积极开展2018年度科学技术奖、科技创新成果和管理现代化创新成果的评选。集团公司云创平台才建立半年时间，就已收集到10多万条点子，这得益于各单位的广泛动员和全体员工的积极参与。广大员工特别是一线员工，对我们的制度、流程和标准等感悟很深，一定要充分调动他们参与“双创”工作的积极性。我们要持续开展年度评选，对企业改革、发展、管理和科技进步等有极大促进作用的金点子要进行重奖。

4. 进一步完善集团管控体系，提升企业科学管理水平

要进一步厘清集团公司总部与各控股子公司的权责边界和集团管控事项清单及管理流程，建立起完备的动态调整和常态沟通机制，强化对集团公司决策部署的执行力，实现从运营管控型总部向战略管控型总部转变，促进板块间协同发展，激发各经营主体参与市场竞争的活力。

推进财务管控向精细化转变。要深化零基预算管理，完善零基预算模型和成本费用标杆。各控股子公司要在2018年全面实施零基预算管理。建立预算执行分析过程管控机制，强化对重点成本费用的日常执行分析。要严格按照营销费用上限控制标准，实现对营销费用预算编制、核定、执行、分析的全流程管控，确保营销费用管控工作落到实处。进一步强化资金资产管理，拓宽筹资渠道，提升资产效益。借助ERP系统应用，推进传统财务向业财一体化财务、核算会计向管理会计转变。以预算管理为主强化对控股子公司的财务管控。开展财务基础工作达标，推进财务管理上台阶。

深化战略人力资源管理。要突出“管领导职数、管任职资格、管任用过程”，加强对二级单位选人用人工作的管控和指导。深化人工成本零基预算管理，继续完善“三算”管理体系，确保政策有效传导。2018年各控股子公司要全面实施人工成本零基预算。完善用工总量动态调控机制，加强业务外包效能管控，发挥新技术新装备替代作用，全面提升工时管理水平。制定实施与集团公司改革相配套的机构编制调整方案，强化集团公司直属单位机构编制管理。组织实施岗位标准体系，完善职业技能等级认定制度，拓宽员工职业发展通道。

全面提升网运管控水平。要深化应用大数据等先进技术，加强精细管理和智能调度水平。在所有中心局全面推行利润中心转型，打通业、财信息共享渠道，实施损益核算，2018年快递包裹单件处理成本要下降10%。以行业先进为标杆，全面开展质量、效率、效益对标提升工作。积极推进车辆运营管控平台全网上线工作，实现对邮件、车辆和驾驶行为的实时监控可视化、运营管理智能化、运输成本透明化、调度管理动态化。

强化审计监督和集中采购管理。要推动审计体制改革，充分发挥审计监督作用，突出抓好重点费用、重点业务审计，持续开展营销费用专项审计，加强任中经济责任审计，深化工程建设项目审计，开展合规经营审计，提升远程审计能力。强化采购管理体系建设，优化采购供应方式，整合跨板块同类物资需求，发挥集中采购优势，持续提升采购效率和采购管理规范性。

加强风险防控和安全生产管理。要以“控住风险、防住案件、管住质量、推动转型”为目标，建立邮储银行风险策略传导机制和重点业务风险管理全覆盖机制，确保不良贷款率控制在0.95%以下。持续加强合规管理，加强员工行为和道德风险管理，筑牢案防屏障，守住不发生重大金融风险的底线。要根据银监会最近下发的关于进一步深化整治银行业市场乱象的通知要求，梳理存在的突出问题和风险隐患，并对违规问题严厉问责。做好中邮保险满期给付和退保应对，确保不发生系统性风险。全面推进“平安邮政”创建工作，层层落实安全生产责任制，强化监督检查，抓好隐患整改，确保邮政资金、邮件、航空、信息网、消防、交通、员工等安全。

5. 大力提高服务质量，打造邮政优质品牌

扎实做好邮政普遍服务和特殊服务。要推进省、市、县三级普遍服务管理体系建设，完善内控管理机制。制定出台邮政普遍服务管理与普遍服务补贴挂钩考核办法。不断提高机要通信安防能力，全力确保机要通信安全畅通和万无一失。

提升服务“三农”和小微企业水平。要积极落实中央一号文件精神，服务国家乡村振兴战略。与国家级贫困县对接，开设邮乐地方馆，通过发展农资分销、农产品进城，促进农民增收，助力精准脱贫。加大金融扶贫工作力度，全力发展小额个商业务和新型农业经营主体贷款；积极搭建政府、企业、担保等主体参与的金融扶贫平台，通过扶贫小额信贷、项目贷款等专项扶贫产品，支持贫困地区脱贫致富。

加大服务质量管控力度。要启动三年服务质量提升工程，完善邮政服务质量全方位管理、监督和考核制度，建立覆盖各类业务的KPI质量管控体系，完善长效管理机制。开展邮政用户投诉专项整治活动，加大处罚力度，有效治理服务质量突出问题。建立无着邮件常态化管理机制。完善以跟单系统为核心的包裹快递业务事中质量控制体系，优化11183呼叫中心布局，推进省客服中心向客服和质量监控中心转型。建立国际业务质量管控体系，加强质量考核。

着力提升邮政品牌影响力。要积极响应国家品牌战略，梳理品牌架构和管理流程，明确邮政品牌内涵，建立符合邮政企业实际的品牌管理体系。加强集团品牌管控，整合各板块品牌资源，突出中国邮政“绿色邮政、绿色发展”

的品牌理念，开展品牌达标活动和系列品牌协同推广活动。

6. 坚定不移加强党的建设，推进全面从严治党向纵深发展

关于党建和纪检监察工作，集团公司党组还将专门召开党的建设暨纪检监察工作会议进行专门部署，这里就重点工作提出要求。

认真落实党的十九大对党建工作的新要求新部署。要持续做好全系统学习贯彻习近平新时代中国特色社会主义思想和党的十九大精神各项工作，切实在学懂弄通做实上下功夫。把党的政治建设摆在首位，牢固树立“四个意识”，坚定“四个自信”，坚决维护以习近平同志为核心的党中央权威和集中统一领导。坚持党的全面领导，层层推动落实党建工作责任制。加强党建工作制度建设，强化党建工作绩效考核。以开展“不忘初心、牢记使命”主题教育为抓手，强化理论武装。以强化基层党组织政治功能为重点，以提升组织力为目标，深入开展基层党组织示范点建设。进一步落实党务干部人员编制，配齐配强专兼职党务干部。

驰而不息推进党风廉政建设和反腐败斗争。要认真贯彻落实十九届中央纪委二次全会精神和习近平总书记在全会上的重要讲话精神，认真落实党中央“纪检监察机关意见必听，线索具体的信访举报必查”的要求，严把党风廉政意见回复关，确保树立正确用人导向。紧盯享乐主义和奢靡之风，深入查摆并认真纠正形式主义、官僚主义的突出问题，坚决反对特权思想和特权现象，教育引导党员干部增强群众感情，不断巩固拓展落实中央八项规定精神成果。在加强党风廉政建设和贯彻落实中央八项规定精神方面，这几年我们取得了明显成效，但是还存在着不少问题。如在落实中央八项规定精神方面，吃喝风、公款旅游、公车私用等现象屡禁不绝，形式主义、官僚主义依然存在。去年，我们开展了总部机关作风建设活动，取得了一些成效，但“文山会海”等问题依然存在。在党风廉政建设方面，一些违规违纪问题时有发生；在落实全面从严治党主体责任方面，层层递减现象还非常突出，很多基层单位对全面从严治党主体责任理解不够透彻，落实还不到位，需要各级领导将压力层层传导下去。制订邮政系统巡视巡察五年总体规划，扎实开展 2018 年巡视工作，研究推动对市县邮政企业开展巡察工作，着力发现解决员工身边的不正之风和腐败问题，持续发挥巡视巡察“利剑”震慑作用，推动全面从严治党在基层见到实效。不断加强党的纪律建设，强化警示教育，深化运用监督执纪“四种形态”，发现苗头就及时纠正，触犯纪律就严肃处理，持续保持高压态势，使纪律始终成为带电的高压线。

建设高素质专业化干部人才队伍。要加强领导班子建设，进一步完善干部管理制度。注重对领导干部的日常管理与监督，加大管理监督责任落实力度，形成日常严管、约束的新机制；把握好选人用人导向，重用忠诚干净担当的干部，注重关心爱护基层干部，建立健全激励机制和容错机制，形成日常厚爱、激励的新机制；完善考核方式，健全考核制度，强化考核结果运用，推动实现干部能上能下，形成优者上、庸者下、劣者汰的新机制。加强后备干部队伍建设，着力发现储备一批素质优良、数量充足的后备干部，对政治过硬、综合素质好、有发展潜力的优秀年轻干部重点培养、大胆使用。在培养后备干部方面，第一，要关注干部年轻化问题。中央对央企干部年轻化进行了专门调研，反映出我们的干部老化问题突出，后备干部年龄也偏大。对这个问题，大家要高度重视。第二，要关注干部的专业化、知识化问题。现在上报的后备干部，日常工作确实有优秀的一面，但现在新技术、新业态发展太快，如果他们的知识储备跟不上，适应起来会很难，因此，大家要注重培养综合素质高的年轻干部。注重干部多岗位锻炼，有序开展企业内部及与地方政府的干部交流，做好援藏和扶贫等工作。对在艰苦地区工作的干部如援藏、援疆的干部，要给予更多的关注、关心和关爱。以高层次和重点领域急缺人才队伍建设为重点，统筹推进各类人才队伍建设，激发人才创新创造活力。依托邮政党校和企业大学，逐步建立具有中国邮政特色的干部教育和人才培养体系，实施高质量、高水平精准培训，全面提升干部人才队伍专业能力和专业精神。

要深入开展群众性精神文明创建活动，组织好“双先”评选表彰等活动。深入推进中国邮政企业文化宣贯工作，打造一批企业文化示范点。切实维护职工合法权益，深入落实关爱工程，推动职工小家建设提质升级，改善职工生产生活条件。抓好统战、民族宗教、离退休和群团工作，认真做好法务、信访、保密、宣传、舆情、档案、后勤等工作。（综合部 / 提供）

综　述

2018年是全面贯彻党的十九大精神的开局之年。集团公司深入学习贯彻习近平新时代中国特色社会主义思想和党的十九大精神，认真贯彻落实党中央、国务院决策部署，不折不扣落实中央巡视整改要求，切实加强党的建设，深化改革创新，推进转型升级，实现了持续健康发展。

一、经营发展取得良好业绩

集团公司总收入5668亿元，比上年增长16.2%；实现利润468亿元；全员劳动生产率48.9万元，比上年增长15.6%；国有资产保值增值率108.3%。在2018年《财富》"世界500强企业排行榜"中，中国邮政位列第113位，比上年提升6位。

邮务板块创新发展。邮政公司收入1664.9亿元，比上年增长5.6%。函件业务加快创新，收入62.7亿元，其中，媒体业务持续增长，收入15.7亿元，比上年增长32.9%。报刊发行稳中有升，收入83.9亿元，比上年增长2.3%。集邮业务收入84.6亿元。电商分销收入110.9亿元，比上年增长22.1%；安装邮掌柜系统的站点新增17.8万处，累计建成64万处。

金融板块健康发展。邮储银行资产总额9.52万亿元；收入2612.45亿元，比上年增长16.2%；净利润534.84亿元，比上年增长9.8%。邮银新增储蓄存款5216亿元，规模7.4万亿元。代理金融收入993亿元，比上年增长5.5%。中邮保险收入627.4亿元，比上年增长38.9%，期交占比列银行系保险公司首位。中邮证券收入4.1亿元，比上年增长13.1%；实现利润1.5亿元，比上年增长35.5%。中邮资本收入3.3亿元，比上年增长49.7%。

寄递板块转型发展。寄递翼收入645.7亿元，比上年增长7.8%，其中，国内标快业务收入122.4亿元，比上年增长5%；快递包裹业务收入179.1亿元，比上年增长18.2%；国际业务收入263亿元，比上年增长3.2%；物流业务收入65.7亿元，比上年增长11.4%。

二、邮政服务水平得到提升

认真履行普遍服务和特殊服务义务。完成《邮政普遍服务"十三五"规划》中期主要任务，制订《提升普遍服务特殊服务水平，拓展便民公益服务三年行动计划（2018—2020）》并完成当年目标，修订《邮政普遍服务和特殊服务补贴核定方案》，持续保障投入。健全普服网络，空白乡镇补建局所的正常运营率100%，乡镇网点覆盖率100%，建制村直接通邮率达到98%。普遍服务邮件全程时限基本达标，平信丢损率大幅下降。全面实现普通包裹按址投递，邮政汇兑新增短信验证码和手机银行兑付方式，在线业务平台增加预约寄件、订阅报刊等多项功能。机要通信保密安全万无一失，全国82%的县以上城市党政机关实现《人民日报》当日见报。

邮政服务质量有效提升。开展客户投诉专项整治和平常邮件质量大提升活动，客户申投诉大幅下降。强化包裹快递业务的运营管控，标准快递56个重点城市核心区域互寄次日递率79.8%，比上年提升10%；省内互寄次日递率89.7%，比上年提升0.5%。

三、履行央企责任取得成效

着力打好三大攻坚战。在防范化解重大风险方面，邮储银行信贷资产不良率0.86%，拨备覆盖率346.8%，优于行业平均水平；代理金融风险总体可控；深入开展"平安邮政"创建工作，强化资金、邮件、信息网等安全管理，完成全国"两会"、首届中国国际进口博览会等重要会议期间的邮政服务安全保障任务。在助力精准脱贫方面，统筹推进邮政定点扶贫、金融扶贫和电商扶贫，被中国扶贫开发协会等单位评为"2018年度中国精准扶贫突出贡献单位"。其中，集团公司在定点扶贫单位投入资金865.4万元，招收建档立卡贫困生49人，带动商洛地区2.1万贫困人口脱贫。邮储银行精准扶贫贷款余额944亿元，新增328亿元，高于各项贷款平均增速近35%。中邮保险为16.9万名建档立卡贫困户提供73亿元风险保额。建成邮乐网地方馆1044个，实现贫困县全覆盖，年累计助农销售额超过8000万元。在污染防治方面，制订《绿色邮政建设行动三年规划大纲（2018—2020年）》，全面推进绿色包装、绿色运输和绿色金融三大工程，绿色邮政建设行动实践成果获亚太邮联最佳可持续性项目（倡议）奖。邮储银行绿色贷款占比高于银行业平均水平。

助力乡村振兴战略。制定服务乡村振兴战略三年行动方案，明确行动目标和路径。健全邮储银行三农金融事业部机构，涉农贷款余额1.2万亿元。

服务雄安新区建设。成立服务雄安新区建设工作领导小组，设立河北雄安邮政分公司，制订《中国邮政服务雄安新区发展规划（2017—2035）》。邮储银行与河北雄安新区管委会签订战略合作协议，对雄安集团授信800亿元人民币。

参与"一带一路"建设。国际EMS双边业务新增4个国家，国际e邮宝业务新增3个国家，开通23个路向的铁路运邮产品，新建俄罗斯海外仓。重庆、义乌实现出口铁路运邮常态化，中欧班列返程（德国—重庆）进口运邮测试取得成功。邮储银行各类跨境融资余额新增43.5

亿元，在“一带一路”沿线国家建立236家代理行。

四、企业改革稳步推进

推进集团公司公司制改制工作。落实中央深化国企改革有关精神和国务院决策部署，在财政部指导下，认真做好公司制改革方案和改制后公司章程的起草和报送工作。

扎实推进邮政寄递翼改革。整合各级邮政公司和速递物流公司资源，全国邮政省市县三级寄递事业部全部组建完成，80%非省会地市内部处理和运输资源整合基本完成。

协同机制进一步完善。出台推进市场协同工作的指导意见和三大板块省级分支机构协同会议议事规则，加强协同组织领导，健全协同工作机制。

完成家属区“三供一业”分离移交改造等工作。按要求剥离各级邮政企业办社会职能，“三供一业”签约率达100%，完成财政资金的申请工作，解决历史遗留问题。开展股权投资清理整合工作，批复清理323家下属企事业单位。

五、企业核心能力不断增强

信息化建设快速推进。全国上线新一代寄递业务平台主要功能，CRM系统上线客户洞察与营销功能，3.8万个营业网点开通移动支付，实施平信条码化升级等工程，成功研制自助收寄设备、半自动卸车等新型装备。邮储银行开展217项信息化工程建设，132项工程实现投产上线。组建中国邮政研究中心，加强物联网等领域的应用研究工作。

寄递网能力有效提升。寄递网新增处理能力628万件/天，全网峰值处理量6031万件/天，“双11”旺季收寄总量突破2.7亿件。新增投递用车1.35万辆、手持智能终端4.8万台，累计布放智能包裹柜9.2万台、设置城市人工自提代投点12万个，快递包裹自提量占比提高到15%，快递“最后一公里”问题持续改善。

六、党的建设全面加强

不折不扣落实中央巡视整改要求。全系统各级党组织深入学习贯彻习近平总书记关于巡视工作的重要指示精神，认真落实中央巡视反馈会议精神，围绕中央巡视反馈指出的问题，明确整改责任，建立整改清单，扎实推动整改落实，构建了巡视整改常态化、长效化机制，巡视的“利剑”和“紧箍咒”作用得到发挥。集团公司党组全面履行巡视整改主体责任，明确了64项整改任务、121项整改举措。共完成或阶段性完成整改任务63项，制定完善相关制度121个。认真开展“关键少数”特权现象严重、选人用人问题突出、忽视普遍服务政治责任三个专项报告的问题整改，取得阶段性成效。同时，认真做好中央巡视组移交问题线索的处置工作。通过巡视整改，集团公司党的领导和党的建设得到切实加强，各级党组织和广大党员干部的政治站位和政治觉悟不断提高，广大党员干部职工干事创业的积极性、主动性、创造性得以激发，精神面貌明显改观。

全面推进企业党的建设。深入学习贯彻习近平新时代中国特色社会主义思想和党的十九大精神，认真贯彻落实全国组织工作会议和中央企业党的建设工作座谈会精神。开展“大学习、大讨论、大落实”活动。召开2019年集团公司党的建设暨组织工作会议，总结2018年党的建设和组织工作，全面部署2019年重点任务。坚持党的领导，加强党的建设，全系统各级党组织和广大党员干部职工树牢“四个意识”，坚定“四个自信”，坚决做到“两个维护”；坚持以提升组织力为重点，突出政治功能，不断加强基层党组织规范化、标准化建设；坚持党管干部原则，落实国有企业领导人员“20字”要求，着力加强干部人才队伍建设。

党风廉政建设和反腐败斗争取得新成效。着力加强作风建设，党组成员带头深入基层调查研究；严格落实中央八项规定及其实施细则精神，坚决纠治特权思想和特权现象。健全巡视工作领导机构和工作机制，制订巡视工作规划，对12个单位开展了内部巡视。深化运用监督执纪“四种形态”，加大违规违纪问题的查处力度，保持反腐败高压态势。

同时，扎实推进精神文明创建工作，举办其美多吉先进事迹报告会、中国邮政“双先”表彰大会，营造崇尚先进、学习先进的良好氛围。企业管理创新成果丰硕，3项成果获国家级一、二等奖，34项获行业级奖。切实关心、关爱员工，调整了基本工资和津贴补贴，增强了员工获得感。

企业财务、人力资源、审计监督、采购管理以及离退休、群团、法务、信访、档案、保密、宣传、舆情、后勤保障等方面，围绕中心，服务大局，做了大量卓有成效的工作。（综合部/提供）

大事记

◇ 中国邮政集团公司

◇ 中国邮政储蓄银行股份有限公司

◇ 中国邮政集团公司寄递事业部（中国邮政速递物流股份有限公司）

◇ 中邮人寿保险股份有限公司

◇ 中邮证券有限责任公司

中国邮政集团公司

1月

5日 《戊戌年》特种邮票首发仪式在中国邮政集团公司举行。该邮票一套2枚，图案内容分别为犬守平安、家和业兴。

16日 集团公司党组召开理论学习中心组学习（扩大）会议，学习中央政治局民主生活会情况通报精神和十九届中央纪委二次全会精神。

同日 中华全国总工会发布第十五届全国职工职业道德建设标兵单位、标兵个人和先进单位、先进个人名单，中国邮政2家企业、1名个人获表彰。其中，吉林省邮政分公司荣获“全国职工职业道德建设标兵单位”称号、邮储银行海口市分行荣获“全国职工职业道德建设先进单位”称号、安徽省巢湖市散兵镇邮政支局邮递员郑爱军荣获“全国职工职业道德建设先进个人”称号。

22日 全国邮政工作会议在北京召开。会议的主要内容是：以习近平新时代中国特色社会主义思想为指导，深入贯彻落实党的十九大和中央经济工作会议精神，总结党的十八大以来中国邮政改革发展成就，明确新时代中国邮政发展的战略目标和总体思路，部署2018年重点工作，动员全国邮政干部职工不忘初心、牢记使命，锐意进取、埋头苦干，为做强做优做大中国邮政、建成世界一流邮政企业努力奋斗。

29日 中国邮政集团公司党组召开2017年度民主生活会，以认真学习领会习近平新时代中国特色社会主义思想，坚定维护以习近平同志为核心的党中央权威和集中统一领导，全面贯彻落实党的十九大各项决策部署为主题，重点对照党章，对照《中共中央政治局关于加强和维护党中央集中统一领导的若干规定》《中共中央政治局贯彻落实中央八项规定实施细则》精神，对照初心和使命，认真查摆突出问题，深刻进行党性分析，严肃开展批评和自我批评，积极研究整改落实措施。中央第37督导组、中央纪委有关负责同志到会指导。

30日 即日起至3月31日，中国邮政集团公司开展“打击假冒 净化市场 维护权益”专项整治活动。集中打击邮票和邮资封片的用假、售假、制假行为，集中整治集邮产品侵犯邮政企业名誉权、著作权的行为，维护人民群众的切身利益和邮政企业合法权益。

2月

2日 “电商助力脱贫攻坚暨商州农特产品进北京销售推介活动”大会在集团公司总部举行。

23日 根据中央关于巡视工作的统一部署，中央第二巡视组巡视中国邮政集团公司党组工作动员会召开。

24日 根据集团公司“双百示范点”评选委员会评选审核，集团公司党组决定，授予北京东城区邮政分公司东四支局党支部等208个基层党组织“邮政系统基层党组织建设示范单位”称号；授予北京市机要通信局等139个单位“邮政系统企业文化建设示范单位”称号；授予石家庄邮电职业技术学院“邮政系统企业文化建设突出贡献奖”称号。请各控股子公司、省（区、市）分公司、集团公司直属各单位党组织，集团公司直属机关党委对以上获奖单位给予表彰和适当的物质奖励。

24—25日 2018年中国邮政集团公司党的建设暨纪检监察工作会议在北京召开，会议以现场和电视电话的形式召开。

3月

7日 中共中央总书记、国家主席、中央军委主席习近平来到十三届全国人大一次会议广东代表团参加审议，并发表重要讲话。全国人大代表、广东省珠海市外伶仃邮政所营业投递员谢坚现场聆听了总书记的重要讲话。

8日 广东省阳江市城区邮政分公司漠江营业所获得“全国三八红旗集体”荣誉称号。

13日 中国邮政集团公司与越南邮政总公司合作备忘录签约仪式在广西南宁举行。

15日 中国邮政集团公司邀请何健忠、殷勇、谢坚、赵明枝、赵明翠、柴闪闪6名邮政系统十三届全国人大代表来集团公司总部座谈，听取代表们的履职感受及他们对邮政企业的建议。

21日 国家邮政局党组和中国邮政集团公司党组共同在京举办其美多吉先进事迹报告会。交通运输部党组书记杨传堂为“其美多吉雪线邮路”授牌，并作重要讲话。交通运输部党组成员、副部长刘小明宣读了交通运输部

《关于做好“其美多吉雪线邮路”宣传工作的通知》。

27—28 日 中国邮政集团工会二届二次全委（扩大）会议在集团公司总部举行。

31 日 中共中央组织部公布了第三批国家“万人计划”入选人员名单，石家庄邮电职业技术学院教授孙青华光荣上榜，喜获国家“万人计划”教学名师荣誉，成为中国邮政首位国家“万人计划”领军人才。

4 月

9—10 日 2018 年全国邮政网路运行工作会议在北京召开。

12 日 中国邮政再获万国邮联 EMS 客户关怀奖。

13 日 中国企业高管培训发展联盟（以下简称“联盟”）召开第三届（2018）年会暨“不忘初心，牢记使命，开创企业干部教育培训工作新时代”高峰论坛，中国邮政集团公司作为联盟成员单位派员参会，并获得多个奖项。

同日 为庆贺海南建省办经济特区 30 周年，中国邮政首次发行海南题材的特种邮资明信片和普通邮资明信片，分别为《美好新海南》特种邮资片一套 4 枚（封套式）和《美好新海南》普通邮资片 1 枚。

15 日 集团公司党组党建工作部和新闻宣传中心联合举办邮政青年员工践行党的十九大精神演讲比赛启动。

16 日 中央党校中央国家机关分校中国邮政集团公司党校 2018 年春季学期培训班开学典礼在集团公司培训中心举行。

18 日 2014—2017 年度集团公司直属机关先进集体、先进个人表彰大会举行，30 个单位获评先进集体，60 名个人获先进个人称号。

19—20 日 2018 年全国邮政经营服务工作会议在北京召开；2018 年全国邮政财务工作会议在安徽合肥召开。

20 日 中国邮政集团公司参加由中国企业联合会、中国企业家协会联合主办的 2018 年全国企业管理创新大会。由集团公司申报的《邮政企业助推战略转型的企业文化体系建设》、江西省邮政分公司申报的《邮政企业实现“共建共赢”的电商精准扶贫体系建设》、浙江省邮政分公司申报的《邮政企业以打造新增长极为目标的快递包裹业务发展》荣获第二十四届国家级企业管理创新成果二等奖。

24—25 日 2018 年全国集邮业务工作会议在北京召开。

5 月

2 日 中国邮政集团公司直属机关五四青年座谈会召开。集团公司直属机关团委、邮储银行和速递物流机关团委、控股子公司团委相关负责人就如何进一步开展共青团工作、凝聚青年力量等建言献策。

4 日 其美多吉先进事迹巡回报告会在石家庄邮电职业技术学院举办。

10 日 中国邮政集团公司在北京举办新闻发布会，正式启动绿色邮政行动。

11—13 日 常州 2018 第 18 届中华全国集邮展览在江苏省常州国际会展中心举行，同时纪念中国首次邮展在常州举办 100 周年。

16 日 在第十五届中国国际物流节暨第十八届中国国际运输与物流博览会、2018 亚洲物流双年展的“界上传媒之夜”活动中，由《物流时代周刊》、中国国际物流节组委会组织的“改革开放 40 年物流 40 人”推选活动公布评比结果，中国邮政集团公司副总经理、中国邮政速递物流股份有限公司董事长李雄荣获“改革开放 40 年物流 40 人”称号。

19 日 中国邮政集团公司、中华全国集邮联合会共同主办的“不忘初心　筑梦前行”庆祝改革开放 40 周年全国集邮文化巡回活动在农村改革发源地安徽省凤阳县、丝路经济带新起点陕西省西安市同时启动。

29 日 中国邮政集团公司与中国工商银行股份有限公司在北京签订战略合作协议。

6 月

7 日 2018 年邮政企业党建干部专题研讨班和纪检监察干部专题研讨班开学典礼在邮政党校石家庄校区举行。集团公司副总经理、党建工作领导小组副组长李丕征出席开学典礼。

14 日 中国邮政储蓄银行与腾讯公司、微众银行在京签署全面深化战略合作协议。

21 日 中国邮政集团工会女职工委员会二届一次全委会在集团公司总部举行。

24 日 中国邮政集团公司在北京举办《清正廉洁（一）》特种邮票首发仪式。

7 月

2 日 中国邮政集团公司召开深化寄递翼改革动员部署电视电话会议，提出提高政治站位　深化改革创新　为做强做优做大快递物流业务而奋斗。

5 日 中国共产党中国邮政集团公司党校 2018 年省级邮政企业一把手及领导班子副职专题研讨班毕业典礼在邮政党校北京校区举行。

9 日 中国邮政集团公司召开寄递事业部成立大会。要求以习近平新时代中国特色社会主义思想和党的十九大精神为指引，坚持新发展理念，深化寄递翼改革，加强寄递事业部干部队伍建设，做强做优做大邮政快递物流业务。

19日 中国邮政集团公司召开中层以上管理人员大会。中共中央组织部副部长高选民同志宣布了中央关于中国邮政集团公司董事长、党组书记任职的决定：刘爱力同志任中国邮政集团公司董事长、党组书记。上述职务任免按有关法律和章程办理。

同日 《财富》世界500强排行榜发布，中国邮政集团公司排名第113位，与去年相比上升6位。

26日 中央第二巡视组向中国邮政集团公司党组反馈巡视情况。中共中央政治局委员、中央巡视工作领导小组副组长杨晓渡主持召开反馈会议，对抓好巡视整改工作提出要求。会议向刘爱力传达了习近平总书记关于巡视工作的重要指示精神，中央第二巡视组组长薛利代表中央巡视组反馈了巡视情况。刘爱力主持反馈大会并就做好巡视整改工作作表态讲话。

28日 中国邮政集团公司第二期地市级邮政企业主要负责人"战略执行与变革领导力"培训班在江苏邮政职工教育培训中心顺利结业。集团公司副总经理康宁通过电视电话会议的形式出席结业仪式、听取课题成果汇报并作总结讲话。

8月

1日 中国邮政集团公司召开全国电视电话会议，明确坚决按照党中央、国务院关于国有企业瘦身健体和改革集体企业等精神，全面开展股权投资清理整合工作，力争到2019年底全面完成清理整合任务，使邮政企业国有资本布局进一步完善，股权投资质量和效益进一步提高。集团公司副总经理康宁出席会议并作工作部署。

4日 中国邮政集团公司、中华全国集邮联合会和故宫博物院共同主办的"2018集邮周"启动仪式暨《四景山水图》特种邮票首发式在故宫博物院建福宫花园举行。故宫博物院院长单霁翔、常务副院长王亚民，中国邮政集团公司董事长刘爱力、副总经理李丕征，中华全国集邮联合会常务副会长徐建洲、副会长兼秘书长张玉虎等领导出席仪式。

6日 中国邮政集团公司主办的"《己亥年》特种邮票印刷开机仪式"在北京邮票印制局举行。著名艺术家韩美林，中国邮政集团公司党组书记、董事长刘爱力，中国邮政集团公司党组成员、副总经理李丕征出席仪式，著名演员、主持人王刚主持仪式。活动揭晓了《己亥年》生肖邮票的设计图稿，并正式启动《己亥年》生肖邮票印制。

8日 中国邮政开启绿色包装项目，实施包装减量、胶带瘦身、循环回收、品牌推广四大计划。

同日 中国邮政集团公司发布《中国邮政服务乡村振兴战略三年行动方案（2018—2020年）》，旨在深入贯彻习近平新时代中国特色社会主义思想和党的十九大精神，积极落实《中共中央、国务院关于实施乡村振兴战略的意见》精神，按照中共中央、国务院关于乡村振兴战略规划的行动部署，进一步明确中国邮政服务乡村振兴战略的对接领域、行动目标和路径，大力推动中国邮政在落实国家乡村振兴战略中主动担当和积极作为。

10日 作为落实中央巡视反馈意见整改的一项重要工作，中国邮政集团公司党组召开邮政系统领导干部警示教育电视电话会议，深入学习贯彻党中央关于全面从严治党的要求，以"身边事""身边案"教育"身边人"，进一步表明持之以恒正风肃纪的坚定决心和鲜明态度，推动全系统各级党员干部真正在思想上政治上行动上同以习近平同志为核心的党中央保持高度一致，确保邮政系统风清气正和企业健康可持续发展，把中国邮政建设成为党执政兴国的重要政治基础和物质基础。

13日 中国邮政集团公司党组召开电视电话会议，认真贯彻习近平总书记关于巡视工作的重要讲话精神，贯彻中央巡视反馈会议精神，部署中央巡视整改方案，扎实推进中央巡视整改落实工作。集团公司党组书记、董事长刘爱力从总体要求、任务举措、组织实施三个方面，对集团公司党组制定的中央巡视整改工作方案进行了部署。

同日 中央电视台原创纪实音乐采风节目《唱给你听》开播，四川省甘孜县邮政分公司邮运驾驶员其美多吉成为首个出场的主人公。

14日 中共中国邮政集团公司党校举行2018年地市级邮政企业领导班子副职专题研讨班毕业典礼，研讨班全体149名学员参加了毕业典礼。

15日 中国邮政集团公司召开党组会，听取邮政扶贫工作领导小组关于定点扶贫、电商扶贫和金融扶贫三年规划（2018—2020）及2018年工作计划的汇报，并对下一步扶贫工作进行部署。

16日 邮政代办交管业务全国推广现场会在湖北省武汉市召开。会议旨在贯彻落实国务院"放管服"改革要求，进一步扩大警邮合作内容、范围和规模，提升警邮便民服务质量和群众满意度。

23—24日 2018年全国邮政工作座谈会在北京举行。这是在中央对集团公司主要领导进行调整后召开的首次全国邮政工作座谈会，是落实中央巡视整改、全面从严治党的再动员会，是直面问题挑战、创建竞争优势、加快邮政转型升级的推进会。

26日 中国邮政集团公司党组召开会议，传达学习全国宣传思想工作会议精神。集团公司党组全体成员参加学习。集团公司党组书记、董事长刘爱力主持会议。

28日 中国邮政集团公司党组领导班子召开巡视整改专题民主生活会。会议深入学习习近平新时代中国特色社会主义思想和党的十九大精神，对照中央巡视反馈突出问题，找病因、挖病根、去病灶，深刻剖析原因，认真开展批评和自我批评，明确整改方向和整改措施，确保巡视整改各项任务落实到位，促进全面从严治党向纵深发展，使集团公司党组进一步增强“四个意识”，坚决维护习近平总书记党中央的核心、全党的核心地位，坚决维护党中央权威和集中统一领导，做到党中央提倡的坚决响应，党中央决定的坚决执行，党中央禁止的坚决不做，努力把中国邮政打造成关键时刻听指挥、拉得出，危急关头冲得上、打得赢的基本队伍，真正成为党执政兴国的“六个力量”。集团公司党组书记、董事长刘爱力主持会议。中央纪委、中央组织部、中央和国家机关工委、中央第二巡视组有关同志到会指导。集团公司党组全体成员参加会议。

31 日 2018 年邮政“919 电商节”正式启动。

9 月

6—7 日 全国“四好农村路”管理现场会在浙江省安吉县召开。交通运输部部长李小鹏等考察调研安吉余村“两山”主题邮局。

6 日 中央和国家机关工会代表会议召开，选举出中央和国家机关出席中国工会第十七次代表大会的代表，中国邮政集团公司邮票印制局党委委员、质量管理部副总经理郭恩娟光荣当选。

14 日 中国邮政集团公司作为年度组长单位，组织召开了中央企业档案工作第四协作组 2018 年工作会议。

15—16 日 2019 年度全国邮政报刊发行会议在江西省南昌市召开。

16 日 湖北省政府、中国邮政集团公司主办的 2018 中国（武汉）期刊交易博览会在武汉国际博览中心闭幕。会期 3 天，以“新时代、新理念、新发展”为主题，全面展示了国内外期刊业全新风貌。刊博会期间，共迎来参观者超过 10 万人次，达成合作意向 300 多个，图书、期刊等现场零售区 3 天销售实洋为 240 余万元。

16—22 日 国家邮政局与中国邮政集团公司在广西南宁联合举办“一带一路”倡议下促进贸易便利化发展亚太地区国家邮政培训班。

20 日 全国邮政系统先进集体、先进个人表彰大会在全国政协礼堂召开。表彰评选出的 140 个先进集体和 201 名先进个人代表。

10 月

9 日 中国邮政集团公司党组书记、董事长刘爱力致辞第 49 届世界邮政日。

同日 万国邮联在瑞士伯尔尼的总部庆祝世界邮政日，中国云南省迪庆藏族自治州德钦县云岭乡邮政所藏族女邮递员尼玛拉木的事迹被纳入庆祝活动中。

17 日 中国邮政集团公司党组召开党组会，传达学习党中央关于房峰辉严重违纪违法案及其教训的通报精神。党组书记刘爱力主持会议，党组副书记张金良，在京党组成员李丕征、康宁、张荣林、吕家进、盛道文出席会议。

同日 中国邮政集团公司启动整体战略、寄递翼和渠道平台经营战略咨询项目。

22 日 中国邮政集团公司寄递事业部召开 2018 年“双 11”旺季经营生产工作安排电视电话会议，围绕“保平稳、保畅通、保安全、保重点、保客户体验”的总目标，对“双 11”旺季经营生产进行详细部署。

29 日 中共中国邮政集团公司党组关于巡视整改进展情况进行通报。

30 日 中国邮政发行《港珠澳大桥》纪念邮票一套 3 枚，邮票图案名称分别为青州桥、东人工岛和海底隧道。同时，中国邮政与香港邮政、澳门邮电共同印制同题材邮票小全张 1 枚，内含中国邮政、香港邮政、澳门邮电邮票各 3 枚。

同日 中央和国家机关脱贫攻坚先进集体、优秀个人表彰大会暨先进事迹报告会在北京召开。会议对 20 个先进集体和 50 名优秀个人进行了表彰。集团公司财务部统计信息处处长耿奎（2016—2018 年，挂职任陕西省商洛市商州区副区长）获得中央和国家机关脱贫攻坚优秀个人荣誉称号。

11 月

1—7 日 中国邮政集团公司在全国范围内开展“绿色邮政宣传周”活动。

2 日 中国邮政集团公司党组书记、董事长刘爱力接受《经济日报》专访：邮政服务乡村振兴大有可为。

5 日 首届中国国际进口博览会在上海开幕。上海市邮政分公司高度重视“进博会”期间服务工作，要求上海市邮政寄递事业部提高政治站位，全力以赴确保“进博会”服务安全万无一失。

同日 中国邮政集团公司党组在北京召开 2018 年巡视工作动员部署会，启动党的十九大后首批巡视工作，对天津市、上海市、福建省的 12 个邮政单位开展巡视。

8 日 中国邮政集团公司、四川长虹电子控股集团有限公司在四川省绵阳市签署战略合作协议。

同日 中国邮政中欧班列铁路运邮国际小包业务正式开通。

9 日 2018 两岸邮政发展研讨会在南京召开，会议全面回顾了《海峡两岸邮政协议》签订以来的落实情况，围绕“数字化时代邮政的创新发展”主题，进行了交流和研讨。

同日 交通运输部部长李小鹏在国家邮政局局长马军胜的陪同下，到北京邮政速递处理中心察看邮件处理场地，并召开座谈会，了解邮政快递业“双 11”旺季生产运行和服务保障情况。

13 日 公安部、国家邮政局、中国邮政集团公司联合部署推行邮政网点代办公安交管业务“警邮合作”延伸服务，方便群众就近办事。

同日 “伟大的变革——庆祝改革开放40周年大型展览”在国家博物馆开展。此次大型展览为中国邮政设立了专门的展区。中国邮政以反映改革开放伟大进程的邮票为素材，精心策划了《改革开放40年——中国邮票》展览内容，回首光辉历程，展望美好未来。展览分为高举旗帜、伟大实践和筑梦新时代三大部分，共使用邮票72套、309枚，同时，部分邮票喷绘到5面展墙上进行展示。

15 日 “庆祝改革开放40周年”全国集邮征文评选颁奖大会在山西举办。获奖文集《邮情四十年》同步亮相。

16 日 北京2022年冬奥会和冬残奥会组委会与中国邮政集团公司联合举办了“《北京2022年冬奥会——雪上运动》纪念邮票首发仪式”。

22 日 中共中央党校与集团公司联合召开关于做好中央党校报刊社《学习时报》等系列报刊发行工作电视电话会议，深刻领会做好中央党校报刊社系列报刊发行工作的重要意义，抓紧抓好抓实2019年度《学习时报》等中央党校系列报刊的收订工作。

24 日 凤凰网、中国新闻网在北京联合举办以“中国智慧·筑梦中国”为主题的“致敬四十年盛典”。在特别致敬环节，四川省甘孜县邮政分公司长途邮运驾驶员其美多吉作为中国边疆基层服务者的卓越代表，获得改革开放40年“特别致敬”荣誉称号。

27—29 日 第七届亚太邮联邮政业务论坛在泰国曼谷举行，中国邮政荣获最佳可持续性项目或倡议奖，并获得了最佳企业视频、网站或品牌建设奖和最佳企业社会责任项目或倡议奖的优秀奖。

12 月

14 日 中国邮政集团公司召开2019年度报刊大收订暨新华社系列报刊收订推进工作电视电话会议，对下一阶段收订工作进行再动员、再部署，确保完成年度收订各项目标任务。

同日 中国邮政集团公司与中国移动通信集团有限公司签署战略合作协议。根据协议，双方计划在多领域推进深度合作。

14—18 日 第五届海峡两岸珍邮特展在台北举办。

15 日 中国扶贫开发协会、国家信息中心、求是《小康》杂志社联合主办的，以“高质量发展与决胜全面小康”为主题的2018第十三届中国全面小康论坛在北京举行。中国邮政集团公司荣获“2018年度中国精准扶贫突出贡献单位”。

17 日 以“回首四十载　奋进新时代”为主题的庆祝中国改革开放40周年邮政发展成就摄影展开展。

18 日 《改革开放四十周年》纪念邮票首发式暨“不忘初心　筑梦前行”庆祝改革开放40周年全国集邮文化巡回活动（深圳站）举行。

21 日 中国邮政集团公司与中国电信集团有限公司签署战略合作协议。

24—25 日 2019年中国邮政集团公司党的建设暨组织工作会议在京召开。

中国邮政储蓄银行股份有限公司

2 月

12 日 邮储银行第一只以清洁能源为主题的理财产品“邮银财富·畅享2017年第3期人民币理财产品”发行。该产品是一款中长期的私募封闭式净值型理财产品，核心投资于国务院批准的第二批五家试点国有产业投资基金之一——中广核三期产业投资基金，是邮储银行净值型产品转型的一次有益探索和实践。

13 日 邮储银行个人储蓄存款余额逾7万亿元，成为国内第四家个人储蓄存款余额规模超过7万亿元的银行。

3 月

16 日 中邮消费金融有限公司增资20亿元，注册资本由10亿元增至30亿元，进一步提高资本充足率。其中，邮储银行对其增资15亿元，增资后邮储银行持股70.5%。

27 日 邮储银行成为首家通过证联网为证券公司提供银证直联服务的存管银行，资金存管业务取得突破性进展。证联网作为证券行业的通用网络，能够有效提升资金汇划效率、节约资金汇划成本。

4月

10日 邮储银行发起的“家美2018年第一期个人住房抵押贷款资产支持证券”在银行间债券市场成功发行，发行总规模142.97亿元，是由银行发起的规模最大的个人住房抵押贷款资产证券化产品。

24日 “中国邮政储蓄银行2014—2017年度全行先进集体、先进个人表彰大会暨先进事迹报告会”在北京举行。表彰全行先进集体75家、先进个人100名，6位报告人现场作先进事迹报告。此次评选表彰是建行以来第二次全行“双先”表彰活动，使全行上下学有榜样、行有示范，见贤思齐。

27日 《中国邮政储蓄银行关于全面支持乡村振兴战略的实施意见》（邮银发〔2018〕72号）出台，明确支持乡村振兴的指导思想、工作目标和主要措施，提出到2020年每年涉农贷款余额增长不低于1000亿元。

5月

15日 明晟公司公布MSCI指数评估结果，邮储银行首次被纳入MSCI中国指数成分股，于5月31日收市后正式生效。

6月

18日 邮储银行信用卡结存卡量逾2000万张，年新增发卡764万张。

30日 在英国《银行家》杂志（The Banker）公布的2018年“全球银行1000强排名”榜单中，邮储银行按总资产位居第21位，与上年持平；按一级资本排名首次进入前30名，位居第23位，较上年上升8位。

7月

19日 邮储银行手机银行客户规模逾2亿户。

23日 邮储银行个人网银客户规模逾2亿户。

25日，巡视组向集团公司党组反馈巡视意见，中国邮政储蓄银行党委坚定不移同党中央和集团公司党组保持一致，以习近平新时代中国特色社会主义思想为指导，把巡视整改作为首要政治任务，加强组织领导，制定整改方案，坚持全面整改和重点整改相结合，制定22项整改任务和59项整改措施，持续扎实做好巡视“后半篇文章”。

26日 由财政部牵头设立的国家融资担保基金有限责任公司正式成立，注册资本661亿元，其中邮储银行出资20亿元，持股3.0257%。

31日 邮储银行金融IC借记卡结存发卡量首次逾4亿张。

8月

8日 《中国邮政储蓄银行打好防范化解重大风险攻坚战三年规划》（邮银发〔2018〕107号）出台，深化整治市场乱象，全力打好防范化解重大风险攻坚战。

20日 《中国邮政储蓄银行关于助力打赢脱贫攻坚战三年行动的指导意见》（邮银发〔2018〕110号）出台，紧紧围绕“精准扶贫、精准脱贫”基本方略，完善顶层设计、强化政策措施、加强统筹协调，推动脱贫攻坚工作有效开展。

9月

4日 《中国邮政储蓄银行关于打好污染防治攻坚战和发展绿色金融的指导意见》（邮银管〔2018〕256号）出台，结合集团公司绿色邮政建设要求，切实加强生态环境保护，助力打好污染防治攻坚战，为建设美丽中国贡献力量。

10日 邮储银行正式推出手机银行4.0，为客户提供更加智能、便捷的移动金融服务。

12日 邮储银行获增值税优惠政策。财政部、税务总局印发财税〔2018〕97号文，“自2018年7月1日至2020年12月31日，对邮储银行纳入‘三农金融事业部’改革的各省、自治区、直辖市、计划单列市分行下辖的县域支行，提供农户贷款、农村企业和农村各类组织贷款取得的利息收入，可以选择适用简易计税方法按照3%的征收率计算缴纳增值税”。

13日 借助区块链福费廷交易平台（U链平台），首笔二级市场福费廷跨行交易完成，标志着邮储银行基于区块链技术的贸易金融业务成功落地。

17日 中邮消费金融有限公司携手《21世纪经济报道》和中国扶贫基金会在西藏山南市扎囊县启动“中邮消费·行走小黑板”教育扶贫计划，该计划从雪域高原延续到珠江之畔，以实际行动助力中西部贫困地区素质教育。

18日 按照集团公司党组统一部署，邮储银行认真贯彻落实“大学习、大讨论、大落实”活动，严格执行“三个第一时间”学习机制，迅速在各一级分行、中邮消费金融有限公司和总行机关干部中部署开展。

21日 邮储银行与雄安新区管委会在石家庄签署战略合作协议。与雄安新区签署战略合作协议，是邮储银行深入贯彻落实党中央关于京津冀协同发展、雄安新区规划建设等重大决策部署，切实承担国企政治责任之举。

同日 《中国邮政储蓄银行加强绿色银行建设三年规划》（邮银发〔2018〕126号）出台，全面加强绿色银行建设，助力打好污染防治攻坚战。

10月

24日 港珠澳大桥作为世界最长跨海大桥实现正式

通车，对推动粤港澳大湾区互联互通意义非凡。其中，邮储银行于 2011 年 1 月 7 日开始与港珠澳大桥管理局合作，累计提供贷款 32 亿元，金融助力港珠澳大桥建设，是邮储银行支持粤港澳大湾区国家战略的体现。

11 月

23 日 《中国邮政储蓄银行关于支持民营企业发展的指导意见》（邮银发〔2018〕155 号）出台，进一步完善支持民营企业发展长效机制，加大民营企业支持力度，促进民营经济发展。

25 日 邮储银行代理期交保费逾 500 亿元，期交银保市场份额连续 3 年稳居第一。

30 日 中央电视台《焦点访谈》栏目播出“助民企，抓落实”专题报道，对邮储银行无还本续贷解决小微企业转贷难题进行深入报道。截至 12 月 31 日，小企业无还本续贷余额近 120 亿元。

12 月

2 日 中共中央宣传部、中央广播电视总台联合制作的，邮储银行独家特别呈现的大型电视纪录片《我们一起走过——致敬改革开放 40 周年》在央视开始播出。

5 日 邮储银行单年度债券承销规模首次逾千亿元，承销规模连续 2 年增长率超 200%，增速在国有大行中位居第一。

同日 邮储银行主承销的 10 亿元通威股份超短期融资券成功发行，债券期限 270 天，票面利率 5.8%。该期债券以较低利率发行，得益于邮储银行创设的信用风险缓释凭证（简称 CRMW）的支持，是西部地区民营企业发行的首单附带 CRMW 的债券，是邮储银行贯彻落实党中央、国务院关于深化民营企业金融服务相关决策部署的重要举措。

14 日 邮政金融网点授权集中系统授权机器人工程投产上线，授权机器人的引入将原有的人工重复作业转化为机器的高效处理，实现对证件信息、单据信息与交易信息进行自动比对，标志着邮储银行在人工智能技术领域取得重大突破，智能运营迈出第一步。

19 日 邮储银行主承销的大唐四川发电有限公司扶贫超短期融资券成功发行，债券期限 270 天，票面利率 4.05%，是邮储银行第一笔扶贫票据，也是四川省内第一笔扶贫票据。

31 日 邮储银行全年 ETC 发卡突破 400 万张，年新增 ETC 市场占有率排名同业第一，累计发卡量市场占有率同业排名从上年的第 6 位上升到第 3 位。（邮储银行 / 提供）

中国邮政集团公司寄递事业部（中国邮政速递物流股份有限公司）

1 月

1 日起 速递物流全网全面实施智能跟单。实现实时发现运行异常，自动调度相关责任人，实时开展事中质量补救。

3 月

30 日 中国邮政速递物流股份有限公司荣获第二届易仓“海外仓两会”颁发的“2018 十大信赖海外仓企业”荣誉称号。

4 月

12 日 万国邮联国际局 EMS 合作机构大会特别典礼在瑞士伯尔尼举行，中国邮政再度荣获 EMS 客户关怀奖。

该月 国际客服继 2016 年获得万国邮政联盟 EMS 合作机构“最佳客服奖”后，连续第二年（2017 年度）获得此奖项。

5 月

3 日 第三届“中国梦 · 邮政情”寻找“最美快递员”活动揭晓发布会在北京人民大会堂举行，速递物流陈艳军等十位个人、两个团队获得“最美快递员”称号。

17 日 中国邮政首架支线中型运输无人机在湖北荆门水陆两用机场技术性试飞成功，完成陆起水降起降方式。

7 月

9 日 中国邮政集团公司召开寄递事业部成立大会，对寄递翼进行全面改革。

8月

17日 中国邮政开通南京—纽约单程运邮专线，首次采用波音747全货机定班执飞。

28日 中国物流与采购联合会发布第二十六批A级物流企业名单通告，中国邮政速递物流股份有限公司再次获得AAAAA级物流企业资质。

9月

3—7日 万国邮联第二次特别大会在埃塞俄比亚首都亚的斯亚贝巴举行。中国代表团与万国邮联签署“一带一路”框架合作意向书，宣布竞选下一届万国邮联邮政经营理事会主席并参加了部长级战略会，对全球邮政未来发展进行了研讨。

12日 在中国快递协会二届十一次理事会上，方志鹏总经理当选新成立的中国快递协会常务理事会成员，中国邮政速递物流股份有限公司当选新成立的中国快递协会第二届理事会科技创新专业委员会、绿色环保专业委员会和法律事务专业委员会首批成员单位。

该月 中邮云仓与3C数码、坚果零食知名品牌展开合作，云仓品牌优势在部分行业凸显。

10月

9日 中国邮政航空完成政府向印尼提供紧急物资援助包机任务，出色完成党和国家交予的光荣使命。

11日 在中国物流与采购联合会召开的“第九届中国电子商务物流大会”上，中国邮政速递物流股份有限公司获得2018年度“中国电子商务物流优秀服务商”荣誉称号。

11月

8日 中国邮政正式开办中欧班列（义乌）铁路运邮产品并增加中欧班列（重庆）铁路运邮路向。

同日 中国邮政上线美国路向“平常小包+”升级产品，产品解决了平常小包无境外段信息的问题，提升了卖家跨境寄递体验。

9日 交通运输部部长李小鹏视察北京邮政速递邮件处理中心，对北京邮政速递处理中心的新设备、新工艺、新流程给予肯定，向奋战在一线的广大邮政员工表示慰问。

同日 中国邮政首条轻型自动驾驶货车运邮试点路线开通，标志着中国邮政进入货运自动驾驶新领域。

20日 在中国物流与采购联合会召开的“2018（第十六届）中国物流企业家年会”上，中国邮政速递物流股份有限公司获得“改革开放四十年物流行业代表性企业”荣誉称号，公司党委书记、董事长李雄获得“改革开放四十年物流行业企业家代表性人物”荣誉称号。

26日 中欧班列（重庆）首次回程运邮测试成功，标志着中欧班列首次实现国际邮包双向运输，标志着中国邮政在积极服务国家“一带一路”建设又迈出了新步伐。

该月 “双11”期间EMS配送服务绩效评级首次获评A级。

12月

10日 在中国交通运输协会第三届理事会上，中国邮政速递物流股份有限公司当选副会长单位。

12日 中国邮政与Vova跨境电商平台开展全方面合作，产品涉及中国邮政多个服务品牌。（集团公司寄递事业部／提供）

中邮人寿保险股份有限公司

1月

23—24日 2018年中邮保险工作会议在北京召开。会议提出牢记使命担当，全面转型发展，不断开创新时代中邮保险发展新局面。

2月

1日 经中国保监会批准，中邮保险注册资本金增至150亿元。

3月

8日 中邮保险党的建设暨纪检监察工作会议在北京京召开。会议提出要以习近平新时代中国特色社会主义思想为指导，提高政治站位，加强政治建设，奋力开创中邮保险全面从严治党新局面。

6月

5日 7·8全国保险公众宣传日动员会暨文化建设与传播专委会年会在京召开。中邮保险选送的《农户因何挤倒邮政网点的门?》入选“2017年度(公司)保险好新闻”榜单，中邮保险官方微信订阅号连续2年蝉联行业“最佳微信订阅号”。

25日 中国邮政集团公司印发《中国邮政集团公司关于巩固和深化中邮保险“自营+代管”模式的指导意见》(中国邮政〔2018〕241号)，明确提出，要进一步发挥“自营+代管”模式的独特优势，形成职责清晰、协同有效、成果共享的邮政自办保险发展体系，加快中邮保险期交、团险等高价值业务发展，促进中邮保险公司提质增效，实现集团利益最大化。

27日 在“2018中国保险业资产负债管理年会”上，中邮保险“聚力保险精准扶贫”项目获评2018中国保险业精准扶贫方舟奖。

7月

8日 中邮保险深化“自营+代管”模式工作座谈会在北京召开。会议提出要把握模式深化工作的战略性、艰巨性、专业性、紧迫性，正确处理好当前和长远的关系、内部和外部的关系、速度和质量的关系，系统推进模式深化工作。

8月

8日 中邮人寿保险股份有限公司吉林分公司正式成立，这是中邮保险在全国成立的第20家省级分公司。

15日 中国邮政集团公司刘爱力董事长、党组书记视察调研中邮保险。查看中邮保险总部职场，亲切看望干部职工，并与公司领导及高管、相关部门负责人座谈。刘爱力董事长充分肯定了中邮保险开业以来取得的成绩，他指出中邮保险是中国邮政的亮点之一，要对标先进，改革创新，全面协同，严控风险，尽快做强做优做大。

31日 2018年中邮保险工作座谈会在北京召开。会议提出要牢记初心使命，对标行业先进，推进高质量发展，努力在新的起点上推动各项工作迈上新台阶。

11月

8—9日 第三届中邮保险全国业务技能大赛决赛在石家庄邮电职业技术学院圆满落幕。来自19个省(市)分公司、市县中邮保险局、总部呼叫中心和作业中心21支代表队的84名参赛选手参加决赛。经过理论知识、实操技能及现场竞赛三个环节的比拼，江苏分公司获团体一等奖，河南、广东分公司获团体二等奖，山东、江西、浙江分公司获团体三等奖，36名选手分别获个人一、二、三等奖和个人风采奖。

12月

26日 中国保险行业协会组织召开全国保险扶贫好事迹发布暨7·8活动总结会议，中邮保险荣获“2018年保险行业公众宣传大比武保险脱贫攻坚奖”。

31日 截至12月31日，中邮保险总资产1412.5亿元，净资产164.2亿元。营业收入628.6亿元，比上年增长39.3%；实现利润5.2亿元，比上年增长38.2%；实现保费收入576.6亿元，比上年增长40.4%。综合竞争力自2011年起连续7年保持行业前10位。(中邮保险/提供)

中邮证券有限责任公司

1月

22—24日 中邮证券有限责任公司工作会议在北京召开。

2月

26日 中邮证券有限责任公司增资9亿元。至此，公司注册资本40.6亿元。公司资本实力的提升，为扩大业务规模、提高市场竞争力和抗风险能力提供了更坚实的支撑。

3月

13日 中邮证券有限责任公司召开党的建设暨纪检监察工作会议。

26日 中邮证券赣州登峰大道针管营业部开业。

4月

18日 公司参加全国新财富首届“最佳投顾”活动，三名员工从万余名选手中脱颖而出进入百强，最好名次获得第15名。

19日 公司召开第二十五次股东会议，审议并一致通过《关于修订〈公司章程〉中党的建设相关内容的议案》《关于〈中邮证券有限责任公司2017年度审计报告〉的议案》《关于〈中邮证券有限责任公司2017年度合规报告〉的议案》《关于〈中邮证券有限责任公司2017年度报告〉的议案》。

同日 公司召开第二届董事会第四十五次会议，讨论并一致通过《关于修订〈公司章程〉中党的建设相关内容的议案》《关于公司2018年度自营规模及风险承受限额的议案》《关于公司2018年度融资融券业务投资规模的议案》《关于调整公司股票质押式回购交易沪、深两市业务规模及设置业务风险准备标准的议案》《关于申请2018年度公司自有资金参与本公司集合资产管理计划规模的议案》《关于〈中邮证券有限责任公司2017年度审计报告〉的议案》《关于〈中邮证券有限责任公司2017年度合规报告〉的议案》《关于〈中邮证券有限责任公司2017年度报告〉的议案》。

5月

4日 中邮证券青岛分公司开业。

6月

12日 公司召开第二十六次股东会议，审议并通过《关于中邮证券有限责任公司关于调整公司董事的议案》。

同日 公司召开第二届董事会第四十六次会议，讨论并通过《关于中邮证券有限责任公司关于调整公司董事的议案》。

19日 公司召开第四届监事会第三次会议，讨论并通过《公司2017年度监事会工作报告》。

29日 公司召开了第二十七次股东会议，通过《中邮证券有限责任公司关于修订〈公司章程〉的议案》《关于〈公司2017年工作总结和2018年工作计划〉的议案》《关于〈公司2017年度会计决算、财务预算执行情况报告暨2018年度财务预算方案〉的议案》《关于公司2017年净资本及流动性风险控制指标具体情况及达标情况的议案》《关于〈2018年度公司领导班子成员战略绩效考核办法〉的议案》《关于〈公司2017年度董事会工作报告〉的议案》《关于〈公司2017年度独立董事工作报告〉的议案》《关于〈公司2017年度监事会工作报告〉的议案》。

同日 公司召开第二届董事会第四十七次会议，讨论并通过《关于〈公司2017年工作总结和2018年工作计划〉的议案》《关于〈公司2017年度会计决算、财务预算执行情况报告暨2018年度财务预算方案〉的议案》《关于公司2017年净资本及流动性风险控制指标具体情况及达标情况的议案》《关于〈公司2018年度考核方案〉的议案》《关于〈2018年度公司领导班子成员战略绩效考核办法〉的议案》《关于修订〈中邮证券有限责任公司反洗钱工作管理制度〉的议案》《关于〈公司2017年度董事会工作报告〉的议案》《关于〈公司2017年度独立董事工作报告〉的议案》《关于调整公司风险控制委员会委员组成的议案》。

7月

20日 公司获上交所“投教新锐”展播活动集体奖、投教新锐百强奖、个人奖。

8月

17日 公司召开第四届监事会临时会议，研究监事会2018年工作重点。

30日 公司召开第二届董事会第四十八次会议，讨论并通过《关于〈公司2018年上半年风险控制指标具体情况和达标情况的报告〉的议案》。

9月

11日 公司召开第四届监事会第四次会议，听取公司2018年上半年公司财务分析、股票质押式回购业务监管新规落实情况。

21日 公司召开第二十八次股东会议，审议并通过《关于增加公司注册资本并修订〈公司章程〉的议案》。公司实施第五次增资扩股，中国邮政集团公司、中邮资本管理有限公司和西投控股有限公司共同实施增资10亿元，增资款于11月20日前到位。公司注册资本增至50.6亿元。

同日 公司召开第二届董事会第四十九次会议，讨论并通过《关于增加公司注册资本并修订〈公司章程〉的议案》。

10月

15日 中邮证券郴州营业部开业。

24日 中邮证券东营东四路营业部开业。

同日 中邮证券武汉解放大道营业部开业。

26日 中邮证券有限责任公司上海分公司正式开业。

11月

23日 公司召开第二届董事会第五十次会议，讨论并通过《关于修订〈中邮证券有限责任公司反洗钱工作管理制度〉的议案》。

该月 中邮证券有限责任公司成功增资10亿元。至此，公司注册资本50.6亿元。公司资本实力的提升，为扩大业务规模、增强市场竞争力和抗风险能力、提升协同效能提供了更坚实的支撑。（中邮证券 / 提供）

网路建设

◇ 邮路

◇ 处理中心

◇ 运行

【概述】

一、落实巡视整改，提升普遍服务水平

寄递网努力增强“人民邮政为人民”的服务意识和政治站位，推动普遍服务水平稳步提高。制定普邮邮件运营标准，建立全程时限标准库，优化生产流程，实施平信条码化，开展普邮时限和作业质量“双达标”、平信投递质量“三大歼灭战”活动，全面推行普通邮件结算考核机制，普通邮件整体时限质量基本达到国家邮政局标准要求。全国三分之二的省份县及县以上城市实现党政机关党报党刊当日见报，超额完成交通运输部和国家邮政局要求。建设爱心邮路1839条。开通机要邮路251条，有效保障机要运输安全。

二、支撑业务发展，包裹快递时限提升

开展长三角区域互寄专项提速活动，重点区域内互寄标准快递和快递包裹次日递率、省内互寄标准快递和快递包裹次日递率明显提高，标快56个重点城市互寄次日递率再创新高，快递包裹全国县及县以上地区互寄平均时长64.7小时。完善工单投诉率达标情况监管机制，工单投诉率比上年下降。

三、服务保障

项目运行质量稳中向好。重点项目整体配送及时率98.2%，重点项目服务水平广受认可。苹果项目获得苹果公司高度评价；华为项目时效水平大幅提升，EMS配送服务绩效评级为A；戴尔项目荣获客户颁发的“2018年度杰出物流供应商”；生鲜配送服务能力持续增强。圆满完成旺季生产、重大活动支撑保障任务。有序应对“919电商节”“双11”、春节等旺季，圆满完成上合组织青岛峰会、上海进口博览会等重大活动期间网运保障。

四、落实寄递改革

立足业务发展、客户体验和行业对标，全面开展寄递网内部处理、运输、揽投资源整合，实现整合与优化同步、提质与增效并举。寄递网各级运管部门已全部整合到位，实现对寄递网的统一管控、统一组织、统一调度。90%地市内部处理资源整合到位，88%地市运输资源整合到位，超额完成2018年度整合进度目标。

五、依托技术进步，加快网运能力建设

为上海等5个新建处理中心配置双层分拣机，为哈尔滨等6个局配置单层或小件分拣机。提升干线运输网能力，省会陆运直达率比上年提升8.3%。加大干线车辆投入。全年加强干线车辆配置力度，加强投递网能力建设。新增电动三轮车、手持智能终端、智能包裹柜布放规模和城市人工自提点，快递包裹自提率进一步提高。进一步提高自动化包分机分拣效率，双层包分机日均处理量41.3万件，全网推广菜鸟平台电子面单水印打印，人工分拣效率持续提升。积极推进绿色包装网运生产应用，在北京、合肥、西安、沈阳等地试点新型信盒应用，提高信函封装质量。

中国首条自动驾驶测试邮路成功开通。

六、开展评价对标

创新中心局成本评价与对标机制，全面推行省会中心局“6+1”标杆管理、非省会中心局“4+1”对标管理，中心局利润中心转型工作再上新台阶。中心局与快递行业同口径对标，单位运输成本与行业基本持平，其中太原、济南、兰州等中心局优于行业水平；31个省会中心局比上年节约运行成本7.9亿，车辆利用率、人均处理效率等再创新高。

七、作风建设

1. 推进网运领导走基层。持续推动网运领导干部深入一线，实地跟班，网运部门领导、中心局局长等6422人次到一线生产单位值班。

2. 强化全网比学赶超的良好氛围。其美多吉被授予“时代楷模”“感动中国十大人物”称号，杨全忠、张兴华被授予“最美货车司机”，全网掀起学习先进事迹的热潮，以榜样为引领，激发奋进力量。开展“五星闪耀”劳动竞赛活动。全网评选长沙、南京、合肥、石家庄、济南、成都、金华、厦门等8个邮区中心局；成都航空邮件处理中心、邮航南京分公司、黑龙江省邮件处理分公司、重庆直属邮件处理中心等4个速递生产单位为先进单位。多个网运生产单位和个人荣获集团公司“双先”表彰。（集团公司寄递事业部/提供）

邮　路

【中欧班列（义乌—波兰）开通运邮】 1月24日，中欧班列（义乌—波兰）运邮测试发车仪式在义乌铁路西站成功举行。2月8日，搭乘中欧班列（义乌—波兰）的100件国际邮件经过16天的行驶抵达波兰马拉舍维奇站，2月11日，所有邮件全数投递到位，标志着中欧班列（义乌—波兰）运邮测试成功。9 月 26 日，一列装载 3240 件国际邮件的邮政专用集装箱的中欧班列（义乌—波兰）顺利从义乌铁路口岸始发运往波兰马拉舍维奇站，标志着中欧班列（义乌—波兰）正式开启每周一次的常态化运邮，是中国邮政积极融入国家“一带一路”建设，打造全流程、全功能、全方位的“三全”跨境电商综合服务平台新的里程碑。（浙江省邮政分公司 / 提供）

【中欧班列（郑州）开启常态化运邮】 11 月 20 日，“中欧班列（郑州）运邮开行仪式”在郑州铁路口岸举行。这标志着河南省国际邮件陆路运输通道正式打通，实现中部省份国际邮件利用中欧班列渠道直达欧洲，对河南省提升开放通道和开放平台优势，打造郑州国际邮件枢纽口岸，形成郑州国际邮路航空、陆运双通道、双枢纽，推进中欧班列（郑州）创新发展，拓展跨境电商“买全球、卖全球”国际物流通道，助力“四区四路”建设具有重要意义，也标志着河南省人民政府和中国邮政集团公司战略合作进一步深化和拓展。此次中欧班列（郑州）实现常态化运邮“进出双向”，可将全国出口至欧洲、俄罗斯等方向的国际邮件在郑州集疏、直达境外，同时随着运邮线路的不断拓展和班次加密开行，届时可将德国、法国、荷兰、波兰等欧亚国家进境邮件经郑州分拨全国，预计年运邮量 2.5 万吨。（河南省邮政分公司 / 提供）

【中欧班列（重庆）首次实现国际邮包双向运输】 11 月 26 日，一批来自德国杜伊斯堡的邮包到达重庆国际邮件互换局铁路口岸中心，中欧班列（重庆）首次回程运邮测试成功，在全国诸多中欧班列中率先实现国际邮包双向运输，在服务国家“一带一路”建设上迈出了新步伐。出口本地国际邮件 86 万件，发运邮包集装箱 51 箱，货物价值 1278.5 万美元，超过 60% 的邮件为 3C 类电子产品，在促进重庆地方跨境电商业务发展的同时，也为沿线各国客户提供更好的邮政服务。（重庆市邮政分公司 / 提供）

中欧班列（渝新欧）铁路运邮。

【四川省凉山彝族自治州开通无人机邮路】 1 月 3 日，四川省凉山彝族自治州昭觉县支尔莫乡阿土列尔村（“悬崖村”）开通无人机邮路，这是利用无人机解决山区乡村投递“最后一公里”难题而进行的最新尝试。凉山州先后开通 6 条无人机邮路。（四川省邮政分公司 / 提供）

【青海省开通省内支线航空邮路】 1 月 10 日，西宁至果洛省内支线航空邮路开通。此航空邮路是继西宁—玉树、西宁—德令哈、西宁—格尔木三条省内支线航空邮路后开通的又一条省内支线航空邮路。西宁—果洛省内支线航空邮路开通后，将进一步加快果洛地区快递包裹、标准快递邮件的传递时限，极大提升牧区群众的用邮体验，满足牧区群众用邮需求，提供更加快捷优质的邮政服务，对于改善青海果洛偏远艰苦地区的邮政服务水平，提高网路运行效率，增强邮政“寄递翼”核心市场竞争力将发挥重要作用。（青海省邮政分公司 / 提供）

【“其美多吉雪线邮路”授牌】 3 月 21 日，其美多吉先进事迹报告会在北京全国政协礼堂举行，交通运输部正式命名康定—德格邮路为“其美多吉雪线邮路”，交通运输部党组书记杨传堂为“其美多吉雪线邮路”授牌。这是交通运输部首次以个人名字命名的一条邮路，也是中国邮政集团公司首次以一名员工的名字命名的一条邮路。（四川省邮政分公司 / 提供）

【杭州—新西伯利亚邮航专线运行受到浙江省政府批示】 8 月 22 日，浙江省委书记、省人大常委会主任在《关于浙江邮政开办“杭州—新西伯利亚”全货机航线　助力“一带一路”建设情况的报告》上专门批示，“浙江邮政经积极开办杭州—新西伯利亚全货机航线，助力一带一路建设取得成效，值得肯定。希望继续努力，取得更大成效”。省长批示“感谢中国邮政大力支持”。（浙江省邮政分公司 / 提供）

处理中心

【中心局推进利润中心转型】 创新中心局成本评价与对标机制，全面推行省会中心局“6+1”标杆管理、非省会中心局“4+1”对标管理，中心局利润中心转型工作再上新台阶。中心局与快递行业同口径对标，单位运输成本与行业基本持平，其中太原、济南、兰州等中心局优于行业水平；包件处理成本差距由上年度的 43% 缩小至目前的 13%，其中石家庄、武汉、南京等中心局基本达到行业平均水平。31 个省会中心局比上年节约运行成本 7.9 亿，省会中心局平均单位综合成本在上年下降19%的基础上再降10%，包件处理成本在上年下降28%的基础上再降18%，单位运输成本在上年下降11%的基础上再降3%，车辆利用率、人均处理效率等再创新高。非省会中心局下半年包件处理成本环比上半年下降2%，人均处理效率环比提升3%。（集团公司寄递事业部／提供）

【中国—东盟（广西）国际快件监管中心运营】 7月11日，首票国际快件在中国—东盟（广西）国际快件监管中心顺利通关，标志着中国—东盟（广西）国际快件监管中心正式运营。（广西邮政分公司／提供）

【山西省太原市国际邮件互换局（交换站）启动运营】 11月5日，太原国际邮件互换局（交换站）运营启动仪式在太原武宿国际机场货运楼举行。山西省政府、省交通厅、太原海关、省邮政管理局、省发改委等相关单位领导出席启动仪式。太原国际邮件互换局（交换站），对打造内陆地区对外开放新高地具有标志性意义，应最大限度激发平台功能，释放平台潜力，加快延伸产业链、构建生态圈，促进跨境电商发展壮大，不断积聚外贸竞争新势能，开创高水平对外开放新格局。（山西省邮政分公司／提供）

【厦门对台邮件交换中心揭牌】 2月9日，福建厦门对台邮件交换中心揭牌，标志着两岸邮政速递业务在厦门国际邮件互换局正式启动。据悉，厦门对台邮件交换中心成立后，台湾进口大陆全境的两岸速递邮件均可在厦门国际邮件互换局办理入境通关手续，清关后即通过EMS渠道转运、投递，有效发挥了厦门特有的地缘优势，缩短了运输距离。同时，在厦门海关、国检等部门的通力支持下，厦门对台邮件交换中心将对台邮件的安检环节前置至进出境邮件快件监管中心，以此提高清关效率，并通过延长通关作业时长，保障厦门对台邮件交换中心更好地服务两岸邮件往来。（福建省邮政分公司／提供）

【重庆市第三邮件处理中心投产运行】 10月26日，重庆邮政第三邮件处理中心投产运行。作为重庆邮政有史以来最大单项工程项目，自2017年10月26日取得施工许可证后，各相关单位密切配合、倒排工期、挂图作战，与时间赛跑，历时1年，在“双11”生产旺季之前完成土建工程建设、设备安装调试，并顺利完成重庆邮件处理中心转场。转场后，仅用不到半个月时间，完成业务流程再造、人员培训、设备磨合等，即投入生产旺季。创造中国邮政处理中心建设质量与速度并重新奇迹的“三邮”，成为重庆电商物流新地标。“双11”期间，重庆邮政邮件处理量792.94万件，11家中央媒体和7家市级媒体在“三邮”进行实地采访。（重庆市邮政分公司／提供）

“橙色金刚II”使用机械臂抓取供包，实现供包环节的无人化，机械臂的使用实现了分拣链路的无人化。

【西安首批跨境直购进口邮件落地“跨境电子商务监管中心”】 8月22日，首批177件跨境直购进口邮件在西安综合保税区“跨境电子商务监管中心”仓库落地。这是国务院于8月7日批准西安等22个城市成为跨境电子商务综合试验区及海关总署跨境电子商务零售统一版信息化系统正式上线后，陕西省跨境电商直邮进口首单业务。（陕西省邮政分公司／提供）

【内蒙古邮政分公司启动邮政信息网省中心机房搬迁】 7月30日，内蒙古邮政分公司全面启动内蒙古邮政信息网省中心机房搬迁工程各项工作。46天，16批次，计算机设备500多台，业务系统70余套，通信线路300多条，覆盖内蒙古邮政金融、速递、邮务、办公、视频、网络等所有生产管理系统设备及线路的搬迁工程构成了内蒙古邮政历史上信息化工作覆盖范围最大、技术复杂程度最高、耗时最长的一项工程，也是全国邮政首个采用网络及应用系统设备完全搬迁方式的省。（内蒙古邮政分公司／提供）

【上海市邮政分公司启动上海国际互换局搬迁工程】 9月，上海市寄递事业部成立后，为确保国际邮件生产作业平稳运行，在充分整合邮政、速递资源的基础上，上海市邮政分公司决定将上海国际邮件互换局搬迁至沪太路841号内，将国际邮件报关报验大厅搬迁至沪太路沿街两层房屋及生产主楼1楼西面场地。为确保搬迁工作顺利进行，先后完成浦东邮件处理中心（南楼）同城分拨中心装修工程和沪太路大仓报刊分发处理场地装修工程，并在集团公司支持下，实施上海国际邮件互换局场地改造工程和上海国际邮件互换局分拣机安装工程以及与之对应调整的相关工程，实体项目于年内完成。（上海市邮政分公司／提供）

【湖南省长沙邮件处理中心建设项目启动】 12月9日，中南地区邮政快递枢纽长沙邮件处理中心建设项目正式启动。项目建设用地246亩，预计投资8.9亿元，建设内容包含一座大型快递邮件自动化流水线处理基地、一个大型电子商务仓配一体化基地，以及相应生产、生活附属设施。项目建成后将为发挥邮政在湖南快递市场的主导地位提供有力支撑。（湖南省邮政分公司／提供）

【银川邮件处理中心工程建设及省中心信息网机房改造项目】 12月，宁夏邮政信息网机房工程项目和银川邮件处理中心工程项目完工并通过初验，两项工程投产运行后，对经营发展的支撑保障能力进一步提高。（宁夏邮政分公司／提供）

运　行

【全国邮政网路运行工作会议在北京召开】 4月9—10日，全国邮政网路运行工作会议在北京召开。会议以党的十九大精神为引领，深入学习贯彻习近平新时代中国特色社会主义思想，认真落实全国邮政工作会议安排，总结2017年网路运行工作，安排部署2018年工作。工作报告总结2017年全国网运工作成绩，分析了当前邮政陆运网建设面临的发展机遇和挑战，提出了新时代邮政陆运网的发展思路。全网要深植新发展理念，围绕一个目标，实现四个“强化”：一是要强化科技兴网，推动创新驱动发展；二是要强化服务立网，持续提升客户体验；三是要强化共享组网，推进全网整体增效；四是要强化人才强网，增强发展原动力。2018年邮政网运改革工作将围绕六个“聚力”全面开展：一是聚力扩能增容，推动陆运网硬实力再提升；二是聚力提速提质，深化陆运网服务升级；三是聚力运营增效，提升陆运网发展内在动能；四是聚力科技引领，推进管理效能新突破；五是聚力安全管控，筑牢安全生产防线；六是聚力党的建设和网运文化建设，增强网运队伍核心战斗力。

会议表彰2017年度全国邮政网路运行“达标争先”劳动完成竞赛先进单位、先进集体和先进个人，南昌邮区中心局等11个单位被评为先进单位，合肥邮区中心局邮件运输中心驾驶二班等51个生产集体被评为先进集体，四川省甘孜县邮政分公司长途邮运驾驶员其美多吉等314人被评为先进个人。（中国邮政报）

【寄递翼改革和资源整合】 按照寄递翼改革整体部署，立足业务发展、客户体验和行业对标，全面开展寄递网内部处理、运输、揽投资源整合，实现整合与优化同步、提质与增效并举。寄递网各级运管部门全部整合到位，实现对寄递网的统一管控、统一组织、统一调度。

生产资源整合进度超预期。全网建立整合工作双周报告制度，同步开展整合实施效果评估，实现整合进展情况实时跟进、定向督导。90%地市内部处理资源整合到位，88%地市运输资源整合到位，超额完成整合进度目标，山西、青海等省全部整合到位。全网地市级处理场地减少154处，县级处理场地减少402处，作业人员减少555人；撤并邮速同路向重叠邮路3281条，其中一干邮路293条，二干邮路432条，整合后新组开直达邮路1329条，1985条线路实现提速；调整合并邮速设置过密、位置相邻、面积狭小的揽投网点，41%的网点整合到位，场地面积减少7665平方米。（集团公司寄递事业部／提供）

【寄递网生产能力提升】 推进中心局能力建设。为上海等5个新建处理中心配置双层分拣机，为哈尔滨等6个局配置单层或小件分拣机，为连云港等5个局配置胶带处理设备，全网新增分拣能力546万件。邮件运输网组开一干汽车邮路220条、二干汽车邮路1162条，一干航空邮路61条，省会陆运直达率53.6%，比上年提升8.3%。持续加大干线车辆投入。配置干线牵引车头207辆、半挂车厢402辆、分体厢式车65辆，新配车辆均实现车体减重、车

新能源车队。

厢增容，进一步提高运输效益。进一步加强投递网能力建设。新增电动三轮车9000多辆、手持智能终端3万多台，智能包裹柜布放规模9.2万台，城市人工自提点增加到12万个，快递包裹自提率提高到15%。（寄递事业部/提供）

立项建设兰州、锦州、潍坊、烟台、徐州、成都航空、太原等7个新型模块化、标准化的邮件处理中心。立项建设宁波等10个邮件处理中心的工艺改造工程，对宁波、台州、金华、扬州等4个中心配备小件分拣机，提高电商业务小件处理效率。对上海、郑州国际互换局进行场地改造和工艺设备配备。确保北京（新顺）、重庆、哈尔滨、福州、上海、中山等项目按时投产。陆运网提升处理能力493万件/天。航空网提升处理能力60万件/天，国际处理能力提升75万件/天。批复16项实物网工程初步设计，全部为骨干节点的邮件处理中心能力建设工程；组织完成53项工程竣工验收。投产新增处理能力628万件/天。（信息科技与建设部/提供）

【寄递网信息化建设】 全面推进邮政新一代寄递平台生产系统全国推广上线，全国邮速2762个网运生产作业机构，全环节生产作业系统实现平稳切换和过渡衔接。大连、沈阳、长春等局率先试点上线，克服困难、全力配合，为全网上线打下良好基础。建设完成“车辆运行管控平台”，实现运输环节全过程管控。围绕指挥调度的“动态化、标准化和可视化”，强化生产数据分析预测、监控预警和及时干预，指挥调度“数字化”管控，并初步实现信息系统辅助编制旺季运行方案。（集团公司寄递事业部/提供）

【邮政包裹快递时限质量提升】 重点区域、重点城市、省内互寄提速明显。重点区域方面，开展长三角区域互寄专项提速活动，区域内互寄标准快递和快递包裹次日递率分别提高到86.6%和70.4%，较提速前分别提高6.5%和33%。省内互寄方面，标准快递和快递包裹次日递率分别达到89.7%和83%，比上年分别提高0.5%和4.2%。重点城市方面，标快56个重点城市互寄次日递率再创新高，比上年提高5%，快包11个重点省互寄T+2日递率较年初提高20.5%。快递包裹全国县及县以上地区互寄全年平均时长64.7小时，比上年缩短3小时。全面优化一干临时汽车邮路和火车邮路运输组织和计划管控。加强对异常邮件的事中监控和实时调度。完善工单投诉率达标情况监管机制，规范协同客服工作制度，工单投诉率比上年下降28%；快递包裹转投比例降至0.23%，多次转投造成邮件延误现象得到有效遏制。（集团公司寄递事业部/提供）

【上海市邮政分公司长三角互寄邮件提速工作】 12月18日起，江苏、浙江、安徽等省寄往上海的快递包裹邮件全面提速，实施次日递。为进一步推进长三角区域一体化发展，加快长三角区域快递包裹互寄时限，根据中国邮政集团公司要求，上海邮政按照“前置集包、直达运输、多频出口、卡口管控”的组织原则，梳理生产流程，研究发运计划，调整作业方式，开设“长三角”专线，增开直达邮路，确保长三角邮件提速工作顺利实施。（上海市邮政分公司/提供）

邮件作业区人工供件台。

【厦门市纳入国家物流枢纽布局和建设规划】 12月24日，国家发展改革委和交通运输部印发了《国家物流枢纽布局和建设规划》（以下简称《规划》），将厦门市纳入国家物流枢纽布局和建设规划，厦门邮政业迎来利好。《规划》明确将厦门市纳入全国30个港口型、23个空港型和55个商贸服务型国家物流枢纽承载城市之一。《规划》中强调了邮政快递物流在国家物流枢纽建设中的发展方向，提出推动邮政和快递物流设施与新建国家物流枢纽同步规划、同步建设，完善提升已有物流枢纽的邮件快件分拨处理功能。推动快递专业类物流园区改扩建，积极承接国家物流枢纽功能。提升邮件快件分拨处理智能化、信息化、绿色化水平。鼓励发展航空快递、高铁快递、冷链快递、电商快递、跨境寄递，推动快递物流与供应链、产业链融合发展，支持建设国际邮件互换局（交换站）和国际快件监管中心。（福建省邮政分公司/提供）

【青海省邮政分公司网运向“经营型”转变】 青海省邮政分公司加快网运工作由“管理型”向“经营型”转变，建立市场开发联动机制，全程参与寄递市场项目开发；打造省际精品线路，拓展重点市场；完善网运协同客服机制，着力提高处理的时效和质量，“网强业兴”步伐更加坚定。深化“航空+陆运”组网模式，全网邮件运递速度全面提升；陆运网质量管控稳中有升，青海邮政陆运网KPI指标获得中国邮政集团公司奖励390余万元。加强指挥调度中心平台应用，全网动态指挥调度能力明显增强。（青海省邮政分公司/提供）

邮政服务

◇ 网点

◇ 普遍服务

◇ 重大活动和重大事件服务

◇ 服务质量

【概述】

一、加强部门党建工作

1. 严格落实十九届巡视整改工作。牵头完成3项整改措施、配合完成3项整改措施，包括推动绿色邮政建设行动、制定并落实《中国邮政服务乡村振兴战略三年行动方案》、多措并举加大邮银、邮速协同发展的推进力度等，严格贯彻落实“三大攻坚战”等中央重大决策部署。第一时间建立部门工作责任制和周调度制度，制定部门整改方案和细化表，召开16次整改会议和2次全体党员大会，保质保量完成巡视整改阶段任务。

2. 建设学习型、创新型、服务型党支部。一是建设学习型支部，制定《市场协同部党支部2018年度党建及纪检工作要点》，组织党的十九大精神学习，突出“原原本本系统学”“营造氛围深入学”和“丰富多彩组织学”，1—11月召开党员大会7次，支委会及扩大会13次，专题党课3次，支部党员人人谈体会、谈认识、谈建议。同时，开展“好书诵读”联合主题党日活动，设立年度支部读书活动，建立支部集体图书室和5个小组党建图书角，促进提升理论素养，建设书香机关。二是建设创新型支部，引导党员深刻认识国家战略的整体性、关联性、协同性，开展红旗渠主题党日活动、“不忘初心重温入党志愿书”活动、学十九大主题征文、《厉害了我的国》集体观影、党员干部专题研讨会等宣教活动，创立并开展4期党员学习沙龙，交流探讨了践行新发展理念推动绿色行动、雄安新区邮政建设、建设协同体系等主题。三是建设服务型支部，开展党风廉政建设教育月“六个一”活动、警示教育主题周、优化办公环境等活动；鼓励全体党员“亮身份”，修订部门加强调查研究的办法；开展“转作风、抓实效”年度大查改，各处室分别认领一项要解决的重点问题并完成整改。

二、强化品牌协同

1. 全面推进绿色邮政行动。率先提出“绿色邮政 绿色发展”的口号，相关工作安排充分契合国家政策导向，得到有关部门的高度重视和社会广泛认可，“绿色邮政发展”内容写入《中共中央、国务院关于完善促进消费体制机制 进一步激发居民消费潜力的若干意见》。完善顶层设计，制定绿色行动规划大纲，全面推进绿色包装、绿色金融、绿色运输三大项目，开展绿色品牌宣传推广，创设绿色邮政建设行动标识；稳步落实推进，在“中国品牌日”、绿色包装推进会、绿色宣传周邀请中央和行业媒体积极宣传报道；组织绿色发展项目国有预算申请，向审计专项组报送绿色行动材料。确保工作效果，新标准箱已在全国推广使用；可循环箱、可降解胶带试点使用；免胶带箱、窄胶带今年可在全国推广使用。11月，中国邮政受邀参加第十届两岸邮政交流研讨会、第十二届中日节能环保综合论坛和第七届亚太邮联邮政业务论坛等多个高层会议，绿色邮政建设行动实践成果获得亚太邮联最佳可持续性项目（倡议）奖。

可满足用户随时寄递需求的速递易小黄筒。

2. 强化集团品牌管理和指导。一是完善品牌管理机制，制定下发中国邮政品牌建设的指导意见，组织召开年度板块品牌协同沟通会、开展品牌达标活动。二是加强品牌形象规范管理，制定下发加强品牌名称规范的通知，制定绿色标识使用手册，建立在线业务平台宣传规范和联系制度。三是加大统一资源支持，下发绿色邮政行动宣传方案、宣传素材、普遍服务品牌优势宣传内容，制作下发普遍服务类和情感类企业宣传片。

三、深化协同管理

1. 推动协同体系建设。根据“协同是中国邮政最大的战略、最核心的优势”的定位，制定并出台协同指导意见、各板块省级分支机构协同会议议事规则，进一步加强协同组织领导，健全协同工作体系，为协同工作推进提供制度保障；研究并编写协同绩效考核办法，拟强化集团公司对市场协同工作的监督和考核；同时，以重点协同项目为抓手，推动三级协同体系建设。

2. 推动重点项目协同。协同邮政业务局、邮储银行等部门推进18个协同项目。其中：汽车产业链市场协同拓展项目，下发协同拓展指导意见和工作措施，制订汽车产业链的行动规划，明确产业链上中下游服务模式，1—9月该项目全国产生收入26.12亿元，其中邮政公司7.88亿元，寄递事业部14.37亿元，邮储银行3.87亿元；手机银行项目，协同增加海外购代征税功能，搭建速递物流协议客户使用场景和校园市场使用场景，协同各板块联合开展营销推广等；网点资源复用项目，总结形成收费场景、导流场景和体验场景三种新模式，并主动与滴滴、小米、国安社区等企业进行对接；乡村振兴项目，落实2018年中央一号文件，组织制定《中国邮政服务乡村振兴战略三年行动方案》，明确服务乡村振兴战略的对接领域、行动目标和路径，并持续做好推进工作；开展国际及台港澳小包放开经营工作，完成系统改造、现场测试以及试点上线等工作。1—9 月，重点协同项目协同收入 50.35 亿元。

3. 日常协同工作。搭建协同交流平台，举办 4 期跨板块协同讲坛，办好《创新与协同》企业号，做好行业动态和发展趋势的研究共享，形成分析报告 13 篇，发布专题 25 个。

四、客户联动拓展力

1. 制度建设和客户管理。一是明确战略合作开发落实管理流程。制定下发《中国邮政集团公司战略合作实施意见》。二是细化客户资源管理配套制度。拟定《中国邮政客户管理办法（试行）》《客户数据信息共享管理办法》《客户主数据管理办法》并征求相关板块和部门意见。三是创新大客户维护平台。举办“第一届‘邮政杯’乒乓球友谊赛”，继续为各板块客户发放《邮来友往》杂志，面向 6.6 万名大客户开展满意度调查，为针对性地改进营销服务提供参考依据。

2. 开发总部战略合作新客户。强化板块战略合作协同开发，组织各板块和专业确定 12 个联合开发项目；与工商银行、中国铁塔、农业农村部、四川长虹签署战略合作协议并迅速落实业务合作，推进与光大集团、中国电信等客户的战略合作和业务合作。

3. 拓展合作项目深度和广度。一是承接政府公共服务。公安交管项目，与公安部、国家邮政局联合下发《关于加强警邮合作进一步推行邮政网点代办公安交管业务工作的通知》，受邀参加公安部“放管服”改革现场会，组织推进 72 个地市邮政网点代办交管业务合作。1—10 月公安交管项目全国业务收入约 7.1 亿元；农业农村部项目，应邀参加全国农民专业合作社质量提升整县推进试点工作现场会，并签署《共同推进农民专业合作社质量提升合作框架协议》；国家税务总局项目，委托代征税款业务覆盖 22 个省 13469 处邮政网点，代征税额 157 亿元，收入 5.3 亿元，比上年增长 67.5%；体彩中心项目，全国 31 个省邮政分公司均不同程度地与当地体彩中心开展合作，开办代售体育彩票网点近 5 万处，销售额近 8 亿元，收入 615 万元。二是多方式推进与行业龙头企业的合作。中国铁塔项目，邮储银行对中国铁塔集团整体授信额度 500 亿元；中邮保险与中国铁塔签订团体保险合作协议，承保铁塔全国 31 个省分公司团体保险。全国 31 个省邮政分公司均与当地铁塔分支机构签订合作协议并开展合作；工商银行项目，邮政企业成为工商银行总行品牌营销和其他广告服务合作商，寄递事业部在工商银行江苏仪征制卡中心招标中，中标了 50% 的份额。截至 10 月 31 日，13+N 个重点总部客户项目业务收入 26.71 亿元，完成全年目标的 89%。

4. 营销管理支撑系统建设。会同信息技术部门完成集团公司 CRM 系统一阶段 3 个功能模块在保险、证券、邮务（含代理金融）的全国上线推广，实现 6 亿客户的统一识别、客户视图和客户洞察。完成系统建设二阶段 6 大模块（营销管理、销售管理、服务管理、会员管理、产品管理、渠道管理）的需求规格说明书和《中国邮政会员体系建设方案》评审，预计年底前完成二阶段主体功能开发。

五、服务质量监督检查

1. 加强对板块的服务质量监督检查。印发《三年服务质量提升工程实施意见》，扎实开展客户投诉专项整治活动，全面开展平常邮件质量大提升活动。组织开展“两会”“上合青岛峰会”等重大会议期间服务质量和寄递安全明察暗访、服务质量综合检查；改进检查方法，试行客户体验式检查和专项体验测试，组织检查 12 次，涉及 78 个省（次）、136 个地市（次）、53 个县。质量管控工作取得明显效果，邮政分公司申诉率比上年下降 59.7%，申诉处理满意率 98.6%，比上年上升 0.5%。邮储银行受理客户投诉比上年下降 69%；中邮保险万张保单投诉量比上年下降 31.7%；中邮证券投诉率超额完成活动目标；寄递事业部投诉率比上年下降 44.4%，申诉率比上年下降 65.7%。根据国家邮政局测试结果，平常邮件损失率比上年下降 67.14%。

2. 服务质量监督检查系统的建设和应用。加快推进服务质量监督检查系统的建设和应用，完成 9 个功能模块的开发，在福建、河南、甘肃试点运行，举办全国系统应用培训班，系统 12 月在全国上线运行。

3. 开展邮票打假专项行动。制定下发《关于深入开展邮资票品打假专项整治活动的通知》，制定《邮票打假管理办法》，开发邮票真伪鉴定系统并组织上线运行，举办邮票真伪鉴定培训班，定期编发邮票打假工作信息简报，建立邮票打假常态化工作机制，全国假邮票贴用量显著下降。

4. 扎实做好服务质量监督检查基础管理。组织对全国 31 个省、31 个地市、31 个中心局、27 个县的服务质量监督检查资料调审，发现、督促整改 4 类、35 项问题。

旺季生产期间，保证普遍服务质量不降低。

持续监控无着邮件重点指标，督促做好邮件寄递管理工作。无着邮件存量比上年下降 31.8%，新增量比上年下降 36.2%，无着包裹发生率比上年下降 50.2%。做好邮政企业“扫黄打非”管理工作，全国查堵非法出版物 13876 册。建立普邮集中仲裁和快速理赔制度，组织开展邮件赔偿积案清理工作。

六、开展系列创新活动

1. 挖掘创新实效。一是组织完成两批集团公司“金点子”评选。截至 11 月 30 日，云创平台收到员工创意点子超过 21 万条，组织开展集团公司 2018 年第一批与第二批“金点子”评选，其中第一批评出“金点子”129 条。2017 年评出的 87 条“金点子”中有 64 条在落实中。二是开展“重实践、创实效”创新活动。面向全系统开展“一地一创新”及创新成果登记工作。截至 11 月 30 日，全系统产生创意落实成果近 200 项。三是开展创新项目孵化工作。首次面向全系统征集孵化项目，开展项目预审、初评工作，并以终评路演的形式进行项目展示及评定，确定 14 个集团重点创新孵化项目及 36 个省（板块）孵化项目，资助相关项目在产品、模式、技术、流程等多方面进行积极探索。

2. 初步建成全员创新平台。加强云创平台建设，完成创意征集、在线评审、员工众评、孵化项目管理、成果登记、专家库、创新积分管理等十余个功能模块的开发工作，并实现部分功能下沉，省及地市可共享平台管理功能；形成基层员工创意直达总部的“绿色通道”以及创意“征集—处理—评审—落实管理”全线上闭环管理流程，具备了服务全系统各单位创新管理工作的能力，搭建了汇聚创新资源的系统框架，初步建成全系统各单位共享的全员创新平台。

3. 开展企业管理创新。一是持续推进企业管理创新。受理全国邮政申报材料 197 项，最终审定通过 60 项。完成 34 项行业级（交通行业、通信行业）、2 项国家级创新成果的修改、完善及推荐工作。二是推进服务质量提升。受理 112 家地市级邮政企业参评 2017 年度全国邮政用户满意企业评审，通过率 80%；完成 12 家通信行业用户满意企业、4 家国家级用户满意企业的推荐工作及申报材料的修订工作。三是参评各类企业排名。完成中国邮政集团公司 2018 年《财富》全球 500 强企业、中国企业 500 强、中国服务业 500 强排名的申报工作。（市场协同部 / 提供）

网　点

【邮政自提代投网络建设】 中国邮政继续推进自提代投网络建设，全国布放智能包裹柜 9.2 万台，投递格口 550 万个，布放城市 225 个，增强为用户提供“7 × 24”全天候自提服务的能力；发展人工自提代投点 30 万个，有效拓宽便民取件渠道。逐步形成“直投 + 自提代投”相结合的多样化投递服务新模式。（邮政业务局 / 提供）

推进邮政自提代投网络建设。

【1.1 万个邮政手工网点电子化】 2 月 1 日上线“邮政 E 网点”APP 和网页端邮政 E 网点生产系统，通过各省（区、市）邮政分公司的努力，6 月 30 日全国 31 个省全面完成 1.1 万个邮政营业手工网点实现电子化。（邮政业务局 / 提供）

【上海市航海邮局启用航海邮局专属邮编】 7 月 11 日，“中国航海日”文化主题活动在上海市举办，位于虹口区霍山路 150 号的航海邮局获中国邮政集团公司批准，启用专属邮政编码“200711”，新编码成为航海邮局的对外名片和标签，同时助力航运文化传播。从 7 月 11 日起，用户可以使用 200711 邮政编码在航海邮局交寄邮件。（上海市邮政分公司 / 提供）

【天津市“大龙主题邮局”开业】 3 月 23 日，“大龙主题邮局”亮相津门，著名作家龙一受聘为主题邮局首任名誉局长。5 月 16 日，大龙邮局五大道店正式开业，和平区文化旅游局及和平区分公司共同举办大龙邮局五大道店揭幕暨“将品质和平寄出去”启动仪式。大龙主题邮局弘扬天津传统文化，进一步完善景区文化服务功能，为宣传美丽天津、服务地方经济发展贡献力量。（天津市邮政分公司）

【内蒙古自治区最北端邮政代办所开业】 10 月 30 日，内蒙古自治区最北端的额尔古纳市恩和哈达镇邮政代办所举行开业仪式，依托漠河市的邮路主干线网络实现了恩和哈达镇的固定通邮，将普遍服务延伸至“最后一公里”。（内蒙古邮政分公司 / 提供）

【北京市邮政分公司拓展便民服务网点】 全市建成46个“邮政惠民生活驿站”，分销收入8147万元，得到地方政府、首都市民的高度认可，央视新闻频道、北京卫视新闻频道给予宣传报道，成为北京邮政便民服务的新亮点。在全市范围内建成80个邮政交管服务厅，为用户提供四大类18项交管业务服务，成为全国首个建设标准高、范围覆盖广、项目服务全的省邮政公司，得到交管部门和百姓的一致好评与认可。同时，开展“邮乐社区，乐享生活”活动，举办2625场，收入2110万元。智能包裹柜布放1808台，是前四年发展的2.6倍；代投自提点5673个，完成任务目标的113%。（北京市邮政分公司　陈丽涵／提供）

党报党刊投递。

普遍服务

【普遍服务基本达标】 完成《邮政普遍服务“十三五”规划》中期主要任务和“普遍服务三年行动计划”2018年阶段目标。全国乡镇邮政局所覆盖率100%，补白网点正常运营率100%，全国建制村直接通邮率98%。全面实施普通包裹按址投递。机要通信实现保密安全万无一失。全国82%的县以上城市党政机关实现《人民日报》当日见报。（邮政业务局／提供）

【寄递网普遍服务能力提升】 围绕中央巡视反馈指出的普遍服务相关问题，寄递网完成9项整改措施，以“建体系、强网路、抓整改、严考核”为抓手，不断增强全网“人民邮政为人民”的服务意识和政治站位，推动普遍服务水平稳步提高，整体时限质量基本达到国家邮政局标准要求。5月以来，北京、山西、上海、安徽、湖南等省普邮各项时限指标持续全面达标。

一、普邮时限质量持续向好

建立健全普邮时限质量管控体系。制定普邮邮件运营标准，建立全程时限标准库，提高对普邮时限的集中管控力度，推进普邮全面提速。以普邮时限和作业质量“双达标”活动、提升平信投递质量“三大歼灭战”、全面推行普通邮件结算考核等为抓手，建立“查摆问题、限期整改、督导落实、效果评估”闭环式整改机制，突出问题导向，优化生产流程，实施平信条码化，有效提升普邮时限质量水平。

二、普邮服务和特殊服务能力不断增强

完成经济生活大调查近10万份问卷的投递及回收。全国三分之二的省份县及县以上城市实现党政机关党报党刊当日见报，超额完成交通运输部和国家邮政局要求。建设爱心邮路1839条。开通机要邮路251条，有效保障机要运输安全。（寄递事业部／提供）

【21省份县以上党政机关党报党刊实现当日见报】 中国邮政进一步提高政治站位，强化“四个意识”，主动担当，稳步扩大党报党刊当日见报范围。截至9月30日，在上年18个省实现县级以上城市党政机关党报党刊当日见报基础上，中国邮政新增吉林、广西、湖北3个省份达标。至此，全国三分之二的省份县以上城市党政机关党报党刊实现当日见报，超额完成交通运输部和国家邮政局要求的达标目标，为及时传递新时代党的声音做出又一贡献。

吉林、广西、湖北三省讲政治、顾大局，攻坚克难，多效并举、全力推进延吉、桂林、十堰等超远距离地区党报党刊当日见报。在优化发报交接流程上，实施车等报刊模式，车辆提前开到分印点装车垛口，交报分拣后直接装车发运，保证了报刊高效紧密交接；在优化内部处理作业流程上，省会中心局对重点县域党报党刊单独封装总包，减少二次分拣。报刊总包到达各经转环节后优先处理、优先发运，确保赶发有效投递频次；在优化网络运输组织上，开通报刊专线定制邮路，利用客运班车等社会富余资源运输，实现共享经济下的运输方式创新；在提升投递能力上，采取专车、专人、专投模式，确保投递质量；在延迟交报应急响应机制上，因报社开印时间延迟、机器故障导致延迟交报的，制订应急运输计划，保证报刊在网运环节的正常运输。

人民日报社对中国邮政开展县以上党政机关党报党刊当日见报活动充分肯定，并增设分印点，缩小供报范围，缩短运递距离。据悉，人民日报社计划于11月在襄阳增设分印点。届时，将为所辐射的襄阳、十堰、随州地区人民日报当日上午见报和早报早投创造条件。（中国邮政官网）

【河南省邮政分公司完善普遍服务管理制度】 河南省邮政分公司强化“人民邮政为人民”的服务宗旨意识，完善普遍服务管理制度，明确工作重点，理顺职责分工，为普遍服务工作顺利推进夯实基础；制订《提升普遍服务特殊服务水平拓展便民公益服务三年行动计划（2018—2020）》，下发《关于保障邮政普遍服务和特殊服务运营的通知》《关于加强投递能力投入提升投递服务品质的通知》等一系列文件，为普遍服务工作顺利开展提供制度保障；按照集团公司统一部署，扎实开展“平常邮件质量大提升”“投递三打歼灭战”、平常信函丢损率压降等活动，强化普遍服务邮件寄递质量管控，确保邮件安全和时限，切实提升普遍服务能力和水平。（河南省邮政分公司／提供）

【内蒙古邮政分公司完成全区建制村直接通邮】 8月1日，内蒙古邮政分公司召开建制村直接通邮专题推进会议，投入1000余万元专项资金，为全区11092个建制村统一制作邮件接收柜和邮件接收点的牌匾，另行安排专项资金解决全区152条旗县—乡镇（苏木）邮路运输频次不达标问题。至11月30日，全区11092个建制村全部实现直接通邮，提前一年完成通邮任务。（内蒙古邮政分公司／提供）

【重庆市邮政分公司普遍服务建制村通邮达标工作】 重庆市邮政分公司开展邮政普遍服务和特殊服务。5月9日，在全国率先召开全市邮政普遍服务工作会议，进一步提高政治站位，凝聚履职共识。出台并深入落实《提升普遍服务特殊服务水平，拓展便民公益服务三年行动方案（2018—2020）》，为稳步提升普遍服务和特殊服务水平指明路径。深入开展“情系万家、信达天下”之平常邮件质量大提升活动，大力弘扬“一封信一颗心”光荣传统，积极履行“人民邮政为人民”服务宗旨。持续推动邮政普遍服务建制村通邮达标工作，全市建制村通邮达标率99.33%。机要文件失密丢损率为零，全市邮政机要通信工作实现26年质量全红。申诉处理满意率连续31个月100%，保持全国第一。（重庆市邮政分公司／提供）

【西藏建制村实现直接通邮】 截至12月1日，西藏邮政分公司按照《邮政普遍服务》标准规定，通过统筹自投和委托外包等方式，实现全区5467个建制村直接通邮，每周投递频次3次，这标志着全区所有行政村的村民足不出户便可享受邮政上门服务了。建制村直接通邮是贯彻中央民族工作会议精神，紧紧围绕“五位一体”总体布局和“四个全面”战略布局的具体举措，对发挥邮政服务地方经济发展、促进社会安定和谐具有积极促进作用。据了解，为全面提升西藏普遍服务水平，贯彻落实国家邮政局和集团公司“十三五”时期建制村直接通邮的工作要求，西藏区分公司以提升建制村直接通邮的全面性、稳定性和规范性为目标，科学制定通邮标准、优化农村邮政资源配置，着力破解建制村直接通邮“瓶颈”，全面实现全覆盖、可持续的建制村直接通邮，充分发挥了邮政服务地方经济发展、促进社会安定和谐的作用。（中国邮政官网）

【青海省建制村实现全面直接通邮】 10月30日，青海省4139个建制村全面实现直接通邮，建制村直接通邮率100%。为解决全省建制村直接通邮“最后一公里”难题，青海省邮政分公司在实施进程中，坚持做到“六个确保”（即：确保建制村通邮标准；确保全面开通县乡邮路；确保委托投递协议规范；确保界定边远地区建制村范围；确保普遍服务标准开展建制村通邮；确保完成乡镇投递网建设。）；“四个固定”（即：严格执行固定人员、固定频次、固定地点、固定协议的普遍服务标准），通过量质并举的有力措施，长期困扰农牧区直接通邮“最后一公里”的最大瓶颈得到全面疏通。青海省3118个建制村达到每周三次投递频次，953个边远地区建制村和68个非边远地区建制村还将在后期持续推进投递频次达标工作。（青海省邮政分公司／提供）

重大活动和重大事件服务

【上海市邮政分公司严保“进博会”服务安全】 11月5日，首届中国国际进口博览会（以下简称“进博会”）在上海开幕。上海市邮政分公司高度重视“进博会”期间服务工作，要求上海市邮政寄递事业部提高政治站位，充分认识服务“进博会”的重要意义，全力以赴确保“进博会”服务安全万无一失。

上海市寄递事业部确立了坚持“三个统一”的工作原则，即坚持市分公司党委统一领导，全面落实全网进口邮件和同城邮件的安检；坚持统一部署，制定上报工作方案，召开各级动员大会，层层签订安全协议书；坚持统一标准，明确禁限寄范围标准和违禁物品处理办法，对全网进口邮件和同城邮件全数进行3次过机安检。在上海市分公司“进博会”领导小组的领导下，上海市寄递事业部成立“进博会”安全工作小组，相关部门、单位各司其职，加强协作联动，确保各项工作任务、应急预案有效落实，并设立了安检督导组、业务协调组、后勤保障组3个专项工作小组，从严从实从细抓好“进博会”安保工作。在“五个100%”（收寄验视率100%、实名收寄率100%、协议客户安全协议签订率100%、进口邮件安检率100%、安全承诺书签订率100%）的基础上，上海市寄递事业部还加强对重点单位、关键岗位人员的管控，对从事邮件安检、内部处理及进入国家会展中心服务的人员进行从严筛选，严格落实100%人员背景审查。10月23日起，“进

为庆祝中国国际进口博览会顺利举办发行的邮票。

博会”总体安保工作进入实战阶段，上海市寄递事业部全面启动邮件安检方案，不折不扣地落实“1次省际进口邮件和同城邮件全数安检+1次青浦区进口邮件全数安检+1次进场馆邮件全数安检”，以最佳状态、最高标准、最严措施全力做好寄递渠道安全保障工作，为“进博会”成功举办营造安全稳定的环境。

各地邮政严格执行收寄验视制度，对寄往上海的邮件100%安检、发往上海路向的各类邮件及总包袋牌100%粘贴安检标识。同时，加强邮件运输安全管理，确保网运生产各环节安全畅通。（中国邮政官网）

【福建省邮政分公司抗击强台风通信保障工作】 7月11日，第8号台风“玛莉亚”（强台风级）的中心于09时10分在福建连江黄岐半岛登陆。面对来势汹汹的“玛莉亚”，福建邮政积极响应，充分发挥连续作战的精神，全力做好抗击台风应急邮政通信保障工作，确保福建邮政运行情况正常。（福建省邮政分公司／提供）

【陕西省邮政分公司应对冰雪天气确保安全运营】 针对全省各地出现大面积低温、雨雪冰冻天气，全省邮政各级单位认真落实省分公司要求，不等不靠，采取措施，积极应对，确保邮政安全生产和职工生活保障。（陕西省邮政分公司／提供）

【湖北省邮政分公司服务2018武汉马拉松赛事】 4月15日，省分公司在武汉国际博览中心以及汉马赛道沿线设置“时光邮栈”“奔跑邮栈”“拼搏邮栈”“生机邮栈”四大主题邮栈服务“汉马”。同时，省分公司领导及来自全省邮政各单位的110名代表组成跑团，分别参加汉马全程、半程和健康跑三项赛事，展现邮政形象。（湖北省邮政分公司／提供）

【新疆邮政分公司服务维稳试点工作在和田启动】 5月16日，和田地区分公司在和田县英艾日克乡巴什阔尕其村举行“访惠聚”流动服务启动仪式，拉开新疆邮政服务维稳工作的序幕。邮政流动服务“访惠聚”工作，是经新疆区分公司总经理专题会议多次研讨并制定推动实施方案，和田地区分公司22个乡镇邮政所为11个“访惠聚”驻村工作队和广大村民提供商品代购、药品配送、包裹寄递等服务，解决了各“访惠聚”工作队出行不便，购物难、取现难、取件难的问题。让当地老百姓体验到了比城市更到位的上门服务，在农村树立了中国邮政的良好形象，提升了邮政品牌的农村覆盖面和知晓度。（新疆邮政公司　汪春梅／提供）

服务质量

【服务质量监督检查】

1. 强化信息系统支撑，加快推进服务质量监督检查系统的建设和应用，完成系统功能模块的开发和全国上线运行工作。

2. 加强非现场检查，组织对全国31个省、31个地市、31个中心局、27个县的服务质量监督检查资料进行调审，发现、督促整改4类、35项问题，促进服务质量监督检查工作质量提升。

3. 加大监督检查力度。组织保障两会邮政服务安全暗查暗访、巡视专用信箱的督导检查和服务质量综合检查，检查结果进行全国通报，确保通信服务质量总体运行平稳。

4. 加大重点问题核查和处理力度。调查个别省巡视信箱邮件寄递渠道不畅问题，并督促相关省的问题整改到位。调查特快邮件延误问题，促进邮速IT系统融合，推进智能跟单系统上线，实现问题邮件的实时监控。

5. 做好邮政企业“扫黄打非”管理工作，全国各级邮政企业共查堵非法出版物13876册，有效防止非法出版物通过邮政渠道传播。（市场协同部／提供）

【服务质量及管理水平统计资料】 邮政客户满意度84.2分（国家邮政局尚未正式发文），比上年上升2分。申诉处理满意率达到98.6%，比上年上升0.5%。乡镇网点覆盖率100%，建制村直接通邮率98%。保证党和国家机要通信安全畅通，全国82%的县以上城市党政机关实现《人民日报》当日见报。标准快递56个重点城市核心区域互寄次日递率79.8%，比上年提升10%；省内互寄次日递率89.7%，比上年提升0.5%。三大国际评级机构给予邮储银行的综合评级处于中国商业银行最优水平。（市场协同部／提供）

【提升普遍服务特殊服务水平拓展便民公益服务三年行动计划】 集团公司推进三年服务质量提升工程。制定印发《中国邮政集团公司三年服务质量提升工程实施意见》，以全面质量管理理念为指导，提升服务质量管理能力，推动邮政质量变革。一是全面开展平常邮件质量大提升活动，提出“七必须、七严禁”总体要求，加强环节管理，平信丢损率明显好转，平常邮件损失率比上年下降67.14%。二是开展客户投诉专项整治活动，客户申投诉大幅下降，邮政分公司申诉率比上年下降59.7%；邮储银行客户投诉比上年下降69%；中邮保险万张保单投诉量比上年下降31.7%；中邮证券投诉率超额完成活动目标；寄递事业部投诉率比上年下降44.4%，申诉率比上年下降65.7%。三是深入开展邮资票品打假专项活动，制定《邮票打假管理办法》，开发邮票真伪鉴定系统并上线运行，举办邮票真伪鉴别培训班，邮票打假工作进入常态化，假邮票使用量显著下降。（市场协同部／提供）

北京市邮政分公司开展“提升服务质量大学习、大讨论、大反思、大检查、见行动”活动，引导员工增强服务意识，努力提升服务水平，客服工单量比上年减少64.33%，进口及时妥投率比上年提高12.4%，标快同城次日递率比上年提高7.29%；组织开展普遍服务专项检查，实现“三个提高、三个确保和三个百分之百”的目标；保证房山大安山地质灾害断路区居民用邮需求，得到地方政府、周边单位和居民的高度认可，市邮政管理局称赞北京邮政“用实际行动践行了人民邮政为人民的服务宗旨”；完成“双11”旺季生产工作，营运分投环节部分关键指标再创新高，服务质量、成本控制都好于预期，改革红利正在显现。在同城落地配业务量增长213%的情况下，成本支出比上年减少653万元，降幅20%，快递包裹城市当日妥投率95.69%，比上年提升17%；门头沟区分公司被评为“2018年度信息通信行业用户满意企业”；东城区分公司、顺义区分公司被评为“2017年度全国邮政用户满意企业”。（北京市邮政分公司　陈丽涵／提供）

保障运输时效。

3月6日，河北省邮政分公司召开全省服务质量年启动会，并印发《河北省邮政分公司服务质量年实施方案》，持续加大保障投入、健全邮政普遍服务网络。补白局所正常运营率100%，乡镇网点覆盖率100%，建制村直接通邮率100%。（河北省邮政分公司／提供）

5—7月，海南省邮政分公司60多名机关和直属单位领导干部以“不打招呼”的方式，对全省所有426个普遍服务网点营投规范、市场竞争状况和员工思想动态情况深入基层网点调研检查活动，并寄发试验信函测试平信寄递时限和寄递安全，切实提升邮政普遍服务质量。（海南省邮政分公司／提供）

7月24日，省分公司出台《中国邮政集团公司湖北省分公司提升普遍服务特殊服务水平，拓展便民公益服务三年行动计划（2018—2020）》（鄂邮公司函〔2018〕203号）。明确用三年时间稳步提升普遍服务和特殊服务水平，至2020年末，全省普遍服务网点规模保持1680个左右，农村乡镇局所覆盖率达到100%，全省建制村实现100%直接通邮。邮政营业网点全面实现电子化和移动支付，绿色包装箱出售覆盖95%的网点；国内普通给据邮件查询3天回复及时率95%，11185客服中心服务满意度达到96%。县及县以上城市党政机关《人民日报》实现100%当日见报，政务图书发行覆盖90%以上县及县以下区域；全面配备安防设备，确保机要通信安全畅通。开通政务服务网点1400处；邮乐购店3万家；“爱心邮路”“预防邮路”覆盖17个市州。（湖北省邮政分公司／提供）

8月，天津市邮政分公司制订并下发《中国邮政集团公司天津市分公司“提升普遍服务特殊服务水平，拓展便民公益服务”三年行动计划》。该计划是根据《中国邮政集团公司关于提升普遍服务特殊服务水平，拓展便民公益服务三年行动计划（2018—2020）》而制订的。计划出台后，各单位积极响应，做好信息系统推广应用，切实加强邮政营业、投递等能力建设，争取政府的各项政策支持，为提升普遍服务水平提供有力保障。（天津市邮政分公司／提供）

9月3日，贵州省邮政分公司《提升普遍服务特殊服务水平，拓展便民公益服务三年行动计划》正式出台，提出到2020年，要实现总体规划目标，即普遍服务网点规模保持1828个，农村乡镇邮政局所覆盖率达到100%，建制村保持100%直接通邮，确保普遍服务达标。邮政营业网点全面实现电子化和移动支付，绿色包装箱出售覆盖95%的网点；国内普通给据邮件查询3天回复及时率

95%，5天内按章赔偿率90%，11185客服中心服务满意度96%，普遍服务水平得到全面提升。全力保障特殊服务县及县以上城市党政机关100%实现《人民日报》等主要党报党刊当日见报，政务图书发行覆盖90%以上县及县以下区域；全面配备安防设备，确保机要通信安全畅通、万无一失。致力拓展便民公益服务，开通政务服务网点1200处，高效便民服务交易量达到10亿元；邮乐购店达1.2万家，农村电商交易额突破千万元。“爱心邮路”覆盖各市州分公司；“预防邮路”覆盖3个市州。（贵州省邮政分公司／提供）

陕西省邮政分公司出台提升普遍服务特殊服务水平，拓展便民公益服务三年行动计划。提出要做好30项具体工作，力争经过三年努力，到2020年实现四项目标。（陕西省邮政分公司／提供）

宁夏邮政分公司研究制订《提升普遍服务特殊服务水平拓展便民公益服务三年行动计划（2018—2020）》宁夏行动计划和2018年建制村直接通邮实施方案，推进农村地区揽投网建设，强化“邮乐购”站点建设，健全邮政普遍服务网络，促进全区邮政普遍服务水平明显提升，全区邮政补白局所正常运营率100%；乡镇网点覆盖率100%；建制村直接通邮率100%。（宁夏邮政分公司／提供）

【平常邮件质量大提升活动】 根据集团公司平常邮件质量提升电视电话会议精神和《关于全面开展平常邮件质量大提升活动的通知》要求，6月，上海市邮政分公司启动平常邮件质量大提升活动，明确“七必须、七严禁”总体要求和“九项具体指标”，围绕平邮质量组织管理、营业/网运/投递“三大”环节管理、寄递质量专项测试等五方面开展督查整治。经集团公司对上海市分公司的专项验收检查，未发现存在较大隐患和问题，基本实现活动预期目标。（上海市邮政分公司／提供）

6月20日，贵州省邮政分公司开展平常邮件质量大提升活动。要求深刻认识提升平常邮件质量是政治担当、社会责任、历史担当的需要，要充分正视当前平常邮件存在的突出问题，严格管理和制度执行，规范作业行为，落实环节管控，严控作业质量，加强监督检查，落实责任考核；成立“一把手”挂帅的领导小组，组织开展“一封信 一颗心”主题教育和业务大练兵、大培训，严格执行“七必须，七严禁”，确保九项服务质量指标达标，按照标准配齐投递质检人员，完善考核机制，常抓不懈，全面提升贵州邮政普遍服务水平。（贵州省邮政分公司／提供）

【山西省邮政分公司开展投递服务质量专项整治活动】 6月15日，山西邮政启动提升投递服务质量专项整治活动。活动期间，省分公司对投递人员开展“一封信一颗心”主题教育培训，通过学习先进事迹，提高失业道德水平；学法律法规和标准规范，提供服务技能；加强警示教育，杜绝各种违规行为。同时，针对平信报刊投递服务质量开展专项整治，分阶段打好邮件退转不规范、跟段检查不落实、收发室村邮站逾期邮件不清退等问题的“三打歼灭战”工作，落实“三个百分之百”目标。通过全面推进投递外勤监控系统应用，合理设置监控点条码，反映投递行走路线；坚持做好建制村直接通邮工作；强化投递服务质量，重点业务邮件投递服务规范管控。7—12月，省分公司组织开展平常邮件质量大提升活动，以加快实现平常邮件收寄、分拣封发、运输、投递和清（改）退质量水平的全面提升。活动以聚焦问题短板，加强环节管控，规范作业行为，强化监督检查，严格履职考核，提升客户体验为总体要求，围绕“七必须、七严禁”具体指标，分自查自纠、省公司检查与督促整改、回头看3个阶段开展。（山西省邮政分公司／提供）

运输质量提升。

【辽宁省邮政分公司窗口服务和运行质量“双提升”活动】 落实中央巡视整改要求，创新网格化检查方式，开展窗口服务和运行质量“双提升”活动，邮政普遍服务达标工作有序推进，平常邮件质量提升考评指标列全国第1位。采取以租代建方式，完成全省137处普服网点监控设备建设达标工作，节省企业资金3300万元。完成中央第六巡视组、环保督察组专用信箱通信保障服务任务。机要通信保持32年安全无事故，列全国第1位。（辽宁省邮政分公司）

【山东省济宁市政府审批通过邮政基础设施规划方案】 5月10日，济宁市人民政府下发《济宁市中心城区邮政设施专项规划（2017—2030年）》文件，审批通过济宁邮政基础设施规划编制方案，使济宁成为全省邮政第二个获批的市级分公司。此次邮政基础设施规划以《济宁市城市总体规划（2014—2030年）》为指导，共包含2处邮件转运中心和2处电商仓储基地的规划迁址提升、43处邮政支局的提升迁址新增、28处投递网点的提升新增以及126处报刊亭、300处智能包裹柜的建设提升等。（山东省邮政分公司／提供）

业务发展

◇ 邮政业务

◇ 邮政金融业务

◇ 速递物流业务

◇ 中邮保险

◇ 中邮证券

邮政业务

【概述】

一、普遍服务和特殊服务水平

1. 普遍服务基本达标。完成《邮政普遍服务“十三五”规划》中期主要任务和“普遍服务三年行动计划”阶段目标。全国乡镇邮政局所覆盖率100%，补白网点正常运营率100%，全国建制村直接通邮率98%。全面实施普通包裹按址投递。机要通信实现保密安全万无一失。党和国家重大活动期间确保邮政渠道收寄安全。全国82%的县以上城市党政机关实现《人民日报》当日见报。国家邮政局通报12月消费者对邮政服务问题申诉比上年下降55%，消费者对邮政服务问题有效申诉比上年下降76.3%。

2. 服务水平明显提升。普服业务办理更加便捷。完成全国1.1万处手工网点电子化，全国邮政普遍服务网点的电子化率100%，开通移动支付的电子化支局3.8万处，占比70.6%。优化汇兑业务流程，新增短信验证码兑付和手机银行按址汇款兑付功能。加快在线业务平台建设，线上预约寄件、报刊订阅、明信片销售等功能投入使用。全国智能包裹柜布放9.2万台，发展人工自提代投点30万个，全国快递包裹自提率15%，新增投递电动三轮车9000多辆、手持智能终端3万余台。公益便民服务不断拓展。累计开通代办税务、交管、彩票等政务服务的网点达1.6万处、服务近6.3亿人次，日均办理交管业务6000笔、代开发票5万张。爱心包裹和母亲邮包项目募集7444.3万元，惠及54.9万名学生、6万名贫困母亲。全国开展“预防邮路”活动的地市195个。

二、经营发展

邮政公司收入1665亿元，增幅5.6%。其中代理金融业务收入993亿元，增幅5.5%；函件传媒业务收入62.7亿元；报刊发行业务收入83.9亿元，增幅2.3%；集邮业务收入84.6亿元；分销业务收入84.5亿元，增幅32.2%；增值业务收入26.4亿元；国内普通包裹业务收入6亿元。

1. 代理金融业务。坚持存款核心地位，加快中间业务转型，深挖渠道效能，发展质量和效益全面提升。稳定存款规模和市场份额，紧抓特色经济资金源头及重点客群，新增储蓄存款4129.1亿元，规模5.61万亿元，市场占有率8.34%。突出资产配置理念，提升复杂型产品营销能力。加大五年期趸交和期交销售力度，新单保费3293.4亿元，增幅11.2%。加快理财业务转型，净值型保有量占比提升6.4%。销售精选重点基金613.9亿元。持续推进网点转型，加强自助设备运营，压降现金台席2400余个。

7月16日，2018年高考录取通知书EMS投递工作正式开始。

开展手机银行活动，客户净增3081万户，规模1.4亿户。客户投诉减少2.4万件，比上年下降49.6%。

2. 函件传媒业务。全国函件传媒专业收入62.7亿元，其中基础函件业务收入44.4亿元。商函业务策划政务、教育等主题营销项目，发挥邮资机宣传戳优势，与传媒融合发展。封片卡产品创意研发能力提升，主题邮局渠道作用日益凸显。账单业务提供大客户数据清洗等综合服务，提高客户满意度。媒体业务有效推进，收入15.7亿元，增幅32.9%。互联网媒体继续保持高速发展。收入9.9亿元，增幅53.9%，服务全国各省52个行业的1.6万家客户。线下媒体构建政府和百姓沟通桥梁。收入5.8亿元，增幅6.7%，全国13个省实现联网运营。

3. 报刊发行业务。全国报刊发行业务收入83.9亿元，增幅2.3%。2018年度报刊收订流转额222.3亿元，增幅5.1%，其中报刊日常收订流转额13.2亿元，增幅31.3%。报刊新接办工作成效明显，新接办报刊208种，新增流转额3亿元。集订分送项目发展稳健，服务报刊百余种，项目规模13.1亿元，增幅10.1%。图书业务快速增长，销售收入5亿元，增幅41.7%，《习近平谈治国理政》第二卷和《习近平新时代中国特色社会主义思想三十讲》销量均过百万册，其中广东销售50多万册。数字媒体产品发行成效初显，实现销售额3.2亿元。2019年度报刊大收订目标完成，流转额218.5亿元，增幅4.3%，完成计划101.2%，在线业务订阅流转额实现15.3亿元，增幅91.2%。

4. 农村电商。分销业务收入84.5亿元，增幅32.1%。渠道建设量质提升。全国安装邮掌柜系统的站点64万家，邮乐小店下载安装量920万，“一绑多”网点减少6.7万个。批销业务快速增长。20个批销重点省累计实现批销额151.1亿元，增幅41.3%，打造金龙鱼等超亿元的总部大单品。农产品进城亮点纷呈。线下累计销售农产品23.1亿元，增幅65%，线上平台交易量1039万单，交易额1.3亿元，培育洛川苹果、砀山酥梨等畅销农产品项目。

邮政“919电商节”举办，批销额46.1亿元，其中自营销售额12.4亿元，零售订单1053万个，其中农产品785万单，扶贫农产品261万单，产生快递包裹346万件，各项经营指标均超预期。

三、支撑板块协同发展

1. 支撑金融板块发展方面。代理金融储蓄存款规模占邮银总量的76%，比上年底提升0.24%。邮银新增ETC发卡418万张（其中代理100.6万张），列同业第1位。中邮消费贷放款163亿元，小额贷款80亿元，营销信用卡30万张。实现中邮保险新单保费337亿元，增幅26.3%。新增中邮证券客户9万户，超额完成全年目标。销售中邮基金公司重点基金5.8亿元，列邮政渠道持营产品首位；邮乐网积分兑换金额1.6亿元，增幅200%。掌柜贷审批通过21076人，支用网点数1.2万个，支用金额8.2亿元，增幅216%。全国使用扫码支付的邮乐购店达5.9万个，扫码支付收款金额5.06亿元，增幅400%。

2. 支撑寄递板块发展方面。1—6月邮政包裹快递收入占邮速双方的45.6%。7月寄递翼改革后，国内普通包裹和窗口快递包裹业务规模保持稳定，业务收入10.6亿元，增幅8.3%。邮政公司有效落实县以下包裹快递投递工作，农村包裹快递投递量15.5亿件，占全网投递量33%，及时妥投率96%。邮乐平台收寄快递包裹946.8万件，嵌入“易邮自提”的邮乐购店40.6万个，代收代投3231万件，支撑包裹快递业务发展。（邮政业务局／提供）

【邮资类产品图稿审核】 邮资机宣传戳图稿审核456枚，封片卡图稿12.7万稿，完成61家平台资源商资质与1343个产品审核，审核及时率100%，在日常审核中6865个业务申请得到纠错或退回处理，未出现过任何重大审核事故。新增中邮传媒业务平台产品审核，坚持以国家法律法规为准绳，确保资源商在平台开展的生产经营活动合法合规。配合集团公司开展全面彻底干净肃清有关违纪违法人员余毒工作，站稳守住意识形态工作前沿阵地。组织全国广告业务相关法律法规审核工作远程培训。（中国邮政广告传媒公司／提供）

【《第六届中国—亚欧博览会》纪念邮资明信片正式发行】 8月30日，第六届中国—亚欧博览会在新疆国际会展中心开幕，中国邮政在全国正式发行《第六届中国—亚欧博览会》纪念邮资明信片1套1枚，用国家名片的形式记录历史。当天14时50分，中国—亚欧博览会秘书处与中国邮政集团公司新疆区分公司联合在新疆国际会展中心登录大厅举行《第六届中国—亚欧博览会》纪念邮资明信片首发式，自治区人民政府党组成员黄三平等领导为纪念邮资明信片揭幕，发表重要讲话并在纪念邮资明信片上签名留念。中国邮政集团公司新疆区分公司已连续6年设立临时邮局，服务亚博会，成为亚博会上一道亮丽的风景线。（新疆邮政公司　汪春梅／提供）

【上海市邮政分公司以邮品宣传“中国航海日”文化主题活动】 7月11日，“中国航海日”文化主题活动在上海市举办。当日，上海市邮政分公司发行3枚主题邮资机宣传戳，其中“中国航海日吉祥物——海海、丝丝”邮资机宣传戳为彩色图案，是中国邮政首次发行的彩色邮资机宣传戳，仅发行三日。航海邮局将航海文化与邮政文化巧妙融合，推出《上海航运文化十大地标》连体明信片、《共绘航海梦》邮资明信片套装等邮品。（上海市邮政分公司／提供）

【海南省邮政分公司举办“我爱明信片·美丽海口寄出去”大型公益宣传暨2018年中国邮政贺年有奖及日常明信片开奖活动】 3月11日，为庆祝海南建省办经济特区30周年，海南省分公司举办“我爱明信片·美丽海口寄出去”大型公益宣传暨2018年中国邮政贺年有奖及日常明信片开奖活动。当日，同步举办“绿水青山·最美邮路”系列主题赛——海口路跑活动。（海南省邮政分公司／提供）

【《多彩贵州》普通邮资明信片全国开售】 10月15日，中国邮政集团公司发行《多彩贵州》普通邮资明信片一套一枚，面值80分，这是贵州省第一次将“多彩贵州”的整体形象搬上方寸。贵州电视台、贵州都市报等媒体对发行仪式进行宣传报道。“多彩贵州”邮资明信片由2016年丙申年猴票和2017年丁酉年鸡票的雕刻者刘明慧设计，邮资图案以“多彩贵州”为主线，秉承天人合一、知行合一的理念，以不同的色块表现出贵州红色文化、山地特色和民族文化特色。主图选取了遵义会议会址、贵州大瀑布、侗族建筑等的贵州特色元素和500米口径大射电望远镜，配以“贵州”形象标识和蜡染图案，展现出多彩贵州最美的风景。“多彩贵州”邮资图采用由贵州民族大学“贵州少数民族艺术数字化创新团队”制作的AR增强现

邮乐购新卫加盟店店主陈清雅帮顾客在邮乐网上挑选商品。

实技术，通过手机 QQAPP 扫一扫功能，扫描邮资图一面的明信片即可以观看贵州旅游宣传片。同日，贵州邮政利用该邮资图印制“贵州山水图”九连明信片，明信片展示了包括青岩古镇、甲秀楼、遵义会议会址、海龙囤、赤水丹霞、乌蒙大草原、黄果树瀑布、肇兴侗寨、织金洞、梵净山、西江千户苗寨、马岭河峡谷、万峰林、中国天眼、施秉云台山、小七孔、樱花园等贵州省主要风景名胜区。（贵州省邮政分公司 / 提供）

【中邮函件传媒业务】

一、全国邮政媒体业务整体增势良好

函件传媒收入 62.7 亿元，其中媒体收入 15.7 亿元，比上年增长 32.9%，连续 4 年保持快速增长。基础函件稳固发展，商函业务收入 11.1 亿元、封片卡收入 14.3 亿元、账单收入 15.1 亿元。

二、中邮传媒业务平台

全国 31 个省（市）平台业务全部破零，平台收入 3.1 亿元，粉丝数 4.4 万，服务客户 3009 个。加快平台建设，打通平台合同流、作业流、资金流，提升用户体验；强化应用管理，成立 6 个督导组，实行业务推进和服务支撑双向负责制，加快推进平台业务落地。中邮传媒业务平台成为全国优质传媒资源聚合运营平台、文化衍生品销售平台、文化惠民活动线上展示营销平台、集团总部函件传媒专业线上指挥调度中心。

三、线下媒体发展

全国线下媒体收入 5.8 亿元，比上年增长 6.7%。利用中国邮政研究院的专业技术，将庞大、分散的邮政线下媒体资源进行联网。13 个省实现联网运营，中国邮政特色媒体平台逐渐搭成，在“通民”“通政”“通商”发挥作用。

四、文化活动

1. 第二届明信片创意设计大赛招商收入 290 万元（总冠名 200 万元、启动仪式冠名 40 万元、其他收入 50 万元）。有学生、教授、设计师、画家等 1.5 万余人参赛，收到作品 2.4 万套，作品数量比上年增长 135%。

2. 在海口、大庆、沈阳举办三站“绿水青山 · 最美邮路”路跑主题赛，收入 741 万元，活动覆盖人群超 500 万人，路跑主题项目获得 2018 年中国广告协会经典案例奖。

3. 启动 2018 年全国书信文化进校园活动。湖南、新疆、辽宁等 18 个省组织开展书信文化进校园活动，其中湖南全省 126 万名中小学生参加，评选出 600 多篇优秀作品。

4. 联合多地政府、民间组织、企业探索开展“中国当代书画博士后全国精品巡展”、“华夏名人信札展”、“一带一路”丝路之桥、“寻找最美信使”、“文化扶贫”等活动，邮政文化活动品牌得到广泛传播，收入近 1000 万元。

5. 文化惠民活动开展 1574 场文化惠民活动，收入 1.56 亿元。用话剧、音乐剧、儿童剧、文化讲座、公益展览等百姓喜闻乐见、寓教于乐的文化活动把中国圣贤经典、时尚文化传递给老百姓。（中国邮政广告传媒公司 / 提供）

【黑龙江省邮政分公司利用新媒体平台跨界推动函件业务】

一、发展互联网媒体业务

省邮政分公司在地方重大活动、政府招商引资、旅游形象推广、政务宣传等方面，推进“腾邮峰会”营销活动。全省互联网广告收入 1486 万元，完成预算进度 74%，其中“腾讯朋友圈”广告业务各地市均实现破零，开发客户 224 家，投放单数 412 单，下单收入 593 万元，利润率 33%。

二、持续推进视频媒体广告屏业务

视频媒体广告屏业务是省邮政分公司建设自有媒体的一项重要组成部分，经过网站建设、设备安装调试等，下半年将工作重点放在广告招商、与社会大型广告平台对接等方面。全省安装机顶盒 959 台，绑定设备 907 台，并保证所有绑定设备全部在线；广告收入 201 万元，完成计划进度的 100%。播放素材主要集中在中小企业商业广告、邮政企业形象展示宣传片、邮储银行业务宣传片、邮政分销等邮政企业产品宣传、政务公益广告 5 大类，其中商业类广告所占比重约为 58%。

三、封片卡项目以渠道需求为导向

突出重点产品营销，主推旅游、文创、媒体化刮刮卡等封片销售。全省封片产品销售收入 3717 万元，其中媒体刮刮卡收入 1271 万元，完成预算进度 254%；函件旺季营销国版要数收入 967 万元，完成预算进度 81%。

四、推进儿童剧演出为载体

全省文化惠民巡演活动以儿童剧演出为主要载体，全省演出 35 场，完成计划场次的 18%；形成收入 335 万元，完成预算进度 56%。（黑龙江省邮政分公司 / 提供）

【中国邮政公益包裹项目】 发挥邮政网点优势，借助微信平台，加大线上线下活动宣传，组织开展“99 公益日”“善行 100 温暖行动”等公益活动。捐赠额 7444.3 万元，受理公益包裹 60.9 万件。自项目开办以来，惠及 585.7 万名学生、88.4 万名贫困母亲。（邮政业务局 / 提供）

【中国邮政中欧班列铁路运邮国际小包业务开通】 11 月 8 日，中国邮政中欧班列铁路运邮国际小包业务正式开通，这标志着国际邮件可以搭载中欧班列直达欧洲腹地，实现欧洲 23 国“自由行”。中欧班列铁路运邮目前开通两条线

陕西商洛柞水县开展爱心包裹发放活动。

路，分别为重庆线和义乌线。重庆线中邮国际小包开办城市为重庆、广州、深圳、东莞四地，义乌线中邮国际小包开办城市为义乌和杭州两地。两条线路均可通达西班牙、荷兰、英国、意大利、瑞典、比利时、法国、捷克、德国、挪威、白俄罗斯、瑞士、波兰、斯洛伐克、芬兰、立陶宛、丹麦、爱尔兰、葡萄牙、奥地利、乌克兰、拉脱维亚、匈牙利23个欧洲主要国家。此次中邮国际小包铁路运邮业务开办了陆运平常、挂号和跟踪小包三类产品，陆运平常小包可提供收寄信息，挂号小包和跟踪小包全程可跟踪，全程时限25—35天。也就是说即便是寄到距离义乌1万公里的挪威，中国邮政所提供的中欧班列铁路运邮业务也可在一个月左右的时间抵达目的地，完全可以满足跨境电商客户寄递需求。中欧班列铁路运邮业务的开办响应了国家"一带一路"倡议，解决电商及个人的跨境邮寄问题，未来将不断拓宽邮寄范围，提高邮寄效率。（中国邮政官网）

【各省级邮政寄递事业部全力备战"双11"】 2018年"双11"是邮政寄递事业部改革后迎来的第一个业务旺季。各省（区、市）邮政寄递事业部按照集团公司寄递事业部总体部署准备就绪，围绕"保平稳、保畅通、保安全、保重点、保客户体验"的目标，全力做好"双11"旺季生产经营工作。

北京市寄递事业部对经营、运营、服务、管理进行系列部署，建立三级保障体系及邮件分级预警机制，为"双11"做好运输、投递、处理能力的保障。市场部以利润为导向，有的放矢做好市场的开发工作；速递部聚焦核心区域，结合假日经济开展各项营销工作；快递包裹部以"有目标、有重点、有方法、有支撑"为总体营销思路；服务质量部明确客服工作的重点和难点，做好前期准备，确保关键环节服务质量。

河北省邮政寄递事业部充分整合邮速双方人力资源，通过外包、内部承包等模式，扩充揽收队伍，提前做好人员培训。在运输处理方面，石家庄邮区中心局和廊坊邮区中心局两大处理中心均与委办运输公司进行洽谈，运输公司保证每日至少给两个处理中心供应680辆运输车，保证一级干线邮路运输需求。根据"减少省际经转、够量直达"原则，河北邮政寄递事业部计划在生产旺季增开一级干线汽车邮路37条。

内蒙古寄递事业部充分整合邮速双方的营销资源，进一步明晰市场定位，增强综合服务解决能力。在保障"双11"进口邮件投递服务的基础上，着力做好"网购退换货"省际标快业务。强化专业联动和平台对接，依托"标准箱"加快农特产品寄递市场的开发。精心组织，做好菜鸟等重点区内落地项目的服务支撑保障工作。市级邮政层面全面实施快递包裹邮件"PDA一次扫描勾核"下段模式，县级邮政层面深入推进接卸、分拣、投递"三合一"作业模式，进一步提高邮件处理效率。

辽宁省寄递事业部详细制订旺季客户走访计划，各单位对重点项目及一级以上大客户实现100%走访，了解客户需求和用邮动态，详细介绍邮政运行保障方案，确保大客户、大项目旺季用邮稳定。省、市两级邮政寄递事业部还分别成立旺季安全保障工作领导小组，制定应急预案，持续推进邮件安全整治活动，加强行车安全教育，确保"双11"期间人员、邮件、车辆安全。

吉林省寄递事业部全方位制定长春邮区中心局生产预案，同时加强对包件分拣机的检查和维护，完成PDA等设备返修、返厂和电梯的维修保养工作。长春中心局根据气温变化，调整油料型号。该局食堂增加人手，调整开餐时间，保质保量为"双11"期间就餐员工提供"热乎饭"。安保人员两人一班，24小时值班。电工室和锅炉房等处也备好了应急物料，确保发电机能提供备用电力。

黑龙江省寄递事业部围绕"双11"及旺季生产制订切实可行的计划，将计划分解到每一天、每一小时，分解到每个战区和班组，分解到每个环节，做到合理安排、环环相扣、节节相连、无缝衔接。同时，实行责任制，做到层层负责、人人有责。黑龙江省邮政寄递事业部要求各单位充分认识"增强揽投能力就是提高发展能力，增加揽投人员薪酬待遇就是提高竞争力"，对于道段缺员，要及时补齐；对于奖励措施，要兑现到位，保持一线揽投队伍的稳定。

浙江省寄递事业部将着力做好"6+1"工作。其中，"6"是指6项扎实推进的"规定动作"，包括优先发展高端标快业务，保品质、增效益；持续提升电商业务发展质量，保份额、控成本，特别是要优化收寄作业组织，有效提高效益效率；优化发展仓配业务，保效率、强支撑；发挥资源的最大效益，同步推进基层经营单元整合工作；支

旺季生产动员。

撑后端要坚决执行“保平稳、保畅通、保安全、保重点、保客户体验”工作要求，重视生产调度纪律的执行；全力保障“双 11”旺季生产客服支撑。“1”是指“双 11”旺季各项工作、各个环节都要有一个应急预案。

安徽省寄递事业部重点将城市邮政包裹快递揽投的场地、人员、车辆、设备等资源与速递揽投网进行充分融合。调配生产、行政用车和租用社会车辆，并采取私车公助的形式，用于保障投递生产。加强智能包裹柜检修，在邮乐购站点叠加代投自提功能，提高终端投递效率。加强对社会代投自提点、单位收发室、大中专院校代投点的业务指导，确保投递服务保障到位。

广东省寄递事业部成立“双 11”营销战役指挥部，负责落实“双 11”旺季生产期间全省资源保障、市场营销、网络运行、系统技术、客户服务、安全生产等组织支撑保障工作。同时，战役指挥部下设资源保障工作组、国内标快工作组、快递包裹工作组、仓配一体工作组、国际出口业务工作组、国际进口业务工作组、运营支撑工作组、信息技术工作组、服务质量工作组等专项工作组，将各项工作落实到相关部门、关键人员。各市邮政寄递事业部、各直属单位也成立“双 11”旺季营销战役指挥部和各专项工作组，从组织上、资源上保障各项工作全面落实到位。

广西寄递事业部提出，要抢旺季、抓重点，促进效益型业务发展，加大规模型业务拉动；要抓亮点、拓市场，抓好冷链生鲜水果市场拓展，理顺激励机制，强力推进项目营销工作。广西区邮政寄递事业部还精心组织，充分准备，做好旺季生产的场地、设备、人员、运输、投递、安全、监控、信息系统等各项能力准备。

“双 11”期间，云南省寄递事业部客服中心、各市（州）寄递事业部服务质量部及昆明邮区中心局各级客服部门将执行 24 小时调度值班制度，并及时处理生产运行中的突发问题。各级客服部门落实“首问负责制”，确保客户沟通顺畅，全力解决问题，提升整体服务意识、服务质量和客户满意度。同时，充分利用双跟单系统监控和疏导积压邮件。

西藏快递市场处在一个较快的发展时期，为做好旺季生产，西藏区邮政寄递事业部市场部组织本部及各地市邮政寄递事业部进行“双 11”前协议大客户拜访和维护工作，同时召集相关部门和拉萨邮区中心局制定旺季生产网络运营保障方案，以确保邮件传递时限。

陕西省寄递事业部根据经营生产需求，做好邮速场地、人员、设备、车辆等相关整合工作，提前制定场地扩容方案，确保各级处理中心和揽投点部设施设备、人员、运能等储备到位。指挥调度实行全环节、全流程、全时段管控，“业务、调度”双人值守，加强现场巡查，协调经营生产，全面实行动态指挥，确保各项命令执行到位。

新疆寄递事业部对物流业务分公司乌鲁木齐市营业部、乌鲁木齐市邮政寄递事业部电商中心、乌鲁木齐邮区中心局航空邮件处理中心的设备运行、消防安全等情况进行了检查，对存在的安全隐患及时梳理、立查立改，确保旺季生产安全畅通。（中国邮政官网）

【上海市邮政分公司储蓄余额规模增幅全国第一】 11 月 15 日，上海市分公司储蓄余额规模突破千亿，新增存款比上年增幅排名全国第一。截至年底，上海市邮政分公司金融客户总数突破 854 万户，净增 22 万户，其中 VIP 客户 42.7 万户，净增 4.2 万户。资金净流入 211.5 亿元，比上年增加 44.4 亿元。（上海市邮政分公司 / 提供）

上海市邮政分公司员工深入菜场宣传代理金融业务。

【山西省邮政分公司推进代理金融差异化服务体系建设】 为宣传业务和营造声势，5 月 22 日，省分公司与三晋都市报社，在全省启动“花样年华·畅邮三晋”旗袍秀大赛。大赛采用线上微信海选与线下现场总决赛相结合的方式进行。该活动得到全省广大旗袍爱好者的喜爱、追捧和踊跃报名。海选阶段全省报名团队 280 支，参赛人数 4000 余人，网络访问量突破 1000 万次。7 月，山西邮政启动代理金融差异化服务体系建设。省分公司提出，柜面服务方面重点推进 4 项规范礼仪服务，加快柜面业务办理，优化办理流程，同时做好客户识别和业务转介服务。厅堂服务方面重点推进“8+N”模式推广。9 月，省分公司在全省代理金融网点推行一站式健康服务模式。一站式健康服务模式是省公司践行“以客户为中心”理念的重要举措，是金融差异化服务体系增值服务“4+N”模式中一项重要的规定动作。（山西省邮政分公司 / 提供）

【天津市邮政分公司获全国代理金融跨年营销多项荣誉】 10 月，在全国邮政代理金融跨年度营销活动评比中，天津市邮政分公司以 95.11 的高分夺得“十强”省分公司先进单位称号。宝坻、宁河、静海、西青区分公司获得此次跨赛“百优”地市先进集体称号；宝坻区建设路营业所、北辰区辰昌路营业所、西青区上辛口营业所、河东区新开路营业所、宝坻区八门城营业所、河西区东江道营业所获跨赛“千佳”先进网点称号。（天津市邮政分公司 / 提供）

【广东省邮政分公司代理金融深入践行对标管理】 一是推进行业竞争对标，对比代理金融与商业银行之间目标客群和产品定位的差异性，通过非利率竞争体系的提升来实现差异化营销，通过“小钱 + 健康”“小钱 + 贴心”“小钱 + 亲情”“小钱 + 特色”等活动组织促资金增长。

二是推进业务流程对标，认真分析银行同业的服务流程，借助科技化手段，逐步探索业务流程再造。基本完成智慧银行网点平台系统的全省推广，分阶段推广网点智慧银行网点平台，实现微信预约、软呼叫、业务免填单、客户身份识别无纸化、客户信息联动查询、VIP 到访提醒等功能。试点推广客户身份识别无纸化系统，对标省分行，在免填单系统叠加了身份证复印无纸化和联网核查结果打印无纸化功能，实现“客户身份识别无纸化”。系统开发和调试完成，并在广州、江门、阳江市分公司部分代理网点参与试点。

三是推进激励考核对标，开展市、县、网点三级对标活动，营造快牛快跑、慢牛加速跑的氛围，鼓励网点对标先进、追赶超越，通过市、县、网点三级对标学习先进经验，以标杆带动区域提升；组织“学阳江、促发展”地市对标。（广东省邮政分公司 / 提供）

【黑龙江省邮政分公司基金理财业务】 省邮政分公司围绕收入目标，重点推动理财业务转型发展、开展重点基金营销工作，确保基金理财业务平稳发展。一是净值型理财转型发展。理财销量 420 亿元，列全国第 7 位；理财保有量（时点）规模达 166 亿元，列全国第 10 位，其中净值型理财保有量 3.44 亿元。二是重点基金营销工作。为拉动收入增长，组织开展全省重点代销基金业务营销活动，推动重点代销基金和首发基金两项指标。重点基金加权销量 1.08 亿元。三是开展基金定投专项营销活动。针对存量基金定投客户进行分析，根据客群特征提取三类目标客户 30.49 万户，组织开展全省理财经理“步步为营”基金定投专项营销活动。6—11 月，活动期间新增基金定投客户 4000 户，扣款额 85.58 万元。

全省理财日均保有量 185.35 亿元，规模列全国第 9 位；理财保有量（时点）166.85 亿元，全国排名第 10 位；重点基金加权销量 1.08 亿元，销量列全国第 10 位，比上年增长 89%；基金定投偏股型扣款金额 0.64 亿元，列全国第 8 位，比上年增幅 6.6%；基金定投有效户规模 1.59 万户；全省国债销量 5.25 亿元，列全国第 8 位，比上年增幅 17.17%。（黑龙江省邮政分公司 / 提供）

【广东省邮政分公司简易保险业务】 保费 9.1 亿元。其中非车险保费 5.8 亿元，比上年增长 66%，收入 1.59 亿元，比上年增长 47%。一是全省 1639 个机构实现保险兼业代理许可证续期，其中省市区分公司 99 个，网点 1540 个，新增 12 个持证网点。二是坚持以季度营销为抓手，先后开展“开门红”“创规模”“强突破”“上台阶”活动。三是强化县域为单位的 PK 营销活动，进一步夯实县域发展基础。启动简易险“决胜 2018”地市、县区 PK 活动，在市、县层面进行分战区、分组进行营销竞赛。四是升级非车险产品，先后新开发“人人安康”“保福满屋”“全家保”等产品，不断提升邮政渠道产品的竞争优势，而且通过调整产品结构，进一步提高了产品的收益，为邮政企业的创收不断提高含金量。五是推广邮掌柜站点转介营销探索，扩大简易险销售渠道覆盖面。紧随农村电商站点建设工作，在全省范围内推广了简易险在邮掌柜站点转介营销工作。六是规范业务标准作业系统。除深圳外全省各地均统一推广和使用了电子商务平台简易险作业系统，为合规管理打下坚实的基础。全省非车简易险系统支撑出单 189 万份，系统功能得到优化和提升。七是加强简易险合规管理，为业务发展简易险创造良好空间。（广东省邮政分公司 / 提供）

【高效增值业务拓展】 税邮合作覆盖 22 个省 14074 处邮政网点，日均代开发票 5 万张，实现代理手续费收入 5.7 亿元。警邮合作范围扩至 31 个省 2639 处邮政网点，办理业务 93.7 万笔。浙江、广东、吉林、江苏等省先后推出高收益的“警医邮”（35元/笔）和机动车解抵押CA认证服务（年费130元），不仅实现高净值用户的引流变现，更是响应“放管服”的重要举措，体现“人民邮政为人民”的宗旨。简易险实现高速发展，打造“一点接入、多渠道共享”的简易保险销售管理平台，上线9家保险公司的188款产品，保费13.4亿元，收入3.67亿元，比上年增长121%。（电商分销局/提供）

【邮政网点代办公安交管业务“警邮合作”延伸服务】 为主动适应城乡汽车大发展、人员货物大流动新形势，深化“放管服”改革，公安部、国家邮政局、中国邮政集团公司在试点基础上，部署推行邮政网点代办公安交管业务，创新“警邮合作”服务模式，将交管服务延伸到社区、延伸到县乡、延伸到群众“家门口”，可以代办25项交管业务，为群众提供就近、便捷、高效服务，2019年6月30日，计划覆盖所有地市。

公安部、国家邮政局、中国邮政集团公司组织在江苏、浙江、广东、四川等地开展邮政网点代办公安交管业务试点，1955个邮政网点开通代办服务，代办业务100多万笔。此次推行邮政网点代办公安交管业务，将发挥5.4万个邮政网点覆盖城乡、贴近群众的优势，构建“全面覆盖、共建共享、城乡一体”交管服务体系，把邮政网点打造成交管服务的重要窗口、安全管理的重要阵地、宣传教育的重要平台。

邮政网点可以提供机动车业务、驾驶证业务、交通违法自助处理、互联网平台用户注册等四大类25项交管业务代办服务。机动车业务方面，邮政网点可以代办补、换领机动车号牌，补、换领行驶证，补、换领检验合格标志，六年以内免检车辆申领检验标志，抵押登记，解除抵押登记，变更机动车所有人联系方式等10项业务。驾驶证业务方面，邮政网点可以代办遗失补领驾驶证，有效期满换领驾驶证，达到规定年龄换领驾驶证，损毁换领驾驶证，自愿降低准驾车型换领驾驶证，因身体条件变化降低准驾车型换领驾驶证，住址信息变化换领驾驶证，转入换领驾驶证，提交身体条件证明，变更驾驶证联系方式等10项业务。交通违法处理业务方面，对符合驾驶人已在互联网交通安全综合服务管理平台（www.122.gov.cn或交管“12123”手机APP）注册、机动车已在互联网平台备案等条件的，邮政网点可以协助当事人自助处理交通违法。互联网平台业务方面，邮政网点可以代办互联网交通安全综合服务管理平台用户的注册、变更等4项业务。邮政网点代办业务的具体范围将由当地公安交管部门会同邮政部门根据实际需求确定。同时，鼓励各地结合实际，会同税务、医院、保险等部门积极推行在邮政网点提供缴纳税费、购买保险、驾驶人远程体检等服务，探索创新“警医邮合作”“警保邮合作”等服务新模式，提供一站式综合性公共服务。

“警医邮”项目。

为规范邮政网点代办公安交管业务，公安部、国家邮政局、中国邮政集团公司联合制定工作规范，要求各地优化网点布局，完善管理机制，强化组织保障，确保取得惠民利民实效。服务网点分批建设、合理布局，重点向业务需求量大的社区以及城郊、县乡延伸服务，打通社区、县乡服务“最后一公里”。在直辖市及各省（区）的1—2个地市开展；2019年6月底前，覆盖所有地市。业务代办标准统一、严格规范，健全岗位设置、统一服务流程、统一信息系统，保证代办服务质量。同时，要严格按照国家规定的收费标准代收牌证工本费，不得提高收费标准、增加收费项目，不得收取或者变相收取代办服务费用，不得以业务代办名义设置强制性消费项目。服务事项广泛宣传、主动引导，通过邮政“11185”客服、“交管12123”互联网平台、短信等多种渠道，主动公示代办交管业务邮政网点地址、代办业务范围、业务办理流程、资费标准等信息，及时答复群众咨询。

6月，公安部推出简捷快办、网上通办、就近可办等20项交管“放管服”改革新措施，邮政网点代办公安交管业务是重要改革举措之一。目前，20项交管“放管服”改革措施陆续落地，取得阶段性成效，更好方便群众就近能办、多点可办、少跑快办。据统计，自改革实施以来，各地减免身份证复印件等申请材料1.54亿份，开展凭身份证明“一证即办”业务4874万笔，方便群众“便捷办”；在汽车销售店、二手车市场、保险机构等设立服务站点1.5万个，方便群众“就近办”；互联网平台用户达到2.2亿，累计提供网上服务9亿多次，方便群众“网上办”；全国全面推行跨省异地检车，152万车主跨省异地检车，方便群众“异地办”。（中国邮政官网）

【上海市邮政分公司开办卷烟零售业务】 1月9日，上海市邮政分公司延吉东路邮政所正式开办烟草零售业务，在上海邮政和上海烟草集团合作框架协议签署后迈出实质性的一步。这是全市首家邮政卷烟零售网点，为在全市范围推广邮政网点卷烟业务作出积极探索。全市开设卷烟零售网点93个，创收357.8万元。（上海市邮政分公司 / 提供）

【上海市邮政分公司新版社保卡换发工作】 为深入推进上海智慧城市建设，上海市社会保障卡服务中心正式启动新版社会保障卡试点换发相关工作。邮储银行上海分行入围11家发卡银行，上海邮政380个储蓄网点成为新版社保卡代发点。至12月12日，全市邮政网点服务退休人员柜面申领13.01万户，预约客户14.85万户。为让申领人"不出家门"就能领到新卡，6月，经政府部门审核通过后，上海市邮政分公司与上海市社会保障卡服务中心及11家发卡银行签订合作协议，于3年内完成近2400万张新版社保卡的同城投递工作。（上海市邮政分公司 / 提供）

【浙江政务服务网联合EMS举办助力"最多跑一次"推广活动】 1月10日，"你办事，我跑腿"浙江政务服务网联合邮政EMS助力"最多跑一次"推广活动在义乌市行政服务中心举行启动仪式。此次推广活动覆盖全省超过100个县级以上行政服务中心，让群众更好地了解、使用政务服务线上申请+EMS快递送达模式，实现政务服务从"最多跑一次"到"一次都不跑"的新升级。（浙江省邮政分公司 / 提供）

【安徽省邮政分公司推进"ETC邮惠宝+旅邮站"】 以链式营销思维，推进"ETC邮惠宝+旅邮站"融合，打造"私家车主—游客—农家乐—邮政—产品供应商"为产业链的旅游服务生态圈。ETC客户保有量42.64万户，占全国的28%；年创收1.76亿元。建成旅邮站671家，扫码付绑定账户总资产8595万元。（安徽省邮政分公 / 提供）

【安徽省邮政分公司多种邮政网点转型发展模式】 一是推进网点"邮政+特色主题 / 文娱产业 / 混业经营 / 新零售 / 公共服务"五种模式，实现客户流量明显增加、停留时间延长、满意度提升、邮政业务快速增长。34个转型网点点均年净增客户1320人次，较其他网点多809人次。承接政府"放管服"，大力推广"邮政+政务"便民服务，建成警邮合作网点1190个，率先实现市县全覆盖；建成税邮合作网点431个，代征税款5.52亿元。

二是试点开展基层经理人培育项目，实施"特区化"管理，打造大学生内部创业平台，激发邮政平台上的个体活跃度，改变网点经营管理模式。16个试点单元收入6889万元，比上年增长20.14%，高于平均水平10.71%，可控成本低于预算目标20.99%。打造差异化客户服务模式。发挥一点接入、多点接触客户的独特优势，针对金融中高端客户，推出量身定制的"尊享""乐享""悦享""畅享"服务套餐。旺季营销期间，发展套餐23万份，拉动余额209.54亿元，占旺季新增余额的36.38%。（安徽省邮政分公司 / 提供）

【湖南省邮政分公司构建"线上+线下""自有+社会"等多种服务模式】 湖南省邮政分公司创新构建"线上+线下""自有+社会""专业+综合""专职+兼职"服务模式，建设综合营销、专业营销、金融转型督训师、大堂经理理财师、快包网格化揽投、渠道地推六支营销队伍，打造服务、传播、客服三大体系。全省营销队伍6091人，占从业人数的31.7%。"919电商节"期间，邮乐小店分享用户6.2万人、零售订单143.92万单，分列全国第1位、第2位；自有邮三湘平台粉丝175万人，交易额3.32亿元。集邮微营销保持全国第1位，创收5487万元；函件微营销实现大跨越，创收2698万元，增幅373.87%；微信订阅流转额突破1亿元，规模和进度均排全国第1位。细化专业"阵地"，持续丰富体系。确定金融的支行网点、站点平台、空白区域、创客团队、线上平台、协同战线"六大阵地"；寄递的揽投部、"创客"团队、校园、商厦写字楼、园区、专线、仓储、国际"八个阵地"；集邮的实体线下、线上平台、创客、展会、校园和社会合作"六大阵地"，实施对适众客群的精准营销。（湖南省邮政分公司 / 提供）

【新疆邮政分公司积分优惠购项目正式在全区推广】 5月3日，新疆邮政积分优惠购商城在新邮寄平台成功上线并进行线上积分兑换和优惠购工作的试点运行。该项目拓宽了客户积分使用渠道，满足了客户的多元化需求；丰富邮政的结构化营销，增加新生代客户的关注度；成为助力新疆邮政业务发展的新生动力。（新疆邮政公司　汪春梅 / 提供）

【广东省邮政分公司初步建立"农村电商+寄递+金融"融合发展模式】 初步建立以农村电商为平台，以寄递为手段，以做大金融为目标的"农村电商+寄递+金融"融合发展模式，通过农电运营为农户提供电商服务和收寄服务，将资金流转化成为金融余额。各地市积极探索推进，其中茂名三华李、荔枝等项目拉动新增余额超过3.4亿元，寄递量超过百万件；湛江菠萝项目拉动新增余额超过2.9亿元，寄递量45万多件；梅州蜜柚、金柚项目拉动新增余额近亿元；韶关贡柑、九仙桃等项目拉动新增余额6400万元。较好地完成农村电商各项主要发展指标。平台建设方面，新增邮乐购店0.5万个，现有2.2万个，完成进度103%；按计划完成50个自营网点邮乐购店建设；问题站点占比基础指标优于全国水平；开通邮乐小店87万个，规模排名全国第3位。批销方面，批销总

广东省邮政分公司探索“金融＋寄递＋包裹”融合发展模式。

额 1.5 亿元，完成进度 116%；自营批销额 2422 万元，完成进度 122%。零售方面，代购订单 199 万笔，完成进度 104%；完成“一月一品”订单 34 万笔，完成进度 110%。加强与精准扶贫相结合，农产品进城取得新突破。成功打造了湛江菠萝、茂名荔枝、梅州蜜柚 3 个农品进城百万斤项目，万斤项目数量较去年大幅提升。线上依托邮乐网平台开通广东邮政扶贫农品频道，上架农产品 278 种，其中扶贫农产品 178 种。全省在贫困村建设 50 个“邮乐购”精准扶贫示范站点，通过精准扶贫站点带动当地农产品进城项目开展。在邮政“919 电商节”活动中，批销总额 5657 万元，完成进度 141%，进度排名全国第 6 位，实现自营批销额 1594 万元，完成进度 159%，进度排名全国第 3 位。实现零售代购订单 61.5 万笔，完成进度 116%。（广东省邮政分公司 / 提供）

【邮政“919 电商节”启动】 8 月 31 日，2018 年邮政“919 电商节”正式启动。邮政“919 电商节”是中国邮政认真贯彻落实党中央决策部署，发挥信息流、资金流、物流“三流合一”的平台优势，推动邮政农村电商高质量发展，服务乡村振兴战略和精准脱贫攻坚战的重要行动。结合首届“中国农民丰收节”，中国邮政将今年的电商节主题定为“邮政 919，丰收欢乐购”，活动期间将聚焦“为农服务、助农增收”，推出一系列便农、利农、惠农的活动措施。农业农村部、商务部、国家邮政局、国务院扶贫办等部门和单位相关领导，集团公司党组全体成员在全国邮政系统电视电话会议主会场出席了启动仪式。在启动仪式上，中国邮政集团公司董事长、党组书记刘爱力，农业农村部、商务部、国务院扶贫办领导分别致辞。

中国邮政集团公司副总经理张荣林介绍了 2018 年邮政“919 电商节”活动的具体安排。本届电商节期间，中国邮政将组织开展“扶贫助农”专项行动，在邮乐农品网开设“扶贫助农”专区，提供产品包装、营销、运输、寄递等全流程服务，推出扶贫产品“绿色通道”以此深化电商扶贫脱贫；在服务城乡流通方面，坚持工业品下乡和农产品进城相结合，推出亿元红包回馈客户活动，重点联合青岛啤酒、金龙鱼、中粮等 6 家知名品牌供应商推出邮政渠道专属定制商品，甄选 400 种特惠商品全国推广，开展 1700 多场订货会，上线 2.7 万种全国各地特色农产品，精选活动商品 1590 款让利促销，此外还将增开农产品专用冷链邮路，增加“最后一公里”投递汽车和投递频次，推出专门的寄递优惠政策，让农产品进城更加快捷高效；在推动金融助农方面，将践行邮政金融“普之城乡、惠之于民”的社会责任，加大邮政金融服务实体经济力度，特别是服务“三农”、小微企业的力度，依托邮政自有网点和邮乐购站点，推广“扫码付”“掌柜贷”等金融服务，组织开展“积分换礼”“优惠购”等活动，尝试开发推广面向平台商户的供应商融资业务，为农村电商上下游的各类客户提供全方位的金融服务。

启动仪式上，中国邮政集团公司总经理张金良与农业农村部科技教育司副司长汪学军共同为“农业农村部农业电子商务重点实验室”揭牌；国家邮政局副局长赵民与中国邮政集团公司副总经理李丕征共同为“中国邮政滞销农产品帮扶中心”揭牌；国务院扶贫办副主任洪天云与中国邮政集团公司副总经理康宁共同为“中国邮政名优农产品孵化中心”揭牌。农业农村部农业电子商务重点实验室是目前国内第一家围绕农业供给侧改革和新农村建设而设立的国家级重点实验室，未来将为中国邮政农村电商领域提供更为有力的支撑。中国邮政滞销农产品帮扶中心和中国邮政名优农产品孵化中心旨在帮助农民实现农产品的标准化和品牌化，系统开展滞销农产品销售帮扶和名优农产品增值孵化。

下一步，中国邮政将重点依托“农业农村部农业电子商务重点实验室、中国邮政滞销农产品帮扶中心、中国邮政名优农产品孵化中心”等三大中心，提升农村电子商务服务水平，全面深化邮政电商扶贫工作，为决胜全面建成小康社会做出更大的贡献。（中国邮政官网）

天津市红桥区邮政分公司“919”电商节主题活动现场。

【电商助力脱贫攻坚暨商州农特产品进北京销售推介活动在北京举办】 2月2日，“电商助力脱贫攻坚暨商州农特产品进北京销售推介活动”大会在集团公司总部举行。在集团公司大力协助下，集团公司定点扶贫点——陕西省商洛市商州区委、区政府邀请数十家商州地区优质农产品加工企业、重点农副产品贸易企业及泛农产品合作社与京津冀地区知名泛农产品加工制造商、经销商，大规模生活社区农产品供销商，知名电商企业座谈，推介宣传商州特色农业和农特产品，增强订购合作意向。会议指出，中国邮政高度重视定点扶贫，将其视为党中央托付的神圣政治使命，担当社会责任，坚定不移地在商州开展定点扶贫工作，18年来，双方建立了紧密的战略合作关系，与山区群众结下了深厚情谊。为举办好此次活动，北京邮政微商城开辟了商州特产专区，商州地区知名农产品经营大户、专业合作社、加工和贸易龙头企业的优质农产品也入驻邮乐网“商州馆”。各大平台通过举办特惠活动，出台各种促销办法促进商州农特产品的销售。（中国邮政官网）

中国邮政脱贫攻坚商洛定点扶贫经济作物种植项目。

【中国邮政电商扶贫】 邮乐网建设1044个邮乐地方馆，其中包含709个扶贫地方馆，实现贫困县全覆盖。全国对接242个国家级贫困县电子商务进农村综合示范，建设电商扶贫示范网店5558个。开展形式多样的电商扶贫工作，涌现出很多典型案例。如参与凉山州喜德县网络扶贫，收购来自3个村子70户建档立卡贫困户3万斤苦荞粉原料，并对苦荞原料进行加工、包装和销售，销售苦荞粉14384件，金额28.8万元，喜得县委宣传部和沙马拉达乡人民政府为此专门发来感谢信。（电商分销局／提供）

黑龙江省邮政分公司为打造邮政农产品品牌，省分公司注册“邮选”自有品牌，并通过与农户、合作社直接对接的方式，建立“邮选基地”，树立邮政品牌、保证产品质量、降低商品成本、提升用户满意度。省公司重点打造宁安、青冈两个邮选大米基地的建设，与当地农户和合作社进行直接的对接，建立大米种植基地。其中：宁安定位是以响水大米核心产区的优质大米基地、青冈定位是依托贫困县建立扶贫大米基地。然后由邮政统一选择当地的大米加工企业进行统一加工，再设计统一邮选大米的包装。通过与农户和合作社的直接对接，减少中间环节，在保证产品质量的同时，使价格具备一定优势，还树立了邮政的自有品牌。以青冈邮选长粒香大米为例：同品质的大米在黑龙江本地市场销售价格是2.7元/斤，邮选自营销售价格是2.55元/斤。销售额近800万元，其中线上销售20.3万单。“919电商节”和“双11”活动期间，以扶贫助农为切入点推进电商扶贫工作。其中：宁安扶贫大米“919”线上销售19万单，是集团公司“919”单品销量第1名；与省总工会合作，销售黑河孙吴县腰屯乡河南村扶贫木耳；与黑龙江省商务厅驻勃信村工作队合作销售扶贫大米等产品。推进邮选小园地试点，“邮选小园地”是省公司农村电商的创新业务，基于社区支持农业和共享经济模式，农民利用自家房前屋后的小园地，按照自用的标准进行种植。邮政将“线上销售平台”和“物流配送体系”对农户进行赋能，取消中间环节，帮助农民与消费者建立直接的认购关系。解决了农户小园地小量分散产品不好进行销售问题，又解决了城里消费者买不到安全、放心农产品的问题。省公司与宁安市政府合作，在宁安的盘岭村开展试点工作。该项目作为全省“庭院革命”的试点，得到省委领导的关注。开展农村电商政邮合作。一直注重加强与地方政府的合作，在农村电商领域开展政邮合作。与七台河、宁安市政府建立“农村电商战略合作”；与省商务厅、省扶贫办联系组织电商扶贫商品展；通过电子商务协会，组织哈洽会电商论坛、参与农村电商相关地方标准制定、组织农村电商培训等工作。完成代购90.7万笔，完成计划进度119.7%，提前完成代购计划，电商扶贫产品上线140款，线上销售34.6万单，邮乐线上销售额435万元，分销渠道销售额601万元，辅助贫困户累计814户。全省邮乐小店用户9.5万，活跃用户1.3万，累计分享30.1万，形成订单54.2万单，销售额630.7万。在邮乐网建成黑龙江扶贫地方馆12个，为展示全省及各地市扶贫产品提供基础条件。（黑龙江省邮政分公司／提供）

安徽省邮政分公司深化“线上预售+线下定时配送”的电商扶贫策略，帮助贫困地区农户创收增收。成功运作砀山酥梨、岳西红心猕猴桃等29个扶贫项目，销售额1886万元，扶贫农户2283户。举办电商扶贫表彰会，推出“扶贫邮我”项目，打造电商扶贫安徽样板。定点扶贫措施有力，扶贫点73个，1.2万人次参与扶贫。投入604.39万元，建成50余个扶贫项目。金融扶贫稳步开展，贫困县布放扫码付12万户，金寨、萧县两个国家级贫困县分别新增1处代理金融营业机构，开展“普惠金融进万家”活动，改善农村金融服务环境。（安徽省邮政分公司／提供）

重庆市邮政分公司承担党和国家赋予的政治责任、社会责任和经济责任，投身乡村振兴，开展精准扶贫。出台

《乡村振兴战略重庆邮政行动方案（2018—2020年）》，形成扶贫工作长效机制。建立定点扶贫工作报告制度，市分公司定点扶贫城口县鸡鸣乡双坪村，全市邮政对138个村、1161户贫困户实施扶贫工作，投入及捐赠物资合计147.7万元，派出驻村干部31人，开展入户走访1330次，电话回访6980余次，保质保量完成了扶贫任务。农村电商助力乡村振兴及精准扶贫，依托邮乐网全市销售农产品共计64.42万笔，实现销售额747.22万元；针对全市18个深度贫困乡镇，新增电商扶贫站点（邮乐购店）87个，累计建成171个，实现深度贫困乡镇及下辖村全覆盖；引入优质工业品进入农村渠道流通，全市实现批销交易额3.53亿元，完成计划进度的235.33%，规模排名全国第二。（重庆市邮政分公司／提供）

湖南省邮政分公司构建邮政特色的电商扶贫服务体系，打造邮政综合便民服务平台，并以“919电商节”活动为契机，推进“一市一品”“一县一品”农产品进城项目，销售额逾4亿元。其中“十八洞猕猴桃”作为“919扶贫助农电商节”的“一省一品”项目，成功销售4.86万件，24.3万斤，销售额311.3万元，占当地销售总量的60%以上；炎陵黄桃项目实现黄桃收寄70万件，约占当地寄递市场的80%；通过邮政线上线下渠道，实现黄桃销售额300万元，比上年增长50%；销售永兴县冰激凌红薯132万元，为每个贫困户人均增收近3500元。并在习总书记“精准扶贫”首倡地——湘西十八洞村建设的扶贫便民主题邮局，开展系列富有成效的扶贫行动。在各级党委、政府和广大农民中树立邮政服务“三农”、助力精准扶贫的良好形象，得到省委、省政府及相关国家部委的肯定。（湖南省邮政分公司／提供）

4月17日，贵州省邮政分公司印发《省分公司关于进一步做好邮政扶贫工作的通知》，把脱贫攻坚作为重大政治任务安排部署，成立邮政扶贫工作领导小组，下设定点扶贫、电商扶贫、金融扶贫三个工作小组，落实中央“电商精准扶贫”工作要求，利用邮乐网平台和“邮掌柜”系统进一步加强“邮乐购”实体店等扶贫站点建设、完善金融扶贫工作机制，服务贫困地区实体经济发展。贵州省分公司出资35万元帮助定点扶贫村建设大棚及村党支部活动室；开展向摆亚村寒冬送温暖活动，为贫困群众送去慰问金和慰问物资并向摆亚村大学生发放助学金15000元；在全省邮政范围内公开选拔政治素质好、工作能力强、热爱农村基层工作的优秀中青年干部作为省分公司第二任驻村“第一书记”派驻摆亚村开展工作。（贵州省邮政分公司／提供）

“黔邮乡情”帮助贵州扶贫脱困，助力“黔货出山”。

云南省邮政分公司认真落实“挂包帮、转走访”扶贫工作，以“挂包帮、转走访”为载体，以党支部和得底么村党总支及8个党支部结对共建为平台，签订共建协议，为扶贫挂联点党员讲授党课，为打赢扶贫攻坚战提供了思想保障。创新开展精准扶贫，基于得底么村扶贫电商模式的“优帮帮”电商平台累计实现付款订单近10万单，完成十余个批次的农产品集中收购，销售额百万元。（云南省邮政分公司／提供）

3月20日，陕西省邮政分公司召开扶贫工作领导会议。强调邮政扶贫要抓好五项重点工作：一是切实提高政治站位。二是加强组织领导。三是加强项目管理，做到依法合规。四是加强协调沟通。五是关心支持各级扶贫干部的工作。出台《扶贫项目实施管理办法（试行）》《扶贫项目资金管理办法》《农村电商扶贫网点运营管理办法》《扶贫工作效果评估办法》《扶贫项目审计指导意见》《扶贫项目监督指导意见》6项制度。制订定点扶贫工作三年规划。在集团公司定点扶贫方面，重点围绕三个方面实施六大项目：一是打造“永不走的扶贫工作队”，开展党建扶贫；二是发挥行业优势，深化电商扶贫、细化金融扶贫、完善保险扶贫；三是围绕政府工作布局，聚焦产业扶贫、做好教育就业扶贫。省内定点扶贫方面，结合地方资源和政府布局，以满足人民群众需要为目标，充分发挥邮政行业优势，规划实施具有鲜明特色的长效扶贫项目，助力地方党委政府坚决打赢脱贫攻坚战。（陕西省邮政分公司／提供）

10月15日，由江西省扶贫和移民办公室、省商务厅、省农业厅主办，省邮政分公司、省供销合作社、省移动公司等单位协办的江西省扶贫产品展销会在南昌举行。此次江西省扶贫产品展销会是2018年国家扶贫日系列活动之一。10月17日是全国第五个扶贫日、第26个国际消除贫困日，也是江西邮政与省扶贫和移民办公室携手举办消费扶贫活动的第三个年头。“江西电商扶贫工程”实施三年来，全省建成电商扶贫站点1384个，对接扶持产业合作社435个，上线农产品3800余款，线上线下销售金额3.27亿元，带动11.37万贫困人口增收。此次活动旨在推动扶贫农品直供直销机关、医院、学校食堂及社区、交易市场、电商交易平台，探索“以购代捐”扶贫模式。

现场展销扶贫产品，帮助贫困地区销售扶贫产品，拓宽扶贫产品销售渠道，增加贫困群众收入。江西省邮政分公司作为主要承办方之一，通过搭建“邮乐购”江西电商扶贫工程体验馆及开展农产品体验活动，全面展示江西电商扶贫工程的模式与成果。整个体验馆120余平方米，分为电商扶贫工程展示区、电商扶贫互动区、扶贫农品展销区、休息洽谈区四个区域。现场挑选展示150多款具有扶贫元素的江西特色农产品，利用“邮乐网”“江西电商扶贫”微信公众号等平台，搭建销售贫困村、贫困户农产品的网络渠道。江西卫视、江西手机报、《南昌日报》、今日头条等十余家主流媒体纷纷刊发报道，充分肯定江西邮政坚持“电商扶贫”，为江西打赢“脱贫攻坚战”增添动力。（江西省邮政分公司 / 提供）

6月8日，2018年哈密瓜联动项目启动会暨名优农产品展示会在吐鲁番市鄯善县召开。这是新疆邮政分公司深入贯彻落实党的十九大精神，切实打好精准脱贫攻坚战，自觉担当服务乡村振兴战略重大政治使命的落地举措。（新疆邮政公司　汪春梅 / 提供）

【中国邮政农村电商服务体系基本形成】 建成覆盖全国的邮乐购站点，形成以邮乐网、邮掌柜、邮乐小店、邮助手、邮仓储、邮配送等信息系统和互联网工具组成的农村电商平台，邮乐购站点粘连1900万会员，邮乐小店用户900多万个，连接2亿客户。探索“自营＋入驻”的批销招商模式、“平台＋小店”的零售模式和江苏泰州“专职”、浙江宁波“邮伙伴”地推模式，助力两翼发展。（电商分销局 / 提供）

【河北省邮政分公司与省邮储银行分行联合ETC联动展业并推动小额信贷发展】 11月20日，河北省邮政分公司与邮储银行河北省分行联合部署ETC联动展业、合力推动小额信贷发展工作，深入落实刘爱力董事长关于板块协同发展的有关要求，邮银凝聚共识，携手共进，推动邮银协同发展取得新成效。邮银双方完善工作机制，切实发挥板块联动效应。分别成立ETC联动展业、小额信贷宣传领导小组，双方发挥差异化优势，实现卡种互补、网点互补、营销方式互补“三个互补”，协同推进ETC项目展业；邮银双方上下联动，守制度、讲大局、尽责任，协同推进小额信贷宣传。同时，加强信息交流和共享，及时总结推广协同工作优秀案例和先进经验，更好地促进邮银协同发展。（河北省邮政分公司 / 提供）

【中国邮政代办交管业务全国推广现场会在湖北省武汉市召开】 8月16日，邮政代办交管业务全国推广现场会在湖北省武汉市召开。会议旨在贯彻落实国务院“放管服”改革要求，进一步扩大警邮合作内容、范围和规模，提升警邮便民服务质量和群众满意度。会上传达了中国邮政集团公司党组书记、董事长刘爱力的重要批示，副总经理张荣林出席会议并作工作部署。

刘爱力在批示中强调，各地邮政企业要深入贯彻习近平总书记提出的“以人民为中心”的发展思想，认真践行党的十九大报告强调的完善公共服务体系，不断满足人民日益增长的美好生活需要。按照中央巡视整改工作的要求，积极丰富普遍服务内涵，与公安交管部门一起，做好邮政代办交管业务，适应人民群众新期待，满足人民群众新要求。加快统一系统对接，创新拓展便民服务范围，不断提升客户服务体验。

会上，浙江省金华市、湖北省武汉市、广东省和安徽省邮政分公司分别介绍了警邮合作经验，集团公司电商分销局介绍了邮政网点代办交管业务试点情况，市场协同部部署全国警邮合作推广工作。会议期间，与会代表还参观了武汉市“警邮梦工厂”，了解了彭刘杨路邮政支局代办交管业务的情况，大家对该支局提供的优质便民服务给予了高度评价，对通过信息化、智能化、流水化服务提高办事效率，提升群众满意度表示称赞。（中国邮政官网）

邮政金融业务

【个人银行业务】

一、个人存贷款业务

邮储银行个人客户5.78亿户，其中VIP客户2793.13万户。个人存款余额74679.11亿元；持续加强利率精细化管理，个人存款付息率1.42%。个人贷款余额2.32万亿元，比上年末新增3733.67亿元，增长19.18%。其中，个人消费贷款余额1.69万亿元，占个人贷款总额73%；个人住房贷款余额1.42万亿元，占个人消费贷款总额83.73%；推出生源地助学贷款线上模式，完善助学贷款产品体系。个人商务贷款余额3494.34亿元，比上年末新增484.44亿元，增长16.09%；个人小额贷款余额1776.51亿元，比上年新增212.24亿元，增长13.57%。信用卡透支贷款余额993.13亿元，比上年末新增216.18亿元，增长27.82%。

二、银行卡业务

1. 借记卡业务。推出第二代军人保障卡；配合人力资源和社会保障部推进第三代社保卡的发卡工作；配合交通运输部推动“智慧交通”建设，推进ETC卡的发卡工作；开展借记卡消费营销活动。新增借记卡5298.99万张，结存卡量9.69亿张；借记卡消费金额6.43万亿元，比上年增长47.70%。

2. 信用卡业务。加大信用卡业务投入力度，丰富产品种类，完善获客渠道，推进业务流程整合，创新营销活动形式。新增发卡763.91万张，比上年增长11.17%；信用卡结存卡量2309.98万张；信用卡消费金额7743.45亿元，比上年增长35.86%。

三、个人结算业务

拓展代收付业务，代收金额8003.19亿元，比上年增长5.43%；代付金额3.84万亿元，比上年增长19.72%。其中，代收社保养老金金额534.64亿元，代付社保养老金金额8785.77亿元。面向个人客户提供跨境电汇、西联汇款、速汇金汇款等各类国际结算服务，个人国际汇款业务交易笔数236.94万笔，交易金额31.75亿美元。

四、个人投资理财服务

1. 个人理财。落实资管新规等监管要求，加大净值型产品发行力度，加强理财经理培训，推进个人理财业务转型发展。个人理财产品余额7234.47亿元，比上年增长7.25%。

2. 代理保险。推动代理保险业务回归本源，重点发展期交及保障型保险业务。至年末，与57家保险公司开展合作，合作产品涵盖寿险、财险、健康险、意外险等险种。代理保险新单保费3587.32亿元，银保市场份额居银行业首位，其中期交业务规模515.35亿元，比上年增长41.64%。

3. 代销基金。持续开展基金定投、基金申购费率优惠活动，代销基金1033.10亿元，比上年增长16.17%。

4. 代销国债。代销储蓄国债（凭证式）8期，实际销售金额99.02亿元；代销储蓄国债（电子式）10期，实际销售金额229.44亿元。

5. 代销证券公司客户资产管理计划业务。加强与证券公司及子公司合作，通过多种渠道代理销售资产管理计划业务，满足客户多元化投资需要。代销金额309.04亿元，比上年增长16.88%。

6. 贵金属业务。贵金属业务交易金额161.41亿元。通过开展营销活动、推出系列品牌产品和准入多款产品等措施，实物贵金属销售11.36亿元，比上年增长22.15%。（邮储银行/提供）

邮储银行新疆昌吉州分行信贷员深入田间开展贷后检查，并向客户宣传信贷产品。

【公司银行业务】

一、公司存贷款业务

邮储银行拥有公司客户64.69万户，比上年增长1.04万户。公司存款日均余额12093.06亿元，比上年新增515.93亿元，增长4.46%。公司贷款余额15524.02亿元，比上年新增1605.01亿元，增长11.53%，增速位于同业前列。

二、结算与现金管理业务

发挥交易结算网络优势，以综合结算产品为支撑，为客户设计全面个性化的现金管理服务解决方案。现金管理业务签约账户18.07万户，比上年新增1.26万户，增长7.52%。

三、贸易金融业务

发挥资金和评级优势，创新服务方案，推动金融服务“一带一路”倡议，拓展涉及20余个国家和地区的多个行业服务领域，成功落地外汇贷款、境外主权贷款等重点项目。研发区块链福费廷资产交易平台，完善在线供应链融资平台功能，满足重点客户产业转型升级需求，为50余家核心企业上游近1300家供应商提供融资服务。贸易融资业务新发放金额3990.48亿元。

四、投资银行业务

加快公司业务转型升级，深耕债券承销、并购业务、机构财富管理、财务顾问“四大领域”。债券承销额1084.56亿元，比上年增长228.65%，连续2年增长率超200%；并购贷款新增65.27亿元，年末余额超100亿元；发行国内最大规模的个人住房抵押贷款资产证券化（RMBS）产品，成功发行西部地区首单信用风险缓释凭证；在“双创”票据、扶贫票据、跨境并购等创新产品上实现突破。（邮储银行/提供）

【资金业务】

一、金融市场业务

1. 市场交易业务。邮储银行具备银行间本外币市场主要产品的交易资质及能力，并承担一级交易商、做市商、SHIBOR、USD-CHIROR报价行等多项角色，向境内货币、债券、外汇等市场提供报价及流动性支持。本外币交易规模77.70万亿元，交易笔数13.75万笔。

2. 投资业务。一是债券及同业存单投资。新增债券投资以低风险利率债、高评级央企及地方龙头企业信用债和底层资产高度分散的银行间公募资产支持证券为主，下半年将地方债作为重点投资品种。投资债券及同业存单余额3.05万亿元。二是同业投资。主动调整同业投资业务

10 月 21 日，邮储银行应邀参加吉林省委省政府“金融助振兴—吉林行动”，并参加集体签约仪式。

结构，在产品合规、风险可控的前提下审慎开展公募基金投资等业务。投资（或委托其他金融机构投资）的商业银行理财产品、信托投资计划、资产管理计划及证券投资基金的余额 3297.08 亿元。

3. 同业融资业务。适时开展存放同业、拆放同业、同业借款等同业融资业务，适应同业业务线上化趋势，持续加强与银行类金融机构合作，年末存拆放同业及其他金融机构款项余额 4259.73 亿元。

二、资产管理业务

落实监管新规要求，加快推进资产管理业务转型。表外理财业务占比接近 100%。推进产品净值化，年投放净值型理财产品 60 只，净值型理财产品占比由上年末的不到 1% 提升至 11.18%。资产管理业务始终坚持大类资产配置及稳健投资理念，全力支持实体经济。发行理财产品 22207.53 亿元，比上年下降 1.08%；年末资产管理规模 8145.35 亿元，比上年增长 0.4%。

三、托管业务

托管资产规模 4.04 万亿元。其中，托管新成立公募基金 10 只，托管公募产品 98 只，公募基金托管规模 1454.55 亿元，比上年增长 10.36%；新成立资产证券化产品 18 只，资产证券化托管规模 490.98 亿元，比上年增长 74.42%。通过 ISAE 3402 内部控制国际认证。（邮储银行 / 提供）

【三农金融业务】

一、支持乡村振兴

1. 农村基础金融服务。邮储银行在县及县以下地区有网点 27901 个，占全部网点数量的 70% 以上；开展线上线下一体化网络建设，为农村地区提供全方位、多层次的金融服务；在县及县以下地区配备自助设备 80474 台。开展“农民工银行卡特色服务”，作为受理方交易笔数 9.94 万笔，金额 1.91 亿元；作为发卡方交易笔数 22.42 万笔，金额 3.89 亿元。针对农村地区客户提供多元化金融服务，面向广大劳务务工客户发行专属借记卡“乡情卡”，结存卡户数 9452.37 万户。参与新型农村养老保险和新型农村合作医疗的推广，代收新农保 1300.46 万笔，交易金额 42.14 亿元；代付新农保 2.39 亿笔，交易金额 341.59 亿元；代付新农合报销及补助 93.99 万笔，交易金额 11.73 亿元。

2. 农村贷款。涉农贷款余额 1.16 万亿元，比上年新增 1072.86 亿元，增长 10.18%；以农户信贷、涉农商户信贷为主的个人经营性贷款余额 5571.26 亿元，在全国性商业银行中位居前列；家庭农场、农民专业合作社等新型农业经营主体贷款结余 566.52 亿元，比上年增长 30.83%。

二、强化金融科技运用

运用大数据、云计算、移动互联等技术手段开展“三农”金融服务流程优化、产品创新和风险控制，稳步推进“无纸化、智能化”作业模式。持续推进互联网贷款模式。E 捷贷累计放款 1177.81 亿元，“掌柜贷”累计放款 11.51 亿元。利用大数据风控、场景获客等新技术与作业手段，开发“极速贷”等线上产品，主动将“线下”业务向“线上”迁徙。“极速贷”试点四个月，累计放款 4.68 亿元。

三、推进金融精准扶贫

金融精准扶贫贷款余额（含已脱贫人口贷款）938.58 亿元，比上年增长 52.46%。其中，个人精准扶贫贷款及已脱贫人口贷款余额 436.83 亿元，比上年增长 40.07%；产业精准扶贫贷款余额 126.78 亿元，比上年增长 560.04%；项目精准扶贫贷款余额 374.97 亿元，比上年增长 31.76%。（邮储银行 / 提供）

【小微金融业务】 单户授信总额 1000 万元及以下小微企业贷款结余 5449.92 亿元，增长 17%，比上年新增 800.84 亿元，当年发放金额 4774.45 亿元，比上年增长 20%。有贷款余额的户数 145.77 万户，比上年新增 2.31 万户。新发放贷款年平均利率 6.67%；小微企业贷款不良率 2.48%。总行和各一级分行均成立小微领导小组；全行在建小微企业特色支行及现代农业示范区支行 852 家，在地域上覆盖全部 36 家一级分行。全面强化对小微企业金融业务的政策支撑和资源倾斜；加强对小微企业贷款绩效考核力度，提高考核权重。围绕营销、产品、运营、风控“四大体系”完善小微金融业务模式。加快推广全流程线上化的“小微易贷”产品，户均贷款金额 67 万元，发放 12.89 亿元，无逾期贷款与不良贷款。（邮储银行 / 提供）

【渠道建设】

一、营业网点

推进网点系统化转型，实施网点分类管理，持续治理低效网点，推动网点向智能化、轻型化、综合化方向发展，压降自营网点营业面积12.5万平方米、台席4911个，调整柜员5655人。邮储银行拥有营业网点39719个，其中自营网点7962个，占比20.05%；代理网点31757个，占比79.95%。从网点的地域属性分布来看，城市网点11818个，县城网点8775个，农村网点19126个。营业网点覆盖中国大陆所有城市和99%的县域地区。推进网点智能化建设，试点应用新型现金类智能设备——超级柜员机（STM），调整自助设备交易功能和业务流程，试点上线ITM电子签名功能，推动交易无纸化。存量自助设备12.46万台，比上年新增约5400台；其中ITM等新型智能设备11600余台。自助设备实现交易笔数52.10亿笔，交易金额4.60万亿元。现金受理设备（CRS）中，存取款一体机占比提升至70%。

二、互联网金融

电子银行客户规模2.77亿户。手机银行客户数2.18亿户，个人网银客户数2.10亿户。微信银行签约客户数698.25万户。电子银行实现交易笔数268.93亿笔，比上年增长33.96%，交易金额18.49万亿元，比上年增长30.95%。其中，手机银行实现交易笔数56.45亿笔，比上年增长38.70%，交易金额5.81万亿元，比上年增长54.93%；个人网银实现交易笔数5.64亿笔，交易金额1.79万亿元。电子银行交易替代率90.44%，比上年提升3.47%。推出手机银行4.0，推出新一代个人网银，进一步强化渠道互通；持续强化邮政特色场景建设，联合邮政集团开展聚合二维码业务合作；依托O2O生活服务缴费系统，推进线上线下一体化场景建设。（邮储银行/提供）

【中邮消费金融有限公司】 中邮消费金融有限公司是为居民个人提供全方位消费金融服务的全国性金融机构。公司搭建“三会一层”（股东会、董事会、监事会及高级管理层）的治理与运营机构，内设11个部门，成立16个省级营销中心。员工785人，其中本部588人、各省营销中心197人。注册资本由10亿元（人民币）增至30亿元（人民币）。

一、经营概况

发放贷款449.7亿元，比上年增长74%；全口径触达客户数1285万户，净增699万户，实际发放贷款客户数230.1万户，净增143.7万户；贷款余额235.4亿元，净增106.6亿元。营业收入20.9亿元，比上年增长227.73%；利润总额2.72亿元，比上年增长199.02%。不良率2.91%，贷款拨备覆盖率202.49%，资本充足率16.95%，流动性比率884.75%，风险指标均控制在公司风险偏好要求以内。

二、业务发展

1. 普通消费金融业务。加强核心自有渠道“中邮钱包”APP建设，通过产品创新，不断丰富产品形态，逐步形成循环“邮你贷”为主，业主贷、优企贷和公积金专享等特色产品为辅的产品体系。深化与京东、支付宝以及百度等互联网平台的合作；加快与邮政邮储协同发展，深化线上/线下结合的模式，将客户向线下网点引流；通过营销运营平台，持续试点新产品、新模式。

2. 场景消费金融业务。完成“邮你花”产品迭代升级，打通银联云闪付商户线上/线下消费场景，实现账单转分期、消费转分期等功能。与国美金融合作，上线“中邮易卡”业务；开发与携程金融合作的“拿去花”项目。加强垂直场景拓展，完成学车分期、车险分期产品设计及研发；先后实现邮你购商城1.0和2.0版本的上线。

三、风险管控

坚持“适度风险适度回报、稳健探索新客群”的总体风险偏好，采用信贷工厂模式，集中审批，采取数据驱动和技术创新的决策优化机制，严把贷前准入关、贷后管理关，加强催收和资产保全工作，不断提高风险管控能力。持续推进大数据应用，提升风险管控精度。持续完善风险防控手段，提升风险防控深度。持续强化催收和资产保全工作，提升不良资产管控力度。

四、信息系统建设

按照“以客户为中心，以价值创造为目标，科技引领业务创新”的思路，依据公司IT2.0规划，推进新一代IT系统建设，探索科技赋能消费金融服务。通过分布式计算和云计算，整合资源快速实现O2O；通过移动互联网，确保客户与“中邮钱包”APP及各消费场景的实时连接。系统支撑实现渠道日均进件3.8万件，峰值进件6.9万件，日均放款1.27万笔，峰值放款2.2万笔。

五、党建工作

以十九大精神和习近平新时代中国特色社会主义思想为指导，认真开展中央巡视反馈问题整改工作，落实全部47项整改措施，完成阶段性整改工作任务。认真落实党要管党、从严治党，落实“两个责任”。以党员党性锤炼为抓手，以强化党支部战斗堡垒作用为重点，持续发力反“四风”，推动全面从严治党，确保党在“把方向、管大局、保落实”上对公司的全面领导，将党建工作纳入公司治理体系和经营管理绩效考核中。

六、社会公益

中邮消费金融有限公司与《21世纪经济报道》和中国扶贫基金会共同主办教育扶贫活动——“中邮消费·行走小黑板”教育扶贫计划。该计划于9月17日在西藏山南市扎囊县正式开启，第一季“送进去”阶段计划，组织12名来自全国各地的志愿者走进扎囊县朗塞岭小学，开展为期一周的素质教育课程支教；第二季“请出来”阶段计划，邀请28名来自扎囊县各小学的老师和学生走出西藏、来到广州，开展教师研学班与学生冬令营活动。该教育扶贫计划从雪域高原延续到珠江之畔，以实际行动助力中西部贫困地区素质教育，是中邮消费金融公司成立以来开展的首次公益活动。在第八届中国公益节上，公司凭借该公益活动项目，获得“2018 年度责任品牌奖”等荣誉。（邮储银行 / 提供）

速递物流业务

【国内标快业务】 业务量 9.38 亿件，比上年增长 10.74%；实现业务收入 122.38 亿元，比上年增长 5.05%。

开展省际标快“大决战”活动，将省际标快业务发展作为“党委工程”“一把手”工程，狠抓京沪穗深互寄业务发展和核心城市航空省际标快业务发展，12 个核心城市航空省际标快业务量 1.28 亿件，比上年增长 15.65%；京沪穗深互寄业务量 1837.1 万件，比上年增长 10.46%。其中：上海—深圳、上海—广州、深圳—上海、深圳—广州 4 条线路增幅超过 20%。

对标现费客户发展不足，研究制定全网统一资费标准，优化电子渠道下单功能，推广电子面单，与中邮速递易合作快递柜寄件业务，丰富下单渠道，提升寄件便利性，提升市场开发能力。

政务标快收入 36.6 亿元，比上年增长 17.3%。推广应用自有电子政务平台，服务种类涵盖港澳台通行证、身份证、车管等 7 大类线上便民服务，订单量 365 万单，比上年增长 78.6%，粉丝量 522 万。入驻 1410 个行政服务中心，比年初增加 803 个。新开办 12123 平台新车六年免检寄递项目。与最高人民法院系统对接，推广集中打印服务模式。27 个省完成国税项目的省级合作，收入规模突破 1 亿元。

推进“线上 + 线下”联动销售，将极速鲜商城建设成为优质生鲜电商平台。针对大樱桃、荔枝、大闸蟹等重点项目加开冷链定制专线邮路，降本增效，提高时限稳定性。推动各省优质生鲜产品线下互销，上海全境开展冷链宅配业务，生鲜特产市场实现收入 4.3 亿元，比上年增长 77%。

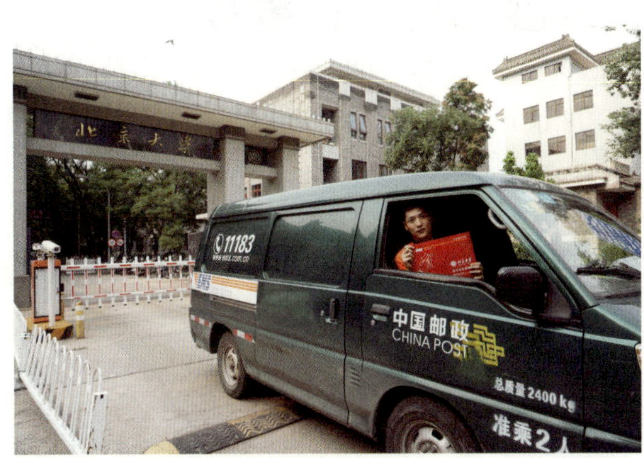

高考录取通知书配送。

金融卡函项目实现收入 7.07 亿元，比上年增长 32%。新开发 ZARA、GAP、欣贺等重点客户，截至 10 月底，上线门店 3283 家，ZARA 项目实现标快收入 6010 万元，比上年增长 40%。

深度开发小米项目，成立总部联合项目组，拓展深圳、北京同城业务，厦门仓配一体和山东干线项目，1—10 月，收入 7625 万元，比上年增长 60.1%。

打通散户类和商务类增值业务服务，18 个省实现收件人付费全境开通，有效拉动实现收入 11.15 亿元，比上年增长 13.63%；实物返单收入突破 1 亿元、比上年增长 23.9%。（集团公司寄递事业部 / 提供）

【国际业务】 收入 263 亿元，比上年增长 3.2%。发挥担任邮联经营理事会二委主席的作用，与国家邮政局共同推动邮联产品改革，使国际小包在产品改革中仍然保留在函件产品中，为中国邮政国际小包等轻小件发展保持住了一个良好的发展环境。

加强双边合作，积极拓展新产品、新路向。与德国、智利、立陶宛和哥斯达黎加 4 国邮政开办国际 EMS 双边业务；在 13 个路向正式开办或试办双边跟踪小包业务；新开办德国、哈萨克斯坦和印度尼西亚 e 邮宝业务；推出美国路向的“平 +”服务；开通 23 个路向的铁路运邮产品；建立俄罗斯海外仓并开展小米公司的海外仓业务。

加强与电商平台合作。新增 12 个城市与速卖通平台开展对接；完成与亚马逊、Joom 平台总对总对接。加快推进与 FedEx 合作。设计并推出了包括文件类、物品类业务在内的中速 –FedEx 全球快递业务；中美邮政、FedEx 三方分流计划在洛杉矶口岸正式上线。

拓展国际运输通道。在组开杭州至俄罗斯专线包机的基础上，增开南京至美国纽约的专线包机，有力支撑了国际旺季生产；继续推进铁路运邮工作，在重庆、义乌、东莞、郑州 4 个城市开展出口运邮试点，中欧班列返程（德国—重庆）进口运邮测试取得成功。（集团公司寄递事业部 / 提供）

【快递包裹业务】 业务量 35.2 亿件，比上年增长 43.2%；收入 179.1 亿元，比上年增长 18.2%。业务结构持续优化，平均重量单价 3.42 元 / 公斤，比上年提高 0.12 元；1 公斤以内邮件占比 64.3%，比上年提升 2.8%；3 公斤以上邮件占比从上年的 10.7% 下降至 7.5%。

全国快递包裹客户 12.4 万个，日均交寄 100 件以上客户 1.8 万个，比上年底增加 2794 个；日均交寄 1000 件

11 月 8 日，中国邮政中欧班列铁路运邮国际小包业务正式开通。

以上的客户 2334 个，比上年底增加 507 个。

电商平台合作不断深化，阿里平台发件量日均增长到 486 万件，增幅 28%，拼多多平台发件量日均增长到 424 万件，增幅 77%。

优化流程实现降本增效，浙江、江苏试点推进混合收寄，实现无须切换客户的收寄模式，试点单位收寄效率达到 2000 件 / 人 / 小时，提升 3 倍以上。（集团公司寄递事业部 / 提供）

【物流业务】 收入 65.6 亿元，比上年增长 11.4%。聚焦六大行业品牌制造企业和商贸流通企业，不断提升综合物流服务能力，百万元级以上规模客户突破 750 家，较去年增加 78 家。培育苹果、戴尔、富士康、中国烟草、中石化、博世、海尔、重汽、百威等 11 家亿元级客户，华为、惠普、中国移动、沃尔沃等 12 家五千万级客户。依托陆运枢纽，初步建成三级仓网体系，仓配一体化运营面积 510 万平方米，在国内第三方物流公司中排名第三（电商平台企业除外），中邮云仓服务规模与影响力名列前茅。全国七大枢纽区域均建成具备百万单发货能力的规模仓，“双 11”全国枢纽仓订单量 952 万单，比上年增长 63%，单仓最大出库 130 万单，出库及时率 99% 以上。发挥邮银协同的整体竞争优势，吉利、沃尔沃项目实现汽车产业链板块联动。积极响应国家“军民融合”号召，与火箭军、空军、联勤保障部队、东部战区海军开展物流合作，体现了国企担当。（集团公司寄递事业部 / 提供）

中邮保险

【期交业务】 提前完成期交“双百亿翻番计划”，业务结构持续优化，期交保费占总保费比重 73%，比上年提高 15.4%；期交新单保费收入 218.2 亿元，比上年增长 80.5%，长期期交新单保费收入 32.9 亿元，比上年增长 247.1%。续期拉动作用明显，续期保费收入 202.8 亿元，比上年增长 75%，13 个月保费继续率 95.2%，25 个月保费继续率 97.9%。（中邮保险 / 提供）

【保险产品体系】 落实监管要求，完成 13 款产品整改切换。完成 21 款新产品开发备案，升级财富嘉 C 款、开发汇福嘉，产品客户收益率达到或超过市场中等水平，形成规模型产品的差异化配置。（中邮保险 / 提供）

【保险资金运用】 准确把握市场大势，有效应对资本市场大幅波动，健全完善资金运用规章制度，规范优化投资决策流程，提高投资决策效率；开展资金运用人员优化组合，设立产品专业团队，有效提升资金运用能力；加强市场调研和分析，密切合作关系，增强项目获取能力。（中邮保险 / 提供）

邮政员工向客户推荐中邮保险产品。

中邮证券

【经纪业务（含信用交易）】

一、邮政板块联动工作

公司通过板块联动发展账户 11.45 万户，有效户 10.75 万户。和集团邮务局联合举办巡省培训，覆盖开业 20 省。

二、金融产品销售实现突破

1. 成立金融产品管理委员会，严把金融产品引入关，确保引入关万无一失。

2. 上架销售南方、鹏华、广发、招商等公募基金和银行理财产品，以及公司自主设计的资管计划合计规模17.8亿元，销售收入1178万元，比上年增长137.6%。

3. 公司首只公募定制产品成功上架销售。与招商基金公司定制公募基金“招商金鸿债券投资基金”，销售1.8亿元，募集总额3.3亿元。

三、信用交易业务取得突破

股票质押业务融资余额12.98亿元，收入6015万元，比上年增长244.9%；两融业务融资余额5.48亿元，收入5031万元，比上年增长12.85%，其中机构两融业务收入909万元。

四、公司投顾能力建设

1. 参加首届“新财富”最佳投顾评选，3位员工从全国1.3万名选手中入围100强，荣获“新财富最佳投顾”称号，其中电子二路李辉亮排名第15位。

2. 举办第二届“智赢杯”投顾精英大赛，提升公司投顾服务能力。

五、运营保障工作

1. 加强金证CRM系统建设，陆续上线客户管理、客户服务、绩效管理、员工管理、产品中心、考试系统等模块，实现营销考核、数据统计、人员管理信息化。

2. 推进“柜面业务集中运营”系统建设，实现现有流程架构升级改造，于10月8日正式上线一柜通、集中审核系统，提升业务效率，化解分支机构人员压力，降低人工成本。上线3个月时间，受理业务3059笔，办理业务类型44类。

六、客户服务支撑有效

1. 1月20日举办2018年度投资策略报告会，借助集团视频系统实现全国同步直播，现场与934个分会场逾1.4万人参加，再创历史新高。

2. 呼叫中心与见证中心合并运营并平稳过渡。呼叫中心从北京迁至西安。

七、投资者教育

1. 公司参加上交所“投教新锐”活动，获“2018年投教新锐百强”等3个奖项，得到监管部门好评。

2. 公司微信公众号增加“中邮投教小课堂”，以图文方式向客户讲述各项业务知识，共制作50余项原创投教作品，其中《识别非法金融广告　远离投资诈骗陷阱》获中证协主题投教作品展播前二十名，《集合竞价知多少》入选上交所百川众学平台、获“2018年度投资者教育与保护系列活动投资者最喜爱的投教图文奖”、陕西证监局“优秀投教产品奖”。

八、开展行业调研与对标

通过行业调研、信息采集、数据统计、要素比对，开展全流程、全要素、各环节、端到端对标，从客户的视角、行业的视角、竞争的视角、自我提升的视角查找差距、聚焦问题、找到办法。（中邮证券／提供）

【资产管理业务】

一、固收投资业务加快能力建设

1. 引入市场化专业团队，强化专业能力，丰富业务经验。

2. 恒生O32系统上线运行，实现投资交易流程电子化，提高投资交易效率。

3. 集合资产管理计划首次进入邮储银行个金代销渠道，完成5期产品7.95亿销售，拓展了销售渠道。其中，鸿利来3号成为邮储银行代销业务首次达到200户募集上限的券商集合产品。

二、权益投资业务实施防御策略

受市场和政策环境影响，权益投资业务积极落实防御投资策略。

1. 提升投资能力，控制投资规模，存量产品恒星1号资管计划跑赢大盘主要指数。

2. 加大投资研究，调整投资方向，向军工安防、人工智能、通信技术、芯片电子、5G产业链等转移投资重点，分散投资风险。

三、分支机构支持中心（金融同业部）运行顺畅

1. 按“分片包干、统筹管理”的原则，统筹人员设置，理顺权责关系，将开业或筹建中的24家省级分公司和9家营业部划分为6大片区，专人对接，做好项目管理。

2. 协同经纪业务总部、清算部、信息技术部、财务部、各分支机构共同参与产品持续营销工作，提升工作效率。

3. 除每周例行培训外，邀请邮储银行、其他证券公司、律所事务所等专家集中培训，提升分支机构专业能力，实现良好效果。

4. 解读资管新规、私募资管细则等制度，与邮储、同业等探索非标收益权转让、股票质押式回购、大股东增持等业务的突破口，引导分支机构拓展业务界面。

5. 持续做好分支机构业务答疑，参与项目尽调，协助撰写项目材料和项目合同，全力支撑分支机构展业。

四、协同工作

1. 参与集团战略客户合作工作，与邮储银行共同拜访央企、地方国企、民营企业等，获得优质客户储备，包括中国铁塔、中国移动、中国联通、四川长虹、天齐锂业等客户。

2. 与邮储银行资管部做好管计划协同工作，合作产

品总规模762.99亿元，邮储投资获益超过33.12亿元，业务涉及股票质押式回购、产业基金、同业存款、ABS联席承销等。

3. 与邮储银行托管部做好协同，资管产品超过99%的托管人是邮储银行，邮储银行获得托管费收入超过2248.27万元。

4. 与邮储银行个金部做好协同，首次实现资管产品的满户（200户）募集。

五、质控与业务管理能力不断提升

2018年通过引进专业人员、规范业务流程、加强合规管理、排查风险隐患等举措，规范了交易室管理，提升合规与风险管控效能。（中邮证券/提供）

【投资银行业务】

一、项目运作能力

签约客户数量24个，合同金额1941万元，并储备一批优质项目。

1. 在集团来源的项目上，联席主承销商集团企业债第一期20亿元、第四期公司债25亿元，参与中邮科技资产整合财务顾问项目。

2. 在分支机构来源项目上，实现无锡太湖湖泊治理项目新三板挂牌、推进保山贞元珠宝新三板挂牌、承揽高捷物流IPO财务顾问项目、承揽东骏纺织IPO财务顾问项目、承揽科力给排水新三板财务顾问项目。

3. 在市场化来源项目上，承揽潍坊城投债项目、承揽广东国地规划科技公司IPO财务顾问项目、承揽天露山旅游公司新三板财务顾问项目、承揽河南烨达新材新三板挂牌项目、承揽中红三融集团有限公司IPO项目、储备山东钢铁和陕投集团等若干高评级债券项目。

二、内部管理

1. 调整组织架构，按业务部、项目管理部、资本市场室、质控室、综合部等完善管理机构。

2. 完善业务制度体系，涵盖保荐、债券、上市公司并购重组、非上市公司财务顾问等业务，实现对业务的全覆盖；优化内部决策、上市辅导、尽职调查、立项、质量控制、内核、发行、持续督导、受托管理、合规风控等环节，为业务经营夯实基础。（中邮证券/提供）

【资产运营业务】

一、经营效益

资产运营业务采取稳健投资策略。公司严控权益投资规模，配置固收条线资源，引入专业固收团队，控制外部融资成本，根据市场波动择机开展利率债波段操作及可转债投资，实现较好收益。自营业务比上年增长133.5%，其中固收类业务比上年增长142%。

二、风险管理

资产运营业务主要面临市场风险、信用风险及合规风险。资产运营业务的各项投资决策和操作严格按照业务制度规范操作，持续开展风险提示、风控预警以及监控工作，整体风险控制正规、有序。（中邮证券/提供）

邮票发行及集邮

【邮票发行概述】

一、邮票发行情况

发行纪特邮票34套，其中纪念邮票16套，特种邮票18套，101图（含小型张3枚）。另发行小全张2枚，小本票1本，总面值138.80元，售价168.50元。

1. 深入贯彻落实党的十九大精神，提高政治站位。紧紧围绕中央大政方针、国家建设、发展成就，发行《中华人民共和国第十三届人民代表大会》《清正廉洁（一）》《长江经济带》《港珠澳大桥》《改革开放四十周年》等邮票，增加发行《上海合作组织青岛峰会》《中国农民丰收节》《中国国际进口博览会》《北京2022年冬奥会——雪上运动》等邮票。这些邮票体现习近平新时代中国特色社会主义思想，展现国家发展所取得的历史性成就，展现国家的重大活动和事件。

2. 弘扬中华优秀传统文化，努力讲好集邮文化故事。将邮票的选题设计融入时代发展之中，不断挖掘邮票内涵，在传承中创新，彰显文化自信，发行《戊戌年》《拜年》《元宵节》《屈原》《四景山水图》《诗经》《月圆中秋》《当代美术作品选（二）》《中国古典文学名著——红楼梦（三）》《水果（三）》《二十四节气（三）》等系列邮票，并且开创《中国剪纸（一）》《丝绸之路文物（一）》《清正廉洁（一）》等新的系列邮票，充分体现中国邮票承载历史记忆、传承中华文明的作用，满足了集邮爱好者的期待与经营发展的需要。

3. 邮票图稿设计以创新引领，打造方寸精品。在加强艺术表现丰富性与多样性的基础上，注重还原邮票的“邮味”本质。设计上力求达到画面形式与文化内涵相统一、图稿设计与印制工艺相契合的效果。

二、个性化邮票和邮资封片发行情况

发行个性化服务专用邮票2套2枚。为配合中央对党的十九大精神的宣传贯彻的要求，发行《不忘初心 牢记使命》个性化服务专用邮票；为庆祝中国改革开放40周年、配合专题集邮巡展活动，发行《伟大历程》个性化服务专用邮票。发行纪念邮资信封3套3枚，纪念邮资明信片11套12枚，特种邮资明信片1套4枚。作为纪特邮票的重要补充，配合国家重要活动和事件，为改革开放40周年、《人民日报》创刊70周年、中国—亚欧博览会、海南建省30周年等活动发行纪特邮资封片进行宣传。发行普通邮资信封4套4枚，普通邮资明信片15套17枚，邮资信卡1套1枚。为配合全国各地党的十九大精神学习，发行《绿水青山》《不忘初心 牢记使命》等全国通用图普通邮资信封、明信片和信卡，为配合北京2022年冬奥会的宣传，发行《北京2022年冬奥会会徽》通用图普通邮资明信片。发行中国邮政贺年有奖封片9个类别的产品。

工作人员认真检查邮票印样。

三、邮票印制情况

1. 科学调度，统筹协调印制资源。影写邮票14.33套40枚，占比42.1%；雕刻邮票6.33套19枚，占比18.6%；胶印邮票13.33套39枚，占比39.2%。(《当代美术作品选（二）》3枚邮票分别采用影写、胶印和雕刻）三家印制企业承印套数分别为北京厂21套；河南厂8套；沈阳厂5套。

2. 确保邮票按时足量。为保证《上海合作组织青岛峰会》《港珠澳大桥》《中国国际进口博览会》《改革开放四十周年》等重大政治性题材邮票及《清正廉洁（一）》《四景山水图》等集邮热点题材邮票正常发行，各环节全力配合，组织全部生产能力，24小时全速生产，基本满足发行日的用票需求。

3. 精益求精，精雕细琢印制工艺。工艺延展选题，丰富邮票内容。《屈原》版式二，“路漫漫其修远兮，吾将上下而求索”，鼓舞人们向着正确的方向，不忘初心，继续前进。《中央美术学院建校一百周年》邮票，第一次运用荧光雕刻油墨，央美天际线在紫外灯下熠熠闪耀红光。其次，工艺应用巧妙，美化视觉效果。《丝绸之路文物（一）》4枚邮票分别采用4种不同印制工艺，其中逆向上光工艺使同一文物上表现出不同光泽度，再现出盘内描金图案的层次和盘体通透、明亮的品质，该工艺是第一次在邮票上使用。《长江经济带》邮票，紫光灯下长江沿岸的海岸线次第亮起，预示着国家战略引领下长江经济带的繁荣发展。《中国古典文学名著——〈红楼梦〉（三）》邮票运用国画印刷还原技术等工艺，有效提升邮票画面欣赏效果。邮票铭记的防伪处理，用手触摸，有凸起感。《北京2022年冬奥会——雪上运动》邮票，特殊材料印制的雪花晶莹剔透，边饰上镂空的“BEIJING 2022”若隐若现，既保持了冬奥会系列邮票的系列性，又增添了趣味性。第三，雕刻独具匠心，提升邮票品质。《海棠花》邮票，以粗细和疏密的雕刻布线体现花朵、枝叶的不同质感，被集邮者誉为“一季度邮票的颜值担当”。《当代美术作品选（二）》邮票，仰之弥高图，雕刻线条厚重刚劲，将画作的筋骨淋漓尽致地提炼而出。《四景山水图》邮票，第一次采用二次创作手法还原古画精致、深幽意境，获得行业内外高度好评。（邮票发行部／提供）

【集邮业务概述】 集邮收入84.6亿元，完成预算96.2%，收入比上年下降14.5%。

一、集邮文化影响持续提升，集邮服务水平稳步提高

1. 创新邮票发行活动。一是举办《己亥年》生肖邮票开机印刷仪式，达到提前造势预热的效果，有效促进后期产品的销售。二是《中国农民丰收节》邮票首发活动纳入农业农村部举办的首届中国农民丰收节活动中，集邮文化品牌再一次得到彰显。三是中国邮票纳入中宣部举办的改革开放40周年大型展览，邮票展台画面多次登上《新闻联播》，提升了邮票作为国家名片的影响力。四是发挥韩美林先生的号召力和影响力，在故宫举办“韩美林艺术大展”暨《己亥年》生肖邮票首发活动，扩大了生肖邮票的知名度。

2. 集邮活动。组织开展第38届佳邮评选颁奖活动、“2018第18届中华全国集邮展览”、“不忘初心　筑梦前行”庆祝改革开放40周年全国集邮文化巡回活动、“龙行华夏　国脉传承——大龙邮票诞生140周年文物珍品巡展”、2018集邮周等全国性集邮活动。2018集邮周期间，全国31个省（区、市）举办近1500场活动，线上线下超过280万人次参与，回馈抽奖活动参与人次接近30万，青少年集邮网络投票参与人次226万。

3. 跨界联动实现突破。一是与故宫博物院合作，举办2018集邮周启动仪式暨故宫藏《四景山水图》特种邮票首发式活动，通过这次活动，加强与故宫互动和合作，实现与强势品牌的融合。二是与国家图书馆、天猫合作，开发《诗经》信用卡和《从〈诗经〉到〈红楼梦〉》多媒体邮册，运用天猫精灵APP技术，赋予《诗经》邮票更多的文化价值和功能。三是与北京冬奥组委合作，参与面向全国中小学生开展的“我心中的冬奥会”活动。

4. 两季项目。2018生肖贺岁季项目全网共同推进以仿印产品为主的生肖产品预售模式、以对外联合为突破点的品鉴会模式、以文化下乡为目标的县域巡展模式和以宣传集邮文化为导向的微营销模式，促进项目收入稳定增长，创收39.52亿元，完成项目收入预算（34.75亿元）的114%。集邮文化季收入6.26亿元，比上年增长1%。

5. 线上业务。线上收入4.92亿元，其中，员工微营销项目实现较快增长，员工绑定人数42万，微营销收入9.1亿元，比上年增长31%。为支撑全网线上营销活动，集团公司统一组织开展“新邮预订合伙抢”和“生肖集卡”等线上营销活动，总浏览次数约434.3万次，独立访客约127.4万人，活动参与人次56.2万。

6. 协同发展持续深化。一是推进集邮网厅与邮储手机银行深度对接，联合开展新邮预订等营销活动，实现专业协同发展。二是继续推进集邮联名卡发展，发卡260万张，存款余额71.31亿元，实现专业间的客户资源复用。三是联合推出《诗经》信用卡，共同举办文化推广活动，拓展集邮特许文化产品形式。四是为邮储银行提供生肖票源用于支撑开发贵金属产品，并提供邮票金产品进行合作销售，支撑邮储银行为金融客户提供的优质服务。

二、业务管理

1. 推进供给侧改革措施。坚持适度从紧的邮票发行政策，严格控制新邮的发行量。生肖邮票发行量调减27%，为近四年来最低水平；近2/3的邮票和小型张的发行量低于上年最小发行量，3套邮票减至1000万套以下，并及时向社会公布邮票发行量，主动向媒体发布减量政策实施情况，提振市场信心。

2. 建立邮票打假长效机制。在企业内部下发打假办法，进行打假专项培训，开发邮票鉴别系统，初步形成全网打假的氛围。在外部联合淘宝开展专项打假，查处典型案例，抓获犯罪嫌疑人。

3. 业务发展联动模式。紧盯重点项目的营销策划、产品设计开发、营销推广、渠道拓展四个环节，面向全国复制推广安徽等6个省市试点成功的“集邮＋金融”联动发展模式、品鉴会品牌化运营模式、重点行业客户定向开发模式、中国集邮企业号创新宣传推广与管理应用模式，取得良好的协同发展效果。

4. 构建集邮信息化新格局。开展新一代集邮业务系统、CRM系统和在线业务平台的需求编写，构建以用户为核心的集邮专业信息化建设蓝图，逐步提升大数据应用能力、支撑基层个性化营销的能力和业务管理能力。

5. 全面贯彻绿色邮政理念。在邮票印制方面，将纪特邮票包装箱胶带由48mm宽全部改为45mm宽，包装箱印刷油墨改为水性油墨。14家邮资票品印制企业全部开展“绿色之星”绿色印刷资质认证工作。在产品开发方面，迅速落实薄轻精要求，在2018年年册中精简页

《四景山水图》特种邮票。

面，减少过度包装品种，增加简易折品种。（邮票发行部／提供）

【全国集邮业务工作会议】 4月24—25日，2018年全国集邮业务工作会议在北京召开，会议提出，各级邮政企业要深入贯彻落实党的十九大精神及集团公司工作会议和党建暨纪检监察会议精神，总结十八大以来及2017年集邮业务工作，分析当前面临的形势，安排部署2018年重点工作，动员集邮战线广大干部员工把握机遇，直面挑战，创新驱动，精耕细作，推进集邮业务健康稳定发展。会议指出，五年来，邮票发行提高政治站位，紧紧围绕中央大政方针、国家建设发展成就，弘扬中华民族传统文化，主动谋划重大政治选题邮票，集邮业务发展质量实现新提升，市场开发开创新局面，管控能力实现新提高，科技引领实现新突破。这五年的实践证明，集邮业务持续健康发展必须坚持走中国特色集邮文化道路、坚持市场化的发展思路和坚持创新推动业务发展。

针对2018年重点工作，会议提出7点要求：多措并举，促进集邮市场企稳向好；扩大需求，全力开发文化消费群体；创新驱动，推进产品质量变革；提高认识，提升服务质量；优化模式，提高营销能力；科技引领，推进精细化管理；加强党风廉政建设工作，保障业务规范和有序发展。（中国邮政官网）

【2019年新邮发行量进一步调减】 2019年新邮预订于10月10日正式开始。中国邮政集团公司将继续实行“总量调减”和“实名预订”的业务策略，同时，提供全新“选套预订”品种。

2019年新邮预订渠道包括集邮网上营业厅、集邮网厅APP、中国集邮微信商城和邮储手机银行客户端等线上渠道及集邮营业网点和邮政金融网点等线下渠道。老预订户可于10月10日至11月20日在线上或者线下办理以旧换新。11月20日老预订户续订截止后，各省份邮政未预订的数量将被调减50%，从而实现2019年新邮发行量进一步减量。11月15日前，新用户可在线上渠道提交年册和套票品种预约订单。11月21日至12月10日，线下渠道可根据调减后的余量为新用户办理预订。

为了简化流程、提升服务质量，中国邮政取消原有A、B、C选套品种，提供全新“选套预订”品种，预订用户可根据个人意愿调换套票预订资格和选套预订资格。同时，在集邮网厅上公布可办理新邮预订业务的集邮业务网点名称、地址和电话信息，以方便广大预订用户。（中国邮政官网）

【邮票印制局获得多项奖项】 4月22日，以“知音湖北 邮美江城”为主题的第38届全国最佳邮票评选颁奖大会在湖北省武汉市举行。由邮票印制局设计师马立航设计、邮票印制局印制的《中国共产党第十九次全国代表大会》纪念邮票荣获最佳邮票奖。此外，由邮票印制局设计总监王虎鸣设计的《千里江山图》特种邮票荣获优秀邮票奖。（邮票印制局 刘洁／提供）

6月6日，第17届政府间邮票印制者大会（GPSPC）颁奖仪式在法国巴黎举行，邮票印制局一举斩获最佳凹印邮票奖和最佳混合版邮票奖两大奖项。此次获奖的四套邮票均为邮票印制局印制，《中国古典文学名著——红楼梦（二）》小型张获得最佳凹印邮票奖，《丁酉年》生肖邮票获得最佳混合版邮票奖，应用三维压凸技术的《水果（二）》邮票获得最佳胶印奖第2名，被称为“邮票上的博物馆”的《中国恐龙》邮票获得最佳创新奖第3名。近年来，邮票印制局在邮票工艺创新方面多有突破，在本次国际大赛中一亮相，即受到国际印制行业的广泛关注和赞誉。（邮票印制局 刘洁／提供）

在第六届“凌云杯”中国包装印刷作品大赛中，邮票印制局推荐的作品《戊戌年》生肖大版“犬守平安”图获得最高奖项——技术创新奖，《当代美术作品选（二）》获得优秀奖。获奖作品在中国印刷技术协会凹版印刷分会的网站、必胜网等微信平台上进行详细介绍，并在2018年包装印刷年会现场展示。此次大赛的主题是“创意激发热情，质量赢得信任”，对国内包装印刷行业的发展和技术进步以及提高印品质量起到有力的推动作用。（邮票印制局 罗子阳／提供）

【《戊戌年》特种邮票首发】 1月5日，《戊戌年》特种邮票首发仪式在中国邮政集团公司总部举行。此次发行的《戊戌年》特种邮票一套2枚，图案内容分别为犬守平安、家和业兴。为适应市场情况的变化，此次发行的《戊戌年》生肖邮票相比上年生肖鸡邮票发行量减少将近30%，将成为第四轮生肖邮票中发行数量最少的一套。该套邮票设计者、著名艺术家周令钊出席仪式。《戊戌年》特种邮票延续“合家欢”的设计理念，展示中华田园犬的形象。第一图为“犬守平安”，画面中的公犬昂首挺胸，目光炯炯注视前方，好像随时能离地飞奔、抵御外敌、守护家

《戊戌年》特种邮票——家和业兴、犬守平安。

宅。第二图为“家和业兴”，棕色母犬深情凝视幼崽；黑色小狗昂头挺立、活泼可爱、母子相依、舐犊情深。两图相连，预示着家的平安和睦与国的兴旺富强。（中国邮政官网）

【《己亥年》特种邮票开机印刷】 8月6日，由中国邮政集团公司主办的“《己亥年》特种邮票印刷开机仪式”在北京邮票印制局举行。著名艺术家韩美林，中国邮政集团公司党组书记、董事长刘爱力，中国邮政集团公司党组成员、副总经理李丕征出席仪式，著名演员、主持人王刚主持仪式。活动揭晓《己亥年》生肖邮票的设计图稿，并正式启动《己亥年》生肖邮票印制。

《己亥年》生肖邮票由韩美林设计，第一图名为“肥猪旺福”，肥猪肚藏乾坤，憨态可掬，以奔跑的动态表现灵动生风的喜感，象征着正在奔向美好的生活；第二图名为“五福齐聚”，两只大猪和三只小猪同时出镜，其乐融融，体现出“全家福”的概念，也寄托了新春时节合家团圆、五福临门的美好祝福。刘爱力与韩美林共同签批《己亥年》邮票印样，并启动邮票印刷开机按钮。韩美林向刘爱力赠送《己亥年》邮票设计原稿，刘爱力回赠韩美林中国邮政集团公司收藏证书。第四轮生肖邮票的一大亮点就是找回第一轮生肖邮票的设计师再度创作。时隔36年，无论设计师还是集邮爱好者都经历不同的人生阶段，同时集齐两轮生肖邮票别具意义。活动现场，韩美林、王刚讲述自己与邮票多年的不解之缘，分享热爱艺术、乐享收藏的人生故事。

此次《己亥年》特种邮票印刷开机仪式同时也是“2018集邮周”主题活动日“乐邮己亥”的重要活动之一，开机仪式通过腾讯新闻进行直播，全国集藏爱好者在直播中不仅看到《己亥年》邮票真容，还参与摇号抽奖，有机会赢取《己亥年》邮票大小版折购买资格等福利。（中国邮政官网）

《己亥年》特种邮票开机印刷。

【《清正廉洁（一）》特种邮票首发】 6月24日，中国邮政集团公司在北京举办《清正廉洁（一）》特种邮票首发仪式。《清正廉洁（一）》特种邮票的发行是中国邮政运用中国邮票的独特宣传功能宣传党中央大政方针、弘扬主旋律的一次重要实践，在深入贯彻党的十九大精神，进一步助力党风廉政建设和反腐败斗争的宣传教育等方面将发挥积极作用，该套邮票的发行工作还得到中纪委宣传部的关心和支持。

《清正廉洁（一）》特种邮票一套4枚，邮票图案名称分别为不贪为宝、羊续悬鱼、两袖清风和立檄拒礼，生动再现了从春秋到清代的四个广为流传、发人深省的居官正直、廉洁自律的故事。用手机扫描邮票大版底部二维码时，邮票上的四个经典廉政故事就会以动画视频短片的形式生动地加以再现。该套邮票设计者为中国美术家协会连环画艺术委员会委员、年逾八旬的著名画家胡博综，邮票由沈阳邮票印刷厂印刷。（中国邮政官网）

【《中国农民丰收节》纪念邮票发行】 9月23日，农历秋分节气，迎来首个中国农民丰收节。为庆祝首个“中国农民丰收节”，中国邮政发行了《中国农民丰收节》纪念邮票1套1枚，并于9月23日首发。当日，作为主会场，农业农村部在北京农展馆举行隆重、热烈的庆祝活动。中国邮政在农业非物质文化遗产展演区域设置展台，展示改革开放以来中国邮政发行的有关农业、农村和农民的邮票。依托邮票载体全面宣传党和国家的大政方针，弘扬主旋律和核心价值观，全面反映、记录中国农业发展的历史时刻，农村面貌的巨变，农民的幸福感、获得感。（邮票发行部/提供）

【《港珠澳大桥》纪念邮票发行】 中国邮政于10月30日发行《港珠澳大桥》纪念邮票一套3枚，邮票图案名称分别为青州桥、东人工岛和海底隧道。同时，中国邮政与香港邮政、澳门邮电共同印制同题材邮票小全张1枚，内含中国邮政、香港邮政、澳门邮电邮票各3枚。

邮票第一图展现桥结构的代表——青州桥。青州桥是港珠澳大桥中跨径最大、主塔最高的通航孔桥，桥体上的“中国结”造型与画面前景的三地地标性建筑（香港会展中心、珠海大剧院、澳门大三巴牌坊）形成呼应，寓意三地紧密相连。

第二图展现岛结构的代表——东人工岛。东人工岛是海底隧道的东出入口，是可以驻足欣赏白海豚和远眺美景的多功能人工岛。大桥在建设过程中注重环境保护，为国家一级保护动物——中华白海豚营造了良好的生存环境，体现了人与自然的和谐共处。

第三图展现大桥中创多项世界之最的海底隧道。港珠澳大桥海底隧道是迄今为止世界上最长、埋入海底最深、

《港珠澳大桥》小全张。

单个沉管体量最大、使用寿命最长、隧道车道最多、综合技术难度最高的沉管隧道。背景中展现了东、西人工岛和海底隧道上方航道的全貌。

该套邮票由史渊设计，其曾设计《中国高速铁路》《中国古镇（一）》等多套邮票。邮票由北京邮票厂影写版工艺印制。（中国邮政官网）

【《北京 2022 年冬奥会——雪上运动》纪念邮票举行首发】 11 月 16 日，北京 2022 年冬奥会和冬残奥会组委会（以下简称北京冬奥组委）与中国邮政集团公司联合举办“《北京 2022 年冬奥会——雪上运动》纪念邮票首发仪式”，北京冬奥组委秘书长韩子荣和中国邮政集团公司党组副书记李丕征共同为纪念邮票揭幕。从 1992 年开始，历届奥运会中国邮政都安排发行相关题材的邮票。在北京 2008 年奥运会筹办期间，中国邮政以同步发行的方式发行 13 套奥运会主题邮票及系列邮品，获得国内外消费者的喜爱，成为中国弘扬奥林匹克精神、传播奥运文化、记录新中国奥运历程的重要组成部分。

根据双方签署的特许经营协议安排，北京冬奥组委联合中国邮政集团公司参照北京 2008 年奥运会有关奥运题材邮票发行情况，计划从 2017 年开始至 2022 年陆续发行冬奥会会徽、吉祥物、场馆、冰雪运动等邮票，表现冬奥会从筹备到举办的一系列重要事件，记载北京冬奥会关键进程，以邮票形式讲好中国故事，向世界展示健康中国、活力中国、文化中国的美好形象。

此次发行的《北京 2022 年冬奥会——雪上运动》纪念邮票一套 4 枚，分别表现越野滑雪、高山滑雪、冬季两项和自由式滑雪 4 个雪上运动项目。该套邮票设计主题突出，将抽象的奥林匹克思想具体化、形象化，用具象的图案体现奥林匹克思想的价值取向和文化内涵。画面中，滑雪运动员分别以水平线、同心圆、网点和放射线来表现，体现出雪上运动项目的速度感、力量感和造型美感。富有透视感和精致简练的几何形结构，描绘出雪上运动的特征与张力。邮票背景用流线型的波浪线和渐变的色带把雪山、雪松和雪花等冬奥会的环境元素串联起来，在动态变化中体现出秩序美。在印制工艺上，特殊材料印制的雪花晶莹剔透，邮票版张边饰上的“BEIJING2022”字样则采用镂空工艺制作而成，集艺术和防伪功能于一体。（中国邮政官网）

【《两岸“三通”十周年》纪念邮票发行】 12 月 15 日，《两岸“三通”十周年》纪念邮票发行。本套纪念邮票一套 1 枚，面值 1.2 元。邮票设计以数字“10”为基本构图造型，体现 10 周年的概念。一轮明月象征“月圆两岸情”，黄帝陵体现了两岸同胞同根同源。北京鸟巢、台北 101 大楼和台湾日月潭突出两岸特征，和平鸽、飞机和货轮代表通邮、通航和通商。邮票背景衬以红蓝交融的渐变色，寓意海峡两岸密切交流合作，朝着和平发展、共同增进同胞福祉的方向不断迈进。（福建省邮政分公司 / 提供）

【海南建省办经济特区 30 周年明信片邮资片首发】 4 月 13 日，为庆贺海南建省办经济特区 30 周年，中国邮政首次发行海南题材的特种邮资明信片和普通邮资明信片，分

《2018 集邮周》纪念邮资明信片。

别为《美好新海南》特种邮资片一套4枚（封套式）和《美好新海南》普通邮资片1枚。《美好新海南》特种邮资片邮票图案和明信片背面图案相同，分别为五指山、三亚国际免税城、环岛高铁、文昌航天发射场等海南标志性场景，表现了近年来海南经济和社会发展取得的巨大成就。《美好新海南》普通邮资片邮资图主体元素为海南省形象宣传标志，真实展现了海南热带滨海风光的美好形象。海南省邮政分公司也配合发行了《海南建省办经济特区三十周年》纪念封、纪念邮折等海南元素主题邮品，从不同角度展现海南从边陲海岛一跃成为中国最大经济特区和唯一省域国际旅游岛的发展成就，描绘了一幅经济繁荣、社会文明、生态宜居、人民幸福的美好新海南画卷。（中国邮政官网）

【“2018集邮周”暨《四景山水图》特种邮票首发式在故宫举行】 8月4日，由中国邮政集团公司、中华全国集邮联合会和故宫博物院共同主办的“2018集邮周”启动仪式暨《四景山水图》特种邮票首发式在故宫博物院建福宫花园举行。故宫博物院院长单霁翔、常务副院长王亚民，中国邮政集团公司董事长刘爱力、副总经理李丕征，中华全国集邮联合会常务副会长徐建洲、副会长兼秘书长张玉虎等领导出席仪式。

作为“2018集邮周”的首日，中国邮政将主题定为“集邮与文博（文脉邮扬）”，同日发行以故宫馆藏画作为主题的《四景山水图》特种邮票以及《2018集邮周》纪念邮资明信片，单霁翔院长、刘爱力董事长、李丕征副总经理、徐建洲副会长分别为特种邮票和纪念邮资明信片揭幕。

活动中，中国邮政集团公司董事长刘爱力向故宫博物院院长单霁翔赠送编号为01A的《四景山水图》特种邮票。古彩戏法推广人、中国顶尖魔术师辛刚现场进行古彩戏法表演，通过戏法形式变幻出《四景山水图》特种邮票小全张和中国第一枚邮票清代大龙邮票。活动最后，单霁翔院长、刘爱力董事长、徐建洲副会长、王亚民副院长、李丕征副总经理、张玉虎副会长分别手持“戊戌”“故宫”“中国邮政”“集邮周”“中国梦”“集邮情”字样篆体印章，盖在“集邮周启动卷轴”上，以此宣告“2018集邮周”正式启动。

同日，中国邮政在故宫博物院内设置临时邮局及销售点，为广大观众提供邮品销售和盖戳、寄递服务。全国各省级邮政分公司联合博物馆、美术馆以及文化机构等，举办邮票首发、展览、鉴赏、学术交流等活动，在全国营造出“赏四景山水图、品味传统文化”的氛围。

8月4日，在中国邮政邮票博物馆举行“龙行华夏国脉传承”大龙邮票诞生140周年珍品文物巡展（北京站）活动。此外，在“2018集邮周”6天时间里，全国31个省（区、市）邮政分公司举办1500余场形式多样、内容丰富的线上线下集邮活动。（中国邮政官网）

【第38届全国最佳邮票评选颁奖活动】 4月22日，以“知音湖北　邮美江城”为主题的第38届全国最佳邮票评选颁奖活动在湖北省武汉市举办。经评选，马立航设计的《中国共产党第十九次全国代表大会》纪念邮票获最佳邮票奖；王虎鸣设计的《千里江山图》特种邮票、冯远设计的《春夏秋冬》特种邮票获优秀邮票奖；韩美林设计的《丁酉年》生肖邮票获最佳设计奖；河南省邮电印刷厂印制的《凤（文物）》特种邮票获最佳印刷奖。江苏、江西、山东、河南、湖北、湖南、广东、广西等8个省（自治区）集邮协会获最佳组织奖。（湖北省邮政分公司/提供）

【《改革开放40年——中国邮票》展览在中国国家博物馆展出】 11月13日，“伟大的变革——庆祝改革开放40周年大型展览”在国家博物馆开展。展览以坚持和发展中国特色社会主义为主题，紧扣改革开放40年历程，紧扣改革开放的历史纵深感、群众获得感、发展成就感，安排设计6个主题内容展区，多角度、全景式集中展示改革开

《改革开放四十周年》纪念邮票。

放光辉历程、伟大成就、宝贵经验，展示党的十八大以来以习近平同志为核心的党中央高举改革开放旗帜、推进全面深化改革、扩大对外开放的战略决策部署，展现党中央将改革开放进行到底的政治魄力和坚定决心。

邮票被称为“国家名片”，在方寸之间高度概括全党全国各族人民在党中央的正确领导下，谱写出中国特色社会主义事业的辉煌篇章，因此，此次大型展览为中国邮政设立专门的展区。中国邮政以反映改革开放伟大进程的邮票为素材，精心策划《改革开放40年——中国邮票》展览内容，回首光辉历程，展望美好未来。展览分为高举旗帜、伟大实践和筑梦新时代三大部分，使用邮票72套、309枚，部分邮票喷绘到5面展墙上进行展示。改革开放40年来发行的邮票，记录全国各族人民按照党的十六大、十七大、十八大、十九大提出的高举中国特色社会主义旗帜、全面建成小康社会的各项要求，推动经济社会持续健康发展，踏上建设社会主义现代化国家新征程的全过程。（中国邮政官网）

【第十八届中华全国集邮展览在江苏省常州市举办】 5月11—13日，常州2018第18届中华全国集邮展览在江苏省常州国际会展中心举行，同时纪念中国首次邮展在常州市举办100周年。此届邮展由中华全国集邮联合会主办，常州市政府、江苏省邮政分公司、江苏省集邮协会承办。邮展以“百年邮展　魅力龙城”为主题，由非竞赛性和竞赛性展品组成，规模为1422框，文献展品75部。与往届邮展相比，呈现几大特点：一是展示内容突出时代特色，开设“砥砺奋进　铸就辉煌”非竞赛展区，以集邮形式集中展示党的十八大以来中国政治、外交、文化、军事、科技、教育等方面的辉煌成就；二是展览类别有创新，首次尝试具有中国特色的原地集邮和庆祝改革开放40周年的命题集邮两个类别；三是新作多，其中首次在国家级邮展中展出的邮集占总规模的80%以上。此届邮展命题集邮一等奖为王如群的《春天的故事——纪念改革开放40周年》，邮展的最高奖大金奖为孙蒋涛的《中国海关大龙邮票》。邮展设“致敬·百年邮展纪念日”“传承·集藏文化日”“发展·青少年集邮日”3个主题日，以致敬邮展百年历程，综合展示集邮发展水平，促进集邮文化的普及，展望集邮文化更加美好的明天。“致敬·百年邮展纪念日”举行了邮展开幕式，有邮展纪念邮资明信片、特供张揭幕和《当代美术作品选（二）》新邮首发活动，并通过图片展等形式致敬百年邮展；“传承·集藏文化日”开展集邮家新书首发、珍邮品鉴会、国际集邮讲座等活动；“发展·青少年集邮日”举行邮展颁奖仪式暨闭幕式活动，并通过“邮票上的美德”小记者演讲、“红领巾邮站”服务等，展示青少年集邮文化。（中国邮政官网）

【庆祝改革开放40周年全国集邮文化巡回活动】 5月19日，由中国邮政集团公司、中华全国集邮联合会共同主办的“不忘初心　筑梦前行”庆祝改革开放40周年全国集邮文化巡回活动在农村改革发源地安徽省凤阳县、丝路经济带新起点陕西省西安市同时启动。同日，中国邮政发行《丝绸之路文物（一）》特种邮票、《伟大历程》个性化服务专用邮票和《改革开放四十周年》纪念邮资明信片。

巡回活动开展期间，全国31个省（区、市）将组织开展主题展览、青少年集邮贴片展评、邮政文化惠民、邮票首发式、集邮文化大讲堂、集邮征文、集邮图书评选等一系列主题活动，以邮为媒，充分展示和宣传改革开放以来中国在经济、政治、文化、社会等各方面取得的巨大发展成就。此次活动于12月18日结束，同日发行《改革开放四十周年》纪念邮票，北京市、广东省深圳市、四川省广安市将同期举办闭幕仪式和相关集邮文化活动。

活动启动当日，主办方在凤阳县小岗村大包干纪念馆举办邮展，展出33部、160余框展品，通过“方寸天地”再现改革开放40年来特别是党的十八大以来的发展变化，激励民众不忘初心、砥砺奋进，在党的十九大精神指引下，为实现“两个一百年”的奋斗目标而努力奋斗。大包干带头人之一关友江现场为集邮爱好者签名。继小岗村首站后，安徽省合肥市、黄山市、芜湖市、铜陵市等地将先后举办巡回活动。

西安市的活动及邮展在陕西历史博物馆举办，其中，集邮文化展览为期2天，围绕改革开放40周年取得的伟大成就、“丝路精神”与“一带一路”合作倡议、“不忘初心·牢记使命”中国共产党党史回顾三大主题，展出内容包括世界及中国珍邮、100框主题邮集、陕西文物邮票图片等，展出期间还安排了集邮专家讲座活动。《丝绸之路文物（一）》邮票设计者陈景异和陕西历史博物馆馆长强跃现场为大家签名。（中国邮政官网）

【大龙邮票诞生140周年文物珍品巡展系列活动】 8月4日，“龙行华夏国脉传承”大龙邮票诞生140周年文物珍品巡展北京站系列活动在中国邮政邮票博物馆举办。8家文博单位、60余件龙主题文物在京亮相。

系列活动包括龙主题文物展览、“大龙邮票与清代海关邮政”学术研讨会、中国邮政邮票博物馆邮票主展厅预展和集邮品鉴会等。来自巡展各协办文博单位的代表、参加学术研讨会的专家及获奖论文作者代表，以及集邮爱好者100余人参加了活动。

此次巡展由中国邮政集团公司和中华全国集邮联合会主办，中国邮政文史中心（中国邮政邮票博物馆）和中国海关博物馆联袂发起，并与中国集邮总公司和中国邮政集团公司北京市分公司共同承办。

巡展于7月24日自天津启动，北京站是第二站，也是2018集邮周启动日——“集邮与文博”主题日的重头活动之一。中国邮政邮票博物馆首次联合中国海关博物馆、中国第一历史档案馆、中国第二历史档案馆、中国印钞造币博物馆、北京印钞有限公司（北京印钞厂）、天津邮政博物馆和上海邮政博物馆等多家文博单位，汇集60余件珍贵的含有龙元素的文物集中展出，其中大多数为首次亮相。

在当日的开幕仪式上，中国海关博物馆馆长樊堃宣读“大龙邮票与清代海关邮政”主题征文获奖名单。

“龙行华夏　国脉传承”大龙邮票诞生140周年文物珍品巡展开幕仪式。

由中国邮政文史中心（中国邮政邮票博物馆）和中国海关博物馆联合主办的“大龙邮票与清代海关邮政”——大龙邮票诞生140周年学术研讨会，同日在中国邮政邮票博物馆召开。

“大龙邮票诞生140周年”北京站展览将持续到8月7日，下一站将在辽宁省营口市博物馆展出。（中国邮政官网）

【2018中华全国爱情集邮文化嘉年华活动】 8月17日，2018中华全国爱情集邮文化嘉年华活动在新余开幕。此次活动由中华全国集邮联合会主办，新余市人民政府、江西省邮政分公司、江西省集邮协会承办。活动为期2天。中华全国集邮联合会、新余市政府、江西省邮政分公司、省集邮协会等相关领导出席活动，并为《大雁》邮票揭幕。

开幕式现场推出集邮文化展览、文艺表演等系列活动。新余市分公司搭建临时邮局，为广大邮迷和市民提供加盖纪念戳和邮寄服务。现场推出《仙女下凡地抱石故园人》邮册、《百鸟鸣》邮册、《中国七仙女传说之乡》纪念邮资封、《大雁》特种邮票及相关题材的邮品，获得集邮爱好者的热捧。此外，中国著名爱情题材邮票设计家萧玉田、张桂徵、史渊、李昕等亲临现场，为广大集邮爱好者现场签名。新余2018中华全国爱情集邮文化嘉年华活动包括“中国七仙女传说之乡”纪念封发行仪式、《大雁》特种邮票首发仪式、庆祝改革开放40周年暨全国集邮文化巡回展览、全国爱情集邮文化展览、全省青少年主题邮局文化联展、“美丽新余我的家”全市中小学生书信比赛启动仪式、珍邮品鉴会、邮品展销和集邮座谈会等。

新余是中国“七夕”文化的发祥地和溯源地，也是中华全国集邮联合会授予的首批“全国集邮文化先进城市”。（江西省邮政分公司／提供）

【“庆祝改革开放40周年”全国集邮征文评选颁奖大会在山西举办】 11月15日，“庆祝改革开放40周年”全国集邮征文评选颁奖大会在山西举办。获奖文集《邮情四十年》同步亮相。

为庆祝改革开放40周年，中华全国集邮联合会在全国范围内组织开展以“庆祝改革开放40周年”为主题的系列集邮文化活动，旨在通过集邮活动，回顾改革开放历史进程，激励人民群众坚定文化自信，为实现中华民族伟大复兴的中国梦而努力奋斗。而集邮爱好者们用他们笔下的文字讲述着自己丰富多彩的集邮故事，抒发着他们的理想、信念以及对美好生活的热爱，笔端饱含对中国特色社会主义集邮文化事业的关爱，生动再现了中国集邮40年来的发展变化和历程。

此次集邮征文评选自3月启动以来，28个省（市、区）、3个行业集邮协会以及部分作者推荐报送征文246篇。经过评委评审，评出一等奖10名、二等奖20名、三等奖30名、纪念奖40名，16个积极组织报送此次评选的省级集邮协会及行业协会也获得表彰。（中国邮政官网）

【宁夏邮政分公司启动庆祝自治区成立60周年集邮产品发布及系列巡展活动】 7月，宁夏邮政分公司启动庆祝自治区成立60周年集邮产品及系列巡展活动和“宁夏60大庆”邮品发布。9月19日，《宁夏回族自治区成立六十周年》纪念邮票发行。宁夏邮政充分利用邮政特有资源，积极融入自治区六十大庆活动，取得了良好的经济效益和社会效益。（宁夏邮政分公司／提供）

【第五届海峡两岸珍邮特展在台北举办】 12月14日至18日，第五届海峡两岸珍邮特展在台北举办。中国邮政集团公司副总经理、海峡两岸邮政交流协会顾问李雄在开幕式上致辞。

李雄表示，文化是一个国家、一个民族的灵魂，灿烂辉煌的中华文化是中华民族特有的精神标识，也是两岸同胞共同的文化印记，加强两岸文化交流，促进两岸同胞共同弘扬中华优秀传统文化，建设两岸同胞共同的精神家园，是新时代两岸共同的责任。今年是两岸全面、直接、双向通邮 10 周年，珍邮特展作为一个具有鲜明特点的文化交流平台，既承载着两岸邮政文化交流的使命，也反映了两岸民众深化合作的共同心声。

海峡两岸珍邮特展由海峡两岸邮政交流协会、台湾邮政协会共同主办，自 2013 年以来，每年轮流在两岸举办。此次特展展品包括珍邮、封片、邮集、史料及文物等。其中，中国邮政邮票博物馆提供的“薄纸大龙票”“厚纸大龙票”“阔边大龙票”“大龙邮票戳记”等反映“龙文化”的珍邮藏品，凸显了两岸“龙的传人”一脉相承的历史文化渊源。中华邮政公司提供的展品包括“海关二次云龙小字改值邮票”“北京一版帆船、农穫、辟雍邮票”及“上海版单位邮票”全套 3 枚全张等。

特展首日配合发行特展纪念邮资票及原图明信片。中华邮政公司董事长魏健宏在发行仪式上说，2008 年大陆赠送台湾大熊猫“团团”“圆圆”后，台湾回赠大陆梅花鹿“繁星”“点点”，此次发行的邮资票以梅花鹿作为主要图案，代表两岸在情谊上再继续、再延续、生生不息。希望通过特展使两岸邮政交流合作更进一步，传承好两岸共同的历史文化。据介绍，此次发行的面值为新台币 10 元、88 元和 99 元的邮票分别寓意两岸全面、直接、双向通邮十周年和两岸关系长长久久。（中国邮政官网）

企业管理

◇ 综合管理
◇ 人力资源管理
◇ 战略规划
◇ 财务管理
◇ 采购管理
◇ 审计监督
◇ 纪检监察

综合管理

【机关事务部管理概述】

一、认真做好中央巡视整改有关工作

1. 做好巡视组进驻保障相关工作。巡视期间，部门领导全程驻扎巡视组驻地，全力提供周密细致的主动服务，完成保障服务工作。具体为：派出2人长期驻地、2人机动服务；派驻机动司机3人，出车196次、行程2800余公里，保障24小时用车便利，零失误完成全部出车任务；提供专业医疗服务，满足驻地就诊需求；从驻地的生活服务、安全保卫、人员接送、办公设备、办公用品、会议室安排、音响照明、车位预留等方面入手，全力以赴做好服务保障工作，得到了巡视组的好评。

2. 修订完成总部差旅费管理办法。根据巡视整改要求，在参考其他通信运营商及相关央企差旅费标准基础上，广泛征求控股子公司、寄递事业部、在京直属单位、部分省公司及总部相关部室意见，重点对差旅住宿费标准、城市间交通工具、差旅报销审批流程等内容进行修订，反复研讨，经集团党组会讨论通过，出台总部差旅费管理办法。结合总部实际出台报销细则，进一步加强总部差旅费的规范管理。

3. 修订完成总部会议费管理办法。根据中央巡视整改要求，在参考其他通信运营商、相关央企会议费标准以及广泛征求意见的基础上，重点对会议费标准等内容进行修订，进一步加强总部会议费的规范管理。

4. 做好公款购买商品房相关整改工作。根据巡视整改要求，部门领导亲自带领专人负责全系统领导人员公款购买商品房并出售给个人问题整改工作。

5. 协助起草领导人员异地交流任职管理规定。机关事务部认真参与办法的讨论工作，了解其他央企领导人员住房待遇、交通待遇情况并提供给人力部，为办法出台提供依据。

二、推进工程建设

1. 推进北京邮政枢纽改扩建工程前期工作。集团公司成立“北京邮政枢纽改扩建工程”项目小组，机关事务部作为建设单位全面推进相关工作。根据该项目建设方向洽谈意见，部门领导在认真梳理现状建筑面积、现有合法证照面积的基础上，亲自带队前往北京市规土委协调，基本形成“地上面积7.5—8.3万平方米、地下6万平方米”的建设方案，得到集团公司领导的认可，市规土委也初步确定“地上面积按合法证照面积审批、地下根据邮政自身需求核定”规划方案审批原则。

2. 推进“亦庄信息中心”项目建设。二期主体楼设备扩建工程：完成16台柴油发电机组设备到场验货、主机及配套设备安装等。三期运维楼及扩建动力楼工程：完成扩建动力楼全部工程和四方联合验收；运行维护楼完成全部结构工程及建筑砌筑工程，预计12月31日完成外立面玻璃幕墙及外窗安装工作。四期机房楼和动力楼工程：完成勘察设计招标工作；工程设计方案初步获得通州规划分局认可。由于工程按国内A级数据中心标准建设，对电力、自来水等市政配套容量要求特别高，部门领导多次亲自带队到通州供电公司、北京自来水公司等单位沟通协商，使之同意按需求供电、供水。供电方案由原来的“邮政自建变电站”改为“供电公司负责解决”。

3. 推进65号院职工住宅项目。机关事务部坚持创新工作方法，利用一切可以利用的资源，与规划、国土、国管局等相关政府部门沟通，报建工作取得丰硕的成果：取得北京市政府关于项目申请使用国有土地的批复，同步完成配套市政设计单位的采购工作；取得国有建设用地划拨决定书；取得市交委会交评审查意见函；完成建设用地范围内硬化地面清理工作。

4. 确保“集团档案馆”项目按期完工。机关事务部积极协调参建各方，解决档案馆需求调整、工艺配合、燃气改造、借用外电等问题，协调北京分公司办理消防验收和竣工验收等手续，协调开展长阳项目电力增容和室外工程建设工作，在保证工程质量、满足需求前提下，力争2019年3月前完工。

5. 及时完成小型装修改造项目。完成宣武门西大街131号办公楼配电改造及电梯改造工程、邮政信息网全国中心灾备机房土建工程、金鼎大厦20层办公室安装工程、中关村大街9号办公楼消防设施维修工程等13个小型项目。

三、基础管理

1. 加快推进工程管理制度建设。在充分研讨的基础上，机关事务部印发《机关事务部代管项目采购评审业主代表管理办法（试行）》《机关事务部房建类小型项目供应商管理实施细则（试行）》等，为规范工程建管行为，建立职责分明、监督有力的工程建管制度体系打下基础。

2. 基本完成总部住房补贴核查工作。根据集团公司领导指示，做好核查工作，包括对员工工作单位认真排查；要求人事部门、房管部门、纪检部门盖章确认；请人力部协助核查三级领导人员住房情况等，确保核查结果的真实性和准确性。经过认真核查，统计出符合住房补贴发放条件员工人数，形成签报并报送集团公司领导审批。

3. 加强大厦办公用房的集中管控。由于寄递事业部成立及邮储银行搬出等原因，B座大厦腾出部分办公用房资源。机关事务部本着“盘活资源、合理调配、统一管理”原则，在对办公用房、工位数量认真统计的基础上，与中邮保险等单位以及总部信建部、监察局、战略部等十余个部门沟通协调，通过“盘活闲置办公空间、增加工位数、更换小工位”等措施对各楼层办公用房重新调配和集中管控，基本满足 B 座大厦各单位（部门）办公用房需求（例如，协调中邮保险搬入 8 层办公，同时配备工位 109 套等），得到了 B 座大厦各单位（部门）好评。

4. 加强总部公务用车及驾驶员管理。严控总部机关公车经费，坚决落实公车台账制度，做到每台车的费用支出均有据可查，确保费用支出更加合理准确。继续加强驾驶员安全教育工作，通过召开专题会和微信群分享相结合的方式，反复强调安全行车意识和服务意识，严禁公车私用。

5. 加强周转房维修及管理工作。总部周转房 19 套 34 间，分布在城区各处。机关事务部严格按照总部周转房实施细则进行分配和调整。由于周转房大多建于 90 年代，条件比较简陋，机关事务部从 2017 年起启动周转房维修计划，2018 年对 3 处周转房维修，改善员工住宿条件。

6. 做好职工住房制度相关工作。完成总部机关及在京直属单位职工住房情况调查，继续完善员工住房情况表，对员工及配偶名下的房改房、集资房、经济适用房、军产房等政策性住房详细登记，加强员工住房情况信息管理。

四、服务保障工作

1. 完善大厦配套服务设施。为加强主动服务，机关事务部在金鼎大厦大堂前台西侧、影壁墙两侧及东侧设立休息区，配备沙发、饮水机、报纸杂志、绿植等服务设施，给楼内员工及访客提供舒适休闲等候环境。

2. 全面提高餐饮服务质量。为提高员工就餐体验，机关事务部积极研究制定改进方案，多措并举改善服务质量，包括增设餐饮总监，主抓高职餐和大餐的菜品质量；要求物业公司加强对外包餐饮公司的监督管理，建立考核制度，进一步提高食堂餐饮水平。

3. 提供人性化的体检服务。为保障员工身体健康，在体检项目中为男性、女性员工增加更实用的体检项目，基本完成总部员工健康体检工作，为总部员工提供更加人性化的体检服务。

4. 加强交流人员的人性化管理。机关事务部把交流干部的生日卡由原来的“季度发放”改为“按月发放”。

5. 协助完成总部图书室的筹建工作。为给员工提供良好的学习和休闲环境，机关事务部沟通金融街商会，协助党建部完成总部图书室、直属机关党委活动室的选址及家具配备等工作。

6. 做好大型活动的服务保障工作。机关事务部配合完成巡视动员会议及巡视反馈会议、全国党建暨纪检会议、集团《戊戌年》邮票首发活动、其美多吉先进事迹表彰会、全国邮政系统双先表彰会、“919 电商节”启动仪式等大型活动以及各类外事活动的后勤保障工作。

五、财务管理工作

加强机关行政经费支出控制，进一步严格财务报销管理，为总部把好关、理好财。与财务部、信建部、项目组密切沟通配合，陆续完成机关本部 ERP 资金平台等模块上线；配合人力资源部、财务部完成工资全部 ERP 线上协同处理，由原来的按期对账催款，变成当月协同清算回款；随着 ERP 报销报账系统的全面推广，及时将纸质报销单变更为电子报销单，方便职工填写及财务审核工作。

六、安全工作

金鼎大厦作为集团和邮储银行的总部，安全管理责任重大，机关事务部始终坚持“制度化管理、人性化服务”理念，着力提升大厦安全管理水平。

1. 抓好大厦人员车辆进出安全管理。增强服务观念，倡导文明执勤，讲究方式方法；明确岗位职责，通过建立严格的安全管理责任制，把安全保卫工作落实到每个环节、每个岗位，建立“纵向到底、横向到边、上下联动”的责任网络。加强公车管理和驾驶员培训教育，确保公车出行安全。

2. 抓好消防安全管控和演练培训。加强消防设施管理，定期检验楼内消防系统的实效性。结合集团公司“安全生产月”活动，组织大厦各单位安管员和物业员工到金融街消防中队进行灭火实操演练，邀请消防干警到集团举办消防知识讲座，并现场在后厨实操灭火演练。

3. 加强节假日期间安全防范管控。严格贯彻安全生产工作责任制，在节假日前开展“拉网式”检查，严查细抠，全面排查整治隐患。加强重点部位、重点部门的监督检查，对关键环节、重点岗位逐一检查，落实安全防控措施。加强应急值守，严格落实值班制度。对节假日进入单位车辆、员工进行登记，特别关注夜间车辆出入口情况。安排保安监控人员 22：00—6：00 对大厦各楼层进行技术布防，重点时期夜间巡更增加至四次。

4. 做好上访人员的管控疏导。建立上访人员工作记录。做好频繁上访人员基本特征记录留存工作，坚持人性化管控疏导。截至 10 月 31 日，拦截处置信访事件 190 余次，其中群体访事件 60 次，拦截上访人员 230 余人。

5. 严格食品卫生安全管控。构建机关事务部定期抽检、物业公司与餐饮公司共同参与的全方位食品安全管控体系，加强对各个环节食品安全风险的监控。到密云基地进行实地考察，并对基地供应的有机蔬菜进行农药残留检测，让总部员工吃到放心健康的有机蔬菜。

七、不忘初心推进党建工作

1. 加强巡视相关精神的学习宣传贯彻。巡视反馈会后，支部第一时间召开支委会，专题学习传达中共中央政治局委员、中央巡视工作领导小组副组长杨晓渡同志，中央第二巡视组组长薛利同志的讲话和集团公司党组书记、董事长刘爱力同志的表态讲话精神。支部书记叶军同志为全体党员上了题为《提高站位 努力提供一流总部机关服务》专题党课，要求深入学习巡视反馈会议精神，用习近平新时代中国特色社会主义思想武装头脑、指导实践、推动工作。

2. 加强董事长讲话精神的学习宣传贯彻。支部多次组织专题传达学习集团党组书记刘爱力同志的讲话精神，特别是抓好干部警示教育大会讲话精神的学习。要求始终把旗帜鲜明讲政治作为根本点，严格遵守中央八项规定及实施细则精神；始终把严字当头作为落脚点，凡事主动、凡事全力、凡事用心、凡事负责，争当模范个人，争当模范部门；始终把坚定理想信念作为关键点，坚决落实从严治党要求，真正做到知大势、懂全局、精业务，善谋善干、善作善成，推动总部机关行政服务工作更上新台阶。

3. 加强支部的政治建设。认真学习宣传贯彻《中共中央政治局关于加强和维护党中央集中统一领导的若干规定》，坚持党中央权威和集中统一领导的重要性，坚决维护习近平总书记在党中央和全党的核心地位，坚决维护党中央权威和集中统一领导，在政治立场、政治方向、政治原则、政治道路上同以习近平同志为核心的党中央保持高度一致。

4. 加强支部的思想建设。认真开展“大学习、大讨论、大落实”活动，采用集体学习与个人自学相结合、系统学习与专题研讨相结合、理论学习与专题调研相结合的方式，深入学习贯彻新时代党的建设总要求和全国国企党建工作会议精神，认真学习《中国共产党章程（2017版）》《中华人民共和国宪法修正案》、新修订的《中国共产党纪律处分条例》《关于新形势下党内政治生活的若干准则》《中国共产党党内监督条例》《习近平新时代中国特色社会主义思想三十讲》，深入学习新发展理念，深入学习贯彻“以人民为中心”的发展思想，深入学习贯彻习近平总书记关于巡视工作重要讲话精神和中央巡视反馈精神等。

5. 加强支部的组织建设。严格落实“三会一课”等制度。加强党员教育管理监督。7月组织前往“塔山革命烈士陵园”，开展“不忘初心、重温入党志愿书”主题党日活动，支部书记为大家讲题为《做合格的共产党员》的专题党课。11月30日前完成支部的换届选举工作。完成2017年度支部组织生活会、党建述职评议考核工作。认真做好支部党费收缴等。

6. 加强支部的作风建设。根据年初对外公布的作风建设承诺，认真做好“总部员工报销报账三天内付款到账”等八项承诺的兑现工作，推动作风建设常态化、制度化、长效化。（机关事务部／提供）

【集团品牌管理】 制定下发《关于加强中国邮政品牌建设的指导意见》《关于加强品牌名称规范的通知》，推动品牌指导规范化；制定《品牌达标活动方案》和《绿色邮政建设行动标识使用手册》，加强对各板块和各省分公司的品牌管理标准化指导；编写并下发《中国邮政普遍服务品牌宣传素材》，大力宣传邮政普遍服务形成的品牌和网络优势，组织做好普遍服务是邮政立业之本的教育与普及工作。（市场协同部／提供）

【新闻宣传管理工作】 下发7个文件，强化对全系统新闻舆论工作的指导和管理。全面完成全国邮政系统官方网站的整合及改版上线工作。开展排查、彻底干净肃清邮政系统各类宣传载体有关违纪违法人员余毒工作。完成11场大型活动的对外新闻发布工作，配合业务部门完成邮政“919电商节”各项宣传工作。认真做好企业形象宣传的组织策划和实施工作，开展其美多吉先进事迹、全系统庆祝改革开放40周年、世界邮政日主题宣传活动，完成重庆“西洽会”和四川“西博会”参展工作。宣传工作取得新突破，《人民日报》在头版重要位置报道邮政发展成就；经过三年的持续宣传，其美多吉被中宣部授予“时代楷模”称号。（综合部／提供）

【舆情管理工作】 强化“舆情主管部门指导、相关部门调查落实”的舆情处置工作机制，形成全网舆情工作的合力。将《舆情周报》改为《舆情日报》，提升舆情报送时效性。利用微信形式报送舆情，提高舆情上传下达效率。在黑龙江、湖南省邮政分公司开展舆情应急管理演练，提升各级管理者舆情处置和应急管控能力。开展信息舆情专业培训，增强邮政各级人员“学网懂网用网”的意识和对舆情研判的能力。运用各方资源，拓宽舆情联系渠道，搭建邮政舆情专家库。妥善处理“湖南株洲速递劳务工投递员因车祸死亡”“北京律师张新年状告中国邮政”“湖北黄石持刀抢劫银行”“石家庄邮政青园南网点不给用户邮寄自带月饼”等多起较大负面舆情事件。（综合部／提供）

【安全生产管理工作】 持续开展“平安邮政”创建工作，制定科学合理的考核评价指标，对各单位安全工作进行全面考核评价。在全国“两会”、中非合作论坛、上合组织青岛峰会、中国首届进口博览会等重大活动前，下发邮政寄递渠道安全服务保障方案，并对重点省份开展安全检查，确保各项安全防范措施落实到位，圆满完成了邮政寄递渠道安全服务保障工作。制定了包括业务库、监控中心、营业场所、押运钞管理等15项邮政金融安全管理制度，同时开展安全生产标准化基本规范研究工作，逐步健全邮政企业安全生产标准化制度体系。进一步优化全国邮政金融网点监控报警系统功能，研究制定安防设备技术规范，加快邮政营业场所安防视频监控全覆盖建设，立项建设邮政安全管理信息系统。持续强化安全检查和隐患整

邮递员将信送至田间地头。

改，安保类案件和安全生产事故得到有效控制，未发生重特大安全生产事故或案件。（综合部 / 提供）

【做好“人民邮政为人民”服务宗旨宣传工作】 新闻宣传中心认真贯彻落实集团公司巡视整改工作部署，在扎实做好自身整改的同时，为宣传好集团党组坚持以问题为导向，强化“四个意识”，坚持“四个自信”，坚决做到“两个维护”，自觉践行“人民邮政为人民”服务宗旨，全面落实中央部署的“三大攻坚战”，先后制定出台《新闻宣传中心落实巡视整改意见改进宣传报道实施方案》主方案和《邮政系统精准扶贫工作宣传方案》《中国邮政乡村振兴三年行动宣传方案》《中国邮政普遍服务工作的宣传方案》等7个专项宣传方案，利用文字、图片、视频等方式，系统宣传报道有关邮政扶贫、普遍服务、绿色行动等巡视整改重点工作，对全行业统一思想，凝聚共识，上下同欲抓好巡视整改和企业改革发展工作发挥积极作用。（新闻宣传中心 / 提供）

【中国邮政官方微博维护运营】 创新运营中国邮政官方微博“E网邮情”，微博粉丝总量再创新高。截至6月10日（6月11日起，微博由集团新闻中心负责管理运营），微博粉丝总量307万，组织线上活动5次，线下活动2次，活动参与人数2.5万人。其中，邮粉福利日、线下活动沙龙、高考家长心理辅导、冬奥寄语等线上线下互动活动深受粉丝欢迎。（中国邮政广告传媒公司 / 提供）

【全国邮政工作会议】 1月22日，全国邮政工作会议在京召开。会议的主要内容是：以习近平新时代中国特色社会主义思想为指导，深入贯彻落实党的十九大和中央经济工作会议精神，总结党的十八大以来中国邮政改革发展成就，明确新时代中国邮政发展的战略目标和总体思路，部署2018年重点工作，动员全国邮政干部职工不忘初心、牢记使命，锐意进取、埋头苦干，为做强做优做大中国邮政、建成世界一流邮政企业努力奋斗。

交通运输部党组书记杨传堂出席会议并讲话，对过去五年中国邮政改革发展取得的成绩给予充分肯定，对全国邮政干部职工为国家邮政事业做出的贡献表示感谢，并对集团公司今年工作提出了要求。国家邮政局副局长及中组部、国务院办公厅、发改委、安全部、财政部、人社部、审计署、海关总署、国家税务总局、国家质检总局以及国防邮电工会等相关部门的有关领导出席会议。集团公司总经理、党组书记作工作报告，集团公司党组其他成员出席会议。

报告中首先强调党的十九大的重要意义，并对全系统学习贯彻落实习近平新时代中国特色社会主义思想和党的十九大精神作出具体要求。党的十九大是在全面建成小康社会决胜阶段、中国特色社会主义进入新时代的关键时期召开的一次十分重要的大会。习近平总书记的报告，是党团结带领全国各族人民在新时代坚持和发展中国特色社会主义的政治宣言和行动纲领，是马克思主义的纲领性文献。学习宣传贯彻党的十九大精神，是当前和今后一个时期的首要政治任务，必须全面准确、学深悟透，做到“十个深刻领会”；必须突出重点、抓住关键，做到“六个聚焦”。要牢固树立“四个意识”、坚定“四个自信”，坚决维护以习近平同志为核心的党中央权威和集中统一领导，自觉在思想上政治上行动上同以习近平同志为核心的党中央保持高度一致，自觉用习近平新时代中国特色社会主义思想武装头脑、指导实践、推动工作。五年来，集团公司总收入年均增长8.8%；利润年均增长10.9%。2017年，中国邮政在《财富》“世界500强排行榜”中，收入规模列119位，5年跃升139位，利润列98位，5年跃升26位；在“2017中国企业500强”排名中，收入规模列25位，5年跃升5位。报告从七个方面总结党的十八大以来中国邮政取得的辉煌成就：一是坚持战略引领，推进转型升级，邮政发展跃上新台阶；二是坚持深化改革，完善体制机制，企业活力充分迸发；三是坚持创新驱动，加强能力建设，企业竞争力显著增强；四是坚持集团管控，推进精细化管理，管理规范化科学化水平明显提升；五是坚持为民服务，推进开放合作，企业社会影响力不断扩大；六是坚持发展依靠员工，发展成果惠及员工，员工获得感、幸福感不断增强；七是坚持党的领导，加强企业党建，为企业发展提供了坚强的政治保证。2017年是实施“十三五”规划的重要一年，是推进供给侧结构性改革的深化之年。中国邮政在以习近平同志为核心的党中央坚强领导下，加快改革创新，推进转型升级，圆满完成各项经营目标任务：一是经济效益显著提升，二是三大新增长极发展取得突破，三是邮政金融业务持续发展，四是传统邮政业务平稳发展。

报告明确新时代中国邮政发展的战略目标与总体思路。当前目标是到2020年力争进入世界500强企业前100名、中国100强企业前20名、世界邮政前2名；从业人员人均收入与企业效益同步增长，建成世界一流邮政企业。2018年是贯彻党的十九大精神的开局之年，是改革开放40周年，是决胜全面建成小康社会、实施“十三五”规划承上启下的关键一年，做好今年的邮政工作意义深远。邮政工作的总体要求是：以习近平新时代中国特色社会主义思想为指导，认真贯彻落实党的十九大和中央经济工作会议精神，坚持党的领导，贯彻新发展理念，按照高质量发展要求，以供给侧结构性改革为主线，着力推进邮政发展质量变革、效率变革、动力变革，深入实施“一体两翼”经营发展战略，着力打造三大新增长极，推进转型升级，实现提质增效，为做强做优做大中国邮政、建成世界一流邮政企业努力奋斗。报告从坚持实施“一体两翼”经营发展战略，建设协同发展的现代邮政经济体系；深入推进改革，进一步激发企业发展活力；加快创新驱动，增强邮政核心竞争能力；进一步完善集团管控体系，提升企业科学管理水平；大力提高服务质量，打造邮政优质品牌；坚定不移加强党的建设，推进全面从严治党向纵深发展六方面对2018年工作进行具体部署。（中国邮政官网）

【全国邮政工作座谈会】 8月23—24日，全国邮政工作座谈会在北京举行。这是在中央对集团公司主要领导进行调整后召开的首次全国邮政工作座谈会，是落实中央巡视整改、全面从严治党的再动员会，是直面问题挑战、创建竞争优势、加快邮政转型升级的推进会。集团公司董事长、党组书记刘爱力，集团公司董事、总经理、党组副书记张金良，集团公司副总经理李丕征、康宁、张荣林、李雄、吕家进，集团公司党组纪检组组长盛逍文参加会议。刘爱力作了题为《以整改为契机，直面问题，统一认识，脚踏实地把中国邮政做强做优做大》的讲话；班子成员就各自分管工作分别进行安排部署。

刘爱力充分肯定集团公司上半年的工作成绩，结合中国邮政发展现状和禀赋优势，对现阶段集团公司经营发展形势进行了系统研判，剖析邮政发展存在的深层次问题。刘爱力指出，上半年邮政发展情况符合预期，整体业绩可圈可点，但存在下行趋势，面临着严峻挑战，必须引起高度重视。

刘爱力强调，中国邮政仍处于大有可为的战略机遇期，必须坚定发展信心，抓重点、补短板、强弱项、固优势，加快转型升级，实现提质增效。其中，邮储银行要落实好“服务三农、服务小微、服务社区”的定位，发挥优势，强化协同，加快科技引领和数字驱动，打造成为优秀的大型国有商业银行；邮政快递物流要坚定不移地推进寄递业务改革，找准发展定位，确定战略方向、目标、路径，进一步发挥好快递物流国家队的作用；中邮保险要发挥“自营＋代管”的模式优势，推进期交转型，加快做强做优做大。

刘爱力要求，全系统党员干部要以习近平新时代中国特色社会主义思想和党的十九大精神为指导，坚决维护习近平总书记党中央的核心、全党的核心地位，坚决维护党中央权威和集中统一领导；认真贯彻习近平总书记关于巡视工作重要讲话精神，贯彻中央巡视反馈会议精神，提高政治站位，以整改不落实就是对党不忠诚的政治担当，不折不扣完成好巡视整改任务。各级邮政单位要深刻认识“人民邮政为人民”是中国邮政的初心和使命，普遍服务是中国邮政的“根”，是中国邮政政治优势所在，是中国邮政的四梁八柱；做好普遍服务关系国计民生，是中国邮政的政治责任、政治担当；做好邮政普遍服务就是在以服务换爱心、以服务换人心、以服务换民心，就是在以实际行动厚植党的执政基础。在确保普遍服务和特殊服务的基础上，集团公司及各级邮政单位要以“市场化”为核心，向改革要动力，充分释放改革红利；坚持质量第一、效益优先，贯彻落实习近平总书记提出的投资有回报、产品有市场、企业有利润、员工有收入、政府有税收、环境有改善“六个有”要求；对接国家战略，明确集团发展定位，优化集团管控模式，建立战略闭环管理体系。各板块、各单位要深刻认识协同是中国邮政最大的战略、最核心的优势，形成永远不能分离的利益共同体，做到金融、寄递和邮务各板块客户资源的充分共享，建立定期联席会议制度，最大限度地发挥集团公司的整体竞争优势，实现邮政整体利益最大化。各专业要着力提升客户体验、核心竞争力和持续发展能力，传统邮务要做好互联网时代的转型，邮政金融要应对好互联网金融的挑战，快递物流要及时赶上行业信息化、智能化发展步伐。各级党组织和组织部门要把习近平总书记在国企党建会上明确指出的对党忠诚、勇于创新、治企有方、兴企有为、清正廉洁“20字国企干部标准”融会贯通到今后选人用人育人的各个方面，成为选拔干部、培养干部、考核干部的核心内容；坚持党管干部原则，坚持正确用人导向，坚持德才兼备、以德为先，五湖四海、任人唯贤，组织放心、群众满意、干部服气的用人标准，把好干部及时发现出来、合理使用起来；不断增强党员干部的学习、改革创新、狠抓落实、政治领导、科学发展、依法执政、群众工作、驾驭风险“八大本领”；加强长远规划，搭建干部成长平台，加大优秀年轻干部的培养使用力度，确保党的事业和邮政事业后继有人、基业长青。

会议要求，全系统各单位要抓紧做好这次工作座谈会精神的传达学习和贯彻落实，带领全体干部职工在思想上、行动上、作风上、工作措施上，进一步提高政治站位，做到求真务实、提高效率、强化执行力；在做好中央巡视整改的同时，要全力抓好经营改革工作，确保完成全年工作任务，为做强做优做大中国邮政、建成世界一流邮政企业做出贡献。

此次座谈会邀请阿里研究院的专家作了题为《新零售、新物流与新机遇》的讲座；安排山西、安徽、河南、重庆 4 个省（市）邮政分公司作了经验发言。（中国邮政官网）

【全国邮政经营服务工作会议】 4 月 19—20 日，2018 年全国邮政经营服务工作会议在北京召开。会议以习近平新时代中国特色社会主义思想为指导，总结 2017 年及党的十八大以来邮政经营服务工作，部署 2018 年工作任务。会议强调要进一步提高政治站位，始终牢记“人民邮政为人民”的服务宗旨，坚持高质量发展，加快推进邮政业务转型升级步伐。报告全面回顾 2017 年特别是党的十八大以来邮务板块的工作成果，五年来，服务水平稳步提高，服务内涵不断丰富，品牌形象显著提升，能力建设持续增强，业务规模再上台阶，发展效益不断攀升。张荣林指出，回顾五年来的工作，更加深刻地体会到：必须坚持党的领导，切实履行央企政治责任；必须坚持战略引领，坚决贯彻落实集团部署；必须坚持创新驱动，推动邮政业务转型升级。要始终牢记“人民邮政为人民”的服务宗旨，深入贯彻落实党和国家要求，认真贯彻落实集团公司战略部署，全面保障普遍服务和特殊服务；坚持高质量发展，加快推进邮政业务转型发展步伐，提升管理水平，提升服务品质；强化平台优势，强化营销体系，强化能力支撑；推进包裹快递市场份额大幅提升，推进代理金融业务转型发展，推进农村电商跨越式发展，推进基础业务创新发展；在服务民生、凝聚民心方面发挥更大作用，为厚植党执政的政治基础、经济基础、组织基础、群众基础贡献力量。

针对 2018 年邮务板块的经营发展重点，会议提出“四个着力”，并从八个方面具体部署。一是着力优化供给质量，加快转型创新步伐；二是着力提升发展效率，提高经营管理水平；三是着力培育增长动能，持续打造竞争优势；四是着力加快能力建设，加大支撑保障力度。对于具体目标的实现，要求各级邮政企业一要认真履行职责，做好普遍服务和特殊服务；二要贯彻落实中央要求，助力打赢“三大攻坚战”；三要坚定不移，做大做强包裹快递业务；四要攻坚克难，推动代理金融转型发展；五要坚定信心，实现农村电商跨越式发展；六要融合创新，稳步发展文化传媒业务；七要强化营销，全面提升发展能力；八要突出重点，提高科学管控水平。

会议还对 2017 年重点城市电商快包业务发展劳动竞赛、省际标准快递及非一体化地区标准快递业务发展劳动竞赛获奖。（中国邮政官网）

【全国邮政报刊发行会议】 2019 年度报刊订阅流转额确保增长 3%。9 月 15—16 日，在江西省南昌市召开的 2019 年度全国邮政报刊发行会议要求各级邮政企业深刻把握邮政是国家战略性基础设施的定位，深刻领会做好报刊发行是践行“人民邮政为人民”服务宗旨的具体体现，坚定不移地做好邮政报刊发行这一基础性、标志性业务，履行好党报党刊发行的特殊服务职责；不忘初心使命、加快转型升级，确保发行业务稳中有升，巩固提高邮政报刊发行的主渠道地位。集团公司副总经理张荣林出席会议并作工作报告。

张荣林从增强用户体验推进服务升级、拓宽业务领域推进产品升级、提高专业化水平推进能力升级、坚持科技引领推进技术升级这四个方面回顾了前一段时间报刊发行业务发展的基本情况，深入剖析当前邮政报刊发行业务所面临的政策环境和市场环境，强调邮政报刊发行作为“一体”主业的基础性、标志性业务，各级邮政企业首先要增强宗旨意识，把做好报刊发行业务上升到讲政治、顾大局的高度上来。

面对新的形势，张荣林要求各省（区、市）分公司抓住改革红利，把握市场、环境等政策性利好，一方面要充分发挥邮政资源优势，增强主动服务意识，在紧盯流转额指标的基础上，突出抓好“报刊客户量与业务量”两项指

第 15 次新华社系列报刊发行工作会在江西省南昌市召开。

标，实现传统报刊市场的稳步增长；另一方面要加大在线业务平台、报刊续订 APP、报刊订阅卡等新渠道、新技术的推广力度，加快重点政务图书、新媒体产品等创新业务发展，实现转型项目的快速增长。

为确保 2019 年度报刊发行目标的圆满实现，张荣林从强化阵地意识精耕传统报刊发行市场、加快创新转型项目发展、夯实基础管理提升竞争力三个方面作出了部署，要求着力提升品牌效益。他要求各级邮政企业忠实履行特殊服务职责，全力做好党报党刊发行，进一步扩大党报党刊的发行覆盖面、影响力，提升党报党刊投递服务质量，深挖传统报刊市场，加快推进新媒体产品发行，加大对在线订阅渠道的宣传和推广力度，增强政务图书发行能力。

此次会议强调，2019 年度报刊大收订是寄递事业部制改革后，迎接 2019 年工作的第一仗。各级邮政企业要提高政治站位，切实增强做好普遍服务和特殊服务的使命感、责任感和紧迫感；认真研判内外部环境，积极应对新形势，创新思路和办法，确保全面协同发展；必须严格执行普遍服务标准，优化客户订阅流程，构建立体式营销体系，确保全面完成 2019 年度报刊大收订各项目标任务。

会议期间，四川、江西、江苏、湖南和安徽五省邮政分公司作了报刊发行业务转型发展经验交流。（中国邮政官网）

【中国邮政开启绿色包装项目】 8 月 8 日，中国邮政集团公司正式启动绿色包装项目（以下简称“绿邮项目”），将通过开展包装减量、胶带瘦身、循环回收、品牌推广四大计划，实现企业生产运营过程中的包装减量化、绿色化和可循环化，引导消费者使用绿色环保包装，推动形成全社会的绿色环保意识。中国邮政集团公司党组书记、董事长刘爱力，副总经理张荣林、李雄出席深入推进绿色邮政建设行动暨启动绿色包装工作全国邮政系统电视电话会议。

会议要求中国邮政全体干部员工认真贯彻落实习近平总书记关于打好污染防治攻坚战、建设生态文明系列重要讲话精神，践行新发展理念，提高思想认识，提高政治站位，切实增强做好生态环境保护工作的责任感、使命感，认真落实好会议精神，把绿色发展理念贯穿到邮政工作的全环节、全过程：要统一思想，充分认识深入推进绿色行动和绿色包装工作的重要性和紧迫性；要层层压实责任，确保绿色行动和绿色包装工作扎实推进、取得实效。他强调，全体干部员工要上下同心，真抓实干，实现绿色行动目标，为打赢污染防治攻坚战，为全面建成小康社会作出新的更大贡献。

张荣林对集团公司推进绿色包装工作方案做详细解读。此次绿色包装工作寄递板块和邮务板块是重点，金融板块参与，具体工作内容包括包装减量计划、胶带瘦身计划、循环回收计划和品牌推广计划。

包装减量计划即发挥邮政网点优势，在全国范围推广减量包装箱和轻薄化集邮产品，全面提升电子面单使用率，切实减少包装耗材，减轻包装重量，推动绿色低碳工作。集团公司计划在 9 月底前全面推广应用 1—6 号新标准箱，新标准箱较原标准箱平均减重 20% 左右。

胶带瘦身计划即发挥邮政业务规模优势，在年底前推广使用 45mm 窄胶带，通过科学封装方法和推广免胶带箱等措施，预计邮政企业在生产经营中可减少 30% 的胶带使用量。

循环回收计划即发挥邮政点多面广的优势，在营投环节、运输环节、电商平台等生产环节做好包装回收、容器循环和可降解包装袋的试点应用工作。集团公司计划 8 月底前，在北京、上海、合肥、成都四个城市试点投放可循环使用包装箱。

品牌推广计划即针对“绿邮项目”中涉及的“新标准箱”“免胶带箱”“可循环箱”三款绿色环保包装箱进行形象设计，并分别推广命名为“轻装箱”“易封箱”和“环邮箱”。此外还将通过开展形式多样的品牌推广活动，引导消费者使用绿色环保包装箱，提高包装物的循环使用率，向全社会传播绿色环保意识，推动社会绿色环保风气的养成。

中国邮政还计划推出绿色运输、绿色金融等项目，着力解决运输污染问题，支持国家绿色环保产业发展等，力争用三年时间将中国邮政打造成为“绿色运营践行者、绿色生活推动者、绿色生态守护者、绿色品牌塑造者”。（中国邮政官网）

环邮箱

轻装箱

易封箱

【中国邮政组织召开中央企业档案工作第四协作组年度工作会议】 9 月 14 日，中国邮政集团公司作为年度组长单位，组织召开中央企业档案工作第四协作组 2018 年工作会议。来自中国铁路总公司、中国电信集团有限公司、中国联合网络通信集团有限公司、中国移动通信集团公司、中国远洋海运集团有限公司、中国航空集团公司等 15 家中央企业档案部门负责人及相关人员参加会议，国家档案局经济科技档案业务指导司司长王雁宾到会指导，集团公司副总经理李丕征出席会议并致辞。

李丕征指出，中国邮政集团公司作为国家公用事业的中央企业，历来重视档案工作，在国家档案局的大力指导与帮助下，积极开展档案的各项管理工作，不断加快档案的信息化进程，为企业经营管理提供了有力支撑与保障。今后会继续配合国家档案局，开展好档案工作，推动企业档案工作再上新台阶。

会议学习传达了全国档案局长馆长会议精神，就做好近期档案工作提出三点要求：一是创新体制机制，全面提升整体工作水平；二是加强安全管理，守住档案工作安全底线；三是转变工作思路，积极服务企业经营管理工作。国家档案局经科司企业处介绍了近期企业档案重点工作，结合近期专项检查情况，要求各企业做好处僵治困过程中的档案处置工作，并强调抓好所属单位对国家档案局10号令的落实。（中国邮政官网）

【《中国邮政服务乡村振兴战略三年行动方案》发布】 8月8日，中国邮政集团公司发布《中国邮政服务乡村振兴战略三年行动方案（2018—2020年）》（以下简称方案），旨在深入贯彻习近平新时代中国特色社会主义思想和党的十九大精神，积极落实《中共中央、国务院关于实施乡村振兴战略的意见》精神，按照中共中央、国务院关于乡村振兴战略规划的行动部署，进一步明确中国邮政服务乡村振兴战略的对接领域、行动目标和路径，大力推动中国邮政在落实国家乡村振兴战略中主动担当和积极作为。

该方案的指导思想为，以习近平新时代中国特色社会主义思想为指导，全面贯彻落实党的十九大精神，深入领会习近平总书记关于“三农”工作的重要讲话精神，按照中央一号文件和乡村振兴战略规划总体部署，举中国邮政全网之力，全面做好服务乡村振兴战略的总体谋划。中国邮政将发挥长期服务“三农”的经验优势，整合邮政电商、金融、物流、传媒等专业优势资源，进一步加大邮政在乡村普遍服务、电商、金融、物流、扶贫等领域的投入和服务力度，以“邮政服务保障乡村民生、邮政电商打造农产品销售服务平台、邮政金融推动农村产业现代化、邮政物流助力培育乡村新动能、邮政扶贫提升农民获得感”为抓手，全面落实“产业兴旺、生态宜居、乡风文明、治理有效、生活富裕”的总要求，打造中国邮政服务乡村振兴战略的特色模式和长效机制，为谱写新时代乡村全面振兴新篇章做出应有的贡献。

方案提出，到2020年，中国邮政服务乡村振兴取得重要进展，中国邮政服务乡村振兴战略的特色模式和长效机制基本形成，并将中国邮政打造成为“乡村普遍服务供给主渠道、乡村电子商务发展排头兵、乡村振兴金融支持生力军、乡村综合物流服务主导者和国家精准脱贫攻坚助力者”。

邮乐购网点。

方案要求，各相关部门和单位从组织保障、业务发展、服务支撑、综合管控、人才支持、财务政策、配套投资七个方面着力，不断完善各项制度和政策，强化邮政服务乡村振兴战略的各项保障，形成长效工作机制。充分认识到乡村振兴战略对邮政发展的重要意义，把落实乡村振兴战略作为厚植党的执政基础、促进邮政发展的重要工作，以更高的政治站位、更大的发展格局，高质量服务乡村发展，确保中国邮政服务乡村振兴战略工作出实效，树立中国邮政服务乡村振兴战略央企形象。（中国邮政官网）

【中国邮政扶贫三年规划制订并下发】 为深入贯彻《中共中央、国务院关于打赢扶贫攻坚战三年行动的指导意见》，强化央企责任担当，集团公司制订并下发中国邮政定点扶贫、电商扶贫和金融扶贫三年规划（2018—2020）及2018年工作计划。这也是集团公司迅速贯彻落实中央巡视整改意见的有力举措之一。

规划指出，“十三五”时期是全面建成小康社会、实现第一个百年奋斗目标的决胜阶段，也是打赢脱贫攻坚战的决胜阶段。实现到2020年打赢脱贫攻坚战的目标，事关人民福祉，事关党的执政基础和国家长治久安，使命光荣、责任重大。为此，中国邮政将以习近平新时代中国特色社会主义思想为指导，全面贯彻党的十九大、十九届二中、三中全会和全国扶贫开发工作会议精神，积极落实中央关于打赢精准脱贫攻坚战的决策部署，始终牢记“人民邮政为人民”的服务宗旨，强化央企责任担当，为全面建成小康社会贡献邮政力量。

在定点扶贫方面，中国邮政集团公司近几年在陕西省商洛市商州区、洛南县的定点扶贫工作，得到地方党委、政府的高度评价。2018—2020年，中国邮政将进一步落实中央关于央企开展定点扶贫的工作部署，持续加大在陕西省商洛市商州区、洛南县的定点扶贫工作力度，重点实施三个方面、六大精准扶贫项目：一是打造“永不走的扶贫工作队”，实施党建扶贫项目；二是发挥行业优势，实施电商扶贫项目、金融扶贫项目、保险扶贫项目；三是围绕政府工作布局，实施产业扶贫项目和教育就业扶贫项目，全面推进定点扶贫工作从“输血”向“造血”扶贫的转型升级，做到真扶贫、扶真贫，真脱贫、脱真贫。

在电商扶贫方面，中国邮政将充分发挥自身优势，坚持量力而行、尽力而为的原则，坚持集团统筹、省负总责、市县落实的工作机制，聚焦国家级贫困县和贫困群体，以打造贫困县地方馆为抓手，推动贫困地区农产品进城，帮助农民实现增产增收，助力精准扶贫。到2020年，实现“三个一”工程，即利用三年的时间帮助每个国家级贫困县打造1个标准地方馆、培育1000个年销售过万单的扶贫农特产品、培养1万名电商扶贫能手。通过电商扶贫，帮助贫困户增收，助力脱贫攻坚。

在金融扶贫方面，中国邮政将以推进普惠金融发展为主线，以贫困地区尤其是深度贫困地区为主战场，坚持集中领导、分工负责、联合行动、做出样板，积极探索金融扶贫联动机制，充分发挥邮政金融板块各单位的优势，合理配置金融资源，创新金融产品和服务，加大金融扶贫投入力度，为实现到2020年打赢精准脱贫攻坚战、全面建成小康社会目标提供强有力的金融支持。2018—2020年，在832个国家重点贫困县（含已摘帽的国家重点贫困县）信贷总投放不低于3000亿元。在国家重点贫困县开展保险精准扶贫，力争在三年时间分别覆盖15万人、18万人、20万人，并选择重点贫困村开展定向帮扶，累计建设10个“中邮保险村”。中国邮政还将制定扶持贫困地区新三板企业挂牌专项扶持办法，对中邮证券承做的贫困地区企业实现新三板挂牌给予配套支持。（中国邮政官网）

【中国邮政部署扶贫工作】 8月15日，中国邮政集团公司召开党组会，听取邮政扶贫工作领导小组关于定点扶贫、电商扶贫和金融扶贫三年规划（2018—2020）及2018年工作计划的汇报，并对下一步扶贫工作进行部署。集团公司党组书记、董事长刘爱力主持会议。

会议认为，做好邮政扶贫工作，是中国邮政深入贯彻落实党中央、国务院关于打赢精准脱贫攻坚战系列决策部署的重要体现，也是中国邮政积极落实中央巡视整改要求的重要举措，更是中国邮政的政治责任和社会责任所在。

邮政 EMS 极速鲜精准扶贫。

回顾过去一年的工作，中国邮政定点扶贫、电商扶贫和金融扶贫各具特色、卓有成效，得到了地方党委、政府的高度评价，值得充分肯定。下一步，中国邮政要进一步提高政治站位，充分认识精准脱贫工作对于实现中华民族伟大复兴的重大意义，按照习近平总书记关于坚决打赢脱贫攻坚战的重要指示精神，尽职尽责做好邮政扶贫工作。

会议强调，邮政扶贫工作要坚持四个原则：一要把中央交办的扶贫任务坚决落实好。集团公司要全力完成好陕西省商洛市商州区和洛南县的定点扶贫任务，确保扶贫成效；邮储银行要不折不扣落实好人民银行和银保监会对于金融扶贫的要求，同时要做好风险防控。二要根据自身特点，发挥特色优势。多年来，中国邮政开展金融扶贫、电商扶贫，取得了不少经验。要继续充分发挥邮储银行在服务“三农”、服务小微、服务社区等相关领域的经验优势，发挥好邮政农村电商在推动工业品下乡、农产品进城等方面的作用，助力精准扶贫、精准脱贫。三要注重扶贫效果，切实取得成效。扶贫工作要精准滴灌，而不能大水漫灌，要找准贫困根源，依据“病灶”对症下药，精准高效使用扶贫资金，做到真扶贫、扶真贫，真脱贫、脱真贫。四要注重工作作风，做到履职尽责。邮政扶贫干部要进一步加强作风建设，以严实的工作作风、扎实的扶贫成效，充分展现邮政人的良好精神风貌。（中国邮政官网）

【中国邮政部署全面清理整合股权投资工作】 8月1日，中国邮政集团公司召开全国电视电话会议，明确坚决按照党中央、国务院关于国有企业瘦身健体和改革集体企业等精神，全面开展股权投资清理整合工作，力争到2019年底全面完成清理整合任务，使邮政企业国有资本布局进一步完善，股权投资质量和效益进一步提高。集团公司副总经理康宁出席会议并作工作部署。

会议提出，全面清理整合股权投资工作要以习近平新时代中国特色社会主义思想为指导，全面贯彻落实党的十九大和中央经济工作会议精神，要按照党中央、国务院《关于深化国有企业改革的指导意见》《加快剥离国有企业办社会职能和解决历史遗留问题工作方案》《关于在全国范围内开展集体企业改革工作的指导意见》等文件要求做好具体落实，要将这项工作作为政治任务来抓，确保按期完成。

会议强调，要切实提高政治站位，深刻认识清理整合股权投资的紧迫性和重要性。全面清理整合股权投资是贯彻落实党中央、国务院深化国企改革的具体行动，是邮政企业瘦身健体提质增效、完善国有资本布局、做强做优做大主业的需要，是当前时期邮政企业重要的政治任务。要按照优胜劣汰的市场规则，坚决清理不符合发展方向、效益较低、前景不明、长期亏损的控股单位，加快退出长期不赢利、不分红的参股单位。要大力推动股权投资重组整合，坚决撤销不必要的主业股权投资单位，将有限的资源整合到主业，聚焦主业发展，心无旁骛地打造核心竞争力，做强做优做大主业；加快重组有发展前景的辅业股权投资单位，增强整体实力，提高市场竞争力，拓展邮政企业发展的新领域，培育邮政企业的新增长点。

会议要求，要突破"只算眼前账"的思想和认识障碍，坚定不移、毫不动摇地做好股权投资清理整合工作。各单位现任领导可能不是股权投资决策的当事人，但是清理整合工作任务却历史性地落在大家身上，必须突破"新官不理旧事""只算眼前账"的认识障碍，把思想统一到贯彻落实党中央、国务院决策部署，贯彻落实集团公司重大决策部署上来，勇于担当责任，敢于直面矛盾，善于解决问题，把全面清理整合股权投资作为政治任务来完成。

会议明确全面清理整合股权投资的总体目标、基本思路、总体方案和时间安排。（中国邮政官网）

【中国邮政荣获"2018 年度中国精准扶贫突出贡献单位"】 12 月 15 日，由中国扶贫开发协会、国家信息中心、求是《小康》杂志社联合主办，以"高质量发展与决胜全面小康"为主题的 2018 第十三届中国全面小康论坛在北京举行。中国邮政集团公司荣获"2018 年度中国精准扶贫突出贡献单位"。

中国邮政积极响应党中央、国务院号召，深入贯彻落实习近平总书记关于脱贫攻坚系列重要指示精神，坚决履行央企的政治责任和社会责任，发挥邮政行业优势，尽职尽责做好邮政扶贫工作，定点扶贫、电商扶贫和金融扶贫各具特色、卓有成效。

主办方在会刊中介绍说，中国邮政集团公司积极推动"工业品下乡"与"农产品进城"双向流通渠道建设，提供线上线下"一条龙"服务：线上，基于邮政电商购物平台邮乐网和农村电商信息平台系统"邮掌柜"；线下，依托农村邮政网点、邮乐购实体店等渠道，构建了"购物不出村、销售不出村、金融不出村、生活不出村、创业不出村"的"五不出村"邮政农村电商生态体系。同时，充分发挥邮储银行的网络优势，加大资金投入，提高金融扶贫广度和深度，针对贫困户"短、小、频、急"等金融需求特点，积极开发以"扶贫小额信贷业务"为代表的特色产品，精准支持贫困户，特别是对建档立卡贫困人口进行重点支持。积极创新金融扶贫新模式，形成了宁夏扶贫"蔡川模式"、内蒙古扶贫"三到村三到户"、四川"金融立体扶贫"、江西"扶贫产业信贷通"等金融扶贫模式，力争实现从"输血"变为"造血"。

在定点扶贫方面，"十三五"时期，中国邮政集团公司持续加大在陕西省商州区、洛南县的定点扶贫工作力度，2016—2017 年投入专项资金 1100 余万元，围绕电商、金融、产业、教育等精准扶贫项目，全面推进定点扶贫工作从"输血"向"造血"扶贫转型升级，帮助 8000 余名贫困人口脱贫，精准帮扶成效显著。（中国邮政官网）

2018 年度精准扶贫突出贡献单位荣誉证书。

【中国邮政再获万国邮联 EMS 客户关怀奖】 4 月 12 日，万国邮联国际局 EMS 合作机构大会特别典礼在瑞士伯尔尼举行，中国邮政再度荣获 EMS 客户关怀奖（EMS Customer Care Award）。EMS 客户关怀奖是万国邮联依据邮联 Rugby 国际客服系统展现的工作成果，向 EMS 合作机构的成员邮政颁发的客服质量专项奖。2017 年 Rugby 系统共有 191 个成员，包括中国邮政在内的 15 个成员获 2017 年客户关怀奖。中国邮政是 18 个大国邮政中唯一的获奖者，在 15 个获奖邮政中客服工作量最大，评奖所依据的 6 个客服质量关键指标均排名大国邮政第 1 位。中国邮政已连续两年获此殊荣。

为支持高速发展的国际速递业务，中国邮政速递物流公司建立起全国统一管控的国际 EMS 客服体系。2016 年 5 月 30 日至 6 月 2 日，EMS 卡哈拉合作机构客服管理小组对中国邮政进行客服审计（KPG CS Audit），评估内容覆盖企业计划、沟通机制、人员、工作量管控与人力资源调配、进程推动、目标与绩效达成、客服流程、客户满意度、业务培训等方面，最终给出了该机构开展客服审计以来的最高分。由此，中国邮政首度获得了 EMS 客户关怀奖。2017 年 4 月，速递物流公司运营监控部通过速递物流跟单系统功能扩展，将国际 EMS 进出口邮件纳入跟单监控和处理范围，由信息系统及时发现运行异常邮件，并自动调度相关生产机构在规定时限内完成质量补救，从而将以往的在客户查询投诉之后再开展问题处理转变为实施事中质量管控。至此，国际 EMS 被全面纳入速递物流服务质量保障体系，实现了"事中跟单实时处理、售后客服及时补救、事后精准考核整改"。（中国邮政官网）

人力资源管理

【概述】

一、全面加强领导班子和干部队伍建设

1. 加强干部队伍建设。深入贯彻落实全国组织工作会议和中央企业党的建设工作座谈会会议精神，以“对党忠诚、勇于创新、治企有方、兴企有为、清正廉洁”20字要求为根本遵循，选优配强各级领导班子。围绕“建设一支数量充足、充满活力的年轻干部队伍”总目标，根据中组部要求积极开展优秀年轻干部调研，发现一批经历丰富、素质优良的优秀年轻干部。根据寄递事业部改革需要，选配优秀干部充实到寄递事业部领导班子，为改革顺利推进提供组织保障。严格按照中央巡视整改工作要求，修订集团公司领导人员异地任职有关事项管理规定、总部与基层邮政企业干部双向交流管理办法等，进一步提升干部管理制度化水平。

2. 从严管理监督干部。围绕中央巡视反馈意见及选人用人工作专项报告指出的选人用人问题，建立整改清单，扎实推进各项整改举措，进一步匡正选人用人风气。严格落实领导干部个人有关事项报告制度，从严开展查核处理工作。推动提醒工作常态化，对集团公司党组管理的领导干部进行提醒谈话。加大选人用人“一报告两评议”结果运用，对选人用人工作存在突出问题的部分单位领导班子、组织部门负责人进行约谈。制定《干部日常监督工作操作规范》，开展因私出国（境）自查、裸官排查等专项整治，结合集团公司党组巡视开展领导干部担当作为检查，不断增强干部监督工作的实效性。

3. 健全考核评价体系。制定《集团公司所属单位领导班子和领导人员综合考评办法》和《集团公司总部部门领导人员综合考评办法》，对二级单位和总部部门进行分类考核，将“20字”要求融入邮政改革发展实践中，增强考核的针对性、时代性。改进考核方式，将业绩考核、党建工作考核、领导人员民主测评结合起来，全方位、多维度评价干部。突出考用结合，将考核结果作为干部选拔任用、调配交流、薪酬激励、培养锻炼的重要依据。

4. 加大教育培训力度。强化干部理论教育、党性教育，举办中央党校分校班、邮政党校班等班次，首次举办劳模专题研讨班，培训1007人次。加强专业化能力培训，整合外部高水平培训资源，组织省、市邮政企业主要领导进行专题培训，提升领导人员创新发展、战略执行能力。研究制定干部教育培训工作规定和2018—2022年干部教育培训规划，不断提高培训的科学化、制度化、规范化水平。县分公司总经理战略执行与领导力培训项目首次获得国际绩效改进协会2018年最佳实践奖。

二、调整优化机构设置和用工配置

1. 持续优化组织机构设置。组建集团公司和省市县各级寄递事业部，有效整合邮速双方人力资源，支撑集团公司寄递业务改革发展。调整优化地市企业党建、监察机构设置，基本实现地市企业党务工作机构单设全覆盖，增强基层党的工作力量。调整中邮保险已展业地市、县的代管机构和岗位设置，增强专业管理力量，巩固和深化中邮保险“自营＋代管”特色模式。

2. 不断加强劳动用工管理。在有效支撑邮政普遍服务和业务发展需要的基础上，严格控制用工总量增长。持续通过作业组织调整、生产流程优化、科技装备投入、社会渠道建设、员工技能提升等措施，优化人力资源配置结构，邮政企业用工总量得到合理控制，劳动生产率稳步提升。邮政企业用工总量93.52万人，比上年减少1.35万人。

三、健全完善薪酬福利制度

1. 强化薪酬分配管理。按照“倾斜一线、技能优先、激励先进、对标管理”的原则，实施基本工资和津贴补贴调整工作。在基本工资正常增长的基础上，提高艰苦条件、环境下作业人员的津贴补贴标准，提升技能人才待遇水平，加大对获得劳动模范等特殊荣誉称号人员的激励力度。健全完善企业内部合理有序的分配格局，调整完善领导人员效益贡献奖有关规定，设置领导班子与一线员工薪酬倍比预警线，合理调控领导人员收入分配水平。加强基层绩效薪酬分配管理，上收管理权限，加强对分配和发放过程的管控，全面规范基层绩效薪酬分配秩序。

2. 健全员工保险福利保障体系。积极推进企业年金大集中管理，16个省分公司完成年金资产移交，投资收益水平首次超越市场平均，初步实现规模效益。调整完善邮政员工重大疾病保险和意外伤害保险制度，增加保障责任，通过集中采购选定保险供应商，组织各单位做好两项保险制度调整和新一期投保续约工作，进一步增强员工安全健康保险保障水平。

四、推进人才工作

1. 做好高层次专业技术人才评价选拔。首次采用“省级推荐委员会推荐＋集团公司高评委评审”的方式，评审通过高级经济师358人、高级工程师67人；3人获评享受政府特殊津贴人选，3人获评交通运输青年科技英才荣誉称号，选派1名同志参加第19批中央博士服务团服务锻炼。

2. 调整完善技能人才评价工作机制。搭建职业技能等级认定职业框架体系，选拔高级技师77人、技师942人，2名员工分别获得全国技术能手、国家技能人才培育突出贡献个人荣誉称号，11名员工获评全国交通技术能手，陕西省分公司获得国家技能人才培育突出贡献单位荣

誉称号。（人力资源部（党组组织部）/提供）

【干部调研工作】 对全系统年轻干部情况进行摸底，在21个二级单位开展年轻干部调研，为上级组织部门相关工作提供支撑。对北京、天津、云南、甘肃等4个单位开展领导班子和领导人员调研，加强对领导班子和领导干部的日常了解，为今后常态化、近距离了解干部积累经验。（人力资源部（党组组织部）/提供）

【严格落实领导干部报告个人有关事项制度】 对党组直接管理的133名领导干部个人有关事项报告进行抽查核实，如实填报率由57%提升至81%。推动提醒工作常态化。结合个人有关事项报告、领导班子及成员年度测评、领导班子民主生活会、信访等工作中发现的问题，对党组直接管理的49名领导干部进行了提醒，对其中16名进行谈话提醒，真正做到抓早抓小、防微杜渐。（人力资源部（党组组织部）/提供）

【领导干部教育培训工作】 推行“知识输入+结构化研讨+成果输出”的教学模式，提高领导干部理论联系实际，破解重点难点问题的能力，举办15期中央党校分校班、邮政党校班，共形成课题成果133项；采用“走出去”方式，组织23名省级企业主要领导赴英国进行“转型变革与领导力提升”培训，形成课题成果1项；采用“请进来”方式，组织2期共125名优秀年轻地市级企业一把手“战略执行与变革领导力”培训，形成课题成果20项；举办3期总部与在京单位三级领导管理能力提升集中培训，参训人数314人，三级领导参训率85%。（人力资源部（党组组织部）/提供）

【机构编制规范管理工作】 针对集团公司直属单位机构编制管理存在的突出问题，制定下发《集团公司直属单位机构编制管理暂行办法》，明确机构编制设置标准和管理流程，对实现直属单位机构编制管理工作的科学化、规范化、制度化奠定基础。（人力资源部（党组组织部）/提供）

【寄递事业部改革】 按照精简效能原则，科学制定各级寄递事业部机构设置和领导职数配备标准，集中审批各省寄递事业部机构编制设置方案。完成集团公司总部包裹快递相关机构与速递物流总部整合工作，为寄递事业部正常运转提供组织保障。（人力资源部（党组组织部）/提供）

【合理调控领导人员收入分配水平】 加强对领导人员过高收入的调控，调整领导人员效益贡献奖有关规定，设置领导班子与一线员工薪酬倍比预警线，有效贯彻落实中央关于缩小收入分配差距的政策精神，在企业内部建立合理有序的分配格局。（人力资源部（党组组织部）/提供）

【基层绩效分配管理】 组织开展绩效薪酬分配制度制定和执行情况大检查工作，针对当前企业绩效薪酬分配管理存在的突出问题，制定下发《关于加强基层绩效薪酬分配管理的意见》，通过上收绩效薪酬管理权限，加强分配和发放过程管控，强化监督检查，加大问责处罚力度等一系列措施，全面规范基层绩效薪酬分配秩序，坚决杜绝薪酬管理的各类违规行为，切实维护员工合法权益。（人力资源部（党组组织部）/提供）

【实施基本工资和津贴补贴调整】 10月起，集团公司实施基本工资和津贴补贴调整工作，调整方案遵循“倾斜一线、技能优先、激励先进、对标管理”的原则，主要内容包括：开展薪级工资晋级、岗位工资晋档工作，实现基本工资正常增长；提高艰苦条件、环境下作业人员的津贴补贴标准，更好地关心关爱一线员工；提高职业资格等级/专业技术职务津贴标准，体现员工个人能力价值；加大对获得劳动模范等特殊荣誉称号人员的激励力度，突出先进典型的引领和示范作用。调整后，一线员工固定薪酬增幅最高，进一步增强广大一线员工的获得感、幸福感，让员工共享企业发展成果。（人力资源部（党组组织部）/提供）

【建设推广人力资源业务处理系统】 为提升省级人力资源服务支撑中心业务集中处理能力，按照“核心存储+外围应用”总体架构，组织开发了人力资源业务处理系统，设置了招聘管理、用工管理、薪酬管理和档案管理四项功能模块，在试点运行基础上全面推广上线应用，有效支撑了各省中心20项业务的线上集中处理，提高了服务支撑中心业务处理的标准化、集中化、规范化水平，提升了处理效率。（人力资源部（党组组织部）/提供）

【邮政首位国家“万人计划”领军人才】 中共中央组织部公布了第三批国家“万人计划”入选人员名单，石家庄邮电职业技术学院教授孙青华光荣上榜，喜获国家“万人计划”教学名师荣誉，成为中国邮政首位国家“万人计划”领军人才。孙青华有很多头衔：天津大学博士、北京邮电大学博士后、中国普天信息技术研究院企业博士后、教育部高职高专通信类教学指导委员会主任委员、工信部人才教育与培养指导委员会副主任委员等，但孙青华常说：“在众多角色中，我最骄傲的身份就是教师。”从教30多年，孙青华不离讲台，创新探索实践工学结合的教学改革，完成教学与科研成果56项，发表论文30多篇，出版教材19本，她带领的教学团队被教育部评为国家级优秀教学团队。

“万人计划”全称为“国家高层次人才特殊支持计划”，是国家层面实施的重大人才工程。此次“万人计划”共遴选产生科技创新领军人才720人、哲学社会科学领军人才215人、教学名师195人、青年拔尖人才189人。（中国邮政官网）

【“一带一路”倡议下促进贸易便利化发展亚太地区国家邮政培训班】 为进一步推动“一带一路”建设，拓展与亚洲国家在邮政领域的交流合作，国家邮政局与中国邮政集团公司于9月16—22日在广西南宁联合举办“一带一路”倡议下促进贸易便利化发展亚太地区国家邮政培训班。该培训班是2017年国家邮政局向外交部和财政部申报的专项项目，主要邀请亚太地区及“一带一路”沿线重点国家邮政参加，来自19个国家的40多名学员参加此次培训。

此次培训以服务跨境电商为核心，以中欧铁路运邮、邮政技术合作为重点，分享相关国家和地区邮政的先进经验。培训主要议题包括：对接中亚及东南亚地区国家邮政发展战略，促进邮政双多边合作和跨境电子商务的发展；落实国家“一带一路”倡议，推介中欧铁路运邮优势，推动东南亚地区国家邮政利用中欧班列促进跨境电商市场发展；推广创新技术在邮政行业的应用，宣传中国邮政技术设备优势，进一步推动邮政技术装备出口；讲好中国故事，介绍中国邮政与电子商务的协同发展经验。（中国邮政官网）

【人事干部专题研讨班】 聚焦提升学员的理论水平、党性修养和组织工作专业能力，组织来自各省邮政分公司、集团公司寄递事业部、部分集团公司控股子公司及直属单位人力资源部门的44名主要负责人参加组织人事干部专题培训，聘请中组部、中央党校专家现场讲授《2018年全国组织工作会议精神解读》《学习〈中央企业领导人员管理规定〉的认识和体会》等专题课程，开展人才测评技术案例教学，引导学员将党的科学理论和组织人事工作的理念、方法、实践相结合，研究形成了6项高质量的组织人事管理课题成果。（人力资源部（党组组织部）/提供）

【“战略执行与变革领导力”培训班】 7月28日，集团公司第二期地市级邮政企业主要负责人“战略执行与变革领导力”培训班在江苏邮政职工教育培训中心顺利结业。集团公司副总经理康宁通过电视电话会议的形式出席结业仪式、听取课题成果汇报并作总结讲话。

此次培训分两期，分别于7月14—20日、7月22—28日举行，承接2016年省级企业一把手创新管理培训和2017年省级企业分管经营副职战略执行与卓越运营培训的内容，采用“请进来”方式与英国阿什里奇商学院再次合作。部分优秀地市邮政分公司主要负责人、邮储银行二级分行主要负责人共125人参加了此次培训。学员们运用培训学到的战略管理工具，深入思考邮政企业战略执行体系、协同合作模式和高效运营管理等企业发展的重大问题，形成《融合特色农产品供应链　打造邮政一体化服务圈》《中国邮政拓展个人客户寄递市场策略》《“四流”整合　深耕农村综合服务领域——寄递业务与金融业务盈利性合作领域探索》等20项具有较强针对性和参考价值的课题成果，交流地市级邮政企业经营发展典型案例125篇。学员们通过培训构建了统一的战略思维体系，掌握了科学管理的工具方法，从而增强了地市级邮政企业实现卓越运营的能力，提升了领导干部队伍素质。（中国邮政官网）

【邮政企业劳动模范专题研讨班在石家庄校区举办】 4月16日至5月15日，2018年邮政企业劳动模范专题研讨班在中共中国邮政集团公司党校石家庄校区举办，来自全国邮政企业的党的十九大代表、十三届全国人大代表、在职全国劳动模范等43名学员参加培训。此次培训开设马克思主义基本理论与习近平新时代中国特色社会主义思想、邮政发展与文化建设、新时代劳模精神、代表履职能力提升、综合技能训练五个模块的课程，坚持学、练、用相结合，实现了劳模理论素养和实践技能的双提升。在研讨班结课之际，十三届全国人大代表、上海邮区中心局邮件接发员柴闪闪代表研讨班全体学员发出倡议，号召广大邮政员工弘扬新时代劳动精神，为建成世界一流邮政企业而努力奋斗。（中国邮政官网）

【数字邮政建设能力提升培训班】 信息技术局于11月19—23日在集团公司党校（北京）举办面向各省信息技术局主要负责人的数字邮政建设能力提升培训班。此次培训班聚焦培训对象，突出问题导向，认真设计培训方案，在课程设置上既注重创新，又兼顾延续性。经反复甄选，不断优化，本次培训主要安排新技术及应用类课程、机房参观和交流研讨，邀请到360、阿里、Oracle、亚信、埃森哲等IT公司讲授数字化理念和发展趋势、人工智能、新零售线上线下融合发展、网络安全等，并安排实地参观华为公司的模块化机房和亦庄机房，在开阔眼界、拓展思路的基础上，为信息技术战线的高级管理者提供学习新技术、顺应新趋势、树立新思维的有效途径。培训期间，信息技术局组织寄递翼改革后各省信息队伍建设情况的专题调研。各省主要反馈薪酬低、年龄老化、地市队伍边缘化、力量分散、职责不清晰、代理金融运维职责难以履行等问题。信息技术局针对各省提出的问题作了认真研究并及时发文回复解决意见，同时针对信息技术体制机制及职

2月15日，山东省邮政分公司举办“技能兴鲁”职业技能大赛——山东邮政普服业务技能竞赛。

责等问题形成《关于数字邮政建设能力提升培训班的总结汇报》书面材料，呈报集团公司。（信息技术局 / 提供）

【山东省邮政分公司组织开展“技能兴鲁”职业技能大赛】 12月8—9日，省分公司联合省人社厅、省总工会共同举办山东省“技能兴鲁”职业技能大赛——全省邮政普服业务技能竞赛，来自全省邮政18支代表队的54名特种通信业务选手，参加理论、微机录入、营业收寄、开拆处理、分拣封发等5个项目的比赛，15名选手获得个人全能、个人单项等28个奖项。（山东省邮政分公司 / 提供）

【广西邮政分公司举办代理金融城市金融破题研讨培训班】 6月19—22日，广西邮政分公司在桂林市举办广西邮政代理金融城市金融破题研讨培训班，旨在找准突破口，明晰战略思路，提升城市邮政代理金融网点产能，进一步推动全区邮政城市代理金融业务转型发展。（广西邮政分公司 / 提供）

【陕西省邮政分公司承办省“金秋农品大会战”实战训练营】 由陕西省邮政分公司承办的省“金秋农品大会战”实战训练营于10月1—18日举行。省商务厅、省农业厅领导希望陕西省邮政分公司始终秉持爱心切实助力精准扶贫，保持韧劲大胆创新、勇于奉献，勤于反思在总结中持续突破发展。在推动农产品进城工作中，坚持做到认识到位、合作到位、落实到位，贯彻落实“3+X”特色农业产品战略决策，发挥邮政优势，聚焦“三农”，助推决战脱贫攻坚。（陕西省邮政分公司 / 提供）

【石家庄邮电职业技术学院召开2019届毕业生邮政企业双选会】 11月5日至6日，学院召开2019届毕业生邮政企业双选会暨订单定制式人才培养研讨会。来自31个省（区、市）邮政分公司、7个地市邮政分公司、19个省（区、市）邮储分行，3个集团公司直属单位人力资源管理者研讨育人机制，遴选技能人才。此次双选会为2768名2019届毕业生提供就业岗位2200余个，占2019届毕业生的80%。（石家庄邮电职业技术学院）

【宁夏邮政分公司调整基本工资和津贴补贴调整】 10月起，按照集团公司部署，宁夏邮政分公司实施全区邮政员工基本工资和津贴补贴调整工作，调整方案遵循“倾斜一线、技能优先、激励先进、对标管理”的原则，主要内容包括：开展薪级工资晋级、岗位工资晋档工作，实现基本工资正常增长；提高艰苦条件、环境下作业人员的津贴补贴标准，更好地关心关爱一线员工；提高职业资格等级 / 专业技术职务津贴标准，体现员工个人能力价值；加大对获得劳动模范等特殊荣誉称号人员的激励力度，突出先进典型的引领和示范作用。

调整后，一线员工固定薪酬增幅最高，其中，高技能人才尤其是获得劳动模范等特殊荣誉称号的人员增资更为明显，增强全区邮政广大一线员工的获得、幸福感、让员工共享企业发展成果。（宁夏邮政分公司 / 提供）

战略规划

【概述】

一、深化集团公司体制机制改革

1. 推进集团公司改制工作。完成集团公司改制方案和改制后公司章程草案的拟定工作，按时上报财政部审批。在此基础上，系统梳理公司治理制度建设、证照资质变更等综合性事务及子企业公司制改革等方面的具体工作事项，明确职责分工并作出专题部署。

2. 深化寄递翼改革。根据集团党组进一步深化寄递翼改革的要求，研究制定了新一轮邮政寄递翼改革方案。7月9日，集团公司召开寄递事业部成立大会，对寄递业务进行改革。按照巡视反馈意见，加快推进寄递翼改革。目前各省、地市、区县三级寄递事业部全部组建到位，各省寄递事业部人员基本整合到位，计划2019年6月30日前全面完成寄递网各环节资源整合。

3. 完成邮政家属区“三供一业”分离移交工作。按照中央要求，对制约邮政家属区“三供一业”推进的各类瓶颈问题提出解决方案，将剥离国有企业办社会职能和解决历史遗留问题相关工作纳入对各省的绩效考核。完成邮政家属区“三供一业”正式协议签约工作，按期达成上级主管部门要求的目标。

二、发挥资本运营战略协同作用

1. 增强子公司资本实力。组织向中邮保险、中邮证券和速递物流公司的注资，增强子公司资本实力和发展潜力。

2. 聚焦主业开展资本运营。组织中邮资本、中邮保险与普洛斯发起设立现代物流服务基金。组织完成集团公司智能包裹柜与速递易重组工作，并制定融资方案。开展申请设立邮政控股的基金公司工作，积极寻找并购机会完善金融布局。谋划推进在香港设立投行机构。制定中邮科技引战方案和股权激励方案。

3. 做好日常股权投资管理工作。组织省分公司、控股子公司和直属单位配合审计署对邮政境内外投资开展专项审计调查。制定《外派董事监事履职评价办法》，规范集团公司外派董事、监事履职行为，建立履职行为评价考核体系，形成外派董事监事评价考核闭环管理。

三、提升战略绩效管理能力

1. 推进差异化考核，提升考核精准度，调动省分公司积极性，既突出效益大省的利润贡献，又考虑到服务质量支撑省份的贡献，使各省围绕集团战略，因地制宜，各施所长。

2. 加大内外部对标考核力度，突出问题导向，引导企业持续改进提升。省分公司实行内部对标考核，激励各省内部对标寻找差距、补足短板。邮储银行、中邮保险、速递物流、中邮证券实行“自我改善＋外部对标”的考核方式，锚定行业先进企业对标关键绩效指标。

3. 加强绩效过程监控，结果考核与过程评价并重，发挥绩效管理对战略执行的纠偏作用。

四、提升法律风险防控能力

1. 夯实基础性工作提升企业依法管理能力。制定公司律师制度实施工作方案并获得司法部批准，初步建立公司律师队伍。成功上线集团总部 OA 系统及移动端合同管理系统，大幅提升合同审批效率；修改本部合同管理办法，优化简化集团总部合同审签流程。

2. 主动出击维护集团合法权益。开展邮票打假主动维权行动，协调撤除侵犯集团商业秘密及诋毁企业声誉网页，严厉打击虚构与集团公司交易信息欺诈发行私募基金的严重违法行为。

3. 紧抓大案要案处理化解重大法律风险。协助北京市分公司成功处理耿强系列民间借贷纠纷；指导四川省分公司成功处理梁志富等委代办人员系列劳动争议；协助中邮证券处理股权转让担保纠纷；协助邮储银行处理与 Oracle 软件使用权纠纷。

五、深入推进服务国家战略的研究工作

1. 主动服务雄安新区建设。对照巡视反馈意见，主动对接河北省委、省政府，全面对接服务雄安新区建设。坚持响应国家的号召，修订出台《中国邮政服务雄安新区发展规划（2017—2035）》。集团明确河北雄安新区邮政分公司机构设置，此基础上，加大智慧物流设施设备投放，邮储银行完成对雄安集团 800 亿元授信。

2. 配合集团相关部门开展风险防控、绿色邮政、农村电商精准扶贫行动规划的研究和落实。

3. 以服务重点区域发展为抓手，研究中国邮政服务粤港澳大湾区有关事宜；联合邮政研究院开展中国邮政服务京津冀协同发展战略、（海南）自由贸易试验区建设、以及长江经济带开发等国家战略研究。

六、推进战略管理和研究工作

1. 推进组建中国邮政研究院。会同相关部门研究制定《中国邮政研究院组建实施方案》和《关于加快推进中国邮政研究院组建的指导意见》，推进中国邮政研究院及内设部门的组建。

2. 开展三大战略咨询项目。落实集团公司领导要求，聘请国际一流战略管理咨询公司开展集团公司整体战略、寄递翼和渠道平台经营战略咨询项目，严密组织各项工作的推进次序与时间进度。

3. 主动开展战略性基础研究。开展战略决策支撑体系研究；开展科技体制机制改革研究，提出资本助推科技变革、建立集团科技公司的设想；研究集邮、文化传媒、国际业务等重组改制、引战上市可行性；研究寄递翼与国货航、顺丰、京东等国内领先物流企业资本合作事宜等。（战略规划部／提供）

中国邮政联合中邮速递易共同推出的最新一代“智能信报箱”，该信报箱安置于河北雄安新区。

【公司制改制工作】 贯彻落实习近平总书记、李克强总理关于深化国企改革的重要指示和批示，以中央“1+N”系列改革文件为指引，加快推进改革工作。根据财政部召开的国有企业公司制改制座谈会要求，学习其他企业改制工作先进经验，并与财政部经建司充分沟通，对改制方案和改制后的公司章程草案进行了反复修订，于 4 月将党组审议通过的改制方案及改制后公司章程草案呈财政部上报国务院审批。在此基础上，系统梳理公司治理制度建设、证照资质变更等综合性事务及子企业公司制改革等方面的具体工作事项，明确职责分工并作出专题部署。（战略规划部 / 提供）

【中国邮政集团公司寄递事业部成立】 7月9日，集团公司召开寄递事业部成立大会。集团公司总经理、党组书记在会上作重要讲话，要求以习近平新时代中国特色社会主义思想和党的十九大精神为指引，坚持新发展理念，深化寄递翼改革，加强寄递事业部干部队伍建设，做强做优做大邮政快递物流业务。集团公司副总经理张荣林主持会议，集团公司副总经理、寄递事业部党委书记李雄在会上发言。李雄代表新成立的寄递事业部表示，寄递事业部将坚决贯彻落实集团公司“一体两翼”经营发展战略，自觉服务大局，充分认识实施寄递翼改革的重要性和紧迫性，进一步坚定改革信心，坚持改革方向，切实把这项改革积极稳妥地向前推进；强化责任担当，始终把使命记在心上，始终把改革发展抓在手上，创新增动力，改革再发力，继续探索一条符合时代特征、具有邮政寄递特色的改革之路，推动寄递业务更加有效地加快发展。在深化改革过程中，要坚持和加强党的全面领导，认真履职尽责，确保各项工作平稳有序。要处理好改革和稳定的关系，确保改革方案顺利实施。要做好员工思想政治工作，凝聚起推进寄递事业改革发展的强大合力。

根据集团公司寄递翼改革总体方案，为有效整合集团公司总部与中国邮政速递物流股份有限公司总部资源，加快快递物流业务发展，集团公司决定组建寄递事业部。（中国邮政官网）

【中国邮政研究院组建】 战略规划部会同相关部门研究制定《中国邮政研究院组建实施方案》和《关于加快推进中国邮政研究院组建的指导意见》，5月30日，中国邮政研究院隆重举行揭牌仪式，开启改革发展新征程，加强中国邮政战略规划、现代金融、现代物流、企业管理、技术应用、情报信息等领域的科研能力。（战略规划部 / 提供）

【服务雄安新区建设】 集团公司主动对接河北省委、省政府，全面对接服务雄安新区建设，深化《中国邮政服务雄安新区发展规划（2017—2035）》，高起点、高水平、高标准谋划布局邮政基础设施，全面对接服务雄安新区建设。在集团明确河北雄安新区邮政分公司机构设置后，5月31日，河北雄安邮政分公司挂牌，并在河北雄安新区党工委指导下正式设立党委，对接、落实雄安新区规划建设要求。物流网络建设方面，加大智能包裹柜、新能源投递汽车等智慧物流设施设备投放。9月21日，中国邮政储蓄银行与雄安新区管委会签署战略合作协议，完成对雄安集团800亿元授信。（战略规划部 / 提供）

【中国邮政集团公司启动整体战略、寄递翼和渠道平台经营战略咨询项目】 10月17日，集团公司启动整体战略、寄递翼和渠道平台经营战略咨询项目。集团公司副总经理康宁出席启动会并讲话。

会议指出，中国特色社会主义进入新时代，党和国家对中国邮政的定位更加明确。经国务院批准，邮政集团已被定位为“主业处于关系国家安全、经济命脉的重要行业和关键领域、主要承担重大专项任务的商业类国有企业”。要着眼在中国特色社会主义建设发展中发挥更大的作用，使中国邮政成为党执政兴国的重要物质基础、政治基础和党执政兴国的“六个力量”，就必须提升企业的战略竞争力，增强高质量发展的能力，为此，要加紧制定发展战略，为未来几年的大发展谋划好思路。

会议强调，当前中国邮政正处于大有可为的战略机遇期。在外部发展环境的变化和严峻的挑战面前，中国邮政比以往任何时候都需要进一步认清形势，从客户的视角、竞争的视角、行业的视角审视现状，与世偕同确立清晰的发展战略目标，指引有效益高质量的发展航向。明确未来的发展战略，是适应新时代背景下党和国家对中国邮政的定位和要求的迫切需要，对于中国邮政的长远可持续发展具有重要而深远的意义。同时，开展三大战略管理项目咨询是培养锻炼人才队伍和提升自身研究能力的良好契机。

会议要求各相关单位站在有利于中国邮政长远可持续发展的角度对这次战略咨询工作予以高度重视，要以对邮政事业高度负责的态度，全力以赴，密切配合做好相关工作，合理安排，做到旺季经营和战略咨询两不误。同时，要精心组织、确保质效，深度参与、学习提高。

启动会上，波士顿、埃森哲咨询团队分别介绍所承担的项目内容和工作计划。（中国邮政官网）

【推进资本运营工作】 组织中邮资本、中邮保险与普洛斯发起设立现代物流服务基金，组织完成集团公司智能包裹柜与速递易重组工作，并制定融资方案。组织申请设立邮政控股的基金公司工作，积极寻找并购机会完善金融布局；谋划推进在香港设立投行机构。制定中邮科技引战方案和股权激励方案。此外，制定《外派董事监事履职评价办法》，规范集团公司外派董事、监事履职行为，建立履职行为评价考核体系，形成外派董事监事评价考核闭环管理。（战略规划部 / 提供）

【战略绩效管理工作】 推进差异化考核，提升考核精准度，调动省分公司积极性。省分公司实行内部对标考核，激励各省内部对标寻找差距、补足短板。加大对标考核力度，突出了问题导向，引导企业持续改进提升。邮储银行、中邮保险、速递物流、中邮证券实行“自我改善+外部对标”的考核方式，锚定行业先进企业对标关键绩效指标，不断增强企业核心竞争力。加强绩效过程监控，建立“月度跟踪、季度通报，年度总评”的监绩效过程控制机制。启动战略绩效管理信息系统建设，实现“建平台，促对标，强跟踪，提绩效”的建设目标。（战略规划部/提供）

【法律事务队伍建设工作】 以开展公司律师试点工作为契机，加强法律人才队伍建设。制定公司律师制度实施工作方案并获得司法部批准，首批符合条件的企业法务人员已取得公司律师证，初步建立公司律师队伍，通过律协搭建起企业法务交流和提升的平台。（战略规划部/提供）

【维护集团合法权益化解重大法律风险】 维护集团合法权益，开展邮票打假主动维权行动，维护企业合法权益。协调撤除侵犯集团商业秘密及诋毁企业声誉网页，保障企业商业秘密不受非法侵犯，消除对企业声誉的负面影响。严厉打击虚构与集团公司交易信息欺诈发行私募基金的严重违法行为，撇清了与数起上亿元非法集资的关系，捍卫企业形象。化解重大法律风险，采取有力措施化解集团公司重大法律纠纷风险。协助北京市分公司成功处理耿强系列民间借贷纠纷，避免损失11674万元。指导四川省分公司成功处理梁志富等委代办人员系列劳动争议，54起案件一审全部胜诉，对委代办人员与邮政企业不形成事实劳动关系作出司法认定。协助中邮证券处理股权转让担保纠纷。协助邮储银行处理与Oracle软件使用权纠纷，以合作代替赔偿的方式化解了10亿余元的诉讼威胁。（战略规划部/提供）

【“三供一业”分离移交工作】 按照中央要求，对比其他央企，对制约邮政家属区“三供一业”推进的各类瓶颈问题提出解决方案，完成邮政家属区“三供一业”正式协议签约工作，按期达成上级主管部门所要求的目标。该工作是集团公司推进供给侧改革、降低企业经营成本的重大举措，使得集团可以集中精力和有限资源发展主业，提升主业核心竞争力。（战略规划部/提供）

财务管理

【概述】

一、落实中央巡视整改保障邮政普遍服务

中央巡视反馈意见后，财务部门按照集团公司党组统一部署，认真组织，持续推进相关问题整改，特别是对邮政普遍服务和特殊服务进一步加大保障力度。一是印发《关于保障邮政普遍服务和特殊服务运营的通知》，明确要求和措施，优先保障邮政普遍服务和特殊服务。二是出台《中国邮政集团公司建制村直接通邮补贴分配方案（试行）》，安排资金专项支持建制村直接通邮。三是修订《邮政普遍服务和特殊服务补贴核定方案》，进一步提高邮政普遍服务难度大的地区的补贴标准。

二、研究出台财务配套政策，全力支撑寄递翼改革

按照集团公司寄递翼改革的工作部署和安排，出台相关财务配套政策。一是依据寄递翼改革总体方案，制定财务管理配套方案，以及寄递事业部核算、结算、预算等三个实施办法。二是从10月开始，对寄递事业部进行单独建账核算。三是对报销报账系统、ERP系统、网运结算系统等系统进行改造，并针对两套报销报账系统，开发一点登录功能。四是研究制定《国际函件运费和终端费据实结算办法》，推进按寄达路向和收寄重量进行结算。五是梳理明晰邮政公司财务部门和寄递事业部财务部门的职责权限。

三、深化零基预算和对标管理，强化重点费用管控

一是深化省分公司零基预算管理，进一步完善和优化成本费用配置模型和配置标杆，总体上实现有保有压、有促有控。二是修订完善对标指标，继续按季发布财务对标数据。三是结合巡视整改要求，印发《关于进一步加强营销费用管控问题的通知》和《关于进一步加强业务招待费管理的通知》，进一步强化重点成本费用管控。营销费用配置偏高和管理不规范的问题得到有效遏制。四是各控股子公司全面实施零基预算管理，构建标杆体系，开展成本费用对标管控，财务管理水平进一步提高。

四、强化资金管理，支撑经营发展

充分运用国家发改委新推出的优质主体企业债，证监会公司债，以及银行间市场交易商协会融资工具，先后发行四期债券115亿元。每期债券利率均为同期市场最低水平，其中10月19日发行的第一期中国邮政集团公司企业债券，成为央企首单优质主体企业债券，为集团公司在资本市场树立了良好形象。2018年末集团直接融资比例达56.3%。强化与银行机构合作，针对资金市场行情变化，采取提前归还银行借款和低利率置换等方式筹融资，节约财务费用1.7亿元。各省分公司全面推进邮政网点“第三方支付”收款功能，实现了业务收款和财务收款数据实时匹配、自动清分，提升了用户体验，保证资金安全。

五、开展全面自查整改，夯实财务数据质量

为摸清家底，推进寄递翼改革，集团公司统一组织以寄递业务为主的资产负债损益及财务收支真实性自查和整改工作。针对存在问题的严重性、普遍性、复杂性，集团出台了具体整改意见，督促各省全面、彻底整改。

六、突出问题导向，强化经营分析

坚持问题导向，不断改进经营分析思路和方式方法，强化对控股子公司的分析，并从竞争的视角、行业最优的视角开展对标分析，初步整理确立了银行、保险、速递、证券等板块与外部行业间对标的指标体系和基础资料表。针对邮政公司包裹快递量收不匹配等问题，开展了包裹快递业务边际贡献及运输费、外包费、国际终端费等专题分析。

七、开展财务基础工作达标

一是按照财务基础工作达标总体方案，梳理邮政财务管理相关制度，编制财务基础知识题库，组织网上答题活动，各级财务人员参加制度学习和网上答题考试。二是建设全国统版的房屋租赁管理系统，并向全国推广上线，强化了房产出租和租入管控手段。三是对集团所属金融企业、非金融企业，以及事业单位的国有资产进行调查摸底，首次编报有关报表和资产分析报告。

八、组织配合国家有关部门完成重点工作

一是配合审计署开展专项审计调查，并对存在问题进行整改。二是按照财政部要求，委托第三方机构对财政支持项目和石邮学院整体支出进行绩效评价。三是配合财政部预算评审中心对建制村直接通邮项目进行预算评审。四是完成2017年邮政投入产出调查。（财务部／提供）

【全国邮政财务工作会议】 4月19—20日，2018年全国邮政财务工作会议在安徽合肥召开。会议提出，要以习近平新时代中国特色社会主义思想为指导，认真贯彻落实党的十九大和中央经济工作会议精神以及集团公司工作会议和集团公司党的建设暨纪检监察工作会议精神，动员全国邮政财务战线的广大干部员工，认清形势，理清思路，转变观念，坚定信心，努力进取，推进财务转型，强化集中管控，全力支撑中国邮政高质量发展。会议从推进零基预算管理，提升财务管控水平；深化资金管理，支撑经营发展和集团战略；深化集中核算，发挥核算中心作用；加强资产管理，防止国有资产流失；推进ERP建设，引领ERP应用；完善结算体系，持续推进责任中心损益核算；突出问题导向，强化经营分析；推进派驻制，加强直属单位财务管理；积极配合国家有关部门完成重点工作；强化党风廉政建设，提升财务人员队伍素质10个方面总结2017年全国邮政财务工作。

会议提出，2018年以新发展理念引领各项财务工作，深入推进四个方面财务转型，提升内生动力和管理水平；继续强化四个方面财务管控，促进企业高质量健康发展；全力做好四个方面财务支撑，服务改革经营决策；开展财务管理基础工作达标，推进基础管理水平上台阶；强化党建工作，提升财务人员队伍素质。（中国邮政官网）

【财政资金管理】 主动向财政部汇报邮政普遍服务履行情况，积极配合财政部预算评审中心对财政补贴项目进行预算评审，在国家对涉企项目补贴总体压减10%的情况下，财政部核增建制村直接通邮项目补贴，同时其他项目补贴总体保持稳定。按照财政部要求，在开展自评的基础上，委托第三方机构对邮政服务“三农”补贴项目、邮政普遍服务与特殊服务补贴项目、西部和农村地区邮政普遍服务基础设施建设项目、邮政农村电商扶贫示范网店补贴等4个项目支出，以及石家庄邮电职业技术学院整体支出进行绩效评价，绩效评价组织工作财政部考评为优秀。启动邮政普遍服务与特殊服务补贴资金管理系统建设，在对建设方案进行充分论证和研究的基础上，完成预算编制和补贴分配模块开发并投入使用。此外，按照国家邮政局统一要求，完成2017年邮政投入产出调查工作；配合审计署对集团公司2017年度资产负债损益和境外投资及境外国有资产管理使用情况进行了专项审计调查。（财务部／提供）

【资金管理】 集团公司充分运用国家发改委新推出的优质主体企业债，证监会公司债，以及银行间市场交易商协会融资工具，先后发行四期债券115亿元。每期债券利率均为同期市场最低水平，其中10月19日发行的第一期中国邮政集团公司企业债券，成为央企首单优质主体企业债券。集团直接融资比例56.3%。强化与银行机构合作，针对资金市场行情变化，采取提前归还银行借款和低利率置换等方式筹融资，节约财务费用1.7亿元。各省分公司全面推进邮政网点“第三方支付”收款功能，实现了业务收款和财务收款数据实时匹配、自动清分，提升用户体验，保证资金安全。（财务部／提供）

【重点费用管控】 深化省分公司零基预算管理，进一步完善和优化成本费用配置模型和配置标杆，总体上实现有保有压、有促有控。修订完善对标指标，继续按季发布财务对标数据。修订后综合评价指标30个、成本费用指标160个，更好地支撑企业全面对标管理。结合巡视整改要求，印发《关于进一步加强营销费用管控问题的通知》和《关于进一步加强业务招待费管理的通知》，进一步强化重点成本费用管控。营销费用配置偏高和管理不规范的问题得到有效遏制，各控股子公司从2018年起全面实施零基预算管理，构建了标杆体系，开展成本费用对标管控，财务管理水平进一步提高。（财务部／提供）

【财务基础工作达标方案启动】 按照财务基础工作达标总体方案，梳理邮政财务管理相关制度，编制财务基础知识题库，组织网上答题活动，各级财务人员积极参加制度学习和网上答题考试。建设全国统版的房屋租赁管理系统，并向全国推广上线，强化房产出租和租入管控手段。按照

报刊分发。

财政部要求，对集团所属金融企业、非金融企业，以及事业单位的国有资产进行调查摸底，首次编报有关报表和资产分析报告，准确反映邮政国有资产现状及相关情况。（财务部／提供）

【保障邮政普遍服务】 中央巡视反馈意见后，财务部门按照集团公司党组统一部署，认真组织，持续推进相关问题整改，特别是对邮政普遍服务和特殊服务进一步加大保障力度。印发《关于保障邮政普遍服务和特殊服务运营的通知》，从切实做好邮政普遍服务局所运营，全力确保机要通信保密安全，提升投递质量和加快推进建制村直接通邮工作，管好用好中央财政专项资金和提升邮政基础设施能力等方面明确了要求和措施，优先保障邮政普遍服务和特殊服务。出台《中国邮政集团公司建制村直接通邮补贴分配方案（试行）》，在中央财政补贴2亿元的基础上，集团公司配套0.85亿元，专项下达补贴2.85亿元，较好地支持建制村直接通邮工作。修订《邮政普遍服务和特殊服务补贴核定方案》，进一步提高对西藏、青海、新疆等8个省（区）邮政普遍服务难度大的地区的补贴标准。在此基础上，对普遍服务难度大的西部偏远地区仍存在的普遍服务亏损，由集团公司给予全额补贴。（财务部／提供）

采购管理

【概述】

一、完善采购管理体系

集团公司重新构建采购管理核心制度架构；建立起邮银联合采购的决策流程；适应寄递事业部改革需要，明确采购管理职能和工作流程，保证工作有序衔接；借鉴国资委经验做法，初步构建定性与定量相结合的管理对标指标体系，组织进行一轮全网对标，找差距、补短板。开展第一批次3个省分公司采购人员到集团交流轮训。各省分公司进一步理顺领导关系，充实了采购部门的人员力量。通过以上举措，集团全网采购管理体系建设得到进一步强化。

二、提升集中采购效率

集团公司对经营发展长期需要、规格标准相对统一稳定、采购需求频次较多的高拍仪、揽投智能终端等6类19种物资，实施框架协议＋订单采购。集团签订框架协议，各需求单位在一定需求范围内，可直接下单要货，保证物资连续供应不断档。邮储银行总行以及福建、重庆等省分公司也实践应用框架协议＋订单采购。这种采购供应方式，加快了物资供应速度，减少“一单一采”的重复性操作，缓解采购部门被动采购、人力紧张的局面。为保证集采物资及时供应，集团公司建立起订单跟踪与沟通反馈机制，将生产车辆、ATM/CRS、IT设备等14种物资纳入信息系统，安排专人进行订单处理、发货跟踪、到货接收及付款结算的全流程管理和数据实时监控。

三、修订采购管理制度

集团公司修订采购管理办法，制定公开招标、邀请招标等6项实施办法，配套下发5类采购文件模板，规范26类合同模板。及时开展全网采购制度的落地宣传贯彻工作。各省邮政分公司、集团直属各单位相应制定本单位采购管理办法、公开招标办法。邮储银行等控股子公司结合金融行业监管规定和要求，制定相关制度办法。全集团形成统一规范、操作性较强的管理制度架构。

四、降本增效

集团公司坚持中国邮政一盘棋、全网采购大协同的理念，加强部门和板块协同，整合邮银网点部分金融终端设备的共性需求，联合采购ITM等10种设备，其中ITM资金节约率16.4%。集团全网实施集中采购项目6551个，合同金额177.87亿元，资金节约率22.92%。

五、启动集团电子采购与供应平台建设

完成电子采购与供应平台的立项和招标工作。平台的建设将实现采购流程电子化、规范化和两级集中采购管理，提高招投标效率和透明度；实现办公用品、营销用品等物资的电商化采购供应，解决传统采购模式难以适应小散杂和营销用品类物资采购供应需求的问题，解决物资标准不统一和采购效率低的问题，为提高采购集中度提供重要手段。（采购管理部　杨天志／提供）

【《中国邮政集团公司公开招标采购实施办法》印发】 9月21日，集团公司印发《中国邮政集团公司公开招标采购实施办法》。办法依据《中华人民共和国招标投标法》（2017年国家主席令第86号）、《中华人民共和国招标投标法实施条例》（2018年国务院令第698号）以及《必须招标的工程项目规定》（2018年国家发改委第16号令）等制定，9章、79条。规定公开招标采购项目的范围，明确可以不公开招标的9种特殊情形，对公开招标项目的采购需求、技术（服务）规范、招标方案的内容、编制流程以及招标实施、合同签订与执行等环节进行了规范，规定招标公告须在中国邮政官网发布。办法遵守国家法律法规，结合实际，具有较强的指导性和操作性，使全系统公开招标采购工作有章可循，提升采购工作的公开性、透明度和规范性。（采购管理部　杨天志 / 提供）

【采购管理对标工作】 5月，集团公司印发关于开展采购管理对标工作的通知（中国邮政〔2018〕186号），组织各控股子公司、省分公司、直属单位进行一轮对标。通过借鉴国资委及央企经验做法，初步建立了定性与定量相结合的采购管理指标体系，涵盖采购管理全过程全环节。（采购管理部　杨天志 / 提供）

【浙江与海南省分公司推进联合集中采购】 浙江与海南省分公司推进联合采购，浙江省分公司采购中心组织实施两省22个集中采购项目，包括营销积分礼品和办公用品等，总采购预算额3.05亿元，取得显著的降本成效。（采购管理部　杨天志 / 提供）

【邮储银行上线采购管理系统】 邮储银行全力推进采购管理系统的开发、测试，完成了全国上线工作。采购管理系统能够实现采购项目、合同档案、供应商管理等采购工作的信息化管理，以及采购事项审批、合同会签、结算付款等采购关键环节的信息化管控，以信息化手段将采购规章制度固化于采购工作流程之中，切实有效地提高采购工作质量与效率，防范操作风险。（采购管理部　杨天志 / 提供）

审计监督

【概述】

一、审计力度加大

实施审计项目13932项，其中财务收支审计281项，经济责任审计1135项，工程审计11826项，内部控制审计391项，经济效益审计68项，信息系统审计78项，专项审计627项。工程结算审计金额60.53亿元，工程结算审减额8.38亿元，审减率13.84%。提出审计意见及建议7073项，被采纳6763项，审计促进整章建制655项，根据审计提供线索查实后给予行政处分44人。

二、整改督导

督促各单位建立完善审计发现问题整改台账，实行“挂销号”制度，做到“有问题必整改、不整改不放过”，促进各单位用好审计成果，防范屡查屡犯。审计累计查出违规违纪问题17683项，完成整改16909项，审计整改率92%。审计局审计查出违规违纪问题388项，审计整改完成率95%。

三、科技强审

ERP审计系统经自主开发并全国推广，各单位线上线下审计作业更加规范，审计工作质量和效率明显提高。针对审计管理和审计作业使用中的实际需求，ERP审计管理组持续升级现有功能，并开发报销报账和合并报表分析性程序，进一步提升审计人员在系统辅助下对业财数据综合比对、分析利用的效率；新增用户欠费、异常资金流转、大额资金支付、固定资产处置等模型，进一步提升审计人员运用监控预警模型发现疑点、揭示风险隐患的本领；通过审计计划关联审计项目、审计底稿关联审计报告和审计统计报表，在实现管理与作业闭环的同时，进一步提升审计部门在系统辅助下管控审计项目、调配审计资源、汇总审计成果的能力。

四、审计制度建设

审计局结合业务发展需要，完善内部审计制度体系，进一步规范审计行为，组织审计骨干开展经济责任审计和代理金融风险防控审计方法等研究，修订《经济责任审计作业手册》《代理金融风险防控审计指引》，以及《经济责任履行情况评价表》《集团公司审计局工作纪律》《中国邮政集团公司派出审计组现场审计情况测评反馈表》。

五、配合完成党组巡视及整改工作

梳理2015年以来审计项目资料，编写内部审计情况汇报材料并及时上报中央巡视组；抽调4名同志全程参与巡视整改工作，对整改任务跟踪督办；抽调14人历时2个月配合纪检组监察局开展“两费”检查。

六、支部党建工作

认真落实新时代党的建设总要求，推动支部党建各项工作取得新成效。

1. 坚持“三会一课”基本制度，组织党员深入学习贯彻习近平新时代中国特色社会主义思想、党的十九大精神以及党章党规；利用支部党员微信群，开展十九大报告和党章“每日问答”活动；组织三级领导参加十九大精神轮训；全员参加十九大精神网上答题；积极参与“学用新思想　笔谈千字文”征文活动；认真开展“大学习、大讨论、大落实”活动，在学懂弄通做实上下功夫。

2. 注重发挥党员先锋模范作用，围绕“百千万”工程和“党旗领航”系列活动，推进党支部2018—2019年“典型引路　党旗飘扬”创先争优活动；开展“挂铭牌亮身份”行动，为每名党员制作标牌，引导党员时时处处发挥模范作用；贺玉焕同志荣获“2014—2017年度直属机关先进个人”称号。

3. 改进工作作风，推进党风廉政建设，组织召开支委学习会（扩大会议），认真落实习近平总书记关于集中整治形式主义、官僚主义的重要指示精神和集团公司党组文件要求；认真开展“党风廉政宣传教育月”和“警示教育月”活动，组织党员学习研讨《中国共产党纪律处分条例》，在线观看《落马官员忏悔录》，狠抓中央八项规定实施细则精神和集团党组实施办法的落实。密切联系群众，开展审计局干部职工思想状况调查，了解员工思想动态，分析存在问题，研究解决措施。（审计局　付佶龙／提供）

【财务收支审计工作】 采取远程实时审计与现场审计相结合的方式，加大审计监督力度，及时发现收支不实等问题，完成对中邮资本、中邮广告公司、集团公司信息技术局、上海市邮政分公司和山西省速递物流分公司5个单位的审计工作，发现问题44项，提出审计意见及建议18条，促进严肃财经纪律，持续夯实企业财务数据。（审计局　付佶龙／提供）

【经济责任审计工作】 对任职期限达3年以上的领导人员开展任中审计，完成对江苏、黑龙江、新疆、云南、甘肃5个省邮政分公司领导人员的离任经济责任审计，以及对广西分公司领导人员任中经济责任审计，发现问题141项，提出审计意见及建议27条，持续强化对权力的监督，推动领导人员履职尽责。（审计局　付佶龙／提供）

【工程审计工作】 加大对中央预算内资金建设项目审计力度，对重点建设项目实施全过程跟踪审计，强化对第三方审计机构质量管控，完成集团直管工程建设项目和中央预算内资金项目审计558项，工程决算审计金额16.50亿元，结算审计金额6.53亿元，结算审减金额0.83亿元，结算审减率12.67%。其中，中央预算内资金建设项目审计408项，审计金额2.85亿元，审减金额0.37亿元。对重庆第三邮件处理中心、上海浦东邮件处理中心二期土建工程等19个重点建设项目开展全过程跟踪审计，及时纠正发现问题，避免企业损失。开展苏州邮件处理中心、沈阳邮件处理中心等5个项目招标控制价审计工作。（审计局　付佶龙／提供）

【内部控制审计工作】 对中邮证券自营业务、信用交易类业务、资产管理业务，对中邮资本资产管理业务进行审计。揭示相关业务存在的投资决策风险、职业道德风险、法律纠纷风险、外部监管风险，发现问题16项，提出审计意见及建议6条，促进企业提升风险合规意识，完善基础制度建设，提高风险管理水平。对宁夏、山西、内蒙古、黑龙江、辽宁5个省分公司开展代理金融风险防控审计。采取调阅视频监控录像、现场盘查、调阅相关业务凭证、召开员工座谈会、填写调查问卷等方式开展现场审计，并对部分网点进行了暗访，揭示了违反监管规定、内控管理、业务制度执行、ATM管理、代理金融业务营销费管理等方面的情况，发现问题88项，提出审计意见及建议18条，促进企业深化风险防控意识，降低经营管理风险。对内蒙古、陕西、重庆、山东4个省分公司开展集中采购专项审计。揭示制度执行不到位、采购流程不合规、档案资料不完整、合同签订与询价结果不一致等情况，发现问题54项，提出审计意见及建议12条，促进提升采购工作的合规性、真实性和效益性。（审计局　付佶龙／提供）

【寄递翼专项审计工作】 开展寄递翼专项审计，在各省认真自查的基础上，对31个省开展一个月的现场审计。通过财务收支真实性审计与邮件测试、访谈座谈、指标分析、调查问卷等效能审计相结合的方式，揭示资费管理、用户欠费和业务资金管理不到位、业财数据不一致、供应链金融项目风险等问题，分析了业务流程控制、风险管理能力、内部信息沟通及履职尽责处罚等内控缺陷，反映了用户满意度、业务结构、产品与资费、时限等方面的不足，提出了战略引导、合规管理和科技应用等方面的建议。（审计局　付佶龙／提供）

【全国农村电商扶贫示范网点补贴资金专项审计工作】 对全国2017年电商扶贫资金所涉及全部15个省开展专项审计，详细掌握了农村电商专项扶贫资金使用、建设和管理情况，揭示了部分电商扶贫示范网店建设进度缓慢、资金未及时下拨、设备闲置、未经批准变更网店建设等情况，发现问题28项，提出审计意见及建议21条，促进相关单位落实要求、完善管理。（审计局　付佶龙／提供）

【国际函件业务收支专项审计工作】 联合财务部、邮务局、国际业务组，对原速递总部及北京、上海、广东、福建等主要出口互换局和交换站的国际函件生产作业流程，以及运费和终端费结算情况进行审计检查，揭示了安检退回邮件多支付运费和终端费、收寄和处理流程未形成闭环管理、重量管控不严密、结算重量存在差错等情况，发现问题11项，提出审计意见及建议3条，促进企业进一步降本增效。（审计局　付佶龙／提供）

【速递物流资费、欠费、营收款和营销费专项审计复查工作】 联合监察局，对原速递总部及山西、北京、贵州等省分公司自查情况进行复查，揭示高收低录、漏收少收资费、国际业务变相打折、超账期欠费未得到有效控制、部分欠费事实不清等情况，发现问题14项，提出审计意见及建议14条，确保整改落到实处、取得实效。（审计局　付佶龙／提供）

【理论研讨和审计报告质量提升活动】 组织全国审计部门以“新时代内部审计的创新与发展”为主题开展理论研讨活动、“审计报告质量提升”优秀成果展示活动、“审计署关于内部审计工作的规定”知识竞赛，取得了一系列成果。在审计理论研讨活动中，审计局获得组织奖，邮储银行审计局广州分局《商业银行战略审计体系建立及应用》荣获二等奖，速递物流审计部《中国邮政速递物流内部控制信息化建设与应用》获得三等奖，云南省邮政分公司审计部《新时代开启内部审计事业新征程》和山东省邮政分公司审计部《平衡计分卡视角下邮政企业构建增值型内部审计探究》荣获提名奖。在“审计报告质量提升”优秀成果展示活动中，审计局《关于对五省 2016 年快递包裹和国际小包损益审计调查的报告》和邮储银行《中国邮政储蓄银行广西区分行关于 2016 年反洗钱专项审计工作情况的报告》被列入中国内部审计协会“审计报告质量提升优秀成果”名单。在“审计署关于内部审计工作的规定”知识竞赛中，审计局获得组织奖。（审计局　付佳龙／提供）

纪检监察

【概述】 在中央纪委和集团公司党组的正确领导下，集团公司纪检监察局以习近平新时代中国特色社会主义思想为指导，认真学习贯彻党的十九大和中央纪委二次全会精神，按照集团公司工作会议、党建暨纪检监察工作会议部署，围绕企业改革发展大局，履行监督执纪问责职责，持续保持惩治腐败高压态势，推动企业党风廉政建设和反腐败工作取得新成效。

一、深入学习贯彻习近平新时代中国特色社会主义思想和党的十九大精神，把党的政治建设摆在首位

坚持把学习贯彻习近平新时代中国特色社会主义思想和党的十九大精神作为首要政治任务，认真落实“三个第一时间”学习机制，积极参加“大学习、大讨论、大落实”活动，教育引导各级纪检监察干部不断增强党性观念和纪律规矩意识，切实做到“两个维护”。严明党的政治纪律和政治规矩，对“七个有之”问题保持高度警觉，对非法参与宗教活动、口无遮拦、干扰中央巡视等行为严肃处理。加大查处力度，对特权思想和特权现象、违规选人用人等问题严肃执纪问责，净化邮政系统党内政治生态。认真落实纪检监察机关意见“凡提必听”，2018 年集团公司党组纪检组共回复干部选拔任用征求党风廉政意见 104 人次，对 8 名领导人员提出不宜提拔使用的意见，严把政治关、廉洁关。

二、着力配合中央巡视工作，扎实做好中央巡视“后半篇文章”

配合党组做好向中央巡视组汇报集团公司党组工作情况、纪检组工作情况、十八届中央巡视整改及内部巡视情况等工作。认真做好中央巡视组日常联络沟通和协调保障工作，配合中央巡视组深入 10 个省（区、市）的 118 个基层单位调研了解情况。按照中央巡视组要求，开展对集团党组管理的交流任职领导人员超标准报销探亲交通费、周转房租赁费（以下简称“两费”）情况自查工作，派出 3 个巡察组对北京、河北、山西、山东、天津、吉林 6 个省（市）的 20 个省级邮政企业单位进行抽查，通过自查、抽查共清退超标准报销“两费”154.33 万元，给予党纪政务处分 7 人、诫勉谈话 8 人、通报批评 15 人。认真履行职责，着力抓好牵头负责的巡视整改工作。针对“关键少数”特权现象严重问题专项整改，牵头组成 7 个检查组，继续组织开展集团公司党组管理领导人员报销“两费”情况监督检查，通过自查、检查共清退超标准报销“两费”125.62 万元，给予诫勉谈话 4 人、批评教育 13 人、提醒谈话 1 人。在党组巡视整改领导小组办公室总体协调下，认真履行整改日常监督责任，制定中央巡视整改情况监督检查工作方案，组成 6 个督导检查组，对 19 家邮政单位党组织进行现场督导检查；部署开展全系统扶贫工作监督检查，在各单位自查自纠基础上，牵头组成联合检查组开展现场督导检查和抽查，推动中央巡视整改工作落地。

三、落实中央八项规定精神，巩固拓展作风建设成果

紧盯“关键少数”，在“五一”、端午、中秋、国庆等重要时间节点印发通知，持续正风肃纪。点名道姓通报曝光集团公司寄递事业部原资深经理石冰违规报销费用等 6 起典型问题，提醒警示全系统 2019 年元旦、春节廉洁过节。约谈重点部门负责人，对严防“四风”问题再强调、再提醒，推动落实主体责任。全系统查处违反中央八项规定精神问题 64 起，给予党纪政务处分 70 人。部署开展严肃整治邮政企业领导人员利用名贵特产类特殊资源谋取私利问题。积极完成上级移交“四风”问题线索核查整改工作。对中央纪委国家监委第四监督检查室移交中央巡视发现的 27 条问题线索，逐条研提分办处置意见，相关单位和部门认真开展核查整改。经集团公司党组纪检组审核把关后正式上报结果，147 人（单位）受到相应处理，其中给予党纪政务处分 38 人。

四、认真履行监督首要职责，强化对权力运行的制约

1. 深化运用监督执纪“四种形态”，全系统纪检监察机构运用第一种形态约谈函询、提醒谈话、诫勉谈话等 2447 人次，运用第二种形态给予轻处分、组织调整等 472 人次，前两种形态占比 97.4%，监督执纪由“惩治极少数”向“管住大多数”拓展。集团公司党组纪检组向 26

名领导人员书面反馈函询了结结果，既体现党内政治生活的严肃性，也体现组织的信任关爱，帮助领导人员放下包袱，心无旁骛开展工作。

2. 营造遵规守纪浓厚氛围。加强对新修订的《中国共产党纪律处分条例》的学习宣传，督促广大党员干部明底线、知敬畏、守纪律。在全系统部署开展“党风廉政宣传教育月”活动，先后召开全系统领导干部、直属机关领导干部警示教育大会，教育引导广大党员干部筑牢拒腐防变思想防线。扎紧制度笼子，制定过问干预纪检监察工作登记报告制度，强化对权力运行的制约。

3. 发挥巡视监督“利剑”作用。制订集团公司党组巡视工作规划（2018—2022 年），计划利用 5 年时间，分 10 批开展巡视，实现党组巡视全覆盖。修改党组巡视工作实施办法，启动党的十九大后集团公司党组首批巡视，成立 3 个巡视组对天津、上海、福建等 3 个省（市）的 12 家省级邮政单位开展为期近两个月的常规巡视，集团公司党组会议首次听取巡视情况汇报，对抓好巡视整改提出明确具体要求，巡视质量得到提升，巡视“利剑”震慑作用逐步显现。制定对市县邮政单位党组织开展巡察工作的意见，部署推动对市县邮政单位的巡察工作。有关单位通过巡察清退资金 1025.54 万元，经济处罚 86.37 万元，给予党纪政务处分 194 人（次）。

五、加强执纪审查，保持惩治腐败高压态势

以中央巡视集团公司党组为契机，执纪审查工作持续增压。全系统纪检监察机构共收到业务范围内信访件 3844 件（含重复件，下同），其中反映二级领导人员问题 561 件，反映三级领导人员问题 1384 件。立案审查 317 件，给予党纪政务处分 446 人，组织处理 286 人，诫勉谈话 297 人。优先办理中央巡视移交问题线索，对中央第二巡视组移交的 409 件业务范围内问题线索均已进行处置，其中初步核实 325 件、谈话函询 36 件、了结 48 件。325 件初步核实类问题线索了结 237 件、转立案 39 件，给予党纪政务处分 52 人，诫勉谈话 79 人，组织处理 13 人，批评教育和通报批评 58 人，提醒谈话 5 人。

六、集团公司党组纪检组落实从严要求，加大案件直查力度

立案审查领导人员 20 人，其中二级领导人员 19 人，比上年分别增长 53.8% 和 111.1%。注重对下指导，对有关单位线索处置、执纪审查提出意见，帮助提升工作质量。落实中央纪委国家监委通知要求，在全系统组织开展追逃大起底工作。12 月，外逃 7 年之久的原广东省珠海市邮政局党组成员、副局长黄少跃主动回国投案。

七、加强纪检监察队伍建设，强化自我监督管理

加强政治建设，通过讲党课、重温入党誓词、开展主题党日活动、召开组织生活会等形式，提升纪检监察干部的政治站位和政治觉悟。加强能力建设，强化日常学习和教育培训，认真学习党章、监察法、《中国共产党纪律处分条例》等党纪法规，举办集团公司所属单位纪检组组长（纪委书记）培训班、纪检监察干部培训班以及专题研讨班，选派 14 名同志参加中央纪委培训班，增强履职能力。强化自我监督管理。制定《邮政系统纪检监察干部守纪律讲规矩十条禁令》，以更高标准、更严要求加强纪律和作风建设。落实纪检监察领导人员提名考察制度，集团公司党组纪检组对新提任 2 名纪检组组长（纪委书记）、6 名纪检组副组长（纪委副书记）进行提名考察。规范地市邮政企业纪委书记职责分工，明确不得兼任工会主席。坚持刀刃向内，就履行监督责任不力等问题，对邮储银行纪委，江苏省分公司原纪检组组长，云南省邮政、邮储、速递物流三大板块纪检监察机构有关人员进行问责。（纪检监察局 / 提供）

【中国邮政集团公司党的建设暨纪检监察工作会议】 参见“党群工作和精神文明建设”的【中国邮政集团公司党的建设暨纪检监察工作会议】。

【“党风廉政宣传教育月”活动】 6—8 月，组织推进全系统开展以“学习习近平新时代中国特色社会主义思想和党的十九大精神，增强维护核心的思想自觉和行动自觉”为主题的“党风廉政宣传教育月”活动。各单位通过集体廉政约谈、党组（党委）书记带头讲党课、旁听法院庭审、查处通报典型案件、出台相关纪律规定等多种形式开展党风廉政宣传教育，强化党员领导干部纪律规矩意识。（纪检监察局 / 提供）

【全系统领导干部警示教育大会】 8 月 10 日，组织召开邮政系统领导干部警示教育电视电话会议。集团公司党组书记、董事长刘爱力在大会上讲话，原党组成员、副总经理李丕征主持会议，原党组纪检组组长盛遒文对 2018 年查处的系统内领导干部典型违规违纪问题和人员处理情况进行了通报。集团公司党组全体成员参加大会。全系统三级副及以上人员 7000 余人参加会议。大会通报 2018 年查处的系统内领导干部违规操办丧事、超标准报销周转房租赁费和探亲交通费等违反中央八项规定精神典型问题，涉及 37 名党员领导干部，其中给予留党察看处分 1 人，撤销党内职务 1 人，党内严重警告 3 人，党内警告 9 人，诫勉谈话 8 人，通报批评 15 人，涉及违纪金额 150 万余元，达到以“身边案”警示教育“身边人”的效果。（纪检监察局 / 提供）

【扶贫工作监督检查工作】 10 月 17 日，印发《关于开展邮政系统扶贫工作监督检查的通知》，部署开展全系统十八大以来扶贫工作的监督检查。10—12 月，在各单位对

党的十八大以来定点扶贫、电商扶贫和金融扶贫工作情况自查自纠基础上，纪检监察局牵头组成监督检查组，赴集团公司在陕西商洛扶贫点进行现场督导检查，并对江西、四川、天津、上海、福建5个省（市）邮政分公司扶贫工作自查自纠情况进行抽查。发现问题341个，收到及处置问题线索26件，制定整改措施211条。给予党内警告处分4人，诫勉谈话7人，通报批评15人。此外，给予免职1人，降职1人，责令检查1人，警示谈话4人，批评教育13人。（纪检监察局/提供）

【党建干部专题研讨班纪检监察干部专题研讨班在邮政党校举办】 6月7日，2018年邮政企业党建干部专题研讨班和纪检监察干部专题研讨班开学典礼在邮政党校石家庄校区举行。集团公司副总经理、党建工作领导小组副组长李丕征出席开学典礼。李丕征强调，“打铁必须自身硬”，在集团公司党组深入贯彻落实党的十九大精神，以习近平新时代中国特色社会主义思想为指导，全面加强邮政企业党的建设的重要时期，作为专职党建干部和纪检监察干部，要着力提升理论水平、党性修养和专业能力，努力提升做好工作的素质本领，更好地推进党中央决策部署在企业的贯彻落实。一要系统把握习近平新时代中国特色社会主义思想，特别是蕴含其中的党建思想，着力加强理论武装和党性修养；二要深刻领会党的十九大关于全面从严治党的战略部署，着力增强推动邮政企业从严治党向纵深发展的责任感和紧迫感；三要紧紧围绕落实邮政企业党的建设重点任务，着力提升政治站位和党务工作本领。他希望大家充分认识培训的重要意义，自觉发扬良好学风、坚持理论联系实际、遵守党校规章制度、完成学习研讨任务，努力成为党建工作和纪检监察工作的“政策通”和行家里手，把邮政企业党的建设工作和纪检监察工作推向新高度。

开学典礼后，李丕征为邮政党校2018年春季学期培训班局级干部进修班、青年干部培训班、处级干部进修班、党建干部专题研讨班、纪检监察干部专题研讨班全体学员讲授《以习近平新时代中国特色社会主义思想为指引推动科技兴邮引领企业创新发展》专题党课。（中国邮政官网）

党务纪检干部受训。

【所属单位纪检组组长（纪委书记）培训班在浙江省杭州市举办】 6月9—15日，在浙江省杭州市纪检监察培训中心举办集团公司所属单位纪检组组长（纪委书记）培训班。各省（区、市）邮政分公司、邮储银行一级分行、速递物流分公司、中邮保险分公司纪检组组长（纪委书记），集团公司直属机关纪委书记、直属各单位纪委书记，集团公司纪检监察局及派驻、派出机构相关人员等111人参加培训。（纪检监察局/提供）

【“预防邮路”第三次写入最高检工作报告】 3月9日，十三届全国人大一次会议举行第二次全体会议，听取和审议最高人民法院工作报告和最高人民检察院工作报告。在最高检工作报告“加强职务犯罪预防”部分写道：与中国邮政集团公司共同推广江苏泰州预防职务犯罪邮路，“检察蓝”牵手“邮政绿”，将廉政文化送进千家万户。这是继2016年和2017年后，“预防邮路”第三次写入最高检工作报告。（江苏省邮政分公司/提供）

【北京市邮政分公司纪律审查工作】 北京市邮政分公司用好监督执纪“四种形态”，规范纪律审查工作，立案3起，党纪处分8人，行政处分5人，免职1人，诫勉谈话2人，提醒谈话24人次，函询4人次，解除劳动合同2人，岗位调整1人，经济处罚17人；紧盯重要节日节点做好重点管理部门负责人约谈工作，严防“四风”问题反弹；全力配合中国邮政集团公司核查组，约谈相关人员82人次，完成87件信访件的核查处置工作，下发纪监函1份、监察建议2份；完成对6个单位的巡视调研检查工作，实现“三年全覆盖”的既定目标；出台《中国邮政集团公司北京市分公司党委巡察工作规划（2018—2022）》《中国邮政集团公司北京市分公司党委巡察工作实施办法》等多项制度；落实廉政谈话和个人事项报告制度，各级纪委负责人同下级党政主要负责人谈话229人次，领导干部任前谈话119人次，领导干部述职述廉370人次，完成全公司领导人员1369人廉政档案的填报工作。（北京市邮政分公司 陈丽涵/提供）

【辽宁省邮政分公司干部日常监督管理制度】 完善干部日常监督管理制度，开展选人用人、省管异地交流任职领导人员住宿费和交通费专项检查，干部规矩纪律意识不断强化。坚持高标准、严要求，完成对鞍山、营口首批巡察工作。丰富廉政教育方式和内容，17名纪委书记现场为党员讲党课，1409名党员干部参观警示教育基地，1824名党员参与典型案例集中讨论。严肃监督执纪问责，党内严重警告1人、党内警告1人、调整岗位1人、经济处罚4人、诫勉谈话2人、提醒谈话11人，对县分公司领导班子通报批评1次。（辽宁省邮政分公司／提供）

【云南省邮政分公司举办党务干部暨纪检监察干部培训班】 7月17—21日，云南省邮政分公司举办为期5天的全省党务干部纪检干部培训班，这是近年来举办规模最大、级别最高的一次现场培训。州市分公司纪委书记、党建纪检主任、党建纪检专干参与培训，培训内容涵盖党的建设和党风廉政建设，全面从严治党主体责任和专责监督责任，精神文明建设、企业文化建设等多个方面。要求参培人员做到学以增智、学以养德，努力成为党建工作和纪检工作的行家里手；严以律己，清正廉洁，讲政治、顾大局，明辨是非，全心全意把聪明才智用到干事创业上来；不断开阔视野，转变作风，增强工作的主动性、预见性和创造性，提高工作质量和水平；增强团结，强化协作，共抓党建工作，一定要厘清职责，紧紧围绕主业，把自己的“责任田”种好。（云南省邮政分公司／提供）

邮政科技

【概述】

一、重点业务发展

落实信息化引领的科技兴邮战略，推进寄递翼改革；严控非生产性项目投入，在投资项目安排上突出重点、效益优先，增强企业核心竞争力，引领支撑企业转型升级降本提质增效。总投资144亿元。其中，邮务投资78.3亿元，速递物流公司9.9亿元，邮储银行55亿元，保险公司1亿元，证券0.3亿元。

二、保障中央预算内资金项目实施

安排邮政普遍服务项目总投资10亿元，争取到中央预算内资金4亿元。安排邮政服务“三农”项目总投资2.07亿元，争取到中央财政资金1.45亿元。普遍服务项目开工率99.8%，完工率88.3%，“三农”项目开工率98.8%，完工率86.9%。

三、精准扶贫工作

践行央企政治责任和社会责任，做好陕西省商州区和洛南县的定点扶贫工作。定点扶贫投入865.4万元。通过党建扶贫、产业扶贫、教育扶贫、电商扶贫、金融扶贫等方式立足精确，互相配合，互相促进，带动2.1万贫困人口脱贫，占全县总脱贫人口的28%。

四、支持寄递翼改革

1. 持续推进处理中心建设工作，立项建设7个邮件处理中心，新安排处理中心征地2处，220亩；批复建设建筑规模20万平方米，投入使用的场地规模23.6万平方米。推进重点项目工艺系统建设，完成宁波、衡阳等10个邮件处理中心的工艺改造工程立项和16项实物网工程初步设计批复。寄递网总处理能力日均6057万件。

信息技术局技术人员进行机房UPS维护工作。

2. 终端设备能力建设。安排采购干线运输车辆674辆，省内邮路车辆2241辆，投递用车13515辆，“三农”配送车辆360辆。ATM/CRS更新2671台，新增3207；新增智能柜员机（ITM）等8850台。

五、信息平台建设

完成26个业务信息系统项目的立项或方案审查，总计批复投资54085万元。对集团现有各类信息化系统安排四批次41个零星运维项目的开发，其中29个完成开发并上线使用。

推进重点信息平台建设。新一代寄递平台完成揽收投递模块、财务模块、中转和运输模块、国际处理模块在全国的推广上线，完成寄递平台核心流程的建设。“双11”新一代寄递平台首担重任，运行平稳，通过旺季生产压力考验，支撑寄递业务的高速发展。CRM系统工程完成客户管理、客户洞察、客户360视图三大功能的试点和全国上线。统一支付平台工程分别完成与邮储银行和工行的支付对接，完成在线收银台、移动收银台、公众号支付等线上支付功能的上线，完成线下扫码付和智能POS支付功能的全国推广，全国3万多个营业网点开通扫码支付功能。在线业务平台工程完成线上报刊订阅、DIY明信片定制、邮件预约交寄等业务的全国上线。远程集中监控系统通过竣工验收，实现集团、省、市、网点四级管控，完成全国所有代理金融网点视频联网，96%以上视频点位推送全国中心，接入网点近3万个，实现邮政营业场所视频监控全覆盖。ERP工程10月通过初步验收，实现集团公司三大板块财务管理、采购管理、投资项目管理、审计管理的统一建设和集团级主数据管理平台的建设。

六、科技创新驱动

1. 组织参加第14届中国国际交通技术与设备展览会，展示智能无人分拣系统等一大批反映近年来中国邮政科技自主创新成果的设备、系统和工程。

2. 加强互联网、物联网、人工智能等新技术的应用研究。开展“邮件处理中心无人研究”“智慧网点模式研究与设计”“窄带物联网的应用研究”“邮政自助收寄设备”等新技术开发项目的研发，推进提质增效，支撑邮政转型发展。AGV新型智能分拣设备成功应用，创新分拣新模式；投递无人机、自动驾驶运邮试点运行。邮储银行成功上线智能客服、远程授权机器人，区块链应用于福费廷资产交易平台。

3. 组织开展科技成果评选活动。组织开展“中国邮政集团公司科学技术奖”评选活动，评选出一等奖1项，二等奖7项，三等奖37项。组织集团公司科技创新成果奖评审，评选出一等奖9项，二等奖18项，三等奖30项，小技改、小发明奖30项。

4. 加强行业研发中心建设。邮政科学研究规划院、中邮信息科技公司、中邮科技公司、广东信源公司被国家邮政局认定为邮政行业绿色包装技术、云计算与大数据技术、自动分拣技术、自动装卸与测量技术研发中心，成为行业技术研发的重要力量。

七、企业数据管控

1. 推进大数据平台的数据资源汇聚。平台接入邮速24个核心业务系统数据，当前存量数据260T。实现大数据平台数据资源和计算资源的开放共享。

2. 围绕集团公司重点工作，组织完成11个分析项目，支撑业务生产效果更加明显。制定下发《关于开展中国邮政2018年省级大数据工作的指导意见》。

3. 开展网运机构主数据治理，推进新一代寄递平台等项目应用，实现32个业务系统的主数据统一管控。

八、运维管理工作

1. 完成春节、"两会"、"双11"、中非合作论坛、上海"进博会"期间信息网安全保障工作任务。

2. 组织开展全网安全检查工作，检查范围涉及5个集团总部单位和31个省，及时发现信息网安全隐患并整改。

3. 增强核心技术自主可控能力，邮政各类服务器设备国产化率超过70%、网络设备国产化率超过85%，安全设备国产化率100%；统一采用国产Linux操作系统，应用软件全部国产化。

九、标准化管理工作

1. 依照绿色邮政发展理念，组织研究制修订企业标准11项。

2. 组织7246人进行邮政标准化远程培训。

3. 指导定额站完成软件规模度量方法论证与选定、软件规模度量标准化、邮政软件开发基准生产率测定等核心基础工作。完成16项软件开发项目的成本审核工作。

4. 完成多类别92项采购用规范书的评审。

5. 持续跟踪、研究邮联标准，参与.POST组织工作；参与制定15项国家标准、行业标准化文件。（信息科技与建设部／提供）

EMS为苹果产品制定专属"护航"方案，特别采用"第三代RFID面单"，打印面单的同时在面单背面贴着的RFID芯片中写入邮件信息，收寄时可一键完成交接、点数等收寄的全过程，收寄效率提升。

【新一代寄递业务信息平台投产】 新一代寄递业务信息平台生产功能推广上线，实现邮速业务全流程处理的信息系统统一，实现邮件状态信息的全程实时、在线。同时，平台以移动互联、提升客户体验优先，揽收作业实现了二维码收寄、RFID收寄、身份证自动识读、蓝牙打印、热敏面单等功能；投递作业实现了流程标准化、交接作业无纸化、电子签收，支持与自提点、包裹柜的信息对接；中转环节支持多种作业模式和电子地图匹配方式，实现与海关总对总对接，有力支持金关工程。统一监控与调度全程时限标准，实现超全程时限预警和异常处理功能，取消验单。

新一代寄递平台客户覆盖邮速揽投机构5万多个，内部处理机构近3000个，接入移动设备峰值23万台。平台有效支撑"双11"旺季生产，"双11"当日首次突破1亿订单，收寄量日峰值超过4100万件，中转处理量日峰值突破7000万件（包），投递量日峰值超2800万件。荣获由中国交通运输协会智慧物流专业委员会颁发的"优秀智慧物流企业信息化应用案例"，在菜鸟指数中信息系统安全性和信息传递及时性两项指标均位列13家物流企业第1位。新一代寄递平台的建设，为邮速整合奠定基础，有力支持寄递翼改革。（信息科技与建设部、信息技术局／提供）

【ERP工程项目初步验收工作】 10月25日，ERP工程项目通过初验，系统注册用户数突破13万，实现集团公司三大板块财务管理、采购管理、投资项目管理、审计管理的统一建设和集团级主数据管理平台的建设，完成42个系统集成，实现企业业财一体化管理。（信息科技与建设部／提供）

【保障邮政企业信息网安全运行】 完成2018年春节、"两会"、"双11"、中非合作论坛、上海"进博会"期间信息网安全保障工作任务。全网故障停机总时长1444分钟，比上年下降4.9%。对多个集团直属和控股公司分支机构进行现场检查。配合"平安邮政"活动，对31个省信息安全考核项进行检查。（信息科技与建设部／提供）

【数据分析项目】 持续围绕集团公司重点工作，组织完成"农村电商购物节分析""智能包裹柜选址布局及配置预测"等11个数据分析项目，支撑业务生产效果更加明显。7月下发《关于开展中国邮政2018年省级大数据工作的指导意见》，指导各省有序开展大数据工作，推动省内10个分析项目在24省共复制44次。12月，大数据平台面向集团数据中心和全国各省分公司数据分析团队提供数据分析实验室服务，实现数据资源和计算资源的开放共享。（信息科技与建设部/提供）

【标准化培训和检查工作】 集团公司所属各板块及省级邮政企业，开展和检查各自标准化宣传贯彻培训、标准执行情况等，参加培训人数7000余人，形成各板块主管单位共同推进、部分单位争先开展标准化工作的良好势头，提升邮政企业的标准化意识、管理水平和全网标准化执行力。（信息科技与建设部/提供）

【绿色发展标准化制定工作】 制定发布集团公司《邮政用国内包装箱技术要求》《邮政国内寄递业务一联标签规范》《邮政用国内塑料薄膜、塑料编织布、气垫膜类包装袋技术要求》等5项标准，指导邮政企业推广应用绿色包装行动及监督检查包装质量活动、引领中国邮政绿色封装技术发展战略方向的作用。尤其是包装箱标准中的小号种类的大量应用已得到国家、国家邮政局、集团、社会多层面报道和关注；一联标签规范领先于行业标准和阿里巴巴等标准，成功指导邮政企业、菜鸟系统试用。（信息科技与建设部/提供）

邮政绿色包装箱。

【中国邮政集团公司定额站建设】 定额站6月正式运行，完成16项软件开发项目的成本审核工作，实际项目规模度量误差率可以控制在10%以内，基本达到国际认证要求。集团公司举办软件成本评估班，培训全国邮政企业60人，通过率约92%，远高于社会平均通过率。（信息科技与建设部/提供）

【CRM系统首次实现三大板块客户的整合和唯一识别】 CRM系统陆续完成“知客户”“筑营销”阶段9个功能模块的开发上线。在“知客户”方面，客户管理、360视图、客户洞察三大功能在全国上线，接入营业窗口、集邮、报刊、农资分销、电商平台、代理金融、中邮保险、中邮证券等业务。构建三大板块客户标签4000余项，为三大板块客户信息共享奠定基础。“筑营销”方面，结合一线销售人员移动外拓需求，构建移动APP端客户走访打标签、GPS打卡定位、外拓信息采集、产品到期提醒、生日提醒等功能。支撑中邮证券34个分支机构2019跨年营销活动，实现中邮证券营销闭环管理。基于中国邮政6亿客户群体，通过开放客户识别、客户细分、客户画像、客群裂变等多个服务能力，支撑省内个性化营销销售工作，助力一线跨业务精准营销与差异化客户服务。（信息技术局/提供）

【在线业务平台咨询设计工作】 在线业务平台项目组开展对集团邮务、速递、金融三大板块及部分省业务、技术专家超百场的访谈与调研，从客户关系、营收能力、产品服务等6方面10个维度对邮政6大产品线进行了现状评估，为后续平台开发工作奠定坚实的基础。全面启动移动应用平台、统一支付平台的工程建设工作，完成需求分析规格说明书和概要设计初稿的编制。（信息技术局/提供）

【大数据平台支撑集团数据共享和数据分析】 采用Hadoop技术的大数据平台全面替代传统数据仓库，满足全国近3万用户对量收系统的使用需要。大数据平台接入邮速24个生产系统数据以及代理金融、保险、证券的客户数据，装机规模千余套，存储容量达到PB级。为网运KPI、损益核算、新一代考核指标计算、战略绩效系统、工时系统等应用提供查询、存储和计算服务，开展农村电商（邮掌柜）分析、邮件妥投分析、智能包裹柜分析等20多个分析项目的数据处理和模型研发，为数据分析应用、精细化管理和风险管控能力的提升打下基础。（信息技术局/提供）

【大数据分析工作】 紧跟行业发展趋势，结合内外部数据，紧紧围绕企业发展痛点、难点，主动提出分析选题方向，深入开展数据分析和挖掘。完成农村电商购物节分析、营业网点效能分析等10个大数据分析项目，开展标准快递全要素对标分析等4个大数据分析项目。

一、深入开展大数据分析工作。

1. 省内网络组织优化分析项目，跨系统整合全网邮件的流量流向和资源成本投入等上百亿级别的数据，基于预测预警和路径优化等大数据技术，建立多目标的网络组织优化模型，在甘肃省落地应用，仅合并酒泉—兰州这一条线路就可以在不影响时限的前提下每年节约成本92.4万元，在提升效率和降低成本方面取得明显效果。

2. 智能包裹柜选址布局及配置预测分析项目，完成全国 7.5 万个目标小区的选址推荐和格口预测；项目模型的选址准确率 85%，格口预测准确率 86%；通过移动端可视化开发可以精准的定位智能包裹柜投放安装的位置，显示小区属性及周边环境信息。

二、大数据分析技术水平

1. 大数据前沿分析技术深入应用。探索机器学习、深度学习、人工智能等大数据前沿技术在邮政领域的应用，在深度序列学习、自然语言处理等方向均取得突破。深度序列学习方面，省内网络组织优化分析项目探索了 LSTM 等多种预测算法，实现了对不同季节、不同路向的业务预测。自然语言处理方面，速递易用户画像项目通过 Word2Vec 和 Text-CNN 算法建立商品分类模型，对用户收件商品进行分类，建立了用户商品偏好标签。计算机视觉识别方面，金融风险控制项目运用 DSST 和 PAF 等深度学习算法，建立人体检测、人体跟踪、人体姿态估计模型，完成对视频中特定异常行为的自动检测及预警。

2. 分析维度拓宽。对标类分析项目中除开展与竞品时限对标分析外，叠加市场、客户等角度的分析。速递极速鲜 2018 年大樱桃分析项目中，除围绕时限、流量流向等分析外，针对大樱桃在电商平台的销售情况、业务量预测等方面开展了分析，为其开展营销和网络优化提供决策支持。

3. 分析成果的可视化展示效率改善。采用前后端分离的可视化框架，提高可视化展示效率。营业网点效能分析的项目中，采用前后端分离的 VUE+Express 框架进行展示，提高页面加载效率，实现人机交互。（数据中心 / 提供）

【省级大数据分析应用落地工作】 数据中心下发《关于开展中国邮政 2018 年省级大数据工作的指导意见》，为各省大数据工作提供指导；每季度通报全国大数据工作情况，有序引导省级大数据工作。成立省大数据工作指导小组，加大项目复制推广及成果应用力度。收集各省自行开展的数据分析项目报告 169 份，筛选出安徽代理金融网点效能分析、广东保险客户挖掘等 10 个项目形成复制模板在全国推广，广西、山东等 29 省完成复制工作 75 次。

重庆《代理金融交易量趋势分析》。参考项目分析成果，针对性开展“三低”整治。全市效益型网点 276 个，比上年增加 72 个；全市标准型网点 1012 个，比上年减少 51 个；全市优化型网点 182 个，比上年减少 21 个。

江西《进口包裹客户数据应用分析》。在全省 11 个地市应用，18794 个进口包裹客户转化为金融客户，新增客户总资产净增 5.1 亿，手机银行开通率 62.7%。全省有 2689 个包裹柜客户转化为金融客户，新增客户总资产净增 6429.8 万元，手机银行开通率 65.1%。

河南《广西邮政代理金融余额流失客户分析项目》。将分析成果下发地市，6 个地市采用分析成果指导客户维护工作，将其与未使用分析成果的 12 个地市进行对比分析，预测流失客户缩小营销范围，降低营销成本，客户挽回成功率 46%。（数据中心 / 提供）

【邮政私有云服务】 采用互联网分布式架构建设的中国邮政私有云，扩容 1076 台服务器，平台规模 3000 个物理节点。新一代寄递业务信息平台、CRM 系统、在线业务平台等重点平台部署上云，并向部分省邮政公司开放云资源，支撑省内业务发展，4 个省在云上部署 8 个应用系统。“双 11”期间，邮政私有云保障寄递业务高峰单日订单量超过 1 亿件的处理能力，服务支撑能力进一步增强。邮政私有云的建设实现邮政信息系统架构的成功转型，在传统企业关键业务系统应用云技术方面处于国内先进水平。（信息技术局 / 提供）

【科技获奖项目】 信息技术局的“依托智慧物联的可视化管理变革”项目分别获得第十四届全国邮政企业管理现代化创新成果二等奖和第十五届通信行业企业管理现代化创新成果二等奖；“中国邮政大数据平台工程”“中国邮政统一支付平台建设方案”“中国邮政网上营业厅集邮网厅系统工程”等 8 项工程在集团公司 2018 年度科学技术奖评审中分获二、三等奖；“渠道发布支持线上线下齐发展”“基于平台化的移动应用建设”和“便民汇款助力邮政普遍服务”三项成果分别获得 2018 年全国邮政企业科技创新成果二、三等奖；“研究邮政云共享服务中心可发建设标准”“开发云贺卡”“建设邮文化互动平台”等 6 项建议获得集团公司金点子奖项。（信息技术局 / 提供）

中国邮政研究院主持的 AGV 智能分拣系统应用研究项目获集团公司科学技术奖一等奖，下一代高效能自动交叉带分拣系统、落格式分拣小车及其分拣系统的研究与设计、“十三五”时期建制村直接通邮专项工作方案研究等 3 个项目获二等奖，基于云服务的邮件处理中心远程集中监控自动预警系统、全国 28 省邮政信息网省中心机房建设方案、新型扁平件分拣系统研究、邮政媒体联网服务平台开发及实施等 4 个项目获三等奖。（中国邮政集团公司邮政研究中心 / 提供）

【中国邮政车辆运行管控平台实现智慧互联】 邮政业是国家重要的社会公用事业。为落实国家安全战略，助力北斗系统建设发展，集团公司推动北斗卫星导航系统在邮政领域的深入应用，将北斗系统应用与邮政服务转型升级相结合，自主建设了中国邮政车辆运行管控平台，并取得了良好的应用效果。

加强北斗系统应用，集团公司于 2017 年启动中国邮政车辆北斗系统升级改造工程，在干线车辆上安装使用北斗车载终端，并采用邮政私有云、移动互联网、大数据、可视化等先进技术，设计开发运力身份认证、智能精准定位、全程视频监控、紧急安全报警、驾驶行为感知、运行成本管控等多项功能，对邮件运输和车辆运行进行全方位安全管理，构建实时高效、智能感知、全程监管、透明管控的邮政车辆运行管控平台，相关成果在2018年交通运输部主办的第十四届国际交通技术与设备展览会上得到了参展企业和各界群众的广泛关注。

中国邮政自有干线车辆及社会运邮车辆2.3万辆全部接入平台，通过实时采集车辆运行位置、速度、线路、装载情况、路况信息、驾驶行为等运输数据，并进行大数据分析，实现了线路、驾驶员、车辆、邮件协同管理，提高全网车辆指挥调度的精度和准度。邮政长途干线车辆日均行驶里程提高40%，达到750公里以上，其中，部分车辆日均里程1000公里，邮政包裹全国县及县以上城区全程传递时长缩短至57个小时，达到行业时限平均水平。此外，根据交通运输部的部署，集团公司与中国交通通信信息中心正在共同开展北斗系统测试验证工作，充分利用邮政线路覆盖广、路线长的特点，在盆地、平原、山地、高原等不同地域和气候条件下，对北斗系统服务能力进行实际测试，为北斗系统在交通运输行业的广泛应用提供数据支持。（中国邮政官网）

【全国新农民新技术创业创新博览会在南京市举办】 11月15日上午，全国新农民新技术创业创新博览会在南京国际博览中心开幕，此届博览会由农业农村部、中央网信办、江苏省人民政府共同主办，全国31个省、自治区和直辖市组团参展。博览会以“深入推进双新双创，助力乡村全面振兴”为主题，设1个综合展区和创业创新、新农民、新技术、都市现代农业、数字乡村、智慧农业等6个专业展区，集中展示新农民新技术创业创新成就。（江苏省邮政分公司／提供）

【邮票鉴别系统建设工作】 邮票鉴赏APP于10月29日在北京、河北、辽宁试点上线。2018年完成邮票鉴别系统核心算法比对和技术供应商选择，构建邮票信息基础数据库结构，启动邮票高清图扫描和文字信息录入核对，并完成界面设计、宣传语选择等工作。鉴别系统电子目录涵盖1949—2018年发行邮票的全部信息，填补集团公司官方邮票电子目录空白。实现600余枚邮票鉴别，包括：120余枚常见假票、个性化邮票和2013年至2017年发行的纪特邮票，并将逐步覆盖2000年后发行的纪特邮票。（邮票发行部／提供）

【在线业务平台相关业务功能上线】 4月以来，陆续完成上线平台综合查询服务、网点预约自寄、DIY封片卡及商城、报刊订阅及简易险等业务模块的上线工作，其中报刊业务实现订单量210万笔，交易金额10.6亿元；自寄预约单实现31万笔。有效搭建满足客户从下单到支付全流程邮政线上服务渠道。（邮政业务局／提供）

【软件开发中心与云从科技建智能感知联合创新实验室】 10月12日，中心与重庆中科云丛科技有限公司在北京签署战略合作协议，共建智能感知联合创新实验室。作为中国邮政自主软件开发的生力军，中心始终不忘初心、牢记使命，坚持“创新是引领发展的第一动力”，通过与云从科技建立战略合作关系，双方必将充分发挥各自行业、技术和资源优势，通过优势互补、强强联合，共同研究开发能够引领产业趋势、持续满足客户需求的高新技术产品及数字化邮政创新服务，促进新技术在邮政领域的场景化应用，带动双方在各自核心业务领域的发展壮大。（软件开发中心／提供）

【北京市邮政分公司科技创新成果】 北京市邮政公司设立100万元双创基金用于优秀金点子孵化，云创平台收集有效点子2853个，评选出100个金点子，创新成果项目立项50个；融合微信预约平台和邮件预收寄处理平台，推出滴滴打车模式揽收服务，接收处理用户预约订单5000余单；“电子地图分拣应用系统”等4个项目分别获得中国邮政集团公司科技创新成果、小发明奖等奖项，信息局软件部荣获集团公司“优秀科技团队”称号，3名同志分别获得“突出贡献科技工作者”和“优秀科技工作者”称号。（北京市邮政分公司　陈丽涵／提供）

【上海市浦东邮件处理中心双层分拣机工程初验工作】 11月8日，上海浦东邮件处理中心（北楼）二期工艺改造工程通过集团公司的初验，分拣效率、差错率、线速度等主要指标均符合标准，正式交付上海邮区中心局使用。工程

11月8日，上海浦东邮件处理中心（北楼）二期工艺改造工程通过集团公司初验。

中邮速递易开发的智能包裹柜，并推出定制版大型自提柜，提升末端智能配送能力。

于 2017 年 10 月启动，集团公司投资 7256.3 万元，双层分拣机位于浦东邮件处理中心北楼南侧，上下总长约 811 米，含 29 个供包台、1352 个托盘小车、209 个格口。工程投产后，浦东邮件处理中心处理能力提升至 90 万件/天。（上海市邮政分公司/提供）

【安徽省邮政分公司科技创新解放生产力】

1. 信息化能力持续提升。坚持能用机器的不用人工，以技术引领业务发展。加大智能包裹柜、新型胶带机等信息化设备投入，智能包裹柜 877 台。上线运营全省快递行业首套智能分拣系统（小黄人），以一流设备、一流技术、一流管理理念建设省级智能仓。全面启用远程集中监控平台，实现对安全生产、营业投递、邮件处理的非现场检查。自主开发家邮站、"我为邮政代言"等信息系统。编制网点升级改造规划（2018—2020 年），建设"智慧机房"。完成 1406 个网点访客系统上线，打造"智慧"大堂。

2. 数据分析。设立数据中心，建设省级数据分析团队，开展金融网点效能、邮乐联名卡等 27 项专题分析。建设数据分析共享平台，加强应用转化，提升效率效益。（安徽省邮政分公司/提供）

【湖北省邮政分公司启动"智慧服务年"工程】 2 月 2 日，湖北省邮政分公司出台《湖北邮政"智慧服务年"工作的指导意见（鄂邮公司函〔2018〕32 号）》。全省邮政企业围绕指导意见总体部署，加大科技投入，重点启动 1236 个智慧大堂、21 处轻型化标准网点建设、窗口服务贯标、星级创评、智慧服务金点子征集及第三届青年员工创意大赛等活动。在"智慧服务年"工程推动下，省分公司提前两年实现"十三五"规划收入目标。（湖北省邮政分公司/提供）

【广东省邮政分公司建设科技创新研发体系】 按照集团公司推进创新体系建设的要求，广东省邮政分公司完善创新绩效考核和管理机制，云创平台、科技研发、创新孵化等工作取得新的进展。荣获集团公司科学技术奖 5 项，科技创新成果 9 项，管理创新成果 3 项；云创平台推广动员率 98.43%，荣获集团"金点子"20 项，"一地一创新"项目申报率 100%，位列全国邮政创新实力榜榜首，获 A+ 评级；1 人荣获享受国务院特殊津贴专家称号。广东省邮政分公司保持对创新和研发的基金投入和奖励；加大了对直属各单位的创新考核；推广应用创新管理信息系统；开展科技进步月大会、创新论坛等宣传推广活动；开展绿色邮政建设行动、五小创新大赛等主题点子征集活动；组织评选表彰广东省科学技术奖 18 项，科技创新成果 28 项，管理创新成果 30 项；扶持开展创新孵化项目 22 个，科技项目 27 个；业务孵化项目推广 14 项；创建创新工作室 92 个，登记创新专家 500 余名。（广东省邮政分公司/提供）

【四川省邮政分公司举办第一届科技大会暨创新成果展】 10 月 19—20 日，以"科技改变生活　创新决胜未来"为主题的四川省邮政分公司第一届科技大会暨创新成果展在省培训中心举办。科技大会总结近年来四川邮政科技创新工作，表彰奖励积极投身四川邮政改革创新的先进集体和个人，集中展示近年来全省邮政领域的 109 项新技术、新发明和新成果。这些创新成果的推广应用，正在为促进企业转型发展和质效提升发挥着积极作用。（四川省邮政分公司/提供）

【新疆邮政分公司在线业务平台寄递模块上线】 7 月 25 日，新疆邮政分公司在线业务平台寄递模块上线运行。实现国内标准快递、快递包裹在线预约下单、自送寄件及校园包裹、军营包裹预约下单、集中上门揽收功能。（新疆邮政公司　汪春梅/提供）

党群工作和精神文明建设

◇ 党建工作

◇ 工会工作

党建工作

【概述】 全系统各级党组织深入学习贯彻习近平新时代中国特色社会主义思想和党的十九大精神，以接受中央巡视和开展巡视整改为契机，以高度的政治自觉和政治担当，扎实推进中国邮政党的建设工作，各项事业发展呈现出新的生机和活力。

一、认真学习贯彻习近平新时代中国特色社会主义思想和党的十九大精神

在全系统广泛开展了习近平新时代中国特色社会主义思想和党的十九大精神“大学习、大讨论、大落实”活动，结合历史、结合现实，通过对比、展望未来，做到真学真懂真信真用；强化中心组学习，党组带头每月组织一次集中学习，书记带头讲专题党课，发挥示范带动作用，依托邮政党校先后举办14期、18个班次的党校培训，完成全系统三级及以上7010名领导人员集中培训，实现全覆盖，做到用习近平新时代中国特色社会主义思想武装头脑、指导实践、推动工作；充分运用“三会一课”、主题党日等形式，组织广大党员开展专题学习、座谈讨论等，做到入脑入心；建立“三个第一时间”学习机制，第一时间传达学习习近平总书记重要讲话、中央重要会议和文件精神，做到中央精神在中国邮政及时全面贯彻落实。

二、突出把党的政治建设摆在首位

认真贯彻落实关于加强和维护党中央集中统一领导的若干规定精神，贯彻落实新形势下党内政治生活若干准则，贯彻落实巡视整改要求，各级党组织和广大党员干部“四个意识”更加牢固，“四个自信”更加坚定，自觉做到严守政治纪律和政治规矩，坚决做到“两个维护”，做到党中央提倡的坚决响应、党中央决定的坚决执行、党中央禁止的坚决不做。认真召开领导班子年度民主生活会和巡视整改专题民主生活会，深入查找剖析存在问题，扎实推动问题整改。贯彻民主集中制，严格落实“三重一大”决策制度，建立重大事件报告制度，落实意识形态工作责任制，加强意识形态管控。认真贯彻落实中央决策部署，围绕打好三大攻坚战、服务雄安新区建设、助力乡村振兴制定工作规划和方案，扎实推进落实，各项工作取得新进展。

三、巡视整改工作取得阶段性成效

集团公司党组全面履行巡视整改主体责任，围绕中央巡视反馈意见和三个专项报告指出的问题，建立整改清单，制定121项整改举措，按照中央巡视反馈提出的具体要求，扎实推动整改落实，取得了阶段性成效。各二级单位党委（党组）按照整改要求，举一反三，认真对照检查，查找问题960项，制定整改措施2678项，上下联动推动整改落实。9月27日，党组向中央巡视办报送巡视整改进展情况报告。10月29日，党组向社会公布巡视整改进展情况。巡视以来，集团公司制定完善相关制度、方案等文件121个，形成巡视整改常态化、长效化机制，巡视的“利剑”和“紧箍咒”作用有效发挥。

四、不断强化基层党组织建设

出台并实施“邮政系统基层党组织建设达标工程和创先争优活动”方案，推动基层党组织标准化建设。对365个地市分公司党委单独设置党务工作部门，配备专职党务干部。完成寄递事业部改革中党组织的设置与调整工作。分层分批完成党组织书记和专职党务干部轮训。认真落实“三会一课”制度，运用集体学习、个人自学、网上学习、“微党课”、开展主题党日活动等方式，全面加强了党员学习教育。出台党组织工作经费管理办法，有效保障了党组织活动的开展。通过抓基层、打基础，进一步强化了基层党组织的功能作用。

五、深入推进作风建设、纪律建设和反腐败工作

集团公司党组修订完善关于贯彻落实中央八项规定实施细则的实施办法，完善了领导人员异地任职有关事项管理规定、差旅费管理办法等制度，对异地任职干部报销探亲交通费、周转房租赁费情况开展专项检查。健全完善党组成员基层联系点制度，制定加强调查研究的实施意见，党组成员通过深入一线、座谈交流等多种方式，带动各级领导人员大兴调查研究之风。召开全系统领导干部警示教育大会，用“身边案”教育“身边人”。健全完善巡视机构和工作机制，制订巡视工作规划、巡察工作意见，对12个单位开展内部巡视。加大违规违纪问题的查处力度，全系统查处各类违规违纪案件317件，给予党纪政务处分446人，不敢腐、不能腐的机制和制度已经建立，不想腐的氛围正在形成。

六、加强精神文明建设、企业文化建设

大力弘扬“人民邮政为人民”的优良传统，紧紧围绕做好普遍服务这一根本使命，广泛开展精神文明建设、企业文化建设，积极践行社会主义核心价值观，创建一批国家级精神文明成果。举办“双先”表彰大会和其美多吉先进事迹报告会，表彰140个先进集体、201名先进个人，强化了先进典型的示范引领作用。全系统新增17个全国文明单位，13个交通运输行业先进集体先进个人荣誉称号，2个集体获“全国五一劳动奖状”，8名个人获“全国五一劳动奖章”，10个集体获“全国工人先锋号”。深入推进邮政企业文化落地实践和学习传播，分层分步开展企业文化宣贯培训；全系统获得交通运输文化建设优秀成果49个，选树和表彰企业文化建设示范单位139个；组织20余万邮政员工参与学习首届中央企业“联盟杯”微课大赛，《邮政企业文化之邮政徽标的百年演变》获大赛

邮储银行山西省分行营运中心党支部组织开展以“党在我心中”为主题的红色经典诵唱文化活动。

一等奖；集团公司获得全国交通运输文化建设卓越单位。《苏州邮政青年员工价值取向和思想动态专题调研报告》获中国政研会优秀政研成果三等奖。

七、认真抓好群团和离退休干部工作

大力开展群众性创新活动、劳动竞赛、青年员工践行党的十九大精神演讲比赛和离退休老同志弘扬正能量等活动，认真做好统战和民族宗教等工作，汇聚企业改革发展合力。（党建工作部（直属机关党委）/ 提供）

【中国邮政集团公司党的建设暨纪检监察工作会议】 2月24—25日，2018年中国邮政集团公司党的建设暨纪检监察工作会议采用现场会议和电视电话会议相结合的方式召开。会议以习近平新时代中国特色社会主义思想为指导，深入贯彻落实党的十九大和十九届中央纪委二次全会精神，总结2017年中国邮政党的建设工作，部署2018年党的建设重点任务。中央第二巡视组正局级巡视专员闫霄鹏到会指导。集团公司党组全体成员出席会议。集团公司党组书记、总经理代表集团公司党组作了题为《以习近平新时代中国特色社会主义思想为指导　奋力开创中国邮政党的建设新局面》的工作报告，集团公司党组成员、纪检组组长代表集团公司党组纪检组作了题为《坚定不移贯彻落实全面从严治党战略部署　为建成世界一流邮政企业提供坚强纪律保证》的工作报告。集团公司党组成员、副总经理主持会议，并受集团公司党组委托，宣读《中国邮政集团公司党组关于表彰邮政系统基层党组织建设、企业文化建设示范单位的决定》。

会议强调，抓好邮政系统的党建工作务必做到“六个必须”。一是必须始终把党的政治建设放在首位，把习近平新时代中国特色社会主义思想作为抓好中国邮政党建工作的根本遵循，不断提高政治站位，强化“四个意识”、坚定“四个自信”。二是必须旗帜鲜明坚持党的领导，加强党的建设，始终保持全面从严治党的使命感和紧迫感，把坚决维护党中央权威和集中统一领导体现到学习贯彻、谋划部署、抓好落实的各方面和全过程。三是必须把抓好党建作为最大政绩，强化各级党组织主体责任，发挥领导干部的示范带动作用，以上率下。四是必须坚持问题导向，聚焦党建工作重点、难点问题，推动问题整改和长效机制建设。五是必须坚持统筹协调，注重加强顶层设计和总结基层经验相结合，既体现顶层设计的宏观性、战略性，又体现基层实践的可行性、操作性，实现相互促进。六是必须坚持融入中心、服务大局，在凝聚职工、促进发展上彰显党组织优势，实现党建与企业文化和经营发展同频共振。

集团公司党组要求，各级邮政企业单位要迅速传达贯彻好本次会议精神，结合实际抓好会议精神落实，充分发挥各级党组织的功能作用，推动党建工作与中心工作深度融合，重点做好“四个下功夫”。一是要学懂、弄通、做实，在持续深入学习贯彻习近平新时代中国特色社会主义思想和党的十九大精神上下功夫。二是要始终牢记央企的政治责任和使命担当，在提高思想认识和政治站位上下功夫。三是要创新党建活动载体，创新党建工作抓手，完善和创新党建责任考核体系，在加强基层党建工作创新上下功夫。四是要严格监督执纪问责，在抓常和长、严和实上下功夫。根据中央全面从严治党要求，为进一步落实好全面从严治党主体责任和监督责任，集团公司党组、党组纪检组与各二级单位党政主要负责人、纪检组组长（纪委书记）继续分别签订落实全面从严治党要求2018年度主体责任书和专责监督责任书。（中国邮政官网）

【中央第二巡视组巡视中国邮政集团公司党组工作动员会召开】 根据中央关于巡视工作的统一部署，2月23日，中央第二巡视组巡视中国邮政集团公司党组工作动员会召开。中央第二巡视组组长薛利指出，深入学习贯彻党的十九大精神是当前和今后一个时期的首要政治任务。中国邮政集团公司党组和各级党员领导干部，要牢固树立“四个意识”，坚定“四个自信”，旗帜鲜明坚持以习近平新时代中国特色社会主义思想为指导，用以武装头脑、指导实践、推动工作；旗帜鲜明维护习近平总书记党中央的核心、全党的核心地位，维护党中央权威和集中统一领导；旗帜鲜明坚持和加强党的全面领导，坚持党要管党、全面从严治党，勇于自我革命，坚定不移推动全面从严治党向纵深发展。中国邮政集团公司党组要深刻领会党的十九大关于全面从严治党的战略部署，准确把握全面从严治党形势任务，坚决落实管党治党政治责任，保持战略定力，以永远在路上的韧劲和执着，不断把全面从严治党引向深入。巡视是全面从严治党的重大举措，是党内监督的战略性制度安排，要深刻认识巡视工作重要意义，提高政治站位和政治觉悟，贯彻中央巡视工作五年规划，恪守党性原则，增强自觉接受监督的政治意识，坚决支持配合中央巡视组工作，加强对巡视组的监督，共同完成好党中央交给的巡视任务。巡视是党章赋予的重要职责，中央巡视组将牢牢把握政治巡视定位，贯彻巡视工作方针，坚持以习近平新时代中国特色社会主义思想为指导，以“四个意识”为政治标杆，突出问题导向，盯住关键少数，查找政治偏差，聚焦坚持和加强党的全面领导、新时代党的建设总要求、全面从严治党，以党的政治建设为统领，把坚决维护以习近平同志为核心的党中央权威和集中统一领导作为根本政治任务，围绕党的政治建设、思想建设、组织建设、作风建设、纪律建设和夺取反腐败斗争压倒性胜利等方面，深入检查被巡视党组织学习贯彻习近平新时代中国特色社会主义思想情况，贯彻落实党章和党的十九大精神情况，落实意识形态工作责任制情况，选人用人和基层党组织建设情况，执行中央八项规定精神和整治“四风”情况，党规党纪执行情况，领导干部廉洁自律和整治群众身边腐败问题情况，以及十八届中央巡视整改落实等情况。通过开展巡视监督，发现问题、形成震慑，推动改革、促进发展，发挥标本兼治战略作用，为全面从严治党提供有力支撑。

中国邮政集团公司党组书记表示，十九届中央第一轮巡视邮政集团公司党组，充分体现了党中央对中国邮政的高度重视和关怀，是对集团公司党组的“政治体检”，对企业进一步坚持党的全面领导、加强党的建设、落实全面从严治党要求，切实提升各级领导班子的政治素质、促进中国邮政的改革发展，将起到至关重要的作用。这次巡视是推动落实全面从严治党责任，推进邮政系统党的建设向纵深发展的难得机会。中国邮政要认真学习贯彻落实好习近平新时代中国特色社会主义思想特别是习近平巡视工作思想，把接受巡视作为发现问题、改进提高的过程，作为警示教育、锻炼党性的过程。巡视期间，要严格按照巡视组要求，认真完成巡视组交办的各项工作。对中央巡视组发现的问题、提出的整改要求，要高度重视，诚恳接受，立行立改，明确目标责任和工作要求，做到件件有回音、事事有着落。集团公司所属各部门、各单位党组织要统筹规划，把完成巡视任务与加强党的建设结合起来，与实现邮政改革发展目标结合起来，努力做到“两不误、两促进”，以永不懈怠的精神状态，不断开创中国邮政改革发展的新局面，在融入和服务新时代党和国家事业发展大局中展现新作为、做出新贡献。（中国邮政官网）

【中央第二巡视组向中国邮政集团公司党组反馈巡视情况】根据中央巡视工作领导小组的部署，近日，中央第二巡视组向中国邮政集团公司党组反馈巡视情况。中共中央政治局委员、中央巡视工作领导小组副组长杨晓渡主持召开向党组书记、董事长刘爱力的反馈会议，出席巡视中国邮政集团公司党组情况反馈会议，对抓好巡视整改工作提出要求。会议向刘爱力传达了习近平总书记关于巡视工作的重要指示精神，中央第二巡视组组长薛利代表中央巡视组反馈了巡视情况。刘爱力主持反馈大会并就做好巡视整改工作作表态讲话。

根据中央统一部署，2月23日至5月23日，中央第二巡视组对中国邮政集团公司党组进行了巡视。巡视组坚持以习近平新时代中国特色社会主义思想为指导，全面贯彻党的十九大精神，坚持稳中求进工作总基调，坚守政治巡视职能定位，认真贯彻中央巡视工作方针，以“四个意识”为政治标杆，把坚决维护习近平总书记核心地位、维护党中央权威和集中统一领导作为根本政治任务，围绕党的政治建设、思想建设、组织建设、作风建设、纪律建设和反腐败斗争，以及中央巡视整改落实情况等方面开展监督检查，紧扣被巡视党组织职责，紧盯领导班子和关键少数，深入查找政治偏差，充分发挥巡视的政治监督、组织监督、纪律监督作用。通过广泛开展个别谈话，认真受理群众来信来访，调阅有关文件资料，深入了解情况，顺利完成了巡视任务。中央巡视工作领导小组听取了巡视组的巡视情况汇报，并向中央政治局常委会会议报告了有关情况。

薛利指出，党的十八大以来，中国邮政集团公司党组不断增强“四个意识”“四个自信”，在坚持党的领导、加强党的建设、推进从严治党方面取得了一定成效。巡视中，巡视组发现和干部群众反映了一些问题，主要是：学习贯彻习近平新时代中国特色社会主义思想和党的十九大精神下功夫不够，贯彻落实中央有关决策部署和国有企业党建工作会议精神不到位；有的领导人员“人民邮政为人民”的初心使命淡化，对邮政的政治和社会属性重视不够；党内政治生活不够严肃，违反政治纪律和组织纪律问题时有发生，组织生活不规范，基层党组织建设较为乏力；选人用人问题比较突出，任前把关不够严格，圈子文化依然存在；全面从严治党不力，监督执纪问责宽松软，顶风违反中央八项规定精神问题频发，有的领导人员特权思想比较严重；上次中央巡视整改不到位，存在消极应付现象。同时，巡视组还收到反映一些领导干部的问题线索，已按有关规定转中央纪委、中央组织部等有关方面处理。

薛利提出了五点整改意见：一是持续深入学习贯彻习近平新时代中国特色社会主义思想和党的十九大精神，以实际行动维护习近平总书记核心地位、维护党中央权威和集中统一领导。贯彻落实国企党建工作会议精神和党中央关于深化国企改革、加强创新的要求，切实坚持和加强党的全面领导，充分发挥党组把方向、管大局、保落实作用，引领中国邮政做强做优做大。二是不忘初心、牢记使命，以实际行动践行“人民邮政为人民”的宗旨。进一步提高政治站位和政治担当，坚持以人民为中心，切实重视普遍服务，忠实履行政治责任、社会责任和经济责任，满足新时代人民群众用邮需求。树立正确业绩观，坚守职能定位，聚焦主责主业，防范化解经营风险，关心关爱一线员工。三是不折不扣落实新时代党的建设总要求，以政治建设为统领全面加强党的建设，严肃党内政治生活，增强政治性、时代性、原则性、战斗性，强化基层组织建设，修复党内政治生态。加强领导班子自身建设，落实民主集中制原则。贯彻落实新时代党的组织路线，树立正确用人导向，严格执行选人用人制度规定，匡正选人用人风气。四是强化管党治党政治责任，坚定不移推进全面从严治党。把落实管党治党政治责任作为最根本的政治担当，认真履行“一岗双责”，以身作则，以上率下。扎牢制度笼子，强化内部管理，采取有效措施防范廉洁风险。久久为功抓好作风建设，坚决纠正特权思想，坚决防止“四风”反弹回潮。加强对巡视巡察工作的组织领导，精准运用监督执纪“四种形态”，坚决查处顶风违纪行为，保持惩治腐败高压态势。五是不断加强对整改工作的组织领导，主动认领责任，加大整改力度，统筹抓好上次巡视整改不到位和本次巡视指出问题的整改，做好巡视“后半篇文章”。薛利强调，中国邮政集团公司党组要强化政治担当，切实担负起巡视整改主体责任，及时召开领导班子巡视整改专题民主生活会，对照查摆剖析、举一反三，以身作则，带头整改。党组书记作为第一责任人，对巡视全面整改负总责，对重点问题整改要亲自抓，确保整改落实落细落地。

杨晓渡要求，中国邮政集团公司党组要增强“四个意识”，把“两个维护”体现在行动上、落实到工作中，持续深入学习贯彻习近平新时代中国特色社会主义思想和党的十九大精神，强化抓落实的政治职责，确保党的十九大确定的目标任务和战略部署顺利实现。坚持以政治建设为统领，认真贯彻新时代党的组织路线，不断加强党内政治文化建设，严肃党内政治生活，持续净化党内政治生态。强化管党治党政治担当，把管党治党作为最根本的职责立起来，准确把握全面从严治党形势和阶段特征，层层落实“两个责任”，保持惩治腐败的高压态势，持续纠治“四风”问题，强化监督执纪问责，让党员干部尤其是领导干部感受到监督常在、震慑常在。切实加强对巡视巡察工作的领导，落实中央巡视工作规划要求，将巡视利剑直插基层，加大整治群众身边腐败问题力度，打通全面从严治党“最后一公里”。

杨晓渡强调，巡视整改是“四个意识”的试金石，也是检验“两个责任”的重要标尺。中国邮政集团公司党组要自觉担起整改主体责任，把巡视整改作为全面从严治党的重要抓手，坚持全面整改和重点整改相结合，在整改落实上集中发力，扎实做好巡视“后半篇文章”。党组书记要直接抓、抓具体、抓到底，对上次整改落实不到位和这次巡视新发现的问题要一体整改，决不能“新官不理旧账”。领导干部要主动认领责任，带头落实整改，该谁整改的就由谁整改，该谁负责的就由谁负责，决不能把层层传导压力变成层层推卸责任。要杜绝“过关”思想，建立整改落实常态化、长效化机制。纪检机构和组织部门要加强整改落实日常监督，用好问责武器，对整改不力、敷衍整改、虚假整改的严肃追责问责。把巡视整改和深化标本兼治有机结合起来，通过改革和制度创新，加强权力制约监督，构建不敢腐、不能腐、不想腐的体制机制。

刘爱力表示，中央第二巡视组对中国邮政集团公司党组进行了巡视，使集团公司党组接受了一次全面的“政治体检”、深刻的党性教育和思想洗礼。巡视反馈意见中肯深刻、切中要害、振聋发聩。集团公司党组一定深刻反思，认真贯彻中央精神，提高政治站位，坚决把整改工作落到实处。集团公司党组和全系统各级党组织、党员干部要把抓好巡视整改作为重大政治任务、严肃的政治责任和政治考验，不折不扣落实中央巡视工作要求，完成好巡视整改任务目标，决不辜负党中央和中央巡视组的期望。作为集团公司党组书记，要全面担负起第一责任人职责，切实做到新官必理旧账，自觉接受上级组织和干部群众监督。针对巡视反馈的问题，坚持即知即改、立行立改，一项一项推动整改落实，对涉及违规违纪的人和事，要依纪严肃处理，做到“当下改”。同时深挖根源，举一反三，建设长效机制，做到“长久立”，切实做好巡视“后半篇文章”。

刘爱力强调，集团公司党组坚决维护习近平总书记的核心地位、坚决维护党中央权威和集中统一领导，牢固树立“四个意识”，坚定“四个自信”，做到“四个服从”，做到党中央提倡的坚决响应、党中央决定的坚决执行、党中央禁止的坚决不做。将按照“六个围绕、一个加强”的要求，聚焦巡视反馈突出问题，层层压实全面从严治党主体责任和监督责任，扎实推进集团公司全面从严治党向纵深发展。要学习贯彻落实习近平新时代中国特色社会主义思想和党的十九大精神，学习贯彻习近平总书记关于巡视工作重要讲话精神，紧紧抓住整改这个关键，强化政治职能，牢记政治使命，坚持以人民为中心的发展思想，认真践行“人民邮政为人民”的宗旨，切实把中国邮政建设成为党执政兴国的“六个力量”。以巡视整改为动力，努力建设政治方向明确、政治立场坚定、政治生活规范、政治生态优良的党组班子，努力把中国邮政打造成关键时刻听指挥、拉得出，危急关头冲得上、打得赢的基本队伍。同时，要抓好当前安全生产、重大改革推动和队伍稳定等各项工作，保持中国邮政平稳健康发展。

中央第二巡视组副组长及有关同志、中央巡视工作领导小组办公室有关同志、中国邮政集团公司党组领导班子成员出席会议；中国邮政集团公司总部各部门、各控股子公司、直属单位领导班子成员，各省（区、市）分公司党政主要负责同志及纪检组长（纪委书记），总部纪检监察和组织人事部门等有关人员列席会议。（中国邮政官网）

【中国邮政集团公司党组关于巡视整改进展情况进行通报】根据中央统一部署，2月23日至5月23日，中央第二巡视组对中国邮政集团公司党组进行巡视。7月25日，中央巡视组向中国邮政集团公司党组反馈了巡视意见。根据《中国共产党巡视工作条例》和《中国共产党党内监督条例》有关规定，现将巡视整改进展情况予以公布。

一、不折不扣贯彻巡视整改要求，坚定不移同党中央保持高度一致

党组坚持把习近平总书记关于巡视工作的重要讲话精神和中央巡视反馈整改要求作为抓好巡视整改工作的根本遵循和行动指南，牢固树立“四个意识”，坚定“四个自信”，坚决维护习近平总书记党中央的核心、全党的核心地位，坚决维护党中央权威和集中统一领导，不断深化思想认识，提高政治站位，增强抓好巡视整改工作的政治自觉、思想自觉和行动自觉。

7月25日，中央巡视反馈会后，党组第一时间召开会议，认真学习习近平总书记关于巡视工作的重要讲话精神，深刻领会中央巡视反馈会议精神；当天下午召开省分公司、各控股子公司及总部各部门主要负责人座谈会，进一步统一思想，提高认识，压实巡视整改工作责任。之后，多次召开党组理论学习中心组学习（扩大）会议和党组会，深入学习习近平新时代中国特色社会主义思想和党的十九大精神，反复学习习近平总书记关于巡视工作的重要讲话精神，反复学习中央巡视反馈会议精神，结合巡视反馈问题认真开展研讨，扎实推动整改工作，引导全系统各级党组织和党员干部进一步把思想统一到中央决策部署上来，把行动统一到中央巡视反馈问题的整改上来。

党组深刻认识到，巡视是以习近平同志为核心的党中央对中国共产党实现自我有效监督的重大理论突破和实践飞跃。巡视是党之利剑、国之利器，巡视也是悬在国有企业领导干部头上的“达摩克利斯之剑”，利剑高悬才能时刻警醒。深刻认识到，巡视工作必须坚决贯彻习近平总书记关于巡视工作的重要论述。巡视是政治巡视，根本政治任务就是要坚决维护习近平总书记党中央的核心、全党的核心地位，坚决维护党中央权威和集中统一领导，坚决把中央各项决策部署落实到位，确保国有企业成为党执政兴国的重要物质基础和政治基础。深刻认识到，巡视整改不落实就是对党不忠诚。巡视发现问题的目的是解决问题，发现问题不解决，比不巡视的效果还坏。巡视反馈的意见体现的是党中央对中国邮政的政治要求，整改能否落实，关乎党中央权威，关乎巡视工作的严肃性和公信力。深刻认识到，党组必须承担主体责任，党组书记是巡视整改第一责任人。党组书记不担当全面责任、不担当第一责任，其他党组成员也无法担当起这个责任；而党组不担当主体责任，不把自己摆进去、不把职责摆进去、不把工作摆进去，巡视整改工作就不可能在各个领域得到全面落实。深刻认识到，巡视工作必须把“当下改”和“长久立”结合起来。“长久立”就是要从根本上落实党要管党、全面从严治党要求，巡视整改成效要以中国邮政在思想上政治上行动上同以习近平同志为核心的党中央保持高度一致来检验，以贯彻落实中央要求的成效来检验。深刻认识到，党的政治生态建设是一项长期的系统工程。只有切实增强“四个自信”，才能有走中国特色社会主义道路的坚定理想信念、思想自觉和行动自觉；只有牢固树立“四个意识”，才能坚决维护习近平总书记党中央的核心、全党的核心地位，坚决维护党中央权威和集中统一领导；只有深刻认识到“办好中国的事情关键在党、关键在人”，真正做到习近平总书记提出的国有企业领导干部的“二十字”标准，坚持德才兼备、以德为先，五湖四海、任人唯贤的用人导向，才能形成见贤思齐蔚然成风的局面；只有营造风清气正的良好政治生态，才能确保党的“免疫系统”有效自我防范，杜绝“七个有之”。

党组成员一致表示，要以习近平新时代中国特色社会主义思想和党的十九大精神为指导，坚决维护习近平总书记党中央的核心、全党的核心地位，坚决维护党中央权威和集中统一领导，深入学习贯彻习近平总书记关于巡视工作的重要讲话精神和中央巡视反馈会议精神，努力提高政治站位和政治觉悟，强化政治担当，切实担负起巡视整改主体责任，做到坚决整改、彻底整改、全面整改，扎实做好巡视“后半篇文章”。

二、扎扎实实制定整改举措，把巡视整改作为重大政治任务抓实抓好

党组把抓好中央巡视反馈意见整改落实作为重大政治任务，以整改不落实就是对党不忠诚的政治担当，围绕巡视反馈问题，认真制定整改方案，加强组织领导，周密安排部署，全力推进整改工作。

1. 加强组织领导，压实整改责任。党组认真履行整改工作主体责任，加强对整改工作的组织领导，及时调整了巡视整改工作领导小组，明确整改责任，统筹推进巡视整改工作。党组书记刘爱力作为巡视整改第一责任人，坚决做到“新官必理旧账”，主动认领责任，带头落实整改，对重要工作亲自部署、重大问题亲自研究、重点环节亲自协调、重点案件亲自督办。巡视反馈以来，多次主持召开党组理论学习中心组学习（扩大）会议和党组会，深化对习近平新时代中国特色社会主义思想和党的十九大精神的学习领会；召开22次党组会、15次巡视整改工作领导小组会议，研究部署巡视整改工作。党组成员坚持把自己摆进去、把职责摆进去、把工作摆进去，多次召开分管部门

专题会议，研究落实整改工作。总部各部门、全系统各二级单位按照党组统一部署，上下联动，步调一致，形成了任务层层分解、责任层层落实、压力层层传递、工作层层落地的整改工作格局。

2. 聚焦反馈问题，明确整改措施。坚持上次巡视整改不到位问题和本次巡视指出的问题一并整改，一起解决。针对中央巡视反馈提出的 4 个方面突出问题，党组反复研究讨论，逐条梳理分析，逐项对照检查，制定《中国邮政集团公司党组关于中央巡视反馈问题整改方案》，明确整改工作的指导思想、基本原则、总体目标和任务举措，建立中央巡视反馈问题整改清单。共制定 62 项整改举措，每一项整改措施都明确了责任领导、责任部门和完成时限，做到任务到人、要求到位。各二级单位按照集团公司党组统一部署，结合自身实际，认真查摆存在的问题，制定针对性整改方案，并经集团公司巡视整改工作领导小组办公室审核后推动实施。

3. 加强日常监督，强化整改落实。党组印发《关于对中央巡视整改情况开展监督检查的工作方案》，加强对巡视整改任务落实情况的监督检查，坚持每周听取巡视整改情况汇报，梳理整改进展情况，研究推进措施。党组纪检组把整改督查督办作为日常监督的重要内容，着力解决整改责任缺失、整改措施不实、整改收效不佳等问题。巡视整改工作领导小组办公室先后召开 7 次会议，及时传达工作要求，通报整改任务进展情况；对照整改清单，督促检查整改措施完成情况，协调推进整改工作，确保各项整改任务有序推进。同时，党组坚持开门整改，对近期查处的违反中央八项规定精神等问题在全系统进行通报。

4. 坚持立行立改，深化标本兼治。对中央巡视过程中指出的问题和中央巡视反馈问题，党组坚持全面整改、立行立改、即知即改、真改实改，一项一项推动，做到“当下改”。同时，紧紧抓住重点问题和关键环节，加强综合分析，深挖根源，举一反三，建立长效机制，做到“长久立”。中央巡视反馈以来，围绕落实全面从严治党要求、强化纪律规矩意识、规范选人用人工作、提高普遍服务和特殊服务质量、持续改进作风等方面，共制定和完善相关制度、文件 86 项，构建巡视整改常态化、长效化体制机制。党组始终把抓好巡视整改与贯彻落实中央重大决策部署结合起来，与加强党的全面领导结合起来，与做好邮政改革发展稳定工作结合起来，把整改成果转化为促进邮政事业健康发展的强大动力。

三、从严从实推进整改，着力解决巡视反馈重点问题

党组按照整改方案，坚持全面整改和重点整改相结合，逐条逐项落实整改任务和整改措施，确保中央巡视反馈问题整改到位。

第一个方面：持续深入学习贯彻习近平新时代中国特色社会主义思想和党的十九大精神，切实坚持和加强党的全面领导

1. 强化学做有机结合，坚决贯彻中央决策部署。

（1）认真学习贯彻习近平新时代中国特色社会主义思想和党的十九大精神。

一是深入学习贯彻中央有关精神，在学懂弄通做实上下功夫。在全系统开展以学习贯彻习近平新时代中国特色社会主义思想、党的十九大精神、国企党建工作会议和巡视反馈会议精神为主要内容的“大学习、大讨论、大落实”活动，认真制定活动方案，通过组织中心组集体学习、交流研讨、讲专题党课、撰写学习讨论心得等方式，推动各级党员领导干部，真正做到真学、真懂、真信、真用。制订党组理论学习中心组学习计划，从 8 月份开始，党组每月组织一次集中学习，重点学习习近平新时代中国特色社会主义思想和党的十九大精神，党组成员结合思想和工作实际，带头谈体会、谈认识、谈思路、谈举措，带头讲专题党课；分章节认真研读党的十九大报告，开展专题学习研讨，真正做到用习近平新时代中国特色社会主义思想武装头脑、指导实践、推动工作。建立“三个第一时间”学习机制，做到习近平总书记重要讲话精神和党中央重要会议精神第一时间传达学习、收到党中央重要文件第一时间传达学习、中央媒体发布的重要会议和文件精神第一时间传达学习，确保中央精神在中国邮政及时全面贯彻落实。

二是扎实做好邮政金融风险防控工作。党组召集邮储银行、中邮保险等邮政金融单位，认真研究分析金融风险形势，剖析问题根源，对进一步健全制度，强化内控，坚决打好防范化解金融风险攻坚战进行部署，并研究制订《打好防范化解重大风险攻坚战三年规划》。邮储银行提出了加强全面风险管理体系建设等 11 项深化改革任务；中邮保险针对行业暴露的风险和乱象，列出整治清单；中邮证券成立防范化解重大风险工作领导小组，进一步强化组织领导。通过对金融风险防控工作进行再研究再部署再落实，坚决守住不发生系统性金融风险底线。

三是把精准脱贫工作落到实处。把做好扶贫工作作为重大政治任务，及时调整扶贫工作领导小组成员及机构，成立定点扶贫、电商扶贫、金融扶贫三个工作组。制订中国邮政集团公司定点扶贫、电商扶贫和金融扶贫三年规划（2018—2020）及 2018 年工作计划，对打好脱贫攻坚战进行总体安排部署，加大对建档立卡贫困户和扶贫产业、项目的支持力度。截至 2018 年 8 月，集团公司向陕西省商州、洛南两个定点扶贫区县投放扶贫资金 700 余万元，引进朝天椒种植项目 1 万亩以上，预计增收 4000 余万元，带动 2923 户 9557 人脱贫，为两个区县 2019 年提前整体脱贫打下坚实基础。每年定点招录 50 名贫困生入读行业院校，为每位学生提供 2 万元的生活费用，并免除所有学杂费，毕业后按有关程序招聘为邮政企业员工，实

现一人就业全家脱贫。积极开展电商扶贫，建成709个扶贫地方馆，上线1万多种扶贫产品，帮助贫困户销售农产品8000万元。邮储银行制定《关于助力打赢脱贫攻坚战三年行动的指导意见》及有关优惠政策，加大精准扶贫支持力度。截至2018年8月，邮储银行金融精准扶贫贷款725.43亿元，较年初增加109.79亿元，增长17.8%。中邮保险今年累计为10.75万建档立卡贫困人口提供43亿元风险保额。通过产业扶贫、电商扶贫、教育扶贫、金融扶贫等方面集中发力，为打赢脱贫攻坚战贡献邮政力量。

四是深入推进绿色邮政建设行动。深入践行新发展理念，把绿色发展和污染防治落实到邮政工作的各环节、全过程。成立绿色邮政建设行动领导小组。按照中央污染防治工作总体要求，围绕绿色包装、绿色运输、绿色金融等三个方面，研究制定《中国邮政集团公司关于开展绿色邮政建设行动的指导意见》《中国邮政集团公司关于全面开展绿色包装工程的通知》《中国邮政集团公司关于推进绿色运输项目的指导意见》《中国邮政集团公司关于推进绿色金融项目的指导意见》。编制了《绿色邮政建设行动三年规划大纲（2018—2020年）》，明确到2020年，具备行驶条件的城市新增（含更新）投递用车全部使用新能源车辆，绿色包装箱出售覆盖95%的邮政支局（所），节能环保项目贷款增加50%以上。通过开展绿色邮政建设行动，把中国邮政打造成为绿色运营践行者、绿色生活推动者、绿色生态守护者、绿色品牌塑造者。

五是积极履行央企使命和社会责任。坚决响应党中央建设雄安新区的重大决策部署，认真贯彻“世界眼光、国际标准、中国特色、高点定位”要求，专题研究邮政服务雄安新区建设各项工作。完善《中国邮政服务雄安新区发展规划》，坚持高起点、高水平、高标准布局和建设邮政基础设施，打造中国邮政雄安新区智慧物流共享网络平台。建设集分拨、仓储、冷链、跨境电商以及国际邮件互换局、交换站于一体的雄安智慧物流园，建设开放共享的新区配送平台。按照雄安新区建设有关要求，研究构建覆盖全区、网络共享、功能集成、便利均等的智能化综合服务平台。刘爱力同志带队赴雄安新区专题调研邮政服务整体情况，主动对接河北省委省政府，推进邮政服务雄安新区各项工作。邮储银行与河北雄安新区管理委员会签订战略合作协议，完成对雄安集团800亿元人民币授信。加强中国邮政集团公司河北雄安新区分公司机构和人员力量，全面对接和落实新区规划建设要求。中国邮政将运用先进的科技成果，先行先试，把雄安新区邮政建设成与新区高度融合、面向未来、展示新发展理念的示范和高质量发展的样板。

坚决响应乡村振兴战略，制定《中国邮政服务乡村振兴战略三年行动方案（2018—2020年）》，提出5个方面共15项具体重点工作，涉及乡村普遍服务、乡村电子商务、乡村振兴金融支持、乡村综合物流服务和精准脱贫攻坚等内容，充分发挥邮政网络和资源优势，助力乡村振兴。

（2）认真贯彻落实国企党建工作会议精神，规范“三重一大”决策行为。

党组对国企党建工作会议精神进行再学习、再研讨，进一步深刻领会和把握习近平总书记提出的“坚持党的领导、加强党的建设是国有企业的‘根’和‘魂’，是中国国有企业的独特优势”“坚持党对国有企业的领导是重大政治原则，必须一以贯之；建立现代企业制度是国有企业改革的方向，也必须一以贯之”等重要论述的核心要义。对国企党建工作会议30项重点任务落实情况重新梳理，查找差距，制定整改措施，持续抓好各项重点任务落实，确保国企党建工作会议精神在中国邮政不折不扣全面落实。制定党组巡视工作实施办法、巡视工作规划（2018—2022年）和对市县邮政单位党组织开展巡察工作的意见，把党委（党组）工作规则和“三重一大”决策制度执行情况作为重点监督内容，纳入内部巡视巡察范围。

集团公司修订下发《重大事件报告制度》，对需上报的重大事项作出了具体规定，为党组及时掌握、妥善处置紧急重大事项提供了保证。中邮保险党委召开5次党委会研究部署党委会决策前置程序问题整改工作，对2017年以来党委工作规则、总经理办公会议事规则、“三重一大”决策制度执行情况进行自查，制定整改措施。修订了中邮保险党委工作规则和“三重一大”决策制度暂行办法，认真落实党委会研究重大事项决策前置程序要求。

（3）着力提升邮储银行防范风险能力，加大服务“三农”、小微企业工作力度。

一是完善全面风险管理体系，提高风险防范能力。党组认真剖析邮储银行被监管处罚原因，深入研究风险防控相关问题，提出了夯实合规管理基础、建立健全制度体系、加强员工行为管理和加大考核问责力度等改进措施。针对当前金融风险特点，制订《中国邮政储蓄银行打好防范化解重大风险攻坚战三年规划》，提出了主动适应深化供给侧结构性改革要求、加强重点领域风险管控、全面提升风险防控能力3个方面18条重点任务措施。组织开展邮储银行制度评估，梳理出81个问题，研究制订整改计划。按照监管规定的时限对已发生的案件开展问责，召开重点一级分行及总行部门负责人案防及合规现场述职会议，进一步压实案防管理责任。在绩效管理上，将风险管理综合评价、监管评价、案件防控、监管机构行政处罚等指标纳入绩效考核，并将合规经营指标考核权重提高到46%，进一步落实金融风险防控责任，提升风险防范能力。

二是坚守定位，加快支持“三农”、小微业务发展。坚守党中央和国务院赋予邮储银行的战略定位，出台系列扶持政策，下发《关于对小微贷款业务进行补贴的通知》《关于优化“三农”和扶贫金融风险管理工作的通知》《关于调整普惠小微企业贷款利率管控政策的通知》，引导贷款利率下行，加大对“三农”、小微业务发展的支持力度。推进与全国农业信贷担保体系的合作，举办个人商务贷款业务能力和小企业金融管理人员能力提升培训。针对金融精准扶贫贷款、涉农贷款、小微贷款工作加强业务督导。截至8月底，邮储银行涉农贷款结余11783亿元，净增1241亿元，增长11.77%；小额、个商贷款提前完成全年计划，小企业贷款业务超过序时进度。

2. 强化规矩意识，严明政治纪律和组织纪律。

（4）加强领导人员政治纪律政治规矩教育。党组召开邮政系统领导干部警示教育电视电话会议，全系统7000余名三级副以上领导干部参加了会议，对37名党员领导干部违反中央八项规定精神等问题的处理情况进行了通报。刘爱力同志代表党组要求各级党组织和党员领导干部，要从通报的问题中警醒反思，增强纪律规矩意识，坚决纠正特权思想，坚决做到令行禁止；增强“四个意识”，勇于担当尽责，坚决把管党治党各项要求落到实处。8月24日，在全国邮政工作座谈会上，刘爱力同志针对中央巡视反馈指出的规矩意识缺失等问题，深入剖析了问题产生的原因，引导党员领导干部严格遵守党章、维护党章，自觉用党章规范自己的一言一行，坚决防止“七个有之”，切实做到“五个必须”，坚决杜绝违反政治纪律和组织纪律的行为，坚决反对做两面人。

3. 强化大局观念，忠实履行邮政的政治责任和社会责任。

（5）强化初心使命教育，切实重视和做好普遍服务。

一是从厚植党的执政基础的高度，深刻认识做好普遍服务和特殊服务的政治意义。党组深入学习领会习近平总书记以人民为中心的发展思想，把“人民邮政为人民”的服务宗旨作为“大学习、大讨论、大落实”学习活动的重要内容。9月20日，召开2014—2017年度全国邮政系统先进集体、先进个人表彰大会，切实发挥先进典型的引领示范作用，大力弘扬劳模精神、劳动精神和工匠精神，强调决不让埋头苦干的劳动者吃亏、决不让担当作为的老实人吃亏，要让奉献者得到应得的回报、要让焦裕禄式的干部永远走在邮政队伍的前列，教育引导广大干部员工深刻认识“人民邮政为人民”的初心使命，深刻领会做好普遍服务和特殊服务关系国计民生，是中国邮政的政治责任和政治担当；坚持树立正确的业绩观，坚守职能定位，聚焦主责主业，坚决履行好央企责任，努力为厚植党的执政基础发挥应有作用。

二是强化支撑保障，加大普遍服务和特殊服务的资源投入。修订《普遍服务和特殊服务补贴核定方案》，进一步提高西部省份补贴标准。每年新增普服补贴8.66亿元，整体提升15.4%，其中西部省份提升27.5%；安排建制村直接通邮补贴2.85亿元，专项投递成本6.85亿元，加快提升普遍服务水平和投递能力；全额拨补西部地区普遍服务亏损，给予新疆分公司免缴集中资金特殊政策。同时建设邮政普遍服务和特殊服务资金管理信息系统、普遍服务运行管理系统和全国机要总包跟踪监测系统；完成平信条码化系统建设；加快推进在线业务平台建设，拓展线上服务渠道，进一步方便群众用邮。

三是加强管理，提升普遍服务和特殊服务的运营质量。对河南35个网点停止普遍服务问题、河南太康乡邮投递人员力量不足问题立行立改。举一反三开展普遍服务投递人员配置情况自查和问题整改工作，进一步优化人员配置，保障投递能力；制定出台普遍服务补贴和结算与服务质量挂钩等制度，下发《关于进一步加大〈中国邮政集团公司关于提升普遍服务特殊服务水平，拓展便民公益服务三年行动计划（2018—2020）〉工作力度的通知》；在对各省分公司领导班子绩效考核中将普遍服务的考核权重由10分增加到15分，引导全系统高度重视普遍服务工作。

四是加强统筹协调，持续推动业务协同发展。积极宣传普遍服务形成的政治优势、网络优势、平台优势和文化优势，引导全系统在实践中创新发展普遍服务，推进普遍服务与速递物流业务资源复用。加强普遍服务与邮储银行的协同、与中邮保险的协同，强化组织领导，不断完善协同制度、总结协同模式、打造协同平台，实现普遍服务与竞争性业务良性互动。

五是贯彻新发展理念，积极稳妥推进寄递业务改革。为解决当前邮政速递物流业务市场占有率低、丧失行业领军地位的问题，党组作出了实施寄递业务改革的重大决策。7月初，召开全国寄递翼改革动员电视电话会议，成立了集团公司寄递事业部，9月底前全部完成省级寄递事业部的组建工作。研究下发《中国邮政集团公司关于寄递网资源整合工作的指导意见》等文件，推动产品、网络、营销等资源的整合，加强质量管控，进一步增强快递业务营销力量，强化核心产品竞争优势，实现高质量发展。通过改革，中国邮政要着力解决当前寄递业务发展与“国家队”地位不相称等突出问题，坚持新发展理念，做强做优做大，强化服务党和国家发展大局的政治责任，在国家推动流通方式转型、促进消费升级等方面发挥好基础性、先导性、战略性作用，不断满足人民群众日益增长的用邮需求，践行好央企的责任担当。

第二个方面：着力加强党的组织建设，不断修复政治生态

1. 加强基层党组织建设，严肃党内政治生活。

（6）强化党的意识，规范组织生活，夯实基层党组织建设。

一是坚持以上率下，严肃党内政治生活。8月28日，党组召开巡视整改专题民主生活会，班子成员坚持“三个摆进去”，主动认领问题，深刻剖析根源，认真开展批评和自我批评，带头落实整改责任，切实做到真认账、真反思、真整改、真负责，同时将会议召开情况通报各二级单位党委（党组）；全系统地市级以上党委（党组）单位随后召开了巡视整改专题民主生活会，党组派出督导组进行督导。对江苏泰州分公司党支部学习记录造假问题在全系统进行了通报，要求各级党组织深刻吸取教训，引以为戒，举一反三，认真开展自查自纠，坚决杜绝类似问题再次发生；层层压实主体责任，把全面从严治党要求延伸到每一个基层党组织。

二是夯实组织基础，发挥基层党组织战斗堡垒作用。责成邮储银行党委指导厦门分行党委与厦门市直机关党工委沟通协调，明确了党组织隶属关系。主动向中央有关部门请示汇报，按照有关文件要求，制定具体落实措施，进一步理顺邮政系统党组织隶属关系。制定下发《邮政系统基层党组织建设达标工程和创先争优活动实施意见》，在党委、党支部、党员三个层面全面开展达标建设的基础上进行创先争优，通过以面树点、以点带面、点面结合、示范引领，推动全系统党的建设工作质量整体提升。制定了党组织工作经费管理办法，为党建工作提供经费保障。

三是强化队伍建设，提升基层党建工作水平。对部分地市邮政企业未单设党建工作部门的问题立行立改，党组下发了《关于调整地市邮政企业党建和纪检监察机构设置的通知》，对地市邮政企业党建和纪检监察机构编制设置进行统一规范，各地市邮政企业已于4月底调整到位，96%的地市分公司单独设置了党务工作部门，其余规模较小的少数地市分公司采取合署办公方式设置，进一步增强了基层党建工作力量。注重基层党组织书记、专兼职党务干部选配和培训，要求每年培训全覆盖。

2. 规范选人用人工作，匡正选人用人风气。

（7）严格规范选人用人程序，认真执行民主集中制。党组成员带头重新学习了《党委（党组）讨论决定干部任免事项守则》和《中国邮政集团公司党组工作规则》，并在工作中严格执行；加强对各二级单位党委（党组）及其组织人事部门的指导检查，要求认真贯彻落实新时代党的组织路线，坚持民主集中制，严格按照党的干部工作政策、程序、纪律办事。修订了《中国邮政集团公司领导人员任免工作程序》，就提名、考察、任职等环节进行规范，并进一步严格提名推荐程序，明确要求各二级单位推荐干部人选时需报送详细介绍被推荐人德、能、勤、绩、廉等情况并署名或盖章的提名推荐表。

（8）加强日常监督管理，严格任前把关。对某领导人员提任审核把关不严的问题立行立改，倒查追责，责令相关组织进行深刻反思、认真对照检查，对相关责任人进行批评教育、责令书面检查、诫勉等处理。进一步加强干部日常监督管理，下发《关于进一步贯彻落实领导干部个人有关事项报告制度有关问题的通知》，重申有关政策，对存在漏报瞒报问题的，严格按照《领导干部个人有关事项报告查核结果处理办法》进行处理。对部分年度考核结果较差、干部职工反映问题集中的单位领导班子和领导干部开展调研，进一步加强对领导人员的日常了解，多方印证、全面掌握领导班子领导科学发展、团结协作情况和领导人员的素质、能力、业绩等情况。

（9）树立正确选人用人导向，匡正选人用人风气。研究修订集团公司领导人员管理规定，强化党组对选人用人的领导和把关作用，严格干部标准，坚持五湖四海、任人唯贤，树立正确选人用人导向。下发《关于严格落实干部管理制度、进一步加强干部管理工作有关事宜的通知》，要求全系统严格执行相关文件要求，严格落实纪委书记（纪检组组长）从选人用人初始酝酿阶段参与研究，并实行全程监督以及党委（党组）书记、纪委书记（纪检组组长）在人选廉洁自律意见上签字等规定。建立任职时间预警机制，严格落实领导人员任职交流制度，避免领导人员在同一地、同一岗位任职时间过长形成“圈子文化”。

第三个方面：强化管党治党政治责任，坚定不移推进全面从严治党

1. 严格执行中央八项规定及其实施细则精神。

（10）严格规范乘坐交通工具标准。开展领导人员超标准乘坐头等舱（公务舱）问题专项检查，完成相关领导人员超标准乘坐头等舱（公务舱）问题核查，已责令其退缴差额费用。邮储银行党委召开巡视整改专题民主生活会，就与股份制商业银行比待遇问题进行深刻反思，作出深刻检讨，并召开巡视整改电视电话推进会，要求全行进一步提高政治站位，严格制度执行，全体党员干部受到警醒，进一步增强了纪律规矩意识。修订了《中国邮政集团公司总部差旅费管理办法》《中国邮政储蓄银行差旅费管理办法》，严格规范乘坐交通工具标准，进一步扎紧制度的笼子。

（11）认真解决个别领导人员不收敛不知止问题。

一是严肃处理违规违纪人员，形成震慑。对巡视中发现的大肆操办亲属丧事等问题立行立改，严肃处理相关领导干部，分别给予2名省分公司相关领导人员留党察看一年、党内严重警告处分。召开邮政系统领导干部警示教育电视电话会议，用“身边案”教育“身边人”，达到查处一批、震慑一片、教育一方的效果。

二是坚决落实中央八项规定精神，加强办公楼审批管理。下发了《关于进一步严格控制邮政企业综合楼建设的通知》，要求各级邮政企业严格控制综合楼建设，严格审批管理，建立长效机制，坚决贯彻落实中央八项规定精神，积极倡导艰苦奋斗、勤俭节约的优良传统，坚决杜绝

违规建设楼堂馆所行为。

2. 坚决纠正领导人员特权思想。

（12）完善薪酬分配制度。按照“控高、提低”的思路，对领导人员过高收入进行控制，坚持向一线员工倾斜的原则，调整基本工资和津贴补贴，并加强基层绩效薪酬分配管理，采取有力措施缩小领导人员与一线员工的收入分配差距，更好地体现对一线员工的关心关爱，不断增强广大员工的获得感、幸福感和安全感。

（13）规范补贴标准和审批流程。

一是全面查处“两费”问题，坚决纠正特权现象。已对巡视期间查实的违规违纪报销探亲交通费、周转房租赁费“两费”人员，给予党纪处分7人，诫勉谈话8人，通报批评15人，并在全系统通报。同时，党组纪检组成立7个检查组，对集团公司总部机关和直属单位、控股子公司总部、25个省邮政企业中集团公司党组管理的136名交流干部报销“两费”情况开展监督检查，已完成现场检查，下一步将对违规违纪问题严肃处理。将把此类问题作为今后内部巡视巡察重点监督内容，切实强化领导干部宗旨意识，纠正特权现象。

二是做好顶层设计，扎紧制度笼子，强化内部管理。在遵照上级有关制度的基础上，党组认真调研，并结合邮政实际，研究起草《中国邮政集团公司领导人员异地任职有关事项管理规定》，进一步明确异地任职领导人员范围，拟调低周转房租赁费和探亲交通费报销标准，规范审批和报销流程，强化审批管理，坚决防止干部履职待遇方面出现特权现象。

3. 切实维护监督执纪问责的独立性和权威性。

（14）严肃查处有的领导人员干扰阻碍纪检组核查问题线索等问题。

一是坚持惩防并举，防止领导人员干扰执纪审查工作。运用监督执纪“四种形态”，给予干扰阻碍纪检组核查问题线索的某市分公司原党委书记、总经理党内严重警告处分、免职处理。制定《关于对过问干预纪检监察工作行为实行登记报告制度的暂行规定》，要求各级领导人员不得违反规定过问和干预纪检监察工作，纪检监察人员对领导干部违规打听案情、过问案件、说情干预等行为予以拒绝的同时要进行报告，并填报《过问干预情况报告表》，切实维护执纪审查的独立性和权威性。

二是严肃处理违规违纪纪检监察干部，加强日常教育监督管理。从严处理纪检监察干部违规违纪问题，给予某省分公司原党组成员、纪检组组长党内严重警告、行政降职处分，调离纪检工作岗位。印发《邮政系统纪检监察干部守纪律讲规矩十条禁令》，强化对监督执纪问责履职的约束，对违反禁令的从严处理，对不宜在纪检监察岗位工作的坚决调离，着力打造“忠诚、干净、担当”的邮政纪检监察干部队伍。

第四个方面：切实担当主体责任，认真解决上次巡视整改不到位的问题

一是党组坚决按照十九届中央巡视整改要求，认真落实上次中央巡视整改方案中关于分组（局）建设的整改任务。10月份组建应设未设的3个分组（局），并与已设立的3个分组（局）一并在京集中办公，同时在原有职责基础上进一步强化职能，加强集团公司巡视巡察和纪检监察工作，深入推进全面从严治党。

二是责成邮储银行党委认真自查评估上轮中央巡视整改情况，结合本轮中央巡视反馈问题，一并纳入本轮巡视整改工作，专题研究、统筹推进。邮储银行制定《关于对中央巡视整改情况开展监督检查的工作方案》，按月进行专项监督检查，确保整改任务落到实处。

三是遵照国家法律法规，结合企业实际，制定了《中国邮政集团公司公开招标实施办法》；将采购管理纳入集团公司绩效考核，加大考核力度；印发《关于加大集团和省两级集中采购工作力度的通知》，加大集团公司和省两级集中、公开采购力度，原则上取消地市及以下集中采购；召开全系统电视电话会议，推进集中、公开采购工作；对全系统集中采购公开招标情况进行排查，督促相关单位对存在的问题进行整改；全面解决个别省分公司和一级分行无公开招标的问题；对江苏、广东省分公司和深圳分行进行了现场督导，有效提升采购工作的公开、透明和规范性。

第五个方面：着力抓好中央巡视组移交反映领导干部问题线索的处置工作

对中央第二巡视组移交集团公司党组纪检组信访件，均已按照规定进行了处置。对于已完成核查的，给予党纪政务处分16人（其中二级领导人员4人），诫勉谈话26人（其中二级领导人员5人），调整岗位3人，通报批评37人。

四、驰而不息做好巡视“后半篇文章”，不断巩固深化巡视整改成果

经过两个月的集中整改，巡视整改台账中的62项整改措施，完成和阶段性完成整改措施58项，部分完成2项，待完成2项，目前正在扎实推进，巡视整改工作取得阶段性成效。

同时，党组深刻认识到，目前取得的阶段性成效离中央要求仍有较大差距。巡视整改是长期任务、系统工程，决不能只就具体问题谈具体问题，决不能有“过关”心态和“交卷”思想，必须始终把巡视整改作为重大政治任务，持续推进整改，加强对巡视成果的综合运用，将巡视整改与深化标本兼治有机结合起来，将巡视整改与邮政事业发展有机结合起来，既拿出“当下改”的举措，又形成“长久立”的机制；既促进具体问题根本解决，又推动体制机制改革，不断巩固深化巡视整改成果。

一是深入学习贯彻习近平总书记关于巡视工作的重要论述。党组将认真贯彻习近平总书记关于巡视工作的重要讲话精神，按照中央巡视反馈的具体要求，以巡视整改为契机，深入推进习近平新时代中国特色社会主义思想和党的十九大精神的学习贯彻，持续在学懂弄通做实上下功夫，着力强化管党治党政治责任，切实加强党的领导和党的建设，认真贯彻全面从严治党各项要求，不断深化作风建设，加大力度纠治“四风”，严肃查处违规违纪行为，着力修复和净化邮政系统的政治生态。以党的政治建设为统领，加强党的各项建设，推动全面从严治党向纵深发展，牢固树立“四个意识”，坚定“四个自信”，坚决维护习近平总书记党中央的核心、全党的核心地位，坚决维护党中央权威和集中统一领导，切实做到党中央提倡的坚决响应、党中央决定的坚决执行、党中央禁止的坚决不做。

二是建立常态化、长效化整改工作机制。紧紧抓住问题易发多发的重点领域和关键环节，对分步推进和需要长期坚持的整改事项，按照整改台账和时间节点，每月坚持跟踪督办，并于2018年底形成阶段性整改报告，报送中央巡视工作领导小组办公室；同时，党组将持续跟踪巡视整改推进情况，对整改工作成效进行再评估，对工作举措进行再完善，对新形势下出现的新问题、新情况进行再研究、再部署、再落实，有关情况及时向中央巡视工作领导小组办公室报告。

三是推动形成巡视整改闭环管理。坚决压实整改主体责任，始终把巡视整改作为践行“四个意识”的试金石和检验“两个责任”的重要标尺，不折不扣加强对整改工作的组织领导，持续加强对巡视整改工作的监督检查，适时组织“回头看”，巩固提升整改效果，做到锲而不舍、扎实有力、持续推动、精准发力。纪检监察机构和组织部门承担整改日常监督责任，对整改不力、敷衍整改、虚假整改的，严肃追责问责，对典型案例公开曝光，持续推动形成巡视整改任务部署、工作推动、督导检查、效果评估、问题反馈、深化整改的闭环式管理。

四是持续深化巡视整改成果综合运用。坚持抓整改落实与抓改革发展两不误、两促进，强化成果运用，深化标本兼治，把党中央各项决策部署和履行央企使命责任落实到邮政改革发展的行动中。通过巡视整改，把营造良好政治生态作为一项长期任务，坚决纠正特权思想和特权现象，树立正确选人用人导向，持之以恒、坚定不移推动全面从严治党向纵深发展；通过巡视整改，牢牢坚持国家对邮政企业的战略定位，认真践行邮政初心使命，切实提高普遍服务、特殊服务质量，满足新时代人民群众用邮需求，扛起邮政作为“共和国长子”应有的责任担当，着力重塑中国邮政寄递业务在快递市场的“国家队”形象，发挥中流砥柱作用；通过巡视整改，深入贯彻落实新发展理念，聚焦供给侧结构性改革，建立协同发展的现代邮政经济体系，推动中国邮政质量变革、效率变革、动力变革，实现高质量发展。

中国邮政集团公司党组将以习近平新时代中国特色社会主义思想和党的十九大精神为指导，认真贯彻落实习近平总书记关于巡视工作重要讲话精神，牢固树立“四个意识”，坚决维护习近平总书记党中央的核心、全党的核心地位，坚决维护党中央权威和集中统一领导，综合运用巡视成果，旗帜鲜明加强党的全面领导，引领中国邮政做强做优做大，彰显新作为、新担当，焕发新面貌、新气象，努力把中国邮政打造成关键时刻听指挥、拉得出，危急关头冲得上、打得赢的基本队伍，真正成为党执政兴国的“六个力量”。（中国邮政官网）

【中国邮政集团公司党组召开电视电话会部署中央巡视整改方案】 8月13日，集团公司党组召开电视电话会议，认真贯彻习近平总书记关于巡视工作的重要讲话精神，贯彻中央巡视反馈会议精神，部署中央巡视整改方案，扎实推进中央巡视整改落实工作。集团公司党组书记、董事长刘爱力从总体要求、任务举措、组织实施三个方面，对集团公司党组制定的中央巡视整改工作方案进行了部署。集团公司党组成员、副总经理李丕征主持会议，党组班子其他成员出席会议。

刘爱力指出，集团公司党组关于中央巡视整改工作的指导思想是，以习近平新时代中国特色社会主义思想和党的十九大精神为指导，坚决维护习近平总书记党中央的核心、全党的核心地位，坚决维护党中央权威和集中统一领导，认真贯彻习近平总书记关于巡视工作重要讲话精神，贯彻中央巡视反馈会议精神，提高政治站位，以整改不落实就是对党不忠诚的政治担当，不折不扣完成好巡视整改任务。坚持全面整改和重点整改相结合，对本次巡视反馈问题、专题报告反映的问题和上次巡视整改不到位的问题一体整改、一并解决，举一反三，标本兼治。以巡视整改为契机，坚定不移推动全面从严治党向纵深发展，忠实履行国有企业的政治责任、社会责任、经济责任，努力把中国邮政打造成关键时刻听指挥、拉得出，危急关头冲得上、打得赢的基本队伍，让党中央放心、人民群众满意。基本原则是坚持党组负总责，统筹推进整改；坚持领导带头，压实整改责任；坚持问题导向，深化标本兼治；坚持督导检查，强化整改成效。总体目标是通过巡视整改，持续推动中国邮政党的领导、党的建设、全面从严治党明显加强，确保党中央决策部署在中国邮政坚决贯彻落实；把以人民为中心的发展思想落实好，把人民邮政为人民的宗旨践行好，持续推动中国邮政政治责任、社会责任得到根本落实；牢固树立正确的业绩观，提升企业治理能力和治理水平，持续推动中国邮政做强做优做大。

对全系统扎实推进中央巡视整改落实工作，会议强调，一要切实提高政治站位。全系统各级党组织和党员领导干部一定要提高思想认识，提高政治站位，把落实好中央巡视整改工作作为一项极其严肃的政治任务，切实增强抓好巡视整改工作的思想自觉和行动自觉，认真贯彻落实中央要求和集团公司党组部署，集中精力投入整改工作。二要狠抓整改方案落实。集团公司党组和班子成员要对整改责任坚决落实到位。集团公司整改牵头部门要切实担负起牵头抓总的责任，对整改事项主动担当、主动协调，认真落实整改措施；参与部门要不推不拖、主动参与，合力推动整改，确保整改工作有序推进。各控股子公司、寄递事业部、各省（区、市）分公司、直属各单位要按照集团公司巡视整改工作方案，对照梳理本单位存在的问题，制定相应整改方案，明确整改任务、整改措施、进度安排、责任领导和责任部门，认真组织实施，确保上下联动、步调一致，协同推进整改。三要强化整改日常监督。巡视整改工作要形成任务部署、工作推动、督导检查、效果评估、问题反馈、深化整改的闭环式管理。同时明确纪检监察机构、组织部门要承担起整改日常监督责任。全系统各单位一定要在强化整改落实上见真章、动真格、求实效，让干部职工和人民群众真真切切感受到巡视整改带来的新变化、新气象，向党中央交上合格答卷。（中国邮政官网）

【邮政系统领导干部警示教育电视电话会议召开】 8月10日，作为落实中央巡视反馈意见整改的一项重要工作，集团公司党组召开邮政系统领导干部警示教育电视电话会议，深入学习贯彻党中央关于全面从严治党的要求，以“身边事”“身边案”教育“身边人”，进一步表明持之以恒正风肃纪的坚定决心和鲜明态度，推动全系统各级党员干部真正在思想上政治上行动上同以习近平同志为核心的党中央保持高度一致，确保邮政系统风清气正和企业健康可持续发展，把中国邮政建设成为党执政兴国的重要政治基础和物质基础。

集团公司党组全体成员参加大会。党组书记、董事长刘爱力在大会上讲话，党组成员、副总经理李丕征主持会议，党组成员、纪检组组长盛道文对近期查处的系统内领导干部典型违规违纪问题和人员处理情况进行了通报。

刘爱力指出，要深刻吸取教训，强化初心使命，在思想上政治上行动上同以习近平同志为核心的党中央保持高度一致。通报反映出邮政系统存在党性观念淡化，特权思想和特权现象严重；纪律规矩意识不强，对全面从严治党形势认识不清；担当精神不足，管党治党政治责任落实不到位；制度规定不完善，执行不严格等突出问题，邮政系统推进全面从严治党与党中央要求差距明显，全面从严治党依然任重道远。必须深刻吸取教训，对标党中央全面从严治党要求，从思想上剖析原因，从政治上查找偏差，从行动上改进不足，以有令即行、有禁即止的实际行动兑现“与党中央保持高度一致”的政治承诺。

刘爱力强调，增强“四个意识”，勇于担当尽责，坚决把管党治党各项要求落到实处。要通过学习党章、对标学习系统内的模范先进等方式来加强党性教育，坚决清除特权思想；要着力提高政治站位，坚决贯彻落实党要管党、从严治党的要求，在工作和生活中用实际行动践行忠诚、干净、担当；要着力强化使命担当，切实履行好“两个责任”。各级党组（党委）要切实担负起全面从严治党主体责任，加强对党员干部的教育管理，让党员干部习惯在受监督、受约束的环境中工作生活。各级纪检组（纪委）要担起监督责任，严格监督执纪问责；要着力健全完善制度，实事求是，加强对制度执行情况的检查，确保把权力关进制度的“笼子”里；要着力保持高压态势，把严惩作为兜底的措施，严肃查处违规违纪问题。各级纪检机构和党的工作部门要用好问责这个利器，把该打的“板子”坚决打下去，真正以常态化的问责，唤醒责任意识、激发担当精神、倒逼责任落实。

会议要求，各单位要把警示教育大会精神迅速传达到位，认真落实好警示教育大会提出的各项要求。以警示教育大会为契机，真正把自己摆进去，把思想摆进去，把工作摆进去，深入查摆本单位、本部门和自身存在的问题和不足，坚决纠正“过关”思想和“看客”心理，切实将各项要求落到实处，推动邮政企业全面从严治党向纵深发展。（中国邮政官网）

【中国邮政集团公司党的建设暨组织工作会议在北京召开】 12月24—25日，2019年中国邮政集团公司党的建设暨组织工作会议在北京召开。会议的主要任务是，以习近平新时代中国特色社会主义思想为指导，全面贯彻落实全国组织工作会议和中央企业党的建设工作座谈会会议精神，总结2018年党的建设和组织工作，部署2019年重点工作任务，持续深化巡视整改工作，充分激发全系统党员干部奋斗精神，以强烈的责任担当、扎实的工作作风，团结带领广大职工，为推动企业高质量发展，做优做强做大中国邮政，把中国邮政打造成为行业的“国家队”提供坚强的政治、思想和组织保证。集团公司党组书记、董事长刘爱力代表集团公司党组作题为《以习近平新时代中国特色社会主义思想为指导　提高党的建设质量　打造高素质干部队伍为中国邮政高质量发展提供坚强保证》的工作报告。会议由集团公司党组副书记、总经理张金良主持，副书记李丕征作会议总结，集团公司党组成员出席会议。中央和国家机关工委、交通运输部、国家邮政局有关领导同志出席会议。

会议从七个方面总结了2018年邮政系统党的建设和组织工作所取得的成绩：认真学习贯彻习近平新时代中国特色社会主义思想和党的十九大精神；突出把党的政治

建设摆在首位；巡视整改工作取得阶段性成效；不断强化基层党组织建设；着力加强干部人才队伍建设；深入推进作风建设、纪律建设和反腐败工作；持续开展精神文明建设、企业文化建设、群团和统战等工作。

会议指出，在习近平新时代中国特色社会主义思想的指引下，在中央巡视的推动下，在集团公司党组的带领下，通过扎实有效的工作，各级党组织和广大党员干部的思想觉悟和政治站位得到显著提高，党的领导和党的建设得到切实加强，党中央重大决策部署得到坚决贯彻，党的建设与中心工作有机融合的意识得到明显增强，贯彻新发展理念、推动高质量发展的思想高度统一，各项举措有效推进，广大党员干部职工干事创业的积极性、主动性、创造性充分激发，精神面貌焕然一新，企业改革发展取得了可喜成绩。

会议强调，要旗帜鲜明讲政治，持续推动习近平新时代中国特色社会主义思想和党的十九大精神深入人心、落地生根。

中国邮政集团公司董事长刘爱力指出，深入学习习近平新时代中国特色社会主义思想，着力在武装头脑、指导实践和推动高质量发展上下功夫，为中国邮政改革发展提供强大的思想武器和科学的行动指南。全系统各级党组织要把学习贯彻习近平新时代中国特色社会主义思想作为首要的政治任务。必须牢牢把握新时代中国邮政的战略定位和价值追求，邮政发展不仅要看大不大，更要看优不优、强不强，最关键的是看有没有核心竞争力，能不能成为中国特色社会主义的重要物质基础和政治基础，能不能成为关键时刻听指挥、拉得出，危急时刻冲得上、打得赢的基本队伍。必须始终坚持以人民为中心的发展思想，牢记初心使命。把“人民邮政为人民”的服务宗旨真正融入企业发展战略中，落实到生产经营实践中，体现在全体职工的行动中。要以群众信任不信任中国邮政、选择不选择中国邮政、依靠不依靠中国邮政作为检验标准。必须坚持新发展理念，打造邮政核心竞争力。一定要把创新作为引领邮政发展的第一动力，抓好科技赋能。要把协同作为中国邮政最核心的优势，做到融合融合再融合，通过板块协同、业务协同、部门协同，发挥整体竞争优势，打造“一个中国邮政”。要以开放的理念激发邮政发展新动力，学习借鉴新经验新方法。要强化共享理念，整合利用邮政内外部资源，实现合作共赢。要落实好“绿色邮政行动”，大力推动绿色包装应用和绿色运输，提高企业经济效益、社会效益。必须坚持质量第一、效益优先，推动高质量发展。要以客户的视角、竞争的视角、行业最佳实践的视角和自我持续提升的要求立标。做到全业务、全流程、端到端、各环节、全要素的对标。坚持问题导向，做到补短板、强弱项、固优势，实现达标。中国邮政正处在大有可为的战略机遇期，一定要大力推动高质量发展，把中国邮政打造成为自觉服从国家需要、体现国家最高水平、代表国家参与国际竞争的“国家队”。

刘爱力强调，全面贯彻新时代党的建设总要求，着力在强化政治建设统领作用和提升党的建设质量上下功夫，为中国邮政改革发展提供坚强政治保证。中国邮政作为中央企业，是党领导的国家治理体系的重要组成部分，要不折不扣坚持党的全面领导，不断加强党的建设，真正成为党执政兴国的重要支柱和依靠力量，这也是战胜一切困难和风险的重要法宝。必须强化政治意识，把党的建设体现在坚定维护核心上。把“两个维护”落实到本职岗位，体现在一言一行中；坚持用习近平新时代中国特色社会主义思想武装头脑，以指导各项工作。必须围绕中心工作，把党的建设体现在增强发展动能上。没有脱离政治的业务，也没有脱离业务的政治。必须坚持党的建设服务生产经营不偏离，把提高企业效益、增强企业竞争实力、实现国有资产保值增值作为党建工作的出发点和落脚点。推动党的建设和改革发展同频共振、同向聚合。必须履行政治责任，把党的建设体现在担当作为上。必须夯实基层基础，把党的建设体现在建设坚强战斗堡垒上。

刘爱力指出，认真践行新时代党的组织路线，着力在建设高素质专业化干部和人才队伍上下功夫，为中国邮政改革发展提供坚强组织保证。习近平总书记强调，正确的政治路线要靠正确的组织路线来保证。进入新时代，能否不断培养出优秀的领导人才，决定着邮政事业的兴衰。要实现基业长青，就必须全面贯彻新时代党的组织路线，坚持党管干部原则。必须严把德才标准，把对党忠诚作为衡量干部的第一标准。领导人员既要政治过硬，又要本领高强。必须加快知识更新，加强实践锻炼，不断增强治企兴企过硬本领。必须坚持公正用人，公在公心、公在事业、公在风气。必须拓宽用人视野，要从党和邮政事业发展需要出发，以更高的站位、更宽的视野发现人才、使用人才、配置人才、培养人才。必须激励干部积极性，要在选人用人上体现讲担当、重担当的鲜明导向。

会议部署 2019 年党的建设和组织工作八个方面重点任务：

一是坚持和加强党的全面领导，坚决做到“两个维护”。坚持以党的政治建设为统领。坚决落实管党治党政治责任。认真贯彻民主集中制。扎实做好巡视“后半篇文章”。

二是坚持不懈深化思想理论武装，切实增强学习贯彻习近平新时代中国特色社会主义思想的实效性。把学习贯彻习近平新时代中国特色社会主义思想引向深入。着力加强意识形态和新闻宣传工作。全面加强企业思想政治工作。

三是树立正确用人导向，着力选准用好领导干部。按照国有企业领导人员“20 字”要求，把好的干部选出来。

创新选人用人方式，拓宽选人用人视野。建立干部考核评价体系，充分发挥指挥棒作用。建立一支数量充足、质量优良的年轻干部队伍。

四是落实全面从严治党要求，强化干部监督管理。构建“大监督”格局，提升干部监督管理的系统性和实效性。深化选人用人监督，着力形成事前、事中和事后监督闭环。着力抓好日常管理监督，使领导人员习惯在受监督和约束的环境中工作生活。

五是加强干部教育培训，提升领导科学发展能力。坚持把习近平新时代中国特色社会主义思想教育培训作为首要任务。加快知识更新与专业化能力重塑。加强培训能力建设。

六是创新人才工作机制，培育高质量人才队伍。加大人才队伍建设的统筹规划力度。建立健全人才评价激励机制。

七是突出政治功能和组织力，推动基层党组织全面进步、全面过硬。健全完善党的组织体系。健全完善党建工作机制。充分发挥基层党组织战斗堡垒作用和党员先锋模范作用。

八是强化管党治党政治担当，把全面从严治党引向深入。从严抓好党的作风建设。着力加强纪律建设。深入推进反腐败斗争。

会上，刘爱力代表集团公司党组与所属单位代表新疆维吾尔自治区邮政分公司、中邮人寿保险股份有限公司党政主要负责同志签订《中国邮政集团公司党组落实全面从严治党要求2019年度主体责任书》。

会议要求抓好对会议精神传达学习和贯彻落实。各级党组织要第一时间传达会议精神，重点学习研讨刘爱力代表党组作的工作报告，把握精神实质和内涵要求。要紧紧围绕会议精神，做好重点工作安排部署。各级党组织要按照会议部署，从本单位职能定位和工作实际出发，针对重点工作任务制定方案，分解目标，明确责任分工。针对报告中指出的问题要对照自查，加强分析研究，出台配套举措，完善相关机制，着力推动解决。各级党组织书记要抓好会议精神贯彻落实，部署重要工作、研究重大问题、督查落实情况，带头把会议精神落到实处。

“中国邮政”微信公众号将推出报告图解，《中国邮政报》将刊登学习贯彻会议精神的系列评论文章，各单位要广泛组织学习宣传，充分依托本单位各类宣传载体，坚持网上网下一起抓，策划推出形式多样、内容丰富的专题宣传活动，营造学习贯彻会议精神的浓厚氛围。（中国邮政官网）

【邮政系统开展“大学习、大讨论、大落实”活动】 为进一步深入学习贯彻习近平新时代中国特色社会主义思想和党的十九大精神，认真贯彻落实习近平总书记关于巡视工作重要讲话精神和中央巡视反馈会议精神，集团公司党组日前下发通知，在邮政系统开展“大学习、大讨论、大落实”活动，着力解决中央巡视反馈意见指出的突出问题，切实把思想统一到中央的决策部署上来，把行动统一到解决实际问题上来，真正做到以习近平新时代中国特色社会主义思想武装头脑、指导实践、推动工作。

此次活动的总体要求是，深化理论武装，提高政治站位，坚持问题导向，推动巡视整改。要通过读原著、学原文、悟原理，联系邮政实际、聚焦突出问题，边学习边讨论边推动整改落实，使中国邮政各级党员领导干部在思想上、政治上、行动上始终与党中央保持高度一致，认真贯彻落实好党中央各项决策部署，切实加强邮政企业党的全面领导，提高邮政企业党的建设质量，推动中国邮政持续健康发展，使中国邮政真正成为党执政兴国的“六个力量”。

此次活动的主要内容是，深入学习领会习近平新时代中国特色社会主义思想的精神实质和深刻内涵，真正做到武装头脑、指导实践、推动工作；深入学习贯彻新时代党的建设总要求和全国国企党建工作会议精神，为做强做优做大中国邮政提供根本保证；深入学习党的政治纪律和政治规矩，坚决做到与党中央政治上高度统一、行动上步调一致；深入学习习近平总书记关于党的作风建设的重要论述，切实增强邮政系统广大党员的先进性纯洁性；深入学习新发展理念，推动实现中国邮政高质量发展；深入学习贯彻“以人民为中心”的发展思想，践行“人民邮政为人民”的宗旨，认真履行中国邮政的政治责任和社会责任；深入学习贯彻新时代党的组织路线，匡正选人用人风气，打造高素质干部队伍；深入学习贯彻习近平总书记关于巡视工作重要讲话精神和中央巡视反馈会议精神，以整改聚能力、推改革、促规范。

集团公司党组强调，开展“大学习、大讨论、大落实”活动，是深入学习贯彻习近平新时代中国特色社会主义思想和党的十九大精神，抓好邮政系统思想政治建设，提高政治站位，强化纪律规矩意识，展现中国邮政发展新

各单位开展主题党日活动。

气象的重要举措；是充分激励中国邮政各级领导干部牢记初心使命，践行“人民邮政为人民”宗旨，在新时代担当新使命、实现新作为的重要途径；是贯彻新发展理念，明确新目标新任务，履行好邮政的政治责任、社会责任和经济责任，奋力推动邮政事业高质量发展并取得新成效的重要方法。开展“大学习、大讨论、大落实”活动对于统一思想认识、明确前进方向、凝聚奋进力量、转变工作作风，切实抓好巡视整改落实，推动中国邮政改革发展再上新台阶具有重要意义。

集团公司党组对切实抓好“大学习、大讨论、大落实”活动组织实施进行安排部署，要求各单位党组织高度重视，按照集团公司党组的统一安排，抓好组织实施；以党委（党组）理论学习中心组学习、党支部集体学习为主要形式，围绕学习内容开展专题学习研讨；以从严从实的作风开展“大学习、大讨论、大落实”活动，坚决防止搞形式、走过场。集团公司党组还将把活动开展情况纳入巡视整改监督检查内容，对组织不力、效果不好的，要严肃批评、严肃问责。（中国邮政官网）

【中国邮政集团公司开展2017年度党建工作述职评议考核】 1月24日，集团公司在京召开2017年度党建工作述职评议考核现场会，听取河北、山西、辽宁、浙江、安徽、江西、河南、湖南、广西、重庆10个省（区、市）邮政分公司党委（党组）主要负责人履行党建责任情况述职。会上，10个省（区、市）分公司党组织书记分3组围绕落实党建工作责任制的基本情况、存在的问题及原因、今后工作的思路和具体措施进行了述职。评审团根据述职和现场提问情况进行评价打分。其他二级单位采取书面述职评议考核方式进行。集团公司自2015年开展党建述职评议考核工作，并选取部分单位现场述职，到2018年基本实现全系统各二级单位现场述职的全覆盖。（党建工作部/提供）

【中国邮政集团公司党组召开2017年度民主生活会】 1月29日，中国邮政集团公司党组召开2017年度民主生活会，以认真学习领会习近平新时代中国特色社会主义思想，坚定维护以习近平同志为核心的党中央权威和集中统一领导，全面贯彻落实党的十九大各项决策部署为主题，重点对照党章，对照《中共中央政治局关于加强和维护党中央集中统一领导的若干规定》《中共中央政治局贯彻落实中央八项规定实施细则》精神，对照初心和使命，认真查摆突出问题，深刻进行党性分析，严肃开展批评和自我批评，积极研究整改落实措施。中央第37督导组、中央纪委有关负责同志到会指导。

集团公司党组对开好民主生活会高度重视，做了认真充分的准备。会前召开两次党组会议，进行专门部署；近期组织4次理论学习中心组学习，其中，开展了2次专题研讨，重点学习研讨了习近平新时代中国特色社会主义思想和党的十九大精神等内容，为开好民主生活会打牢了思想基础。采取多种方式广泛征求了各方面的意见、建议，梳理出对党组班子的意见、建议41条，对班子成员的意见、建议21条。按照“四必谈”的范围，集中开展了谈心谈话。每位党组成员自己动手撰写发言提纲。

会上，通报集团公司党组2016年度民主生活会整改措施落实情况和2017年度民主生活会征求意见情况。党组书记代表党组班子作对照检查，聚焦“六个方面”查找出问题15个，对照“五个过硬”深入剖析原因，提出15项整改措施，并带头作个人对照检查。其余6位党组成员依次从自身出发，结合分管工作和思想实际，认真查摆突出问题、分析原因、提出改进措施。党组成员之间开展了推心置腹、开诚布公的相互批评。对照检查发言结束后，中央督导组作了点评。为了带动和指导各级班子认真开好民主生活会，集团公司党组利用工作会议期间对二级单位开好民主生活会作了专题培训，并向京外二级单位、控股子公司、在京直属单位、总部机关派出31个督导组，对各二级单位党委（党组）班子民主生活会进行全覆盖督促检查和指导。（中国邮政官网）

【中国邮政集团公司党组领导班子召开巡视整改专题民主生活会】 按照中央巡视反馈要求和集团公司党组整改落实工作部署，8月28日，集团公司党组领导班子召开巡视整改专题民主生活会。会上，集团公司党组书记、董事长刘爱力代表集团公司党组作对照检查，逐项对照中央巡视反馈的4个方面突出问题、10个具体问题，深刻剖析问题产生的根源，认识到问题是表象，根子在思想，认识上有差距，行动上就会打折扣，结果上就一定有偏差，并提出整改要求和具体措施。党组成员张金良、李丕征、康宁、张荣林、李雄、吕家进、盛道文逐一进行对照检查，把自己摆进去、把职责摆进去、把工作摆进去，主动认领责任，查摆自身存在的问题及根源，提出整改措施，认真开展了批评与自我批评，做到了自我批评不遮掩、敢揭短，相互批评不回避、开诚布公。会议强调，要认真履行巡视整改主体责任，做好巡视“后半篇文章”。要深刻认识到，巡视整改是“四个意识”的试金石，也是检验“两个责任”的重要标尺。领导干部必须以对党绝对忠诚的态度，坚决抓好中央巡视反馈问题的整改落实。要按照党组巡视整改方案，扎扎实实地改，彻彻底底地改，将巡视整改和深化标本兼治有机结合起来，既拿出“当下改”的举措，又要形成“长久立”的机制。切实加强对整改工作的组织领导，统筹抓好上次巡视整改不到位问题和本次巡视指出问题的整改，逐条“对账”，做到真改实改。把中央巡视整改情况纳入内部巡视巡察内容，对整改不力、敷衍

整改的严肃问责。（党建工作部 / 提供）

【中国邮政集团公司党组启动 2018 年巡视工作】 11 月 5 日，集团公司党组在北京召开 2018 年巡视工作动员部署会，启动党的十九大后首批巡视工作，对天津市、上海市、福建省的 12 个邮政单位开展巡视。集团公司党组书记、党组巡视工作领导小组组长刘爱力出席会议并讲话，集团公司党组副书记李丕征宣布巡视组组长授权任职及任务分工，集团公司党组纪检组组长、党组巡视工作领导小组副组长盛道文主持会议。

会议指出，按照集团公司党组巡视工作规划（2018—2022 年）总体部署，集团公司党组将利用未来近五年时间实现巡视全覆盖，用实际行动深入贯彻习近平新时代中国特色社会主义思想和党的十九大精神，落实中央关于巡视工作的部署要求，推动全系统全面从严治党向纵深发展，切实传导和压实管党治党责任。巡视组全体同志要深入学习贯彻习近平新时代中国特色社会主义思想和党的十九大精神，牢牢把握“两个维护”根本政治任务，不忘初心、牢记使命，以强烈的使命感、荣誉感、责任感，坚定不移深化政治巡视，坚持发现问题、形成震慑不动摇，同心同德、扎实工作，圆满完成巡视工作任务，向集团公司党组和广大职工群众交上满意答卷。

刘爱力指出，要提高政治站位，充分认识深化政治巡视的重要意义。习近平总书记对巡视工作作出了一系列重要论述，强调巡视是党章规定的重要制度，要在政治高度上突出党的全面领导，在政治要求上抓住党的建设，在政治定位上聚焦全面从严治党，以党的政治建设为统领，把维护党中央权威和集中统一领导作为根本政治任务，以“四个意识”为政治标杆，查找政治偏差，督促各级党组织强化管党治党政治责任，发挥政治“显微镜”和政治“探照灯”作用。中央纪委赵乐际书记指出，“两个维护”是新时代巡视工作的“纲”和“魂”，巡视工作要把工作聚焦点、着力点统一到“两个维护”上来，即维护习近平总书记核心地位、维护党中央权威和集中统一领导。巡视组全体同志要深刻理解和把握巡视工作的政治定位和政治要求，认真学习领会习近平总书记关于巡视工作的重要论述和党的十九大精神，为深入开展巡视工作奠定坚实的思想基础，一要充分认识巡视是党内监督的战略性制度安排；二要充分认识巡视是反腐败斗争形势的必然要求；三要充分认识巡视是全面从严治党的重大举措。

刘爱力强调，要牢牢把握重点，提高巡视监督的针对性。习近平总书记在听取十九届中央第一轮巡视综合情况汇报时，明确提出了“五个持续”的要求，即持续深入学习贯彻新时代中国特色社会主义思想和党的十九大精神，持续强化管党治党政治责任，持续保持惩治腐败的高压态势，持续纠治“四风”问题，持续净化党内政治生态。“五个持续”是党中央关于巡视工作的最新部署，是深化政治巡视的具体要求、应有内容，是对“六个围绕、一个加强”要求的进一步深化，为更好地发挥巡视的政治监督、组织监督、纪律监督作用明确了方向、提供了遵循。巡视组全体同志一定要认真学习、全面把握“五个持续”的精神实质和科学内涵，深刻理解其蕴含的政治方向和政治要求，充分结合企业实际，将中央巡视整改落实情况作为本次巡视的重点内容，坚定不移深化政治巡视，切实履行好党章赋予的政治责任。一要突出对贯彻落实习近平新时代中国特色社会主义思想和党的十九大精神的监督；二要突出对强化管党治党政治责任的监督；三要突出对保持惩治腐败的高压态势的监督；四要突出对坚决纠治“四风”问题的监督；五要突出对净化党内政治生态的监督。

刘爱力要求，要找准工作定位，深入落实巡视工作要求。习近平总书记从党风廉政建设和反腐败斗争形势任务出发，提出“发现问题、形成震慑，推动改革、促进发展”的巡视工作方针，逻辑严密、层次清晰、非常科学，必须一以贯之、长期坚持。一是巡视要以发现问题、推动解决问题为目的，推动解决职工群众反映强烈、侵蚀党的执政基础的突出问题；二是巡视要以不断提高监督质量作支撑，透过现象看本质，由表及里，深入挖掘问题背后隐藏的深层次矛盾和病症；三是巡视要以传导压力和落实责任为保障，把责任压给被巡视党组织和领导干部，督促其落实好管党治党的主体责任，积极配合巡视组开展巡视工作，抓好巡视整改落实。

刘爱力强调，要强化责任担当，从严从实加强巡视队伍建设。巡视组全体同志要按照“信念过硬、政治过硬、责任过硬、能力过硬、作风过硬”的要求，以钉钉子的精神，切实履行好巡视监督职责；要见贤思齐，努力向中央巡视组对标，扎扎实实做好巡视工作。一要加强政治建设，做到对党忠诚，学习领会中央关于巡视工作的新精神新要求，提高党性修养和政治理论水平，坚定“四个自信”，增强“四个意识”，切实增强做好巡视工作的政治自觉、思想自觉和行动自觉；二要加强作风建设，树立良好形象，本着对邮政事业负责、对党的事业负责的态度，一心为公、秉公办事；三要加强纪律建设，强化监督管理，敢于担责、勤于履责，用实际行动践行忠诚、干净、担当。（中国邮政官网）

【中国邮政集团公司党组建立“三个第一时间”学习机制】 8 月 30 日，集团公司党组在全系统建立“三个第一时间”学习机制，即：习近平总书记的重要讲话精神和党中央重要会议精神第一时间传达学习，收到党中央重要文件第一时间传达学习，中央媒体发布的重要会议、文件精神第一时间传达学习。“三个第一时间”学习机制对学习内容与学习方式、学习组织与职责分工以及学习管理与监督检查进行了规定，确保了党中央精神在邮政系统能够及时传达学习和贯彻落实，有助于全系统深入学习贯彻习近平新时代中国特色社会主义思想和党的十九大精神，有助于领导干部充分发挥示范带头作用，牢固树立“四个意识”，坚定“四个自信”，做到党中央提倡的坚决响应、党中央决定的坚决执行、党中央禁止的坚决不做。（党建工作部/提供）

【邮政党校春季学期培训班开班】 4月16日，中央党校中央国家机关分校中国邮政集团公司党校2018年春季学期培训班开学典礼在集团公司培训中心举行。集团公司党组书记、总经理，邮政党校校长出席开学典礼并为学员讲授专题党课。党课以《践行以人民为中心的发展思想 奋力谱写新时代人民邮政事业新篇章》为题，强调邮政系统深入学习贯彻党的十九大精神，必须以习近平新时代中国特色社会主义思想为指引，全面把握新时代以人民为中心的发展思想的深刻内涵，牢牢抓住发展为了人民的根本价值取向，奋力谱写新时代人民邮政事业新篇章。他系统回顾了建党以来中国邮政秉承“人民邮政为人民”的服务宗旨和价值追求，不断改革发展的光辉历史和巨大成就，强调要继续传承中国邮政的人民属性、人民基因，把服务好人民群众上升到厚植党的执政基础的高度去认识，用服务换爱心、换人心、换民心。进入新时代，中国邮政要以习近平新时代中国特色社会主义思想为指引，把以人民为中心贯彻到邮政改革发展全部实践中，在邮政改革发展的价值取向、战略方向、思路举措、效果评价和根本动力5个方面彰显以人民为中心，推动新时代邮政企业改革发展再上新台阶。

2018年春季学期培训班包括中央党校中央国家机关分校中国邮政党校春季学期局级干部进修班、青年干部培训班、处级干部进修班和中国邮政集团公司党校邮政企业劳动模范专题研讨班，189名学员。（中国邮政官网）

【邮政系统基层党组织建设、企业文化建设示范单位表彰】 为深入贯彻落实全面从严治党要求，进一步加强邮政系统基层党组织建设，推动统一的中国邮政企业文化落地生根，集团公司党组印发《关于开展邮政系统基层党组织示范点建设的指导意见》（中国邮政党组〔2017〕23号）、《关于开展企业文化示范点建设工作的实施意见》（中国邮政党组〔2017〕25号），在全系统开展“双百示范点”建设工作。

根据“双百示范点”建设的标准和要求，经各控股子公司党委、各省（区、市）分公司党委（党组）、集团公司直属机关党委推荐申报，集团公司“双百示范点”评选委员会评选审核，集团公司党组决定，授予北京东城区邮政分公司东四支局党支部等208个基层党组织“邮政系统基层党组织建设示范单位”称号；授予北京市机要通信局等139个单位“邮政系统企业文化建设示范单位”称号；授予石家庄邮电职业技术学院“邮政系统企业文化建设突出贡献奖”称号。请各控股子公司、省（区、市）分公司、集团公司直属各单位党组织，集团公司直属机关党委对以上获奖单位给予表彰和适当的物质奖励。（中国邮政官网）

4月14日，甘肃省邮政分公司与共青团甘肃省委在民勤县共同举办构筑西部生态屏障·电商助力脱贫攻坚暨2018年“甘肃青年林”春季植树活动。

【“增添正能量·共筑中国梦”主题活动和“我看改革开放新成就”专题调研】 组织老同志参加中央和国家机关离退休干部学习贯彻党的十九大精神知识竞赛，集团公司获“优秀组织”奖。征集“中国梦·邮政情”主题老照片和摄影作品316幅（组），组建130多名老同志参加的“增添正能量”宣讲队，拍摄8部老同志微宣讲视频片，形成老同志传播中国邮政好故事的热效应。各地各单位87000多人次离退休干部职工参与活动，收集老同志心声感言和意见建议2188条。集团公司对20个主题活动优秀组织单位，38名优秀个人进行了表彰。10月29日中组部老干部局《老干部工作情况交流》第16期对邮政集团公司开展的正能量活动给予肯定和宣传。（党建工作部/提供）

【新闻宣传中心加强政治宣传】 新闻宣传中心宣传报道集团公司总部和全系统学习习近平新时代中国特色社会主义思想、十九大精神的典型案例和先进经验，推动学习宣传贯彻落实工作向纵深发展。《中国邮政报》开设“在习近平新时代中国特色社会主义思想指引下——新时代 新作为 新篇章”“学习贯彻党的十九大精神——我在一线”等栏目，及时反映各级邮政企业学习贯彻的生动实践和精彩故事，充分展现习近平新时代中国特色社会主义思想和党的十九大精神在中国邮政的落地生根情况。

为宣传贯彻落实好中央全面从严治党要求和集团公

司党组党建暨纪检监察工作会精神，坚持党的领导是国有企业最大的政治优势，是国有企业的根和魂建设为统领的政治站位，充分利用新闻宣传中心主办运维的媒体优势，在报纸上新开设《“一把手”学习笔记》专栏，刊发各省（区、市）邮政分公司、邮储银行分行、速递物流分公司党组织主要负责人结合本单位党建和纪检监察工作实际贯彻落实集团会议精神的思路举措等；《中国邮政》杂志开办《党建》《封面》等栏目刊发党建主题文章，持续不断开展党建理论方面研讨文章和具体实践方面的生动案例。（新闻宣传中心／提供）

【上海市邮政分公司党建工作平台上线】 为进一步提高上海邮政基层党建工作的规范化、科学化水平，确保各项党内制度的有效落实，上海市邮政分公司党委开发建设党建工作平台。1月，上海邮政党建工作平台上线试运行，系统具有党组织和党员信息管理、各类台账模板录入、台账填报管理和台账自动检查汇总四大功能。平台具有规范性、统一性、灵活性和实用性等特点，即平台中党组织、党员信息全面规范，组织关系、组织变动、组织架构一目了然；各类、各级台账全面规范，台账格式统一规整，台账各类增减灵活，台账便于归档，便于打印，未完成台账自动提示，上级考评自动生成检查报表。（上海市邮政分公司／提供）

【四川省邮政分公司《爱在天路》获第十四届全国党员教育电视片一等奖】 4月9日，四川省邮政分公司拍摄制作的典型事迹片《爱在天路》，获中组部第十四届全国党员教育电视片一等奖。该片以中国邮政集团公司甘孜藏族自治州邮车驾驶员、共产党员施建勋的一次邮运任务为主线，真实记录了这个“邮三代”，在高寒缺氧、气候恶劣的雪域高原上，爱岗敬业、忠于职守、默默奉献，乐于助人，爱撒天路的责任担当和感人情怀。（四川省邮政分公司／提供）

工会工作

【概述】

一、坚持用习近平新时代中国特色社会主义思想武装头脑，强化对广大职工的政治引领

集团工会组织认真学习习近平新时代中国特色社会主义思想和党的十九大精神，深刻领会总书记关于工人阶级和工会工作的重要论述。各级工会干部坚持集中学习和个人自学相结合，积极组织参加各类培训学习活动，较好地坚持了政治理论学习制度，明显提升了工会干部政治素质，增强了用科学理论指导工作的自觉性和主动性。一些基层工会还通过各种媒体、知识竞赛、演讲比赛等形式，推进学习活动进班组、进支局、到一线，收到了较好的学习效果，在引领广大邮政职工听党话跟党走上彰显了新作为。

二、坚持围绕中心服务大局，开展劳动竞赛和经济技术创新活动

集团公司和集团工会围绕企业经营发展战略，紧扣业务发展重点，在全系统组织开展七项劳动竞赛，均收到预期效果。其中“手机银行发展劳动竞赛”成效显著，网贷产品放款金额502亿元，完成发展目标的115%。

各级工会认真贯彻落实《中华全国总工会关于进一步深化劳模和工匠人才创新工作室创建工作的意见》精神，积极开展劳模和工匠人才创新工作室的创建工作，积极发挥劳模和工匠人才的示范引领作用。

三、大力弘扬社会主义核心价值观

集团公司、集团工会组织开展2014—2017年度全国邮政系统先进集体、先进个人评选活动，并于9月20日在北京召开表彰大会。此次评选表彰活动共评选出140个先进集体、201名先进个人

集团工会慰问全国劳模175人（含离退休），发放慰问金35万元；组织23名全国劳模和“全国五一劳动奖章”获得者参加了全总举办的疗休养活动。

集团工会牵头举办“回首四十载，奋进新时代——庆祝改革开放40周年邮政职工摄影展”活动，从1290幅（组）照片中评选出96幅（组）优秀作品，在集团公司总部和中国邮政新媒体进行线上线下的展览。

集团工会10月下旬在湖北黄石举办第三届“和谐企业杯”邮政职工乒乓球比赛，38支代表队（含香港、澳门邮政）的350名选手参赛。

四、坚持履行维护职能

31个省（区、市）邮政分公司、36个邮储一级分行

第三届“和谐企业杯”邮政职工乒乓球比赛——男女混合团体决赛湖北代表队对阵江苏代表队。

和28个省（区、市）速递物流分公司召开了职代会，17个中邮保险省（区、市）分公司召开职工大会。

集团工会下发《关于深入推进全国邮政职工思想动态调研的通知》，在这次调研中，各级工会实地走访近300个市县约950个网点班组，其中17个省级邮政工会开展问卷调查，参与职工10.4万余人。

集团工会对全国邮政210个模范职工小家进行命名表彰，制定并下发《关于持续深入推进职工小家建设的指导意见》。

“两节”期间，集团公司领导深入8省（区、市）慰问各板块基层职工，拨款慰问7省（区、市），发放慰问金326万元。全国邮政系统发放慰问金1.46亿元，慰问劳模、困难职工等3.3万余人、2.2万余个班组等基层集体。

集团工会召开二届一次女职工委员会，提出实施邮政“巾帼建功工程”“巾帼成才工程”和“巾帼关爱工程”的具体要求。同时，将女职工劳动卫生费标准由原来的每人每月不低于30元提高至每人每月不低于50元。（集团工会／提供）

【集团工会二届二次全委（扩大）会议召开】 3月27—28日，中国邮政集团工会二届二次全委（扩大）会议在集团公司总部举行。会议的主要任务是：以习近平新时代中国特色社会主义思想为指导，深入贯彻落实党的十九大精神，认真落实2018年集团公司工作会议和党的建设暨纪检监察工作会议的目标任务和要求，总结2017年邮政工会工作，研究部署2018年的工作任务，动员全国邮政干部职工不忘初心、牢记使命，努力开创新时代中国邮政工会工作的新局面。集团公司副总经理、集团工会主席康宁代表集团工会作工作报告。报告中回顾集团工会2017年的主要工作：围绕中心服务大局，推动企业平稳健康发展；维护职工合法权益，促进企业劳动关系和谐稳定；实施关爱工程，增强职工的获得感和幸福感；大力弘扬先进思想，广泛开展职工文化建设；加强工会自身建设，提高服务职工的能力。

会议要求全系统各级工会重点做好六方面工作：一是提高思想认识，深入学习贯彻习近平新时代中国特色社会主义思想和党的十九大精神；二是围绕中心服务大局，为推动邮政事业发展建功立业；三是维护职工合法权益，促进劳动关系的和谐稳定；四是深入实施关爱工程，建立健全服务职工的长效机制；五是大力开展典型选树工作，加强职工文化建设；六是强化工会自身建设，推动工会工作创新发展。此次会议还按照相关程序完成中国邮政集团工会第二届委员会委员、经费审查委员会委员、女工委员会委员的替（增）补，同时对全国邮政系统模范“职工小家”进行表彰。（中国邮政网）

【集团工会女工委员会二届一次全会召开】 6月21日，中国邮政集团工会女职工委员会二届一次全委会在集团公司总部举行。会议深入贯彻习近平新时代中国特色社会主义思想和党的十九大精神，认真落实集团公司党的建设工作会议和集团工会第二次代表大会提出的各项要求，总结全国邮政女职工工作，部署今后一个时期工作任务，动员全国广大邮政女职工，进一步弘扬巾帼奉献、顽强拼搏的精神，充分发挥“半边天”作用，深化邮政改革创新，推进转型升级，实现提质增效，为做强做优做大中国邮政、建成世界一流邮政企业再立新功、再创佳绩。

会议指出，第一届女职工委员会在集团公司党组和集团工会的正确领导下，深入贯彻落实党的十八大、十九大精神，紧紧围绕邮政发展改革大局和工会中心工作，发挥优势，积极履职，推进女职工工作不断创新发展，团结带领全国邮政女职工开拓进取、建功立业，充分发挥了邮政女职工的“半边天”作用，为推动邮政深化改革和转型发展做出了重要贡献。

会议强调，今后五年全国邮政女职工工作的主要目标是：以强化女职工组织“责任感、幸福感和自豪感”为动力，以切实提高女职工“获得感、幸福感和安全感”为目标，以深入实施“巾帼建功、巾帼成长和巾帼关爱”三大工程为抓手，促进广大女职工岗位成才、建功立业，加大女职工维权保障力度，充分彰显女职工组织吸引力和凝聚力，推动全国邮政系统女职工工作的提质升效。

会议要求，各级邮政工会女职工委员会要以习近平新时代中国特色社会主义思想为指导，创新开展邮政女职工工作；努力实施“巾帼建功工程”，激励女职工建功立业；积极开展“巾帼成才工程”，提升女职工队伍素质；深入实施“巾帼关爱工程”，提高女职工获得感、幸福感、安全感；持续加强自身建设，进一步提升女职工组织的凝聚力和战斗力。各级女职工组织要深入贯彻落实“以人民为中心”的发展理念，多为女职工办好事、办实事、解难题；充分发挥女职工的“半边天”作用，加强板块联动，为推动新时代中国邮政高质量发展提供保障和支持。

截至3月31日，全国邮政女职工（涵盖各板块）人数38.5万人，占职工总数的50.1%。（中国邮政官网）

【庆祝中国改革开放40周年邮政发展成就摄影展】 12月17日，以“回首四十载　奋进新时代”为主题的庆祝中国改革开放40周年邮政发展成就摄影展在集团公司总部一层大厅开展。集团公司董事长、党组书记刘爱力偕集团公司党组全体成员参观展览，对以摄影展形式记录改革开放40年来中国邮政波澜壮阔的发展历程和邮政职工昂扬奋进的时代风采表示肯定，指出，站在新的历史起点上，中国邮政将以习近平新时代中国特色社会主义思想为指导，始终牢记“人民邮政为人民”的服务宗旨，敢于担

庆祝中国改革开放40周年邮政发展成就摄影展现场。

当，勇于创新，以高度的政治责任感和工作紧迫感，坚持深化改革，加快转型升级，着力提质增效，做强做优做大中国邮政，为决胜全面建成小康社会、实现中华民族伟大复兴的中国梦做出新的更大的贡献。

此次摄影展得到邮政系统广大员工的积极响应，前期开展的征集活动收到2000余幅作品，组委会从中选出近100幅照片，分普遍服务、能力建设、协同发展、开放合作、和谐邮政五个部分进行展出。“中国邮政”“中国邮政报”官方微信均推出线上展览，读者可在线共同回顾中国邮政难忘而辉煌的40年。（中国邮政官网）

【邮政青年员工践行十九大精神演讲比赛启动】 为深入学习宣传贯彻党的十九大精神，充分展示新时代邮政青年朝气蓬勃、奋发有为的精神状态，激发全国邮政广大青年干部职工埋头苦干、锐意进取的工作热情，更好地为建成世界一流邮政企业贡献青春力量，经集团公司领导研究决定，集团公司党组党建工作部和新闻宣传中心联合举办邮政青年员工践行党的十九大精神演讲比赛。比赛于4月15日启动。比赛的主题为“奋斗的青春最美”，主要讲述邮政青年员工自身及其身边的邮政人为追求梦想、创造幸福而努力奋斗的拼搏精神，为实现“强邮梦”和“中国梦”而不懈奋斗的感人故事，展现邮政青年同企业同祖国和时代一起成长与进步的良好精神风貌，展示他们不忘初心、牢记使命，坚定跟党走的决心与信心。比赛分为网络预赛和现场决赛两个阶段，参赛人员为全系统各二级单位年龄在40周岁及以下的青年员工。从4月15日开始，中国邮政官方微信、《中国邮政报》官方微信及中国邮政网、中国邮政视频网同步展示预赛作品并进行网络投票，根据网络投票及专家评委打分的综合结果评选出前十强参加现场决赛。5月4日，决赛集团公司举行。比赛设一等奖1名，二等奖2名，三等奖3名，优胜奖4名，优秀奖10名；组织奖10名。（中国邮政官网）

【全国邮政系统先进集体、先进个人表彰大会及获奖名单】 9月20日，全国邮政系统先进集体、先进个人表彰大会在全国政协礼堂隆重召开。通过层层推荐、民主公示、优中选优等方式最终评选出的140个先进集体和201名先进个人代表接受了表彰。交通运输部党组书记杨传堂，国家邮政局党组书记、局长马军胜，中国国防邮电工会主席杨军日，中国邮政集团公司全体党组成员，以及中国移动、中国联通、中国电信、中国铁塔四大运营商相关领导出席了本次大会。交通运输部党组书记杨传堂和集团公司董事长、党组书记刘爱力分别作了讲话，集团公司董事、总经理、党组副书记张金良宣读《表彰决定》。大会由集团公司副总经理、中国邮政集团工会主席康宁主持。

杨传堂书记代表交通运输部，向这次受到表彰奖励的邮政先进集体和先进个人，致以崇高的敬意；向辛勤工作在邮政各条战线上的广大干部职工，致以亲切的问候。他指出，邮政系统曾经涌现出像东四邮局、雪线邮路以及王顺友、尼玛拉木、其美多吉等无私奉献、顽强拼搏的先进集体和先进个人。此次受到表彰的“双先”模范，正是在以习近平新时代中国特色社会主义思想指引下，在榜样力量的感召下，从中国邮政百万员工队伍中脱颖而出的又一批佼佼者。他们始终以高度的主人翁责任感、卓越的劳动创造和忘我的拼搏精神，在平凡的岗位上做出了不平凡的业绩，展示了新时代中国邮政员工良好的精神风貌，体现了“爱岗敬业、争创一流，艰苦奋斗、勇于创新，淡泊名利、甘于奉献”的劳模精神。他勉励中国邮政全体干部职工要成为习近平新时代中国特色社会主义思想的贯彻者，全面建成小康社会、全面建成社会主义现代化强国的贡献者，建设交通强国的奋斗者。他希望受到表彰奖励的先进集体和先进个人珍惜荣誉、再接再厉，始终牢记“传邮万里，国脉所系”的重托，坚定落实“人民邮政为人民”的服务宗旨，在今后的工作中更好地发挥模范带头作用，引领和激励更广大的邮政干部职工，为建成世界一流邮政企业再创佳绩、再立新功，为建设交通强国，决胜全面建成小康社会、实现中华民族伟大复兴的中国梦而不懈奋斗！

刘爱力董事长在讲话中指出，在这美好的金秋时节，集团公司隆重召开2014—2017年度全国邮政系统先进集体、先进个人表彰大会，目的是弘扬劳模精神、劳动精神、工匠精神，号召全系统干部职工不忘初心、牢记使命，以榜样的力量凝聚中国邮政改革发展的强大正能量，奋力谱写中华民族伟大复兴中国梦的邮政篇章。他指出，中国邮政的发展历程是一部先进典型不断涌现、劳模精神不断弘扬、优秀文化不断传承的奋斗史。这次大会上受到表彰的先进集体和先进个人，生动诠释着爱岗敬业、勇于担当、以促进邮政事业发展为己任的主人翁精神，精益求精、争创一流、与时俱进的进取精神，艰苦奋斗、干事创业的拼搏精神，淡泊名利、无私奉献、乐于服务、甘为孺子牛的忘我精神，紧密协作、相互配合、互助互爱的团队精神。他们向全社会传递出一个坚定而响亮的声音，那就

9月22日，全国邮政系统“双先”表彰大会召开。

是中国邮政，有作为、敢担当、可信赖！

刘爱力董事长强调，不断弘扬劳模精神、劳动精神和工匠精神，切实发挥先进典型的引领示范作用，激励广大干部职工立足岗位建功立业，对于中国邮政的改革发展意义重大、影响深远。他表示，决不让埋头苦干的劳动者吃亏！决不让担当作为的老实人吃亏！要让奉献者得到应得的回报！要让焦裕禄式的干部永远走在我们队伍的前列！他代表集团公司党组对全系统各级党组织提出了三点要求：一是深入学习贯彻习近平新时代中国特色社会主义思想和十九大精神，提高政治站位。全系统广大干部职工要自觉用习近平新时代中国特色社会主义思想武装头脑、指导实践、推动工作，切实把学习成果转化为攻坚克难的责任担当，转化为改革创新的务实举措，转化为推动发展的实际本领。二是认真贯彻落实习近平总书记“以人民为中心”的发展思想，牢记初心使命。要把“以人民为中心”的发展思想融入中国邮政的发展战略中，始终牢记“人民邮政为人民”的服务宗旨，切实做到“用户至上、员工为本”。三是广泛开展精神文明创建工作，培育、选树、宣传和学习好先进典型。要以此次表彰大会为契机，从战略高度充分认识学习先进典型的重大意义，要把选树、培养和宣传先进典型作为精神文明建设的重要内容，在全系统形成崇尚先进、学习先进、争当先进的“比学赶帮超”的良好氛围。同时，要关心先进典型的思想、工作和生活状况，引导他们立足岗位，再创辉煌。

新中国第一代女邮递员、全国劳动模范、原邮电部副部长罗淑珍，新中国成立以来100位感动中国人物之一、全国劳动模范、“深山信使”王顺友，全国人大代表、江苏省泰兴市邮政分公司江平路支局局长何健忠，全国助人为乐道德模范、“全国五一劳动奖章”获得者全二平，全国道德模范、中国十大杰出青年、感动万国邮联的藏族“溜索姑娘”尼玛拉木，全国人大代表、广东省珠海市外伶仃邮政所营业投递员谢坚也出席了表彰大会，并与出席会议的领导们共同为获奖者颁奖。

表彰大会上，西藏自治区那曲市双湖县邮政分公司副经理益西卓嘎、邮储银行宁夏回族自治区固原市分行泾源县支行副行长马沛祥分别作了先进事迹汇报。全国人大代表、上海邮区中心局邮件接发员柴闪闪代表出席此次“双先”表彰大会的全体代表宣读了《致全国邮政系统干部职工倡议书》，号召全国邮政干部员工弘扬新时代劳模精神，不断提高政治思想水平；立足本职爱岗敬业，推动建成世界一流邮政企业；坚持人民邮政为人民的宗旨，为全面建成小康社会拼搏奉献。

全国邮政系统先进个人（201名）

北京市邮政分公司

蒋珊珊（女） 北京市机要通信局收发科营业班班长

赵　赫　密云区分公司太师屯支局支局长

包　强　北京市邮区中心局纪委书记兼工会主席

夏传龙　海淀区分公司颐和园投递部投递员

王　立　朝阳区邮票公司副经理

天津市邮政分公司

陈德楠　红桥区分公司佳宁道营业所支行长

马　慧（女） 中国邮政储蓄银行股份有限公司天津河北区大江里营业所支行长

河北省邮政分公司

姜　琳（女） 石家庄市分公司信息技术局软件开发

孙明军　邯郸市临漳县分公司柳园支局支局长

刘红娜（女） 保定市唐县分公司总经理

李风花（女） 张家口市分公司投递局明德北投递部投递员

郑忠伟　石家庄邮区中心局指挥调度中心经理

山西省邮政分公司

李敏杰　临汾市分公司集邮与文化传媒部营销员

李程功　忻州市神池县分公司投递组组长

陈超颖（女） 晋城市沁水县步行街支局支局长

张素琴（女） 太原市小店区分公司体育西支局邮务营业员

内蒙古自治区邮政分公司

石宏武　乌拉特前旗邮政分公司包快业务部经理

吕美莲（女） 准格尔旗分公司通达路支局支局长

张　靖（女）　鄂尔多斯市达拉特旗西苑支局理财经理辽宁省邮政分公司

高一峰　朝阳县分公司总经理兼朝阳市分公司营业分局总经理

宋晓辉（女）　庄河市分公司英烈士邮政支局支局长

耿　杰（女）　锦州市义县分公司城内储蓄所经理

周　莉（女）　抚顺市分公司投递局望花投递班班长

索宝富　沈阳邮区中心局指挥调度中心邮运业务管理

吉林省邮政分公司

刘莹莹（女）　通化市新华支局支局长

赵英霞（女）　白城市分公司洮北邮务局邮政营业及包裹揽收主管

阚春来　吉林省分公司市场营销部客户营销中心项目营销策划

黑龙江省邮政分公司

王传艳（女）　哈尔滨市分公司道里投递支局投递员

曾　泽　大庆市分公司运营管理部设备维护项目经理

王科威（女）　鹤岗市南山区分公司麓林山支局支局长

李金珠（女）　鸡西市鸡东县分公司八五一零营业所所长

周庆水　齐齐哈尔市梅里斯分公司邮政业务指导

韩雪松　双鸭山市分公司鸿翔支局支局长

上海市邮政分公司

钟康利　奉贤区分公司南桥支局投递班组投递员

柴闪闪　上海市邮区中心局邮件转运部邮件接发员

许　琛（女）　青浦区分公司城中营业所理财经理

周华元　普陀区分公司党委副书记、副总经理（主持工作）

江苏省邮政分公司

许玉敏（女）　淮安市分公司投递局投递员

彭　芸（女）　南京市分公司中山陵支局支局长

李永进　无锡市分公司市场营销部副主任

权　成　徐州市分公司包裹快递部副经理（主持工作）

万　青（女）　扬州市分公司集邮与文化传媒部创意研发室主任

庄晋贤　常州市城南分公司经理

浙江省邮政分公司

骆云捷　杭州市余杭区分公司渠道平台部副经理（主持工作）

鲍光前　金华市邮区中心局邮件处理中心现场调度组组长

严文聪（女）　慈溪市分公司包裹快递部客服项目经理

张晨晖　台州市分公司金融业务部副经理（主持工作）

傅俊荣　义乌市分公司包裹快递部经理

叶会标　温州市永嘉县分公司桥头支局综合班长

安徽省邮政分公司

汪　飞　铜陵市枞阳县分公司麒麟支局支局长

郭正谷　合肥邮区中心局运行维护中心设备维护班班长

刘　艾（女）　合肥市分公司包裹快递部双岗营揽投投递员

刘　慰　芜湖市无为县分公司总经理

江西省邮政分公司

熊先仁　赣州市分公司党委书记、总经理

黄　凯　鹰潭市分公司投递局投递员

刘宏英（女）　乐平市分公司洎阳中路营业所所长

胡保平　江西省分公司党组党建部主任科员

山东省邮政分公司

孙天国　德州市武城县分公司郝王庄支局投递员

徐长品　济南市历下区分公司甸柳邮电支局支局经理

李红兵　济宁市金乡县分公司总经理

李冰洁（女）　莱芜市莱城区官寺支局理财经理

穆尚燕（女）　聊城市高唐县分公司包裹快递部经理

国冉冉（女）　肥城市分公司王瓜店支局储蓄营业员

福建省邮政分公司

陈　艳（女）　福州邮区中心局邮件处理中心国内挂号组组长

黄必妹（女）　中国邮政储蓄银行股份有限公司连城县北团营业所主任

廖琳琳（女）　莆田市分公司高楼中心支局支局长

张木根（女）　三明市宁化县分公司东门支局支局长

郑书芳（女）　建瓯市分公司中山营业所主任

河南省邮政分公司

刘现旗　周口市淮阳县分公司总经理

扶　玲（女）　信阳市光山县分公司包裹快递部负责人

李华军　新乡市封丘县分公司总经理

李鹏飞　洛阳市分公司金融业务部综合理财管理岗

乔金涛　商丘市区分公司投递员

原露洁（女）　鹤壁市山城区分公司臣投营业所支局长

湖北省邮政分公司

周晓玲　黄冈市蕲春县分公司狮子支局副经理兼大堂经理

张　霖　湖北省分公司金融业务部储汇业务室营销策划

刘帮友　荆州市江陵县分公司沙岗支局投递员

余　洲　十堰市郧西县分公司市场营销部经理

李正艳（女）　襄阳市谷城县分公司金融业务部经理

陈　苇（女）　孝感市云梦县分公司城南支局经理

湖南省邮政分公司

陈　淼　浏阳市分公司镇头支局支局长

李　庆　岳阳市湘阴县分公司杨林寨支局投递员

王　霞（女）　衡阳市石鼓区分公司五一路营业所主任

赵维艳（女）　邵阳市邵东县分公司东风路支局支局长

朱汉林　郴州市汝城县分公司文化传媒中心经理

广东省邮政分公司

韦雁玲（女）　佛山市城区分公司澜石支局支局长

郑勇辉　广州市增城区分公司正果投递部部长

汪　磊　广州邮区中心局设备维护分局信息技术岗

廖柳清（女）　茂名市城区分公司经营管理岗

戴　明　广东省分公司金融业务部内控管理室经理

林秋红（女）　吴川市分公司金融业务部大片区客户经理

广西壮族自治区邮政分公司

岑延剑　贺州市钟山县分公司公安邮政所负责人兼乡镇投递员

吴志高　广西壮族自治区信息技术局金融自助设备技术总监兼运行维护部副主任

李　慧（女）　中国邮政储蓄银行股份有限公司柳州市北雀路北营业所大堂经理

海南省邮政分公司

卢黎霞（女）　三亚市崖州区分公司副总经理（主持工作）

李哲宇　海南省运输局指挥调度中心副主任

重庆市邮政分公司

张　永　涪陵片区分公司总经理

陈　芳（女）　铜梁区分公司迎宾路支局支局长

李文革　江北区分公司大石坝投递部班组长

四川省邮政分公司

其美多吉　甘孜藏族自治州甘孜县分公司驾驶组长途邮运驾驶员

刘　坚　成都市分公司运营管理部软件开发管理

罗媛媛（女）　泸州市江阳区分公司集邮与文化传媒部经理

廖怡兰（女）　德阳市罗江县分公司略坪支局经理

杨荣华（女）　南充市分公司投递局商业化投递部揽投员

郭宗昌　凉山彝族自治州分公司总经理、党委书记

肖文远　成都邮区中心局邮件运输中心二干邮运驾驶员

贵州省邮政分公司

李小成（女）　毕节市大方县分公司人民南路支局支局长

杨　茂（女）　贵阳市分公司投递局观山湖揽投部揽投员

云南省邮政分公司

杨小平　保山市施甸县分公司市场营销部包快中心业务管理员

马　萍（女）　红河州石屏县分公司焕文路营业所支局长

张光永　曲靖市分公司运营管理部技术中心技术员

西藏自治区邮政分公司

益西卓嘎（女）　那曲市双湖县分公司副总经理

周晓婷（女）　山南市乃东区分公司副总经理

陕西省邮政分公司

白　涛　安康市白河县茅坪营业所支局长

舒文艺　西安市临潼分公司邮件处理中心投递员

乔　宇　渭南市分公司市场营销部业务主管

薛　苗（女）　延安市志丹县分公司储汇业务员

甘肃省邮政分公司

王小龙　平凉市庄浪县分公司南湖支局支局长

任超凡（女）　张掖市分公司金融业务部大客户维护与管理

青海省邮政分公司

李红梅（女）　黄南州营业局副总经理

罗春梅（女）　西宁市城西区分公司杨家寨邮政所客户经理

宁夏回族自治区邮政分公司

张有霞（女）　固原市彭阳县分公司市场部客户经理

赵玉春　银川邮区中心局运行维护中心主任

新疆维吾尔自治区邮政分公司

倪宏亮　巴州和静县分公司巴润哈尔莫墩镇支局支局长

买买提江·依明　和田地区洛浦县分公司总经理

多力坤·阿不都拉　乌鲁木齐邮区中心局邮件运输中心驾驶员

中国邮政储蓄银行股份有限公司

秦　闯　北京房山区支行个金部小额信贷员

丁艳梅（女）　北京大兴区支行综合管理部副经理

师　雯（女）　天津西青区支行副行长

陈慧芝（女）　河北省石家庄市鹿泉支行行长

柏玉爱（女）　山西临汾汾西县支行支行长

张素英（女）　内蒙古自治区分行授信管理部总经理

丛树枫　辽宁省沈阳市分行行长

窦　露（女）　吉林省长春市分行法律与合规部合规管理

孙希春　黑龙江省牡丹江市分行党委书记、行长

施峰杰　上海市崇明区支行营业部主任

陈娟娟（女）　江苏省昆山市支行行长

单炮平　江苏省江阴市璜土镇支行支行长

王根生　江苏省扬中市支行党总支书记、行长

沈　科　浙江省杭州市下沙经济开发区支行支行长

余　璇（女）　安徽省池州市分行会计与营运部营运管理

袁　骋　安徽省宿州市分行党委书记、行长

张德臣　安徽省分行审计部审计员

钟　健　福建省龙岩市上杭县支行行长

黄智群（女）　江西省丰城市支行党支部书记、行长

蔡美娟（女）　江西省上饶市铅山县支行理财经理

胡　莹（女）　江西省新余市分行授信管理部审批岗

成广福　山东省东营市广饶县支行营业部总经理

鲍冰冰（女）　河南省洛阳市洛龙支行理财经理

宋　源　河南省分行直属支行公司业务部副总经理

霍志峰　河南省驻马店市分行党委书记、行长

陈　莉（女）　湖北省孝感市分行陡岗支行理财经理

张　敏（女）　湖南省分行金融市场部总经理

李　波　广东省分行计划财务部、信息科技部总经理

陈少康　广西壮族自治区梧州市分行行长

吴晓蕾（女）　海南省直属支行理财经理

周　萍（女）　重庆万州区高笋塘支行客户经理

张　卓（女）　四川省德阳市旌阳区支行小企业客户团队主管

胡珊松（女）　贵州省贵阳市分行法律与合规部总经理

施保华　云南省大理州分行公司业务部客户经理

蔡　军（女）　西藏自治区分行计划财务部总经理

王　龙　陕西省渭南市大荔县支行支行长

肖　茹（女）　甘肃省兰州市分行公司业务部高级客户经理

安桂芳（女）　青海省西宁市小桥大街支行理财经理

马沛祥　宁夏回族自治区固原市泾源县支行副行长（主持工作）

汗左热木·阿不拉（女）　新疆维吾尔自治区阿克苏阿瓦提县支行行长

贾丽红（女）　大连分行营业部客户经理

王海鹏　宁波鄞州区支行行长

李振宇　厦门集美区支行行长

韩晓明（女）　青岛开发区支行行长

王五星　深圳宝安区支行公司业务部副经理

王晓敏　中邮消费金融有限公司 IT 运营部总经理

李　翔（女）　中国邮政储蓄银行个人金融部借记卡处处长

张瀚林　中国邮政储蓄银行信息科技部副处长

中国邮政速递物流股份有限公司

王天来　北京市阜成门分公司西直门营业部营销主管

刘　艳（女）　河北省沧州市分公司河间市营业部揽投员

李小秋（女）　内蒙古自治区兴安盟分公司市场部负责人

费　雄　上海市分公司黄浦徐汇区域公司总经理、党总支书记

彭　建　江苏省宿迁市分公司洋河揽投部经理

许鑑明　浙江省杭州市萧山区分公司总经理

李　伟　安徽省蚌埠市分公司怀远县营业部总经理

周志勇　福建省分公司市场部总经理

叶　琴（女）　江西省南昌市分公司政务中心经理

魏春晖（女）　山东省聊城市分公司火车站揽投部经理

范卫东　河南省分公司党委委员、副总经理、工会主席

孟文东　湖北省分公司综合部副总经理

黄金宇　湖南省长沙市分公司商企中心联通创客团队领创人

吴秋华（女）　广东省佛山市分公司顺德大良揽投部经理

李艳梅（女）　广东省深圳市分公司商企中心客户经理

吴　勇　海南省海口营业部金盘揽投站主任

次旦加措　西藏自治区分公司直属营业部城中揽投部揽投员

解　玲（女）　青海省分公司直属营业部城中营业部经理

王　乐　宁夏回族自治区银川市分公司金凤区营业部客户经理

程世林　南京集散中心人力资源部总经理、党委组织部部长

中邮人寿保险股份有限公司

王　梦（女）　江苏分公司邮银业务部副总经理

中邮证券有限责任公司

颜　拾（女）　四川分公司运营风控部负责人

集团公司直属机关

李海涛　纪检组监察局纪律审查一室主任

竺维燕（女）　中邮科技有限责任公司（原邮政科学研究规划院物流公司自控部副经理）

于　雷　信息技术局运行维护部技术支持中心负责人

石家庄邮电职业技术学院

邢迎春（女）　石家庄邮电职业技术学院成人教育部书记、副主任（主持工作）

上海研究院

张耀华　上海研究院软科学研究中心主任、党支部书记

全国邮政系统先进集体（140 个）

北京市邮政分公司

顺义区分公司

北京市邮票公司
天津市邮政分公司
中国邮政储蓄银行股份有限公司天津西青区中盛里营业所
滨海新区分公司营口道邮电支局
河北省邮政分公司
石家庄市分公司投递局
唐山市滦南县分公司
山西省邮政分公司
忻州市分公司
运城市临猗县分公司
内蒙古自治区邮政分公司
乌海市乌达区分公司投递班
莫力达瓦达斡尔族自治旗分公司布特哈路支局
辽宁省邮政分公司
铁岭市分公司
沈阳邮区中心局
吉林省邮政分公司
德惠市分公司
白山市分公司机要通信局
黑龙江省邮政分公司
哈尔滨市阿城区分公司
肇东市分公司
上海市邮政分公司
金山区分公司
浦东新区分公司世博邮政支局
江苏省邮政分公司
盐城市分公司新区投递部
南通市分公司渠道平台部
宿迁市分公司晓店支局
连云港市分公司运营管理部信息技术中心班组
浙江省邮政分公司
湖州市分公司包裹快递部织里组
永康市分公司铜陵西路支局
安徽省邮政分公司
宿州市萧县分公司
淮南市分公司
江西省邮政分公司
南昌邮区中心局
上饶市分公司
山东省邮政分公司
菏泽市曹县分公司
青岛市分公司李哥庄支局
威海市分公司泊于支局
济南邮区中心局邮件处理中心
福建省邮政分公司
泉州市分公司包裹快递业务部
中国邮政储蓄银行股份有限公司霞浦县牙城营业所
河南省邮政分公司
南阳市唐河县分公司
安阳市分公司
郑州市分公司包裹快递部
驻马店市平舆县分公司解放街营业所
湖北省邮政分公司
荆门钟祥市分公司
武汉市分公司十里铺支局
湖南省邮政分公司
常德市汉寿县分公司
长沙邮区中心局
广东省邮政分公司
东莞市分公司
广州市越秀区署前路支局
深圳市分公司包裹业务局
阳江市阳东区分公司
广西壮族自治区邮政分公司
中国邮政储蓄银行股份有限公司百色市东笋路营业所
桂平市分公司白沙支局
海南省邮政分公司
乐东黎族自治县分公司九所支局
重庆市邮政分公司
璧山区分公司
南岸区长生桥支局
四川省邮政分公司
巴中市分公司
达州市分公司华蜀路营业所
甘孜藏族自治州分公司网络运营中心康定—德格驾押组
贵州省邮政分公司
遵义市播州区分公司
黔南布依族苗族自治州瓮安县分公司草塘支局
云南省邮政分公司
昆明市分公司大板桥营业所
昭通市镇雄县分公司
陕西省邮政分公司
榆林市分公司南郊营业所
汉中市勉县分公司
甘肃省邮政分公司
庆阳市宁县分公司
陇南市西和县分公司
青海省邮政分公司
西宁市湟源县分公司

宁夏回族自治区邮政分公司
银川市分公司兰亭苑揽投部
新疆维吾尔自治区邮政分公司
和田地区分公司
伊犁州霍城县分公司清水河镇支局
中国邮政储蓄银行股份有限公司
北京分行公司业务部
北京金融大街支行
天津滨海新区支行
河北省保定市分行
山西省天镇县支行
内蒙古自治区达茂旗团结路支行
辽宁省沈阳市分行
吉林省扶余市支行
黑龙江省逊克县支行
上海分行托管业务部
江苏省睢宁县支行
江苏省兴化市支行
浙江省苍南县支行
安徽省合肥市分行
安徽省无为县支行
福建省分行营业部
江西省抚州市分行
江西省高安市支行
山东省济南市分行
河南省分行信用卡部
河南省中牟县支行
湖北省松滋市支行
湖南省株洲市分行
广东省梅州市分行
广西壮族自治区防城港市分行
海南省三亚市分行
重庆分行金融市场部
四川省成都市猛追湾支行
贵州省贵阳市中华北路支行
云南省西双版纳州分行
西藏自治区分行会计与营运部
陕西省西安市长安区支行
青海省海南州支行
宁夏回族自治区固原市人民街支行
新疆维吾尔自治区石河子市分行直属营业部
大连甘井子区支行
宁波宁海县支行
厦门同安区支行
青岛分行营业部
深圳吉华支行
中邮消费金融有限公司互联网金融部
中国邮政储蓄银行信用卡中心
中国邮政储蓄银行审计局
中国邮政速递物流股份有限公司
北京市安定门分公司
天津市武清区分公司
河北省唐山市物流分公司
山西省电商物流业务分公司酒水项目组
辽宁省葫芦岛市分公司绥中县营业部
黑龙江省牡丹江市分公司绥芬河营业部
上海市分公司浦东新区区域公司
江苏省苏州市园区分公司
浙江省分公司政务业务团队
安徽省马鞍山市分公司开发区揽投部
福建省福州市分公司
江西省分公司中石化易捷项目部
山东省青岛海尔事业部
河南省新乡市分公司
湖北省中邮物流武汉分公司
湖南省郴州市分公司东风揽投部
广东省珠海市分公司
广西壮族自治区玉林市分公司
重庆市国际速递分公司国际海外仓项目组
四川省达州市分公司
贵州省电商物流分公司华为项目组
云南省邮件处理中心
陕西省西安市高新分公司
甘肃省分公司直属营业部
新疆维吾尔自治区乌鲁木齐市分公司水磨沟区营业部
中国邮政速递物流 11183 广州中心
中邮人寿保险股份有限公司
广东分公司市场经营部
中邮证券有限责任公司
西安南大街证券营业部
集团公司直属机关
党建工作部企业文化处
中国邮政储蓄银行电子银行部
石家庄邮电职业技术学院
石家庄邮电职业技术学院党校教务部（中国邮政官网）

【“邮政榜样”时代精神宣传工作】 为深度挖掘邮政劳模时代精神，新闻宣传中心以巡视整改为契机，全媒体开展“双先”和劳模精神宣传。其中，奔赴十余省拍摄制作的 8 个宣传片和“双先”表彰大会现场直播工作，受到媒体同行、集团公司领导和基层企业的一致好评。组建 10 个由中心领导带队的采访小组，开展“邮政榜样”系列专

全系统组织开展多种形式的向榜样学习的活动。

题报道。通过走近尼玛拉木、葛军、东四邮局等10位劳模、先进集体进行体验式采访，生动讲述邮政劳模榜样的故事，弘扬邮政榜样爱岗敬业、无私奉献的精神。特别是在宣传其美多吉先进事迹方面，多次派出采访报道组赴雪线邮路实地采访、拍摄，协助总部机关召开先进事迹报告会，并通过新媒体、电视新闻、纸媒等全方位进行跟踪报道等，在全系统营造学先进、赶先进、干事创业的浓郁氛围。（新闻宣传中心／提供）

【其美多吉获颁改革开放40年“特别致敬”荣誉称号】 11月24日，凤凰网、中国新闻网在北京联合举办以“中国智慧·筑梦中国”为主题的“致敬四十年盛典”，向改革开放40年来最具新时代典范的感人事迹和伟大精神致敬。在特别致敬环节，四川省甘孜县邮政分公司长途邮运驾驶员其美多吉作为中国边疆基层服务者的卓越代表，获得改革开放40年“特别致敬”荣誉称号。

“在完成一次邮运任务后，返程路上，我遇到12名歹徒的袭击，被砍了17刀……”在颁奖环节，当其美多吉说起这件往事的时候，现场很多观众在给予其热烈掌声的同时也湿了眼眶。典礼主持人郎永淳问其美多吉：“支撑你工作的动力是什么？”其美多吉说：“在过去，只要你贴上8分钱的邮票，你对家人的思念和对孩子的叮嘱，不管天涯海角，我们都会送到。如今快递业蓬勃发展，我们邮政同样可以把你孝敬父母的礼物、关爱孩子的礼品第一时间送到。我的家人非常支持我这份工作，我虽然亏欠了‘小家’，但得到了许多用户满意的笑容，这也是支撑我这么多年坚守下来的原因。”

“现在的年轻人应该多了解一些关于其美多吉这样的基层服务者的故事，应该让他们明白，他们今天所享受到的便捷、高效的生活方式是很多人默默奉献，甚至用生命换来的。”“向多吉致敬，向中国邮政致敬。”“如果有机会，我想跟着多吉走一趟‘雪线邮路’，感受一下他口中所说的用生命践行‘人民邮政为人民’的服务宗旨到底是什么。”在典礼现场，很多人都被其美多吉在“雪线邮路”上的一个个生死瞬间、一个个感人故事所震撼，纷纷道出内心的感慨。（中国邮政官网）

【邮票印制局王虎鸣获“改革开放40周年中国设计40人荣誉功勋”奖】 12月12日，在人民大会堂隆重举行的第十四届（2018）光华龙腾奖颁奖盛典上，邮票印制局设计总监王虎鸣同志荣获“改革开放40周年中国设计40人荣誉功勋”奖。外交部原部长李肇星为其颁奖。（邮票印制局　刘洁／提供）

【职工思想动态调研工作】 集团工会下发《关于深入推进全国邮政职工思想动态调研的通知》，在这次调研中各级工会实地走访近300个市县约950个网点班组，其中17个省级邮政工会开展问卷调查，参与职工10.4万余人；邮储银行工会制订三年调研规划，36个一级分行工会实地走访近280个市县约700个网点班组，参与网络问卷调查职工5.4万人；中邮保险19个省（区、市）分公司98.7%的职工参加网络问卷调查。（集团工会／提供）

【首届邮政人网络春晚】 在迈进新时代、开启新征程之际，中心主动策划推出以“新时代　新邮政　新征程”为主题的2018邮政人网络春晚。这台邮政人唱主角的综艺晚会，由于贴近实际、贴近生活、贴近一线员工，一经播出实时观看人数超过15万，节日期间视频点击人次115万。举办网络春晚创新企业宣传的形式，丰富邮政员工的精神生活，扩大新闻宣传中心自身的影响力，有效弘扬企业文化，达到鼓舞士气、凝聚人心、坚定发展信心的目的，既受到广大基层员工的普遍欢迎，也得到集团公司的充分肯定。（新闻宣传中心／提供）

12月12日，邮票印制局设计总监王虎鸣同志荣获“改革开放40周年中国设计40人荣誉功勋”奖。

【石家庄邮电职业技术学院教育扶贫项目】 学院贯彻落实中央、河北省委精神以及集团公司面向陕西商洛定点扶贫工作要求，有效推进教育扶贫项目，承担张北县玉狗梁村和东号村的精准扶贫工作。在教育扶贫项目方面，学院以“精准培养 健康成长”为核心，相关部门协同发力、齐抓共管，定制实施特色人才培养，通过“配备成长导师、开展特色教育培养、发挥基层党支部联系教育作用、强化企业实习实践”等举措，确保74名学生健康成长成才（2018年招生40名）。在资助扶贫方面，学院以立德树人为根本，结合“扶困”与“扶智”“扶困”与“扶志”相结合，认真落实国家及学院资助政策，全年完成“奖、助、贷、补、免”21459人次，资助金额2014.39万元，困难生全部得到资助。学院获得全国学生资助工作“推荐学习单位”。（石邮学院／提供）

【北京市邮政分公司提高职工福利水平】 北京市邮政分公司在完成中国邮政集团公司调资工作基础上，大幅提升技能人才和在艰苦条件、环境下作业人员的津贴补贴；完成为职工办实事项目412项；投入170万元支持职工小家、职工心灵驿站、示范书屋及母婴关爱室建设和活动；投入406万元，在“两节”、暑期、“双11”、业务旺季等时期慰问一线职工；投入4280万元，为职工投保补充医疗保险和重大疾病保险，为外勤职工、高危作业职工投保意外伤害保险；投入1318万元，完成一线员工的置装工作；实行“帮扶救助六关爱”机制，投入55万元，救助职工397人次；投入15万元，为60名困难职工每月配发生活必需品；实行离退休职工额外大病医疗互助再保险政策，救助离退休职工62人，救助金额12.4万元；薪酬分配进一步向一线倾斜，2018年邮政公司一线员工收入同比增幅8.2%，高于管理人员收入增幅4.8%，高于业务收入增幅6.5%。（北京市邮政分公司 陈丽涵／提供）

【山西省邮政分公司举办首届职工运动会】 9月27—29日，全省邮政首届职工运动会在太原市举办。来自全省邮政16支代表队的454名运动员、教练员参加篮球、羽毛球、乒乓球、拔河、踏板齐步走5个项目。此次运动会的举办不仅是对广大干部员工体育素质和精神风貌的一次检阅，也是对运动员身体素质、竞技才能、心理承受能力等综合素质的考研，更是各参赛代表队群体意识、竞争意识、团队协作的综合体现。（山西省邮政分公司／提供）

【辽宁省邮政分公司落实“为员工办实事”工程】 自2014年启动办实事工程以来，省邮政分公司用心倾听职工呼声，细心调整实事内容，数量不断增多、标准不断提高、服务不断细化。投入1900余万元，新建或改造职工小家1239个、宿舍39处，职工食堂实现市县全覆盖，职工工作生活更加舒适。不断健全一线职工长效慰问机制，“冬送温暖”“夏送清凉”“两节”走访等活动累计慰问职工超过9.5万人次，发放慰问品、慰问金1162万元。每年支出近1500万元，落实女职工采暖费报销政策。开展职工精准扶贫，帮扶困难职工1200多人，支出扶贫款283万元，给予213名特困职工托底扶贫保障。实施职工健康管理工程，在开展体检基础上，为职工办理重大疾病和意外伤害“两险”，上缴1266万元，赔付金额超过1500万元，203名职工受益。成立“献爱心重病医疗互助基金”和“女性安康基金”，发放救助金598万元。关注职工心理健康，举办心理健康讲座，组织文体活动，建设文化阵地，组建业余文工团、体育队，营造积极向上、健康和谐的工作氛围。在深化转型、加快发展的同时，职工幸福感、获得感全面提升。（辽宁省邮政分公司／提供）

【山东省邮政分公司与省妇联举办“温暖邮我”关爱留守儿童公益活动】 该项活动于11月正式启动，主要内容包括：在全省1843个农村邮政网点建设留守儿童之家服务基地；为每名留守儿童建立专门的档案和联络卡；组建爱心志愿服务队，对留守儿童开展学习、心理、平安自护等方面的辅导和帮扶。组织留守儿童开展书信比赛、趣味运动会等活动，丰富留守儿童的业务文化生活。开展对留守儿童的捐助活动，解决留守儿童的实际困难。（山东省邮政分公司／提供）

【湖北省2家单位获中华全国总工会表彰】 9月13日，中华全国总工会印发表彰决定（总工发〔2018〕29号），湖北省恩施州邮政工会、仙桃邮政工会荣获“全国模范职工之家”称号；黄冈分公司巴驿支局荣获“全国模范职工小家”称号。（湖北省邮政分公司／提供）

【广西邮政分公司建成首批城市“投递员之家”】 区邮政公司、区邮政工会联合组成考核组，对南宁市邮政局工会申报南宁邮政西乡塘分局西湖投递部等5个城市“投递员

湖北省邮政分公司员工利用业余时间下象棋。

之家”进行考核验收，均达到建家标准，区邮政工会授予广西邮政城市“投递员之家”称号。至此，广西邮政首批城市“投递员之家”率先在首府南宁市邮政局建成。

为保证投递员之家建设进度和质量，区邮政工会会同区公司市场部多次深入南宁市邮政局进行调研和指导。南宁市邮政局按照“投递员之家”建家标准制定了创建工作的总体方案，并采取切实措施，加大财力投入支持硬件建设。在第一批建设的9个投递部中，该局选择西湖投递部等5个条件较好的投递部全力做好“投递员之家”建设及达标工作。

经建设和改造，这5个“投递员之家”均配有电视机、DVD机、烧开水器、冰柜、微波炉、消毒柜，并设有学习活动场所、休息间、厨房。休息间配有休息床及被子、枕头等床上用品，洗浴室安装有热水器，同时通过提高投递员待遇，增设租房补贴、较好地解决了员工住宿、就餐、洗浴、学习、文体娱乐等方面的实际困难，改善了投递员工的生活、工作条件和环境，从业人员稳定率98%以上。（广西邮政分公司／提供）

【海南省邮政分公司组织“我最喜爱的习总书记一句话”演讲比赛】 4月20日，20名来自海南邮政各单位的员工参加演讲比赛决赛。选手们以身边人、身边事为切入点，将有证人的故事，讲海南邮政改革发展的故事，展示海南邮政服务海南建省办经济特区30年的历程，抒发海南邮政人践行习近平新时代中国特色社会主义思想，努力建设美好新海南的心声，诠释“情系万家　信达天下”的企业使命。（海南省邮政分公司／提供）

【中国邮政报贵州记者站连续第7次被评为全国先进记者站】 12月6日，中国邮政报贵州记者站获得全国先进记者站称号，同时还被评为《中国邮政报》读报用报先进单位。这是贵州省记者站连续第7次被评为全国先进记者站，也是自记者站成立以来第13次获此殊荣，记者站编发的《贵州邮政》也连续9年被贵州省新闻出版局表彰。贵州记者站以《贵州邮政》、贵州邮政官方微信订阅号为平台，借力社会新闻媒体，唱好主旋律、传播正能量，展现邮政企业开启新征程，奋进新时代的新形象。今年初正式对外发布的“贵州邮政”微信官方订阅号，开辟了贵州邮政新闻宣传“互联网+”的新时代。由记者站独立开展的“中国好人”、玉屏县投递员姚茂贤的网络直播，收看量2万多人次，反响良好。（贵州省邮政分公司／提供）

【云南省邮政分公司企业文化建设】 云南省邮政分公司强化企业文化视觉识别系统建设工作，进一步彰显企业文化软实力；夯实精神文明创建工作，全省邮政企业文明单位建成率连续3年实现正增长，省分公司继续保持“全国文明单位”和“云南省文明行业”2项殊荣；创先争优成果丰硕，2人获中华全国总工会表彰；4个集体获“全国邮政系统先进集体”，4名个人获“全国邮政系统先进个人”；3个网点获“全国邮政系统模范职工小家”；3人获“云南省五一劳动奖章”；1人获“云南省三八红旗手”。组织各类劳动竞赛，多角度提升员工队伍素质，为企业发展打牢根基。（云南省邮政分公司／提供）

【辽宁省邮政分公司“三爱工程”延展服务】 “三爱工程”和盘锦市“爱心邮路”荣获辽宁省“最佳志愿服务项目”。《基于“互联网+邮政网”的邮政爱心健康服务体系建设》荣获国家级企业管理现代化创新成果一等奖。“爱心健康”合作医院144家，远程服务点1345处，组织活动1.35万场，服务人口超过20万人。携手省扶贫办、卫计委、何氏眼科开展“爱心医疗　扶贫光明行”活动，为7.7万人进行免费眼病筛查，为756名贫困患者免费手术，减免费用273万元。“爱心健康”社会效益显著，得到省委省政府多位领导批示肯定，新华社、《人民日报》等多家媒体进行宣传报道。（辽宁省邮政分公司／提供）

【西藏邮政分公司修订职工互助保障金章程】 西藏邮政工会对原《西藏邮政职工互助保障基金会章程》第八条至第十四条内容进行补充修改，在原有的10项重大疾病保障基础上新增了急性心肌梗死、多个肢体缺失、慢性肝功能衰竭失代偿期、严重阿尔茨海默病、严重帕金森病等20项重大疾病项目。自2006年执行互助保障基金制度以来，西藏区邮政累计为434名职工发放互助保障金124.1万元。

新《章程》规定，会员经医院确诊患30种重大疾病之一，住院治疗并获得医疗统筹和单位报销后，自费部分在2000—10000元之间，给付保障金由过去的40%、50%、60%、70%上调至55%、65%、75%、85%。住院给付保障金从过去最高不超过10000元调整至50000元。因意外伤害致残，部分丧失劳动能力，可继续工作的会员，由一次性申领互助保障金4000元调整至5000元，而完全丧失劳动能力且不能继续工作的会员一次性申领互助保障金由10000元上调至15000元。会员在保障期内正常死亡的，其家属可申领保障金由5000元上调至10000元。（西藏邮政分公司／提供）

【甘肃省邮政分公司命名首批示范劳模创新工作室】 甘肃省邮政工会决定命名张立军、窦双荣劳模创新工作室为第一批“甘肃邮政示范性劳模创新工作室”，并对每个示范性劳模创新工作室发放创新研究工作经费。2017年以来，甘肃邮政各级工会深入学习贯彻习近平总书记关于劳模工作重要讲话精神和大力弘扬工匠精神的重要指示，贯彻省总工会劳模和工匠人才创新工作室创建工作的要求，开展劳模创新工作室创建活动，搭建劳模领军、职工参与的创新平台，充分发挥劳模工匠人才的示范引领作用。（甘肃省邮政分公司 / 提供）

【青海省邮政分公司为职工建设“快乐家园”】 青海省邮政分公司对全省 48 个县（区）分公司和直属单位按每个“2+2”万元的标准进行“职工小家”建设专项补助，进一步改善员工生活环境。按照“服务职工好、民主管理好、素质提升好、管理维护好、经营发展好”的“五好”标准，不断丰富建家内容，提高职工小家建设满意率。甘德县分公司被评为“全国模范职工小家”。全省邮政建成温室大棚 20 个，实现牧区邮政全覆盖，成为青海邮政“共建和谐、共谋发展、共享成果”的品牌工程。组织一线优秀员工 130 余人进行了荣誉疗休。持续开展了送温暖、金秋助学、医疗互助等活动。（青海省邮政分公司 / 提供）

【青海省邮政分公司投递员葛军当选“中国网事·感动2017”年度网络人物】 1 月 19 日，格尔木市分公司格唐邮路投递员葛军当选由新华社主办的“中国网事·感动2017”年度网络人物，成为全国邮政系统唯一一名获此殊荣的邮政员工。评选组委会这样评价葛军：“在‘躺着都是一种奉献’的生命禁区可可西里，他是邮路上唯一的投递员。一个人、一辆车，一走就是 7 年、35 万公里，困难、疾病、孤寂，没有止住他的脚步。风里雪里，他送的不是信，是天路上人与人之间最真挚的牵挂与互动。”十年来，葛军同志一个人、一辆车，穿越在一条被称为“生命禁区”的邮路上，作为沟通内地与青藏高原偏远农牧区的雪域信使，服务沿线的党、政、军及牧民群众，用生命书写了对邮政事业的无限热爱。葛军同志的奉献精神、榜样作用得到中央、青海省、团省委、格尔木市及青海省邮政分公司的充分肯定。（青海省邮政分公司 / 提供）

交流与合作

◇ 国内交流合作

◇ 国际交流合作

国内交流合作

【中国邮政与中国铁塔战略合作在全国展开】 在中国邮政集团公司与中国铁塔股份有限公司战略合作协议框架下，全国各个省（区、市）邮政分公司牵头银行、速递物流、保险、证券等板块，主动作为、快速推进，按照“资源共享、优势互补、合作共赢、共促发展”的原则，与当地铁塔分公司进行战略合作洽谈，在市场拓展、金融服务、物流配送、电子商务等方面推动深层合作，将全面、长期、稳定的战略合作伙伴关系落到实处。至10月16日，全国29个省（区、市）邮政与铁塔签订了战略合作协议，其余2个省（市）双方已达成合作意向。

中国邮政与中国铁塔两家同属特大型国有企业，具有相同的性质和使命，具有广阔的合作空间和前景。各省（区、市）邮政与铁塔双方发挥各自优势，推进资源共享，不仅在业务上进行了对接，而且在资源上、渠道上加深合作，依托双方强大的网络、数据、客户等优势资源，互为提供优质、优先的服务和支持，为各自的经营发展开拓出更广阔的空间，更好地履行和完成新时代对国企的使命要求，共同促进地方经济社会的高质量发展。

各省（区、市）邮政与铁塔签订的战略合作协议明确，双方在金融服务、寄递物流、数据信息服务、新能源利用、资产信息化管理等领域开展业务合作。邮政将办公营业场所、物流中心、村邮站、报刊亭、沿街灯箱、小区设施等作为公共服务设施，开放给铁塔作为通信设施站址资源；根据铁塔的业务发展及经营管理需要，提供一揽子综合金融服务解决方案和业务支持；依托强大的寄递网络资源以及仓储、运输、配送等综合服务能力，充分发挥丰富的供应链物流行业经验，为地（市）、县、乡镇广大通信网络基站提供优质优惠的工程物资、办公类文件资料、业务票据和其他物品的仓储、运输、配送等物流综合服务；充分发挥邮资票品、函件、报刊等资源优势和利用邮政新媒体资源，为铁塔提供线上线下并行的业务和品牌形象宣传服务。

铁塔则充分发挥站址、电力、维护监控平台以及业务合作生态资源优势，为邮政提供营业网点、办公场所、仓储等的视频监控和网络建设及智慧物联等综合解决方案、多领域数据信息、广告宣传等服务；在电动运输车辆、服务网点、传统蓄电池等能耗场景提供动力电池梯级利用在内的新能源应用服务；为邮政办公网点、营业网点、仓储网点提供应急发电服务等。

此外，北京邮政与铁塔将在新机场和城市副中心建设、冬奥会服务、美丽乡村服务上共建共享；内蒙古邮政与铁塔根据内蒙古区域特点，积极在客户资源、固定资产盘活、智能包裹箱等社区服务领域开展合作；江苏邮政与铁塔将深化在党建、团建等多维度的共建合作，以推动企业可持续健康发展。

结合各自的战略发展目标，各省（区、市）邮政与铁塔都表示，将研究探索面向智慧社会、数字中国、电子商务等领域的新业务、新市场、新领域合作，同时，利用遍布全国的资产资源，通过优势资产资源的交换、租赁等协同操作，充分挖掘和发挥资产资源的价值，为开发新业务、拓展新市场构建良好平台，在更多领域实现互利互惠、共赢发展。

为推进双方合作，浙江、广东、重庆、福建等地邮政与铁塔双方建立了畅通的合作交流机制，成立合作工作领导小组，建立高层会商制度；成立合作推进工作小组，落实专人负责各项合作的研究、统一协调、推进和管理。

这次邮政与铁塔在各省（区、市）的战略合作，符合新时代双方业务发展和市场拓展、客户服务的现实需求，充分体现了优势互补、战略共赢的原则，充分发挥了双方的渠道优势、产品优势、业务优势，实现了在服务民生领域的渠道共享、资源共用，可以更好地为广大民众和社会各界提供服务，充分彰显了中国邮政和中国铁塔作为大型国有企业的责任担当。（中国邮政报）

【中国邮政与中国工商银行在北京签订战略合作协议】 5月29日，中国邮政集团公司与中国工商银行股份有限公司在北京签订战略合作协议。根据合作协议，中国邮政与中国工商银行充分发挥各自资源优势，重点在能力建设、金融服务、物流寄递、同业等方面进一步加强合作，共同面对挑战与机遇。在金融服务方面，将在信贷支持、现金管理、电子银行服务、银行卡服务、互联网金融服务、互相代理保险产品等方面深化合作；在物流服务方面，中国邮政为中国工商银行提供多品类的物流、寄递服务；同时，深化银企对账单、信用卡卡函等账单业务合作；利用中国邮政互联网媒体合作渠道资源，开展新媒体业务合作，为中国工商银行提供业务宣传推广服务；中国邮政作为产品供应商和后台服务商，为中国工商银行客户维护等方面提供支持。（中国邮政报）

【中国邮政与四川长虹签署战略合作协议】 11月8日，中国邮政集团公司、四川长虹电子控股集团有限公司在四川省绵阳市签署战略合作协议。双方将本着“诚实信用、务实合作、创新发展、协同多赢”的原则，进一步扩大合作领域，拓展合作深度，提升合作效能，促进共同发展。集团公司副总经理张荣林、长虹股份有限公司总经理李伟等出席签约仪式。

张荣林表示，中国邮政作为大型公共服务企业，一直

集团公司与四川长虹电子控股集团有限公司签署战略合作协议。

致力于践行央企责任，服务产品丰富、服务网络深入千家万户，四川长虹有良好的品牌和产品，双方有着良好的合作基础。此次双方开展战略合作，优势互补、资源整合、强强联合，合作前景非常广阔。双方将从集团层面建立起长期、稳定、高效的合作机制，一方面加强统筹协调，各部门抓紧对接，把战略合作各项工作付诸实施，推进合作在现有基础上结出新的丰硕成果；另一方面共同努力，依托战略合作，不断丰富产品和服务内容，为人民群众提供更加优质的服务。

李伟表示，双方将进一步加强业务信息交流、深化业务合作沟通、强化业务落地执行，特别是在渠道方面的合作，择机在全国范围内全面铺开，进一步发挥各自的供应链互补优势，逐步扩大市场规模，实现双方更大程度的合作共赢。

根据合作协议，双方将重点在产品、渠道、金融、物流等领域进一步推进深层合作：一是加强产品领域合作，双方根据自身的业务发展、运营及市场开拓等需求，创新推动双方开展深度合作；二是充分发挥邮政线上和线下渠道平台资源优势，进一步加强渠道及供应链合作；三是扩大金融方面的合作，包括银行、保险和证券业务；四是加强寄递物流领域合作，双方将逐步打通信息系统、配送、结算等各个环节。双方将建立协商交流机制，通过高层领导定期互访、召开专题会议、成立专项小组等形式，确定战略合作的路径和具体项目，研究、组织、协调、推动具体合作项目开展；成立合作工作组，督促和指导分支机构开展全面业务合作，及时解决在合作中出现的问题。（中国邮政报）

【中国邮政与中国移动签署战略合作协议】 12月14日，中国邮政集团公司与中国移动通信集团有限公司签署战略合作协议。集团公司董事长、党组书记刘爱力，集团公司总经理张金良，中国移动董事长、党组书记尚冰，总裁李跃出席签约仪式。张金良、李跃代表双方签署协议。双方在京领导班子成员见证签约。

中国邮政和中国移动作为大型国有企业，在各自领域拥有强大的网络资源和客户资源。此前，双方在网络通信、物联网等领域已开展长期良好合作。本着“平等互利、合作共赢、共促发展”的原则，双方决定深化战略合作伙伴关系，进一步发挥资源和能力互补优势，推动科技创新，共同提升面向数字化服务领域的核心竞争力。

根据协议，双方将在多领域推进深度合作。一是通信及信息化服务合作。中国移动将为中国邮政提供基础电信业务、通用信息化服务、新型基础设施服务和行业应用服务，双方将开展增值业务合作。二是金融合作。中国移动视邮储银行为重要的战略合作银行，中国邮政将发挥邮储银行优势，巩固并扩大与中国移动的金融合作，加大合作力度、提升合作层次、扩大合作范围；在资本、保险、证券等金融领域开展相关业务合作。三是渠道合作。双方将依托各自资源，探索渠道互进、资源互换等模式，深化网点和业务合作。四是寄递物流业务合作。双方巩固并扩大在号卡、发票、财务单据、票证、信函、账单等方面的寄递合作，探讨推动仓储和物流等方面合作。五是客户服务和宣传合作。双方将积极探讨会员权益、积分互换以及客户忠诚度管理等方面合作。充分发挥各自媒体渠道优势，加强资源共享，强化协同联动。（中国邮政报）

【中国邮政与中国电信签署战略合作协议】 12月21日，中国邮政集团公司与中国电信集团有限公司签署战略合作协议。集团公司董事长、党组书记刘爱力，总经理张金良，副总经理张荣林，中国电信董事长、党组书记杨杰，总经理柯瑞文，副总经理陈忠岳出席签约仪式。张金良、柯瑞文代表双方签署协议。

中国邮政和中国电信作为大型国有企业，在各自领域拥有资源、业务和服务优势。此前，双方在基础设施与通信服务、金融与寄递物流等领域已开展长期良好合作。本着“资源共享、优势互补、合作共赢、共促发展”的原则，双方决定深化战略合作伙伴关系，进一步提升面向数字化服务领域的核心竞争力，更好地实现新时代对国企的使命要求，为数字中国、智慧社会建设做出更大贡献。

根据协议，双方将在多领域推进深层次合作。一是基础设施与通信服务。中国电信将为中国邮政提供基础通信及ICT信息化解决方案、创新产品开发、数据中心及云等服务。二是金融合作。中国电信视邮储银行为战略合作银行，并在银行、保险、证券、资本等金融领域开展多项业务合作。三是渠道合作。双方依托各自资源，采用渠道互进、资源互换、共建智慧家庭体验店等模式，深化网点和业务合作。四是大数据及物联网合作。双方将在金融、物流、保险等领域开展大数据合作，并探索物联网方面的合作。五是新技术开发方面合作。双方将共同探索互联网金融、科技联合创新实验室，通过技术创新推动业务

集团公司参展中国（西安）电子商务博览会。

发展，共享研究成果。六是寄递物流业务合作。双方巩固并扩大寄递合作以及仓储、运输等物流合作。七是客户服务和宣传合作。双方基于互惠互利原则，实现双向积分合作；充分发挥各自媒体渠道优势，加强资源共享，强化协同联动。（中国邮政报）

【中国邮政参展中国（西安）电子商务博览会】 9月19—21日，第七届亚太经合组织（APEC）电子商务工商联盟论坛及2018中国（西安）电子商务博览会在西安曲江国际会展中心隆重举行，集团公司作为参展商之一，集中展示邮政近年来在农村电商及电商扶贫、陕西省省商洛市定点扶贫项目、金融扶贫等领域的先进做法以及取得的优秀成果。对外展示中国邮政作为有责任、有担当、有实力的大型国有企业形象，加强行业交流，取得良好的宣传推广效果。（陕西省邮政分公司/提供）

【湖北省政府与中国邮政主办2018中国（武汉）期刊交易博览会】 9月16日，为期3天的由湖北省政府、中国邮政集团公司主办的2018中国（武汉）期刊交易博览会（以下简称刊博会）在武汉国际博览中心落幕。刊博会以

第五届中国（武汉）期刊交易博览会。

“新时代、新理念、新发展”为主题，全面展示国内外期刊业全新风貌。刊博会期间，参观者超过10万人次，达成合作意向300多个，图书、期刊等现场零售区3天销售实洋240余万元。集团公司副总经理张荣林出席开幕式并在2018年中国报刊发行高峰论坛上作主题演讲。

于9月14日举行的2018年中国报刊发行高峰论坛邀请国内外180多位业界精英参与，论坛以“新时代 新发行 新征程”为主题，共同研讨新时代下如何打造合作共赢的报刊发行生态圈。张荣林在题为《不忘初心 开拓创新 开启新时代报刊发行新征程》的主题演讲中指出，邮政报刊发行要着眼于社会大众的文化需求，在报刊出版发行产业链的各个环节进行密切合作。他强调，邮报双方要精诚合作，共创报刊美好未来；要在报刊发行的机制与模式上持续创新；要准确把握终端客户需求，在内容方面精准发力；要在发行服务方面持续融合、在合作领域方面持续拓展。

刊博会举办大型活动20多个，各类专业活动近200场次。中国邮政发布“2018年中国邮政发行百强报刊排行榜”以及“2018年中国邮政报刊阅读百强城市排行榜”。（中国邮政官网）

【新闻宣传中心与社会主流媒体、行业报协会合作】 新闻宣传中心向社会主流媒体学习，探索面向社会宣传邮政履行国企责任方面的贡献与成就。与行业报协会合作，邀请新华社、《经济日报》、《中国青年报》等十余家中央、行业媒体，联合开展“西藏邮路行”采访报道活动，深入基层一线了解西藏邮政开展普遍服务、精准扶贫、转型发展等方面的情况，面向社会刊发报道数十篇。其中，新华社摄影记者李贺采写报道的《活跃在中国最高乡的投递员》，生动讲述基层邮政员工爱岗敬业的感人故事，一经新华网发表，一周时间阅读量就突破100多万人次，扩大邮政企业在社会上的影响。（新闻宣传中心/提供）

【邮储银行与腾讯公司、微众银行签署全面深化战略合作协议】 6月14日，中国邮政储蓄银行与腾讯公司、微众银行在京签署全面深化战略合作协议。根据协议，邮储银行与腾讯公司、微众银行将充分发挥各自优势，在金融业务、金融科技等领域开展全方位、多层次的合作。在金融业务领域，将在互联网金融、消费信贷、供应链金融、公司金融等方面全面深化合作；在金融科技领域，将在云计算、大数据、人工智能、区块链、信息安全等领域开展广泛合作与交流培训；此外，还将在用户研究和用户体验等领域展开合作。

腾讯公司是中国最大的互联网综合服务提供商之一，也是中国服务用户最多的互联网企业之一。微众银行由腾讯等企业发起设立，是国内首家互联网银行，致力于为大

工作人员为顾客演示微信付款操作。

众和小微企业提供差异化金融服务。2015 年 12 月，腾讯公司成为邮储银行的战略投资者，并携微众银行与邮储银行签署战略合作协议，在电子支付、消费信贷、微信银行、营销推广、用户体验等多个领域进行合作。这次三方再度联手，签署全面深化战略合作协议，是审时度势、互利共赢的战略之举。通过多方领域的深化合作，将有助于三方优势互补，加快转型发展，培育差异化竞争优势，更好地支持实体经济发展、服务社会民生。（中国邮政官网）

【中国邮政集团公司邮政研究院与交通运输部科学研究院签署战略合作协议】 5 月 28 日，中国邮政集团公司研究院与交通运输部科学研究院举行战略合作协议签约仪式。此次战略合作协议的签署，是中国邮政研究院进一步加强与交通领域创新合作，推动中国邮政研究院改革发展的重要探索。此举将通过优势互补，密切业务联合，不断拓展合作领域，更好地服务中国邮政决策智库和科创基地的建设。（中国邮政集团公司邮政研究中心 / 提供）

【北京市邮政分公司与冬奥会和冬残奥会组委会深度战略合作】 北京市邮政分公司对接冬奥会和冬残奥会组委会，就邮政服务网点事宜达成意向，拟在每个场馆提供邮政 80 平方米邮政服务场地；与京报集团签订战略合作协议；与北京世园会协调局合作，正式成为 2019 年北京世园会特许生产商和零售商；与北京铁塔公司在场地租赁、建塔、邮政定向服务等方面实现合作，和北京电力等公司合作项目取得新进展，全年电费充值卡业务销售 7800 万元，代收电费业务 2.3 亿元。（北京市邮政分公司　陈丽涵 / 提供）

【天津市邮政分公司与市政府和多家企事业签订战略合作协议】 7 月 27 日，由天津市公安交管局联合天津市邮政分公司推出的“警邮服务平台”正式运行，该平台为市民提供机动车号牌、驾驶证、行驶证、机动车检验合格标志等补换领服务；8 月 17 日，天津邮政与天津联通签署战略合作协议，开启多领域、多业务合作；9 月 12 日，天津邮政与天津铁塔公司签订战略合作协议，双方将在数字中国、电子商务等领域开展合作；9 月 28 日，天津邮政与天津移动达成合作意向，双方将在金融服务、电子商务、物流配送等方面开展深入合作；10 月 17 日，天津邮政与南开大学签订战略合作协议，开启邮校合作新局面；11 月 8 日，天津邮政与今晚传媒集团签订战略合作协议，在《今晚报》代征订及投递资源整合等方面进行合作，有效拓展双方合作领域。（天津市邮政分公司 / 提供）

【山西省邮政分公司与省政府和多家企事业单位签订战略合作协议】 5 月 15 日，山西省邮政分公司与省公安厅交管局召开警邮合作座谈会，就进一步深化合作、提升服务、惠及百姓进行了广泛而深入的交流。与会双方一致认为，双方要以最大的诚意、最高的标准、最强的措施、最优的服务和最好的机制推进深度合作，进一步优化合作流程、提高便民服务效率、加大基础设备投入以及加强系统对接、宣传推广、农村道路交通安全等工作。8 月，全省 11 个代办交管业务便民服务点陆续开通运营。服务点的投入使用是山西邮政深化警邮合作，延伸交通管理服务触角、贯彻落实“人民邮政为人民”的重要举措。另外，5 月 18 日、7 月 5 日、9 月 20 日、9 月 26 日，分别与东方航空股份有限公司、陕西汽车运输集团有限公司和中银保险有限公司、中国联合通信有限公司山西省分公司、中国铁塔股份有限公司山西省分公司签订战略合作框架协议。（山西省邮政分公司 / 提供）

【内蒙古邮政分公司与区环境保护厅签署战略合作协议】 12 月 13 日，内蒙古邮政分公司与区环境保护厅签署战略合作协议并启动“美丽中国，我是行动者——环保邮路草

《北京 2022 年冬奥会——雪上运动》纪念邮票。

原行”主题实践活动，先后组织呼和浩特邮区中心局主题开放日、“美丽中国，我是行动者”环保邮路公益开放日和“绿色邮政建设行动”主题党日活动，向社会大众展现绿色邮政的企业形象。（内蒙古邮政分公司／提供）

【青海省邮政分公司与省环境保护厅签署战略合作协议】 8月3日，青海省邮政分公司与省环境保护厅签署战略合作协议，共同打造“绿色环保邮路”。按照约定，双方将在政务、民生及邮政业务等方面开展深入合作，以“长江一号”主题邮局为载体，建立“青藏绿色驿站”、设置“环保专用信箱”、打造“绿色环保邮路”。双方表示，今后将共同探索、共同推动青海绿色发展，坚持优势互补、信息共享、合作共赢，立足青海生态环境保护，为提升全社会生态文明和绿色发展水平做出积极贡献。（青海省邮政分公／提供）

【吉林省邮政分公司与省国税局召开深化合作座谈会并签署合作协议】 为深化战略合作关系，扩大合作范围，4月18日，吉林省邮政分公司与省国税局就邮税深化合作进行座谈。省分公司从邮政资源、吉林省邮税合作、全国邮税案例、下一步深化合作四个方面进行介绍。邮税双方就“双代”业务合作情况、发票寄递合作情况、深化邮税全领域合作，及推进“放管服”改革和努力打造营商环境等方面深入交换意见，达成深化合作的共识，并签署扩大合作办税协议。下一步邮税双方将从拓展国税委托邮政代办业务种类、探索建立全省统一的电子税务局邮政寄递中心、推广共建邮税便民服务厅合作模式、配合“最多跑一次”确定文书寄递种类及模式、利用邮政线上线下渠道分类定向宣传五个方面继续深化合作内涵。（吉林省邮政分公司／提供）

【黑龙江省邮政分公司与中石化、中石油黑龙江分公司合作】 黑龙江省邮政分公司按照集团公司要求，结合黑龙江省本地特点，对战略协议进行更新和补充，签订《中石化黑龙江分公司与中国邮政集团公司黑龙江省分公司深化合作协议书》，合作内容及领域进一步扩充，合作关系更加紧密。全省6个地市分公司覆盖中石化加油站点并开展代收石油款项合作，分别为哈尔滨、牡丹江、佳木斯、大庆、绥化、双鸭山，全省代收石油款站点106处，代收石油款收入345.83万元，便民服务平台代收代缴合作站点58处，代收额1328.02万元。

黑龙江省邮政分公司与中国石油天然气股份有限公司黑龙江销售分公司于9月6日在哈尔滨签署战略合作框架协议。在原有合作基础上进一步承载双方的共同利益和发展愿景，按照《中国石油天然气股份有限公司黑龙江销售分公司与中国邮政集团公司黑龙江省分公司战略合作框架协议》文本内容双方开展深度合作。下发了《关于下发黑龙江邮政与黑龙江石油战略合作实施方案的通知》（黑邮传〔2018〕147号）文件，明确各部门措施分工，要求做好对接分签及细化方案工作。全省代收石油款站点519处，占比全省中石油加油站点（1093处）的47.48%，代收石油款收入1932.60万元，加油卡项目收入4988.66万元。（黑龙江省邮政分公司／提供）

【江西省邮政分公司与江西航空有限公司签署战略合作协议】 11月9日，江西省邮政分公司与江西航空有限公司在南昌签署战略合作协议。根据合作协议，双方将本着“资源共享、优势互补、合作共赢、共促发展”的原则，充分利用自身资产资源优势，建立长期、稳定、快速的合作交流机制，为共同开发新业务、拓展新市场构建良好平台，在更多领域实现互利互惠，共赢发展。同时，在双方合作的业务基础上努力开拓创新，探索涵盖账户和结算、存款业务、个人业务、授信、金融市场业务、保险、证券等方面的全金融业务合作模式，推进日常公文、发票、物品等服务的邮政寄递配送业务。积极开展文化传媒、邮件航空运输、大客户业务、电子商务、数据资源等方面深层次的合作，为双方在全省战略布局、品质发展奠定良好基础。（江西省邮政分公司／提供）

【湖南省邮政分公司与省内多家企业和政府机构战略合作】 湖南省邮政分公司在深化与省妇联、中粮可口可乐华中公司、湖南联通公司等20多家单位战略合作的同时，与旅发委、出版局、省工商银行、创维公司、省科协、国网湖南省电力公司、湖南铁塔公司、省公安厅交警总队等达成战略合作。打造总资产领先、理财保险“双百亿工程”，形成全新业务增长点。坚持以储蓄余额为主，大力推广理财、保险产品，销售理财、保险超百亿元，为整体收入的完成奠定坚实基础。创新宣传湖南新模式。以“旅游＋邮政”服务模式，推出《芳菲湖南》邮票书以及锦绣潇湘全域旅游年卡之“行走潇湘”卡，以植物气节、言志、述情，勾勒出独特的湖湘精神，宣传湖湘文化、绿色发展理念，提升湖南旅游知名度和美誉度。《时代邮刊》连续3年发行过百万份，进入中国期刊第一方阵。大力推行会员服务模式。全面推广金融客户分户管户，加办金融客户微信好友278.2万户，人均添加微信好友超330户。建立邮政会员制度。在邮乐网、邮三湘微商城搭建全省统一的积分平台，开展线上积分兑换，并为客户提供日常生活用品优惠购、会员特惠日、邮送钜惠车险等非金融服务。（湖南省邮政分公司／提供）

【四川省邮政分公司与省新闻网传媒集团共同启动“十年·邮爱”主题活动】 5月12日，四川邮政与四川新闻网传媒集团共同启动“十年·邮爱”主题活动，参与者可通过“十年·邮爱——带劲新生活，因爱更美丽”主题明信片，表达对援建者的感恩之心、思念之情和对新生活变化的感受，或是把印有感恩图片的明信片寄往全国各地亲朋好友，向全国传递“5·12”十年后的生活态度。（四川省邮政分公司／提供）

【广西邮政分公司参与启动南宁跨境电商产业园启动联动发展机制】 8月16日，南宁跨境电商产业园三方合作协议签约仪式在市政府举行，河南保税集团、广西邮政分公司和南宁高新区管委会达成深度战略合作意向并启动联动发展机制。南宁市自2014年8月获批开展跨境电子商务零售出口试点以来，依托区位优势和逐步完善的政策优势，努力探索面向东盟的跨境电子商务模式，加快完善跨境电子商务线上线下两个平台，列入国家新一批跨境电子商务综合试验区，跨境电商产业发展驶入“快车道”。截至7月，58家区内外企业办理南宁跨境电商综合服务平台接入备案手续并开展相关业务；1—7月，中国邮政东盟跨境电商监管中心的进出口业务总量621.65万件，进出口总货值3396.18万美元。（广西邮政分公司／提供）

【四川省邮政分公司与中粮可口可乐饮料（四川）有限公司签订合作协议】 10月25日，四川省邮政分公司与中粮可口可乐饮料（四川）有限公司签订全业务合作协议，双方通过优势互补、强强联合，搭建合作平台，推动渠道平台、物流配送、宣传推广、公益活动、金融服务等方面的全业务合作。（四川省邮政分公司／提供）

【贵州省邮政分公司与多彩贵州网签署战略合作协议】 1月11日，贵州省分公司与多彩贵州网签署战略合作协议，双方联合打造的“贵州首届扶贫年货节”也于当日启动。此次“贵州首届扶贫年货节”是贵州邮政电商扶贫的又一次新探索，战略合作协议的签订为双方搭建更高层次的扶贫发展平台，标志着合作进入新的发展阶段。根据协议，双方通过优势互补、资源共享，在农村电商、广告宣传、金融结算、仓配物流配送、邮政服务等方面深入合作，推动联合发展、互利共赢，共同引领电子商务发展；建立长期、稳定、快速的合作交流机制，为共同开发新业务，拓展新市场构建良好平台。（贵州省邮政分公司／提供）

【陕西邮政分公司与省供销合作总社、省盐业专营公司签署合作协议】 1月4日，陕西省邮政分公司与省盐业专营公司签署全面业务合作协议。双方本着“资源共享、优势互补”的原则，充分利用各自优势，共同致力于业务合作与项目推进实施，相互提供优质资源与服务，实现资源共享、优势互补、市场共拓、发展共赢。陕西省分公司与省供销合作总社签署战略合作协议。

7月6日，省分公司与省供销合作总社签署战略合作协议。通过优势互补、强强联合，为双方系统搭建合作平台，推动在营销渠道、物流配送、网络建设、金融服务等方面开展诚信合作，实现互利共赢，以更好地服务城乡居民和“三农”工作。（陕西省邮政分公司／提供）

【新疆邮政分公司与自治区博物馆签订战略合作协议】 9月22日，中国邮政集团公司新疆区分公司与自治区博物馆举行战略合作签约仪式。合作双方互补资源，利用各自优势共同打造好“文物类文创产品”和“集邮类文创产品”，通过各自渠道将两类产品共同推向市场。自治区博物馆在场馆内免费为邮政方开放了主题邮局区域，将邮政元素融入博物馆文创商店。设立“博物馆主题邮局”，博物馆工作人员代为管理向广大游客提供用邮服务。双方还在文化类课程方面开展合作，通过邮政进校园的渠道将自治区博物馆精心打造的“研学游”课程带到中小学生的身边。“邮馆”合作，实现开发《多彩新疆》旅游册5000册；乌鲁木齐、阿克苏与当地博物馆达成“博物馆主题邮局”合作意向。（新疆邮政公司　汪春梅／提供）

【2018两岸邮政发展研讨会】 11月9日，2018两岸邮政发展研讨会在江苏省南京市召开，会议全面回顾《海峡两岸邮政协议》签订以来的落实情况，围绕“数字化时代邮政的创新发展”主题，进行交流和研讨。江苏省政府、国家邮政局、中国邮政集团公司、中华邮政公司、海峡两岸邮政交流协会等相关领导出席开幕式并致辞。国务院台办以及两岸邮政业界的有关领导和专家85人参加会议。

2018年是两岸实现全面、直接、双向通邮10周年。10年来，两岸邮政函件业务发展平稳，包裹、寄递业务增量明显，汇兑业务运行顺畅。两岸邮政的合作机制不断完善，合作成效日益明显，互动发展的新局面逐渐形成。尤其是通邮为两岸民众物品寄递和传情达意提供诸多便

2018两岸邮政发展研讨会在江苏省南京市召开。

利，增强了两岸同胞的精神纽带，增进两岸同胞的亲情和福祉。

中国邮政集团公司董事长刘爱力指出，两岸邮政要顺应历史发展趋势，继续发挥专业特色和行业优势，深化业务合作，共同参与“一带一路”建设，继续在两岸经贸合作中发挥积极的作用。一是要顺势而为，继续深化两岸邮政业务合作。两岸邮政要抓住推进“一带一路”建设契机，深化跨境电商发展，加强在邮政服务民生、邮政金融领域、邮政智能设备等方面的合作，不断增强两岸民众的福祉。二是要增进交往，继续推进两岸邮政人员交流。夯实两岸邮政交流机制建设，利用两岸邮政发展研讨会平台加强业务和服务切磋；创新交流形式，继续推进工会组织、青年员工交往，通过多种形式，加强基层员工特别是青年员工的交往，使老一代邮政人创建的两岸邮政交流机制继续传承下去。（中国邮政官网）

【台湾地区中华邮政工会到广西邮政交流访问】 5月7—11日，以副理事长詹一新为团长的中国台湾地区中华邮政工会交流访问团一行11人到广西邮政交流访问。在桂林市邮政分公司举办的座谈会上，双方相互介绍邮政的发展运营情况，就邮政工会工作的现状、关心关爱职工和工会开展活动等情况进行交流。访问期间，詹一新副理事长一行参观桂林市邮政分公司荔浦县马岭支局邮政营业和储蓄营业工作场所、职工小家职工生活和文化设施，与现场职工亲切交谈，了解他们的工作、生活和福利等情况，称赞广西邮政为职工提供良好的工作和生活环境，工会在职工小家建设、关心关爱职工方面做得好，值得学习。他们还参观了桂林市象山主题邮局，对广西邮政打造“邮政＋旅游＋文化”品牌效应表示赞赏。（广西邮政分公司／提供）

【台湾邮政代表团到湖北邮政交流访问】 11月13—14日，台湾邮政协会荣誉顾问王廷俊、邓添来，中华邮政公司协理郭纯阳一行在中国邮政集团公司国际事务部、国家邮政局港澳台事务等相关领导陪同下到湖北邮政交流访问。代表团在湖北邮政访问交流期间参观湖北邮政农村电商精准扶贫特色产品（文化）展、华中（武汉）陆路邮件处理中心、首义邮局和黄鹤楼文化主题邮局。（湖北省邮政分公司／提供）

台湾邮政代表团到湖北邮政交流访问。

国际交流合作

【概述】 中国邮政集团公司参加万国邮联春季和秋季年会、万国邮联第二次特别会议，深入参与邮联各项标准、公约细则的修订，开展电子预报关信息、质量提升和质量挂钩、铁路运邮、EMS业务及公共质量基金等项目的研究，制定应对邮联产品改革及终端费改革的中国方案。应对美国启动退出万国邮联程序事件，坚决维护万国邮联多边合作体系。参加亚太邮联会议，深入研究业务法规、产品开发和质量提升项目，推动提案获得支持。参加卡哈拉CEO会议以及4次卡哈拉联合工作组会议，研究卡哈拉业务发展和伙伴扩展计划、卡哈拉网络运行质量情况、跟踪小包业务计划、海关监控和EDI预报关发展情况、技术方面的进展情况等工作，推动业务拓展，加快信息化进程，提升服务质量。

9月，中国邮政集团公司与国家邮政局在广西南宁联合举办“‘一带一路’倡议下促进贸易便利化发展亚太地区国家邮政培训班”，来自16个国家的34名学员参加。11月，中国邮政参加在日本举办的第19届中日韩邮政峰会，三国邮政在加强电子商务领域合作、加强在EAD电子预报关领域沟通合作、探索互派基层工作人员交流等方面达成一致，并共同签署备忘录。（综合部／提供）

【中国邮政集团公司参与国际组织事务】 集团公司牵头组织参加4月和10月在瑞士伯尔尼举办的2018年万国邮联春季和秋季年会，以及9月在埃塞俄比亚召开的万国邮联第二次特别会议。深入参与邮联各项标准、公约细则的修订，开展电子预报关信息、质量提升和质量挂钩、铁路运邮、EMS业务及公共质量基金等项目的研究，推动实施邮联产品改革，研究产品改革架构方案，就美国启动退出邮联程序事件，深度研讨国际终端费改革方案。深入参与亚太邮联、亚太邮政合作机构事务，积极推动提案获得亚太地区更多邮政的支持；深入研究业务法规、产品开发和质量提升项目，关注亚太小包管委会意向、决议等进展，为决策做好参谋。参加卡哈拉CEO会议以及4次卡哈拉联合工作组会议，研究卡哈拉业务发展和伙伴扩展计划、卡哈拉网络运行质量情况、跟踪小包业务计划、海关监控和 EDI 预报关发展情况、技术方面的进展情况等工作，积极推动业务拓展，加快信息化进程，提升服务质量。（综合部 / 提供）

【中国邮政集团公司促进国际及港澳台交流合作】 认真落实中央对外事工作的要求，做好接待境外代表团来访和安排出访团组工作。组织开展高层会谈，参加卡哈拉 CEO 会议、第四届东方经济论坛、万国邮联特别大会、第七届亚太邮联业务论坛等重要国际会议。加强与港澳邮政高层沟通，落实两岸邮政交流机制，组织两岸青年团互访，在南京举办 2018 年两岸邮政发展研讨会，参加在台北举办的第五届海峡两岸珍邮特展。（综合部 / 提供）

【中国邮政集团公司外事管理工作】 根据中央出台的八项规定实施细则精神，修订集团公司有关规范因公出国（境）活动的要求；下发《关于进一步加强因公出访团组管理有关工作的通知》，加强对出访团组的管理；根据财政部、外交部财行〔2017〕434 号文要求，下发《中国邮政集团公司关于调整因公临时出国住宿费标准等有关事项的通知》，调整部分因公临时出国住宿费标准。启动因公出国（境）团组任务审批电子化流程工作。加强对因公证照管理力度，对部分单位因公证照管理情况进行检查，并对存在的问题提出整改建议。（综合部 / 提供）

【中越邮政签署合作备忘录】 3 月 13 日，中国邮政集团公司与越南邮政总公司合作备忘录签约仪式在广西南宁举行。根据备忘录，中越邮政双方将深化两国邮政之间的业务合作，研究和分享建设边境分拣中心的开发和投资经验、电子商务供应链发展经验，解决国际邮件经转问题，促进中越两国之间跨境电商的发展。（中国邮政官网）

【泰国邮政访问团考察江苏省邮政电商】 11 月 3 日，泰国邮政访问团来江苏省邮政考察，实地了解兴化市邮政分公司农村电商全流程运作及农村电商邮掌柜和农产品进城项目。访问团一行在兴化市茅山镇世纪联华“邮乐购”加盟店现场观摩；在茅山支局，询问网点运营情况及业务种类；在邮政电商服务中心，对兴化分公司自营的特色农副产品、邮政电商的整体布局、发展规划以及经营模式进行深入探讨。（江苏省邮政分公司 / 提供）

【美国邮政考察参观湖北省华中（武汉）陆路邮件处理中心】 1 月 19 日，美国邮政高级副总裁克里夫·洛克、国际业务部经理弗兰卡·戴维斯、亚太区销售经理郑新东一行，在中国邮政集团公司国际合作部、中国邮政速递物流股份有限公司国际业务部、湖北省邮政分公司、省速递物流分公司等相关领导陪同下，参观中国邮政速递物流华中（武汉）陆路邮件处理中心。（湖北省邮政分公司 / 提供）

【联合国驻华系统调研组考察青海省海南州共和农村电商发展情况】 1 月 30 日，应国家商务部邀请，联合国人口基金驻华代表洪腾博士，联合国儿童基金会、开发计划署、粮农组织等驻华系统调研组深入青海省海南州共和县调研农村电商、精准扶贫等领域发展情况。在共和邮政电子商务服务中心，考察团通过观看邮政农村电商发展宣传片和 PPT，全面了解共和县农村电商发展情况。共和邮政电子商务服务中心负责人从县域基本情况、电商“县—乡—村”三级站点建设、电商扶贫、电商培训、产品孵化、宣传推广以及下阶段主要工作计划等方面作详细汇报。考察团对共和邮政电子商务服务中心企业线上入驻、产品培育等发展情况进行咨询了解。考察团团长洪腾博士在详细了解电商发展带动当地贫困户增收、促进就业和站点人员收入等情况后，对共和县在农村电商发展中取得的成绩给予了高度肯定。希望下一阶段要加强调研指导，深入了解电商站点建设成效，更好助推农村电商扶贫工作，带动更多农村群众实现增收。（青海省邮政分公司 / 提供）

控股子公司、直属单位及寄递事业部工作

【中国邮政储蓄银行股份有限公司】

一、经营概况

邮储银行资产总额9.52万亿元，比上年增长5.59%。各项存款余额8.63万亿元，新增5647.81亿元，比上年增长7.00%；各项贷款余额4.28万亿元，新增6467.30亿元，比上年增长17.82%，增速处于同业领先水平；存贷比49.59%，比上年提高4.57%。不良贷款率0.86%，拨备覆盖率346.80%，资产质量好于银行业平均水平。资本充足率13.76%，比上年提高1.25%。全行实现营业收入2612.45亿元，比上年增长16.18%；实现净利润523.84亿元，比上年增长9.80%，收入、利润增幅均高于国有大行同期水平。成本收入比57.60%，比上年下降7.04%。经营业绩得到资本市场的认可，股票被纳入明晟（MSCI）指数。国际三大评级机构中，惠誉、穆迪分别给予邮储银行与中国主权一致的A+、A1评级，标普给予A评级，属于国有大行最优水平。

二、服务实体经济

认真落实中央要求，持续加大对实体经济支持力度。涉农贷款余额1.16万亿元，年增1072.86亿元，增幅10.18%。金融精准扶贫贷款余额938.58亿元，年增322.94亿元，增幅52.46%。第一时间落实习近平总书记和李克强总理关于支持民营企业及小微企业的讲话精神，制定支持民营企业20条措施。年末民营企业贷款余额4515.75亿元，年增639.9亿元；单户授信1000万元及以下小微企业贷款余额5449.92亿元，年增800.84亿元，增幅17%；普惠金融口径小微贷款四季度放款利率较一季度下降110BP，圆满完成“两增两控”监管考核目标。坚持“环保一票否决制”，严格限制“两高一剩”行业客户和项目授信，绿色贷款余额1904.05亿元，比上年增长15.47%，占比高于行业平均水平。支持京津冀协同、“一带一路”、长江经济带发展贷款超过6500亿元。

三、风险防控

1. 推进防范化解重大风险。落实中央和监管部门防范化解金融风险重大部署，推进深化整治银行业市场乱象工作，董监高直接约谈分行一把手，强化现场检查督导，排查发现风险问题11万笔，整改率97.12%。制订《打好防范化解重大风险攻坚战三年规划》，全面摸排风险底数，开展信贷资产质量真实性检查、非信贷业务整治及表内外潜在风险排查，严格资产分类标准，将98.31%逾期60—90天贷款和60.24%逾期30—60天贷款划入不良，不良贷款与逾期90天以上贷款比值为132.73%。

2. 加大风险管控力度。严控集团客户、房地产、影子银行和交叉金融、地方政府隐性债务等重点领域风险，强化统一授信管理，建立大额风险暴露和集中度风险监控机制，稳妥处置大额敏感客户风险。加强授信业务监测分析，开展风险预警。优化授信政策，形成138项重点行业政策和乡村振兴等专项政策。加大资产保全力度，处置不良贷款186亿元。

3. 夯实内控合规管理基础。组织案防合规述职，推进案防管理“28条”落地。扎实开展2018年“内控提升”活动。加大监督检查及刚性问责力度，开展网点操作风险、反洗钱等系列检查和扫黑除恶等专项活动，全行警告以上处理3165人次。外汇合规管理工作取得成效，获评B+分行数量比上年翻倍。推动“平安邮储”创建，开展安全管理不规范行为整治，推进安全管理标准化达标建设。

4. 发挥审计监督作用。开展市场乱象整治、监管通报问题整改落实、代理机构内控及经营等19个监管指定审计项目。深入开展公司治理、风险管理、信贷和非信贷业务、信息科技等审计项目。完成审计项目1930个，审计金额约1.8万亿元，发现问题4.2万个。

四、深化改革

1. 推进机构改革。规范各级党的工作机构和监察机构设置，41家二级分行分设党委党建工作部、监察部，其他二级分行设置党委党建工作部（监察部）；升格8家分行小企业金融部；增设16家分行资产管理中心作为二级部，撤销12家分行票据中心；调整设置各级行网络金融部、运营管理部。优化调整总行信息科技“一部两中心”职责，合肥、成都两个研发分中心投入运营。加快理财子公司筹建。

2. 完善绩效考核政策。单列党建工作类指标；将监管评价和监管处罚纳入考核，风险合规分值权重达46%；落实“两增两控”监管要求，优先支持“三农”、小微等普惠金融发展，加大考核力度；进一步强化经济增加值考核，分行经济增加值比上年增长16.9%。

3. 推进网点转型。实施网点分类管理，持续治理低效网点，105个低效网点实现扭亏。加快柜面作业组织优化，累计布放ITM设备8000余台，自营网点离柜率67%，压降营业面积12.5万平方米、台席4911个，优化柜员5655人、51%转入营销服务团队。推动个金与零售信贷融合发展，9家试点分行98%的自营网点提供零售信贷服务。

五、管理效能

1. 资负管理。强化经济资本限额管理，信贷资产资本耗用率比上年下降0.21%。增强FTP市场与政策导向，打好利率目标、定价授权、低利率限额“组合拳”，净利差比上年上升18BP。加强流动性风险前瞻性管理，日均超额准备金比上年下降42亿元，流动性指标领先同业。

2. 财务、采购、工程建设管理。建立包括112个标杆的成本费用标杆体系，强化成本费用管控，推动成本收入比不断下降。盘活闲置资产13处。成立集中采购管理委员会，制定公开招标制度，完成集采3677项，金额

10 月 12 日，邮储银行安徽省池州市东至县支行信贷客户经理在黄鳝养殖基地调查了解养殖情况。

117 亿元。工程建设量质提升，总行第二办公区和北京、山东、甘肃分行等办公场地完成建设。

3. 运营管理。采取多项措施，日均现金备付率比上年下降 5BP。实现自营网点营业主管全面派驻，试点代理网点营业主管派驻；推广自动化用印，上收实物印章 2.8 万枚。启动端到端客户旅程优化，提升客户体验。

4. 干部和人力资源管理。专题调研干部年轻化问题，加强领导干部个人事项报告、因私出国（境）管理等工作。持续管控用工总量，优化队伍结构。统筹调整岗位工资标准，提升基层员工和技能人才待遇水平。通过多种方式，分层分类培训干部员工 46 万人次。

六、科技支撑

1. 推进信息化工程建设。开展“十三五”IT 规划十大平台、十大项目群、217 项信息化工程建设，建成互联网金融、产品管理、组合交易、流程整合、统一柜面、两总线等重点平台，132 个工程相继投产上线。

2. 增强科技创新能力。推广管理驾驶舱、网点经营月报等大数据应用系统，上线智能客服、远程授权机器人、区块链福费廷资产交易平台，大规模应用云计算技术，云平台日均交易量超过 1.7 亿笔，达到同业领先水平。

3. 提升科技风控能力。加快灾备建设，加强运维外包管理，运维管理体系通过 ISO2000 质量体系认证。圆满保障上合峰会、博鳌论坛、中非论坛、“双 11”等重要时期的系统运行，未发生重大系统性故障及信息安全风险漏洞事件。

七、党的建设

1. 全面深入学习贯彻习近平新时代中国特色社会主义思想和党的十九大精神。认真落实集团“三个第一时间”学习机制，精心制定“大学习、大讨论、大落实”活动学习方案，组织形式多样的主题活动，将学习宣贯推向深入。开展“强基固本”工程常态化制度化建设和基层党组织建设专项检查，基层党组织建设持续深化。

2. 接受巡视政治体检，筑牢政治基础。认真接受中央第二巡视组开展的延伸巡视，坚持全面整改和重点整改相结合，举一反三，形成 22 项任务和 59 项措施的整改清单。通过整改，全行干部员工进一步提高政治觉悟和政治站位。

3. 持之以恒正风肃纪，加强作风建设和纪律建设。聚焦“四风”整治、扶贫领域作风治理、“两费”清理等重点工作，深入开展监督检查；统筹谋划一级分行巡察工作，持续传导全面从严治党压力。精准运用监督执纪“四种形态”，加强警示教育，严肃问责处理，党纪政务处分人数比上年增长 39%，不敢腐的震慑效应日益显现。

4. 增强工会群团助力作用。开展 2014—2017 年度全行先进集体和先进个人评选，组织 11 项全行性劳动竞赛，以点带面深化职工小家建设，畅通职工利益诉求渠道。河南省分行荣获“全国五一劳动奖状”称号，山东、新疆辖内 2 家基层单位荣获“全国工人先锋号”称号。（邮储银行 / 提供）

【中邮人寿保险股份有限公司】

总资产 1412.5 亿元，比上年增长 49.3%，实现营业收入 628.6 亿元，比上年增长 39.3%；实现保费收入 576.6 亿元，比上年增长 40.4%，其中，期交保费 421 亿元，比上年增长 77.9%；实现利润 5.2 亿元，比上年增长 38.2%，连续第 5 年盈利。吉林省分公司开业，展业范围拓展至 20 省（区、市）、277 地市、1453 县（市）、31074 个网点，服务客户数 968.12 万人。

一、转型发展

1. 营销转型。组织开展全国优秀营销方案评比，提升营销策划能力，组织开展自办保险转型发展劳动竞赛、“决胜半年　转型亮剑”等专项营销活动，推进电子渠道销售工作，线上出单率 89%。搭建在线培训管理平台，开展“岗位大练兵、技能大比武”活动，采用影像和 PPT 两种形式，研发制式培训教材 225 课时，微课 138 个。

2. 培训转型。搭建在线培训管理平台，开展“岗位大练兵、技能大比武”活动；采用影像和 PPT 两种形式，研发制式培训教材 225 课时，微课 138 个。组织分层分级培训，总部举办管理骨干荣誉定制培训班、新入职督训师培训班、新产品上市培训班和教材研发培训班。各分公司增加基层培训频次，扩大覆盖面，针对网点一线营销人员组织培训 1.8 万场次、覆盖 35 万人次。

二、专业能力

1. 信息化建设。完成 IT 规划编制，从应用、数据、基础及治理等方面，明确信息化“1 号工程”的建设内容和实施路径。系统推进 29 个信息化项目建设，客户信息管理平台、影像档案管理平台等 10 个项目上线运行，高标准、高起点启动西安后援中心建设。

2. 服务品质。上线微信回访，开通 956077 服务短号码，客户忠诚度（NPS 值）提高 23%。开展理赔出险时效专项提升活动，理赔时效提升明显。启动西安后援中心建设，统筹规划建设方案，系统推进重点建设项目。开展投诉专项整治和分公司服务评价，实施服务质量监督检查，万张保单投诉件数比上年下降 58%，亿元保费投诉量 0.29 件，持续保持行业较优水平。举办第二届客户服务季，线上线下结合开展各类活动 338 场，参与人数超 30 万人。

三、合规管控与风险防范

1. 强化合规管控。联动邮银落实《中邮保险业务销售误导专项整治“亮剑行动”方案》，大力整治销售误导行为。深入开展市场乱象整治工作，开展市县合规检查，检查 196 个市、484 个县、1835 个网点。

2. 强化重点风险防控。研究制订《打好防范化解重大风险攻坚战三年规划》，明确总体目标、阶段安排和重点任务。做好综合偿付能力监测，开展压力测试提前预警，多措并举确保偿付能力充足率持续达标。建立资产负债比例管理体系，试行编报季度量化评估报告和年度能力评估报告，久期匹配和成本收益匹配均得到改善。未发生一起资金案件和重大风险事件，风险综合评级连续 8 个季度保持 A 类。

四、科学管理

1. 财务管控更加精准。优化收入和费用零基预算模式，强化预算过程管理，初步建立预算条线归口管理机制。将费用投入向业务培训倾斜，支撑渠道销售能力提升。优化采购流程，提升采购效率，保障重大项目实施。

2. 人力资源管理持续优化。探索建立突出能力与业绩导向的多通道晋升路径，实行市场化选聘人员任职试用期制。打破工资总额的传统管理模式，实行零基预算，突出发展质量和价值贡献因素。改进绩效管理，年度绩效薪酬与单位、个人考核结果“双挂钩”。落实干部教育培训规划，分级分类组织开展全员素质提升培训，培训 3.03 万人次，自主培训 537 场。

8 月 23 日，中邮保险山东省分公司组织开展抗洪救灾活动。

五、党的建设

中邮保险党委把党的政治建设摆在首位，以政治建设统领党的各方面建设。进一步夯实管党治党政治责任。开展“大学习、大讨论、大落实”活动，建立“四个第一时间”学习机制，深入学习习近平新时代中国特色社会主义思想和党的十九大精神。分层签订落实全面从严治党要求主体责任书和专责监督责任书，把党建工作作为首要指标并加大权重纳入战略绩效考核，逐级压实责任。持续加强作风建设，党委委员深入基层开展调研，开展整治形式主义、官僚主义专项活动。深化运用监督执纪“四种形态”，严厉查处违规违纪行为，纪律规矩意识进一步增强。

六、保险扶贫工作

制定并印发《2018—2020 年中邮保险扶贫工作规划》《中邮保险扶贫保障计划指导方案》，明确扶贫工作思路和实施路径。为 16.9 万建档立卡贫困人口（含脱贫不脱策）提供风险保额 73.47 亿元，赔付 405 人次，赔付总金额 260 万元，开展 55 项公益扶贫活动，涉及 42727 人。为陕西商洛商州区和洛南县 2.15 万人提供 10.23 亿元人身意外风险保障。

七、和谐企业建设

协同推进“员工幸福工程”，员工获得感和幸福感进一步增强，开展职工思想动态问卷调查分析，为加强队伍建设提供参考，组织“中邮保险工匠”巡讲，增强先进典型示范引领作用，开展形式多样的关爱和文体活动，促进和谐企业建设。（中邮保险 / 提供）

【中邮证券有限责任公司】

一、转型发展

1. 经营业绩优于行业。年累计收入 4.08 亿元，比上年增长 13.09%；累计完成利润 1.52 亿元，比上年增长 35.52%，保持了行业逆境下良好的发展态势。和行业平均水平比：公司收入增幅优于行业水平 27.6%（行业 −14.5%），排名较上年末提升 15 位；利润增幅优于行业水平 78.5%（行业 −43%），利润排名较上年末提升 36 位。和上市券商比：公司收入增幅优于上市券商平均水平 17.6%（上市券商平均：−4.47%），领先 26 家上市券商；利润增幅优于上市券商平均水平 87.6%（上市券商平均：−52%），领先 29 家上市券商。和同规模券商比：公司净资产排名 80 位，与排名 79 位的证券公司比，收入排名领先 2 位，利润排名领先 4 位；与排名 78 位的证券公司比，收入排名领先 1 位，利润排名领先 57 位。

2. 业务转型持续推进。受监管政策变化，以及新技术、新产品、新模式不断涌现的影响，业务转型持续承压。依托集团资源，结合市场趋势，加大经营转型力度。经纪业务（含信用交易）向量质并举转型取得新成

中邮证券人才队伍建设。

效。经纪业务（含信用交易）收入1.77亿元，比上年增长19.5%；其中，信用交易业务实现收入1.06亿元，比上年增长68%。公司高度重视经纪业务竞争激烈、佣金下滑的行业趋势，一方面，立足邮政资源的特点和优势，推进有效户推介、金融产品销售，壮大基础业务规模；另一方面，大力推动股票质押、融资融券等高效业务发展，尤其是在高净值客户、机构客户上深耕细作，不断提升经营效益。资管业务向市场化、主动管理转型取得新进展。资管业务顺应新规，大力推进业务转型，初步搭建起主动管理业务框架。拓展市场化客户和渠道，开发“成都农商系列”和“珠江1号”等项目，市场化业务规模68亿元；继续巩固与邮储银行的合作。自主设计的资管计划成功在邮储银行发行，其中稳赢系列、鸿利来系列合计募资7.95亿元。资管业务收入6719万元，资管总规模1033亿元，保持行业中上游水平（排名44位）。投行业务（含新三板）向主动营销、精细化管理转型出台新举措：开展主动营销，通过“银证联动+总分联手”，投行（含新三板）发展呈现新面貌。走访对接22家省（市）银行和81家重点客户，项目储备大幅增加。新三板签约项目13单，签约金额1365万元；在项目管理上，加强过程管控，由“揽做一体化”向“揽做分离，承揽为主，兼顾协调”转型，充实市场开发和承揽力量，提高工作效率，防范业务风险；进一步厘清业务方向和拓展思路。重点发展债券承销、资产证券化及新三板业务，为业务突破打好基础。自营业务主动调整、积极创新业绩突出。根据市场变化，公司主动调整自营业务重点，强固收，控权益，降成本，推创新，引入专业团队，增强固收投资能力；增加资金配置，严防信用风险，固收业务实现收入1.73亿元，比上年增长151%，年化收益率9.63%，大幅优于行业平均水平；加大外部融资力度，日均融资规模14.1亿元；通过优化渠道，融资成本降低1.3%；严控权益投资规模，在市场低迷的环境下，有效防范权益类投资风险；加大业务创新，开展债券借贷和分销业务，盘活存量资产，自营业务实现收入1.36亿元，比上年增长133.5%。

二、企业管理

1. 财务管理持续加强。实施差异化资金政策，优化资金配置，整体收益率6.15%，比上年增长29.5%。加强成本管理，行业排名28位，高于行业平均水平。同时，再获中国结算A类结算参与人评价。

2. 人力资源管理。一是调整业务线奖励办法，对分支机构实施分类考核，对呼叫见证中心实施计件考核，激发员工积极性。二是开展分层分级培训活动133场。风控合规管理扎实有效，化解风险事件，处置风险隐患，切实维护发展成果，以净资本和流动性为核心的风控指标持续达标；在证监会分类评级中，24家券商被“降级”，中邮证券保持BBB级评价结果，优于陕西辖区的其他证券公司。

三、经营能力

加强人才队伍建设，引进58位高素质专业人才，对拉动固收业务收入、拓展市场化业务，起到支撑作用；增强业务风险识别、把控能力。信息系统持续稳定，有效支撑业务发展。连续5年无较大信息安全事件。亦庄数据中心新一代证券系统稳定运行，同时改造股票质押新规等16个系统，提升交易处理能力，支撑业务管理和创新需要。“基于超融合架构的证券云平台应用与实践”项目，获得集团2018年科技成果三等奖。推进分支机构建设，拓展经营布局，完成上海、青岛、赣州、郴州、武汉、东营等6家分支机构建设，获得云南、内蒙古、绵阳等3家分支机构建设批复，拓展经营覆盖范围。

四、板块协同

1. 全面落实集团协同事项。在集团协同工作考核中获得满分。

2. 更好地融入邮政经营工作。集团将发展证券业务纳入对邮政企业、邮储银行的考核。各板块更加重视证券业务发展，推动有效账户、证券金融资产的发展。

3. 协同新亮点不断涌现。邮银证联合营销、协同推荐新三板业务在9个省试点，客户转化率20.4%。

五、履行央企责任

1. 切实防范金融风险。持续开展合规检查和风险排查活动，建立风险隐患台账，定期评估、跟踪处置，有效化解风险事项，杜绝了风险的传导和外溢。

2. 发挥证券特色抓好污染防治。2个环保企业实现新三板挂牌、5个环保行业资管项目落地（41.42亿元）。

3. 推进扶贫攻坚。出资47.52万元资助2个扶贫产业项目、1所希望小学、7名贫困学生。

六、党的建设

认真学习贯彻习近平新时代中国特色社会主义思想和党的十九大精神，完成中层以上干部为期5天的十九大精神轮训，建立“三个第一时间”学习机制，组织召开中心组学习（扩大）会议12次，认真组织开展“大学习、大讨论、大落实”活动。公司始终把政治建设摆在首位，认真贯彻落实关于加强和维护党中央集中统一领导的若干规定精神，制定下发公司2018年党建工作要点，逐级签订全面从严治党主体责任书和廉洁从业责任书，各级党组织和广大党员干部牢固树立“四个意识”，坚定“四个自信”，坚决做到“两个维护”，严格执行党委工作规则和“三重一大”决策制度实施细则，履行重大事项报告制度。公司党委认真落实中央巡视整改新要求，成立巡视整改工作领导小组和办公室，制定整改方案和整改清单，确定38项整改措施，先后召开12次党委会议、11次巡视整改领导小组会议、12次领导小组办公室会议，完成38项整改措施。公司党委充分运用巡视整改成果，努力把中邮证券打造成为党执政兴国的“六个力量”。（中邮证券／提供）

【中国集邮总公司】

中国集邮总公司累计收入19.12亿元，利润8.19亿元。

一、推动企业平稳健康发展

1. 推动项目开发。以全年邮票发行计划为抓手，围绕34个新邮题材，深挖项目文化内涵，策划开发530款2300万余套产品。生肖贺岁项目收入7.64亿元，年册项目收入6.96亿元，其他常规邮品收入2.55亿元，保障现有业务规模和发展质量稳定。

2. 支撑服务。持续加强与各省业务往来合作，在项目开发前期主动征求产品内容、设计、定价等方面的意见，广泛采取“几上几下”的预征订模式，做到有的放矢。主动调减产品售价，增强市场竞争力，并更多让利给各省和集邮爱好者。加强信息沟通，针对产品策划、库存情况、专卖店发展、个性化业务等一系列关系各省经营发展的重要议题进行实地调研，并开展有针对性的指导。根据邮票题材的关联程度，通过产品调配和资源倾斜，向重点省份进行重点支持。与20个省合作开发产品86款，为各省实现收入约2亿元。

3. 营销拓展。加强对传统邮政渠道的支撑和调控力度，依据政策和市场环境的变化，不断调整销售措施，确保销售的真实有效，避免库存积压。以项目、活动为支撑手段，持续为集团公司组织的“生肖贺岁季”、佳邮评选和“改革开放40周年”巡展及各省举办的地域性展会、品鉴会等营销活动提供支持。进一步整合资源，加大与社会企业合作力度，与社会企业合作开发产品34款，收入6.27亿元。与中国印钞造币总公司签署战略合作协议，推出邮票与纪念钞券结合的新产品，拓展发展空间。按照集团公司要求部署，做好集邮网厅新邮零售及总公司店铺运营工作，筹划店铺活动，吸引用户关注，推出《红楼梦》

游客在“敦煌夜市”主题邮局选购邮品。

系列版票册等多款积分回馈产品，并结合生肖贺岁季、集邮周等节点开展各类营销活动。

4. 板块协同。进一步强化与邮储银行的合作力度。四年来，《邮票金》系列产品在邮储银行渠道销售33万套，销售量占总发行量的比重从20%上升至52%，总销售额4亿余元。开发专供邮政其他专业销售的集邮产品。利用报刊渠道，推出与党建读物出版社合作的《真理的味道》党员学习笔记本，与环球人物杂志社合作发行的，结合邮票与人民日报头版的《辉煌新时代》典藏册，在宣传国家政策，推动党员教育等方面起到了积极作用。主动加强与邮政速递物流的合作，确保邮票和邮品的发运安全。

二、推动管理水平有效提升

1. 推进绿色邮政建设。按照集团公司的战略部署，全面启动绿色邮政和绿色集邮建设工作，成立建设行动工作领导小组，拟定《中国集邮总公司落实绿色邮政建设实施方案及三年规划》。在保证产品质量稳定的前提下，坚决响应集团领导提出的邮品设计“轻薄化”要求，节约资源，降本增效。在生产厂家招标中加入对环保标准的评分指标，并将绿色环保参数纳入合作规范和质量标准。把绿色邮政建设行动融入集邮产品的设计、制作、生产、发运等各个环节。2018年年册产品，简易邮折比经典年册重量减轻一半，节约成本约60万元。2019年生肖产品更换低克重纸张，总重量减轻79.71吨，节约成本59.85万元。

2. 推进品牌建设和标准化建设。配合集团公司，展开一系列的打假维权活动，维护中国邮政和中国集邮的品牌形象。完成中国集邮总公司品牌建设分析报告，并向全体员工征集总公司全新形象标识方案。获得ISO9001和GB/T1901：2016质量管理体系双标认证。

三、党的建设

1. 扎实做好中央巡视整改工作，全面推进企业党的建设。贯彻落实中央巡视精神，扎实开展巡视整改工作，明确42项整改措施，年底全部完成。制定完善党的建设、经营管理、选人用人等方面的20余项制度规定，推进整改工作长效化。开展“大学习、大讨论、大落实”专题学习活动，建立“三个第一时间”学习机制，围绕中心工作开展学习研讨，以习近平新时代中国特色社会主义思想武装头脑，推动各支部和广大党员干部树牢“四个意识”，坚定“四个自信”，坚决做到“两个维护”。夯实组织基础，进一步规范支部工作，发展5名党员。探索建立“党旗领航5+X”党员示范模式，有效发挥了党员先锋模范作用。

2. 深入推进党风廉政建设和反腐败工作。组织开展“党风廉政宣传教育月”活动，以中层干部为重点，通过开展廉洁承诺、旁听案件庭审、党规党纪测试、填报廉政档案等多种形式的宣传教育，全方位营造廉洁从业氛围。严格贯彻落实中央八项规定及其实施细则精神，及时传达系统内外通报的典型案例形成震慑，重要时间节点提前发出廉洁提醒，严防“四风”问题反弹。重视群众信访举报工作，依法依纪办理案件。组织关键少数和重点管理事项的归口管理部门开展廉洁风险防控工作，排查风险点，并制定有效防控措施。

3. 巩固精神文明创建成果。持续开展精神文明创建各项工作，获得2015—2017年度“首都文明单位标兵”称号和“首都学雷锋志愿服务站”荣誉称号。开展集邮文化大讲堂活动，组织向河北临城石城中学捐建“智慧教室”。践行邮政企业文化，获得交通运输协会颁发的“质量文化优秀单位”。认真抓好群团和离退休工作，开展群众性文体活动、劳动竞赛等，完成总公司共青团换届选举工作，关心关爱老同志，汇聚企业改革发展的合力。（中国集邮总公司／提供）

【中国邮政集团公司信息技术局】

一、新平台投产，支撑寄递翼改革

新一代寄递业务信息平台生产全面投产，实现邮速业务全流程处理的统一，实现邮件状态信息的全程实时在线。揽收作业实现二维码收寄、RFID收寄、身份证自动识读、蓝牙打印、热敏面单等功能；投递作业实现流程标准化、交接作业无纸化、电子签收；中转环节支持多种作业模式和电子地图匹配方式，实现与海关总对总对接。统一全程时限标准，实现超全程时限预警和异常处理功能。新一代寄递平台覆盖邮速揽投机构5万多个、内部处理机构近3000个，接入移动设备23万台；支撑“双11”旺季生产，“双11”当日首次突破1亿订单，在菜鸟指数中信息系统安全性和信息传递及时性两项指标均位列13家物流企业第1位；荣获中国交通运输协会智慧物流专业委员会颁发的“优秀智慧物流企业信息化应用案例”。新一代寄递平台的建设，为邮速整合奠定了基础，有力支持寄递翼改革。

二、核心平台全面落地实施，保障集团运营

1. CRM系统一阶段上线客户管理、360客户视图、客户洞察三大功能。系统接入营业、集邮、报刊、农资分销、电商、代理金融、中邮保险、中邮证券等业务，覆盖三大板块35个信息系统，首次实现三大板块客户信息的整合和唯一识别，为客户信息共享奠定基础，为精准营销提供依据。

2. 云平台在全网推广应用。采用互联网分布式架构建成中国邮政私有云，平台规模有3000台物理服务器。新一代寄递业务信息平台、CRM系统、在线业务平台等重点平台部署上云；向部分省邮政公司开放云资源，支撑省内业务发展，江苏、陕西等4省在云上部署6个应用系统。邮政私有云的建设实现邮政信息系统架构的成功转型，在传统企业关键业务系统应用云技术方面处于国内先进水平。

3. 在线业务平台上线。在线业务平台实现了邮政业务在Web端、手机APP和微信端的一站式办理。完成报刊订阅、窗口预寄免填单等6大类30项业务，线上报刊收入11亿元，比上年增长77.5%，包裹快递网点预约收寄20万件。

4. 统一支付平台投产上线。实现线上支付、线下扫码、智能POS支付等功能，在3.8万个营业网点上线了线下扫码支付功能，累计交易金额5.35亿元。

5. 打造“邮我行”移动内部门户。“邮我行”移动应用商店上架38个应用，总用户数近6万人，日活跃用户数近1万人。

三、加快邮务信息系统建设，全面提升普遍服务水平

1. 平信条码化全国推广上线。实现了对平常邮件寄递过程的有效监控，有效提高平信寄递质量。

2月9日，信息技术局开展“迎新春 悦身心”拓展活动。

2. 邮政服务质量监督检查信息系统上线。工单处理由原来的15日提升到48小时，缩短了工作时限。

3. 构建报刊补续订营销APP。支持一线收订人员随时掌握补续订客户、流失客户、新增客户、潜在客户情况，提升收订工作效率，贯通了报刊补续订业务流程。

4. 开展邮票数字化鉴别系统推广工作。将原有人工鉴别模式提升至在线实时鉴别，在源头有效鉴别截堵假票。

5. 全面深化远程集中监控系统应用。提供4G互联网接入方式，实现全国所有邮政普遍服务营业场所视频监控功能的全覆盖。

四、建立平台+应用的云化架构，开放中台服务能力

1. 初步构建寄递业务的中台服务能力。采用厚平台+薄应用的云化技术架构，基于分布式技术平台，构建中台能力中心。新一代寄递业务信息平台建立1988个能力中心，为24个省开放66个API，逐步形成面向各省和第三方合作伙伴的生态圈。

2. 持续释放大数据平台能力。不断丰富大数据平台数据资源，实现了邮务、寄递、金融三大业务板块数据接入。发挥了数据价值，为量收、CRM、战略绩效系统、工时系统、网运KPI、新一代考核指标等提供存储和计算服务。开放数据资源，完成省分多租户和可视化分析工具的全国推广，实现省分公司的29个数据分析项目的部署。大数据平台逐渐成为集团数据共享和数据分析的核心支撑平台，为数据分析应用、精细化管理和风险管控能力的提升打下坚实基础。

五、构建科学化、业技融合的IT运维体系，持续支撑和保障业务发展

1. 持续提升运维工作水平。制定、下发云平台资源、互联网统一接入等4项管理办法，运维制度进一步完善。扎实开展邮政信息网运行维护、漏洞监测和应急演练等工作，系统平均可用率99.996%，未发生重大信息安全事件。

2. 建立了业技融合的"大运维"工作体系。畅通与生产一线的沟通渠道，召开五次信息技术主题研讨会，处理基层反映的问题和建议479项。全力推进信息系统应用，赴生产一线调研超150人次，完成"双11"、"919电商节"、新邮预订等业务高峰时期的重要保障任务。

六、科学管理

1. 承担技术规范书的审核职责。加快技术规范书的审核，从编制到审核比以前缩短20天，提高采前准备的工作效率。

2. 促进员工与企业同发展，同进步。每月组织一次技术培训，邀请权威技术专家授课。

3. 开展员工职称评聘工作。4名员工获聘为高级工程师，7名员工获聘为工程师，13名员工获聘为助理工程师，增强员工的荣誉感。

4. 科技项目多次获奖。"依托智慧物联的可视化管理变革"项目分别获得第十四届全国邮政企业管理现代化创新成果二等奖和第十五届通信行业企业管理现代化创新成果二等奖，"大数据平台""统一支付平台"等八项工程在集团公司年度科学技术奖评审中分获二、三等奖，获得集团公司6个金点子奖项。

七、提升党建和组织工作水平，强化党风廉政建设

1. 把学习宣传贯彻习近平新时代中国特色社会主义思想和党的十九大精神作为首要政治任务。落实好三个"第一时间"学习机制，全面开展"大学习、大讨论、大落实"活动，组织党总支理论中心组学习11次。

2. 积极发挥好基层党组织战斗堡垒作用。制定"红旗党支部"和"党员亮身份"活动方案，开展《转变作风持续推进信息系统深入应用》行动，着力解决信息化应用的热点、难点和痛点问题。

3. 探索党建信息化。搭建党建微应用并试点，实现年度工作、中心组学习、"三会一课"、主题党日等党建工作的记录。

4. 全力推进巡视整改工作。深入贯彻落实巡视整改工作要求，明确59项整改措施，完成54项，后续持续加强5项。

5. 提升组织人事工作规范性。开展选人用人自查工作，建立长效制度；抓好领导干部绩效考核工作，有效提升信息化工作的效率和质量。

6. 持续加强廉洁风险防控工作。认真贯彻落实中央八项规定精神，全面开展廉洁风险防控工作，制定《信息技术局廉洁风险防控方案》，及时修订《中国邮政集团公司信息技术局采购技术文件编制规范》，做到廉洁风险防控工作科学化、系统化。没有违反八项规定、"四风"和腐败行为发生。（信息技术局／提供）

【中国邮政集团公司邮政研究中心（邮政科学研究规划院）】

一、科研创新

融入科研行业，主动服务集团改革发展，新立科研项目72个，上年接转项目17个，完成55个。

1. 软科学。一是服务集团重大发展战略。参与《集团发展战略》《寄递翼经营战略》《渠道平台经营战略》等三大战略项目研究；开展《陆运网规划》《航空网规划》《民营快递对标》《汽车产业链协同发展规划》等重点项目。二是积极开展自主研究，重点推进了邮政网点资源平台化、高质量发展指标、健康养老产品、邮政普惠金融、金融风险治理模式、邮政绿色发展系列（碳排放、绿色金融）等课题研究。

2. 咨询服务。设计中心完成寄递处理能力总体规划、聚焦"三效"的工艺系统配备、处理中心全流程自动化方案等研究；承担设计项目141个，完成91个；拓展金融

绿色环保包装箱。

翼，完成中邮保险私有云、智能客服等 7 项可研报告；拓展电商新领域，与李宁公司达成项目合作意向。定额站初步建立软件造价评估体系，构建邮政软件造价模型，完成评估任务 16 项，评估额度 1 亿元以上，节约投资超过 1200 万元。质量检测与标准定位绿色发展，成功申报邮政业绿色包装技术研发中心，是研究院第一个走进行业的研究中心，全面启动绿色包装检测实验室建设；加强绿色包装产品研究，研发免胶带绿色环保纸箱获得国家专利，并被集团公司指定在全国推广应用；布局绿色包装、绿色运输和绿色金融研究；制定 5 项集团绿色包装标准，完成 6 项国家、行业、地方标准；进军金融检测领域，牵头负责邮储银行清分机等设备的采购入围检测。

3. 技术应用。一是开展无人邮局及智慧网点模式、无人处理中心方案、机械臂分拣等 6 项科研任务，其中无人处理中心方案得到集团公司认可，无人邮局项目将在雄安新区和北京大学试点。二是依托实验室加强物联网领域研究，初步建成物联网实验室的窄带物联网、远距离无线电（LoRa）、超高频 RFID、超宽带（UWB）基础技术平台；基于窄带物联网的智能化邮筒在北京试点 20 套；采用人工智能技术实现信函名址的 4 种语音识别；仿真和 IT 实验室为相关科研项目提供技术支撑。

4. 情报信息。形成"一专一刊四报一平台"的情报服务格局。发布 4 期专题报告、24 期特参信息，微平台常态化运营。

二、改革转型

集团公司党组立足谋划新时代邮政科研发展体制的高度，提出组建行业一流、国内领先、与世界一流邮政企业相适应的中国邮政研究院。1 月 12 日，集团公司召开总经理办公会，原则同意了中国邮政研究院组建实施方案；4 月 26 日下发《中国邮政集团公司关于加快推进中国邮政研究院组建的指导意见》；5 月 10 日下发《关于中国邮政集团公司研究院机构编制设置方案的批复》，中国邮政研究院正式成立。5 月 30 日，集团公司副总经理康宁为中国邮政研究院揭牌，开启中国邮政研究院改革发展的新征程。12 月 18 日，注册成立中国邮政集团公司邮政研究中心非法人分支机构。内设 5 个科研中心即质量检测与标准研究中心、应用技术研究中心、设计中心、战略规划研究中心、金融研究中心；5 个职能部门即办公室（党委办公室）、科研管理部、人力资源部、计划财务部、党委党建部（监察室）；确立 4 个科研方向即软科学、情报信息、专业咨询和技术应用；8 大科研领域，即战略规划、现代金融、现代物流、企业管理、技术应用、情报信息、工程设计、质量检测与标准。发展定位于"三个转变"，即发展观念由以经营为主向以科研为主转变，角色定位由系统集成商向企业智库、科创基地转变，科研领域由重点支撑寄递翼向全面支撑一体两翼和三个增长极转变。同时研究院还实施物业服务中心改革。

三、体制机制

1. 构建具有科研特色的人力资源管理体系。制定新的岗位体系，细化管理、技术序列岗位类别和职级，探索建立新的专家岗位体系；完成了员工岗位的人岗匹配。修订《薪酬管理办法》、绩效考核体系和《部门（中心）绩效考核制度》，制定了《科研项目奖励分配办法》。

2. 创新型科研管理体系。制定了项目、经费、绩效奖励、学术和专业委员会、影响力提升等科研制度，规范了科研管理流程；与集团公司建立对接机制，初步明确了项目计划、立项、管理等科研工作流程和经费保障方案。成立首届学术委员会和专业委员会。

四、队伍建设

1. 加强干部培养，组织中层干部参加党的十九大精神专题研讨班 29 人次、领导力提升培训班 13 人次，常态化学习 3 次。

2. 强化队伍建设，开展了校招、社招和系统内招聘，招聘人才 63 人，其中博士后 4 人，博士 9 人，硕士研究生 35 人。落实人才培训计划，培训 500 余人次，开展院内培训 16 次、外派培训 25 次。

五、党建工作

1. 加强思想建设，召开 10 次中心组（扩大）会议，建立"三个第一时间"学习机制；院领导为全院党员讲党课 3 次，邀请党校专家专题讲座 5 次。开展庆"七一"系列主题党日活动，赴山东革命老区接受红色教育，参观纪念马克思诞辰 200 周年和改革开放 40 周年成就展。

2. 加强组织建设，成立 3 个科研党支部，完成 4 个党支部完成换届改选、委员增补和合并；开展"党旗领航"创建"标准、标杆、红旗"党支部活动，设计中心党支部荣获"邮政系统基层党组织建设示范单位"荣誉称号；建立党小组"三个建在"机制，探索创建党员创新活动室；开展"转观念、转方式、转作风"大讨论活动。

3. 强化纪律建设。开展"党风廉政宣传教育月"活动，制定《贯彻落实中央八项规定实施细则实施办法》，建立违规通报曝光和报告制度，组织参观北京市警示教育基地。深化廉洁风险防控，形成领导岗位风控表，绘制重点工作流程图。

4. 深化监督执纪。实现中层干部廉政谈话全覆盖，诫勉谈话 2 人次；开展执纪审查等专项自查整改 3 项；提交“三重一大”决策事项监督专项报告 22 份，出具廉政鉴定报告 3 份，对 23 个采购项目进行了合规性监督。（中国邮政集团公司邮政研究中心 / 提供）

【石家庄邮电职业技术学院（中国邮政集团公司培训中心、中共中国邮政集团公司党校）】

一、邮政党校工作

作为中国邮政集团公司党校，坚持党校姓党、从严治校，举办各类党校培训 15 期、19 个班、1006 人次，培训数量、班次类型均创历史新高。首次举办邮政企业劳动模范专题研讨班，创新采用“教学 + 实战”方式，培训全系统劳模 43 名，实现劳模理论素养和综合技能的双提升。持续改进“开学筹备、教学实施、教学总结、资料归档”闭环管理模式，通过中央党校中央国家机关分校开展办学质量评估并得到评估专家的高度评价，海关总署、中铁党校等部门党校前来学习考察，办学经验在中大院校进行了交流分享。

二、高职教育工作

招生 2698 人，其中订单生 1071 人，在校订单生占比近 40%，在校订单生 3115 人。2018 届毕业生就业率 99.17%，就业率及就业质量在全国同类院校中处于领先行列。深化订单、定制、现代学徒制人才培养，通过教育部现代学徒制试点验收，“邮政学徒制”模式案例入选全国专委会优秀案例，获评邮政行业校企合作优秀案例。推进习近平新时代中国特色社会主义思想“三进”工程，多措并举落实“课程思政”实施方案，初步形成课程、文化、管理等 6 个育人方案，推进“十育人”体系建设。338 人次获得 80 个省级以上竞赛奖项，112 人次获 21 个国家级竞赛奖项，比上年增加 31%，首次获河北省“互联网 +”创新创业大赛银奖，“互联网 +”快递创新创业实践项目获全国大赛 1 金 3 银 1 铜。

石邮学院参与张北县玉狗梁村健康扶贫工作。

三、继续教育工作

作为中国邮政集团培训中心，支撑企业完成了业务、技术、管理等集中培训 309 个班次，培训学员 2.89 万人次；围绕战略变革、战略执行、经营管理能力提升等主题，策划实施领导力专题培训班 35 个，培训 2554 人，增幅 90%，“县分公司总经理战略执行与领导力提升培训”项目荣获国际人才发展协会（ATD）“2018 年卓越实践奖”，并作为标杆项目被国内大中型企业借鉴学习；加强人才评价系统工程建设，推进了测评技术应用，支撑邮政企业开展人才选拔与岗位竞聘项目 11 个，初步探索“测评—培训—评价”一体化教学模式在干部培训中的应用。作为中国邮政网络学院，开展远程教育，访问量 6446 万人次，在线项目 390 个，培训 370 万人次，网上考试竞赛 2415 个，参考人员 320 万人次，完成课程开发 1403 门 892 课时。国家开放大学邮政学院在读学员 3887 人，招生专业增长到 8 个，省学习中心扩展到 23 个，成为国家开放大学获批开设专业最多、开办本科专业最早、设立省学习中心最广的学院，学分银行研究与实践成果达到业内领先水平。

四、科研与服务支撑工作

学院支撑完成的中国邮政企业文化体系建设，荣获四项大奖。获得外来立项 78 项，发表学术论文 235 篇，其中核心期刊及三大检索文章 37 篇；申请专利 8 项，软件著作权 7 项；出版学术专著 2 部，科研成果数量和质量实现双提升。支撑完成云创平台工程立项和当年新增功能建设开发工作，平台点子突破 15 万条。成功申获电商行指委邮政电子商务协同创新中心，成为全国电商行指委批准承担项目的 15 所院校之一。支撑推进了邮政企业技能人才评价改革，搭建了适合邮政企业的职业技能等级评价框架体系，建立了职业技能等级认定制度，全年支撑鉴定考评 14.2 万余人次。支撑了邮储银行与中邮保险开展了消费信贷、资产负债、国际业务、安全保卫以及保险运营管理等 8 个全国性知识与技能竞赛，竞赛支撑基地的职能作用进一步发挥。

五、党建工作

坚持以党的政治建设为统领，践行以人民为中心的发展思想，全面加强党的建设，汇聚新时期学院事业发展合力。加强习近平新时代中国特色社会主义思想和十九大精神学习，落实“三个第一时间”学习机制，进一步树牢“四个意识”，坚定“四个自信”，做到“两个维护”；探索构建了学院“4431”党建工作模式，扎实推进党建工作责任制落实；贯彻全国组织工作会议精神，落实“20 字”要求和“好干部”标准，选拔了一批处级、科级干部，队伍能力结构和年轻化水平得到提升；加强民主政治建设，推进了二级教代会制度普遍落实，师生主人翁意识进一步增强。（石邮学院／提供）

【中国邮政集团公司邮票印制局（北京邮票厂）】

一、党的建设

1. 强化主体责任，增强基层党建工作合力。明确抓基层党建的任务和责任，构建“月度检查＋半年巡查＋年底考核”的党建查评研判机制，有效推动党建工作责任层层落实。

2. 推进基层党建工作提质升级。全面夯实基层组织，加强思想建设和组织建设，同步加强基层党员教育管理，建立健全完善基层党建制度，不断提高党内生活质量。

3. 创新思路，激发基层党建内生动力。积极探索党员欢迎、群众认可的党建工作新载体、新平台、新方式，提高党员参与积极性，强化学习教育效果，使党建工作在不断适应新情况、解决新问题中稳中求进。

二、完成邮票任务

邮票印制局不断提高政治站位，加强邮票生产组织，提高生产效率，缩短印制入库周期，按时足量完成《戊戌年》《上合组织青岛峰会》《改革开放四十年》等重点邮票，以及《不忘初心　牢记使命》等重大题材个性化邮票新主图的印制和发运任务。与上年相比，生产周期在30天以内的邮票占比由55.6%提高到65%，周期在60天以上的邮票占比由16.7%下降到5%。同时不断挖掘产能，平均入库量增加到22.3万版／天，与上年相比，入库效率提升46.71%。其中，《中国国际进口博览会》邮票从工艺分析到印刷成品，仅用3天完成进博会期间用票需求量的入库发货，再一次刷新生产周期纪录。

三、编辑设计得到上级肯定

邮票印制局编辑设计2018年纪特邮票选题34套102幅图稿，完成个性化邮票、纪特封片等其他选题69套。完成2019年3套邮票和1套邮资封的下厂工作，完成收稿9套。通过与集团公司发行部门的有效沟通和全体责任编辑的共同努力，2018年的组稿编辑工作下厂时限大幅缩短、图文差错问题明显改善，进度和质量均得到邮票发行部的肯定。

四、质量管控

邮票印制局完善质量管理体系，充实质量管理力量，实现检查工序前移，进一步加强质量通报力度。

1. 成立全面加强质量管理工作领导小组，加强质量工作全面领导，增加质检员和抽查小组力量，做到邮票、本票、邮资封片抽查100%全覆盖。

2. 检票人员到印刷机台跟机检查，实现检票工序与印刷工序同步进行，对发现的问题及时反馈、及时整改。

3. 每周例会通报局产品质量情况，分析质量问题原因，提高质量考核执行力，全局产品综合合格率82.08%，比上年提高2.69%。

6月6日，第17届政府间邮票印制者大会（GPSPC）颁奖仪式在法国巴黎举行，邮票印制局获得最佳凹印邮票奖和最佳混合版邮票奖两大奖项。

五、基础建设

1.“十三五”规划稳步推进。生产设备配备和生产设备配套改造工程以及重点项目按期推进，组织完成车磨抛一体机、凹印打样机等项目工作，各生产设备全部正常运转。

2. 环保管理工作不断加强。初步建立了企业环保台账，废气处理设备正常运行，获得北京市政府第二批环保补贴资金52万元，同时制订《邮票印制局未来三年绿色发展规划》，构建绿色生产发展长效机制。

3. 工艺创新。《诗经》邮票在一版双雕工艺的过程中，改进窜墨辊材料，使雕刻金与雕刻黑的间距不到1毫米而不串墨；《中央美术学院建校一百周年》采用两种专色雕刻工艺的同时，在金色雕刻墨中加入专色黄荧光油墨，增加了一层坚实的防伪壁垒；《上海合作组织青岛峰会》成功使用超高网线印制，在制版过程中有三个颜色都使用了400线／英寸以上的高网线，其中一色更是提高到600线／英寸。

六、树立良好企业品牌形象

邮票印制局质量管理部的郭恩娟同志当选全国工会十七大代表，编辑设计部雕刻班和3名员工分别荣获中国邮政集团公司直属机关2014—2017年度先进集体和先进个人。在第17届政府间邮票印制者大会上，邮票印制局代表中国邮政参赛的产品在十个参赛国家中取得佳绩，其中，《中国古典文学名著——红楼梦（二）》小型张荣获最佳凹印邮票大奖，《丁酉年》生肖邮票获得最佳混合版邮票大奖，《水果（二）》邮票获得最佳胶印奖第2名，《中国恐龙》邮票也在角逐最激烈的最佳创新奖中获得第3名，受到国际印制行业的广泛关注和赞誉。（邮票印制局　李宜融／提供）

【中国邮政集团公司新闻宣传中心（中国邮政报社）】

业务收入5389万元，完成计划指标的113.15%，利润总额198万元；“一报两刊”发行工作保持高位稳定。“四网站”点击总量9876.57万次，比上年增幅10.69%；“两官微”关注人数136.79万人，粉丝新增6.79万人；手机APP安装量21.02万人次，比上年增长9.38%；微信阅读量达7万+及以上的有14条，完成任务计划的280%，单条最高阅读量超过31万人次。由中心制作的反映四川雀儿山隧道开通的《28年的坚守，终于迎来这一天》融媒短视频新闻，作为中国行业报协会该类唯一推荐作品获得第二十八届中国新闻奖三等奖，成为行业报协会近200家会员中13家获奖单位之一；中心制作报送参加中组部组织的“第十四届全国党员教育电视片观摩交流活动”的两部作品，分获二、三等奖；在中宣部组织的全国“好记者讲好故事”比赛和巡讲活动中，报社参赛记者李伟最终取得了选拔赛预赛第二、决赛第一的好成绩，并成功晋级全国总决赛，成为“好记者讲好故事”全国巡讲团正式成员。

一、突出政治引领，把党的政治建设摆在首位

1. 重视加强理论武装，着力夯实党建工作思想基础。通过建立“三个第一时间”学习机制，组织青年员工开展“奋斗的青春最美”主题演讲比赛，组织党员集体观看爱国主义、党风廉政教育题材影片，在党建微信交流群“点亮心灵”专栏每日推送自创或转载的党建学习内容等丰富多彩的学习教育活动，有效推动了中心党组织成为宣传党的主张、贯彻党的决定、加强党的建设和推动邮政新闻宣传工作改革发展的坚强堡垒。

2. 重视加强政治建设，着力提高党建工作规范化水平。认真召开领导班子年度民主生活会；加大理论学习和党课授课频次；重视组织发展工作；指导各支部通过严格执行“三会一课”制度、开展主题党日活动、抓好民主评议党员和评先表彰工作等；开展创建首都文明单位活动，制定《创建首都文明单位工作方案》，注册成立“飞鸿”志愿服务队。

“伟大的变革——庆祝改革开放40周年”大型展览《改革开放40年——中国邮票》展区。

3. 重视加强廉政建设，着力强化全体党员规矩意识。研究制定专项工作计划和廉洁风险防控工作方案，与各支部书记签订年度《全面从严治党主体责任书》，将党风廉政建设和廉洁风险防控工作纳入目标管理和年终绩效考核，与其他工作同部署、同落实、同检查、同考核。开展了“八个一”党风廉政教育系列活动及“警示教育月”活动，进一步提高了全体党员、干部的“四个意识”，增强了拒腐防变的自觉性。

二、明确责任担当，做好邮政新闻宣传工作

1. 提高政治站位，做好重大政治主题宣传报道。将重大政治主题放到新闻宣传工作的首位，坚持正确的政治方向和舆论导向，圆满完成了习近平新时代中国特色社会主义思想、全国“两会”、庆祝改革开放40周年、中央巡视组对集团公司开展巡视等重大政治主题宣传报道工作，忠实地履行了党的新闻媒体和新闻工作者的职责使命。

2. 发挥喉舌纽带作用，及时宣传集团党组重大决策部署。紧紧围绕集团公司中心工作，发挥媒体优势，精心策划，细分选题，协同配合，全力以赴做好其美多吉报告会、双先表彰、寄递事业部成立、“919电商节”、与大型企业建立战略合作伙伴关系等重大活动的宣传报道，发挥了新闻宣传主渠道、主阵地、主力军的作用。

3. 注重自我加压，着力开展特色宣传报道活动。与行业报协会合作，邀请新华社、《经济日报》、《中国青年报》等十余家中央、行业媒体，联合开展“西藏邮路行”采访报道活动；主动策划推出以“新时代　新邮政　新征程”为主题的2018邮政人网络春晚。中心与集团党建工作部共同策划“奋斗的青春最美”邮政青年员工践行十九大精神演讲比赛。

三、坚持问题导向，扎实抓好巡视整改工作

1. 统一思想，强化以“学”促“改”。严格执行“三个第一时间”学习制度，先后召开动员会、推进会、整改例会等70余次，通过深入系统的学习，提高中心全体党员干部对巡视整改工作重要性、必要性和紧迫性的认识，自觉把思想认识统一到中央的战略决策和集团公司党组的部署要求上来。

2. 净化信息，扎实做到全覆盖无死角。明确任务，落实责任，协调系统内外力量，重点对中心负责运维媒体后台数据库开展了“净网”行动，做到了全覆盖无死角。同时，建立了网站内容巡查制度，制定了信息安全管理制度，并严格执行网站发布内容四审制，加快建立了保证运维媒体信息安全的长效机制。

3. 夯实基础，做到“踏石留印、抓铁有痕”。按照整改方案提出的48项整改任务，中心建立问题、任务和责任台账，明确了整改责任领导、责任部门和责任人，并严

格实行整改销号制。中心把整改定位为标本兼治、重点放在治本上，开展了“宣传质量月”活动，进一步修订完善了质量考核办法，优化调整了出版业务流程，为建立提高宣传质量长效机制奠定了基础。

四、加强队伍建设，为中心发展提供内生动力

1. 鼓励“走出去”，注重“请进来”。新媒体部、影视部等专业性较强的部门积极安排业务骨干参加社会专业培训，提升业务本领等；中心结合自身实际推出“记者大讲堂”素质提升系统培训活动，邀请人民日报等行业专家及中国传媒大学等高校知名学者等来中心授课，为进一步提高邮政新闻宣传工作质量发挥了积极作用。

2. 及时组织测试活动，促进学习取得实效。先后组织《十九大精神应知应会》《选人用人应知应会》等答题测试活动，测试结果在OA系统公布，通过测试公告，既有效检验了学习效果，又提高了干部员工学习的自觉性和积极性。

3. 重视加强记者站和兼职记者、通讯员队伍建设。安徽、山西、上海、河南等11家全媒体示范记者站挂牌成立，为实现全行业融媒体建设目标又迈出了坚实一步。举办全国记者站站长会议，三大板块的64位站长、副站长参加会议，31家记者站、11位优秀记者站长、副站长受到表彰，进一步激发记者站的工作干劲。

五、注重凝心聚力，积极发挥群团组织作用

着力开展“为员工办十件实事”活动，组织开展具有中心特点的职工运动会、健步走、春秋季摄影采风、为过生日的职工送“祝福”、为患病员工送温暖等活动。（新闻宣传中心／提供）

【中国邮政集团公司数据中心】

一、大数据分析工作

1. 开展大数据分析工作。完成农村电商购物节分析、营业网点效能分析等10个大数据分析项目，开展标准快递全要素对标分析等4个大数据分析项目。

2. 大数据分析技术。探索机器学习、深度学习、人工智能等大数据前沿技术在邮政领域的应用，在深度序列学习、自然语言处理等方向均取得突破。

二、省级大数据分析应用落地工作

下发《关于开展中国邮政2018年省级大数据工作的指导意见》，为各省大数据工作提供指导；每季度通报全国大数据工作情况，有序引导省级大数据工作。成立省大数据工作指导小组，加大项目复制推广及成果应用力度。收集各省自行开展的数据分析项目报告169份，筛选出安徽代理金融网点效能分析、广东保险客户挖掘等10个项目形成复制模板在全国推广，广西、山东等29省完成复制工作75次。

三、数据治理及平台建设工作

1. 开展以数据治理为目标的数据加工整理。邮件主题集市建设方面：对营业、网运、订单等6个系统的全量历史数据整合生成128亿条的邮件基本信息和1600亿条的邮件处理信息，实现主题应用在数据湖上的稳定运行。客户主题集市建设方面：横向整合短信、营业等19个邮务板块数据，生成中间数据记录数424.48亿条，不同的身份证号客户主题键值数据5.06亿条，客户属性记录数34.85亿条。

2. 大数据等平台建设。数据接入方面，完成营业、订单等24个业务系统5274亿条数据接入。平台应用方面，持续完善、优化上线应用项目。省分试点方面，完成31个省分实验室的创建，为19个省分实验室分发数据。并通过电话、QQ群解答等方式做好省分上线后的业务与技术支持工作。同时跟进新一代寄递平台、CRM等多个相关系统建设。

3. 数据安全管控。根据《中国邮政保密管理工作规定》，修订《数据安全工作指引》等制度，针对潜在风险点，进行3次模拟检查；每月制定值班表，每日进行巡检，切实做好核心分析区、机房等安全管理工作；严格执行核心分析区数据导出审批规定，处理数据提取申请100份，提取文档108份；处理软件安装申请6份，有效保障核心分析区数据安全。

四、“两库”转型工作

推动“中国邮政地理信息资源平台”建设，完成平台业务需求，协助完成平台技术方案、业务需求书评审等工作；开展以地理信息、数据分析为驱动的全国基础地址库精准维护，完成组织机构数据维护服务采购相关工作。同时持续提升数据服务支撑能力。对内受理数据申请1.086亿条；为邮储银行信用卡中心提供地址在线服务；持续抓好对报刊等相关业务生产系统的支撑工作。

五、科技创新

1. 聚焦应用实践，荣获管理创新成果奖项。其中，申报的《基于大数据分析技术的跨境包裹时限预警系统》获得2018年全国邮政企业科技创新成果二等奖、《基于电子地图的全国基础地址库精准维护项目》获得2018年全国邮政企业科技创新成果三等奖；与安徽联合开展的《基于大数据分析的网点效能评估体系建设》项目获得通信行业第十五届企业管理现代化创新成果二等奖、第十四届（2018年）全国邮政企业管理现代化创新成果二等奖。

2.“双创”工作不断深入。成立创新工作领导小组，下设数据中心创新办公室，每周通报各部门点子处理、参与及申报情况。中心员工在云创平台发布点子61个；处理转办点子48个；中心员工发布的《口袋集邮的点子》《区块链技术在标准快递与快递包裹业务中的创新应用》点子均被评为集团金点子。

数据中心参加集团公司新春团拜会。

3. 参与数字邮政、数据规划的前期研究。选派技术业务骨干积极参与集团公司“数字邮政建设方案”的研究、《数字邮政建设思路（草案）》的拟定，参加建设银行数字化转型交流及福建大数据峰会等。

4. 持续加强大数据技术交流学习。对外技术交流方面，先后参加2018中国国际大数据产业博览会、首届数字中国建设峰会等技术交流。对省分公司培训方面，举办大数据平台应用实操培训班；对赴中心专程学习的甘肃等省进行培训、派员赴江苏、甘肃等省进行实地调研指导。内部培训方面，组织智慧物流、无人机等主题培训。

六、科学管理

1. 引导员工投入应用、研究探索类项目。通过执行《数据中心项目绩效考核暂行办法》，施行以目标结果为评价指标的全员项目绩效考核机制。

2. 人力资源配置效率进一步提高。核定中心岗位名称及标准，初步建立中心岗位标准体系。完成了本年度中心大数据技术及专业人才引进工作。

3. 配合集团公司做好财务管理工作。完成财务管理和会计核算职能工作，有效控制“三公”经费，预算指标按计划完成。

七、党的建设

1. 深入学习贯彻习近平新时代中国特色社会主义思想和党的十九大精神。组织党员参加多形式的学习培训和宣传教育活动：参加中邮网院开展的“十九大精神网上学习”培训活动、组织中心领导人员参加集团公司直属机关三级领导人员党的十九大精神学习研讨班、组织青年员工积极参加“奋斗的青春最美”邮政青年践行党的十九大精神演讲比赛、观看学习《不忘初心、继续前进》影像资料等。

2. 认真配合开展巡视整改工作。成立巡视整改工作领导小组，研究制定数据中心关于十九届中央巡视反馈问题整改方案和清单，并逐条明确了整改完成时限、责任领导和责任部门。

3. 严格落实全面从严治党主体责任。制订数据中心党总支年度工作计划，党总支书记与各支部书记签订中心党总支落实全面从严治党要求2018年度责任书。根据《党建工作述职评议考核办法》要求，开展党建述职评议考核工作。

4. 基层党组织建设取得新进展。召开党员大会6次、总支委会11次，支部学习80余次；开展党员合唱团活动21次。为迎战“双11”“双12”，成立国内电商平台数据分析等多批党员突击队。

5. 正风肃纪和反腐倡廉建设持续推进。开展“党风廉政宣传教育月”活动，组织党员进行党风廉政宣传教育知识测试；召开总支委扩大会议集中学习刘爱力书记在集团公司警示教育电视电话会议上的讲话精神。

6. 开展群团活动。组织开展太极拳学习、瑜伽健身等活动。参加集团公司直属机关团委组织的故宫参观活动，组织开展“五四”青春志愿行活动等。（数据中心/提供）

【中国邮政文史中心（中国邮政邮票博物馆）】

一、坚持党的领导，全面加强党的建设

文史中心党委在集团公司党组和直属机关党委的正确领导下，坚定不移地用习近平新时代中国特色社会主义思想武装头脑、指导实践、推动工作，以高度的政治自觉和政治担当，全面推进党的建设，充分发挥党委的领导作用。

1. 认真落实全面从严治党要求和党建工作责任制，切实履行管党治党主体责任，将党建工作纳入绩效考核，完善组织机构，成立党委党建工作部。

2. 认真履行巡视工作主体责任，不折不扣贯彻巡视整改要求，成立巡视整改工作领导小组和办公室，落实例会制度，根据中央巡视组反馈的4个方面突出问题、10个主要问题和20个具体问题，建立整改任务清单24项，细化整改措施46项，已完成44项阶段性整改任务。

3. 建立分层学习模式，深入开展习近平新时代中国特色社会主义思想和党的十九大精神的学习、研讨、交流；发挥中心组示范带动作用，2018年组织中心组集中学习研讨10次，教育带动党员干部加强学习，自觉用习近平新时代中国特色社会主义思想武装头脑。

4. 严格党的组织生活，坚持党委议事制度，修订并严格执行“三重一大”决策制度，建立重大事件报告制度，全年召开党委会33次。召开现场会，积极营造学习基层示范点的氛围，全面完成支部制度化建设；严格执行“三会一课”等制度，组织支部换届改选，推动基层党组织规范化建设。

5. 组织开展“党旗领航——讲担当 见行动”主题

教育活动，聚焦工作重点难点问题，教育引导全体员工立足岗位履职尽责，担当奉献，有效发挥党支部战斗堡垒作用和党员先锋模范作用。

6. 认真贯彻落实集团公司八项规定实施细则精神，开展“党风廉政教育宣传月”活动，组织开展各业务流程、各管理环节、各工作岗位的廉洁风险排查，实现了廉洁风险防控工作全覆盖，进一步推进作风建设、纪律建设和反腐败斗争。

7. 党委靠前指挥，建立指导督导机制，完成“伟大的变革”庆祝改革开放40周年大型展览等中心急难险重工作，为推动文史中心健康发展提供了坚强的政治保障。

二、加大协同力度，传承红色基因，突出宣传职能作用

1. 完成改革开放40年大型展览重大政治任务。文史中心利用馆藏优势，高质量完成在国家博物馆举办的《伟大的变革——庆祝改革开放40年大型展览》中“中国邮票”展览的策划；配合集团公司集邮文化巡回活动，制作40框《不忘初心　筑梦前行——庆祝改革开放40周年》电子邮集；同时，在博物馆举办《不忘初心　筑梦前行——庆祝改革开放40周年邮票展览》。

2. 搭建文化平台，支撑主业经营。文史中心积极联合8家文博单位，汇集60余件含有龙元素的精品文物，分别与天津、北京、营口、烟台和上海五地邮政分公司，成功举办了“龙行华夏　国脉传承——大龙邮票诞生140周年文物珍品巡展”。12月，该展览应邀赴台北参加为期五天的两岸珍邮展，推动两岸集邮事业的深入发展，有效地提升中国邮政的社会影响力。配合展览还摄制《大龙邮票》《巡展推介》两部宣传片；组织学术论文征集评选活动，征集海内外论文50余篇60多万字，评选出优秀论文25篇近30万字，出版了《大龙邮票与清代海关邮政》特刊，《集邮博览》微信报道26篇，策划推出“接龙PK秀”有奖活动，吸收注册用户23000人，点击量13万余次。此次展览是博物馆首次联合多家博物馆在多地开展文物巡展，不仅传播了中国的龙文化、邮文化，同时为馆际交流积累了宝贵的经验。

文史中心配合国家博物馆完成《伟大的变革——庆祝改革开放40年大型展览》中“中国邮票”展览的策划。

三、树立文化自信，发挥传播基地和学术重镇作用

1. 呈现展览活动多元化。文史中心突破以往传统邮展模式，站在观众的视角，通过对二层邮票主展厅进行改造，以新颖的形式，展现“国家名片”的发展历程，彰显了集邮文化的永恒魅力，增强了观众的参观体验。本着绿色办展的原则，创新展览形式，采用电子展览、巡回展览、视频展示等多种方式，策划完成《周令钊馆藏邮票原图及生肖邮票展》《不忘初心　筑梦前行——庆祝改革开放40周年》《“绿色邮政、绿色发展”专题展》等5部展览，以及《毛泽东“人民邮电”题词》《传邮万里　国脉所系》《王顺友的马鞍》3部专题片的制作。多元化的展览形式提升展览的影响力和传播力。博物馆接待团体参观124批次，来馆参观人数4.5万人次，参观流量比上年增长12.5%。

2. 推进学术工作深入化。一是推进《通史》编纂工作。从课题立项到各卷编撰的推进，得到集团公司高度重视，《通史》文字卷5卷，完成200万字初稿的撰写，同时完成《图片卷》886张图片筛选、750分钟视频素材的汇集等。二是推进《年鉴》编写工作。完成《中国邮政集团公司年鉴（2017）》70多万字的出版和《中国邮政集团公司年鉴（2018）》70多万字的编辑，完成《中国邮政集团公司文献汇编（2008—2014）》第一辑、第二辑130万字的编辑。按照发改委和集团公司的要求，完成向中国交通年鉴社组稿并报送的6万多字邮政行业稿件。三是开展学术大讲堂活动。完成中国邮政集团公司党校“大国邮政500年”精品课程、中邮保险、新闻宣传中心等单位的邮政历史普及与培训工作。邀请两位专家分别开展题为“中国邮政发展形势研究”和“生肖与民俗文化”的讲座。

3. 推进档案馆管库建设。一是基本完成新馆工艺项目的建设，协调解决相关工程事项，联系密集架厂家做好库房密集架及防磁库的安装工作。二是参与新馆装修材料的封样、消防等优化方案的选定，主动协调解决施工单位在库房设施建设中的问题。三是完成搬迁工作方案、搬迁安全预案、各项费用预算的编写以及参加信建部组织的宝坻分库建设情况沟通会，编制《关于宝坻库房需求问题的报告》，明确科学建设标准。

4. 推进藏品保管数字化。运用新技术打造智慧博物馆，以管理的科学化和服务的规范化为具体工作要求，结合新时代博物馆建设目标，制定《中国邮政邮票博物馆智慧博物馆建设方案》，完成初版原型设计、需求规格说明书以及技术架构设计，总账作为藏品信息系统的一个关键模块，其建账规则和相关流程得到进一步完善。按照集团公司对办公信息处理平台档案数字化工作的统一部署，根

据《纸质档案数字化规范》要求，档案加大对场地、设备、数据以及档案实体的严格管理。加强档案保密制度的执行，对档案数字化过程中所使用的计算机、扫描仪及其存储介质进行严格涉密管理，确保符合保密技术标准和保密要求。

5. 推进文物征集工作。文物征集是博物馆丰富馆藏的有效途径之一，也是一项落实起来有难度的常态化工作。完成2016—2018年21.5万套57万枚资料票入馆、3442套6847枚万国邮政联盟资料邮票入馆、9件邮政文物（原长途电信局局长钟郧使用过的组织配发的桌几等）入馆以及一幅清代民信局的拓片（苏州张晓钢先生捐赠）入馆等，弥补和丰富馆藏。

6. 推进集邮文化宣传立体化。《集邮博览》杂志作为中国邮政集团公司独家主管的集邮专业的国家级期刊，以定位媒体宣传为核心职能，自觉承担起集邮文化宣传使命。杂志充分发挥纸媒和微信的特点和作用，一是纸媒注重集邮学术研究，微信注重集邮信息报道；二是纸媒注重深度挖掘新邮背后的故事，微信注重开展新邮首发互动性活动；三是纸媒注重集邮专题策划，微信注重集邮时事、热点宣传；四是纸媒突出“精”“深”“严”的特点，微信突出“快”“全”“趣”的特点，形成纸媒和微信各有侧重，相互补充的线上线下宣传平台。集邮博览在喜马拉雅开办“方寸世界　邮票故事汇”有声专辑，进一步全方位立体化地推进集邮文化的宣传工作。

四、加大品牌建设力度，扩大博物馆社会影响力

1. 集邮展览品牌建设。主动探索博物馆与邮政发展的契合点，打造集邮展览品牌，助力主业发展。博物馆以“让文物活起来”为办展理念，先后携馆藏邮集参加在西安举办的“不忘初心　筑梦前行”庆祝改革开放40周年邮展、在秦皇岛举办的河北省第二届园林博览会、在兰州举办的中华全国航天专题邮展、在武汉举办的第38届全国最佳邮票评选、在常州举办的2018第18届中华全国集邮展览等活动，文史中心推出特色展览，有为赢位，得到参观观众认可好评。此外，还携珍邮赴澳门、台湾举办特色展览，扩大中国邮政影响。

2. 社教宣传品牌建设。博物馆发挥社教宣传职能，创新宣传形式，组织开展了丰富多样的青少年主题活动。积极对外联系合作，先后与北京电视台卡酷少儿节目、东城区崇文少年宫举办主题活动；赴灯市口小学、北京市三帆附小举办邮票讲座和现场邮票绘画活动；邀请北京小学通州分校的小学生参加“绿色邮政伴你行”活动，进行“绿色邮政　绿色发展”知识问答。馆日当天，组织小学生开展巡宝有奖竞赛活动等。

3. 集邮博览杂志品牌建设。《集邮博览》杂志充分挖潜自身资源优势，成功策划并发行“生肖专号”，配合各省生肖文化季活动的开展。在启动2019年生肖文化季的活动过程中，得到集团公司向各省公司行文、推广“生肖专号”的大力支持。结合全年重大集邮活动，如国际亚洲邮展、世界邮展等，博览杂志开辟专栏，派遣记者深入现场，或联线一线的通讯员，第一时间报道前方信息，全年做到重大集邮活动报道不缺席。与中国集邮总公司签订“中国集邮年鉴”合作意向书，开辟总公司新的年册品种。杂志社向福建泉州师范学院、南京特殊教育师范学院等院校进行期刊捐赠，共建集邮图书角，践行博览一直以来普及集邮的公益理念。

4. 档案服务窗口品牌建设。档案馆充分发挥“基层示范点”和“党员先锋示范岗”的引领作用，克服两地临时办公的困难，在档案打包堆放导致档案分类不清楚的状况下，全年向各有关单位提供纸质档案查阅2101卷，电子文件查阅11670页。按照集团公司《关于加强直属单位档案移交进馆工作的通知》要求及直管工程档案移交的要求，制定直属单位、工程档案接收工作方案。接收工程档案29卷、文书档案4514件、合同档案3242件、邮票印制局档案578件，提供纸质档案查阅2178卷，电子文件查阅11670页。为集团公司会计处、直属会计处、机关事务部会计处等部门进行会计档案整理指导。

5. 邮票司法鉴定品牌建设。发挥邮票司法鉴定职能，探索邮票鉴定服务范围，提升邮票鉴定的权威性和社会影响力。一是配合集团公司开展邮票打假工作。为集团公司打假工作组提供2016—2017年以来公检法和各省市邮政分公司40余件、上万枚邮票的相关信息和分析。二是为国家安监委、河北省监察委员会、浙江省邮政管理局、北京市大兴分局、银川市公安局等17家单位提供10万余枚邮票的司法鉴定服务。此外，在参加司法鉴定行业开展的大梳理、大检查、大整改活动中，得到上级单位充分肯定。

五、加强制度建设，提升博物馆科学管理效能。

1. 安全工作管理更加规范。以落实“平安邮政”工作要求为主线，一是加强制度建设，强化制度执行，制定《安全生产委员会工作机构组成和职责》，签订《安全责任书》，注重安全职责的监督履行。二是更换保安公司，规范安保管理，加强保安队伍的稳定性。三是开展消防知识培训，进行实地演练，确保学用合一，组织消防演习5次，增强安全员和保安员的实战能力。四是按期维护消防设施，保障设施齐全有效，达到人防物防技防三防合一的安全保障。

2. 采购工作流程更加严格。组织《采购廉洁自律承诺书》的签订，补充完善采购制度、公开招标实施办法等，制定集中采购目录，保障采购工作的实施。完成物业公司招标等8项集中采购工作，预算金额合计962.1万元，合同金额858.39万元，公开采购率83.87%，节省资金103.71万元。

3. 人力资源管理工作优质重效。一是加强培训的针对性，组织全体员工进行员工能力提升培训，增强员工沟通协作的能力，有效提高综合素质。二是完善制度，丰富培养方式，制定后备干部管理办法，采用“导师制”培养人才，拓展人才培养渠道，为干部、专业人才培养提供制度保障。三是拓宽员工专业技术进步和提高的通道，鼓励员工提升专业技术水平。文史中心聘任4名具有初级专业技术职务的员工，申报3名申请中级专业技术职务评审的员工和2名申请正高级专业技术职务评审的员工。四是修订绩效考核管理办法，对踏实做事且成绩突出的员工予以奖励，对工作中存在失误的干部予以惩罚，发挥绩效考核指挥棒作用，进一步激发员工的工作积极性。

4. “双创”工作。一是制定创新管理办法，设定工作目标，通过组织学习等方式，激发员工创新主动性，推进创新工作开展，中心创新动员率100%，有效发帖量是上年的2.5倍。二是参加集团公司创新办开展的“第二批金点子评选活动”，员工提交的关于“创建数字博物馆”的创意入选集团公司“第二批金点子评选”。

5. 后勤保障服务。一是坚持严格执行巡查制度，发现问题及时解决，确保中心楼宇设施和各种设备的正常运行。二是主动与属地公安消防等部门的沟通联系，接受各类检查40余次，得到检查部门的充分肯定和表扬。三是完成消防监控、展厅改造等4个项目的施工改造工作，落实消防设备、安全设备、展陈维修以及大楼设施修缮与保养。四是完成新老物业公司的交接工作，提升物业管理的专业性和规范性，为文史中心工作提供后勤服务保障。

6. 工团桥梁纽带作用。文史中心工会和团支部发挥桥梁和纽带作用，弘扬“人民邮政为人民”服务精神，开展“重走邮路”“绿水青山就是金山银山”等主题活动。通过组织参观、植树、歌唱比赛、健步走、观影等丰富多样的活动，增强员工的凝聚力和向心力，激发员工们的正能量，提高员工的团队合作精神，促进员工工作积极性。团支部完成换届工作，为做好新形势下团的工作，发挥党的助手和先锋队作用，从组织上保障团组织工作的发展和进步。（中国邮政文史中心（中国邮政邮票博物馆）/提供）

【中邮信通实业投资有限公司】

一、经济效益

收入7755万元，利润总额51万元，资产总额8091万元。

二、全面从严治党

1. 强化政治观念。强化党对一切工作的领导，研究部署各项工作、对重大决策进行把关；坚持党支部“每周一学”，指引全员强化政治意识、坚定理想信念。

2. 坚持问题导向。党支部履行主体责任，集中整改期间反复研究提出37项整改举措并整改完毕，组织专项自查工作4项，健全修订制度7个，高质量开展“大学习、大讨论、大落实”等专项活动，持续推进、巩固成效。

3. 强化支部建设。健全新媒体发布审核等制度办法，全覆盖开展其美多吉先进事迹专题学习；对党建纪检资料梳理装订、建档收存；推进党支部建设软硬件升级，设计制作宣传展板、制作“企业文化壁纸”等。

4. 发挥组织功能。召开2017年度组织生活会和民主评议党员工作，评定“优秀”党员2名、“合格”党员7名；及时宣贯中纪委网站各类问题通报、组织警示参观等，并通过支部书记讲党课、廉政知识答题夯实学习成果。

5. 强化日常监管。制定执行《党支部落实中央八项规定实施细则的实施办法》，进一步排查重要事项风险点、提出预防举措，紧盯“春节”等重要节点。

三、强化服务拓展业务

1. 采购服务方面。完善升级采购供应管理信息系统建设，打造稳固高效的服务团队，加强对集团公司采购管理部服务支撑力度。一是优化完善采购系统的决策支持能力，新增分析模块等功能。二是以“专职化、专业化、专家化”为标准打造服务支撑队伍。三是指导187个厂商、31个邮政省市公司推进系统上线工作。四是对1067位评审专家开展资料收集整理、复核更新、完善归档工作。五是协助完成集团公司统谈分签统付项目等付款结算工作。

2. 市场经营方面。积极拓展、主动营收，并努力将“绿色邮政”各项要求推进落实。一是拓展合作，完成销售105.65万元。二是创新理念，推进落实绿色邮政，将新型绿色包装产品向各省采购中心积极推广宣传。

3. 物业服务方面。物业公司全面推进信息化系统应用建设，不断完善内部管理机制，发展态势良好。一是逐级签订安全生产责任书，健全4项制度，定期排查隐患

中邮信通实业投资有限公司的党员们一起重温入党誓词。

等。二是全年主营业务收入 7390 万元，利润总额 143 万元，资产总额 5377 万元。三是物业服务科技创新，对工程管理引入信息化系统。四是各项目部精心组织多种学教活动，引领全员深入学习习近平新时代中国特色社会主义思想、践行企业宗旨。五是遵循市场导向，全面加强管理、提升综合能力。六是调整组织架构，降低采购成本，仅下半年即节约成本 28.72%。七是完善业财管控流程等，规范人力资源管理体系，推进绿色邮政建设工作。八是成立物业公司工会组织。

四、企业管理

1. 建立健全制度。建立健全 14 项管理制度，进一步明确责任，推动公司规范管理。

2. 严格财务管控。建立执行《实业公司存货管理办法》等制度；自查梳理交流任职领导人员报销费用、业财管控流程等；以“一企一策”为标准制定股权投资清理整合方案；规范会计核算，严控成本开支等。

3. 强化人力管理。完成全员稳岗补贴等工作，围绕《邮政企业基本工资和津贴补贴调整方案宣传提纲》组织宣贯并制定执行实施方案，明确机构编制设置调整情况等内容。

4. 狠抓安全生产。将“平安邮政”与“安全生产月”专题活动有机结合，健全执行安全管理制度，组织全员开展疏散演习、交通安全视频培训等安全主题活动。

5. 严控公车使用。对全部公务用车进行情况排查、统一管理、集中调配，为每台车辆制作“一对一”使用台账等，严格审批使用申请，全面杜绝公车私用等现象。

（中邮信通实业投资有限公司 / 提供）

【中国邮政集团公司软件开发中心（中邮信息科技（北京）有限公司）】

一、党建工作

1. 政治建设方面。一是把党的政治建设摆在首位，各级党组织和党员干部做到“四个意识”“四个自信”“两个维护”“三个坚决”。二是与各部门党政主要负责人签署落实全面从严治党责任书，推动责任层层落实。三是执行民主集中制，落实党总支委员会工作规则、“三重一大”决策制度，推行党务公开。四是通过召开民主生活会、组织生活会，开展民主评议党员等组织生活制度，增强领导干部的“四自”能力，提高党员素质，锤炼党员党性。

2. 思想建设方面。一是学习贯彻习近平新时代中国特色社会主义思想，落实“三个第一时间”学习机制，开展“大学习、大讨论、大落实”活动。通过组织系列政治学习专题辅导，开展“不忘初心、牢记使命”主题教育，开展邮政企业文化核心理念宣贯，开展践行“人民邮政为人民”服务宗旨的学习研讨，开展“信息化引领的科技兴邮”战略践行者和推动者的研讨宣贯，深化理论武装，增强宗旨意识，强化初心使命和责任担当。二是发挥“互联网 +”优势，开辟手机党校、“中邮软开”微信订阅号和企业门户网站等线上学习阵地，创新学习手段。三是坚持“两学一做”学习教育常态化制度化，召开党总支理论学习中心组学习 11 次、党总支会议 26 次、党员大会 2 次、民主生活会 1 次。党总支书记与纪检委员各讲党课 2 次。

3. 组织建设方面。一是执行支部工作条例，组建综合管理部党支部、系统架构集成部党支部，完成三个党支部按期换届。二是推动各党支部落实“三会一课”、组织生活会制度。三是吸引青年科研骨干，参加听党课、主题教育实践等活动，群众入党意愿明显提升。提交入党申请书员工 13 名，确定积极分子 7 名，新发展党员 2 名，按期转正党员 1 名。

4. 作风建设方面。一是执行集团公司党组和中心党总支贯彻落实中央八项规定精神实施细则；紧盯元旦、春节、“五一”等重要时间节点，通过两微一端、短信等方式开展廉洁提醒，严防“四风”反弹回潮。二是印发开展贯彻落实习近平总书记重要指示精神集中整治形式主义、官僚主义的工作方案，坚持问题导向，加强作风建设，激发党员领导干部求真务实、敢于担当的精神。三是完善中心领导基层联系点制度，通过深入一线，与各部门、项目组座谈交流等形式，带动各级领导人员大兴调查研究之风。

5. 纪律建设方面。一是把遵守政治纪律和政治规矩作为党员教育重点，引导党员增强“四个意识”、坚定“四个自信”。二是开展警示教育活动，以“身边案”教育“身边人”，促进领导人员提高政治站位、增强党性观念、做到令行禁止。三是开展各部门领导人员及关键岗位约谈，坚持抓早抓小、防微杜渐，把全面从严治党的要求落实到各项具体工作中。

6. 制度建设方面。一是完成中心党总支贯彻落实中央八项规定精神实施细则、党组织工作经费管理等 6 项制度的制修订。二是通过分层宣贯，强化制度的学习理解，确保制度的落地执行。三是坚持问题导向，优化完善已有制度，持续提升制度的科学性、规范性和可操作性。

7. 推进反腐败斗争方面。一是召开廉洁风险防控协调会，安排部署工作方案。结合中心实际，从领导岗位、人力资源、物品采购等 6 个方面，梳理出 26 项风险点，按照“高、中、低”等级标准制定针对性防控措施，推进廉洁风险防控工作取得实效。二是开展“党风廉政宣传月”活动。通过专题学习、讲授党课、外出参观、知识竞赛等活动方式，加强廉洁自律和党规党纪教育，提高领导人员的党性修养和拒腐防变能力。三是建立纪检工作机制。定期召开专题会议，对中央、集团公司重要精神进行学习宣贯和部署落实；提升纪检人员理论水平，增强监督执纪能力。

8. 群团工作方面。一是专题研究工会、团总支年度重点工作计划，听取年度工作总结汇报。二是推动完成工会经费收支管理办法、团总支工作规则（试行）等相关制度的制修订。三是推进团总支完成换届选举，持续提升团干部工作能力。四是推动各项群团工作，包括组织文体活动，开展募捐献爱心活动，慰问住院员工，协助员工维权以及推进哺乳室建设等，增强了员工的向心力、凝聚力和战斗力。在巡视整改工作方面，全面履行巡视整改主体责任，围绕中央巡视反馈意见，举一反三，对照检查，建立整改清单，制定 34 项整改举措，按要求扎实推动整改落实，取得了阶段性成果。10 月 15 日，向集团公司党组报送了巡视整改进展情况报告。中心巡视整改常态化、长效化机制初步建立，巡视的“利剑”和“紧箍咒”作用有效发挥。

二、基础建设

1. 制度建设。在综合管理体系方面：完成调研工作管理、外包服务人员管理、公开招标、采购管理等 25 项制度的制修订，进一步健全管理制度体系。在软件过程体系方面：以 ITIL 模型为基础，定义了运行支持过程，并结合项目落地试点。启动 CMMI 实施，开始开发模型框架搭建和过程定义工作。持续推进软件过程工具链建设，初步实现软件过程自动化、敏捷化、可视化。在软件安全体系方面：完成邮政软件安全开发生命周期实施框架的规划和体系文件的编制，开展项目试点。在知识管理体系方面：搭建基于 WIKI 系统搭建共享式知识管理平台，丰富软件过程改进、研发创新项目、国家信息标准、技术培训等方面的共享知识。

2. 基础建设。完善基础环境，建成具备日常办公、开发测试、生产维护等不同网络功能分区，集网络安全防护、上网行为识别、终端安全管控于一体的基础网络环境。建成视频会议系统、即时通信系统，提高协同办公效率。初步建成相对稳定、安全、便捷、可控的基础开发测试网络环境。推出考勤管理系统，包括微信打卡、请假审批、考勤统计等功能，解决了办公地点分散、项目作息时间各异、手工统计耗时等问题。推进资质建设：通过质量管理体系年度监督审核；取得北京市软件企业证书和信息系统集成及服务（叁级）资质证书；通过国家高新技术企业认定；获颁 16 项软件著作权。正式启动 CMMI 认证评估工作。

中邮信息科技（北京）有限公司获得高新技术企业证书。

三、队伍建设

1. 推进人才队伍建设。通过系统内招聘、春季专项社会招聘、应届生招聘、员工内推、社交平台等多种途径开展招聘工作。在岗员工 277 人，待入职 4 人，新入职 114 人。

2. 推进干部队伍建设。一是强化干部管理和干部监督，完成因私出国（境）管理暂行办法等 3 项制度的制修订。二是加强制度宣贯培训。三是加强中心后备干部和中长期培养对象的培养锤炼。

3. 推进员工培训工作。执行培训计划 45 项，参训 1110 人次、1339 学时，内容涉及党建纪检、IT 服务管理、软件安全架构等，提升员工履职能力。加强内外部交流，重点就 SQL 质量管控与数据库性能监控、代码安全静态检查、模块化数据中心等进行专题交流。

四、项目进展

1. 新一代寄递业务信息平台。自主投入 111 人，在集团公司项目组统一管控下，不断攻坚克难，完成一阶段揽投功能的持续迭代升级，完成二阶段中转运输的全国推广，基本完成三阶段国际业务的全国推广。持续优化与完善系统，为系统经受住“双 11”旺季重大考验提供强有力的性能保障。完成厚平台、薄应用的微服务共享平台搭建，实现了数据统一和共享，具备敏捷迭代、快速响应业务需求的能力。构建全国三级运行支持体系，采用数字化运维方法，提升了服务质量和效率。以软件开发中心为主体的邮政自主开发实施团队，得到持续锻炼和提升，完成从传统集中式架构向基于云计算的分布式微服务架构的重大转型，跟上行业技术最新发展步伐。

2. 邮政 ERP 系统。自主投入 63 人，推进寄递翼改革 ERP 配套改造、新需求开发、系统优化和运行支持工作。项目实施模式，由“埃森哲咨询设计，软件开发中心落地实施”，主体上转向“软件开发中心主导交付，埃森哲咨询支持”。主体承担寄递翼改革 ERP 配套改造全部业务技术方案的制定和实施工作。第一阶段实施任务于 10 月上线并完成首次月结，第二阶段实施任务正按计划推进中。独立承担 ERP 部分新增需求，以及 CRM 系统、统一身份认证、统一支付平台等 8 个系统集成的开发实施工作，快速响应集团公司管理需求。独立承担 ERP 集成外围系统接口规范（试行）的编制和实施，正按照新规范推进新一代寄递业务信息平台第一批业财集成接口的上线实施任务。主体承担方案优化、系统调优、功能完善等

ERP系统优化工作，解决系统上线后存在的功能和性能问题。系统的稳定性、可用性大幅提升，用户体验显著改善。独立承担ERP系统（含省集中核算系统）运行支持工作，解决事件单10491件，24小时内受理率100%，72小时内办结率82.23%。完善“ERP系统月结工作指引”，指导各省月结开展，形成全国联动、步调一致的运行支持体系。

3. 在线业务平台。自主投入57人，整合广东信息局和江苏同达公司16人，作为责任主体于1月23日启动平台开发实施。按照“厚平台、薄应用”的思想，建成包括客户、商品、订单等在内的21个共享基础服务中心，具备快速响应需求、敏捷迭代应用的平台能力，具备包括PC、微信、APP在内的全渠道统一服务受理能力。分批上线运营了综合查询、商函、包裹快递、封片卡、报刊、门票、简易险等专业服务，持续迭代上线后续功能，提升了线上用户体验，支撑了线上业务发展。在线业务平台累计完成包裹预约33万件，实际交寄22万件；支撑报刊订阅线上流转额实现15.18亿元，完成任务的112.43%，大收订期间比上年增长85%。在电子商务领域，初步建成集项目管理、产品设计、软件开发、运营支撑于一体，可持续发展的自主软件开发团队。

4. 邮政CRM系统。自主投入7人，外包人员8人。参与项目第一阶段试点上线和第二阶段需求分析工作，参与外围系统接口、数据分析报表、客户数据梳理工具、产品管理、销售管理、会员管理等子模块的开发工作。完成ACRM的需求梳理，以及ACRM数据自动稽查与数据接口、客户洞察报表、客户积分管理、销售管理、产品管理、客户360视图等任务的开发。

5. 大数据平台。自主投入5人，持续参与平台后续优化工作。参与了新一代寄递业务信息平台的全程时限研究、运营标准维护和计划轨迹生成等工作。参加战略绩效管理信息系统建设，完成业务调研、2018年考核指标梳理、基础数据导入及后台指标计算等数据分析相关工作。与数据中心合作，承担集团公司大数据分析成果固化任务。

6. 速递物流及国际业务相关信息系统。针对速递物流及国际业务相关18个信息系统，持续开展系统开发、工程实施和运维支撑等工作，保障了寄递翼老系统的稳定运行和邮联信息交换质量，保证了青岛上合峰会、邮件实名制管控、泉州政府晋江陆地港建设工程及国际新业务开办等工作的顺利进行。电子预报关系统“总对总”上线，提升邮件流转效率，实现中国邮政“绿色通关”。国际平小包条码化和“平+”项目的上线，优化了客户体验，提升了中国邮政国际影响力。

7. 应用系统测试。持续推进测试团队建设，重点承担新一代寄递业务信息平台和在线业务平台的系统测试工作，承接统一支付平台工程、电子商务信息平台新增简易险、OA系统新增数据库、邮政工时管理4个系统的性能测试工作。持续推进测试技术创新，引入自动化测试技术，开展接口和UI自动化测试，大幅提升测试质效。引入Jmeter、Postman等开源测试工具和Tsar、鹰眼等技术分析手段，拓展性能测试范围，精准定位系统性能瓶颈，提出合理优化建议，促进系统瓶颈有效解决，为项目顺利推广和平稳度过业务高峰提供有力保证。

五、科技创新

1. 云计算领域，容器云平台研发完成从0.5版到1.0版的升级，发展成为具备容器集群编排、集群监控、应用部署、应用日志管理、负载均衡等功能的容器集群基础设施平台。先后完成中心考勤系统、ERP数据集成管理平台等系统的环境部署，达到承载非核心类应用系统的标准。

2. 人工智能领域，在AR技术方面，承担集团公司AR眼镜应用研究科技项目，在邮政投递分拣环节，探索基于AR眼镜等智能穿戴式设备来解放员工双手，减轻劳动负荷，提升员工体验。在人脸识别方面，承担集团公司人脸识别在智慧网点中应用研究科技项目，基于人脸识别技术形成了集客户识别、精准营销、智能推荐、智能作业于一体的智能化解决方案。在OCR识别方面，基于开源技术实现身份证印刷信息识读，应用于实名验证、智能填单等场景，提高信息采集效率和准确度，在新一代寄递业务信息平台推广使用。启动了共享服务平台建设，力争将人脸识别、语音识别、活体验证、身份核查、内容安全检测等通用性强的研发成果，以共享服务或组件的形式向企业开放，赋能现有应用系统。在新技术预研方面，基于开源框架Fabric搭建了区块链基础开发环境，针对集邮业务设计开发邮票防伪溯源系统原型。开展Codis和Redis3.0等数据缓存技术、TiDB新一代数据库技术（NewSQL）、基于Hadoop生态的大数据实时流处理技术、服务网格（Service Mesh）等微服务2.0架构技术的预研、评测和验证，为邮政提升自主可控能力和技术创新能力奠定基础。

另外，中心与人工智能领域“独角兽”企业云从科技合作，共建智能感知联合创新实验室，就人工智能技术在邮政、物流等行业领域的应用开展研发创新。申报“邮政共享开发与协同创新平台”，获得工信部双创平台示范项目认定。积极承担集团公司科技创新与管理相关支撑工作，参加集团公司“双创活动”，获卓越金点子一项。（中邮信息科技（北京）有限公司/提供）

【中国邮政广告传媒公司（中国邮政广告有限责任公司）】

一、经营发展

1. 函件传媒融合发展。函件传媒收入62.7亿元，其中媒体收入15.7亿元，比上年增长32.9%，连续4年保持快速增长。

2. 平台业务跨越发展。全国31个省（市）平台业务全部破零，平台收入3.1亿元，粉丝数4.4万，服务客户3009个。

3. 线下媒体健康发展。线下媒体收入5.8亿元，比上年增长6.7%，13个省实现联网运营，中国邮政特色媒体平台逐渐搭成。

4. 文化活动提质发展。一是第二届明信片创意设计大赛招商收入290万元，共计1.5万余人参赛，参赛作品2.4万套，作品数量比上年增长135%。二是举办三站"绿水青山·最美邮路"路跑主题赛（海口、大庆、沈阳），累计收入741万元，活动覆盖人群超500万人，路跑主题项目获得2018年中国广告协会经典案例奖。三是举办全国书信文化进校园活动，湖南、新疆、辽宁等18个省参与活动。四是开展"中国当代书画博士后全国精品巡展""华夏名人信札展""一带一路"丝路之桥"寻找最美信使""文化扶贫"等邮政品牌传播活动，累计收入近1000万元。五是文化惠民活动开展1574场文化惠民活动，收入1.56亿元。

二、服务能力

1. 图稿审核工作质效并举。完成邮资机宣传戳图稿审核456枚，封片卡图稿12.7万稿，完成61家平台资源商资质与1343个产品审核，审核及时率100%。

2. 宣传支撑工作保障有力。一是为集团公司报刊发行局提供2018—2019年度全国报刊发行网上征订业务广告宣传服务，广告曝光量超过1亿人次，收入155万元。二是承接完成中国邮政航空公司波音737-800涂装设计工作。三是中国邮政官方微博微博粉丝总量307万，活动累计参与人数2.5万人（6月11日起，微博由集团新闻中心负责管理运营）。四是策划并执行中国邮政参展第25届中国国际广告节。

9月27日，中国邮政广告传媒公司策划并执行中国邮政参展第25届哈尔滨中国国际广告节。

三、基础管理

1. 基础制度建设逐步完善。补充、转发、修订23项管理制度，并切实推动制度落地执行。

2. 配合做好集团公司ERP财务上线运行和日常财务工作。

3. 人力资源工作持续优化。认真落实选人用人专项检查、干部日常管理、职工教育培训、薪酬规范等各项工作。

4. 后勤保障不断强化，完成办公用房扩充、日常网络通信和基础设备的管理维护。

5. 开展丰富多彩的群团工作。

四、党的建设

1. 突出把党的政治建设摆在首位。一是把坚决维护以习近平同志为核心的党中央权威和集中统一领导作为首要任务。二是以中央巡视为契机全面提升党的政治建设成效。支部书记认真履行巡视整改主体责任，围绕四个方面10个主要问题20个具体问题，制定24项整改任务，41项整改举措，扎实推动整改落实，取得阶段性成效。三是严格党内政治生活，加强党内政治建设。严格执行《新形势下党内政治生活若干准则》，认真召开领导班子年度民主生活会，坚决贯彻民主集中制，严格落实"三重一大"决策制度，建立重大事项报告制度，执行请示报告制度。

2. 扎实推进党的思想建设。一是党支部扎实开展习近平新时代中国特色社会主义思想和党的十九大精神"大学习、大讨论、大落实"活动。二是持续推进"两学一做"学习教育常态化制度化。坚持以"三会一课"为抓手，全年共组织全体党员大会8次、支委会24次、3个党小组会议累计36次，支部书记讲党课5次。

3. 全面加强党的组织建设。

一是参与"百千万"工程。开展基层党组织建设对标自查工作，完成支部换届选举工作。二是着力提升党建工作能力。加强中层领导干部和党务工作人员的日常学习教育。

4. 持续推进党风廉政建设工作。

一是扎实开展年度廉洁风险防控工作。二是持续加强党风廉政廉洁教育工作。（中国邮政广告传媒公司／提供）

【中邮资本管理有限公司】

公司管理资产规模超过300亿元，收入3.29亿元，利润1.02亿元。

一、开展各项战略资本运营工作

1. 推进集团公司业务重组引战。一是推进中邮科技重组和引战。在2017年底以中邮科技为主体公司重组的基础上，启动中邮科技引战和股改工作，完成引战方案和股权激励方案的制定，开始战略投资者交流工作。二是完成集团公司智能包裹柜业务重组。在2017年收购智能包裹柜龙头企业速递易的基础上，完成集团公司智能包裹柜业务和速递易的重组工作，实现集团公司包裹柜与速递易包裹柜统一对外经营。

2. 研究寻找战略收购机会。一是信托牌照收购。先后接触 4 家信托公司洽购牌照事宜。

二是国际化拓展。响应国家倡议，支撑集团公司国际化发展，寻找在香港收购资管投行平台机会，先后联系 12 家中外资投行及律所等中介机构，收集到 11 家意向标的。战略性收购研究及市场实践为集团进一步探索在金融稀缺资源领域布局奠定基础。

3. 探索现有重要业务混改合作。一是顺应消费升级趋势，积极寻找生鲜冷链等合作投资机会。二是探讨通过资本合作，寻求将行业性大公司的公司物流转换为物流公司。三是基于供应链整合思维，与行业供应链管理优势公司探讨物流业务的混改合作机会。

4. 研究对外战略投资（CVC）协同集团公司业务升级发展。一是平台转型类项目。重点跟踪研究文化传媒业务转型项目和网点转型项目。二是物流科技项目。重点跟踪研究无人车、无人机、智能分拣设备、绿色包装等方向，推进公司现有投资项目与集团公司在雄安新区的规划衔接和展示等。10 月，在研项目与寄递事业部合作的无人驾驶货车湖州—莫干山实验路线在浙江获批运行。三是金融科技项目。重点跟踪研究人脸识别、大数据等方向，为推动集团业务转型和增强核心业务优势积累潜在合作资源。

5. 推进私募基金业务。一是联合物流地产行业公司发起设立现代物流服务基金，培育与邮政快递物流业务具有协同效应的优质投资标的，在物流、科技等领域类母基金业务方面初步进行了战略布局，为设立自主管理私募股权基金奠定了基础。二是积极推进自主管理的私募股权基金设立工作。对标其他央企和大型企业，先后接触行业先进创投机构，积极推动基金设立工作。三是积极探讨以医养产业基金方式整合邮政医疗资源路径。根据国家关于国有企业剥离医疗和教育培训机构的要求，就集团公司三家医院的改革、医养基金实施方案进行广泛交流和考察研究。

二、强化重点子公司经营管理

1. 中邮科技。一是全面完成重组工作。以“集中资源、提高效益、创新机制、增强活力”为总体目标，完成了邮政科学研究规划院、上海邮政科学研究院、上海邮政通用技术设备公司、广东信源物流设备有限公司人员、资产和业务的各项重组，新公司全面运行。二是开拓市场。已签合同 14.75 亿元，完成全年计划的 111.74%；中标待签合同额超过 1.43 亿元，为持续稳定发展奠定基础。已签合同中，关联交易比 27.28%，比上年下降 32%，达到 A 股上市关联交易比例控制要求。同时，多项科技研发产品出口国外，向国际化迈进，对外展现中国邮政智能物流装备研发制造的实力。三是加强技术研发。中邮科技开展 53 项课题研发，集团立项课题 9 项，完成 23 项。

中邮速递易推出的逆向物流端产品——“小黄筒”。

2. 中邮速递易。一是加强经营管理，快速拓展市场。完成集团公司智能包裹柜业务重组，快速拓展市场终端并实现场租等整体成本降低。中邮速递易在营设备 9.1 万台，596 万格口。投递包裹 8.2 亿件。二是强化协同发展。与各省邮政分公司开展合作拓点，签约近 2000 台；开展信报箱智能化升级，北京公司实现智能信报箱作为普邮设施进驻天通苑等社区，福建公司促成中邮速递易成为智慧社区中智慧物流的承担者；在广东地区推广邮政寄件业务，实现约 70% 的设备开通自助寄件服务；深度挖掘邮政集团内其他业务合作，完成智能信报箱后台系统与邮政报刊订阅系统的打通，实现报刊数据匹配到户，与邮乐网平台对接派送功能，提升农产品进城项目末端配送服务品质；推动邮政广告联营，提升合作深度。三是开展引战股权融资工作，为满足公司布点投放、业务发展、资源引进、人才引入等需求，并整体进一步提升实力，加快市场布局，夯实行业龙头地位，积极开展了股权融资工作。

3. 中邮资产。一是全面调研，确立开发运营方向。先后赴 19 个省（区、市）现场踏勘待盘活资产 64 余宗，土地面积合计 175.5 万平方米（合 2635 亩）。结合邮政土地性质，确立以物流地产、医养健康地产和商业地产为开发运营方向，报请集团公司总经理办公会审议确定了拟盘活资产 4 宗。二是扎实推进长沙、杭州重点项目落地。长沙邮政火车站大院项目作为首个重点实施项目，由中邮资产与中信集团旗下地产平台“中信城市开发运营有限责任公司”合作开发，已完成地块规划调整工作，并获批为 2018 年湖南省重点招商引资项目和重点建设项目。杭州市邮件处理中心项目，地处杭州三大热门板块交界中心，目前与合作方就合作模式达成初步共识。三是广泛交流，探索项目融资方案。积极响应集团内部板块间协同的号召，与邮储银行、中邮保险、中邮证券等兄弟单位联系，研究邮政金融资金参与盘活项目投资的可行性方案；与多家银行、保险、资管、信托等金融机构建立联系，结合各项目的特点，研究专门的融资方案。

4. 湘邮科技。一是通过着力打造平台级软件产品，努力提升公司长效经营能力。加大自主产品、自有产品策划推广力度，努力推动产品销售业务从规模到品质的转型。二是通过加强新技术的推广运用和前瞻性研究，增强核心竞争力。在做好集团内部市场协同服务的基础上，完善市场及工程售后服务体系，拓展新业务、新市场。

三、实施精细化运营管理

1. 推行对标管理。根据行业性质、结合邮政特点，中邮资本在本部和 4 个战略控股子公司层面，分别部署开展全业务、全流程、全环节、全要素、点线面、端到端对标管理，努力提升经营管理水平和市场竞争能力。

2. 有序推进投后管理。一是在股权类投资项目方面，基于邮政资源禀赋，开展增值型的精细化投后管理工作。着重参与速递易整合后在公司战略、治理、预算、重大人事等方面，通过股东会和董事会关键事项等公司治理手段，助力速递易规范健康发展；协助广州证券完成换股上市公司越秀金控、长沙银行完成首次公开发行，投资收益显著。二是在财务性投资项目方面，到期及提前安全收回固定收益项目 4.5 亿元（年化 8.25%）；有序赎回量化基金 14.64 亿元，克服证券市场弱势，管理的 FOF 基金加权净值年化收益率达到 9%，取得领先市场同类策略的投资收益水平。

3. 动态进行资金管理。一是合理安排固定收益项目资金收回以及量化基金赎回，稳妥有序偿还到期银行借款。本息 25.67 亿元，无风险事件发生。二是积极拓展金融合作伙伴，研究可行融资产品方案，并积极争取机构授信 45 亿元。三是持续跟踪市场变化，积极研究创投债、公司债等融资产品类别。四是通过短期流动性资产配置等形式提高资金利用效率。

四、扎实开展风险防控工作

1. 完善风控管理架构体系。根据外部监管制度的要求和公司自身经营管理的需求，先后制定完善《投资管理办法》《投后管理办法》《突发事件应急管理办法》《投（融）资决策委员会工作规则》等一系列制度，建立起公司内控制度架构，提升公司整体内控管理水平。

2. 启动业务管理岗位工作手册工作，在内控制度梳理的基础之上，将监管制度和公司内部制度融合进各项业务流程，推进业务流程化、规范化。

3. 主动开展风险合规自查。针对投资相关业务、存量项目及私募基金管理人经营管理情况重点开展专项检查，结果确定目前所运营的所有项目风险可控。

4. 建立有效应急管理机制，最大限度地预防和减少突发事件的发生，保障公司经营管理的安全和稳定。

5. 做好投资业务日常风控。通过风险识别、风险评估、风险控制、风险监测、风险报告对业务进行事前、事中、事后的全过程管理。

五、夯实公司基础管理

1. 结合内外部审计加强管理。一是配合做好审计署对集团公司的专项审计调查。按照集团公司统一部署，配合审计署对公司“三重一大”决策事项、重点投资项目以及财务收支等情况进行了全面梳理检查。二是配合做好集团公司审计局对公司的内部审计工作。配合集团公司审计局对公司在财务收支、采购管理以及投资决策、投后管理、风险控制等方面进行了全面的审计检查。通过审计工作进一步完善了公司在预算管理、资金管理、资产减值管理以及采购流程、人力资源管理等方面的制度建设和管理机制。

2. 加强财务精细管理。一是以全面预算管理为主线，构建经营分析体系，支撑公司经营决策。全年财务管理工作以预算管理为主线，根据公司战略及经营目标，统筹安排预算编制、根据公司业务变化动态调整预算，建立“季度分析，月度通报”的经营分析体系，定期开展动态分析，监督预算执行，进而调配资源，支撑公司经营管理决策，把控经营目标。二是实施资金收支两条线管理，实现资金统筹调度集中管理。组织实施对中邮资产及中邮鸿信等子公司的资金收支两条线管理，通过搭建资金池现金管理系统，实时归集、统筹现金管理，科学合理地安排现金账户资金头寸，集中资金投放项目，同时确保资金流动性管理合理高效。

3. 提升人力资源管理。一是完成内设机构的优化调整。积极构建适应公司战略要求的组织体系，按照投资业务运作流程，对公司相关内设机构进行优化调整，将投资运营部拆分为投资部和运营部，进一步完善工作流程，明晰部门职责边界，通过组织架构调整和力量配备提高了公司运营能力与效率。二是拓展员工职业发展空间。顺应市场变化，拓展多渠道的事业发展空间作为吸引人才、留住人才的关键举措。对标行业实践，建立公司前中台人员业务职级体系，形成公司管理、业务及专业三大岗位序列。三是建立以绩效为导向的薪酬激励机制。紧密结合公司近期任务和长远目标，深入开展系统内外部调研，参考市场化、国际化投资机构经营实践，制定了绩效管理办法和薪酬分配办法，将公司战略与部门绩效、个人绩效建立有效衔接，在相互之间形成动态协同效应，通过绩效管理实现责任风险与个人收益相适配的有效激励。（中邮资本管理有限公司 / 提供）

【中国邮政集团公司电商分销局（中邮电子商务有限公司）】

一、提高政治站位，将全面从严治党推向深入

以习近平新时代中国特色社会主义思想和十九大精神为指导，认真贯彻落实中央巡视反馈会议精神和集团公司

2018年度党的建设暨纪检监察会议精神，以巡视整改工作为契机，补短板、强弱项，抓早抓小、抓细抓实，确保各项工作不折不扣落实到位。

1. 如期完成巡视整改阶段性工作任务。把巡视整改工作作为最重要的政治任务，站在“巡视整改不落实就是对党不忠诚”的高度，扎实推进巡视整改工作。一是高度重视，精心组织。认真落实主体责任，履行“一岗双责”，第一时间成立巡视整改工作领导小组和办公室，安排专人负责集中整改工作。二是结合实际制定整改方案。针对中央巡视组反馈的问题和意见，结合电商分销局工作实际开展全面自查，制定整改方案和问题清单，确定39项整改措施，并一一明确责任领导、责任部门和完成时限。三是狠抓整改工作落实。在集中整改的2个月时间里，共召开8次巡视整改领导小组会议和3次支部委员会，不定期听取汇报，及时掌握工作进展，压实工作责任，推动各项工作落细落实。39项整改措施如期销号26项，其他13项长期任务也取得了阶段性进展。

2. 落实全面从严治党要求，提升党的建设质量。按照新时代党的建设总要求，对照直属机关党委2018年度责任书，全面推进党的政治建设、思想建设、组织建设、作风和纪律建设，将制度建设贯穿其中，党支部战斗堡垒作用明显增强。

一是以政治建设为统领。建立三个“第一时间”学习机制，认真学习贯彻习近平新时代中国特色社会主义思想和党的十九大精神，坚持系统学、跟进学、联系实际学，将全体党员思想与行动自觉统一到党中央的要求上来，以实际行动落实集团公司党组的各项要求。坚持民主集中制原则，认真落实“三重一大”决策制度和决策程序，坚持重大事项集体研究决定。坚持重大事项请示报告制度。

二是加强思想建设。推进“两学一做”常态化制度化，每月组织开展党小组学习，按季度开展书记讲党课，不定期组织党支部学习，在学懂、弄通、做实上下功夫。组织全体党员开展“大学习、大讨论、大落实”活动，每名党员干部都提交了学习心得。举办3期“学习贯彻习近平新时代中国特色社会主义思想”主题论坛活动，用身边事教育身边人。

三是加强组织建设。严肃党内政治生活，坚持“三会一课”制度，如期开展民主生活会、组织生活会、谈心谈话、民主评议党员等工作。进一步理顺党员组织关系，将2名同志组织关系转入电商分销局党支部。做好党员发展工作，有2名员工递交入党申请书，确定入党积极分子2名，发展预备党员1名，转正预备党员1名。

四是加强作风和纪律建设。组织开展“一月一事、消灭最差”活动，加强调查研究，改进工作作风。严格落实中央八项规定精神，重点关注中秋、春节等传统节日。组织开展纪检专题学习和警示教育活动，组织全体员工赴焦裕禄烈士陵园开展了警示教育活动。加强廉洁风险防控，制定下发《2018年度电商分销局廉洁风险防控工作方案》。

五是将制度建设贯穿其中。2018年对电商分销局已有的7个规章制度进行修订完善，新制定《绩效考核办法》等11个规章制度，逐步形成长效机制。

3. 加强企业文化和精神文明建设。一是开展“人民邮政为人民”服务宗旨专题学习讨论，以党小组形式专题学习了王顺友、尼玛拉木、其美多吉等邮政系统先进人物的感人故事，每位党员结合工作实际发表了感想和体会。二是开展“重温入党志愿书”“真理的力量——马克思诞辰200周年主题展览”参观研讨等形式多样的主题党日活动。三是在局内走廊设计文化墙和学习园地，展示员工学习心得和学习风采，购置书架和党建教育图书设立图书室。四是组织开展健步走、踢毽子、扑克牌等工会活动。

二、业务发展

收入110.9亿元，比上年增长22.1%，完成年度预算进度104.5%。在邮务板块中，电商分销业务收入居第2位（仅次于代理金融993.0亿）；收入增幅22.1%，居第1位（第2位代理金融5.5%）；完成预算进度104.5%，居第1位（第2位报刊101.5%）。其中，分销收入实现快速增长：收入84.5亿元，比上年增长32.1%，完成年度预算103.3%。增值业务超额完成目标：收入26.4亿元，完成年度预算108.8%，比上年下降2%。

在推进农村电商发展方面取得成效。

1. 渠道建设。全国安装邮掌柜系统或APP的“邮乐购”站点64.2万家，超额完成55万的年度建设目标。邮乐小店下载安装量928.4万个。渠道结构不断优化，问题网点大幅减少。开展渠道精细化管理，深入推进“三绑”工作，上线渠道数据看板，初步融合“渠道管家”与“邮助手”，渠道管理功能不断完善。

邮政工作人员帮助农户打包猕猴桃准备发货。

2. 批销业务。批销额157.8亿元，比上年增长47.1%，其中20个批销重点省批销额151.1亿元，比上年增长41.3%，完成全年计划的100.5%。商品不断丰富，20个重点省引进批销商品34.3万个；营销活动效果明显，批销额104亿元，占总体批销额的66%。

3. 农产品进城。成立农业农村部电子商务重点实验室、中国邮政滞销农产品帮扶中心和名优农产品孵化中心，线下销售累计农产品23.1亿元，比上年增长65%，线上平台交易量1039万单，交易额1.34亿元。开展产销对接，打造“砀山酥梨”“十八洞猕猴桃”“邮老哥”香菇酱等多个畅销优质农产品项目。

4. 平台协同。引导邮政支局客户到邮乐购店消费，邮乐购店客户到邮政支局办理金融业务，实现邮政支局和邮乐购店双引流、双提升。20个省开展“金融客户优惠购”活动，支撑代理金融发展。掌柜贷审批通过21076人，支用网点数12259个，支用金额8.19亿元。使用扫码支付的邮乐购店5.88万个，收款金额5.06亿元。邮乐平台收寄快递包裹946.8万件，1.3万个邮乐购店叠加代收代投服务，累计代收代投3231万件。（电商分销局/提供）

【中国邮政集团公司寄递事业部（中国邮政速递物流股份有限公司）】

一、推进体制机制改革

1. 寄递翼改革稳步推进。全面落实中国邮政集团公司寄递翼改革方案，整合邮速双方管理团队及产品、网运、投递、营销、信息系统、品牌等资源，省、地市、区县三级寄递事业部组建到位，非省会地市内部处理和运输资源整合基本完成。

2. 营销体系建设得到强化。加强专业营销中心建设和销售运营管控，强力推进首席客户经理制，全国首席客户经理开发维护客户数万户。加强新注册客户营销关系维护，增加客户黏性。

3.“众创众享工程”持续深化推进。全国众创众享经营单元4000多个，覆盖率近90%，收入比上年增长近20%。

4. 电子渠道拓展持续加快。持续优化快递服务和电子政务两大功能，推进储值卡等新应用，电子下单总量数百万单/月，比上年增长70%。

二、突出重点业务开发

1. 国内标快业务平稳发展。开展省际标快“大决战”活动，核心城市航空省际标快业务量比上年增长16%；京沪穗深互寄业务量比上年增长11%。开展助力国家“扶贫攻坚战”，累计帮扶18个省、57个国家级贫困县的67个特色农产品项目，助农销售近40万件，助农销售额逾千万元。打通散户类和商务类增值业务服务，18个省实现收件人付费全境开通，有效拉动收入，比上年增长15%。

2. 国际业务持续发展。国际EMS双边业务新增4个国家，13个路向正式开办或试办双边跟踪小包业务，新开办德国、哈萨克斯坦和印度尼西亚e邮宝业务，开通23个路向的铁路运邮产品，建立俄罗斯海外仓并开展海外仓业务。加强与电商平台合作，加快推进增开专线包机，中欧班列返程（德国—重庆）进口运邮测试取得成功。

3. 快递包裹业务快速增长。电商平台合作不断深化，阿里巴巴、拼多多等平台发件量比上年增长幅度较大。全国快递包裹日均交寄千件以上的客户逾万。

4. 物流业务效益型、精益型发展。推行以项目为基本单元的独立损益核算体系，盈利水平不断提升。聚焦六大行业品牌制造企业和商贸流通企业，不断提升综合物流服务能力。依托陆运枢纽，初步建成三级仓网体系，中邮云仓服务规模与影响力名列前茅。全国七大枢纽区域均建成具备百万单发货能力的规模仓，“双11”全国枢纽仓订单量比上年增长近70%，单仓出库及时率99%以上。发挥邮银协同整体竞争优势，实现了汽车产业链板块联动。积极响应国家“军民融合”号召，与多军种部队开展物流合作。

三、落实各项管理工作

1. 财务管控得到加强。推进盈利模式建设，实施两级损益管理，突出运营质量管控。加强营业资金归集管理，全国现金次日缴款率接近100%。完善用户欠费管理办法，深入开展损益核算和产品全成本效益分析，统一了损益核算方法，全面升级结算系统。

2. 人力资源管控得到优化。“双定”工作持续推进。营业部人均揽投效率比上年提高5%；处理中心全员处理效率比上年提高20%。工资正常增长机制得到落实，技能人才和在艰苦条件、环境下作业人员的津贴补贴大幅提升，一线员工收入水平切实提高，基本薪酬保障作用充分发挥。

3. 企业内控管理得到深化。完成各类审计项目近百项，对发现违规违纪问题持续监督整改。工程审计为企业节约投资成本近2亿元。

4. 管理和科技创新得到提升。获得物流行业科技进步二等奖1项。甩挂模式构建、视觉技术在自动化分拣能力提升中的应用效果显著。

四、提升生产能力

1. 网络生产能力进一步增强。推进一、二级中心局能力建设，加强干线运输能力投入，加强投递网能力建设，全网新增电动三轮车近万辆，中邮速递易智能包裹柜布放规模达近10万台，城市人工自提点增加到12万个，快递“最后一公里”问题持续改善。

邮航飞机列阵。

2. 信息化建设步伐进一步加快。试点电子地图下单、二维码收寄，推广应用三级分拣码、便携打印和云打印等新技术，电子面单应用率近90%。寄递生产系统更新迭代，全环节生产作业系统完成平稳切换和过渡衔接。

3. 全面推进科技赋能。积极推动处理流程柔性化、智能化，在晋江试点无承载平台的第三代AGV分拣系统，并试验使用机械臂代替人工供包操作，减少人工成本；升级武汉AGV处理系统，实现人工封袋集中化处理；试点邮政自动驾驶支线运输网络，完成行业首个中型水陆两栖无人机技术性试飞，开通杭州湾跨海中型无人机运输航线，在浙江省内的开放道路实现货车的全程自动驾驶。

五、运行质量持续改善

1. 网运时限水平显著提升。标准快递时限保持行业领先地位。重点城市核心范围互寄次日递率比上年提升10%，快递包裹全程时限大幅提升，全国县及县以上快递包裹平均时长比去年同期缩短近7小时。制定各类普通邮件全环节运营标准，建立全国县市间信函、印刷品、普通包裹全程时限标准库，推进各类普通邮件全面提速。

2. 服务质量保障水平稳步提升。优化质效考核办法，服务质量管控向事中前移，标快、快包异常发生率下降明显。建立分环节服务质量数据分析模型，强化突出问题、突出机构精准整改和专项视检，开展2018年作业规范年活动，客户投诉率比上年降低逾50%；全年未发生收寄安全案件。开通机器人客服，11183通过降低人工话务占比消化全年人工成本增长。问题邮件解决平均时长与理赔平均时长均大幅缩短，国际客服各项指标在邮联排名中继续领先。EMS服务满意度保持行业第2位，公众满意度继续提高。

3. 运行质量管控精细化水平不断提升。开展邮件处理效率达标活动，双层包裹分拣机平均日处理量近50万件。建设完成“车辆运行管控平台”，完成全国数十个中心局上线工作，实现运输环节全过程管控。创新中心局效能评价与对标机制，节约运行成本。（集团公司寄递事业部/提供）

【中国邮政南京航空速递物流集散中心】

中心生产作业324天，处理邮件1.59亿件，比上年增长5.4%；日均处理49.1万件，比上年增长5.36%；最高日处理量77.2万件，创中心邮件处理历史新高。物品型与文件型邮件的件数占比约4∶6。拥有货运飞机32架，中心接卸邮航航班18架，通达25个通航局，进口干线汽车邮路42条，出口干线汽车邮路37条，覆盖24个省、332个地级市。中心人员总数1127人（含承揽和外包非全日制用工），比上年减少49人。日人均邮件处理量512件，比上年增加59件，比上年提升13.02%。南京集散中心较好完成寄递事业部各项质量指标。安全事故发生率为零。分拣设备及各类系统运行情况正常。

一、加强党的建设

坚持党建引领，旗帜鲜明讲政治，推动习近平新时代中国特色社会主义思想和党的十九大精神深入人心、落地生根。做到党建工作与业务工作同部署、同落实、同考核，实现深度融合。认真贯彻落实“三个第一时间”学习机制，组织中心组学习17次、党员干部专题培训5次，深入开展“大学习、大讨论、大落实”活动；认真组织召开领导班子年度民主生活会和巡视整改专题民主生活会；认真贯彻落实巡视整改工作。巡视整改期间共明确20项整改任务，制定35项整改措施。完成其中24项，另11项持续推进。

二、运行质量

1. 重点质量指标。优化完善“时巡查、日管控、周分析、月总结”工作机制；充分发挥智能跟单系统的质量管控作用，建立规范的智能跟单工作体系；推进质检工作常态化，全面提升问题邮件处理水平。邮件丢失率由上年的千万分之125.4降低至千万分之79.9。

2. 时限管控。多措并举极大提高邮件当频赶发率。增加螺旋滑槽交接方式，非标邮件的当频赶发率提高1%。

3. 专项业务处理能力有效提升。生产安排严密部署，质量时限严加管控，高质量地完成“高录书”“学生档案”“极速鲜”“苹果手机”等专项类业务的处理工作。

4. 运控中心（OCC）实时管理效能充分发挥。实现生产现场各环节的可视性、可控性和可追溯性，提高现场管控的及时性和精准度。

5. 新一代寄递业务平台上线运行。10月19日，新一代寄递业务平台开始测试上线，12月1日，正式启用新系统进行实际分拣作业。

三、科技创新

1. 滚轮平台扩容项目顺利投入使用。在扩容后的1200平方米的面积上，增加45个集装箱位，提升集装容器的周转能力，实现空侧集装箱板的室内各环路交接功能。

南京物流集散中心扁平件分拣邮件。

2. 陆侧分拣机支腿改造项目积极推进。对陆侧分拣机的支撑脚进行改造，解决陆侧地面沉降对设备的影响，减少托盘小车轮子与导轨的磨损，提高设备运行的稳定性。

3. 托盘升级项目投入使用。增强耐撞强度和抗低温性，保障生产作业的有序进行。

4. “技术能手培养”。培养产生11位初级技术能手，激发技术人员的积极性。

5. “分拣机合作维护向自主维护推进”。包分机和扁平件分拣机每年的代维费节约450万以上。

四、降本增效

1. 预算控成本。在进一步加强日常监控、严格各项成本费用支出审批的基础上，采用条块结合的部门双重预算考核模式，进一步加强对预算的管理。使用新型库存管理软件，保证库存账实相符。搭建损益核算管理系统，实现对人工成本的不同维度分析。

2. “三效”工作。在空侧作业区推行划小经营单元，实行质量、绩效、效率相结合的管理模式，初步实现员工多劳多得，企业降成本、提效率的共赢局面。

3. 采购管理。完成集中采购项目60项，采购额（可估算）达1399万，比上年采购预算节约206万，节约率14.7%。

4. 方正南集仓稳定运转。南集仓储（方正项目）于3月29日正式上航运营。航空路向出货量由27.6%提升至70%，次日和隔日妥投率分别保持在70%和90%以上。

五、人力资源优化与员工队伍素质提升

1. 优化用工配置。推进供件岗业务外包，有效降低人工成本。人工成本比上年下降1.46%。

2. 拓展培训管理层级。合同用工全等级技能鉴定204人，高技能人才46人。制作完成各生产岗位的生产操作规范宣传片，进一步提升一线员工的基本操作能力。

六、企业文化建设

1. 以“严”为重点，持续加强安全管理。专门设置安保巡查岗和内保专员岗位，坚持“一签二查三紧抓”，完成34处各类安全隐患整改工作。完成对中心58门水炮及控制主机的消防升级改造项目。完成B库充电区改造项目。

2. 以“适”为亮点，持续推进重点项目建设。持续推进邮航行车道及停车场改造工程。完成了电视电话会议室、办公区（二期）改造、食堂操作间改造、驾押人员休息室改造、农场迁移等工程项目。

3. 以“和”为基础，持续增加员工幸福感、获得感。完善职工小家建设，先后配置跑步机、书柜、棋牌，设立读书角和减压角。开展等一系列员工喜闻乐见的文娱活动。编制6S目视化手册，加强生产区域色彩管理，进一步约束和提升生产人员的行为和素养。接待341人次。

（中国邮政南京航空速递物流集散中心／提供）

【中国邮政航空有限责任公司】

在中国民航局、集团公司的正确领导和大力支持下，中国邮政航空有限责任公司认真贯彻落实习近平新时代中国特色社会主义思想和党的十九大精神，不断增强安全意识，强化安全政治担当，坚持安全隐患“零容忍”，加强“三基”建设，持续狠抓“三率”，强化成本管控，全面从严治党，深化企业文化建设，较好完成全年工作目标。安全形势方面：安全飞行32902小时，比上年减少10.6%；飞机平均日利用率3.44小时，比上年减少0.45小时。继续保持了无飞行事故、无机务维修事故、无空防安全事故的良好态势，实现第22个安全年。运行品质方面：运行20603班，比上年减少10.1%；克服恶劣天气频发、空管流控较多的困难，平均航班正常率85.5%，高于同期民航平均航班正常率5.4%。经营质量方面：邮货运输总量18.2万吨，比上年减少7.9%；运输总周转量为26565.9万吨公里，比上年减少8.4%；航班平均载运率67.5%，比上年减少2.9%；经营收入22.34亿元，比上年增长2.06%；成本支出22.34亿元，完成寄递事业部下达预算目标。

一、安全基础

1. 安全责任意识。认真学习贯彻习近平总书记重要批示指示精神和民航局党组工作要求，从党和国家战略的高度认识航空安全，切实提升政治站位和工作站位，坚定不移将安全责任扛在肩上。全面加强党对安全工作领导，在公司党委会、领导班子碰头会上学习传达民航安全文件精神；建立充分发挥各级党组织党员在安全生产工作中职能作用的制度。加大安全投入，专职安全管理员由23人增加到46人，组织SMS和安全管理人员培训16次。收到有效自愿报告1000余份，比上年增长7倍。开展安全从业人员工作作风宣教活动，1630人次参加。

2. 安全隐患整治。坚持安全隐患“零容忍”，开展隐患排查75次，排查出各类安全隐患136项，除8项落实中，其余均完成整改。对民航局SMS审核发现问题，制定267项整改措施逐一完成整改。集中开展“五防”专项整治活动，扎实开展“安全大检查”工作，主动开展安全整改“回头看”工作。开展货运安检专项治理，完成五个自主安检站自查工作。

10月9日，由邮航承运的中国政府向印尼政府提供的紧急人道主义救援物资抵达机场。

3. 安全风险防控。正确处理安全与发展、安全与效益的关系，充分发挥AOC风险防控系统作用。建立健全安全绩效管理机制，确立7个公司核心风险和29个核心风险绩效分指标。扎实推进法定自查工作，建立5062个自查检查项目。持续完善安全管理体系，健全威胁风险评估防控机制。公司各系统开展风险管理182次，识别出新增危险源213项，新增危险源得到有效管控。加强空防安保风险管控，过检邮货4839万件，退回不合格邮货6.2万件，发现危险品违禁品4.8万件。完成南京自主机坪安保主体责任移交工作。

二、运行质量

1. 航班正常率保持较高水平。强化运行品质分析，每月梳理航班运行数据和生产运行中的问题，并结合多年运行数据进行运行情况预估和提示。各专业狠抓航班正常，飞行专业合理编排飞行计划；机务专业加强老龄飞机适航管理，大力开展预防性维修工作；运控专业深化运行管理工作，统筹协调飞机、机组、航班时刻等资源；地面保障专业优化生产流程，提高综合服务能力。全年航班平均正常率保持在85%以上。

2. 北京AOC与南京指挥调度中心协调发展。推进AOC系统建设，AOC与南京指挥调度中心发挥统一管控、现场指挥的协调作用。北京和南京开展签派轮岗交流，进一步理顺生产运行流程，编制两地运行指挥调度工作实施方案，统一运行控制系统（两地）安全运行质量月度评估标准规范，共同制定大面积航班延误处置方案，南北签派统一协调、统一管控重点工作，公司整体运行指挥调度水平不断提升。

3. 运控能力建设。开展签派员资质能力评估工作，监控重点岗位人员的资质能力，对不符合资质要求的采取待岗、再训练、再评估的方式，确保关键岗位人员符合资质要求。建立新的综合信息显示平台，引入智能监控偏航、低高度、低油量等告警功能，切实提高航班监控水平。对标民航应急管理原则、方针、政策，梳理完善公司应急处置程序手册，提升应急管理和处置水平。

三、经营工作

1. 开展货运补舱业务。修订完善货运经营管理办法和航班邮运奖惩办法，调动各经营单位工作积极性，主动开展货运销售，努力增加货物运输种类及高附加值航空货物产品。加强与联邦快递合作，自11月30日起，北京、上海、广州出港航班正式运输联邦快递公司货物，双方合作有效提高航班载运率。公司国内航班货运量 8995 吨，收入 1687 万元。

2. 运营国际地区货运航线。加强走访交流，运营浦东—大阪、福州—台北航线；充分利用政府支持政策，执行西安—首尔定期货运包机航线 93 班；密切关注临时包机市场情况，执行 7 班临时包机。通过国际、地区及货运包机航线，完成货运量 7194 吨，收入 4692 万元。

3. 强化成本管控。强化基础审核，严把合同签订前采购流程，及“三重一大”决策落实和预算申报等事项；建立单机单航线损益核算系统，分析航线运行成本，发挥成本数据集合作用；细化核算，以各办事处的办公费、车辆使用费、房租物业等项目建立多维度标杆值，推进损益中心建设，促进财务管控向基层延伸，有效减少不必要成本支出。

四、担当国企责任

1. 完成印尼紧急人道主义救援物资运输任务。在时间紧、任务重的情况下，邮航站在党和国家大局的高度，履行国企的政治责任和使命担当，逐一攻克航行资料缺少、机场运行环境复杂、协调保障琐碎繁杂、机场保障能力有限等难题。10 月 9—13 日，完成 5 班中国政府向印尼政府提供的人道主义救援物资运输包机任务，运送帐篷、净水器、发电机等援助物资 110 吨。

2. 完成“大樱桃”运输包机任务。中国邮政服务国家战略，坚持以精准扶贫、服务“三农”为宗旨，不断创新服务模式，持续推进服务农村电商、快递下乡工作，打造“极速鲜”服务平台。邮航全力支撑“极速鲜”特色业务，3 月 9—14 日，承运攀枝花市米易县“西红柿”邮件 61 吨；5 月 24 日至 6 月 28 日，完成山东、辽宁、广西速递时令水果航空运输任务，执行 34 班、72 个航段，运输“大樱桃”邮件 1371 吨。

3. 履行军民融合发展国家战略。两架 B757−200 货机高高原改装通过国家交通办公室组织的技术方案评审，为后续民航飞机加改装贯彻国防要求奠定了技术基础。完成年度邮政系统交通战备干部培训，为邮政行业国防交通战备工作做出了积极贡献。

五、基础管理

1. 改革选人用人机制。发掘公司内部各专业人才，为大家施展才华搭建平台，在运行控制中心组织 AOC 值班主任公开竞聘，选拔聘任 6 名值班主任。创新选人用人机制，通过社会公开招聘的市场化方式选用优秀人才，飞行、机务、签派、安检、地面保障五大专业，以及机关管理人员，招聘成熟人员 29 人，为国有企业专业技术岗位实行灵活多样的选人用人机制提供重要探索。

2. 狠抓机关作风建设。持续加强和改进机关作风建设，严格执行机关考勤指纹打卡管理制度，机关形成良好工作秩序。规范办文办会程序，每月通报公文流转情况，每周发布会议安排，办文办会效率进一步提升。制定公司机关人员下基层锻炼规定，加强公司机关人员与一线交流。开展“每周一题，一月一事”活动，不断提高公司综合管理水平。对机关人员开展工作写实，促进工作效率提高。

3. 抓好重点工作落实。编制年度重点工作 47 项，严格按时间进度推进落实。各类重点工作 330 项，完成 224 项，持续落实中 6 项。三大专项重点工作 SMS 审核发现问题整改工作 267 项、CCAR−121−R5 补充运行合格审定工作 76 项、飞行训练资质督查整改工作 49 项全部完成。安全管理体系在安全政策、风险管理、安全保证和安全促进等方面都有所提升。CCAR−121−R5 补充运行合格审定工作，修订完善 26 种手册，手册关联 113 条，完成 22 个章节 274 个条款规章符合性声明，为公司安全顺畅运行打下坚实基础。

4. 强化专业人才培养。飞行专业新聘机长 4 名，恢复机长资质 8 名；聘任副驾驶 16 名，A 类教员 4 人，B 类教员 2 人，C 类教员 4 人，公司检查员 1 人，熟练检查员 3 人，续聘委任代表 1 人；机务专业培养发动机试车人员 5 名、整机放行人员 6 名、二类机型维修人员 68 名；签派专业培养 FAA 执照签派员 3 名、签派放行人员 6 名。航空专业人才队伍不断壮大，专业技术能力不断提升。

六、党建工作

1. 全面从严治党。坚持深入贯彻落实习近平新时代中国特色社会主义思想和党的十九大精神，牢固树立“四个意识”，坚决做到“两个维护”。以中央巡视反馈问题整改工作为重要抓手，对照中央巡视整改反馈意见，查找出四个方面 8 个主要问题 16 个具体问题，明确推进 18 项整改任务和 30 项整改措施，均按时限落实。严格落实党委理论中心组学习制度，认真抓好“三会一课”、民主生活会、民主评议党员等制度落实。组织编印《党员应知应会手册》和《基层党组织工作实务手册》，推动全面从严治党向基层延伸。

2. 反腐倡廉工作。严格落实中央八项规定精神，有效防止“四风”问题反弹。持续开展“党风廉政宣传教育月”活动，采取集体学习、警示教育、知识考试、发放书籍、“廉政一课”等形式，有效促进“六大纪律”落实。加强春节、中秋、国庆等关键时间节点廉洁防控，强化“红线意识”。认真落实“纪委书记约谈”制度，完成 169 名主管级以上干部廉政档案填报审核。严格执行“双重报告”制度，对提任的 20 名领导人员进行廉政鉴定，对 15 名提任、调任干部进行任前廉政谈话和考试反馈。全面开展廉洁风险防控，查找廉洁风险点 746 个，制定防控措施 1653 项，覆盖 248 个岗位，工作流程规范性、风险防控有效性均有增强。

3. 企业文化建设。重视企业文化和精神文明建设，公司荣获2015—2017年度“首都文明单位”荣誉称号，南京安检分站获“全国青年安全生产示范岗”称号。参加民航系统“安康杯”竞赛，广州办事处被评为民航华北地区“安康杯”竞赛“优胜班组”。完成首都机场基地办公楼装修搬迁工作，改善驻场单位员工工作环境。开展“夏季送清凉、冬季送温暖”慰问活动，组织健步走、书画展、亲子交流、京宁杯对抗赛等活动，营造出“互相尊重、积极向上”的良好企业文化氛围。制作完成公司新版宣传片，在中国邮政报刊发31篇重要新闻，全年共推送《邮政航空》249期228篇报道，《党建微平台》249期498条信息。邮航“全夜航”轮辐集散和空地一体化作业运行模式进入国家“庆祝改革开放40周年”成就展，标志着航空货运运行模式获得业界和上级领导部门的高度认可。（中国邮政航空有限责任公司/提供）

各省、自治区、直辖市分公司工作

北京市

【北京市邮政分公司】

一、总体情况

北京市邮政分公司是首都城市基础设施的重要组成部分，主要经办信函、包裹、报刊发行、集邮等传统业务及代理速递、物流、金融、保险等业务。业务收入 47.18 亿元，完成中国邮政集团公司预算目标的 101.7%，比上年增收 7830 万元，增幅 1.69%；经营利润 –8.55 亿元；邮政业务总量 45 亿元，比上年增长 1%。截至 2018 年底，北京市邮政分公司全部从业人员为 15915 人，全部用工总量为 20254 人，比上年减少 670 人。设置邮政局所总数为 743 处，其中：邮政支局 126 处，邮政所 617 处，电子化局所 739 处。邮政报刊亭 1066 个，二类及邮政代理储蓄点 435 个，邮政电子商务网点 650 个，便民服务站 187 个。全市设置邮政信筒信箱 4562 个，邮局用户自取信箱 857 个。邮政妥投点 705.66 万个，其中：直接投递点 687 万个。农村村邮站 3674 个。邮路总条数为 976 条，邮路单程总长度 7.85 万公里。全市平均每一局所服务面积由上年的 21.62 平方千米增加到 22.12 平方千米；服务半径 2.65 千米，全市平均每一局所服务人口 2.92 万人。北京邮政服务质量用户满意度为 98.18%。

二、以党的建设推进业务发展

北京市邮政分公司深入学习贯彻习近平新时代中国特色社会主义思想、党的十九大精神和中国邮政集团公司工作会议精神，结合首都城市邮政发展实际，坚持问题导向，加强对标分析，进一步深化改革、转型创新，积极探索发展有效途径，不断加快发展步伐，各项工作取得新突破、新进展。以高度的政治责任感和坚强的执行力，完成全国“两会”、“中非合作论坛北京峰会”、十九届中央第一轮、第二轮巡视专用信箱邮件寄递等各项重大会议和重要活动的邮政通信服务保障任务，得到中央巡视组、市委市政府、与会代表团及代表的高度肯定，赢得社会各界的广泛赞誉，再次为中国邮政赢得荣誉；完成北京邮政寄递事业部改革，并在全国率先完成“三供一业”改革，进一步提升企业的发展动力和活力；与北京联通、移动、铁塔、电信等公司签订战略合作协议，搭建资源共享、互利共赢的合作平台，开辟新的发展空间；以科技创新为引领，智能搬运机器人投入运行，无人机投递试飞成功，智慧邮局建设稳步推进，电子围栏应用逐步深化，新一代寄递业务信息平台上线，塑造北京邮政生产运营智能化、自动化的新形象；针对中央巡视组反馈意见，制定整改措施，持续推动北京邮政全面从严治党向纵深发展，牢固树立以人民为中心的发展思想，以实际行动践行人民邮政为人民的服务宗旨；按照中国邮政集团公司统一部署，组织实施基本工资和津贴补贴调整工作，实现职工收入的普遍提升。

三、稳推进寄递事业部改革，成立市区两级寄递事业部

整合邮速双方人员 15637 人，将原来邮速 6 个网络整合为国际国内航空网、省际陆运干线网、市内运输网 3 个网络，将原来邮速 9 个邮件处理中心整合成为航空和陆运两大处理中心，将邮政公司 16 个区分公司与速递物流 10 个区域公司整合成为 16 个区级寄递事业部，分步将邮政 229 个投递部与速递 101 个揽投部合并，为做好业务发展整体规划打下坚实基础。正式启动经营组织架构改革，按照外部以客户为中心、内部以经营为中心，确定机构编制方案和改革工作方案，并上报中国邮政集团公司。率先完成“三供一业”改革工作，争取到国家和中国邮政集团公司的支持政策；加大长期股权投资清理工作力度，完成 7 家投资公司的清理注销工作，得到中国邮政集团公司的充分肯定。

四、提升能力建设

在全国率先实现将邮政普遍服务体系纳入城市总体规划，北京城市副中心、大兴国际机场等重点地区配套邮政设施的规划均得到支持，在城市副中心 155 平方公里范围内设立 130 余个邮政局所和两个区级配送邮件处理中心的详规得到国务院的批准，为北京城市副中心未来邮政设施的建设发展奠定坚实基础；投入资金 1905 万元，对 17 处邮政网点、2 处“三农”仓储以及 9 处生产场地进行装修改造；投入 6702 万元，购置邮政车辆 303 辆；投入 1588 万元，购置 1626 台套金融终端设备、2536 台套邮政营业及投递终端设备。

五、加强精神文明建设

继续开展“不忘初心　牢记使命”主题教育，各单位通过“城乡共建”“结对帮扶”“志愿服务”、企业红十字会等活动，展现邮政服务社会职能，树立企业良好形象；新闻宣传工作着力突出企业的改革发展和责任担当，建立新闻宣传协调机制，不断创新自媒体宣传形式，在中国邮政集团公司和新闻出版署媒体评选中名列前茅；北京市邮政分公司（本部）、大兴区分公司、报刊发行局、东四邮政支局、北京速递物流公司通过了中央文明委复查，延续全国文明单位荣誉称号；27 家单位被分别授予首都文明单位标兵或首都文明单位荣誉称号。

北京邮政继续推进中国邮政企业理念宣传贯彻落地，5 个单位被评为中国邮政文化建设示范点和示范基地；实施 2018 年度劳模先进创新工作室优秀创新项目助推活动，3 个创新项目获市总工会 13 万元创新助推资金，120 名职工荣获北京市邮政工会优秀技能人员助推奖励，11 名职

10 月 17 日，北京邮政报刊发行局与中国儿童少年基金会日前来到国家扶贫开发工作重点县河北省海兴县，向赵毛陶镇褚村小学捐赠 500 套"爱心书箱"。

工荣获北京市总工会技能人员助推奖励；组织参加"劳动光荣"首都职工主题系列文化活动，开展以培育"最美"职工为主要内容的摄影、健步走、乒乓球等职工文体项目；企业管理创新成果获得北京市、通信行业和中国邮政集团公司多个奖项；3 个单位荣获全国邮政系统先进集体称号，6 名职工荣获全国邮政系统先进个人荣誉称号，1 名职工和 1 个投递部分别荣获"首都劳动奖章"和"北京市工人先锋号"。（北京市邮政分公司 / 提供）

【邮储银行北京市分行】 邮储银行北京市分行下辖一级支行 19 家，营业网点 571 个，其中银行自营 138 个、邮政代理网点 433 个。在岗员工 3508 人，平均年龄 35 岁。

一、经营概况

资产规模 3327.98 亿元。各项存款余额 2460.79 亿元，各项贷款余额 1582.32 亿元。实现收入 79.36 亿元，增幅 17.94%；净利润 39.48 亿元，增幅 42.32%。不良贷款率 0.21%。

二、业务发展

1. 存款业务。加强邮银协同，综合运用产品、平台、活动、权益，储蓄存款实现"价稳量增"。通过举办"金晖"系列活动，强化养老金综合营销，养老金存款沉淀率从 4.63% 提升到 15.74%。储蓄存款余额 1518.81 亿元，净增 111.08 亿元，比上年增长 7.89%；其中，自营储蓄存款 605.19 亿元，净增 45.60 亿元，比上年增长 8.15%。紧盯总部型、源头型、交易型客户，深挖客户潜力，联动发展，公司存款余额 996.8 亿元，净增 229.2 亿元，比上年增长 29.9%。

2. 贷款业务。零售信贷规模 331.94 亿元，比上年增长 16.35%；其中，小额贷款增幅 196%，为近年最高增速，非房消费贷增幅 48.17%、小企业贷款增幅 32.04%、个商贷款增幅 19.62%。全力支持精准扶贫和"三农"领域，个人精准扶贫贷款净增 872 万元，产业精准扶贫贷款净增 1.82 亿元，项目精准扶贫贷款净增 4.6 亿元。积极支持国家重大战略，围绕"一带一路"、京津冀协同发展、北京"四个中心"建设、副中心建设、冬奥会筹办等，公司贷款余额 943.27 亿元，净增 150.40 亿元。国际业务方面，跨境投融资项目取得新突破，为巴基斯坦发放 5000 万美元跨境主权贷款。在线供应链发展初具规模，国内贸易融资余额 102.95 亿元，比上年提高 41.75%。

3. 中间业务。中间业务净收入 8.20 亿元，比上年增长 10.28%。信用卡业务，设计发行新时代主题信用卡，开展线上线下多渠道引流，发卡 20 万张，比上年增长 127%。网络金融业务，电子支付手续费收入 9751 万元，比上年增长 151%。投行业务，承销债券 35 只，承销规模 471.25 亿元，规模比上年增长 8 倍，量收均居系统内第一。

三、转型创新

1. 服务创新。推进 O 卡生态圈建设，客群基础进一步扩大。开展客户权益活动，"9 元观影""超市立减""加油满减"等，进一步提升客户体验。

2. 推进网点转型。充分利用网点经营月报表，细化二级支行损益核算，精确管理、精益管理、精细管理向纵深推进。加快人员转型，压降台席 39 个，盘活人员 42 名。

3. 探索科技化、数字化、智慧化转型路径。建成系统首家"无人银行创新实验室"；引入人脸算法技术，以柜面人证核验业务为切入点，探索客户生物识别和联动响应服务机制，打造"人脸识别 + 客户标签 + 渠道消费"的智能化数据应用服务体系，推进大数据应用与客户金融服务的融合。

四、风险防控

严守重大风险底线，以落实深化银行业市场乱象整治为主线，全面摸排风险底数，建立健全风险监测预警工作机制，加强大额风险管控，主要资产质量指标均达成管控目标。压实案防管理责任，加大风险合规考核力度，用好科技手段、审计监督，实现全年安全营运无事故、无重大案件、无重大声誉风险事件。牢固树立"合规经营，稳健发展"理念，结合"制度评价年""合规宣传月"活动，广泛开展"合规讲堂""高管谈合规"等学习形式，强化全员合规意识，推动风险合规文化在分行发展。

五、队伍建设

开展员工职级晋升，加快畅通员工职业发展通道，全行 1619 人获得晋升。加大干部"走出去"培训力度，提升干部的专业知识、专业能力、专业作风、专业精神。立足发展，制订营销队伍建设三年发展规划，着力打造优秀营销团队。开展员工关爱"四大工程""六个一行动"，开展广泛多样的职工文化活动，企业文化墙、党建活动室、职工小家、暖心驿站、“妈咪屋”等不断建成，进一步改善职工生产生活条件。

六、品牌形象

树立“普惠金融”形象，连续第5年获得北京银行业新闻工作先进单位，在中央及市属媒体刊发各类新闻宣传稿件789篇。客户服务满意度、投诉处理及时率连续4年保持“双百”，列系统内第一。消费者权益保护工作连续第3年获得北京银监局年度考核一级评价。分行青年志愿者积极服务“庆祝改革开放40周年大型展览”。

七、党的建设

深入贯彻落实党的十九大精神，推动全面从严治党向纵深发展。持续深入开展十九大精神专题培训，培训1626人次。以“三转”（转理念、转思路、转方式）为主题，连续第6年开展“挂行蹲点”活动，机关各部室累计下基层1896天，解决问题1105个。坚持以“零容忍”态度推进反腐败斗争，党风廉政宣传教育月和“三廉三促”（以学促廉、以责促廉、以评促廉）活动步步深入。（邮储银行/提供）

【北京市寄递事业部】

一、推进寄递翼改革

按照集团公司《中国邮政寄递翼改革方案》要求，以“一个主体、整合资源、分层运作、清晰核算”为原则，于9月初组建北京市寄递事业部，10月1日正式运行。内设市场部、服务质量部、速递部、快递包裹部、运营管理部、信息技术部6个经营支撑部门和综合部（党委办公室）、人力资源部、计划财务部、党委党建工作部（监察室）4个综合职能部门。下辖16个区寄递事业部和同城业务分公司、国际业务分公司、物流业务分公司、航空邮件处理中心及邮区中心局5个直属单位。截至12月31日，现有揽投营业部105个（含4个同城）、邮政划转投递部112个，机动车2419辆，电动三轮车4851辆，揽投网格507个，揽投道段4678条，覆盖北京市全境。

二、开展经营发展工作

1. 量收情况。收入24.8亿元，比上年增幅4%，增收9248万元。其中：国内标快收入6.24亿元，比上年增长1%；国际专业收入12.11亿元，比上年增长4%；物流专业收入8370万元，比上年增幅达到49%；快递包裹收入1.99亿元，比上年增幅16%。

2. 客户开发。商企板块标快收入3.35亿元，九大行业项目中，图书期刊、新零售、行政办公、银行四个行业标快实现正增长。落地百大项目64个，其中，千万级1户；500万级2户；百万级8户。政务板块标快收入1.81亿元，比上年增幅11.8%；新开客户335户，累计产生收入686.65万元。依据目标市场确定116个百大项目客户，开发和深度挖潜39户，收入267.98万元。

3. “双创”工程。推进“大众创业、万众创新”，发挥机制引领作用，激发员工干事创业激情，在校园、商厦等重点区域引入创业计划，启动两批次精英领创计划。其中，商厦精英领创团队15个，累计收入661万元；校园精英领创团队21个，累计收入729.17万元。

三、提升四大能力

1. 提升末端揽投能力。在速递网揽投环节全面推行区域网格化作业组织体系，完成507个区域网格建设目标。一方面缩小作业单元，加快对客户的响应速度；另一方面，动态调整作业组织，均衡作业强度，解决旺季期间揽投能力弹性不足的问题。

2. 提高运行处理能力。一是在航空网运行方面，以新顺处理场地投产和新型分拣设备应用为契机，提升处理能力。“双11”旺季期间航空中心峰值处理量超过85万件，远超设计能力。二是在陆运网运行方面，在处理中心全面推行流水化作业，“双11”期间峰值处理量达65万件。三是在首都功能定位方面，根据市委市政府迁址进度安排，增加通州进口报刊和邮件直封格口，增设8条市趟邮路，满足副中心党政机关邮政服务需求的同时，带动周边居民和企事业单位的邮政服务水平同步提升。

3. 提升成本管控能力。一是人工成本管控。人事费用率52.27%，比上年（53.64%）下降1.38%。二是业务外包管控。2018年，外包成本比上年减少1161万元。三是运输费用管控。通过集中采购、提升装载率等措施，陆运网委办汽车运费比上年下降29%，航空网邮航运费比上年下降8.6%，民航国内运费比上年下降15.5%，卡航运费比上年下降5.5%，陆运车费用比上年下降5.8%。四是业务成本的管控。单册耗材成本比上年减少122万元；业务代办费、业务损失费占收入比重和件均耗材费均低于全国平均水平。五是压缩非生产性支出。百元收入管理费用及全员人均管理费用均低于集团设定目标值。

4. 提升市场营销能力。将大客户的维护开发责任与首席客户经理绑定，做到大客户落责；以“收复失地战”和“顺丰抢夺战”为抓手，针对京沪穗深专项产品、校园、商厦精领创团队制定专项奖励政策；以“万户工程”、假日营销工程为契机，加大对散户揽收的奖励；打造核心营销、项目营销、专业营销和全员营销四支队伍。

四、全面强化四项管理

1. 加强质量管理。一是运行质量持续向好。开展进出境邮件寄递安全专项整治活动。建立市级、区级、营业部和作业部网运指标三级管控体系，建立网业联席会制度和分级质询机制；在网投环节建立疑难邮件“叫停”和“握手”机制，大幅减少邮件多次退转，快递包裹退转率由年初的6%下降到0.8%。北京出口沪穗深路向全程时限准时率稳定保持在85%左右，提升约10%，高于全国平均值。二是全面升级主动客服。开展服务质量专项整治活动，明确“五个100%、四个零、一双降”的工作目标。11183延时订单量呈现逐日递减状态，达到阶段性目标。三是加强理赔管控。北京寄递事业部的理赔及时率88%，超过集团公司寄递事业部80%的指标要求，未出现因赔偿时间问题引起的二次投诉。四是加强监督检查。围绕环境规范、服务规范、邮件收寄规格、投递质量、资费核查等方面对各生产经营单位执行检查。累计检查1462次。

2. 加强资费管理。加强资费管控力度。以重量单价为核心开展工作，通过鼓励轻小件业务开发，严控重货资费审批要求等方式，下半年标快重量单价相比上半年提升0.28元，快包重量单价比上半年提升0.73元。

3. 加强欠费管理。改变计酬方式，严格执行客户资信管理，建立预警制度，对于恶意欠费客户及时停止收寄。区分公司市场部、营业部设定兼职欠费清欠员，负责本部门、本区域所有欠费管理、督促、催收。截至12月31日，北京市寄递事业部欠费环比1月份下降6650万元。

4. 加强双定管理。在明确考核指标、强化绩效管控的基础上，继续加大双定工作的推进力度与深度，取得阶段性成效。2018年，北京营业部全员揽投效率91件/人天，比上年提升2.2%；处理中心全员处理效率综合完成率88%，其中全自动部分829件/人天，手工部分403件/人天，较年初（综合完成率80.5%，其中全自动761件，手工366件）提升7.5%。劳产率25万元，比上年增长1.05万元，增幅4.38%。（*北京市寄递事业部　孟祥君/提供*）

【中邮保险北京市分公司】

一、基本情况

1. 保费收入持续增长。中邮保费12.8亿元，比上年增长17.9%；保费规模在北京银保渠道59家公司中排名第10位（1—11月），比上年底提升10位。中邮保险在北京银保市场占有率为3.03%，比上年提升1.57%。实现期交保费（含续期，下同）9.5亿元，比上年增长62.3%；期交保费占比74.2%，比上年提高21.4%。实现期交新单保费4.51亿元，比上年增长42.8%；其中，长期期交新单保费4755万元，比上年增长340%，高于全国平均增长率近100%。实现续期保费5亿元，比上年增长85.2%。

2. 业务品质稳步提升。13个月保费继续率88.72%，比上年提升10.1%；25个月保费继续率为97.67%，比上年提升1.8%。

3. 专业引领作用不断显现。北京邮银保三方联合开展“独具匠心创新邮我”中邮保险产品创意大赛活动，延庆支行田田在第一届中邮保险产品创意大赛中获得大赛“最佳人气奖”；8—10月引进第三方机构，联合市分公司、邮储北京分行分别开展北京中邮保险“飓风行动”，活动期间实现期交保费1.95亿元，追赶进度35%。

4. 党的建设和精神文明建设不断深化。蝉联2015—2017年度“首都文明单位”称号；在邮政全系统创建“双百示范点”活动中荣获2017年度“邮政系统基层党组织建设示范点”和“邮政系统企业文化建设示范点”称号；在集团公司“2017年中国邮政职工思想政治工作研究优秀成果评选”中获三等奖。

二、转型升级

1. 三方协同，强化政策引导。一是一季度协调邮银单位分别下发文件，明确发展目标、激励政策、发展节奏。二是采取有力措施，5月先于集团实行阶段性排他销售，发展中邮期交业务。三是明确中邮保险奖励标准较其他代理保险上浮10%；落实集团要求，三方联合开展自办保险转型发展劳动竞赛；召开跨年度营销竞赛活动启动电视电话会，宣传贯彻中邮保险激励政策。

2. 创新营销手段。“飓风行动”借力突围。8—10月联合邮银分别开展“飓风行动”，活动期间中邮期交保费1.34亿元，日均保费220万元；9月中邮期交保费近8000万元，当月网均产能在全国排名第三。邮储北京市分行实现中邮期交保费3592万元，9月当月网均产能20.15万元，在全国开业省分行中排名第一。营销手段不断创新。一是组织“亲子类、健康类、品鉴类、公益类”四大系列客服活动188场；组织开展“美好生活　中邮相伴”北京中邮保险客服节活动，助力金融业务发展。二是为网点配备康乃馨、花瓶、棒棒糖毛巾等作为伴手礼，协助网点亲近客户拓展业务。三是借助电影《我不是药神》等热点事件开展续期有礼、电影答谢会等客户回馈活动，推动续期保费应收尽收。四是深入各区分公司开展社保知识大讲堂，讲解北京邮政员工福利，在大家了解自身基本保障、需要补充什么样的商业保险的前提下，主推中邮保险。

3. 强化自办自管。一是成立领导小组和工作组，制定落实方案，明确工作安排。二是及时出台成立中邮保险代管机构文件，明确机构设置、职责、人员编制等要求，各单位落实中邮保险中心设立和人员到位工作。

三、突出专业引领，做好服务支撑

1. 高端培训开阔视野。一是组织半月坛、月先锋活动，提升一线人员销售中邮保险的能力和信心。二是组织61名邮政金融管理人员赴上海参加培训，开阔思路、提升能力。

2. 专业活动提升能力。一是组织开展“保险好讲师　邮你更精彩”第三届北京中邮保险兼职讲师大比武。二是邮银保三方联合举办“独具匠心　创新邮我”产品创意大赛，邮银各有10名选手获得“入围奖”，5人被推荐参加全国比赛。延庆支行田田和中邮北分崔岩入围全国20强，田田获得大赛“最佳人气奖”。

3. 团险服务获赞许。连续4年为集团公司及在京直属单位承保补充医疗保险；连续3年为北京市邮政分公司、邮储银行北京市分行、速递物流提供“两项保险”服务。协调召开中邮团险启动会、组织团险专项营销活动。加强板块联动，开展40余场团险专项培训，覆盖全市16个区分公司。

四、严守风险底线

1. 应对业务高峰。一是做好新年A产品的集中退保工作，处理新年A退保2918件，退费3.37亿元，未发生系统性风险。二是协调邮银联合下发满期给付实施方案，处理满期给付业务8301件，给付金额为2.89亿元，其中非正常满期给付70件，件数占比0.8%，补偿金额36.2万元，金额占比0.13%，未超过总公司1%备用金控制线，未发生群体性事件。三是妥善应对企业补充医保审核处理高峰。及时启动应急预案，成立企业补充医保应急审核小组，处理团险理赔案件34957件，赔付5120.03万元，确保业务量上升的同时服务质量不下降。

2. 持续加强合规管控。一是严格落实监管及集团公司要求，开展“治理销售乱象打击非法经营”“深化市场乱象整治”和“销售误导整治”等专项行动。二是出台合规文化建设方案，开展制度大排查活动，梳理分公司执行制度384个，废止制度4个，修订及新增制度7个，夯实管理基础。

五、落实全面从严治党要求。

1. 扎实推进巡视整改工作。一是成立巡视整改工作领导小组和领导小组办公室，明确分工；梳理存在的问题，制定整改方案和清单；建立例会机制，及时安排和部署整改工作。二是分公司党委自觉担负起主体责任，逐条对账销号，40条整改措施已全部整改完成。三是对2015年中央巡视集团公司、2017年集团公司党组专项巡视及本次中央巡视反馈问题的整改落实情况自查自纠。

2. 多措并举推动“两个责任”落实。一是召开党的建设暨纪检监察工作会议，党委书记与各部门负责人签订责任书，落实“一岗双责”。二是加强思想建设，全年组织党委中心组理论学习15次，严格执行“三会一课”要求，召开党支部大会4次、党小组学习12次、党课5次。

3. 强化监督执纪问责。一是开展党委书记、纪委书记例行廉政谈话、约谈7次，对各部门负责人开展例行廉政谈话、约谈77人次。二是充分用好监督执纪“四种形态”，全年累计提醒谈话6人次，坚持把纪律和规矩挺在前面。三是针对分公司6项重点工作开展效能监察，把监察机制融入经营发展环节中。

六、人才培养

1. 继续开展中邮保险兼职讲师选聘工作，聘任兼职讲师115人，其中高级讲师5人。

2. 连续5年召开北京中邮保险高峰会，对绩优人员进行表彰。

3. 开展“正风肃纪回头看”活动，进一步提高中层干部的政治站位。

4. 实施2018年员工素质工程，分层级开展基础工程、先锋工程、领导力胜任工程，举办领导力和管理技能提升培训，培训770人次。

5. 选派两批6名青年员工到邮政基层单位交流学习。

6. 加入上海STA公益性学习型组织，各区中邮保险局及分公司累计44人参加13期各具特色的业内专家课程。

七、营造和谐发展氛围

1. 牢固树立宗旨意识。组织全体党员赴延安实地学习；逢双周组织员工到门头沟福利院开展关爱孤残儿童活动；开展公益扶贫活动，为3200名低收入人员赠送一年期意外伤害保险，总保额为3200万元。

2. 构建和谐企业文化。一是开展“手拉手”互助和“送温暖”帮扶活动，体现分公司对员工的关爱。二是举办以军事拓展为题材的北京中邮保险第五届秋季运动会。（中邮保险／提供）

【中邮证券北京营业部】 北京营业部员工从业经验丰富，业务能力强，擅长大客户开发和服务。对严峻复杂的市场环境，北京营业部细化分解任务目标，在确保防控风险、规范经营的前提下，以重点客户服务、融资类业务推广、资管投行业务推动为重心，在巩固传统业务的同时，大力发展中间业务、高附加值业务，收入1418万元，利润989.9万元。北京营业部客户有81353户，客户总资产58.9亿元，高端客户占比高，交易自主性强。

一、巩固维护核心客户

1. 持续推进融资融券业务。对50万以上没有办理两融业务、开通信用账户但未交易的客户进行两次回访，介绍两融业务风险，分析市场趋势和特征，让客户明确操作思路，建议客户在没有行情或行情启动初期申请开通业务，提前做好准备，在市场出现交易机会的时候利用融资工具进行参与。具备融资业务资格的客户254户，开通两融业务的客户162户，占比63.78%，融资余额417.83亿元，日均融资余额11447.38万元；融资融券利息收入852.7万元，占营业部总收入的60.13%。

2. 开展咨询服务。建立较为全面的服务体系，重点抓好信用高净值核心客户服务，建立自有的“推荐—跟踪—提醒”的服务体系，结合客户需求、持有股票特性、操作意向以及融资需求，协助客户制定、调整融资方案和操作策略。

3. 做好风险管控。对融资金额或交易金额较大客户、合约或合同将到期客户、维保比例较低客户，提前做好相关业务规则、投资风险的提示工作。每日实时盯盘，对触及严重关注线、触及追保线、触及平仓线的客户进行特别关注，及时通知客户登录三方邮箱查阅预警邮件，指导客户主动降低负债金额、提高维保比例，避免强制平仓的情况出现。

二、推进产品销售

通过公司代理销售南方、鹏华、招商、广发等优质基金产品，北京营业部对客户进行筛选，按照公司的统一话术向符合条件的客户发送短信 5 万余条，安排理财经理给自然增长的存量进行电话介绍。销售 3052.14 万元，持仓 3470.78 万元。

三、推动投行、资管业务

经历转型探索后，为进一步优化收入结构，重点针对北京、江苏、山东、安徽、云南等地区，安排专人寻找、储备、对接、跟进新三板、ABS、财务顾问、固收业务等项目资源。云南保山贞元珠宝新三板项目、马钢集团财务公司的资管固定收益项目、望京综合开发公司 ABS 项目、南京宏达集团 IPO 项目、东方永安集团旅游项目、北京金融科技创新示范区项目、唐山金控公司收购上市公司股权质押项目、国泰绿通进行财务顾问业务均在持续跟进。新三板业务实现突破，云南保山贞元珠宝新三板项目签约。

四、核查规范运营

重点对 2016 年至 2018 年基础管理工作及业务开展情况开展全面自查，日常业务办理能遵照监管规定、公司内部规章制度执行到位，未发现重大风险事件和风险隐患。

五、党建及纪检监察工作

认真学习习近平总书记的系列讲话精神和十九大系列文件，贯彻习近平新时代中国特色社会主义思想和党的十九大精神，在狠抓生产经营的同时，注重廉洁自律，贯彻执行“三重一大”工作要求。通过强化党建工作，凝聚企业合力；通过强化纪检工作，消除认识误区；通过强化人才培养，提升全员素质，起到了较好的效果。（中邮证券 / 提供）

天 津 市

【天津市邮政分公司】

一、党的建设深入推进

1. 党建工作扎实开展。学习贯彻十九大精神，推进“两学一做”学习教育制度化常态化，开展“大学习、大讨论、大落实”活动，建立“三个第一时间”学习机制，召开中心组理论学习 4 次，组织巡视整改专题民主生活会；完成党委委员增补，推进机关党委、二级单位党组织换届，发展党员 46 人；重新制定党委工作规则、“三重一大”制度、贯彻中央八项规定细则，出台“津邮十条”规定；建立基层联系点制度，机关部室深入基层，调研课题 50 个，解决问题 47 个；组织机关三轮深挂，选派 53 名机关干部挂点帮扶。

2. 坚决落实巡视整改。围绕中央巡视反馈意见和集团公司部署，成立巡视整改工作领导小组，统筹推进巡视整改工作，公司党委明确整改责任，建立整改清单，制定 24 项整改任务、67 项整改措施，扎实推动整改落实；积极配合集团新一轮巡视工作，做到精心组织，妥善安排，全力配合，确保巡视组了解真实情况，发现真正问题，并对巡视组指出的问题做到坚决整改、立行立改。

3. 反腐倡廉筑牢防线。纪委专责监督全面推进，与 25 个二级单位签订专责监督责任书，对 9 名领导人员进行任前谈话和廉政考试；组织 471 名四级及以上干部参加警示教育讲座，40 名干部赴监狱参加现场教育，编印身边的纪律，加强警示宣传；制订党委巡察五年规划，出台巡察实施办法，明确巡察范围和内容；加大信访核查、专项检查和案件查处力度，党政纪处分 29 人，诫勉提醒谈话 21 人，函询 12 人，经济处罚和退缴 19 人。

二、转型发展成效初现

1. 金融业务稳步发展。收入 9.6 亿元，收入占比 63.6%，较年初提高 11%，金融资产净增 60.5 亿元。组织“海燕行动”，新增客户建档 87 万户，余额净增 18.2 亿元；保险保费实现 42.4 亿元，中邮期交保费 3.3 亿元，完成目标 100%；开展绿卡专项活动，发卡 18.3 万张，农村绿卡覆盖率 48.3%；激活手机银行 24.2 万户，增幅 137%。

2. 寄递业务加快发展。速递物流收入 5.05 亿元，其中“两标”收入 1.9 亿元，增幅 8%，物流收入 2.2 亿元，增幅 36.7%；政务业务收入 3865 万元，增幅 34.2%，全国排名第 7 位。邮政账收入 1.05 亿元，毛利润 2500 万元，毛利率提高 17.8%。“津津快”同城业务累计收寄 34 万件，收入 128 万元；“揽投合一”持续推进，新增效益客户 375 户，效益客户累计收入占比提高 9%。

3. 文传转型持续推进。文传专业收入 2.3 亿元。通过深挖旅游文化特色，自制“乐享天津卫”、大龙主题产品 10 余种，组织品鉴会、巡展、首发等活动百余场；开发特色明信片 100 套，设立代销点 80 个，组织图书展销 12 场次；建设“津品邮”微营销平台，上线产品 410 种，吸粉 1.8 万人，销售额 559 万元。

4. 渠道作用逐步显现。收入 1.1 亿元。建设 100 个邮政直营店、300 个邮乐购示范店，邮掌柜站点 4558 个，代收业务 847 万笔，批销 790 万元；推进农产品项目，销售农产品 420 万元；启动“两险”认标大会，两险保费 863 万元；“919 电商节”订单量超 7 万单，完成集团下达指标的 110%。

9月8日，天津首家“津门故里”邮政文化亭在古文化街揭牌。该文化亭主要经营各类天津文化特色邮品、邮政纪念品以及邮政文创产品，并提供邮政寄递服务。

5. 经营竞赛全面开展。开展“进位争先”评选，选出20强支局9个；启动“幸福是奋斗出来的”金融大劝储竞赛，劝储超24亿元；去年跨年度竞赛中4个区分公司荣获全国“百优”地市先进集体，6个网点荣获全国“千佳”先进网点称号；蓟州、宝坻、宁河分公司圆满完成利润目标，河北、津南分公司超额完成余额净增目标，静海分公司保费进度125%，武清分公司中邮期交进度123%，滨海分公司手机银行进度119%，和平分公司建设“文明驿站”“文明邮路”，推进文化示范项目。

6. 企业形象明显提升。结合“天津开办邮政140周年”“大龙邮票发行140周年”“纪念周恩来同志诞生120周年”“改革开放40周年”“南开大学建校倒计时”等重要时间节点热点，组织开展一系列宣传活动，提升邮政企业形象和社会影响力；天津邮政博物馆、大龙邮局走进央视综合频道，用文物讲述“人民邮政为人民”的历史传承。

三、重点工作扎实推进

1. 寄递翼改革有序推进。成立市区两级寄递事业部，完成处理中心、邮路整合，减少生产用车49辆，日均减少运行1407公里；有效应对“双11”挑战，收寄包裹140.5万件，中心局及速递中心处理总量612万件，投递241万件；完成寄递改革ERP系统调整、资产负债划转，制定相关预算、核算、结算办法。

2. 板块协同得到强化。按季度召开联席会，制定出台板块协同发展意见，明确资源共享、项目协作、客户开发、品牌共建、风险合规等工作内容；加强板块项目合作，邮银联合开发ETC项目，警邮代办网点增至62个，汽车产业链项目稳步推进；明确账单保单寄递、报刊订阅、分销福利、积分礼品四项长期合作项目，推进板块资源共享。

3. 三大攻坚战取得实效。制订绿色邮政建设行动三年规划，出台发展指导意见；制定乡村振兴战略三年行动方案，成立邮政扶贫领导小组，加大扶贫资金、电商扶贫工作检查力度；制订金融风险防控三年规划，成立金融违规行为审理委员会，编制风险防控手册，组织8次接管式检查；组织开展“平安邮政”创建工作，举办消防、交通、金融安全培训，加强安全检查，确保中非合作论坛峰会、达沃斯、进博会等重要活动寄递安全，确保网点、运钞、消防100%无事故。

4. 普遍服务不断加强。设立市区两级普服管理机构，完善普遍服务管理办法，明确“一到位，两禁止，十达标”管理目标，完善普遍服务履职考核体系；认真落实普遍服务标准，强化监督检查，开展平常邮件质量和客户投诉专项整治活动，用户服务满意度89.4分；组织机要保密安全培训，强化管理意识，实现机要通信连续26年无事故；开展网点星级服务评定，组织星级营业员、投递员评选，在全部金融网点组织“服务之星”“微笑之星”评比，员工参与率100%。

5. 重点工作持续推进。与移动、联通、铁塔、南大、今晚报签订战略合作协议；积分商城、“金融+”项目效果初现，收入584万元；会展业务实现突破，开发会展项目240个，收入1634万元；加强欠费和库存管理，推进账实、账账核对；加大电子面单、数字邮资机使用。

四、管理水平持续提高

1. 运营管理更加高效。调整干线运输方式，取消天津至广州火车邮路，制定装车、加车管理办法，推行“一臂”装车法，提高车辆运输及装载效率；加大陆运网、投递网质量考核，一干邮路准点率等重要指标均高于集团要求，集团质量考核奖励823万元；智能跟单速递邮件异常发生率降至5.32%，速递异常邮件及时解决率稳定在90%以上；开展邮件丢失专项整治，有责丢失量比上年下降65%，线下赔付量下降36%，赔付金额下降45%。

2. 财务管理更加强化。深化零基预算，完善标杆体系和配套激励，尝试推行资金内部借款制度；强化损益分析，定期公布业务、环节盈亏情况，促进结构调整、操作规范、流程优化，实现降本增效；加强业财衔接和核算支撑，制定积分商城、零售报刊、警邮等6项业务核算细则。

3. 人力资源更加优化。完善领导人员选拔任用程序，加强干部考核任用与日常监督；选派16名干部进行双向交流，7名干部赴集团党校和外省学习；落实集团公司基本工资和津贴补贴调整方案，调增7521名员工工资；组织129名三级副及以上干部参加十九大培训，44人参加预备干部培训班，开展“周一学堂”“每周讲堂”。

4. 日常管理不断强化。组建跨专业采购队伍，成立采购一办、二办，采购项目70个，涉及金额1.7亿元；开展重点工作每周督办，提醒督办事项78个；明确后勤服务中心职责，与服务总公司实行合同管理；组织经济责任审计17项，开展营销费、寄递专项审计，完成工程审计156项，审减费用265万元。

五、能力建设步伐加快

1. 网点能力不断加强。成立网点改造专办，改造网点61处；更新存取款机47台，布放存折存取款机47台，自助填单机285台，新增移动展业设备100台；建设大龙系列主题邮局，设立“津门故里”文化亭，打造天津特色名片。

2. 信息支撑不断提升。完成数据分析平台、对标管理、员工综合管理等5个系统开发，完成云平台等29个项目建设；加强运维时限和质量管理，受理网点报障1.3万次，故障响应率为100%，重要系统运行完好率100%；发挥数据引领作用，清洗、归类、分析数据96单，有效支撑金融、包裹业务发展。

3. 投递能力持续加强。持续增强揽投能力，新建揽投站点1007处；速递易包裹柜共计1358台，格口8.7万个；新增43辆“私车公助”投递车辆；在滨海区分公司试点投递承包；整合《今晚报》投递力量500人。

六、和谐企业不断巩固

1. 群团工作有声有色。举办工会“二大”，完成代表选举和换届；完成为职工办理的五件好事实事，开展文体、健康讲座、联谊活动共369场，组织3场劳模事迹报告会；组织首届离退休职工趣味运动会、改革开放40周年书画摄影展。发放各种慰问、补助155万元。

2. 精神文明再结硕果。成立精神文明建设（行风建设）领导小组及办公室。河北区分公司马慧荣获“天津市五一劳动奖章”，滨海区分公司营口道支局、西青区分公司中盛里支局荣获2014—2017年度全国邮政系统先进集体，红桥区分公司陈德楠、河北区分公司马慧荣获全国邮政系统先进个人。

11185客户中心、运钞局、法务、信访、保密、档案、舆情、新闻中心、文史中心、博物馆和服务总公司也在服务大局、促进天津邮政发展上做出了卓有成效的工作。（天津市邮政分公司／提供）

【邮储银行天津市分行】 邮储银行天津市分行设20个部门、直属单位1个，下辖一级支行19个。网点388个，其中银行自营106个、代理282个，涉农网点210个。从业人员2594人，其中本科及以上学历人员2041人，占比78.68%。

一、经营概况

总资产1019.24亿元，比上年末增长56.75亿元，其中贷款余额381.56亿元，比上年末增长5.52亿元。总负债1013.58亿元，比上年末增长53.99亿元，其中存款余额960亿元，比上年末增长45亿元。金融业务收入23.94亿元，其中分行自营收入14.33亿元，比上年增幅6.42%；利润总额3.54亿元。分行不良信贷资产2.45亿元，不良率0.64%。关注类贷款15.81亿元，关注类贷款率4.12%，比上年末下降0.85%。拨备覆盖率427.14%，比上年末提升49.44%。

二、业务发展

1. 个人金融业务。收入4.23亿元，比上年增幅0.17%。自营存款净增37.13亿元，系统内排名第13位，增幅18.73%，系统内排名第1位。中邮期交和总保费均完成目标，分别排名系统第2位、第6位。搭建个人客户营销辅助系统，进一步精准营销维系客户，VIP客户净增1.28万户，比上年增长9.27%。

2. 零售信贷业务。零售贷款结余154.44亿元，净增24.7亿元。其中，小额贷款净增7603.09万元，个人商务贷款业务净增12658.67万元，个人住房贷款业务净增22.7亿元，非住房消费贷款净增–177.77万元。融入供应链和互联网思维，积极创新产品与合作模式，4个创新项目均获得总行批复，推进“一点接全国”模式成果转化。与通威、海大、首农等龙头企业合作，为下游经销商、养殖户提供预付款、流动资金一揽子信贷服务。全面走访辖内市级农业龙头企业，涉农公司贷款实现突破。一手房拓宽与全国性大型开发商合作范围，新准入项目17个，成为部分楼盘合作主力行。

3. 公司金融业务。全年公司贷款投放62.18亿元，增幅166%。中标市四期国库现金管理定期存款、滨海财政专项资金增值保值项目，金额32.18亿元。抢抓机遇、占领市场，ETC发卡12.5万张，超额完成总行8万张目标。

4. 金融同业业务。存放同业及同业存单业务新增103亿元。理财投资信用债零突破；营销某融资租赁公司，三只ABS项目托管，金额44亿元。

5. 信用卡业务。2018年发卡38142张，新增客户19057户，存量激活卡46727张，卡片激活率44.07%，比上年增长7.09%；实现收入1084万元，比上年增幅41.39%。搭建“悦享”商圈，拓展涉及餐饮、亲子、商超等领域商户近300家，加油满减活动在天津地区获得良好市场反馈。

6. 网络金融业务。电子银行客户95万户，其中手机银行58.4万户，比上年增长28%；手机银行激活净增13.6万户，完成进度系统内排名第5位。微信银行多项功能叠加，进一步满足客户需求，微信银行粉丝数4.89万户，比上年增长72%。

三、支持实体经济发展

积极践行京津冀协同发展、“一带一路”和天津自贸区建设等国家战略，争取更多资源投入实体经济，进一步提升服务地方民生能力。投放实体经济信贷资金205亿元，其中支持棚户区改造，新增授信146亿元，承销地方债35亿元。

1. 践行乡村振兴战略。创新担保方式，发放涉农贷款7.7亿元，惠及农户1500余户。提升三农金融服务水平，以核心企业为抓手，围绕上下游进行拓展开发。与市农委签署战略合作协议，争取到“农创保”1亿元的首家合作银行额度；强化与农担公司的深度合作，开展“民宿贷”特色小额贷款业务；与天津农村产权交易所开展深度合作，实现“前置委托＋价格测算＋担保公式＋预挂牌＋正式挂牌”一揽子运作。

2. 服务民营和小微企业。发放民营经济贷款85亿元，小微企业利率下降1.09%。普惠小微贷款净增2.16亿元，增速18.69%，高于各项贷款增速；“两增两控”口径业务不良金额和新发放贷款加权平均利率比上年实现双降。成为市科委和科融担保公司首批“科技立项贷”合作银行，发放全市首笔贷款；探索专利质押融资的有效模式，与天津市知识产权局签署合作协议，在未来3年内将向天津市科技型企业提供专利权质押授信。

3. 推进绿色银行建设。制定分行打好污染防治攻坚战和发展绿色金融实施意见、加强绿色银行建设三年规划，加强环境风险“回头看”排查，促进信贷业务健康可持续发展。

四、风险合规管理

1. 风险管理。制订分行《打好防范化解重大风险攻坚战三年规划》，成立市场乱象整治工作领导机构，排查发现问题1005个，涉及金额63.39亿元，落实整改率99.9%。全年现金清收3156.96万元，完成总行目标的158%，其中，在总行不良贷款百日清收活动中收回1710万元，完成总行目标的428%。

2. 合规管理。开展以“内控提升”为主题的内控建设活动。制定合同管理实施细则，压实责任，组织开展基本授权转授权工作，严格落实合规检查、问责处理等工作。

3. 审计检查。发挥审计的监督与评价作用，及时开展纵深审计。积极落实监管、总行及审计局工作15项，自行开展审计项目或审计调查10项，促进3项内部控制制度的完善，针对重点风险环节下发风险提示7篇。

4. 运营管理方面，加强业务检查和用印管理，推行用印机试点，完成全市范围内业务专用章上收。

五、改革转型

多渠道调整台席设置，实施柜员转岗到网点客户经理队伍，建立理财经理与VIP客户一对一关系，配强二级支行长等措施。不断提高业务集约率，完成监控预警团队建设，开展反洗钱集中处理，实行代收付业务内部账户集中对账，推进现金备付压降工作，现金备付余额日均降低1.62亿元。全面推行营业主管派驻制，有效分离网点业务营销和业务管理职能。启动6个流程优化项目，对历年项目进行效益测算，综合收益超1000万元。零售信贷工厂成功上线，一个季度审批贷款超500笔。全流程线上审批的“小微易贷”成功上线，提高小微企业服务能力。

六、消费者权益保护

1. 做好消费者权益保护规章制度评价工作，坚持以客户为中心，将消保工作落实在产品与服务的全流程管理中。

2. 加强与邮政分公司的沟通，理顺处理流程，主动消除负面影响，共同维护邮政金融品牌形象。

3. 将销售专区“双录”检查加入网点检查之中，有效治理误导销售、私售“飞单”等市场乱象。

4. 采取贴近群众和业务实际的形式，依托传统媒体与新媒体平台，继续深入开展金融知识宣传普及活动。组织开展进社区，进校园等活动310次，在天津银保监局组织开展的“金融知识进万家”活动中获得先进单位荣誉称号。

七、党建工作

1. 认真学习宣传贯彻习近平新时代中国特色社会主义思想和党的十九大精神。扎实开展“大学习、大讨论、大落实”活动。深入推进“两学一做”“强基固本”常态化制度化，引导各党支部积极探索“支部＋”模式。

2. 落实中央巡视整改要求，健全巡视整改领导机构，定期召开党委会和巡视整改工作领导小组会议，坚持问题导向，梳理21项整改任务和53项整改措施，全部按进度整改或持续推进。

3. 加强政治监督，持续巩固贯彻中央八项规定精神成果。创新开展“廉韵天分”教育活动。加强重点领域重点环节监督，开展效能监察和廉洁风险防控工作。有效运用监督执纪“四种形态”，加大信访处置与违纪查处力度。

4. 加强企业文化建设，做好自查自检和荣誉维护，开展学雷锋服务岗建设工作。在全行范围开展“合理化建议”征集活动，做好“青年文明号”组建、“青年论坛”等活动，滨海新区支行团支部获天津金融系统五四青年奖章。（邮储银行／提供）

【天津市寄递事业部】

一、重点业务发展持续向好

1. 高效业务实现较快增长，带动整体业务结构持续优化。重点发展“两标”业务，通过“抢丰行动”“三进工程”“四大战役”等活动的深入开展，“两标”业务实平稳增长。国际标快收入3116万元，比上年增幅57.79%；国内标快业务收入16086元，比上年增长1.9%，两标业务占比提升2%。

2. 深度挖潜政务市场。通过对法院专递的深度挖潜，实现全市全覆盖且年收入规模突破千万元；通过全市推广上线邮政速递便民通“居民身份证项目”，身份证邮寄转化率提升近5%；与市公安局民生服务平台实行战略合作，开创“互联网＋政务”新领域；与市国税局合作推出“票e到家”服务，拓展大宗物流配送专递和加急限时递两个新服务；开发并上线了行政许可派驻、国土资源房产证、海河英才准迁证、港澳台双向签注、六年免检标寄递、工商营业执照寄递等项目，成为政务专业新的增长点。同时利用邮政营业资源，开发警邮服务平台业务，开辟邮速联动发展政务类市场新篇章。政务类业务收入3865万元，增幅34.2%，全国排名第7位。

3. 国际业务结构持续优化。在规范国际e邮宝经营方式基础上，进一步缩减业务规模；通过完善代收代缴业务流程，“关邮津城通”微信公众号的推广使用，代收代缴国际标快业务取得快速发展；通过提升海外操作能力，进一步拓展海外仓业务。

4. 包裹业务实现转型发展。树立“质量第一，效益优先”的发展理念，加快转型，调整业务结构，改变服务方式，实现包裹提质增效。通过组织开展客户开发竞赛、推进“揽投合一”、推出“津津快”新同城业务产品、对客户实行损益核算等措施，包裹快递累计完成毛利润2500万元，比上年增长1618万元。

5. 物流业务发展进入快车道。通过“营销＋运营＋信息技术”物流专职营销团队营销职能的充分发挥，新开发了国能新能源汽车、晨阳水漆等优质客户，深度拓展三星国际空运等大项目，在弥补损益核算亏损项目下线后带来的收入缺口基础上实现物流业务的快速增长，推进了物流板块业务转型发展。物流专业物流收入2.18亿元，比上年增长36.71%。

6. 分销业务成为新的增长点。结合节日市场的消费特点，组织策划“新春邮礼”“鲜花速递”“约惠春天”等专项营销活动，通过制作H5、宣传册、营销软文等手段，依托EMS品牌和网络优势，采取线上线下“宣传＋分销＋预售”的模式，取得较好的营销效果。分销业务收入1145.74万元，比上年增幅72.88%。

二、运行服务质量稳步提升

以提升质效考核指标为工作重点，以提升客户体验为根本，推进服务质量保障体系建设，做到职责、岗位、流程、规范和基础管理“五个到位”，实现客服、质控、视察体系的标准化运行。

1. 严抓时限质量和客服指标管理。以问题为导向，坚持“日通报、周例会、月分析”制度，对各单位逐环节管控，关键指标改善明显。1—9月份，总体质效评分得分86.2分，位列全国第9名，其中8—10月份，质效评分均位列全国第一，且服务质量得分连续3个月得到满分。

2. 坚持对丢失、虚假信息“零容忍”态度。高度重视邮件丢失整顿工作，联合公安机关召开丢失专项整顿会，并成立专项工作小组，对各单位检查350余次，下发视察通报9期，下发整改通知书15份，破获盗窃邮件案件4起，为企业挽回损失，有效遏制邮件丢失的增长态势。EMS邮件丢失数量从上年年底月均上百件降至月均个位数，虚假信息保持月均个位数，最好月虚假信息为零。

3. 通过管控不断降低运营成本。持续推进生产车辆降本工作，速递物流生产车辆从年初的403辆减少到354辆，节约成本约88万元。通过西站速递邮件处理中心与二枢纽中心局作业场地的整合，重新优化调整市内、区县、盘驳等邮路发运计划，日均共减少运行里程1407公里，进一步降低网络运行成本。中心局通过加强运输成本管控，对委办运费重新招标采购，节约成本1908万元；推行“一臂”装车法，逐步提升车辆装载率，节约成本3525万元；取消了实施多年的车辆油费、修理费定额管理制度，涉及司驾人员200多人次，月均降低油费21万元，年节约成本252万元；通过与航油重新谈判，油费优惠力度提高1%，年节约成本80万元左右；对职工薪酬、装卸搬运费等人工成本进行统筹管理，优先安排自有员工，动态管控外包用工，减少人工成本支出110万元。

4. 不断加强信息化建设。实现新一代寄递平台财务模块、国际模块、车辆运行管控模块及寄递平台网运环节等的顺利上线，为经营管理决策提供了依据。同时顺利完成了国税、行政许可、联通、总医院、绫致、苏州嘉图等项目信息系统对接，客户黏合度进一步提升。

三、寄递翼改革初见成效

按照集团公司的统一部署，在市分公司党委统一领导下，成立市寄递事业部，建立17个区寄递事业部，邮速处理中心实现同场地作业，两网初步实现整合。市寄递事业部组织“双11”旺季生产战役并取得一定的成绩。11月11至18日，市寄递事业部共收寄标快及快递包裹邮件140.5万件，收入1100万元。通过全网精心组织，各环节共同努力，实现邮件无积压、无滚存、无重大投诉。

四、精细化管理水平不断加强

1. 全面实施零基预算管理。进一步完善以利润为导向的预算管理体系，增强全员成本意识，优化企业资源配置水平，提高投入产出率，强化对标管理。

2. 加大资金管理力度。通过日通报、日催缴等方式，进一步加强对现金营收款的管理。

3. 集中采购管理持续加强。进行运输、消防、保险、培训、信息化、商品购买等15个项目的集中采购，同时引进优质供应商20余家，进一步拓宽采购供给渠道。各项目采购单价普遍低于现行合同价格，降低运营成本在5%—50%之间。完成大客户仓储场地建设、旧网点翻新改造、国税项目等中小型工程建设项目24处。

4. 组织开展各类培训工作。举办9期速递物流揽投员操作及服务规范培训班，累计培训一线揽投员388人；组织营销员培训班，针对业务知识和营销技能进行强化培训，进一步提升专职营销人员综合能力。

5. 加强人才队伍建设。选派30名优秀营业部经理及分公司营销中心负责人赴湖北武汉挂职交流学习，通过学习全面提升基层负责人综合素质，增强市场开发及业务管理能力。多次选派高层管理人员赴辽宁、上海、安徽、深圳等地学习国际业务、冷链业务、卡函业务、B网建设等，专业水平进一步提升。

五、持续深入推进全面从严治党工作

1. 制订2018年度党委理论中心组学习计划。党委成员按照规定分别在前三季度主讲专题党课。组织各党支部书记、四级副及以上干部进行了习近平新时代中国特色社会主义思想和十九大精神闭卷考试，认真组织开展党的十九大精神网上学习，确保全体党员参训率和合格率达到100%。

2. 2月9日和9月20日分别召开2017年党委班子专题民主生活会和巡视整改专题民主生活会，组织开展了基层党建现场述职评议工作和民主评议党员工作。

3. 召开2018年党的建设暨纪检监察工作会议。紧紧围绕股份公司党的建设暨纪检监察工作会议精神，总结2017年工作，明确2018年党建工作总体要求和八项重点任务。分公司党委书记、纪委书记分别与各党支部书记、支部纪检委员签订《落实全面从严治党要求2018年度主体责任书》和《专责监督责任书》。

4. 持之以恒推进反“四风”工作。组织开展廉洁风险防控工作，进一步规范业务招待管理，严查隐形变异“四风”问题，防止反弹回潮。

5. 深入推进党建工作与中心工作深度融合。开展以“党旗领航促发展”为主题的“党建+”“红旗营业部”“红旗项目组”“红旗班组”及“党员先锋岗”创建活动，建立党委成员基层联系点制度，促进党建与经营发展深度融合。

6. 组织开展形式多样的党建活动。组织开展“不忘初心、牢记使命”主题教育集中观影活动。结合庆祝建党97周年，对“两优一先”先进支部和先进个人进行表彰。组织开展“走进新时代”支部歌咏会演活动。组织领导干部和部分党员共80余人赴天津市爱国主义教育示范基地——盘山烈士陵园开展“缅怀先烈　不忘初心、牢记使命”党性教育活动。深入开展基层党建示范点建设，以点带面推进基层党支部“四个标准化”建设。

7. 加大信访核查力度，重点整治侵害职工群众利益的问题受理纪检业务范围内信访11件，全部按照规定时间已办结。

8. 推进廉洁风险防控体系应用，加强重点领域监督检查。对本年度维修改造、物资采购、资产租入租出、欠费管理、干部任命、执纪审查等作为重点管理事项开展廉洁风险防控工作，发挥典型案例示范引领作用。（天津市寄递事业部／提供）

【中邮保险天津市分公司】

一、经营发展

1. 达成全年计划目标。总保费9.49亿元，完成全年进度的104.9%，其中：期交新单收入3.82亿元，新单期交占比40.25%，比上年增长72.2%，完成全年计划的101.7%，居全国第7位，是全国保费目标双渠道完成的7个省之一。

2. 长期期交业务。新单保费3162万元，比上年增长3650.5%，实现历史性突破，其中打造3个长期期交百万网点，4个示范区分公司提前完成全年长期期交目标。

3. 邮银渠道网均产能全国位居前列。期交新单网点月均出单率为75.04%，居全国第1位；期交网均产能95.09万元，居全国第3位。

4. 渠道占比、业务结构全市名列前茅。对标行业，中邮保险新单保费5.85亿元，比上年增长8.7%，占比5.71%，在全市29家银保寿险公司中居第4位；期交新单保费3.81亿元，比上年增长71.9%，占比19.4%，在全市居第1位。

二、协同发展

1. 构建年度月度协同联席会及日常沟通协调机制。定期举办协同会议，构建分层级日常沟通机制，推动天津邮政自办保险的提质增效，助力全年目标圆满达成。

2. 共同部署督导政策考核双管齐下。天津邮政和邮储分行多次在全市范围会议、经营分析会上重点部署中邮保险发展。

3. 主动融入板块助力协同发展。组织手机银行发展劳动竞赛、参与邮储分行O2O生活服务平台商户合作项目以及联合天津邮政开展精准扶贫。

三、自营能力建设和专岗人员选聘

在营业部尚未正式运营前，天津市分公司成立团险自营梦之队积极探索团险兼业代理模式，依托现有邮政客户资源深入挖掘外部团险业务。同时，多次与邮银板块共同研究推进落实，传达集团公司实现专人专岗专责的战略部署并下发制定方案，完成选聘人员的初步筛选并对天津邮政四级副人员人工成本水平进行摸底。

四、渠道服务支撑能力

1. 构建独具特色的立体式业务支撑矩阵。构建起独具特色的立体式业务支撑矩阵，通过“部门包联+团队包联+一对一个人包联”开展全市网点全覆盖服务支撑。员工下沉服务支撑每周平均3次以上，领导班子深入区分公司网点次数累计百余次。

2. 借鉴行业先进模式打造精英内训师团队。先后联合天津市邮政分公司开展骨干示范网点转型发展能力提升暨长险 FABE 模压训练营及第三方进驻项目。项目有效拉动长期期交业务发展进度全国进位，大幅提升渠道专业复杂产品的销售能力的同时，选拔出会主持、能主讲的理财经理 51 人，打造天津邮政大邮政金融精英内训师队伍。

3. 构建分层分级日常营销培训体系。通过“引进来 走出去”以及专家进驻、高校联合等方式，不断探索满足渠道不同需求的培训项目内容，着力构建起分层分级的日常营销培训体系。开展集中培训 80 余场，参训人员 2000 余人，网点面对面培训千余场，参训人员 3000 余人。

4. 打造骨干示范网点抢占城市高端市场。通过“一对一包联”，分点包干、责任到人，将示范骨干网点培育成具有较为成熟的开发长期期交、中高端客户模式的高产网点。涌现出一批以武清南蔡村等为代表的骨干示范网点，通过这批网点加快抢占城市高端市场，并不断辐射带动周边网点共同提升期交特别是长期期交产品常态化营销能力，形成“以网点带区域 以区域促全市”的发展模式。

五、运营客服支撑水平

以“大运营”理念打造护航者运营服务支撑团队，开展运营业务品质提升季活动，探索运营专业服务支撑体系建设，全年累计下沉渠道服务 70 余次，开展主题保险知识讲座等客服活动 7 次，不断优化客户服务体验。重控单证核销率、五日作业完成率、五日回销率 3 项指标均居全国第 1 位；五日结案率 100%；新契约抽检合格率 99.58%，居全国第 3 位；累计实收续期保单 3.08 万件，续期保费 3.63 亿元，完成全年计划的 105.61%。

六、履行央企责任打好“三大攻坚战”

1. 防范化解重大金融风险。天津分公司党委“把防控风险放在更加突出的位置”，建立风险管理基金，与全体员工签订《风险与合规管理责任书》，要求各部门、各岗位认真把好第一道防线；充分依托“自营 + 代管”特色模式，构建邮银保三方协同工作机制，开展日常合规检查工作杜绝风险隐患；联合渠道开展各层级人员培训；先后开展反洗钱“治乱打非”“5・14”“扫黑除恶”“亮剑行动”等活动，通过强化风险管控、突出问题导向、坚持疏堵并举坚决防范化解重大风险，2018 年被评为中邮保险合规先进单位，先进经验在《中国邮政报》发表。

2. 发挥保险业优势助力脱贫攻坚。分公司党委成立扶贫工作领导小组，制定保险扶贫工作方案，发挥保险业经济补偿和风险保障的功能优势，开展了保险扶贫和健康义诊、文具捐赠等公益扶贫项目，新闻宣传报道先后刊登在《中国保险报》《天津保险》。

3. 防治污染积极投身绿色邮政建设。制定绿色邮政建设实施方案，纳入年度绩效考核，推广绿色营销、绿色单证、绿色作业，推动手机银行、线上出单平台使用，手机银行在线出单率 93.15%。

七、企业管理

1. 人力资源管理和制度建设不断加强。先后制定完善 20 余项制度；加快推进营业部筹建工作；加大人才引进力度，成功引进应届硕士研究生 6 人，同业人员 3 人，选调天津邮政 1 人；加大交流培养力度，针对各层级人员开展不同形式的培训。

2. 财务管理效能持续提升。强化核算实效，完成 2017 年财务决算工作；加强预算管理发挥资源调配管理职能，切实履行统筹管理职责；编制集中采购目录和年度集中采购计划，规范采购行为提高采购品质；强化分公司固定资产管理，加强分公司低值易耗品管理。

3. 信息化建设加速发展。通过板块协同不断加强营销人员岗前培训，有效提升承保成功率水平。开展日常系统运维 819 次，加强对信息技术专业知识和行业内前沿技术的学习。

4. 品牌宣传舆情管控安全培训扎实开展。未发生重大声誉风险事件，开展全员消防安全培训及演习、安全知识学习与考试、全员安全生产动员会，被总公司评为“平安邮政”优秀单位。

八、党风廉政建设

分公司党委始终坚持党对一切工作的领导以及党组织的领导核心和政治核心作用，切实“把方向、管大局、保落实”，1 个党支部被评为邮政系统基层党组织建设示范单位，1 人被评为天津市交通运输系统优秀党员。成立党建工作领导小组；定期召开党的建设暨纪检监察工作会议；严格落实民主生活会等党内组织生活制度；认真落实党委工作规则、“三重一大”决策制度等重要制度规定，明确党委会“前置”要求。始终坚持党对思想意识形态的领导权，加强全员思想教育。深入开展“大学习、大讨论、大落实”活动，创新利用党员微信群开展“每周一谈每月一测”；创新开展“作风建设年”活动并纳入年度绩效考核；认真落实“四个第一时间”学习要求；组织党委理论中心组学习 11 次，开展专题研讨 5 次，专题党课 3 次。分公司党委紧紧围绕中央巡视反馈问题整改和集团巡视工作，以高度的政治责任感将巡视整改与分公司转型发展有机融合，确保中央巡视 40 项整改措施全部如期落实到位。在集团公司党组巡视工作中，主动与巡视组加强汇报沟通，统筹协调各方面密切配合巡视组工作，聚焦对照“六围绕一加强”逐项检查，以“四个意识”为标杆，确保巡视整改工作取得实效。（中邮保险 / 提供）

河 北 省

【河北省邮政分公司】 业务总收入70.22亿元，其中，省分公司收入59.19亿元，列全国第10位，比上年底前进1位，比上年增长7.86%，列全国第9位，完成集团公司预算的101.04%，利润总额8424万元，超集团公司预算目标412万元；原省速递物流分公司收入11.03亿元，比上年增长14.47%，超全国平均增幅8.32%。

一、转型发展

1. 金融业务发展态势良好。金融业务收入35.14亿元，列全国第11位，比上年前进1位；比上年增长8.46%，列全国第5位。新增储蓄余额147.32亿元，余额规模1935亿元。新单保费160.61亿元。储蓄业务收入25.87亿元，比上年增长6.69%；保险业务收入8.06亿元，比上年增长21.31%。手机银行客户规模不断扩大，电子银行交易替代率比上年末提升5.82%。

2. 寄递业务保持较快发展。寄递业务收入18.91亿元，比上年增长19.77%，其中，标快业务收入2.91亿元，比上年增长5.5%；快包业务收入7.63亿元，比上年增长23.7%；国际业收入1.43亿元；物流业务收入2.67亿元。

3. 渠道平台作用有效发挥。农村电商批销集单模式得到推广，批销交易额突破11亿元。分销业务收入5.3亿元，列全国第4位，比上年增长28.16%。便民服务持续拓展，服务种类与服务范围均居全国首位。金融优惠购活动累计吸纳储蓄余额5.05亿元，邮乐购店自提代投包裹2127万件。

4. 邮政基础业务稳定发展。集邮、函件、报刊专业积极探索融合发展路径。集邮业务完成预算目标，收入3.38亿元。报刊业务收入2.97亿元。函件业务收入1.51亿元。

5. 协同发展和客户营销扎实推进。邮银共同启动ETC联动展业和小额信贷业务宣传工作。邮保联合开展专项营销活动，中邮保险新单保费超额完成集团公司预算目标。加强对外合作，与河北铁塔、河北电信等单位签订战略合作协议，与省公安交通管理局合作代办交管业务。全省累计开发营销项目1664个，收入26.72亿元，占全省邮政总收入的45.14%。

二、履行央企责任

1. 着力打好三大攻坚战。在防范化解重大风险方面，深入开展“平安邮政”创建工作，强化资金、邮件、信息网等安全管理，完成全国“两会”、首届中国国际进口博览会等重要会议期间的邮政服务安全保障任务。在助力精准脱贫方面，制订《定点扶贫、电商扶贫、金融扶贫三年规划》，对省分公司两个定点扶贫村投入资金20万元，在全省45个国家级贫困县建设邮乐地方馆，累计销售农特产品达116万余斤。在污染防治方面，制定《绿色邮政建设行动实施方案》，推进绿色包装、绿色运输和绿色金融三大工程。

2. 助力乡村振兴战略。制定《服务乡村振兴战略三年行动实施方案》，明确行动目标和任务，并从组织保障、业务发展、服务支撑等7个方面完善制度和各项保障政策。

3. 服务雄安新区建设。完成河北雄安分公司工商营业执照登记注册、财务独立核算、人员招聘等工作，河北雄安分公司开始全面运营。积极主动对接雄安新区管委会，努力争取雄安新区邮政规划和基础设施建设的支持。

三、企业改革不断深化

1. 寄递翼改革取得阶段成效。组建省市县三级寄递事业部，机构、人员全部整合到位。11个地市处理中心实现同址作业，撤销8条一级干线汽车邮路，4个市分公司完成揽投资源的整合。

2. 大数据应用有效助力经营发展。推进跨专业间的数据分析和应用，挖掘潜在客户860万户，为代理金融开展精准经营提供支撑。推动营销向线上移动端转变，依托金融转介系统开展“我为金融献客户”活动，拉动储蓄余额增长1.57亿元。

3. 开展“三供一业”分离移交和股权清理工作。完成各市分公司151处家属区涉及1.9万户居民“三供一业”分离移交协议签订工作。对全省股权投资情况进行全面梳理，已完成河北邮政广告公司下属11个市分公司的股权投资清理。

河北省石家庄邮区中心局。

4. 中邮证券河北分公司筹建工作持续推进。完成筹建人员、设备设施的配备和办公场地的改造工作，筹建办员工全部通过证券从业资格考试。

四、管理水平

1. 财务管理。加强重点营销费用预算过程管控，营销费用支出比上年减少1亿元，百元收入营销费用率由6.97%下降到4.76%。依托“房屋土地资产管理系统”和“设备资产管理系统”，实现了资产管理的信息化、精细化。

2. 人力资源管理不断加强。优化金融网点人员配置结构，初步建成1600人规模的理财经理队伍。加强教育培训，举办各类培训班76期，培训员工4544人次。坚持向一线倾斜的原则，完成基本薪酬调整工作，员工收入增长6%，使员工共享企业改革发展成果，增强员工获得感。

3. 服务质量有效提升。制订出台“服务质量年、窗口标准化服务活动、提升普遍服务特殊服务水平拓展便民公益服务”3个“三年行动计划”并完成当年目标。服务质量11项重点指标列全国前列。客户投诉大幅下降，投诉压降率达45.6%。机要通信连续21年无失密丢损和通信延误差错，91%的县以上城市党政机关实现《人民日报》当日见报。

4. 集中采购和审计工作力度加大。充实省市两级集中采购人员力量，加强集中采购管理，节约采购资金889.94万元。强化审计监督和审计成果转化，完成审计项目464项，提出审计建议183条，工程审减金额938.91万元。

5. 安全生产和风险防控进一步加强。严格落实安全生产责任制和金融案防责任制，完善金融、消防等安全制度体系，加强安防设施建设，强化信息系统应用，有力保障了企业安全稳定运行。

五、支撑能力

1. 生产能力有效提升。改善营业网点服务环境，装修改造金融网点104处。加大各类金融机具配备力度，购置ATM和CRS等现金自助设备594台、ITM 471台、移动展业终端151台、清分机315台。满足业务发展需要，更新和新增通信车辆98辆、电动三轮车529辆和2526台揽投PDA设备。

2. 重点工程建设有力推进。开工建设省集邮大楼和石家庄航空邮件处理中心二期项目。秦皇岛火车站邮政枢纽楼建设、石家庄邮区中心局外迁征地得到集团公司和地方政府的支持。完成了华北（廊坊）陆路邮件处理中心一期土建工程及工艺设备安装工程建设并投产使用。

六、党的建设

全省邮政各级党组织深入学习贯彻习近平新时代中国特色社会主义思想和党的十九大精神，认真贯彻落实关于加强和维护党中央集中统一领导的若干规定精神，贯彻落实新形势下党内政治生活若干准则，贯彻落实巡视整改要求，广大党员干部“四个意识”更加牢固，“四个自信”更加坚定，坚决做到“两个维护”。巡视整改工作取得阶段性成果，构建起了巡视整改常态化、长效化机制。党建工作责任制有效落实，全面从严治党向纵深发展，党风廉政建设持续加强，为企业高质量发展提供了有力保证。

同时，广泛开展精神文明创建等活动。全省3个单位荣获“河北省工人先锋号”，3个单位荣获“河北省五一巾帼标兵岗”称号，3个单位荣获“全国邮政系统先进集体”称号，6名同志荣获“全国邮政系统先进个人”称号。切实关心关爱员工，推动职工小家标准化建设，扎实开展慰问活动，不断增强员工的幸福感。（河北省邮政分公司/提供）

【邮储银行河北省分行】 邮储银行河北省分行高级管理层下设资产负债管理委员会、授信审议委员会、风险与内控委员会、产品创新与科技管理委员会、三农金融服务管理委员会、消费者权益保护工作委员会、集中采购管理委员会等7个委员会；内置一级部门22个、二级部门7个、直属单位1个；下辖二级分行11个。辖内邮政金融网点1446个，其中银行自营372个、代理网点1074个，乡镇网点619个，占比42.81%，县城服务覆盖率100%。全行员工9529人，其中本科及以上学历员工6778人，占比71.13%。

一、经营概况

总资产3512.41亿元，比上年增长10.23%。各项存款余额3303.30亿元，比上年增长8.49%。各项贷款余额1782亿元，新增贷款217亿元，比上年增长13.87%，新增存贷比83.85%。实现收入64.75亿元，列系统第9位，比上年增长12.77%，预算完成率106.40%；利润总额19.23亿元，比上年增长34.37%，高于系统平均水平，净利润预算完成率132.37%，超考核目标4.26亿元。不良贷款余额26.19亿元，不良贷款率1.42%，比上年末上升0.08%，低于全省同业平均水平1.21%。

二、业务发展

个人储蓄存款余额714.25亿元、净增56.62亿元，新增发放信用卡38.51万张。小额贷款净增5.40亿元、结余69.39亿元，个人商务贷款净增10.61亿元、结余118.43亿元，小企业法人贷款结余110.70亿元，消费贷款净增166.69亿元、结余908.36亿元。公司存款新增49.84亿元、时点余额660.66亿元，分列系统第2位、第6位；公司贷款净增40.36亿元、余额334.64亿元；投行业务实现突破，承销债券33.06亿元。VIP客户52.34万户、新增5万户，分列系统第6位、第5位。

三、综合实力

新增 290 台 ITM，柜面业务离柜率 76.55%，网点服务投诉比上年下降 68%。丰富线上民生应用场景，持续扩大电子银行客户规模，至年末，手机银行新增注册客户 83.20 万户、结存 532.96 万户，分列系统第 5 位、第 4 位；新增激活客户 82.71 万户、结存 379.39 万户，分列系统第 5 位、第 4 位；电子银行交易 3.97 亿笔、金额 2916.75 亿元，均列系统第 6 位。围绕全行战略推进信息化建设，落地总行统建项目 32 项，开发、优化中平项目 45 项，完成 725 项数据提取及 6 项主题分析；在数据服务平台自主研发 VIP 客户维护、消费贷款业务分析及业务报表等功能，引入数据防泄露系统，在总行组织的邮政金融计算机系统运行情况考核竞赛活动中排名系统第一。

四、风险防控

1. 以“内控提升”活动为抓手，层层压实主体责任，开展内控履职情况述职，实现营业主管派驻全覆盖，组织开展支行长“讲案防、讲合规”、内控合规知识竞赛、致员工家属一封信等系列活动，加强防范操作风险和道德风险，网点触发预警业务交易量比上年下降 0.12%。

2. 加强代理机构案防管理，定期梳理检查发现的风险隐患，推动代理机构妥善处置和化解。

3. 做好法律事务，扎实推进反洗钱工作，消费者权益保护工作获得监管机构肯定。

4. 明确风险政策与限额管控方案，专项调研重点风险领域，开展资产质量真实性排查，彻底摸清风险底数。

5. 科学调整授信要素，建立零售、公司贷款重点业务项目库，设置不良贷款橙色和红色预警线，制定退出、重组、压缩额度、增加抵押物等风险缓释与化解措施，退出高风险业务 1288 笔、86.59 亿元，新发放贷款不良率 0.24%。

6. 组建问题资产管理团队，专项开展清收活动，创新处置手段。处置不良资产 13.29 亿元，比上年增长 22.48%，其中现金清收 7.24 亿元，核销呆账 6.05 亿元，为控制资产质量贡献 0.71%，通过清收释放拨备 5.15 亿元。

五、党建工作

1. 把深入学习贯彻习近平新时代中国特色社会主义思想和党的十九大精神放在首位，举办习近平新时代中国特色社会主义思想培训；扎实开展“大学习、大讨论、大落实”活动，省分行党委成员讲授专题党课并深入基层调研，发挥表率带头作用。

2. 深入推进“强基固本”常态化制度化建设，统一党支部设立、党组织换届等工作流程，建设标准化党员活动室 159 个。

3. 全面履行巡视整改主体责任，建立交叉督导落实工作机制，按月对巡视整改情况开展监督检查，制定完善相关制度 61 项。

4. 下发“巡察工作实施办法及五年规划”，推动全面从严治党向基层延伸。

5. 加强专项监督检查，对关键岗位、重点事项进行效能监察，在重要节假日前，利用廉洁短信提醒、暗访抽查等形式，严防“四风”反弹。

6. 加强干部监督管理，开展选人用人巡视整改“大起底”、中央巡视选人用人检查反馈意见专项自查整改等工作。

六、品牌宣传

以“讲好邮储银行故事”为主线，在中央级、省级媒体发布正面报道 2000 余篇。其中，《河北日报》发布 50 余篇，《河北新闻联播》专题报道省分行爱心公益活动；省分行组织拍摄的微电影获得全国邮政系统微视频大赛三等奖，承办邮储银行“创业英雄汇”专项选拔赛北部赛区总决选；首次组织《经济日报》《农村金融时报》等 8 家中央级、省级媒体调研采风，对河北省分行支持民营企业发展、助力精准扶贫等进行专题报道。保定七一路支行被中国银行业协会授予“2017 年度中国银行业文明规范服务百佳示范单位”称号，是邮储系统唯一一家名列榜单的单位。

七、精神文明建设

让发展成果更多惠及基层员工，为员工办好“十件实事”。关心关爱员工，职工小家覆盖率 100%，建成“爱心妈妈小屋”16 个，唐山市分行被全国总工会评为“全国模范职工之家”。投资近 1 亿元完成 54 处生产用房的租赁和装修改造，改善运营环境。完成 1655 名员工职级晋升；完成 9246 名员工岗位工资和津贴补贴调整。完善以职工代表大会制度为基本形式，以行务公开、行长信箱、职工思想动态调研、合理化建议等多种形式为补充的民主管理制度。举办各类文体活动 632 次，其中在总行举办的第二届职工羽毛球比赛中，河北省分行获得团体第 2 名。

（邮储银行 / 提供）

【河北省寄递事业部】 寄递业务收入 18.91 亿元，比上年增长 19.77%，其中，标快业务收入 2.91 亿元，比上年增长 5.5%；快包业务收入 7.63 亿元，比上年增长 23.7%；国际业务收入 1.43 亿元；物流业务收入 2.67 亿元。寄递翼改革取得阶段成效，组建省市县三级寄递事业部，机构、人员全部整合到位。11 个地市处理中心实现同址作业，撤销 8 条一级干线汽车邮路，4 个市分公司完成揽投资源的整合。与快递行业进行全面对标，以问题为导向，精细化管理水平不管提升，精神文明建设和企业文化建设不断推进，企业凝聚力向心力不断增强。

一、政务业务

身份证寄递、法院专递、车驾管项目业务突破 3000

万元，分别达到3160.72万元、3838.51万元、3016.43万元，分别增长12.93%、40.99%、204.52%。出入境项目将公开招标转为单一来源采购，并确定邮政EMS为出入境证件寄递服务唯一供应商。充分利用信息技术驱动"互联网+政务服务"项目发展，搭建标准化电子政务平台，实现"线上申请+线下寄递"闭环服务模式，提升了作业效率和企业形象。在优势项目的带动下，全省政务类业务累计收入12476.31万元，全国排名第12位；业务收入比上年增长36.47%，全国排名第5位。

二、快递包裹业务

快递包裹与电商平台合作取得实效，全省11个地市、16个重点集群市场共举办拼多多培训28场，参加培训的客户5150人，整理、搜集客户数据超过6000条，项目收入1.38亿元。同时，率先在全国开展京东拼购、淘集集平台培训，与电商平台全面合作，对2018年业务发展增量拉动作用明显。重点县域集群市场得到深度开发，全省60个集群市场形成业务收入超过4.45亿元，日均业务量30万单，收入规模、日均量对全省的贡献率均为70%。

三、物流业务

物流业务分公司累计收入26738万元，全国排名第7位。

1. 巩固扩大在线合同物流项目业务规模。全省成功签约73个项目，其中新开发及拓展客户28个，全省规模合同物流客户58个。

2. 在成功入围长城汽车上下游物流服务，总结汽配行业经验的基础上，围绕核心客户大力拓展汽配供货商物流，先后上线立中车轮运输项目、贺尔碧格等仓配项目，汽车行业形成收入1735.33万元。

3. 邢台物流事业部成为邢台国际公路自行车大赛的唯一品牌物流供应商，衡水事业部成功开发国际马拉松赛事物资运输项目，形成业务收入9.51万元，借助服务体育赛事，提升了邮政品牌影响力。

4. 试水冷链物流业务，成功开发肯德基、永和大王冷链物流配送业务，为下一步深耕冷链物流市场奠定了基础。

四、电商分公司仓储落地配业务

电商分公司实现业务收入18935.72万元（财务ERP口径），完成年度计划的124.10%，其中：仓储增值业务收入倍速增长，收入3227.18万元，比上年增长124.47%；落地配业务实现业务收11820.28万元，比上年增长179.43%。电商分公司注重仓配客户引进，对省内58家规模性电商客户，进行差异化营销，将聚米项目成功引进石家庄仓，将上海TST美妆客户引进廊坊仓，电商仓配客户82家，完成业务量494.04万件，形成收入3230.65万元。落地配业务规模效益并重，开发3家电商平台落地配业务，新增客户收入344.75万元，除菜鸟以外，河北落地配网络已承接了当当网、亚马逊、易果生鲜、完美、植物医生、喵鲜生、天猫优品等电商平台落地配业务，共收入1732.43万元。

五、网运处理能力大幅提升

1. 中心局处理能力增强。2018年全省各中心局（含网路运营中心）日均处理包状邮件103.13万件，比上年增幅64.32%，峰值222.7万件；日均投递快递包裹41万件，比上年增幅95.24%，峰值90万件。

2. 创新陆运网运营管控模式。建立地市网路运营中心运行质量对标评价体系，在全省范围内开展对标工作，地市网络运行质量明显提升，5—10月份在全国省间对标评比中，河北连续6个月评为"良好"以上；"双11"期间，在收寄、内部处理、投递均创历史峰值的情况下，邮政快递包裹城市当日妥投率96.31%。构建地市网路运营中心二级损益主体，实现车间（班组）成本的精细化管理。将10个地市邮件处理中心生产现场监控系统接入省指挥调度中心监控大屏，实现各处理中心生产作业现场远程集中监控。

3. 内部作业质量提升。优化区内邮路交接流程，完善进口邮件卸车扫描、投递部转退邮件散件外走等操作规范，快递包裹有责丢失情况大幅下降。推进电子地图分拣管理系统和车管平台推广上线工作，提升投递质量、进口邮件分拣质量和干线邮车北斗进出邮件处理中心围栏信息自动采集率，进口邮件分拣准确率达到99.37%，全省日均4次（含）以上市趟转局邮件由115件降至4件，车辆北斗进出围栏采集率超过90%。

4. 投递支撑能力持续增强。累计新增投递车辆673辆，进一步推进农村"带车创业"工作。自提网络建设取得新进展，累计建设自提点4.12万个，累计安装包裹柜909组，近6万个格口，邮件自提率38%，处全国邮政领先地位。（河北省寄递事业部／提供）

【中邮保险河北省分公司】

一、业务发展

1. 保费规模。保费收入18.88亿元，比上年增长93.25%。完成总部下达计划的120.5%，保费规模列全国第15位，比上年前进1位。保费规模占全国中邮保险比重比上年提高0.89%，占省内邮银渠道比重提高2.8%，占省内寿险保费比重提高0.73%。

2. 业务结构。实现期交保费11.7亿元，保费占比61.96%，比上年提高24.72%。长期期交实现新单保费1.85亿元，占比9.78%，比上年提高9.46%。

3. 团险发展。营业部于6月15日开业，团险客户20家，保费收入452.56万元。板块联动、外拓项目顺利对接。

二、渠道协同

1. 协同组织。邮银保三方协同加强自办保险组织管理，协同部署自保险发展工作，协同打造中邮保险荣誉体系，为推进自办保险发展和“代管”职责落地提供了有力保障。

2. 营销组织。协同组织开展“首季开门红”“惠众保1号专项营销”“引航行动”等项目均取得成效。特别是“引航行动”长期期交营销项目的实施，转变邮政企业一线人员固有营销观念，提升营销技能和营销意愿，打破畏难壁垒，树立营销信心，中邮保险长期期交业务取得爆发式发展，完成比例由5月初项目实施前的9.3%提升到6月底的154.4%。河北中邮长期期交业务提前200天于全国率先实现任务目标，《中国邮政报》头版头条刊登沧州市邮政分公司开展“引航行动”项目发展经验。

3. 培训支撑。开展“河北代理保险师资力量培训班”，培训并聘用邮政企业兼职保险内训师28人，培训力量进一步壮大。组织邮银渠道一线营销人员培训357场，受训人数2.08万人。

三、运营质量

加强市县专岗人员培训，加强履职情况考核，“代管”职责有效落地，关键运营指标全部达标。续期13个月保费继续率和宽末综合达成率均列全国第一。加强理赔服务管理，理赔综合考核排名全国第四，在河北保监局公布的前三个季度理赔服务数据中，分公司获得2次第一、1次第二；在中邮总部开展的服务综合评比中，分公司列全国第五。

四、合规与风险管理

深入贯彻落实党的十九大防范化解重大金融风险部署和要求，制订分公司《打好防范化解重大风险攻坚战三年规划》；联合邮银成立代理金融风险内控案防管理委员会，构建邮政代理金融风险合规管理“共查、共防、共控”工作局面。落实监管部门要求，开展防范非法集资、打击传销、打击非法商业保险、“治乱打非”活动。落实集团公司部署，认真开展销售误导专项整治“亮剑行动”。组织开展“风控合规管理提升年”活动，全员合规意识和工作标准明显提升。分公司全年无违规经营事项、诉讼案件、损失事件发生，未发生舆情、声誉风险事件和重大负面新闻。

五、综合管理

1. 财务精细化。优化资源投入，将费用向业务培训倾斜，有效支撑经营工作开展。实施集中采购15项，合同金额849.21万元，节约资金88.87万元。

2. 人力资源。选拔任命中层干部10名，其中平调6人，提任3人，市场化选聘领导干部1人。引进10名同业人才和9名应届研究生，员工队伍年龄、知识、专业结构进一步优化。分层次参加总部各类培训，员工综合素质得到提升。

3. 科技赋能。开展总部免填单系统试点工作。开发信息管理平台应用于“亮剑行动”，节省大量人力和时间。审计监督有效发挥。开展内部控制评估、反洗钱、关联交易、外包项目、全省市县长期期交能力提升培训项目时长专项审计，发挥了第三道防线的把关作用。

4. 模式深化。邮银保三方成立领导小组，向集团公司报送落实方案。省邮政分公司印发编委文件，明确市、县中邮保险代管机构的机构编制、主要职责和人员编制。按照中邮总部标准完成全省县中邮保险专岗人员初选工作并上报总部审批。

六、党建工作

1. 党的理论学习不断强化。认真学习贯彻习近平新时代中国特色社会主义思想、党的十九大精神、党的理论，组织召开党委理论中心组学习和集中研讨12次，党委书记、纪委书记分别讲党课1次。

2. 党的政治建设全面加强。党委与各部门负责人签订《2018年度全面从严治党责任书》，修订党委工作规则和“三重一大”决策制度。开展反对“四风”、反对形式主义官僚主义活动，筑牢廉洁自律思想防线。聚力打好“三大攻坚战”，制订防范化解重大风险三年规划、深化服务“三农”、服务乡村振兴方案；扎实开展创建“平安邮政”活动；认真开展扶贫工作，向石家庄市灵寿县4576位建档立卡贫困村民赠送意外伤害保险，提供保险保障9152万元，联合医疗机构开展公益义诊活动两次，受益人群370人。践行绿色邮政行动，打印用纸量比上年下降10.2%，在线出单率达99.45%。会同总部相关部门拜访监管机构，了解雄安新区机构建设规划。成立巡视整改工作领导小组，制定整改任务20个、整改措施40条，制定完善制度、方案25个，各类问题在规定时限内全部整改完成。

3. 精神文明建设成果丰硕。参加第三届中邮保险业务技能大赛，4名参赛人员全部获奖；1名员工创意被评为集团公司2018年第一批金点子。成功承办第二届中邮保险职工乒乓球比赛，并取得优异成绩。（中邮保险／提供）

山西省

【山西省邮政分公司】

一、整体水平

全省邮政业务收入33.6亿元，完成集团预算目标91.93%；比上年增长－3.42%，全国排名第29位。实现利润－4558万元，未达预算目标。四大业务板块中，渠道平台收入1.53亿元，完成预算目标100.62%；比上年增长15.78%。其中，分销业务收入1.23亿元，比上年增长35.7%；增幅排名全国第14位，比上年提升13个位次。

忻州市分完成预算目标101.19%，起到了示范引领作用；运城、临汾、吕梁3个市分收入进度超全省平均水平。新增金融总资产154.52亿元，排全国第19位。其中，新增储蓄余额48.46亿元，排全国第22位；新增保费79.78亿元，排全国第16位；新增理财类资产26.28亿元，排全国第15位。新增金融资产客户36.52万户，排全国第22位。2018—2019年度代理金融跨赛一阶段，累计净增储蓄价值余额43.28亿元，比上年多增24.25亿元；净增储蓄余额60.67亿元，排全国第14位，比上年多增32.99亿元。11个市分整体向好，全省提前50天完成三台阶目标。全省邮政劳动生产率16.44万元/人；百元收入人工成本38.56元。员工收入明显提高，一线员工收入比2014年增长47.14%，金融网点员工收入增长57.19%。固定资产投资2.59亿元。完成新建太原邮件处理中心征地工作；实施了太原邮件处理中心包分机改造，完成安检机采购招标、配备36条伸缩皮带机，购置邮路汽车、三轮摩托及电动车等900余辆，邮件处理能力经受住“双11”和冬旺季考验。金融网点能力建设不断加强，更新和新增CRS、ITM、清分机、叫号机等自助设备600余台。安防保障投入持续加大，启动了全省邮政营业网点监控联网工程，更新了东太堡综合楼、部分市县消防报警系统。全省邮政信息技术不断创新升级，实施了省中心机房改造、省际网络扩容、虚拟化平台升级等工程项目；软开中心完成了金融从业人员轮岗系统、内控管理系统、“员工宝”二期等十余个系统开发。此外，“三供一业”工作按集团要求稳步推进，分离移交家属区310处，协议签订率100%。

二、普遍服务和特殊服务

投资4052万元，实施普遍服务基础设施改造；投入579万元，用于服务“三农”项目。全省409个空白乡镇实现了邮政局所全覆盖，其中百余局所转为自办，建制村通邮率达100%，1024个电子化营业网点“第三方支付”开通率100%，发生支付的网点占51.37%。重点开展“一封信，一颗心”主题教育和“三大歼灭战”等专项整治活动，投递质量和服务水平明显提升。狠抓寄递渠道安全，圆满完成中国国际进口博览会、中非合作论坛北京峰会、“两会”等国家重大活动的服务保障工作。机要通信质量继续保持全红，实现“十二连冠”。

三、践行“员工为本”的价值理念

运城稷山县乡邮员张辉荣获“山西省青年岗位能手”称号。在2014—2017年度全国邮政系统“双先”评选中，临汾集邮与文化传媒部营销员李敏杰、神池县投递组长李程功、沁水县步行街支局经理陈超颖、太原小店区体育西支局营业员张素琴4人荣获“全国邮政系统先进个人”称号；忻州市分、临猗县分和速递电商物流分公司酒水项目组，荣获“全国邮政系统先进集体”称号。在2017年全国邮政系统“营销争先”劳动竞赛中，太原市分徐爱

山西省邮政分公司开展“万人返乡专车”公益活动。

龙、小店区分陈郁芳荣获“明星营销员”称号；太原市分柴娜、王俊霞荣获“优秀营销员”称号；省分邮农合作社荣获“优秀营销项目”。忻州、吕梁、运城3个市分公司分别荣获2018年度全国交通运输“党建文化建设优秀单位”“服务文化建设优秀单位”“廉政文化建设优秀单位”称号。阳泉市机要通信分局被省总工会授予“山西省工人先锋号”。太原邮区中心局“邮路分拣流水线优化设计”项目获省总工会“五小”竞赛三等奖。太原邮区中心局职工书屋被全国总工会授予“全国职工书屋示范点”。大同市东信广场营业所、运城河津市铝厂支局、太原邮区中心局网运职工之家被评为“全国邮政系统模范职工小家”。省分公司被省总工会授予“职工心理健康咨询示范基地”荣誉称号。在集团公司组织的“庆祝改革开放40周年”微视频大赛中，省分公司获得组织奖、新闻中心制作的“邮情邮意系万家”作品荣获二等奖。

四、企协、集邮协会等工作

“邮农合作社”模式被推荐评为第十四届全国邮政企业管理现代化创新成果三等奖；运城市分荣获“2017年度全国邮政用户满意企业”称号。在全国集邮联举办的“庆祝改革开放40周年”集邮巡展中，省集邮协会获得全国集邮巡展、图书评选和征文活动3个组织奖；在2018年全国邮展上，省集邮协会送展的5部邮集和3部文献分别荣获6个银奖、1个镀银奖。太原市集邮协会会员李存宇的税票类邮集《在中国山西使用或加盖的印花税票（1917—1937）》在2018年曼谷世界邮展中荣获镀金奖。

五、社会形象和服务水平

创新精准扶贫方式，打造助力脱贫攻坚的“吕梁模式”，为当地农村提供160余个就业岗位。积极参与省扶贫办、省红十字会等部门共同发起的“国奶扶贫工程”项目，全力保障将爱心牛奶递送到基层贫困家庭。在集团公司与中国扶贫基金会联合开展的2017年“爱心包裹”项目评选中，晋中市广场支局营业员赵容玲荣获“优秀关爱传递使者”，太原、晋中两个市分荣获“服务支撑奖”，省

分公司荣获“服务贡献奖”。太原邮区中心局邮件运输中心市内转趟组被交通运输部、公安部、应急管理部、中华全国总工会、共青团中央联合授予“2018年春运‘情满旅途’活动先进集体”荣誉称号。

六、政治责任和社会担当

主动申请对接省委扫黑除恶安排，完成29000封到乡镇党委和村委会的信件专送任务，赢得省政法委的信任和资金支持。紧抓打造内陆对外开放新高地的契机，在政府主导下推动建成了太原国际邮件互换局，并取得政策资金支持。争取太原晋源区委支持，在新建社区批量投放了排他性智能包裹柜。发挥全省邮政1100多处农村网点、代办局所和乡邮员投递优势，主动参与全省乡镇交通安全工作站、村级交通安全劝导站和乡镇交通安全员、劝导员“两站两员”建设，在助力乡村振兴、推进城乡公共服务均等化进程中担任越来越重要的角色。

七、得到集团公司和地方各级政府的大力支持和政策资金补贴

集团公司拨付新建太原邮件处理中心1.4亿元；拨付“三供一业”分离移交资金1.26亿元。争取到地方政府普遍服务、扶贫及太原国际邮件互换局建设运营补贴1977万元，包括忻州物流配送及返城电商扶贫190万元。主动沟通税务部门，2019年预计争取房产税、土地使用税退税1700余万元。（山西省邮政分公司／提供）

【邮储银行山西省分行】 邮储银行山西省分行下辖11个二级分行、96个一级支行、1214个网点，67%的网点分布在县域，全行从业人员（不含邮政代理金融）6579人。

一、经营概况

资产规模2579.72亿元，比上年增长143.21亿元，增幅5.88%。各项贷款结余762.37亿元，比上年增长134.43亿元，增幅21.41%。各项存款结余2436.31亿元，比上年增长98.7亿元，增幅4.22%。实现收入30.43亿元，比上年增幅17.3%，完成总行预算目标的108%，排系统第17位。利润9.5亿元，比上年增幅59.7%，完成预算进度139.3%，排系统第12位。不良贷款金额5.4亿元，不良率0.68%，比上年下降0.04%，分别低于总行限额目标0.27亿元、0.11%。

二、业务发展

1. 个人金融业务。个人储蓄存款净增75.32亿元，增幅3.64%，规模2142.82亿元，存款规模市场占有率10.53%，在省内同业排名第3位。销售理财产品177.17亿元，代销保险96.83亿元，代销基金33.75亿元，代销国债14.28亿元。实施新的信用卡三年规划，全年发放信用卡30.51万张，列系统第11位，结存卡量88.91万张，不良率1.23%。

2. 零售信贷业务。以“能力提升年”活动为主线，进一步调整绩效考核办法，加大督导力度。零售信贷净增36.99亿元，增幅18.12%。全年发放个商及小额贷款60.09亿元，贷款余额69.84亿元，净增9.81亿元；发放消费贷款49.21亿元，贷款结余145.77亿元，余额净增22.05亿元；发放小企业法人贷款25.72亿元，结存余额25.51亿元，余额净增5.13亿元。

3. 公司金融业务。坚持规划引领、项目驱动、产品联动发展策略，持续拓展客户覆盖范围。2018年，公司存款余额净增21.94亿元，增幅8.14%，存款余额291.37亿元；发放公司贷款249.01亿元，贷款结余321.1亿元，比上年增长26.76%。办理票据直贴244.50亿元，比上年增长30.1%，结余142.18亿元，比上年增长47.98%。实现供应链金融破冰，累计办理融资租赁保理及中企云链再保理业务2.23亿元。办理国际结算业务5.08亿美元，落地25亿元债券承销业务。

4. 金融市场业务。回归本源，发挥资金优势，稳定资金运用。把握债市走向及总行投资节奏，落地债券投资业务13.3亿元。资产管理转型，销售机构理财102.86亿元，结余8.98亿元，其中净值型理财日均保有量9.84亿元，占比7%，列系统第10位。证券投资基金、理财托管分别新增66亿元、4.1亿元，托管业务总规模295亿元，比上年增长35%。转贴现业务加快周转速度，交易量比上年翻番。办理同业融资业务40亿元。

三、渠道建设

1. 电子银行。邮银开展手机银行营销竞赛，超额完成总行注册、激活新增目标。新拓展电子银行客户127万户，电子银行客户规模829万户，渗透率52.96%、交易替代率91.5%，其中手机银行结存客户637万户，渗透率提升至41%。线上交易场景不断丰富，新增电子支付商户41户，列系统第3位。“邮储银行山西分行”微信公众号平台关注客户11.32万户，成为营销服务客户新平台。

2. 智能化网点建设。加快网点转型，提升客户体验。投放新型智能自助设备184台，其中ITM 157台、现金出纳机27台，ITM累计布放数量263台，实现省内自营网点全覆盖。试点上线ATM、CRS“刷脸取款”功能，真正意义上实现金融服务“无介质化”。实现柜面交易通过手机银行、微信银行、ITM三个渠道的远程自助填单功能。全行现金类自助设备均实现无卡无折取款功能。

四、科技支撑

热力费代收、城乡居民养老保险批量代收、ETC无线发卡等10项业务系统开发上线。新增“双平台”功能模块9个、报表119张，减轻基层报表任务。启动大数据分析平台建设。依托网点WLAN平台，开展客户关系管理和数字营销主题分析，新增固化报表126张，月均推送客户数据800余万条，有力支撑业务发展，降低管理成本。科技系统稳定运行，在邮储银行全国安全运行年考核

中保持第 1 名成绩，全年未发生信息科技操作风险事件。强化外包风险防范，出台信息科技外包管理办法、信息安全保密制度，落实外包人员的保密管理，完善外包供应商考评机制。

五、营运管理

持续推进业务流程和柜面作业组织调整，开展 7 项业务处理流程优化项目。加快集中营运步伐，实现公司类贷款放款等集中上收，个人业务集中授权交易拓展 108 只。营运中心集中处理效率提升，个人业务排队时长、资金清算类退回率、公司结算业务平均处理时长和等待时长等指标持续改善。38 个营运指标中多项指标均在系统内排名前列，资金备付金率比上年下降 2 个 BP。

六、风险防控

1. 发挥风险与内控委员会牵头作用，健全风险政策与限额管理制度，完善条线、机构风险管理履职评价指标体系，强化结果应用。

2. 强化内控制度和合规文化建设，邮银同步开展"内控提升年"活动，合规知识竞赛荣获全国二等奖。加大风险排查力度，发挥内审作用，深化市场乱象整治，强化监管通报和专项考核问题整改。狠抓案防责任落实，提升案防考核权重，建立"一把手"案防述职制度，督促代理机构建立检查队伍、落实上岗资格认证，2018 年除发生一起历史性风险事件转案件外，没有新发生资金案件。

3. 推进绿色银行建设，加强授信政策调研和特色行业授信政策指引，出台绿色银行三年建设规划。

4. 推进安防达标建设，建成安全管理标准化达标网点 48 个。省分行获得"平安邮储"建设优秀单位荣誉称号。

七、党建工作

按期完成 54 项巡视整改任务，出台制度、规划、指导意见等 32 项，构建起长效整改机制，全面从严治党基础得到夯实。建立"三个第一时间"学习机制，开展"大学习、大讨论、大落实"活动，组织形式多样的主题活动，将学习宣传贯彻推向深入。完善党建工作责任制，提高党建工作考核权重，党委和纪委双线层层签订责任书，压实责任。完善党建工作考评机制，建立联系点制度，强化过程管控，确保责任落实。深入推进党风廉政建设，坚持抓早抓小，深化运用监督执纪"四种形态"，典型案例通报全省。深入开展精神文明创建活动，省分行机关连续 10 年获"省直文明标兵"荣誉称号，晋中市分行营业部荣获中国银行业协会"文明规范服务千佳单位"，太原市分行荣获省金融工委"金融系统五一劳动奖状"。（邮储银行 / 提供）

【山西省寄递事业部】

一、工作概述

1. 业务收入完成情况。全省寄递业务收入 58570 万元（含结算）；完成经营总收入 45994 万元，其中，速递板块 28048 万元，邮务板块 17946 万元。标准快递收入 13711 万元，快递包裹收入 15079 万元，物流业务收入 12210 万元，国际业务收入 3664 万元，其他收入 1330 万元。

2. 网运指标。出口段时限准时率 93.16%，高出全国平均值 4.96%；全国排名第 9 位，较 2017 年前进 3 个位次；进口段及时妥投率 89.59%，高出全国平均值 0.96%；全国排名第 9 位，较 2017 年前进 15 个位次；省内互寄次日妥投率 86.39%，分省排名第一；国际卡哈拉邮件时限准时率（指标值 99%）出口 leg1 段完成 99.2%，高于全国平均值 0.3%，全国排名第 10 位；进口 leg3 段完成 99.7%，高于全国平均值 0.9%，全国排名第 6 位。

3. 寄递改革。9 月 25 日，经过"两上两下"，山西省寄递翼改革方案正式印发，并于 9 月召开山西邮政寄递翼改革启动大会。11 月，省市县三级寄递事业部全部组建完成，邮速人员实现平稳过渡。12 月 7 日召开省寄递事业部第一次党代会，选举产生了寄递事业部第一届两委班子，各市寄递事业部也陆续召开党代会。2015 年启动邮速合体经营以来，在处理中心、干线运输网、揽投队伍整合方面，完成基本功能的整合。借寄递翼深化改革契机，对网络资源方面的整合持续优化。改革之后，又将新建成的太原国际邮件互换局（交换站）整建制划归太原邮区中心局管理，并在太原市进行部分物理网点的整合，节约网点租赁、使用成本。结合山西现有揽投资源现状，开展对邮速揽投网深度整合模式的研究探索。

二、重点工作

1. 太原国际邮件互换局（交换站）投入运营。响应山西省委、省政府打造内陆地区对外开放新高地的重大战略部署，建设太原国际邮件互换局（交换站），11 月 5 日正式启动运行，省委副书记、常务副省长为互换局开业揭牌，实现"当年审批、当年建设、当年验收、当年运行"。为支持互换局建设，山西邮政速递物流获得省政府免费场地 3432 平方米，建设投资 2700 万元，并发文明确给予互换局出口邮件补贴及运营补贴的政策支持。借助政府政策和资金支持，省寄递事业部推动综改区保税进口项目落地，并引进省外先进跨境电商客户落地武宿综保区，做好系统对接、仓储、物流配送等一系列服务。

2. 寄递翼改革

一是机构改革。9 月 25 日，召开寄递翼改革启动大会，宣布《山西省寄递翼改革方案》，自上而下整合邮政公司寄递业务主要资源和速递物流公司全部资源，组建山西省寄递事业部，同年 10 月底，省、市、县寄递事业部机构、人员全部整合到位。用工总量为 7124 人，其中，邮政划入 4819 人、速递划入 2305 人。一线人员 3917 人（占比 55%）、二线人员 2306 人（占比 32.4%）、三线人员

901人（占比12.6%）；一线揽投员2193人（速递划入713人、邮政划入1480人）；管理序列146人、专业序列1044人、操作序列5934人。

二是网络资源整合。一方面，寄递事业部成立后，聚焦邮速揽投物理网点、揽投范围电子化（网格化）、作业组织、同城网建设、市趟邮路优化等方面的深度整合，全面释放网络资源整合红利。另一方面，全面优化省内陆运网建设。投资359.3万元，进行工艺设备改造和传输设备投入，减轻职工的劳动强度，压缩邮件内部处理时间。打造太原、侯马主副中心格局，加大侯马中心进口分拣深度，形成副中心侯马中心辐射临汾、运城、长治、晋城格局。此外，航空邮件的发运功能于9月完成整合，县级投递队伍于8月整合完毕。网运工作围绕运营标准，对标行业，把提升重点时限质量指标作为网运工作的出发点和落脚点，对重点时限质量指标做到日监控、周分析、月通报，对不达标质量指标深度分析，查找出影响指标的环节和因素，通过盯关键指标的完成情况、盯关键人日常履职、盯关键环节运行质量等措施，各项重点指标提升明显。前三季度全国速递物流的质效考核中，得分82.9分，小组排名第6名，其中网运部分权重35分，得分33.7分，得分排名同福建并列全国第2名。

三是产品资源整合。将邮速双方经营的国内标准快递、快递包裹等、国际标准类、经济类等包裹快递产品和物流业务授权寄递事业部经营管理、整合优化，形成时限层次清晰、易于客户识别、便于全网标准化作业的分层产品体系，统一制定价格体系。政务市场服务能力不断提升，邮寄转化率逐年提高。身份证项目月转化率34.81%，收入1473万元；车牌项目转化率79.39%，收入1535万元；出入境项目转化率14.85%，收入206万元；司法类法院项目收入1196万元，增幅42.25%。工商、税务、国土不动产、公积金等中小项目稳步推进，国家机关公文在逐步拓宽覆盖率。商企市场小规模突破。3C通信行业稳步运行，对省内49家保险公司开展清单销号营销，摸排金融客户提出增量拓展措施，试水体育赛事配送市场。国际市场依托政策拉动，轻小件业务迅速增长。利用省委省政府政策支撑政策拓展市场，国际e邮宝收入2200万元，比上年增长683%。快递包裹全面推行损益核算，强化量质并增意识。通过制定损益模型、明晰损益目标、强化损益意识，提升盈利能力。快递包裹损益率5.77%，比上年提升4.55%。

四是营销资源整合。明确寄递条线营销体系组织构架和各层级各环节工作职责，重点打造政务、商企、电商、国际四支专业营销团队，专业化的营销体系得到了保留和加强。速递方面负责项目开发，邮政方面负责项目落地，整体业务规模得到提升，邮速双方的营销资源得到了一定的融合和互补。强化队伍复用，发挥普邮队伍营销作用，持续开展普邮投递员揽收寄递邮件活动。

五是客服能力。搭建运营管理部指调中心客服与省客服的客户投诉处理工作渠道，并提出针对疑难邮件分析、研究、解决问题的方向。协助主动客服建立起全省内部处理环节快速响应机制，增加过程管控动作，减少内部客服工单的投诉量。针对网运处理环节邮件丢失工单呈上升趋势，对全省网运环节工单丢失情况进行专项分析，并提出各层面需要改进的建设性意见。网运客服利用83系统监督全省网运各协同客服指标完成情况，重点关注关联调度4小时解决率、及时回复率、投诉量及投诉率等指标，并重点对太原、侯马两个邮区中心局指标进行分析、通报，为邮区中心局客服整改工作提供有效依据；同时利用指挥调度系统监控全省网运各环节邮件逾限情况，重点监控全省网运逾限24小时以上邮件量、每日运输处理环节的轨迹断点邮件量，及时发现问题及时预警，为加强邮件管控，防止邮件丢失提供了防范依据。

三、其他工作

践行"人民邮政为人民"的初心使命，关心关爱一线员工，改善基层生产生活条件。一线职工的生产生活条件得到改善，提升员工归属感；为解决困难职工当前面临的问题，速递省市领导对困难、患病职工进行慰问，合计慰问职工47人，慰问品金额合计4万余元；每两年组织全省职工进行一次健康体检，1848名职工参与体检。此外，在"重疾"与"意外"两项保险的基础上，为职工加投雇主责任险和团体疾病身故保险，进一步提高员工保障。（山西省寄递事业部/提供）

【中邮证券山西省分公司】

一、基础经纪业务

按照联动发展、错峰发展策略，沟通协调邮银速三方联合策划启动开展"板块协同，证券启航"业务发展专项营销活动。专项活动期间，组织召开一次全省邮政活动推进会。全省邮政系统开立中邮证券账户10394户，完成计划的103.94%，引流客户金融总资产6320.55万元，完成计划进度的52.67%。全省销售鹏华产业精选混合基金804.01万元，完成确保计划的123.69%，位列全国第一；全省销售鹏华创新驱动混合基金478.32万元，完成目标计划的119.58%，销售绝对值和完成进度均位列全国第一，同时也是全国唯一一家完成目标计划的分支机构。

二、党建工作

深入贯彻党的十九大精神，扎实开展"两学一做"学习教育常态化制度化活动。按照总部党委的部署和要求，制订《党支部2018年工作计划》《党支部2018年十九大精神学习计划》《"大学习、大讨论、大落实"学习计划》，以支部书记讲党课和党员轮流宣讲等形式扎实推进十九大精神的宣贯。

三、协同发展

按照集团公司“一体两翼”的发展战略，充分发挥邮政资源优势，经过争取和磋商，山西邮、银、证三方形成共识，联合发文，建立具有山西特色的协同发展机制。

四、协同营销能力

专业培训是推进业务协同的前提和基础，也是分公司与邮银对接的切入口。全年先后制作了证券业务简介、投资基础知识、开户流程介绍等基础培训课件，以及代理金融骨干人员的业务发展培训课件，开展25场、7000人次的培训。

五、资管投行业务项目

1. 资管产品营销。在与总部资管分公司充分沟通对接，深研产品，了解产品收入政策、营销激励政策、认购流程的基础上，依托微信、短信等渠道传导产品要素信息，主动联系拓展客户，在鸿利来3号、金潮1号资管产品上实现了营销突破，两款产品拓展4个客户、销售770万元。

2. 新三板业务。依托全省邮银证协同发展新三板业务项目，推进新三板业务落地见效。配合总部战略发展部、新三板业务部与省邮政分公司、邮储银行省分行沟通对接，拟定下发全省邮银证协同发展新三板业务具体实施方案，按照推进方案，协同邮储银行省分行、省邮政公司收集第一批177家目标企业客户名单，及时提交总部进行筛选研判，并针对筛选后的97家目标企业客户，了解确认企业客户挂牌意向；针对福益德和星大陆两家意向客户，组织了多轮实地走访，最终与繁峙宝山鼎盛公司初步达成了进一步合作的意向并持续跟进中。

六、严守合规底线

1. 切实加强反洗钱管理。按监管及总部规定每日登录反洗钱内控平台，进行数据监测和事件报送等工作，每月月初向总部报送合规、反洗钱管理报表及相关报告。

2. 加强合规培训和反洗钱宣传。组织月度合规专项培训12次、反洗钱专项培训4次。

3. 根据总部的统一部署，按计划开展基础管理和业务条线的全面自查工作，进一步加强全员合规风控意识和能力，保障了各项业务的规范开展。（中邮证券 / 提供）

内蒙古自治区

【内蒙古邮政分公司】

一、经营发展

业务收入20.92亿元，绝对值排全国25位；增长4.21%，排全国18位，比上年前移4位；完成集团公司预算101.93%，排第5位，前移16位，超收3965万元。其中，金融收入12.75亿元，增长4.2%，排16位，前移9位；包快收入2.03亿元，增长15.65%，排15位，前移10位；渠道平台收入1.17亿元，增长2.82%，排12位；集邮与文化传媒收入3.95亿元，增长0.43%，排21位，前移2位。

二、企业运行

资产负债率（可比口径）70.36%，较年初下降0.27%；流动比率0.56，较年初提升0.05；现金比率提升3%；收入利润率（可比口径）提高1%；超预算290万元；货币资金1.72亿元，较年初增加4700万元；营运资金 −5.76亿元，较年初增加4300多万元；劳产率13.98万元，比上年提升1万元，其中旗县劳产率18.03万元，比上年提升1.67万元，高于全区4.05万元；人事费用率66.64%，下降1.68%。

三、运营质量

客服质量方面，1—9月全国邮政申诉率百万分之0.6，远优于集团百万分之5的达标值；1—9月获集团客服指标奖励6万元。运营质量方面，到年末，省际出口时限达标率95.42%，排全国12位；省际进口时限达标率94.99%，排第2位；省内互寄次日递率35.58%、同城次日递率81.97%，全部达标；1—10月获集团时限质量奖励845万元，重量稽核奖励228万元。投递质量方面，到年末，城市当日妥投率95.51%，提高6%；城市信息实时反馈率99.93%，提高0.08%，均超集团达标值。普遍服务方面，775个乡镇实现普服网点全覆盖，11092个建制村直接通邮提前13个月完成三年目标，50个旗县实现《人民日报》当日见报，见报率61.72%，提升了18%；机要通信连续27年无事故。

四、寄递翼改革

在集团公司规定时限内完成区、市、县三级寄递事业部的机构设置和人员整合工作。各盟市处理场地整合基本到位，邮路整合初步完成，揽投网整合有序推进，确保了改革进程稳妥。全力打好改革后第一个旺季攻坚战，四季度寄递事业部实现资费收入1.1亿元，增长8.02%；其中标快增长0.03%，实现扭负，快包增长14.8%，国际业务增长11.3%，改革成效初显。

五、巡视整改成果

区分公司党组制定的60项具体整改措施，完成27项，持续推进30项，除需要和集团公司具体部署同步开展的3项外，均按计划深入推进。全力推进巡视成果转化，累计新建和完善制度规定66个，积极响应党中央号召，深度落实“扶贫工作、乡村振兴、绿色邮政、普服特服和公益服务”4项三年行动规划，政治责任、社会责任同步得到有力彰显。兴安盟分公司深入打造“农村邮政服务生态圈”，并在全区推广实施，为邮政“助力乡村振兴战略”注入新活力；乌兰察布市分公司积极搭建“农产品

《红色文艺轻骑兵——乌兰牧骑》邮资明信片首发式暨“不忘初心 砥砺奋进”红色文化主题邮展产品。

进城”邮政电商物流平台，助力地方脱贫攻坚，被市工商联授予“2018精准扶贫贡献奖”。（内蒙古邮政分公司/提供）

【邮储银行内蒙古分行】 邮储银行内蒙古分行设置19个一级部门，7个二级部门，1个直属单位，下辖12个二级分行、20个一级支行。全区有营业网点799个，其中自营网点153个，代理网点646个。员工3814人，其中，合同用工3642人、劳务用工172人，本科及以上学历员工占比68.14%。

一、经营概况

资产规模970亿元，负债规模949亿元，存款余额884亿元，贷款余额495亿元。实现收入24.9亿元，比上年增长17.16%；利润11.38亿元，比上年增长78.79%。实现经济增加值4.43亿元，系统内排名第15位；经济资本回报率21.71%，系统内排名第3位。成本收入比48.28%，比上年下降5.93%，人均创收65万元，比上年增长9.93万元。不良贷款率1.54%。

二、业务发展

1. 个金业务。个人客户资产规模715.01亿元，新增31.14亿元；个人储蓄余额720.37亿元，新增30.15亿元。理财销售560.3亿元；新增VIP客户1.28万户，增幅9.33%，新增手机银行激活客户11.4万户，电子银行交易替代率91.58%，均排名系统第11位。信用卡新增发卡23.9万张，完成率系统内排名第3位，收入2.09亿元，净收入系统内排名第4位。

2. 零售信贷业务。个人零售贷款结余311亿元，净增36亿元，业务收入占全行收入42%。制定实施全面支持乡村振兴战略的实施方案，持续加大“三农三牧”贷款投放力度，“三农”业务贷款结余104亿元，区内同业排名第6位；小额贷款净增9亿元，系统内排名第10位。全年发放各类扶贫贷款10亿元，余额净增4.94亿元，完成年度金融扶贫考核任务。按照“稳房贷、增车贷、促消贷”的思路，消费信贷业务稳步发展，消费贷款结余207亿元，市场占有率6.09%，同业排名第6位。“两增两控”口径下，小微企业贷款余额94.05亿元，净增8.75亿元，增幅116.67%，利率下降，完成“两增两控”监管考核任务。

3. 公司业务。公司存款余额166.34亿元，净增19.4亿元，系统内排名第5位。支持地方政府经济建设，承销政府债券38.8亿元，比上年增长265%。ETC结存客户39.6万户，新增发卡13.7万张，市场占有率70%，系统内排名第1位。调整金融同业业务结构，票据和同业融资等标准化业务收入占比41.31%，比上年提升14.82%，金融市场业务收入系统内排名第11位；资产管理业务收入增幅49.12%，系统内排名第1位。

三、改革创新

1. 完成机构调整，新设信用卡部，原小企业金融部升级为一级部，金融市场部、会计与营运部、电子银行部更名为金融同业部、运营管理部与网络金融部。

2. 以建设“邮储特征 草原特色”大型零售商业银行为远景目标，持续贯彻实施“嵌入式发展”、“强支行”战略、“精细化管理”等一系列发展理念。

3. 推进网点轻型化建设，ITM自助设备实现自营网点全覆盖，自营网点离柜率72.61%。3家支行实现扭亏，完成自营网点营业主管派驻工作。新建成达标网点58个，未发生重大安全生产事件。

四、风险管控

深化市场乱象整治工作，签署《市场乱象整治公约》。制订实施《打好防范化解重大风险攻坚战三年规划》，处置不良贷款3.5亿元。连续3年开展“走支行”系列专题活动，进一步夯实基层风险防控工作。持续开展内控合规管理工作，修订完善《内蒙古邮政金融员工违规行为及处理标准（2018版）》，细化员工违规行为及处理标准，强化追责问责依据支撑。履行社会责任，有序开展消费者合法权益保护工作，成功堵截防范金融诈骗、顶冒名开户等犯罪行为42起。

五、信息科技支撑

完成金融网点授权集中工程双活灾备系统、新一代电话银行等 58 项系统上线和升级工作，完成非税收入收缴电子化系统等 14 个自主信息化项目建设。开展 10 项数据分析特色主题落地应用，成功举办全国数据分析北部大区推广会议。全年未发生信息系统风险和安全事件，配合邮政企业顺利完成邮政金融省中心机房搬迁工作。

六、党建工作

1. 扎实开展中央巡视整改工作，完成阶段性巡视整改工作任务。

2. 持续深入学习宣传贯彻习近平新时代中国特色社会主义思想和党的十九大精神，建立“三个第一时间”学习机制，认真开展“大学习、大讨论、大落实”活动。

3. 推进“强基固本”工程建设常态化制度化，土左旗支行、达茂旗支行党支部获得 2017 年度“邮政系统基层党组织示范单位”称号，包头分行选送的《希拉穆仁草原上的“绿色金融轻骑兵”》被评为全国金融系统党建创新成果“百优案例”。

4. 推进巡察工作，制定巡察工作办法和五年规划，完成对 1 家分行的巡察工作。

5. 职工小家建设提质升级，土右旗工业路支行、巴彦胡舒大街支行获得“2015—2017 年度中国邮政集团模范职工小家”荣誉。（邮储银行 / 提供）

【内蒙古寄递事业部】

一、经营目标完成情况

全区寄递业务累计收入 5.34 亿元，比上年增长 −7%，完成年初预算目标的 75.1%。其中：原邮政企业累计收入 1.5 亿元，比上年增长 26.5%，完成年初预算目标的 99.3%；原速递物流专业累计收入 3.84 亿元，比上年增长 −15.6%，完成年初预算目标的 68.6%。其中，全区寄递专业标准快递业务收入 1.72 亿元，比上年增长 −11.7%；快递包裹（含 E 标准）收入 1.69 亿元，比上年增长 26.3%；国际业务收入 960 万元，比上年增长 −6.4%。物流业务收入 1.16 亿元，比上年增长 −40.7%。

二、经营工作

1. 主抓重要节点，组织专项活动。锁定特产和电商寄递市场组织专项竞赛，开展“夯基础、上规模”电商竞赛，组织客户大走访，实现与市场同节奏。电商快包收入增长 69%，排全国第 4 位，“双 11”当月量收增幅均列全国首位，特产寄递收入增长 89.3%。

2. 坚持项目引领，稳步发展标快。深挖县域政务市场，开发自主项目 39 个，创收 220 万元；法院专递、机关公文等传统政务类标快收入增长 14.0%，其中法院专递通过规范流程增收 264 万元；以收件人付费、返单、代收工本费、上门安装牌照等多样化服务满足公安交管便民利民政策，促进公安交管项目不断扩展，从单一的车辆牌照寄递向车辆档案、驾驶证、临时号牌、车辆年检等全系列延伸；中标内蒙古自治区公安厅出入境证照寄递项目，7 月中旬正式签订合作协议，在全区范围内以收件人付费形式开展业务，月均收入超过 50 万元；加快推进“互联网 + 政务服务”，助力“最多跑一次”实施工作，借助内蒙古自治区政府办公厅《关于认真做好自治区本级“互联网 + 政务服务”实体大厅窗口设置和进驻人员选派等工作的通知》（内政办发〔2018〕6 号）要求为契机，积极与各级政府联系，各盟市分公司组织专人进驻实体服务大厅，主要提供身份证、国税发票、工商证照、居住证、不动产证、签证、食品药品流通许可证、行政类文书、个人退换货寄递及代开发票服务；依托“极速鲜”牛羊肉寄递增长 88.2%。标快收入规模全国排名提升 3 位，增幅排全国第 7 位。

3. 加强质效管控，提升发展质量。通过引导发展电商轻小件、加大资费管控力度等工作，电商快包平均重量再降 0.40 千克 / 件，平均单价保持在全国第 7 位；标快平均单价排第 2 位，上升 4 位。

4. 开展揽投平台建设，推进销售化转型。开展全区散户揽收“1+10”工程。散户揽收量达从 2017 年末的日均 5.07 件提升到目前 6.1 件，散户收入占比达到 10% 以上。

二、加强经营管控，严格开展“三费”管理工作

按照集团公司关于“三费”整治工作要求，全区持续开展“三费”自查、复查、抽查、整改、再自查的循环往复的工作，在检查中边查边改、即查即改，在全区形成了上下联动、齐抓共管的高压管控态势。

1. 继续严格把关资费优惠审批、续批工作，对客户的合同资质、规模效益、回款方式以及欠费周期等情况进行综合审定，采取“一户一审，逐级报批”的原则，严格把关损益核算，进一步加大经营管控力度，确保经营的质量和效益；同时，对重点客户和重点项目实行跟踪管控，防止发生违反“八条禁令”“九条红线”的违规经营行为。

2. 对原有的欠费考核办法进行了修订，每月对各经营单位的欠费率进行绩效考核，定期对问题责任欠费率进行集中清理通报考核。

三、运行质量

全区快递包裹收寄量 1003 万，比上年增长 102%；处理量 1.15 亿件，比上年增长 28%；投递量 7353 万件，比上年增长 28%。标准特快累计完成进出口业务量 3284 万件，比上年增长 −6%，其中出口累计完成 1690 万件，比上年增长 −13%；进口累计完成 1594 万件，比上年增长 2.9%。邮航发运 316 班，共计发运 1408 吨，平均每班发运 4.46 吨。服务质量稳中有升，1—10 月快递包裹时限质量指标累计获得集团公司奖励净额为 1073 万元。

四、改革工作

1. 场地整合基本完成。除呼和浩特航陆处理场地分

设、通辽分场地同步作业外，其余盟市处理场地全部合并运行，场地面积盘活1460平方米，可节约场地成本37.4万元；87个旗县的处理中心全部整合，场地面积盘活1440平方米，可节约成本64万元。

2. 邮路整合全面完成。撤销2条一级干线临时汽车邮路，6条区内往返干线汽车邮路，节约运输成本348万元。整合后，标准特快中西部部分盟市间互寄时限缩短24小时，快递包裹东部部分盟市间互寄时限缩短24小时。

3. 揽投网整合有序推进。按照集团公司揽投网“先整合、后优化”原则，出台《内蒙古寄递翼揽投网整合实施方案》，并正式启动试点工作。

4. 在集团公司规定时限内完成区、市、县三级寄递事业部的机构设置和人员整合工作。

五、企业党的建设及工会工作

深入学习贯彻习近平新时代中国特色社会主义思想和党的十九大精神。组织全区三级副以上党员干部参加了区分公司组织的培训班，进行集中学习；组织呼市地区所属党委、党支部9支代表队举行“不忘初心　牢记使命”十九大精神知识竞赛，充分展现党员风采，有效促进企业发展；深入推进基层党组织示范点建设，充分发挥党支部战斗堡垒作用。5月，由工会牵头组织，从全区12个盟市中，挑选出5名优秀揽投人员进行全区营销宣讲，并录制光盘在揽投部循环播放，在企业营造比学赶帮超的良好氛围。（内蒙古寄递事业部／提供）

辽宁省

【辽宁省邮政分公司】 业务收入47.1亿元，增幅2.8%，含速递物流收入52.2亿元，增幅2.1%；实现利润1.43亿元，列全国第10位，收入利润率2.8%。员工收入增幅高于业务收入增幅。

一、经营转型

金融业务收入32.3亿元，增幅0.9%。以客户管理为核心，坚持“九个常态化”，持续深化转型、夯实基础。保险业务结构持续优化，保费121.2亿元，其中期交保费33.2亿元，列全国第3位；非中短存续期趸交保费57.6亿元，增幅117%，高于全国平均水平70%；中邮期交保费8.8亿元，列全国第3位。保险抱团常态化开展，“保险抱团贺新年”保费55.4亿元，收入2.3亿元。工银、中邮基金销售8.5亿元，列全国第1位，直接收入2124万元。中邮消费贷业务较快发展，放款2.2亿元拓展新渠道，新激活手机银行客户113万户，进度列全国第5位。发展“云闪付”用户13.8万户，收入200万元。加快网点智能化、轻型化，投入ITM 194台，在29处普遍服务网点布放离行式CRS 34台。

二、寄递翼改革

收入8.9亿元，增幅7.4%。国内标准快递业务收入2.55亿元。政务项目收入8200万元，商企项目逾1亿元。快包业务日收寄峰值34万件。国际业务收入2.4亿元，增幅9.7%。生鲜寄递项目收入3694万元，列全国第4位，成为新增长点。确定“次日递”“次晨达”“同城当日递”三种承诺服务产品，重塑省内寄递网络。快递包裹运行质量稳步提升，网间结算奖励1150万元。“双11”“双12”期间，全省日均邮件处理量超过100万件，增幅22.3%。

三、农村电商

分销与增值业务收入4.23亿元。批销额5.14亿元，增幅151%；自营批销额4.2亿元，增幅166%；打造3个千万级和7个百万级项目。邮乐购店1.86万处，发展邮乐小店47万户。组织“一村一会”3200余场，销售化肥4.58万吨，收入1.4亿元，增幅47%，预收资金6275万元。农产品销售体系不断完善，“邮农丰”农民专业合作社1228处，升级打造农特产品展示体验中心（馆）33个。运作农产品项目18种，销量791万斤，增幅17.5%。13种重点农产品销售额超3000万元。邮政农产品进城列入省商务厅电商扶贫项目。

四、集邮与文化传媒业务持续创新

收入5.6亿元。2019年报刊大收订实现流转额6.5亿元，增幅4.3%，进度、增幅均列全国第3位。党报党刊订阅稳中有升，增幅5%。创新产品项目，为245家客户提供全媒体整合服务，互联网广告收入375万元，增幅30%。挖掘工会福利、企业宣传及客户回馈市场，卡券类收入1085万元，增幅87%。精心策划“生肖贺岁季”项目，推出生肖产品17款，收入4200万元。开发辽篮夺冠主题邮品，收入400万元。承办全国第二届明信片设计大

10月12日，辽宁省第一所少年校园主题邮局在盘锦市成立。

赛，省分公司获全国唯一邮政团体金奖、组委会特别奖、优秀组织奖。习近平总书记视察抚顺雷锋邮局，对辽宁邮政政务图书发行工作给予肯定。建成红色主题邮局7处，发行专用邮资图3枚，销售收入500万元。

五、对外合作

与铁塔、电信、公安厅交通管理局、税务局、何氏眼科5个单位签订战略合作协议。重点推进爱心光明行、中盐产品分销等6个合作项目，收入9180万元。启动汽车产业链集群市场项目，收入2666万元。

六、企业管理

加快综合营销团队建设，业绩5.9亿元，占邮务业务收入比重61.5%，比上年提高5.8%。万元以上大客户3266户，量、收增幅超过25%，综合用邮转化率49%。组织校园市场、节日营销等8个联动项目，新增金融资产62.9亿元，邮务收入2.4亿元。强化数据分析应用，为专业营销、网点轻型化、爱心健康等33项重点工作提供数据支持。资金运行状况明显改观，货币资金7.15亿元，比2013年增加2亿元，近五年货币资金增幅7%。上存集团资金6.47亿元。新盘活房屋56处，年租金收入682万元，增幅10%。完成员工基本工资晋级晋档及津补贴调整工作。加快推进青年人才队伍建设，16名基层青年干部跨区域交流任职。组织大规模职鉴考试，员工持证率87.7%。高技能人才占比28.3%，比上年提升1.7%。购置网点11处、翻建农村网点17处、租赁网点43处、改造网点84处，建设邮件处理场地4处、仓储配送中心2处，购置生产车辆211辆，更新或新增邮运投递汽车112辆，购置电动三轮车24辆。对“三农”、普服、机要等财政项目集团补贴外的部分，由省分公司全额补贴。加快推进国拨资金项目，完工率94%。新一代寄递业务信息平台中转功能如期上线。

七、党建管理

省市县三级专职党建、纪检监察人员全部配备到位，总数137人，党务工作力量大大加强。优先发展优秀支局长、投递班长、青年人才入党，逐步解决无党员网点、基层党组织软弱涣散等问题，发展党员182名，营投一线人员占比52%，解决无党员网点332个。坚持督导包挂机制，建立党组成员基层联系点制度。丰富廉政教育方式和内容，17名纪委书记现场为党员讲党课，1409名党员干部参观警示教育基地，1824名党员参与典型案例集中讨论。严肃监督执纪问责，党内严重警告1人、党内警告1人、调整岗位1人、经济处罚4人、诫勉谈话2人、提醒谈话11人，对县分公司领导班子通报批评1次。（辽宁省分公司　王欣／提供）

【邮储银行辽宁省分行】 邮储银行辽宁省分行内设22个部室、2个直属单位，下辖13个二级分行，40个一级支行，309个二级支行；有营业网点1453个，其中自营网点309个、代理网点1144个。自营机构从业人员8265人，其中大专及以上学历7910人，占比95.7%。

一、经营概况

资产规模2194亿元，列省内国有商业银行第5位；存款规模2056亿元，市场占有率4.61%，列省内国有商业银行第5位；贷款规模1224亿元，市场占有率2.79%，列省内国有商业银行第5位。实现收入38.05亿元，完成预算进度101.7%，比上年增长1.13亿元，增幅3.07%。实现利润9.26亿元，完成预算进度194.6%，列系统第1位；比上年增长4.84亿元，增幅109.7%，列系统第1位。经济增加值比上年增长1.83亿元，增幅62.33%，列系统第12位，比上年提升24位；经济资本回报率7.69%，比上年提升4.7%，列系统第3位，提升29位。

二、转型发展

1.“大零售”战略。一是三农金融深化平台合作，通过与农林牧渔、工商、妇联、农担等政府部门和担保机构合作，推出“牧担贷”“林担贷”“快易宝”等多项创新产品，全年平台项目放款101.3亿元。二是小企业金融落地“小微易贷”“无还本续贷”“法人按揭”等新产品，累计投放14.8亿元，新产品投放占比48%。三是个人金融推进“联动营销、产品拉动、活动拉动”三种模式，开发代收付项目376个，拉动储蓄余额增长9.1亿元；开展各类主题活动1.8万场次，拉动余额增长24.8亿元。四是消费信贷“总对总”车贷放款1.3亿元，列系统第2位。搭建非房贷获客平台826家，开展“支用有礼”活动367次，“微车展”活动195期，信消贷款年投放4.06亿元，比上年增幅67%。五是信用卡通过行内交叉营销新增客户2.8万户，新增房贷客户转化率69%，比上年末提升52%。六是网络金融以手机银行为核心，净增激活客户43.5万户、注册客户40.2万户，分别完成预算进度的116%和102%。

2.“大公司”业务。一是公司存款推进非税、国库、公积金、社保等重点项目，代理资格覆盖率有所提高。跟进地方债投资，累计投债94.34亿元，通过以债引存拉动财政存款增长32.5亿元。二是公司贷款调整资产结构，开展低风险业务和内部银团36亿元，形成收入3600万元。三是投行业务取得历史性突破，成功为华晨集团发行超短期融资券15亿元。四是票据贴现量237亿元，列系统第4位；直贴余额157亿元，列系统第3位。五是国际业务创新拓展福费廷业务，完成系统内首笔基于区块链技术的二级市场福费廷跨行业务。六是金融同业开展“走出去”营销策略，票据转贴买断净增30亿元，增幅28%；托管业务净增7亿元，列系统第10位。

三、综合管理

1. 财务管理。建立以价值创造为核心的绩效考核体系，EVA、RAROC 等在经营效益指标中的分值比重由 28% 提升到 50%。全面推行零基预算管理，严控各项费用支出，压降市场发展费 2700 万元，比上年下降 23.6%；压降机构运行费 5600 万元，比上年下降 12.4%。

2. 人力资源管理。开展效益、效率“双效”定员定编，净减员 157 人，用工总量降至 8265 人。调整人员结构，销售类人员占比提高至 26%。深化薪酬绩效管理，调整岗位工资和津贴补贴标准，重点提升基层员工和技能人才待遇水平。

3. 运营管理。加强放款集中管理，放款业务日申请完成率 100%，集中营运各项指标均列系统内前列。全面推行营业主管派驻，提升网点营运质量，网点差错率比上年下降 39.2%。开展台席压降工作，精减台席 149 个，调整柜员 100 人。

四、风险管控

1. 资产质量管控。加强主动性和前瞻性信贷管理，对新增不良、不良率、新发放贷款不良率三项指标实施同步控制，全新增不良贷款 3.94 亿元，比上年减少 5.71 亿元。不良贷款率 1.28%，低于总行管控目标 0.12%。保全清收保持高压态势，组织开展春季攻坚、百日竞赛等清收活动，清收不良贷款 4.38 亿元，比上年增长 12.3%。强化逾期贷款管控，提前介入清收 2842 万元，减缓不良贷款新增 1.46 亿元。

2. 内控合规管理。召开各类案防会议 173 次，研究解决议题 308 项，逐级落实案防管理责任。扎实开展反洗钱工作，组建反洗钱团队，完成首批两家市分行反洗钱集中上收。

3. 监督检查。完成各类审计项目 23 项，涵盖资产业务、中间业务、综合管理等内容，发现问题 1062 个，问责 553 人次，经济处罚 19.2 万元。创新监督检查方法，先后开展飞行检查、操作风险排查、网点支行长履职专项检查等 7 个项目。

五、能力建设

1. 落地联动营销。深入开展“大零售”板块联动营销巡回培训，覆盖 2330 名一线营销人员。全年信贷条线联动储蓄存款 29 亿元、信用卡 4.4 万张、ETC 客户 8054 户、手机银行 6.6 万户，新增信贷客户产品渗透率 60%。

2. 加强科技创新。自主研发信贷远程面签集中管理系统，改造签约放款流程，有效防范“顶冒名”风险，获得总行科技创新优秀项目一等奖。研发绩效考核管理系统，实现对全员“KPI+ 营销积分”的科学化考核。

3. 推进网点转型。完成网点类型调整 305 个，面积达标 137 个，压降面积 6555 平方米，减少租金 612.6 万元。加快网点智能化改造，精准布放 ITM 等智能设备。加强低效网点治理，低效网点全部实现扭亏。

六、党建工作

1. 全面从严治党。一是深入开展中央巡视整改工作，明确 22 项整改任务、53 条具体措施，整改率 100%。二是实施党建工作 1000 分绩效考核，把各级党委、总支、支部作为考核对象，压实全面从严治党责任。三是认真学习践行习近平新时代中国特色社会主义思想和党的十九大精神，开展“大学习、大讨论、大落实”专题学习 8 次，举办“不忘初心·共筑邮储梦”大讲堂及党委书记专题讲党课活动。四是落实“三个第一时间”学习制度，组织理论中心组学习 16 次，编发学习参考 35 期。五是深入推进“强基固本 2.0”建设工程，在锦州市分行设立第二个全国基层党建示范区。

2. 党风廉政建设。开展廉洁风险防控工作，梳理廉洁风险点 119 个，明确 30 条整改措施。认真落实中央八项规定精神，对公车私用和异地交流干部“两费”情况开展专项检查，保持整治“四风”高压态势。创新开展巡察工作，通过认真“听”、全面“谈”、重点“查”、突击“访”、干群“评”等方式，对分支机构开展巡察，“三三五”巡察方法在全国得到交流推广。

3. 工会工作。巩固职工小家建设成果，葫芦岛龙程街支行荣获全国“模范职工小家”称号。深入开展“送温暖”活动，节日期间走访慰问一线和困难职工 2000 余人次，发放慰问金、慰问品 82.3 万元。积极选树先进典型，8 人荣获省、市级“五一劳动奖章”，省分行营运中心荣获省级“巾帼文明岗”，6 个集体获得省级“工人先锋号”“金融先锋号”等荣誉。（邮储银行 / 提供）

【邮储银行大连市分行】 邮储银行大连分行内设 7 个专门委员会；设有 19 个一级部门，1 个直属单位，6 个二级部门；下辖 13 个一级支行。网点 275 个，其中自营 50 个、代理网点 225 个，邮政金融乡镇服务覆盖率 100%。员工 1234 人，其中本科及以上学历员工占比 80.76%，35 周岁以下（含 35 周岁）员工占比 64.83%。

一、经营概况

现金收入 6.42 亿元，比上年增幅 3.5%，完成计划 96.87%；利润 8465 万元，比上年增幅 48.17%，完成计划 117.57%。各项存款余额 531.87 亿元，比上年增长 42.99 亿元，增幅 8.79%；人民币各项贷款合计 231.36 亿元，比上年增长 3.66 亿元，增幅 1.61%。成本收入比 67.05%，比上年下降 0.02%；不良贷款余额 2.45 亿元，比上年增长 0.44 亿元，不良率 1.06%，比上年增长 0.2%；拨备覆盖率 167%。

二、党建工作

1. 工作举措。一是细化全年党建工作，明确 7 大方面、26 项内容、64 条工作举措。二是落实中央巡视问题整改的重点任务和要求，完成 53 项巡视整改任务。三是调整各一级支行党支部设置。四是党委班子成员深入基层党支部开展联系点调研工作，建立党建工作联系点机制。

2. 思想意识。一是完成 8 个专题研讨，开展党的十九大精神、其美多吉先进事迹系列网上学习活动，征集基层党建研究论文 24 篇，两篇获总行党建论文优秀奖。二是围绕党的理论、党性修养、巡视整改任务、青年干部培养等内容，党委书记先后 4 次讲党课。三是组织党员干部前往井冈山教育基地、中共辽宁省委党校、中央财经大学等地进行专项教育培训。

3. 全面从严治党。组织参观大连市反腐倡廉警示教育基地；开展任职廉政谈话，创新预防谈话；重新梳理廉洁风险点，完善防控措施，构建长效机制；加大约谈督办力度，强化约谈结果运用。

三、业务发展

1. 个人金融业务。一是储蓄业务，个人储蓄自营存款余额 138.19 亿元，逆势净增 11.73 亿元，列单列市分行首位；银邮储蓄余额地区新增占比 14.2%，列大连地区第 3 位。二是信用卡业务，新增客户 20372 户，再创历史新高；消费交易量 9.12 亿元，完成年度计划 130%；激活首刷率 53.74%，列单列市分行首位。组建分行大零售营销团队，完成信用卡进件 22775 件，新增客户 11011 户、新增发卡 13494 张。三是大理财业务，券商资产管理业务 4.95 亿元，比上年增长 44%；国债销售 3.3 亿元，比上年下降 4.7%；券商资管业务与代销国债业务列单列市首位。四是客户服务，完成 9 家社保卡即时发卡网点建设，累计制卡 7.2 万张，列地区开展此业务 8 家银行中第 2 位；安装 ETC 设备 7405 个；服务类投诉量压降 71%，客户投诉处理及时率和满意率 100%。

2.“两小”业务。一是小额贷款业务方面，组织开展“三年走访计划”与普惠金融乡村行系列活动，小额贷款业务（含个人商务贷款业务）投放 5.44 亿元，新增 0.56 亿元，比上年增长 137%。二是小企业贷款业务方面，开展大走访活动，落实客户经理“三化”建设，实现小企业供热贷业务及无还本续贷业务的投放。小企业法人贷款投放 14.52 亿元，新增 3.23 亿元，比上年增长 52.20%。

3. 国际业务。国际业务收入 6513.74 万元；国际结算业务 867 笔，系统内排名第 12 位，全口径国际结算量 1.84 亿美元，系统内排名第 17 位；贸易融资业务余额 52.98 亿元，系统内排名第 19 位，发放 10.14 亿，系统内排名第 17 位；供应链余额 13.31 亿，系统内排名第 8 位，发生额居系统第 3 位；国内信用证余额 9.04 亿，系统内排名第 10 位。在辽宁省 73 家省级分行共同参与的跨境人民币业务评比中评级为 A。

4. 手机银行业务。净增客户 8.02 万户、激活 8.51 万户，分别列单列市分行第 1 位、第 2 位。新增商户 3 户，完成率 300%，完成率列单列市分行首位。离柜率 64.69%，比上年末提升 5.64%，增幅列单列市分行首位。新增云闪付用户推广量及完成计划均在大连银行业金融机构中排前三名。

5. 支持地方经济。调整信贷投放结构，缩减异地投放规模，加大对地方经济支持力度，成功中标大连市财政局市本级财政国库集中支付代理银行采购项目，取得国库集中支付代理资格；介入大连银行绿色金融债联席承销，成功中标辽宁成大股份有限公司 2018 年中期票据联席承销行，持续推进大连商品交易所期货保证金存管银行资格落地。托管业务存量规模 162.24 亿元，成功营销百年人寿新增一只托管业务产品，该产品新增规模 8.5 亿元。

四、风险防控

1. 案防合规管理。创新开展网点整体接管式检查、合规操作 12 条专项检查规范员工行为管理；组建反洗钱集中处理团队、监控预警团队，开展案防及合规履职述职考评工作。

2. 乱象治理。制订《打好防范化解重大风险攻坚战三年规划》；独立开发评估合作机构管理系统，推动线上全流程管理。

3. 合规管理模式。制定内控合规管理奖励、合规要点动态管理、专兼职检查人员行为规范等方案，完成“员工违规积分管理系统”开发及上线，梳理合规要点及积分标准 1088 条，创建上追和条线连带考核模式。

4. 不良资产处置。现金清收 2763 万元，完成总行清收计划的 276.3%，计划完成率系统内排名第 6 位；组织集中审核核销材料 5 次，金额 5266 万元。开展两次专项清收活动。

5. 审计职能。开展信贷业务全流程审计调研，为业务发展与管理出谋划策；首次将消费者权益保护工作审计区域扩大至代理网点。组织开展 15 类、19 个审计项目，发现问题 273 条，提出审计建议 118 条。

6. 授信管理。压缩信审排队时间，首次实行差异化审批授权；推动跟岗学习，增强“主动式”贷后管理；开展征信合规自查活动，加强征信安全管理。制定《绿色银行建设三年规划》《打好污染防治攻坚战和发展绿色金融的指导意见》，助力打好污染防治攻坚战役。

五、基础管理

1. 激励约束机制。重新修订出台员工绩效、部门绩效、积分管理、领导人员约束考评、违规积分管理等制度。

2. 财务管理。设立成本费用标杆，通过监控标杆落实情况，达到成本管控的精细化管理；开展财务类应收应付款项清理工作，累计清理往来款项近 800 万元。

3. 业务培训。邀请兄弟分行一线骨干开展系列现场培训，创新性推出培训、交流、分析、自查、实战运用为一体的系列培训模式；组织同黑龙江省分行、辽宁省分行开展业务交流。

4. 运营管理转型。重新规范制定网点营业主管派驻管理办法等16项规章制度；推进备付金科学管理，减少在途资金、压降业务库备付金、加快现金周转。建设零售信贷作业中心、营销中心，通过大数据筛选和核心风控提示，为信贷决策提供智能化依据。个商快捷贷等13种产品单笔审批平均用时73小时，列系统第9位，一次性通过率50%，列系统第5位。

5. 网点转型。制定分行系统化转型工作方案；开展西岗区支行转型驻点培训，深化营业网点转型理念；通过"一点一策"治理措施，提升低效网点治理效果。

6. 科技支撑。完成渠道管理平台上云项目、流程整合平台等21个总行信息化项目建设推广上线，完成违规积分系统、ETC一站式网点系统等7个自主开发系统建设。

7. 工程建设。完成分行装修改造项目四个，五四广场办公场地按期投入使用，及时响应全辖各处零星维修需求。（邮储银行/提供）

【辽宁省寄递事业部】 辽宁省寄递事业部收入8.9亿元，增长7.4%。国内标快业务收入2.55亿元。政务项目收入8200万元，商企项目突破1亿元。快包业务保持较快增速，9个地市收入增幅超50%，日收寄峰值34万件。

一、资源整合

1. 邮路资源整合完毕。撤销速递属性邮路138条（其中一级干线1条，二级干线37条，邮区内邮路100条），增加邮政属性邮路38条（其中二级干线16条，邮区内邮路22条）。

2. 内部处理资源整合到位。12个非省会地市和全部县实现同场作业，减少场地12处，盘活场地面积2100平方米。

3. 车辆资源优化调整见效。省内二级干线邮路整合后，将航空邮件处理中心干线车辆37台优化调整至中心局、省物流分公司及大连、锦州寄递事业部，保障"双11"旺季生产运能，解决省物流分公司运输资源不足问题。

4. 揽投资源整合加快推进。按照"边生产、边经营、边融合、边拓展"原则，围绕重点市场、重点区域、重点客户重新规划揽投网点、段道布局。除沈阳、大连外，其他各市寄递事业部揽投网点全部整合到位。

5. 旺季生产任务完成。合理规划生产场地、提前储备运能，制定旺季生产预案，在"双11"日均处理量104.3万件，增长22.3%的情况下，完成疏运任务，进出口各项时限指标均达到集团公司标准。

二、经营发展

1. 开展竞争对手对标。按照集团公司"从客户视角、竞争对手视角、行业最优视角开展立标、对标"工作要求，组织多种形式的对标活动，其间成立2个调研小组，分别到沈阳、大连重点城市开展商务市场专项调研，坚持问题导向，从产品体系、资费价格、时限服务等9个维度对标行业主要竞争对手，实地走访行业大客户及商厦、商圈、工业园等重点市场，搜集《邮政EMS满意度调查问卷》200余份，为2019年强化重点区域能力建设收集第一手资料。

2. 营销体系建设进一步完善。进一步明确了"省—市—县"三级营销体系建设目标，规范了"政务、商企、电商、国际、物流"5个营销中心设置要求，细化全省寄递事业部客户分等分级管理标准，健全"首席、高级、中级、初级"客户经理动态管理机制。整合后，全省寄递事业部营销中心58个，营销中心客户经理169人。

3. 农产品寄递项目取得突破。生鲜寄递项目收入3694万元，列全国第4位，成为新增长点，大连樱桃和海鲜项目收入超千万元。寄递翼改革后，寄递事业部联动运作丹东草莓寄递项目，实现八市增援，在重点乡镇各派驻一个地市团队，总投入人数约130人。网运组织坚持"不破损、不受冻、不积压延误""保时限、保品质、保客户体验"的"三不、三保"原则，项目省内次日妥投率99.87%。销售草莓2.42万件，收入229万元，项目总收入比上年翻三番。

4. 规模电商业务屡创新高。改革期间中标"三只松鼠"电商仓配项目，克服资源整合初期的重重困难，将项目纳入"众创众享"范畴，实行全环节损益核算，通过自主封发、干线直达、主动客服确保服务品质。项目运作两个月以来，日均发运量达1.2万—1.8万件，"双11"4天发运34万件，单日发运峰值10.8万件，两个月收入1015万元。

三、服务质量

1. 质效水平稳步提升。进一步强化质效管控联动，重点分析解决影响质效指标的难点问题，4月起，质效得分多次位列小组前三位。

2. "三零"工程整治活动扎实推进。开展"零丢失、零虚假、零申投诉"三零工程整治活动，加大对"三零工程"的激励考核力度，虚假信息比上年减少583件，邮件丢失比上年减少1914件，有责申、投诉比上年分别减少480件、2.9万件。

3. 客服支撑能力不断提高。通过分组包片、指标绑定、地市对接等方式全面加强客服团队建设。问题邮件及时解决率、标快36小时及时回复率分别为97.06%、94.37%，超过考核指标7.06和4.37%。发生赔偿邮件比上年下降347%，支付赔偿款下降51%。（辽宁省寄递事业部/提供）

【中邮保险辽宁省分公司】

一、经营发展

1. 保费规模。总保费 24.2 亿元，其中，新单总保费 15.5 亿元，完成预算进度 109%；续期总保费 8.5 亿元，比上年增长 60.38%。保费规模市场占有率为 4.1%，列全省第 7 位，银保渠道新单总保费市场占有率 14%，列全省第 1 位。

2. 期交业务。期交保费 18.2 亿元，完成预算进度 103%。其中新单期交 9.6 亿元，完成预算进度 99%。银保渠道新单期交市场占有率 29%，列全省第 1 位。长期期交保费 1.45 亿元，完成预算进度 106.6%，提前 42 天完成目标。

3. 团险业务。团险保费 234.54 万元。组织简易险上线工作，开展简易险试点，培训 3500 余人；走访省邮政分公司 18 家战略合作客户，在丹东、铁岭市邮政分公司探索兼业渠道业务；参与中国烟草辽阳分公司等 5 家企事业单位团险招标。

二、服务运营

1. 运营管理。运营管理指标持续向好，13 项运营指标中，有 8 项排名全国靠前；14 项绩效考核指标中 12 项拿到基准分，4 项拿到满分。建立保全周通报、旬整改、月跟踪机制，每季下发契约问题至各市中邮保险局。完善运营管理制度 46 项。

2. 运营处理流程。建立旺季保全操作流程、大额长期期缴客户挽留工作流程，保全服务时效由 0.39 天提升至 0.33 天。减少满期业务上会审批手续，精简协议退保手续，大幅缩短客户资金到账时间。强化不成功件工单电话重置，实施外包业务标准化、高效化作业。优化理赔处理流程及岗位人员分工，理赔出险支付时效案均提升 17.97 天。

3. 客户服务。受理投诉咨询 1032 件，其中投诉 19 件，全部实现妥善处理，客户满意度居全省寿险公司前列；接待理赔客户来访 100 余次，开展现场理赔会 3 次，收到客户赠送锦旗 11 面。组织“美好生活、中邮相伴”系列客服活动，开展送电影下乡，服务重点客户 200 余人。组织保险知识大讲堂、大型路演和续期客户回馈活动。开展高端客户基因检测、插花，在沈阳、营口组织大型路跑活动。

4. 运营支撑能力。组织运营条线专项集中培训 5 期，开展契约、保全、续期催收等现场培训，覆盖网点 442 个，培训人员 2100 余人次。开展线下送教上门、线上“微培训”等 22 次专题培训。举办中邮保险第三届业务技能大赛选拔赛。

三、经营组织

1. 深化“自营 + 代管”模式。成立邮银保三方巩固和深化中邮保险“自营 + 代管”工作领导小组，联动省邮政分公司下发机构调整编委文件，组织现有专兼职人员培训，分步开展机构人员选聘工作。

2. 协同邮银开展经营组织。协同省邮政分公司召开党组会、播报会、调度会、推进会、质询会，全力支持中邮保险业务发展。协同邮储银行省分行在半年工作会议上明确中邮保险发展要求，与各市行“一市一策”制定营销方案。全年组织“邮保贺岁、冲刺旺季”等 7 项大型营销活动，组织“中邮闹新春，欢乐过大年”“幸福女人节，邮保伴一生”等节日营销。

3. 突破长期期交发展瓶颈。打造长期期交“常态指导 + 集中训练”模式，确立“多多保”主销地位，累计实现 1.12 亿元，比上年增长 1068%；实现保障型产品销量突破，实现邮保安康 1011 万元、守护星 339 万元。

4. 提升基层营销能力。引进行业优秀人才 8 人，组成驻市督训师队伍，配套激励考核措施。聘请国内知名培训机构设计 5 套定制课程，通过“走访 + 轮训”提升营销能力。开展各类培训 2000 余场，培训人员 2.25 万余人次。

四、重点工作

1.“防范风险”。开展内控自查及外包业务检查；深化合规督导检查，检查 13 市、36 县、339 网点，下发整改通知及风险提示 23 份；开展“治乱打非”“市场乱象”“年度风险排查”“反洗钱自查”“亮剑行动”等风险排查工作，风控管理部分优秀做法被总公司推荐刊登中国邮政报。

2.“绿色邮政”。成立绿色邮政建设行动领导小组，制定下发绿色邮政建设行动实施方案，投入资金 2.7 万元，绿化职场环境，净化职场空气。组织开展绿色邮政宣传周活动，制作节约用水、用电、岗位名牌等绿色提示标识。减少纸张使用，纸张消耗费用 1.6 万元，比上年减少 10%。

3. 精准扶贫。开展保险扶贫、产业扶贫、教育扶贫、党建扶贫，累计投入扶贫资金 20.2 万元。为 3000 名建档立卡贫困户，提供保额 1.5 亿元的风险保障；向葫芦岛市建昌县玲珑镇捐赠 40 只扶贫羊，组织全体员工自费购买扶贫大米 2800 斤，覆盖贫困人口 1100 人；在盘锦深入开展医疗服务公益扶贫，覆盖贫困人口和困难群众 737 人；支助品学兼优贫困学生 10 人，捐赠爱心书包 305 个、书籍 240 册；在省级贫困村陈家村建立中邮保险党建扶贫共建村。

五、综合管理

1. 研发信息技术应用。完成企业云任务系统、网点客户识别系统、客户信息真实性分析系统、实时报表系统等 19 项技术开发，有力支撑分公司经营管理工作。

2. 提升财务管理效能。上线费用管理平台系统，完善 ERP 运行支撑，开展营销费用自查。制定分公司全面预算管理办法，科学编制调整预算和申领使用资金。修订采购管理制度2项。

3. 加强人才队伍建设。开展内部专业知识测试，组织参加保险专业核心课程远程学习，制定教育培训激励制度，鼓励员工参加专业资格考试。聘请外部机构开展“责任胜于能力”专项培训。定期举办员工大讲堂，组织12次，参培人员600余人次，开展两次基层实践活动。

4. 发挥审计监督作用。配合总公司完成高管任中审计，开展反洗钱专项审计，创新开展外包业务审计，审计发现问题38项，全部整改完成。

5. 全面启动对标管理。认真落实集团对标管理要求，组织各部门制定对标模型，形成对标项目64个，对标措施80项，初步建立对标管理基础。

六、党建工作情况

1. 加强党的全面领导。召开党建暨纪检监察工作会议，组织修订党委工作规则和“三重一大”决策制度，明确党委会重要事项研究部署前置要求，召开党委会51次。认真开好巡视整改和年度专题民主生活会。

2. 深化党建基础工作。组织中心组学习13次，党员学习18次。签订2018年度落实全面从严治党要求主体责任书，严格执行“三会一课”、组织生活会等制度，开展支部书记述职评议考核、五好党支部暨共产党员先锋工程创建、基层党组织建设达标工程和创先争优工作。严格落实干部选任制度和选任程序，严格干部日常提醒监督。

3. 抓好中央巡视整改工作。严格履行整改工作主体责任，实行“四个第一时间”学习机制和巡视整改工作例会制度，召开17次党委会、8次巡视整改工作领导小组会议研究整改落实工作，出台37项整改措施，全部完成整改。

4. 纪律作风建设常抓不懈。修订八项规定实施办法、差旅费管理办法、业务招待费管理办法等涉及作风建设制度，形成防控措施225项。紧盯“四风”新表象开展自查，查找问题28个，制定整改措施34项。严格监督执纪问责，开展约谈17人次、廉政谈话35人次、提醒谈话1人次、通报批评、书面检查3人次。开展工作效能监察和“三重一大”等重要事项专项监督检查。

七、企业建设

1. 推进和谐企业建设。持续开展“员工幸福工程”及“四送”活动，慰问300余人次，慰问金额15.41万元。坚持开展帮扶救助工作，发放慰问金1.95万元。坚持为员工办理家庭财产保险，加大女职工关爱工作，开展合理化建议征集。开展健步走、拓展训练等文体活动。

2. 开展企业文化建设。在《中国邮政报》《中国保险报》《辽宁邮政报》等媒体进行企业宣传。参与沈阳市精神文明单位2018—2020年度创建工作。7人荣获中国保险行业协会《优秀风险管理课程》、全国总决赛第1名等荣誉表彰。（中邮保险／提供）

【中邮证券辽宁省分公司】

一、经纪业务

新开立资金账户2024户，累计结存68733户；托管证券市值4617万元，客户交易结算资金3697万元，业务收入44万元，利润7.8万元。其中，A股交易金额95365万元，佣金收入38.8万元；基金交易金额2513万元，佣金收入0.9万元；债券融券回购交易31628.9万元，佣金收入0.5万元；代理销售基金1300万元，代销收入1.9万元。开立信用账户2户；暂无融资余额，年中高峰期融资余额1100万元。

二、资管投行

与省邮储银行合作开展的2笔通道业务于4月到期，收入2.6万元。销售资管产品“鸿利来三号”1330万元，销售规模列全国第7位。投行业务在积极储备客户，包括何氏眼科集团、辽宁忠旺集团有限公司等10个客户；新三板客户2个。

三、风控管理

客户投诉实现“零”目标。在公司领导的支持下，辽宁分公司加入辽宁省基金业协会。

四、发展举措

1. 加强党建工作。一是认真学习习近平新时代中国特色社会主义思想和党的十九大精神，落实“三个第一时间”学习机制，结合实际工作开展“大学习、大讨论、大落实”等活动，严格执行“三课一会”制度。二是扎实做好巡视整改工作。对照巡视反馈问题和整改任务，研究制定整改方案和整改措施，党支部制定的22项整改措施均已完成立行立改，巡视整改工作取得阶段性成效。三是强化正风肃纪力度。严格贯彻落实中央八项规定精神及实施细则精神，强化内部管理。

2. 以板块协同为核心推进业务发展。一是推进基础目标实现。分公司转变发展思路，追求质量提升，与省邮政公司下发《关于开展2018年中邮证券有效户营销活动的通知（辽邮分业〔2018〕86号）》，有效促动基础有效户发展，新增有效户2098户，完成计划的104.9%。二是拓展协同的覆盖面。对证券业务的协同在证券交易基础上，增加对资管、投行项目开发的协同，为“邮政大金融”拓展新领域。三是共同推进基金产品销售。到地市邮政分公司进行有效户发展调研，进行基金销售推动，实现931.7元销售。四是推进联动业务培训。分公司与全省邮政及邮储联动召开9次培训会议，1700余人次；联合沈阳市邮政公司开展高端VIP客户答谢会议，现场参加460余人次，为后续业务引导奠定基础。

3. 强化客户服务管理。一是分公司建立客户微信群22个，包括邮政地市交流群14个，社会客户群6个，邮储客户群1个、经纪人群1个。二是投资顾问定期组织线上培训课程录制，组织开展每周2次以上"微信小课堂"活动，帮助客户了解证券市场资讯等。三是运营服务人员通过电话回访的方式进行专项营销工作。主要包括：有申购权益的存量沈阳客户资产策反、无申购权益的存量客户需求挖掘等，累计回访2753户。四是组织参与内外部学习，包括到中天证券、招商证券现场学习客户拓展及维护经验，每周定期组织部门人员对运营相关业务理论知识及实际操作进行集中培训，提升综合服务能力。

4. 加强合规风控和反洗钱管理。一是组织11次全员合规制度、监管案例的专项培训，组织五期集中学习防范化解重大风险相关文件精神活动。二是对员工执业行为管理、客户回访、产品营销等内容组织11次常规自查并形成自查报告。三是组织开展分公司2017年年度合规管理自查、中登公司现场检查发现问题专项自查、客户适当性实施工作自查等多项专项自查，并据实反馈自查报告。四是每日登录公司内控平台对新开账户进行反洗钱等级人工复评，累计评级1945户，处理系统预警可疑交易2户，形成客户洗钱和恐怖融资风险分析评价报告反馈总部。五是定期向公司反馈反洗钱各项工作情况，包括反洗钱识别审核月度报表11次，反洗钱宣传培训季度总结3次等。

5. 队伍建设。对外招聘面试37人次，招聘投行业务人员1名，客户服务人员1名，经纪人21名；同时内部培养投资顾问1名，新增党建兼纪检监察人员1名，为分公司发展提供有力的人才保障。

6. 监管协同。一是拜访辽宁省基金业协会，于7月1日加入辽宁省基金业协会，及时了解行业动态和私募基金的合作需求，为分公司业务拓展开辟新的渠道。二是积极参与监管部门组织召开的会议、培训、活动，包括辽宁辖区投资者保护培训会，辽宁辖区机构经纪业务合规管理与高净值客户资产配置技能培训，东北地区私募基金管理人培训等等。三是按期完成人民银行要求的各项信息报送。（中邮证券／提供）

吉林省

【吉林省邮政分公司】 累计业务收入32.11亿元，列全国第21位；比上年增长4.63%，列全国第17位。实现经营利润8315万元，超额完成利润计划，确保国有资产保值增值；劳动生产率24.7万元，比上年增幅5%。"三个一流"在吉林邮政全面落地生根，企业经营发展再上新台阶。

一、企业经营质效

1. 金融业务。邮政金融业务收入22.35亿元，列全国第19位，占总收入比重70%。余额规模1147.4亿元，新增36.4亿元，列全国第19位；活期比例40%，列全国第11位；截至11月30日，储蓄市场占有率9.72%，列全国第9位。中邮证券吉林分公司新开立证券账户2028户，累计开立证券账户8070户，有效户占比15.82%，列全国第4位。中邮保险吉林分公司正式展业，实现新单保费8618万元。

2. 寄递翼改革。完成各级寄递事业部的组建工作，寄递翼改革正由初步整合向深度融合加速推进。邮政寄递业务收入累计6.04亿元，比上年增长4.7%，列全国第18位；高效业务收入2.47亿元，占总收入比重41%，列全国第1位。总收入市场占有率16%，高于全国平均水平4.3%；推出省内20个市县互寄"次午递"产品；改革成绩得到集团公司的充分肯定。

3. 农村电商。累计建成"邮乐购"店1.48万个，批销额3.98亿元，增幅列全国第10位。电商分销收入3.2亿元。自营品牌分销商品收入3196万元，增幅166.4%。打造"万斤项目"，吉林"一黑一白"、四平"千里辽河"、延边"苹果梨"等品牌知名度逐步扩大。

4. 基础性业务。集邮与文化传媒业务不断强化融合发展，累计收入3.77亿元。其中，函件业务收入8514万元，报刊发行业务收入1.19亿元；集邮业务收入1.73亿元，列全国第15位，增幅列全国第8位。完成2019年报刊大收订工作，报刊流转额3.32亿元，完成集团公司计划101.8%。

5. 总部项目开发。强化战略合作开发与落实，与省税务、交警、移动、铁塔、银联、中石化等6个单位签订合作协议，省级战略合作客户累计24个。开发重点总部项目36个，收入5474万元。推动集团公司与一汽集团全面战略合作，拓展一汽相关项目13个，签约金额超1000万元。服务政府"只跑一次"改革，打造"百姓身边的政务大厅"，各单位与398家客户达成合作，收入2027万元。

6. 区域高质量发展。长春成本管控成效明显，支出和主营业务成本分别下降1%和1.63%；吉林业务收入与利润连续保持较快增长；延边经营发展基础更加夯实，包裹快递收入规模与增幅均列全省前列；四平、松原、白城收入增速远超全省平均水平，四平业务收入连续保持较快增幅；通化后半程发力收入显著增长；辽源、白山克服种种困难实现平稳发展。白城经营利润扭负为正，9个市州经营利润全部盈利并实现正增长，6个市州经营利润增幅超20%。

二、企业综合实力

1. 基础能力建设。累计投入建设资金9657万元。改造网点43处，邮政局所面貌明显改善；安排投放CRS 193台，ITM 129台，冠字号A类点钞机1298台，更新

11 月 29 日，吉林省邮政分公司分销“首季开门红”暨“千里辽河”项目推介会在四平市召开。重点推介吉林省自主品牌农产品项目。

金融类终端 2800 台，有效应用网点建设管理系统，网点自助化和自动化水平有效提升。推进省机要通信生产场地改造项目，解决“十二五”中央预算内资金项目遗留问题。

2. 信息化建设快速推进。信息化引领不断加强，信息网运行维护和安全防范能力持续提升，确保了信息网运维平稳、畅通、安全。重点工程项目有序开展，先后完成省中心机房配电改造工程、新一代寄递平台二期建设等 15 项工程任务。完成软件自主开发 14 项，优化平台系统功能 20 余项。

3. 寄递网能力。建设社会代投点 1800 个、推广智能包裹柜 15 组，增强了末端服务能力。落实全省揽投手持智能终端 1711 部、新一代图文终端 117 台。构建全省统一的指挥调度体系，加强质量指标动态管理。标准快递进口及时妥投率、省内互寄次日妥投率、出口及时赶发率三项指标分列全国排名及分组排名第 1 位，快包城市当日妥投率、妥投信息实时反馈率分别高于集团标准 4.06 和 1.59%。

4. 平台服务。营业网点 1275 处，主题邮局 21 个，累计建成各类社会渠道站点 1.86 万处。叠加平台业务 30 余项，日均获客 50 余万人，间接粘连余额 599 亿元，占全省邮政储蓄余额 52.21%。700 处网点开办税务双代业务，为自然人代开发票 30 万笔，代开发票额 66 亿元，代征税额 2.8 亿元，收入 1400 万元，增幅 162%。

三、企业运营

1. 财务管控水平。深化零基预算，实施预算滚动管理，“量入为出，以收定支”，严格成本预算管控。修理费、营销费用、委办运费、低值易耗品分别比上年减少 3817 万元、3055 万元、1405 万元、1306 万元。修订《省分公司资金管理办法》，有效防范资金风险。加强代办费管理，用户欠费比上年减少 863 万元。探索全省四级损益核算，已推行到全部网点。

2. 人力资源管理。强化干部队伍建设，对全省三级副及以上领导人员和县（市）分公司总经理进行党的十九大精神集中轮训。强化干部人才交流培养，目前异地交流使用三级领导人员 20 人，跨省挂职锻炼 3 人。完成寄递事业部机构编制调整及人员整合，机构编制、干部职数按集团公司标准配备到位。用工结构进一步优化，金融营销力量得到增强。人工成本配置更加精细，通过基本薪酬标准调整，员工月平均增资 210 元。培训职鉴扎实开展，员工队伍素质稳步提升。

3. “双创”工作与绿色邮政。组织开展创新大赛，吉林、延边两项创意荣获集团“金点子奖”。有效点子 3748 条，列全国第 9 位；动员率 93.73%，列全国第 8 位。大数据应用初见成效，开展数据分析项目 7 项，整理数据 850 万条。绿色邮政行动全面开展，新标准箱、45 毫米窄胶带推广使用率达 100%；电子面单推广受到普遍重视，专项推进成效显现。

4. 服务质量水平。践行“人民邮政为人民”的服务宗旨，扎实履行普遍服务和特殊服务职责，推进普遍服务工作持续达标。强化客户体验管理，及时妥善处理客户投诉，各渠道客户投诉比上年下降 50%。普服网点开全四项基本业务、补建空白乡镇局所持续运营、建制村直接通邮、党报党刊在县级及以上城市当日见报、邮件安全指标均达到 100%。

5. 企业基础管理。重新修订“三重一大”集体决策等制度 20 余项。实施工程审计项目 778 项，节省工程费用 1190 万元。集中采购精细化和规范化管理不断加强，完成全省集采项目 79 个，节约资金 2690 万元，占投资预算 20.1%。“平安邮政”建设有效推进，全省机要通信连续 31 年保持质量全红。

四、和谐企业建设

1. 企业党建工作。围绕学习贯彻习近平新时代中国特色社会主义思想和党的十九大精神、中央巡视反馈会议精神，全面落实党建主体责任。强化“四个意识”，坚定“四个自信”，坚决做到“两个维护”。认真落实巡视整改工作，省分公司制定整改举措 73 项，完成 42 项，推进 31 项，整改成效得到集团公司高度认可。强化调研工作，省分公司机关调研 171 次，为基层解决实际问题 292 项。

2. 党风廉政建设。修订完善关于贯彻落实中央八项规定实施细则的实施办法，建立了婚庆等事宜报告备案制度。对异地任职干部报销探亲交通费、周转房租赁费情况开展专项检查，补缴了相关费用。健全完善巡察机构和工作机制，对 9 个单位开展内部巡察，发现 4 方面 24 类 57 项问题，提出 9 方面整改意见。

3. 精神文明建设。全省邮政 7 个单位获全国文明单位荣誉称号，41 个集体获省级文明单位荣誉称号，省级以上文明单位占比达到94%，连续保持全省文明行业称号。首次开展全省邮政先进集体、先进个人评选表彰，“双先”事迹巡回报告震撼人心。全省邮政共有13个集体、16名个人荣获地方各级工会表彰。

4. 和谐企业建设。累计建成农村支局“职工小家”455个，城市投递员之家68个，网运中心小家14个，投入建设资金1917万元。宣传工作连续7年荣获“中国邮政报先进记者站”称号。省分公司连续5年荣获“吉林省政府优秀信息单位”荣誉称号。（吉林省邮政分公司／提供）

【邮储银行吉林省分行】 邮储银行吉林省分行本部内设22个部门（8个二级部门）和2个直属单位，下辖9个二级分行、41个县（市）支行，1059个网点，其中银行自营159个、代理900个，实现城乡全覆盖。从业人员4553人，平均年龄36岁，其中本科以上学历人员3408人，占总人数的74.85%；专业类人员1946人，占总人数的42.74%。

一、经营概况

总资产1643.76亿元，比上年增长6.50%；负债总额1637.37亿元，比上年增长6.56%。营业收入24.22亿元，实现利润总额1.65亿元；中间业务收入2.43亿元，贡献度提升7.19%。

二、业务发展

1. 个人金融业务。存款规模1562.86亿元，其中个人储蓄存款规模1465.11亿元，自营新增33.27亿元，系统内排名第15位；个人有效客户428万户，其中个人VIP客户20万户。

2. 三农金融业务。个人经营性贷款余额111.57亿元，比上新增11.12亿元，新增市场占有率13.9%，居省内全国性商业银行首位。其中，小额贷款余额32.83亿元，比上新增0.90亿元，系统内排名第23位；个人商务贷款余额78.74亿元，比上新增10.22亿元，系统内排名第18位。涉农对公贷款规模5.5亿元，新增4.5亿元，系统内排名第8位。

3. 消费信贷业务。个人消费贷款余额303.2亿元，系统内排名第16位，居省内同业第4位，余额新增62.2亿元，系统内排名第13位。非购房类消费贷款余额66.3亿元，占消费类贷款总余额的21.87%，系统内排名第12位，高出系统内平均水平7%。零售信贷工厂贷款审批时缩短至平均2小时，综合指标居系统内第一。

4. 小企业金融业务。小企业贷款持续发力普适类、民生类、政银类、双创类四大领域，余额35.53亿元。其中，医院贷、供热贷、税贷通等8项重点产品余额14.58亿元，新增7.16亿元，占小企业贷款余额比重比上年提升20%。

5. 公司金融业务。公司贷款余额125亿元，比上新增54.43亿元，排系统内第9位。其中项目类贷款占比35%，比上年提高5%，围绕支持实体经济发展和地区重点项目，落地长春棚改、辉白高速等9个重点项目。公司存款规模97.35亿元，新增10亿元，排系统内第8位。

6. 金融同业业务。同业融资收入4748万元，比上年末比上年翻番，授信效率居系统内前列，落地东北证券私募债、收益凭证、吉高和长发中票等资管投资项目16亿元。针对总行移交的42笔、119.25亿元资管债券和同业投资项目，开展投后管理，未发生任何风险事件，提前清退收回25亿元。票据业务全年交易116笔、170.44亿元，促进收入增长62.4%。

7. 信用卡业务。通过商圈建设和交叉联动，新增发卡15.8万张，比上年末增长20.4%，其中房贷新客户发卡8809张，系统内排第8位，转化率70%。结存卡量51万张，消费金额119亿元，比上年末提高53.2%。“分期外呼”项目的落地和“减压增效”清收活动的开展创收1650万元。

三、渠道建设

1. 网点建设。完善网点布局，投入1143万元集中高效改造8个网点，推进网点轻型化、智能化建设。5月11日，吉林省分行本部营运用房项目正式开工建设。全辖自助设备新增227台，其中ATM类自助设备115台、现金出纳机4台、ITM智能类设备108台。

2. 网络金融。电子银行客户规模206万户，比上新增23.1万户，手机银行客户规模129.3万户，比上新增25.9万户，交易替代率89.85%。手机银行、个人网银结存客户激活率分别为66.3%、64.4%，系统内排名第10位和第7位。95580工单处理及时率和满意率保持双百，居系统内首位。

四、风险管理

1. 风控管理。夯实管理示范行建设，发布全面风险报告40期，省市召开风险管理委员会44次、研究解决议题65项，开展“一把手讲风险”212课。端口前移并动态监测资产质量，下发资产质量通报、风险提示和督导函211份。开展资产分类偏离度检查和资产质量真实性专项排查，开展机构负责人案防述职，压实风控责任。扎实开展专项排查、空降式整体接管检查和“合规管理示范二级支行”建设。履行代为监管职责，开展代理机构负责人第二年轮训工作，培训300人次。

2. 审计工作。审查审批各类业务364笔，比上年增长1.5倍，限时服务效率比上年提升30%。一次性申报审批通过率100%，缓释与处置信用风险7950万元。现场开展呆账核销、经济责任审计等435个项目，问题整改率99%，促使10项制度完善、2个流程改进。在2018年总行组织的全国审计模型创新劳动竞赛中，吉林省分行编制报送的3个审计数据模型获评优秀模型。

3. 安全生产。全面开展“平安邮储”建设，标准化大表网点新增33家，推广手持移动指纹识别自动交接系统145套，安全生产零案件、零事故。

五、管理创新

1. 人力资源管理。持续深化“三化”建设，对调交流20人。完善机构组织架构，调整设置网络金融部、金融同业部和运营管理部，省行本部增设反洗钱处理、信贷放款等4个团队。盘活资源并继续向营销类岗位充实48人，占比24.9%。连续3年开展职级晋升，98%以上员工受益。创新培训内容和载体，组织各类培训634期、2万余人次。

2. 运营管理。推动网点转型，压降台席49个，释放柜员52人，节约人力成本520万元。开展重要单证统筹调配和限额管理，节约成本366.6万元，其中自营103.7万元。自营网点落地营业主管派驻和《二级支行长工作手册》《营业主管派驻工作手册》《集中营运标准化作业流程手册》3个手册，促进支行规范化运营。营运中心标准化管理模式深度调整，主要指标保持系统内领先水平。

3. 信息科技建设。推进ETC等15项信息化工程建设，自主研发设备管理等4个系统应用软件，应用信贷风险、资金流向、网点效能等7个主题分析案例，持续增强大数据支撑能力。

六、党建工作

认真落实集团“三个第一时间”学习机制，全面深入学习贯彻习近平新时代中国特色社会主义思想和党的十九大精神。建立“省行管总、部门主战、市州同步”的巡视整改管理模式和“机制领航、制度为纲、清单主导、渠道多元”工作模式，按时保质完成集中整改阶段和持续整改阶段的各项任务。实施“两个工程”、搭建“一个桥梁”，深入推进“两学一做”学习教育和“强基固本”工程常态化制度化。全行新增党小组35个，党的组织基础更加牢固。制订巡察三年规划，对3家二级分行、7个省行部门进行巡察，对采购合同执行、薪酬发放等5项工作开展效能监察。

七、工会工作

选举产生新一届职代会专门工作委员会，全面启动小家建设三年规划，开通“智慧E保”健康咨询平台，投入1800多万元为全行员工办理补充医疗保险。开展“夏季送清凉”“冬季送温暖”活动，走访慰问困难和优秀职工165名、基层网点39个。3家单位和2名员工被授予省部级以上荣誉称号，10家单位和18名员工分获全国邮政系统和总行先进集体、先进个人，通过榜样力量，营造学先进、赶先进、当先进的氛围。

八、支持实体经济

积极履行社会责任，统筹制订金融扶贫、小微服务、绿色银行等工作规划，精准扶贫贷款余额9.6亿元，新增5.4亿元；让利降费助推民营经济，达成小微金融“两增两控”监管指标，小微贷款综合利率较一季度下降69BP；绿色信贷余额14亿元，新增2.3亿元。10月，邮储银行受邀参加吉林省委省政府组织的“金融助振兴——吉林行动”，以此为契机，与一汽集团签署500亿元战略合作协议，连同其4个子公司项目一并通过审批，与省内重点企业达成211.8亿元项目合作意向。（邮储银行／提供）

【吉林省寄递事业部】 省直属单位5个、市州寄递事业部9个、县（市）寄递事业部40个，揽投部111个。各类邮路442条，邮路总里程69555公里，其中一级干线8条（火车邮路1条、汽车邮路7条），总里程15316公里；二级干线29条，总里程13258公里；区内邮路405条，总里程40981公里。全省共有自备火车邮厢6辆，汽车1246台，其中邮运生产汽车255台，投递汽车951台，牵引车10台，其他车辆30台。

一、经营发展

1. 市场占有率。寄递业务收入累计6.04亿元，比上年增长4.7%，全国排名第18位，市场占有率16%，高于全国平均水平（11.7%）4.3%。

2. 高效业务收入。全省高效业务（高效业务包括国内标准快递、国内增值业务、国际标准快递、国际中速业务）收入2.47亿元，占总收入比40.9%，高于全国（23%）17.9%，列全国第1位。

3. 增值业务。省际收件人付费回款率99.8%，省际电子返单率100%，省际实物返单率100%，代收和到付仅吉林省实现了隔月全部清缴，返单业务实现零考核，五项指标排名均列全国第1位。

4. 资源整合工作。12月28日，全省揽投部物理网点整合完毕，标志着吉林省物理整合全部完成，全省各级寄递事业部营销中心（团队）和客户经理全部整合到位，资源得到有效释放，节约成本约1569万元。一是省内网建设。按照“标快优先、快包达标、普服提质”的原则，以省会长春为核心节点，省内网构建三个层次。一层是标快频次，该频次以带运标快为主，快包为辅，全面支撑“次午递”业务，“次午递”范围内城市标快13点投递完毕，其他城市满足“次日递”；二层是快包频次，该频次以带运快包为主，普服邮件为辅，地市及重点县城满足“次日递”；三层是普服频次，代运各类普服邮件、报纸及机要邮件，确保主要党报党刊在省内县以上党政机关当日见报。相继撤销原速递集散中心组开的6条省内二级干线邮路，邮件由长春邮区中心局组开的普通邮路带运，并通过调整二级干线上行运行时间和采购临时社会返程资源保证出口赶发邮航邮件的时限需求。共调整省内15条干线及8条长春市内趟车邮路运行计划，增开1条单程干线邮路。优化调整后，干线邮路运能得到充分利用，有效降低网路运行成本，全省网路运行平稳。二是处理能力建设。7月10日，吉林省省际陆运中心处理场地整合完毕，日均处理能力可达57万件。11月10日，8个地市州分公司处理中心整合完毕。11月13—20日的8天“双11”旺季生产时间里，全省累计处理量为465万件，比上年增长9.6%，其中全省累计处理量465万件，比上年增幅9.6%，单日峰值为74.7万件，比上年增幅13.4%；全省累计投递量205万件，单日峰值为32.6万件。三是投递能力建设。以“揽投合一，以投促揽”为原则，按照“整合揽投资源，优化网点布局，提升服务品质，增强竞争能力”的总体思路，对全省县及县以上城市邮政、速递揽投资源进行全面整合。截至12月31日，全省县及县以上城市揽投资源整合全部完毕，揽投网点111个，代办点1797个，智能包裹柜24组，自提点634个，峰值日投递量36万件。四是客服中心建设。将11185快递包裹客服部分职能划入11183客服中心，明确职责、业务受理范围和处理流程，优化理赔工作流程。客服人员32人，设立协查、内部客服和理赔3个班组，相关业务人员定期轮岗，客服工作平稳运行。

二、开办省内互寄标快“次午递”业务

12月28日，推出省内20个市县互寄“次午递”业务。实行全程三优先，即“优先发运、优先处理、优先投递”，突出EMS省内业务“大提速，次午递”的主旨，提升邮政寄递业务品牌影响力和社会美誉度，增强产品竞争力，深化“抢峰行动”，加大商企、散户市场营销拓展力度。

三、重点业务发展实现新突破

1. 政务业务打通为民服务最后一公里。一是积极配合地方政府深入贯彻落实党中央和国务院“放管服”改革和行政审批制度改革，深度嵌入政府“只跑一次”便民服务流程，于6月27日正式与吉林省人民政府政务公开协调办公室签订《“只跑一次”政务服务邮政速递业务合作协议》。二是法院专递业务收入1139万元，比上年增长23.6%，成为继身份证项目后第二个突破千万级的政务类项目。

2. 国际业务。一是成立省国际营销中心，整合长春国际互换局、税项项目组、跨境项目组等资源，针对国际经营、网运等环节进行专业化经营。同时将长春国际互局由处理成本单位逐步转化为经营单位，降低成本提升效益。二是开通长春直封直飞美、俄、日、韩、澳、加6个国家路向，国际邮件全程时限缩短至4—6天，提高了吉林省国际业务竞争优势。三是于6月开办省签非邮业务渠道、日本专线渠道。利用省签非邮运输时限及服务稳定、拥有化工品运输渠道，可以承接敏感货物（非危险品）运输的优势，加快拓展国际市场。2018年，国际业务收入1.1亿元，比上年增长47.6%，列全国第8位。

3. 物流业务。物流业务收入1.03亿元，比上年增长26.6%，吉林省物流业务收入首次破亿元。9月1日，引进国内知名大型平台类仓配项目——云集微店。云集仓配项目辐射东三省，日均量5000单，单日峰值订单量6.4万单。12月，吉林省邮政云集仓配项目组荣获云集物流2018年“云集双十一”综合实力团队第3名，及云集物流2018年度最佳合作伙伴奖。

4. 精准扶贫项目助推地方经济。根据《中国邮政速递物流股份有限公司关于开展助力国家“扶贫攻坚战”工作的通知》（速递物流〔2018〕155号）文件要求，在划定的吉林省重点帮扶县域内，协同地市州分公司深入挖掘特色项目。吉林省大安黄菇娘、通榆有机小米入选总部级扶贫项目并如期上架，其中大安黄菇娘项目产生订单631单，形成销售收入3万元；通榆有机小米项目产生订单400单，形成销售收入1.4万元。

四、精细化管理水平

1. 质效考核列全国小组第2名。省寄递事业部切实建立起整套质效指标责任制，重点做好整改措施落地，形成上下联动机制，并按照“日通报分析、周汇总点评、月通报考核、季督导质询、年评估考核”的闭环管理机制，建立健全的全省运营监控体系。速递物流质效考核评分91.4分，列小组第2位，荣获得全国质效考核优胜奖。

2. 统签重点项目工作。惠普项目成员常雪峰、沙莎，分别获得集团公司寄递事业部授予“优秀项目经理”“优秀操作人员”的称号【《中国邮政速递物流股份有限公司关于举办2018年惠普项目管理人员培训班的通知》（速递物流传〔2018〕230号）】；苹果项目获得集团公司寄递事业部授予“2016—2018优秀项目团队”称号【中国邮政速递物流股份有限公司关于开办2018年苹果项目管理人员培训班的通知（速递物流传〔2018〕285号）】。

五、获奖奖项

1. 2019年1月7日，中国邮政速递物流股份有限公司吉林省分公司荣获吉林省邮政管理局授予的“2018年度全省快递服务先进单位”称号（吉邮管〔2019〕3号）。

2. 4月24日，中国邮政集团公司延边州邮政分公司投递员尚作林荣获中共吉林省宣传部、吉林省净胜文明建设指导委员会、吉林省总工会授予的“吉林好人、最美职工”称号（吉会宣字〔2018〕10号、吉会联字〔2018〕1号）。（吉林省寄递事业部/提供）

【中邮保险吉林省分公司】

一、筹建与开业工作

1. 通过监管验收。5月重新启动验收工作后，分公司加强系统演练、现场问答和保险知识考试等关键环节准备。为确保整体验收效果，参照总部《建设指南》要求，组织模拟监管验收。在监管现场验收各个环节均达到良好的效果，通过监管的第二次验收并于7月16日取得保险经营许可证。

2. 组织验收，指导市县中邮保险局展业。6月13—15日，9月26—28日，分公司分别对首批展业的五个市州中邮保险局及第二批展业的四个市中邮保险局进行验收，从硬件配备、人员培训、业务知识及上机操作多个方面对市县中邮保险局进行指导，并对验收中存在的问题进行总结，提出整改意见，确保全省49个市县机构顺利通过了地方监管部门的验收。

3. 集团公司、总部和吉林邮政各板块领导出席开业仪式。8月8日，中邮人寿保险股份有限公司吉林分公司开业仪式在长春举行。集团公司、省邮政分公司、省邮储分行、省邮政速递物流公司、中邮保险吉林分公司、中邮证券吉林分公司领导及相关部门负责人出席开业仪式。

二、经营发展

在邮政、银行的全力支持配合下，分公司经营发展工作实现展业开门红，在中邮保险开业季“邮保起航　财富共享”主题营销活动中，24天时间完成预定计划，两个月新单保费5885万元。网点出单率97.4%，点均保费9.2万元。至11月，全省9个地区全部展业。保费收入8580.59万元。产品结构方面，财富嘉C3−6形态占比57.7%，汇福嘉占比23.6%，财富嘉C3−5形态占比18.2%，三款产品合计占比99.5%。从件数来看，财富嘉C3−6形态占比达到74.9%。

三、加强风险防控

1. 提升员工队伍素质。开展全员岗位学习大练兵，创新培训方式，狠抓培训效果，保持积极向上、紧张活泼的工作氛围，有效推动员工队伍素质建设。组织各类培训、研讨活动20期，参训680余人次，累计培训107学时。在对渠道培训方面，6月7—8日与9月13—14日分公司分两批对49个市、县中邮保险局专兼职人员进行集中培训，培训内容涵盖契约、保全、理赔等业务的理论及系统操作课程。学员通过理论及上机实操演练，确保全省各层级顺利展业。7月23日至8月1日与10月30日至11月2日根据分批展业安排，开展产品培训工作，开展60场，参训人数3118人，分公司讲师团队足迹遍布全省所有市县，基本覆盖了所有邮银网点的支局长、营销骨干及市县中邮保险局人员。通过使用统一、规范、内容全面的培训课件，授课过程中与参训人员互动以及训后建立微信群，提供训后答疑渠道等方式增强培训效果。

2. 风险管控。开展偿付能力风险管理能力自评估，从制度健全性和执行有效性两个方面开展全面自评，充分实现对分公司风险状况的精准把握。深化操作风险自评，对照梳理操作风险矩阵，对144项风险点开展自查工作，全面摸清分公司固有风险和剩余风险状况，分公司各项风险整体可控。

四、运营服务

1. 各项运营指标平稳，运营服务保持优质高效，无风险案件发生。新保承保6706件，均为电子渠道出单。保全业务方面重点关注申请资料流转时效、两日结案率及录入修改率、复核修改率4项指标，每月对各市县4项指标进行排名、分析，对指标排名靠后的市县进行一对一督导。客服业务方面，重点关注犹豫期回访成功率，及时沟通外包单位，并做好市、县机构的督导工作，重点工单要求及时联系到网点，做到上下密切配合。犹豫期内电话回访成功率达99.54%，排名全国第2位。

2. 组织开展“客服活动季”系列活动。通过制作《客户健康手册》、客户回馈卡等形式，在全省九个地市组织开展中邮保险VIP客户回馈活动。与省邮政分公司、省邮储分行组织开展“金融知识普及月　金融知识进万家”暨“提升金融素养　争做金融好网民”大型公益宣传活动，并通过吉林金融网、今日头条、新浪吉林等网络媒体进行了宣传报道，扩大宣传影响力，履行社会责任。

五、党的建设

1. 加强理论学习，推进党的建设。认真学习贯彻习近平新时代中国特色社会主义思想和党的十九大精神，开展“大学习、大讨论、大落实”活动。推动党员干部树牢“四个意识”，坚定“四个自信”，坚决做到“两个维护”。组织分公司全体党员进行机关作风自查整改活动，从反对形式主义和官僚主义、学习意识、服务意识、大局意识和执行力等五个方面梳理查找自身存在的问题和不足，坚持边查边改、即知即改、立行立改，切实增强了分公司全体党员的先进性、纯洁性。扎实做好中央巡视反馈问题预防工作，经过分公司总经理办公会议认真研究梳理，制定出19项预防任务，28项预防措施，截至10月14日，阶段性完成各项预防任务。

2. 严格贯彻八项规定精神，认真开展监督检查。严格落实中央八项规定精神及上级党组织制定的实施细则，坚决纠治特权思想和特权现象。认真落实“三重一大”决策制度，着力加强企业党风廉政建设。针对重点事项、重要时点，开展监督检查，有效防控廉洁风险。做好年节假期廉洁过节监督检查工作，落实总部及省邮政分公司要求，确保廉洁过节。（中邮保险／提供）

【中邮证券吉林省分公司】 经纪业务营业收入36万元；资管收入137.5万元；投行收入18.9万元。

一、经纪业务

开立证券账户8070户（其中有效账户1277户，有效户占比15.82%），托管资产总量6602.88万元，其中：证券市值3440.36万元；基金资产量2648.08万元；资金资产545.44万元。

二、资管投行业务

资产管理规模25.5亿元，签订财务顾问客户1户，走访潜在客户10余户。与省公司市场部联合印发《关于开展全省邮政协同中邮证券服务地方企业潜在客户认领对接活动的通知》（吉邮分〔2018〕373号）的文件，开展潜在客户认领对接活动。中邮证券吉林分公司下发企业名单342份，邮政分公司走访229家，提出明确投融次需求的18家，中邮证券与邮政公司联合走访的6家，确立初步合作关系。

三、培训宣讲

为省邮政分公司代理金融部和市场营销部组织的邮政金融支局长、专职理财经理、邮政金融管理人员、市场营销人员等十余期培训班提供现场培训，讲授证券知识和证券业务，培训人员2000人次；同时联合省公司市场部，开展"送课到一线"证券知识培训活动，培训活动覆盖全省49个市县邮政分公司，对年度中邮证券协同发展政策、业务知识及投资者教育等内容进行宣讲。（中邮证券/提供）

黑龙江省

【黑龙江省邮政分公司】 总收入51.12亿元，排名全国第12位；比上年增长3.8%，排名全国第20位；完成集团计划97.09%，排名全国第21位。期末货币资金余额7620万元，加上上存集团资金，企业实有资金7.44亿元，货币资金存量明显提升。累计利润9466万元，完成集团计划的102.45%，全面完成集团下达的利润指标。基本保持业务收入稳定增长和发展质量逐步提高，主要和关键指标符合预期。

一、业务发展

在保持代理金融对整体业务拉动作用基础上，重点加快邮务类业务转型进程，各项传统业务均实现不同程度增长，其中，分销和函件业务对总收入增长的贡献率分别达到99.5%和11.3%，拉动传统业务收入占比提高3.7%。深入实施县域邮政提速发展战略，县域邮政累计收入27.1亿元，占总收入的比重53%，高于上年2.89%；收入增幅9.8%，高于全省平均增幅5.98%；县域邮政累计利润6.53亿元，成为拉动企业发展的重要力量。加快推进行业合作共赢，加大市场协同项目发展力度，相继成功与省国税、公安交管、中石油、省铁塔等4家客户签订战略合作协议，营销项目收入3.28亿元。

二、体制机制改革

组织实施寄递翼改革工作，组建省寄递事业部，完成地市领导班子任命、省市县机构编制调整及人员整合划转工作，邮速合计划转人员7917人；加快推进两网资源整合，基本完成非省会地市邮速邮件处理中心资源、速递组开6条二级干线汽车邮路、一体化市县揽投资源整合等工作；12月19日，省寄递事业部第一次党代会召开，成立省寄递事业部党委，选举产生新一届寄递事业部党委委员。同时，按照集团公司统一部署，加快"三供一业"分离改革，共移交供水、供电、供暖、物业5587户，签订金额5357万元。推进股权投资清理改革，涉及股权清理公司56家，其中，26家公司全面完成清理，总体进度处于全国前列。

三、精细管理水平

全面树立"趋严、趋紧、趋集中"的管控理念，运用对标工具，对利润影响较大的成本因素进行科学调控，其中，运行及车辆成本比上年下降11.36%。立足提高人力资源效能，规范用工管理，完成薪酬标准调整工作，邮政工资总额比上年增长4.01%，实现职工薪酬与企业发展同步增长。充分发挥审计监督职能，开展审计项目742个，查出违规金额1727万元，工程送审金额18183万元，审减金额3406万元，审减率18.74%。深入开展平安邮政创建活动，全面加强资金、网点、金库、押钞、邮件等安全管理，同步强化值班值守、舆情监控、信访维稳、合同管理等工作，企业总体安全稳定运行。

四、核心能力

固定资产建设和更新改造投资1.12亿元，持续推进企业核心能力建设。哈尔滨陆运邮件处理中心正式投入运营，在同期用工量减少186人的基础上，成功应对"双11"等旺季生产高峰，最大日处理量52.8万件；哈尔滨航空邮件处理中心完成土建任务。累计整修、翻建网点94处，建设电商仓储及生产处理场地43处；购置各类生产车辆135台，配备各类终端机具1170台。持续打造实用型营销体系，累计配置各岗位专职营销人员3149人，比上年末增加474人，营销队伍营销业绩累计9.2亿元，增幅8.6%。投入资金1143万元，加大教育培训力度，采取院校学习、集中授课、远程教育等方式，强化各层级人员培训，集中培训率达到92.24%、远程教育合格率达到92.15%，提升干部职工队伍的能力素质。

五、和谐企业建设

坚持以和谐企业建设凝聚发展合力，大力弘扬劳模精神和劳动精神，评选表彰2014—2017年度全省邮政先进集体和先进个人；全省邮政荣获全国邮政系统先进集体2个、先进个人6人，全国（省）"工人先锋号"5个，省"五一劳动奖章"1人。立足支撑企业经营发展，共参与集团及组织省劳动竞赛18个，强化竞赛经验交流推广，有效推动了县域邮政和重点业务发展。落实职工关爱工程，投入慰问资金600余万元，深入开展"两节"送温暖、助困助学、送清凉、旺季经营生产等慰问活动。启动

黑龙江省哈尔滨市邮件处理中心。

职工重病第七期互助保障，参保职工21209人，参保率首次突破80%，26名职工共获得互助金52万元。推进职工食堂和职工小家建设，新建县（区）分公司食堂8个、职工小家36个，改造网运之家3个，提档升级职工小家180余个，实现配餐网点达到350余个，改善了一线职工的生产生活条件。

围绕党报党刊再提速，利用高铁组开邮路，使齐齐哈尔、佳木斯所属县（市）提前5小时实现当日见报；空白乡镇补建局所运营率、普遍服务乡镇覆盖率、建制村通邮率均达到了100%。践行国企责任担当，发挥企业渠道和网络优势，助力地方打赢打好“三大攻坚战”，将金融案防放在风险防控的首要位置，全省邮政未发生系统性、区域性重特大风控案件；落实精准脱贫战略，在做好省分公司定点扶贫单位脱贫的同时，组织全省邮政全面融入地方精准脱贫攻坚战，累计投入扶贫资金173万元，销售助农商品1000余万元，帮扶贫困户814户，得到地方政府和农户的高度认可；深入开展绿色行动，重点治理包装污染，加快推进包装减量、胶带瘦身、循环回收等工作，提高企业经济和社会效益，体现国企社会责任和担当。

六、党的建设

按照集团统一部署，不断深化巡视整改工作，建立周例会制度，抓推动促落实，61项整改措施完成54项，部分完成7项，促进党建工作全面提升。推进“两学一做”学习教育常态化制度化，建立“三个第一时间”学习机制，开展“大学习、大讨论、大落实”等活动，提高了政治站位。修订了党组工作规则、落实中央八项规定实施细则的实施办法等19项制度办法，强化制度约束作用。完善基层党组织制度，采取独立、联合、下派、复合等4种方式，试点建设支局网点党支部42个，扩大了党组织作用对基层一线的覆盖面。严明党的纪律，加强党内监督，系统安排省内巡察，运用监督执纪“四种形态”处置37人次，营造“严管厚爱”的纪律氛围，党风廉政建设和反腐败工作取得实效。（黑龙江省邮政分公司／提供）

【邮储银行黑龙江省分行】 邮储银行黑龙江省分行下辖地市分行13家，省直属支行1家，县支行69家；辖内网点1641处，其中自营326处、代理网点1315处，员工8002人。

一、经营概况

收入33.76亿元，增幅9.59%，完成总行计划103.93%；利润7.48亿元，增幅14.82%，完成总行计划109.4%。全行不良额12.03亿元，比上年末下降0.75亿元；不良率1.7%，比上年末下降0.17%。

二、党建工作

1. 学习贯彻落实十九大精神。深入学习贯彻习近平新时代中国特色社会主义思想和党的十九大精神，切实加强党的建设。在规定动作基础上，采取“十学”方式，开展“厉害了我的支部”党建知识竞赛等系列活动，在集团“三个第一时间”学习机制基础上提出“四个结合”。

2. 推进全面从严治党。按照集团党组、总行党委部署，结合实际制定巡视整改方案，定期召开会议推进，深入全省开展现场督导检查，确保54项整改任务完成。组织第二轮“全面从严治党大检查活动”，启动对二级分行的巡察工作。

3. 完成“两增两控”和精准扶贫政治任务。全行“两增两控”四项指标全面完成，其中，该口径下小微企业贷款净增10.89亿元，完成全年计划的156%，户数增长601户，累放贷款加权平均利率比上年末下降112BP。精准扶贫方面，金融精准扶贫贷款净增实现6.1亿元，是年度计划目标的2.1倍，增速高于全行各项贷款增速。

三、业务发展

1. 个人金融业务。储蓄年末时点额增长19.6亿元，日均增长17.8亿元。全口径余额市场占有率13.91%，居全省金融机构第2位，活期占比49.2%。保险新单保费19.7亿元，手续费超1亿元，均居系统第4位；理财业务年日均保有量新增22.7亿元，居系统第3位；基金、黄金定投、券商资管等指标均居系统内前列。VIP客户数量及资产增长均超过4%。

2. 公司业务。公司存款净增10.99亿元，居系统第8位。4次中标省级国库现金管理，总金额24.7亿元，连续6期购买地方政府债43.4亿元。公司贷款投放61.13亿元。办理ETC 10.68万个，完成总行计划118.7%。

3. 零售信贷业务。农户小额、农场职工、新型农业经营主体等投放45.7亿元，居系统第8位，农村承包土地经营权抵押贷款投放3.58亿元，居系统首位。个商业务实现近五年来首次扭负为正，增长近4亿元。小企业贷款实现净增7.32亿元，完成总行计划153%，居系统第6位，小微易贷、无还本续贷、军民融合贷、供水贷等新品均成功落地。消费信贷业务净增 41.9 亿元，其中住房贷款净增 44.95 亿元，净增额市占率 10.59%。

4. 信用卡业务。新增发卡 26.1 万张，完成总行计划的 108.6%。其中，线上渠道进件 23.7 万件，线上发卡 8.9 万张，线上渠道发卡量及批核率均居系统首位。活跃率比上年提升 0.79%，新增激活首刷率比上年增长 8.04%。

5. 网络金融业务。手机银行净增注册 44.9 万户、激活 49.2 万户，均居系统第 12 位。电子支付交易 1.39 亿笔、594 亿元，比上年分别增长 30% 和 78%，手续费收入 3876 万元，增幅 94%。全行电子银行替代率 90.57%，比上年提升 4.09%，增幅居系统第 4 位；自助设备单台日均交易 223 笔，居系统首位。

6. 金融同业业务。直贴和再贴收入增幅分别为 24.7% 和 150.5%，转贴收入居系统第 2 位。新增同业融资 75 亿元。资产管理业务新增加投资 3 个融资主体、合计 13.7 亿元。托管业务净利润近 1700 万元。

四、风控管理

1. 开展零售信贷精细化管理年活动“深化期”。通过完善制度、加强考核、队伍建设等多种手段，带动全行资产质量提升。活动实施以来的新增不良率继续控制在 1% 以下。全年不良贷款清收 4.67 亿元，其中核销后收回 2.51 亿元，居系统第 2 位，完成总行计划 115%。全省诉讼率 85%，比上年末提升 6%。呆账核销 4.76 亿元，完成总行计划 202%。

2. 推进银行业乱象整治工作，整改率 99.67%，获得人民银行全省金融机构综合评价 A 级。组建二级分行合规检查团队，对 24 个自营网点进行“接管式”检查。整合贷后管理再监督职能，健全二级分行贷后风险监测团队，全年对 1570 名风险客户有效预警，提升全省贷后履职率。

3. 推进安全生产，升级联网视频监控中心功能，缩短营业场所重点部位巡查频次，获评总行“平安邮储”优秀单位。

4. 做好审计工作，针对性启动 15 个内审项目，提出审计建议 82 条。

五、转型工作

1. 网点转型。压降台席 155 个，释放柜员 202 人；撤销 28 家低效网点，压降网点面积 1.1 万平方米。新增 ITM 机 8 台，全省 238 台电子银行体验机升级，自助柜员系统带动网点业务离柜率 72.6%；新增信贷功能下沉网点 6 处。

2. 财务转型。加大成本管控，成本收入比控制在 71%，比上年下降 7.01%，其中非人工成本比上年下降 1 个亿，降幅超过 10%。突出利率管理，在利率市场化、政策性指标等因素影响下，全行新增存贷业务平均净利差 4.13%，高出邮储系统平均水平 40BP。人均、网均、收入利润率等多项指标持续好转，系统内排名提升。

3. 运营转型。实现公贷放款集中上收及个贷集中放款，完成全省营业主管派驻，推进自动化用印试点，系统内首家实现代收付电子集中对账。形成营运中心八大作业板块的集中营运体系。零售信贷工厂项目实现全省覆盖。

六、能力提升

1. 队伍整体能力。通过校招、社招引入新员工 56 人，减员 301 人。“春晖计划”一期 37 名青年骨干结束锻炼，二期 28 名人员正式进入交流岗位，“金种子计划”持续推进。组织集中培训 40 期，参培 4000 余人次，基层营销人员占比 72.5%。

2. 科技支撑能力。推广信贷工厂等 15 个总行大型信息化工程，以及营业网点办公网联网、多媒体集中发布等 4 个省内信息化工程，实施养老金、ETC 等 12 个中间业务项目的功能扩展上线，以及代收热费等区域性项目的研发。

七、内外合作

1. 邮银合作。案件联防上，定期召开联席会议，共同研究解决防范 ATM 盗刷等问题，联合组织员工异常交易、理财专区双录等专项排查，全省邮政金融连续 8 年保持零发案。发展联动上，向 VIP 客户推广使用邮乐购超市，针对邮乐网平台，推进掌柜贷业务。

2. 平台合作。与省企业联合会合作，共同组织多期银企交流会，与多家企业现场达成合作意向；与省财政、省科协等合作，与省税务局达成银税合作方案；与省农业信贷担保公司共同形成省市县三级合作体系，合作发放的涉农经营主体贷款结余 2 亿元。（邮储银行 / 提供）

【黑龙江省寄递事业部】 9 月 19 日，中国邮政集团公司黑龙江省分公司召开全省邮政寄递事业部成立大会，标志着黑龙江省寄递事业部正式成立。

一、寄递翼改革

在集团公司、省分公司党组的领导下，按时完成省寄递事业部、省寄递事业部党委，以及 13 个地市、67 个县寄递事业部的组建工作，整合 7917 人、14 条邮路、35 个处理中心、74 个揽投（营业）网点、2770 台车辆（其中，揽投车辆 732 台、电动三轮车 1485 台）。开展资产负债及财务收支真实性自查工作，摸清家底。初步掌握各级寄递事业部绩效薪酬项目、考核办法及奖励标准，为科学制定薪酬激励政策提供了第一手材料。哈尔滨处理场地的整合发挥积极作用，“双 11”“双 12”期间，松北、群力两大处理场地资源复用、经验复用、人员复用，有效保障旺季生产稳妥运行。“双 11”期间，投递包裹快递邮件 450.58 万件，比上年增长 13.95%，日均投递量 40.95 万件，为日常投递量的 1.6 倍，峰值日投递量 48.5 万件。城市地区当日妥投率 95%，超过标准 3%，农村地区及时妥投率

96.01%，超过标准4%。

二、业务发展

突出政务业务对标快的拉动作用，以政府推行“放管服”为契机，围绕“互联网+政务服务”做文章，身份证、护照、法院专递、交管等重点项目取得较快发展，合计收入2595万元，占专业公司标快收入的31.59%。国内标快业务（不含E标快）以“新时代、新征程”为主题开展竞赛活动，努力营造经营氛围，收入12797万元。围绕地域实际，以农特产品线上销售和线下造包为依托，重点开发以大米寄递为主的农特、土特、山特产品寄递市场，快包业务收入25584万元，比上年增长26.1%。国际小包业务以保存量、拓增量为方针，立足拓展陆运渠道，扩大出口范围，努力降低航空渠道减收带来的影响，收入25250万元。全省邮政寄递业务收入8.39亿元。

三、网络优化

推进寄递网资源整合，通过整合邮路，压缩成本540万元。哈尔滨邮区中心局利用新型包裹分拣机，实现邮件自动分拣作业，合计减少作业人员79人，节约人工成本664万元；节省作业场地1万平方米，节约成本827万元。加强网路规划建设，开通了哈尔滨至佳木斯高铁邮路，全程时限缩短到2小时。齐齐哈尔、绥化、伊春寄往佳木斯的标快邮件时限提升0.5天。佳木斯所辖县的党报党刊实现当日见报。组织开展全省邮政投递规范化建设达标劳动竞赛，包裹快递邮件当日妥投率96.06%，实时反馈率99.79%，普遍服务给据邮件投递信息及时上网率99.92%，全部达标。强化普遍服务支撑，开展普遍服务邮件时限和作业质量“双达标”活动，抽查走访31个处理中心、36个投递网点，普服邮件时限指标基本达标。完成哈尔滨邮区中心局转场工作，转场期间调整14条一级干线汽车邮路运行计划、47条省内汽车邮路运行计划、集中维护各类生产控制数据6万多条。转场后，峰值处理量61.6万袋/件。

四、服务质量

以寄递翼改革为契机，建立和完善全省寄递业务质量管控、视察检查以及客户服务分层分类管理体系。分层编制服务质量管理及操作手册，明确各级机构、岗位工作职责，梳理作业流程，规范操作标准。以质效考核为抓手，建立服务质量周例会制度，强化质量管控，保证整改效果。理赔及时率97.88%，超过标准17.88%；问题邮件及时解决率完成94.77%，超过标准4.77%；一次解率完成88.62%，超过标准0.62%。客服能力稳中有升，通过深化跟单系统应用，跟单异常发生率明显好转，从年初的15.02%下降至2.08%。11183客服平台综合服务能力显著增强，在线客服工作效能KPI指标得分92.32分，位列全国第二；日人均效能为261单，高于其他省份50单以上。

五、基础管理水平

创新工作机制，建立标快业务发展周例会、电商物流业务发展双周例会、“众创众享工程”月度绩效评价会三个制度，推动重点工作在基层落到实处。树立“趋严、趋紧、趋集中”的管控理念，细化完善报账流程，强化收支配比审核；加强人力资源管理，严控人工成本，优化调整用工结构，清理辞退长期病休人员、不在岗人员19人，清理不合规临时性用工112人。

六、党建工作

在省分公司直属机关党委的领导下，严格按照组织程序选举产生省寄递事业部第一届党委、纪委，为寄递业务的改革发展提供坚实的组织保障。召开4次党委会，专题研究党建及党风廉政建设；组织118次党委（党总支）中心学习，526名党员参加党的十九大精神网院学习。明确基层党组织学习培训的十项重点内容，组织开展“大学习、大讨论、大落实”活动。建立全省党的建设暨纪检监察工作例会制度，启动第二批基层党组织规范工作示范点建设，确保“三会一课”等制度落到实处。（黑龙江省寄递事业部/提供）

【中邮保险黑龙江省分公司】

一、经营情况

1. 保费完成情况。总保费24.85亿元，进度101.4%，比上年增幅35%。新单保费15.61亿元，其中期交新单保费8.3亿元，比上年增幅52.6%。长期期交1.41亿元，比上年增幅1188.6%。团险保费430万元。

2. 续期指标情况。续期保费9.2亿元，进度106%。续期关键指标均达到总公司指标考核要求，其中13个月保费继续率93.16%，25个月保费继续率97.56%，宽末综合达成率98.40%。

3. 行业对标情况。27家人身险公司中，中邮保险所占市场份额3.59%，比上年增速34.54%。

二、运营指标情况

1. 运营指标情况。投保单填写合格率95.70%，人核件全流程时效6.19天，理赔出险支付时效199.01天，理赔申请—支付时效2.04天，7日调查完成率98.46%。团险理赔十日结案率100%，赔案留存率0.93%。人核件回执回销完成率100%，申请资料流转时效0.59天。

2. 客服指标情况。新契约回访成功率96.99%，回访录音系统上传率100%，问题件附件上传率99.98%，亿元保费投诉件数0.04。

三、重大经营活动

1月，与黑龙江省邮政分公司联合召开全省自办保险转型升级暨一季度旺季发展电视电话会议。重点对2018年中邮保险经营工作进行布置，明确发展目标。提出了“趸交上规模”“期交早报捷”“长险快发展”的三点原则以及提出在销售结构、销售方式、销售区域方面实现“三个转变”的要求。2月，制定《春节期间挂点服务支撑方案》，春节期间，分公司领导班子带队，深入全省10余个市县，30余个邮银网点进行支撑走访，通过业务指导、现场答疑、交流研讨等方式，增强渠道发展信心。3月，“惠众保1号”销售当天完成总部分配的销售额度49120万元；承保黑龙江省邮政分公司职工意外险和重大疾病险，累计保额138.37亿元；下发《中邮保险黑龙江分公司邮银渠道区域支撑服务团队组建方案》，组建邮银渠道区域支撑服务团队，采取“1拖2”“1+3”的模式，重点落实和支撑“双20强，100+行动计划”等重点经营规划，明确经营发展、运营质量、风控合规等主要支撑内容。4月，开展“服务进基层，百人帮百点”服务支撑活动，重点针对城市骨干网点，配合“区域经理服务制”“双20强，100+”行动计划，借助分公司现有人员进行挂点帮服支撑，进一步促进邮银保三方高度融合。5月，开展“花香有意　中邮有礼”VIP客户插花体验活动、长期期交客户维护活动；组织银行渠道2018年代理保险业务合规发展转型升级培训班；组织开展基层调研工作，班子成员深入基层，研究探讨“一市一策”，帮助解决困扰基层的发展症结；与中国邮政储蓄银行哈尔滨分行联合开展“进步与您同步，保险为您护航”为主题的客服活动。6月，组织邮政、银行渠道高管人员采取“进校园、学原理”的方式，开展两期“渠道高管荣誉定制”培训。组织开展重点区县开展“1+4群策群力”长期期交特训营活动。7月，开展“7·8保险公众宣传日系列活动”，针对《我不是药神》热播电影，开展多场客户观影活动；组织重点地市开展“1+4群策群力”长期期交特训营活动；组织开展全省中邮保险运营业务技能大赛。8月，组织全体干部员工参观侵华日军第七三一部队罪证遗址，开展爱国主义教育；对大兴安岭地区开展“赢+计划，邮保千万”中邮竞赛活动。9月，分别对齐齐哈尔、绥化、大庆等重点地市开展“中邮保险期交及长期期交”主题营销竞赛活动；走进哈尔滨市159中学，开展进校园公益教育宣传活动。10月，走进齐齐哈尔市克东县昌盛乡东兴村和山河村开展消费者教育公益扶贫活动；开展中小地市“中邮保险期交及长期期交”主题营销竞赛活动。11月，继续开展中小地市“中邮保险期交及长期期交”主题营销竞赛活动。12月，组织开展中邮保险“星耀龙江”兼职讲师大赛。（中邮保险／提供）

【中邮证券黑龙江省分公司】 收入135万元，其中经纪业务收入42.7万元，资产管理收入92.3万元，利润－194.7万元。在经纪业务上，开立证券账户28521户，客户资产6054万元，交易量29.5亿元；其中有效户2403户，有效户资产5980万元，中邮证券黑龙江分公司在黑龙江证券行业排行榜位列第53位。在资管业务上，发展省内外金融机构业务通道5笔，总规模27亿元，存续规模10亿元。其中邮储4笔非银同存业务，总规模17亿元；市场化项目产业基金1笔，存续规模10亿元。

一、业务发展

与省邮政分公司对接，拟定《中邮证券2018年有效户开发活动方案》和《2018年中邮证券资管、投行业务发展方案》，协同开发经纪及资管投行业务。省邮政分公司将中邮证券第三方存管业务纳入对地市分公司绩效考核项，将中邮证券有效户纳入全省营销业绩积分体系中，开发中邮证券有效户可获得相应的营销积分。

二、协同发展

在全省13个地市进行现场方案解读和业务推介，分公司组织宣讲组，奔赴13个地市县区邮政分公司行程5000公里，培训人次1000余人，全面针对《2018年邮政协同发展中邮证券指导意见》《集团公司战略绩效考核办法》进行了现场解读，并针对资管、投行具体项目标准进行了推介，为下一步开展业务奠定基础。

三、助推“邮、银、证”协同发展资管投行业务

联系邮政、邮储银行。建立一把手定期沟通机制，定期通过实地拜访和电话沟通，获取邮政、邮储银行高管对中邮证券业务发展的重视，挖掘邮储行与各商业银行、中小企业贷款业务良好的合作资源优势，阶段推送资管投行业务及相关价值信息，与邮政、邮储、中邮证券同步启动“大走访”活动，组织全省各地市及分行开展大走访及摸排活动，了解企业资本市场需求。

四、严守合规底线

坚持依法合规经营，审慎稳健发展。在证监局及公司审计组检查中，均认为分公司能够贯彻落实法律法规、行业监管规定，执行公司制度及重大决策，在授权范围内开展工作不存在违规事项。分公司获得人民银行金融机构综合评级A综合评分85.94分（全省21家I类证券业金融机构中仅三家评选为A类）、获得人民银行反洗钱分类评级BBB（省内最高的评定等级）得到了人民银行对分公司2017年度金融和反洗钱工作的肯定。

五、内控管理

根据公司要求设立合规专员和反洗钱专员，组织全员认真进行合规和反洗钱内容的培训学习和测试考核。统一学习标准，合规员每月进行合规学习笔记的照片留痕，进一步强化合规宣贯营造合规执业氛围。加强日常人员合规监测和内控管理工作，组织梳理修订分公司内控制度23项，完善分公司内控管理。

六、企业党建工作

制定分公司2018年党建工作要点，按照要点要求进行日常集中学习和自学的培训工作，组织集体开展十九大精神专题讨论。修订完善分公司“三重一大”实施细则。

每季度开展一次支部书记讲党课活动，结合分公司实际，制定整改方案及整改清单，并扎实推进整改落实工作。分公司党支部制定下发《支部工作规则》，涵盖支部工作的所有内容，使支部各项工作有章可循。（中邮证券／提供）

上海市

【上海市邮政分公司】 业务收入 57 亿元，其中代理金融业务创收 16.38 亿元，占总收入的 28.8%；一体化物流业务创收 20.47 亿元，占总收入的 35.9%；“两翼”收入占比 64.7%，比上年提升 1.5%。寄递翼整合后，业务收入 45.8 亿元，其中国内标快业务收入 11.6 亿元，比上年增长 23%，业务量比上年增长 32%。通信质量总体受控。其中总包损失为零；给据邮件损失为零。总包封发规格合格率 99.83%。未发生机要邮件丢失、损毁和泄密事件。机要通信连续实现 33 年安全和 27 年质量全红。

一、按计划推进改革

按照集团公司党组的统一部署，推进上海邮政寄递事业部改革。加强组织领导，加强队伍建设，统一思想认识，加快资源整合。通过整合，网络承载能力持续提升，投递服务管理持续优化，客户用邮体验持续改善，同时推动各项工作有序开展。

二、专项审计

按照集团公司党组的统一部署，做好寄递翼专项审计。提高政治站位，充分认识寄递翼审计的重要意义；深入细致排摸，开展两轮联合抽查；主动靠前一步，开展包裹快递业务效能监察；积极主动配合，迎接集团公司专项审计。

三、巡视巡察

强化巡视整改的责任担当；切实落实十九大新一轮中央巡视整改工作；积极配合集团公司巡视，落实整改措施；紧跟上级步伐，持续开展党委内部巡察。

四、坚持党建引领

坚持以习近平新时代中国特色社会主义思想为指导，深入贯彻落实党的十九大精神和国企党建工作会议精神，坚持党的领导，加强党的建设。各级党组织和广大党员干部牢固树立“四个意识”，坚定“四个自信”，坚决做到“两个维护”。狠抓党建责任落实，坚持并强化从严治党。

五、经营管理

按照“稳中求进”总基调编制年度预算，突出效益优先；锄定金融业务盈利率、国内函件盈利率、国内包快业务盈利率、集邮业务盈利率、投递人均创收等八大效益标杆，明确对标改进目标，实施差异化经营效益评价；修订营销费用管理办法，实施营销费用集中管控、营销用品集中采购，确保营销费用使用规范；强化欠费管理，加强对超龄欠费的考核；邮银双方“同制度、同检查、同考核、同处罚”加强风险管控，构建“六位一体”合规管理体系，深入排查隐患，及时化解风险。

“双 11”期间，上海市邮政分公司围绕“保安全、保平安、保畅通、保重点、提升客户体验”的整体目标，全心、全力、全速保障通信生产和邮件运输平稳有序。

六、市场拓展

1. 金融业务。储蓄余额创历史新高；应对保险新政，5 年期及以上趸、期缴产品销量比上年增幅超 95%；中邮保险发展取得突破，实现期缴总保费近 3.62 亿元；中邮证券上海分公司正式开业；以 4C4P 理念实施差异化经营。

2. 寄递业务等。以效益优先，推动板块联动、区域联动、平台联动，拓展冷链项目、政务项目、跨境项目。机身业务上，稳规模求效益，重创新促转型。分销业务稳中有升；函件业务下降趋势减缓；账单业务规模保持全国第一；2019 年大收订线上收订规模排名全国第一；集邮收入规模排名全国第六，且集邮品和集邮商品毛利率均高于全国平均水平。

3. 用邮环境。网点功能衍生，试点开办卷烟零售、车务代办等业务；建设绿色邮政，开设绿色主题邮局，开展宣传活动，推广绿色包装；加强硬件建设，维护市民用邮权益，提升市民用邮舒适度。

4. 服务质量。持续深入开展通信质量检查和有责投诉（申诉）压降管控等工作，夯实通信服务质量内控管理，修订《视察检查监督管理办法》，切实提高服务质量与水平。

七、坚持依法治企

通过加强财务内部控制、加强税收筹划、加强网点损益核算、加强人力资源配置、加强人工成本管控、加强教育培训、加强采购管理、加强基础建设、加强安全综治管控、加强办公时限管理，全方面提高经营能力和管理水平，进一步提升企业综合实力。

八、坚持共建共享

推进“维护工程”，保障力度更加增强；实施“民主工程”，民主管理工作更加扎实；实施“关爱工程”，服务员工举措更加务实；开展“文化工程”，群众文体活动更加丰富；建设“典型工程”，劳模精神引领更加有力；创新开展“竞赛工程”，团结员工。

此外，共青团工作、企业离退休工作、统战对台、武装预备役等各项工作都有序开展。上海市邮政分公司先后获得全国交通运输党建文化建设优秀单位、全国交通运输创新文化建设优秀单位、2018 年上海市和谐劳动关系达标企业称号。连续 5 届蝉联上海市文明行业，连续 3 届 6 年获评上海市推动厂务公开民主管理工作先进单位，实现上海市安全生产先进单位“八连冠”。（上海市邮政分公司 / 提供）

【邮储银行上海市分行】 邮储银行上海市分行设有资产负债管理委员会、授信审议委员会、消费者权益保护工作委员会、风险与内控委员会、产品创新与科技管理委员会、集中采购管理委员会等 6 个委员会，一级部门 22 个、二级部门 7 个、直属单位 1 个，下辖二级分行 2 个、一级支行 15 个、分行直属营业部 1 个，邮政金融网点 484 个，其中银行自营 104 个、代理网点 380 个。市内各区全部设有分支机构，区级服务覆盖率 100%。员工 2983 人，其中本科及以上学历员工 2152 人，占比 72.14%。

一、经营概况

资产规模 2027.46 亿元。各项存款余额 1774.69 亿元，比上年增长 3.1%。各项贷款余额 879.1 亿元，比上年增长 12.5%。自营业务收入 27.2 亿元，比上年增长 3.75%。如剔除不良资产计提减值准备，净利润 11.37 亿元，比上年增长 41.9%；经济增加值 5.43 亿元，比上年增长 4.38 亿元，经济资本回报率 14.35%，比上年提升 1.7%。

二、助力打好“三大攻坚战”

制订《打好防范化解重大风险攻坚战三年规划》，压实主体责任，细化工作举措。扎实推进深化市场乱象整治工作，实现机构与业务“全覆盖”、整改与问责“双到位”；超额完成扶贫贷款年度投放任务，扶贫贷款净增 2.55 亿元；制订《加强绿色银行建设三年规划》，加大绿色信贷投放，绿色信贷结余 19.66 亿元，净增 6.23 亿元。

三、重点业务发展

完成“两增两控”目标任务。小企业贷款余额 22.7 亿元，比上年增长 56%，完成总行下达净增目标的 205%，增幅与目标完成率均列系统第一。个人储蓄存款规模 1490.3 亿元，净增 157.1 亿元，增幅 11.8%；其中，自营储蓄存款余额 471.9 亿元，净增 59 亿元，增幅 14.3%，创分行历史新高。手机银行新增激活 15.8 万户，比上年多增 2.4 万户。信用卡新增发卡 12.5 万张，结余卡量 29 万张，新增活跃户数比上年翻一番，透支余额与交易金额增幅均超过 70%。实现公司业务收入 6.96 亿元，比上年增长 10%。投行业务收入 2088 万元，排名系统第三。ETC 发卡 5.2 万张，完成总行下达目标的 104%。票据转贴收入 1.94 亿元，排名系统第一。托管业务实现业务收入 2.57 亿元，排名系统第二，运营规模与营销规模分别为 3426 亿元、2435 亿元，均排名系统第二。获得上海银行同业公会颁发的“2018 年度机构贡献奖”“上海银行业银团贷款最佳机构奖”。

四、完善风险管理体系

落实风控主体责任，加大对重点领域、重点行业、重点客户的监测力度。积极应对风险事件，努力改善资产质量，小企业贷款不良率下降 6.69%，信用卡不良率下降 1.54%。深化内控体系建设，深入开展员工行为排查，加强反洗钱集中处理中心建设。成立违规问题整改领导小组，建立以合规管理系统为支撑的整改工作机制。完成审计项目 69 个，揭示内控薄弱环节，强化审计成果应用。全面开展内控评价，将市场乱象整治、历史问题整改情况纳入评价指标。推进“平安邮储”建设，加强安全检查及专项整治。

五、改革创新发展

持续开展二级支行排序竞赛活动，网均零售业务收入增长 3.5%，51 家网点排名提升，6 家低效网点全部实现扭亏。在高级管理层设立集中采购管理委员会。升格分行信用卡部，调整设置网络金融部、三农金融部 / 零售信贷部、运营管理部、金融同业部；在金融同业部增设资产管理中心。规范二级分行党的工作机构和运营管理机构设置。上线新一代零售信贷工厂。建立以“综合营销积分”为核心的客户经理绩效考核体系，上线客户经理业绩积分系统，建成客户经理团队 52 个。开发大数据展示平台，为经营数据分析提供直观界面。建设第三代社保卡、ETC 业务系统，为重点业务发展提供科技保障。荣获上海市科委颁发的“上海科技金融合作银行优秀奖”。

六、提高经营管理水平

推行全面预算管理，财务资源配置突出战略导向。加强成本管控，成本收入比降幅排名系统第 8 位。加强税务管理，专票进项抵扣率 6.62%，比上年提升近 1%，高出总行目标值 0.62%。沉着应对市场变化，三次调整定期整存整取储蓄存款利率。新发放贷款收益率 4.41%，比上年提升 27BP。实行信贷计划动态调剂，优先保障“两增”业务、扶贫贷款、绿色信贷等领域资金投放。加强经济资本与信贷规模“双重约束”。扩大集中作业范围，全面完成网点营业主管派驻工作。加强网点现金管理，实现徐汇、黄浦区域现金集中处理，全行月均现金库存量比上年减少 3140 万元。

七、推动全面从严治党

将学习宣传贯彻党的十九大精神作为首要政治任务，加强对学习贯彻党的十九大精神的政治监督，开展“大学习、大讨论、大落实”活动，建立“三个第一时间”学习机制。扎实推进中央巡视整改工作，持续巩固扩大整改成果。深化党风廉政建设，压紧压实“两个责任”。运用监督执纪“四种形态”，筑牢干部思想防线。开展基层党组织建设达标工程及创先争优活动，推进基层党组织“强基固本”常态化制度化建设，金山区支行、营运中心党总支荣获“邮政系统基层党组织建设示范单位”称号。推动劳动竞赛和选树评优等工作，获得“2017—2018年全国金融系统企业文化建设先进单位”。（邮储银行 / 提供）

【上海市寄递事业部】 9月11日，上海市寄递事业部成立大会召开，将加强党的建设作为事业部成立后各项工作的立足点和出发点。寄递翼整合后，收入45.8亿元。其中国内标快业务收入11.6亿元，比上年增长23%，业务量比上年增长32%。

一、党建引领

1. 坚持党的领导。集团公司召开深化寄递翼改革动员部署会议后，上海市邮政分公司党委迅速召开党委会专题研究，坚持一系列改革工作全部在党的领导下稳妥推进，会议民主讨论决定成立由上海市分公司和速递物流上海分公司共同组建的上海邮政寄递翼改革领导小组和工作专班。

2. 统一思想认识。加强中心组学习，先后3次专题集中学习刘爱力董事长讲话精神，结合上海实际，研讨贯彻落实措施，为做优做强做大上海寄递翼奠定思想基础。举办2018年寄递事业部干部思想理论研讨班，通过专题党课学习，党的基本理论测试的平均分从45.6分提升至80分。

3. 抓好巡视整改。寄递翼改革期间，上海市寄递事业部临时党委根据集团公司整改方案，研究制定涵盖22项整改任务和55条整改措施的整改方案，并下发至下属单位确保全覆盖。截至年底，完成和阶段性完成整改措施49条，待完成6条。

二、资源整合

1. 整合人员机构。一是组织机构按要求完成设置。上海市寄递事业部内设8个职能部门，下设6个直属单位、16个区寄递事业部，303个基层网点，全口径人数18430人。二是明确上海市寄递事业部内设部门和直属单位负责人，明确各区寄递事业部领导和内设部门负责人。

2. 整合网络资源。一是做好国际邮件处理场地搬迁。上海市邮政分公司与上海市寄递事业部相关部门、单位按照上级的决策部署，扎实推动工作落实。原国际分公司租用的东航处理场地及联明路场地整体搬迁至沪太路处理场地。二是确立“大网运、大中心局”网络运营整合思维。专题研讨全市揽投网整合方案，重点对普邮网和快递网分网运作模式、进口分拣封发方案和二级集散点选取等进行充分研究。陆运干线运输资源整合于12月15日起实施，整合邮速干线邮路后拟撤销重叠线路11条。三是网点资源整合。召开寄递翼改革揽投网整合推进会，按照“人随事走、客户随机构走、跨行政区逐一对接”原则，做好徐汇、静安等区寄递事业部基层网点划转工作，以2019年1月1日为切割窗口期，确保各项工作平稳有序。四是处理中心资源整合。12月8日，洞泾邮件处理中心出口快递包裹处理职能调整至王港。

3. 整合经营资源。一是营销团队集中化。实行统一品牌，统一报价、统一标准、统一服务，对东方航空等客户做好新一轮招标工作，其中东航项目预计可增收200万元。二是客户资源共享化。梳理现有客户资源，实现客户资源整合12923家；抓住进口博览会的契机，开展“地毯式”综合营销，与1025家客户初步洽谈，达成合作意向155家。

4. 整合客服资源。对原11183客户服务中心与11185客户服务中心进行整合，确定“三步走”整合进度。10月25日完成原11183客户服务中心整体搬迁至11185客户服务中心场地。研究并形成统一管理，2019年逐步实现“一套班子、两套专号”。

5. 加强党的组织建设。上海市邮政分公司党委根据寄递事业部改革启动后的实际，围绕加强党的建设，以更有利于企业改革初期各项工作过渡和开展为出发点，建立上海市寄递事业部临时党委，强化党的领导。集团公司关于寄递事业部党组织纪委组建相关文件下达后，第一时间成立上海市寄递事业部党委、纪委，并完成寄递事业部各级党组织、纪委的设置方案。此外，按照工会会员、团员人数及实际情况，拟定工会、团组织架构方案。通过整合，推动工作有序开展。市、区两级邮政、速递本部完成办公场地合署，腾出局房资源加以盘活利用。按时完成寄递翼改革资产调拨、ERP系统模块数据搜集和设置等，制定寄递翼改革财务配套方案实施细则，明确一系列财务管理原则和结算标准、考核标准，为2019年各项工作有序开展奠定基础。

三、转变经营方式。

1. 经营向效益化转变。一是激励政策向重点业务倾斜，开展“迎三节、奋战30天”营销活动；设立“双11”专项营销奖励，仅对增量部分按件奖励，并建立低效益项目负面清单。二是坚决叫停“负利润”的项目，菜鸟项目从原先每月亏损400万元到盈利9.4万元；TST项目件均成本下降约1元，逐步扭亏为盈。

2. 发展向共享化转变。一是板块联动能力有所增强。东方购物项目实现同城、冷链、直配送、逆向回收、贵金属品专送、代收货款六大配送服务，收入5000万元；金融服务日均交易500万元，月结算资金1.5亿，实现三大板块融合发展。二是区域协同发展趋势显现。发挥长三角优势，从时限水平、服务能力、营销策划三方面提升长三角市场竞争力，配送时间缩短1天。

3. 项目向多元化转变。一是冷链业务迅猛增长。冷链业务收入2240万元，比上年增长34.8%。二是政务市场转型升级。借助“互联网+政务”契机，政务市场形成业务收入9533万，比上年增长37%。三是国际市场口岸优势凸显。深化与eBay、wish等平台合作。开辟马来西亚首条专线，助力非邮专线业务同步发展。

四、增强运营能力。

1. 网络承载能力持续提升。

（1）落实集团公司长三角互寄邮件提速工作。按照“前置集包、直达运输、多频出口、卡口管控”的组织原则，梳理生产流程，开设“长三角”专线，增开直达邮路，确保长三角邮件提速工作的、顺利实施。

（2）全力奋战“双11”。11月11—20日，上海出口收寄总量1000.13万件，较平日增长78%；进口投递量827.07万件，较平日增长93.18%。以“保安全、保平稳、保畅通、保重点，提升客户体验”为目标，落实14个“双11”邮件暂存场地，加强指调中心7×24小时双人现场值班制度，统筹协调邮速双方资源。

2. 投递服务管理持续优化。组织“三大歼灭战”，全面提升平信报刊投递服务质量活动。开展对投递人员“一封信　一颗心”主题教育培训；开展平信报刊投递服务质量专项整治，打好“三大歼灭战”。

3. 客户用邮体验持续改善。设立申投诉率等六大重点KPI质量指标，建立申投诉“日监控、周分析、月通报”制度，年内，申诉受理量比上年减少近40%，投诉受理量比上年减少12.7%。

五、完善基础管理。

1. 人力资源管理不断加强。重点做好改革后绩效薪酬分配过渡，并在结合实际深入组织开展调研的基础上，为2019年制定薪酬分配相关指导性意见和实施细则奠定基础。

2. 财务工作不断完善。配合上海市分公司认真做好寄递事业部审计工作，完成纳入上海市寄递事业部资产负债损益及财务收支真实性自查；加强欠费管理的用户对账、按月询证及追责机制，出台《超账期欠费余额下降目标及考核措施》。

3. 信息系统不断优化。通过开发商务预付卡系统、车管项目系统等，强化信息技术对经营发展的支撑作用；通过做好新一代寄递平台运维、苹果新品发布技术支持等，强化各类运营保障工作。（上海市寄递事业部／提供）

【中邮保险上海市分公司】 保费收入9.62亿元，其中期交新单4.04亿元，占比42.06%；趸交3.56亿元，占比36.99%；续期1.98亿元，占比20.55%；团险0.04亿元，占比0.4%。总保费收入在上海寿险市场排名第22位，银保新单保费排名第13位。年内，上海分公司荣获邮政系统企业文化建设示范单位称号、中邮保险“十佳微党课”“学习新思想　走出新健康”职工健步走组织奖第1名、2018中国信息安全技能竞赛“观安杯”管理运维赛优秀奖等；员工个人荣获上海金融系统迎“七一”主题演讲比赛优秀奖、2018年度中邮保险“最美调查人”等荣誉奖项。分公司合同制员工50人，硕士及以上学历11人，占比22%，具有中、高级寿险管理师资格的39人，占比78%。

一、业务结构

保费规模大幅增长，新单保费规模7.6亿元，比上年增长44.85%，总保费计划完成率119.6%，全国排名第五。业务结构改善明显，期交保费占总保费比重由2017年的36.7%提高到2018年的62.6%，期交新单保费占新单总保费比重由2017年的32.1%提高到2018年的53.2%，特别是2018年上海邮银渠道首次全面完成年度中邮保险期交新单保费目标任务。续期业务质量逐年向好，13个月保费继续率由2017年的78.2%提升至94.9%，综合达成率由90.43%提升至98.89%。团险业务稳步提升，以“两项保险”为抓手，实现保费年均20%以上的增长，团险保费380万元，创开业以来的新高。

二、运营管理

运营质量有效受控，新契约抽检合格率持续保持在99%以上，保全业务两日结案率持续保持在98%以上，手工单全流程时效由33.12天提升至6.53天，团险10日结案率由94.59%提升至98.05%，理赔出险支付时效平均81.17天，各项指标均保持较好水平。突发应急和各类投诉事件应对到位，未发生重大群体性事件、重大投诉事项，实际有效投诉量继续保持为0件；针对“泰国普吉岛翻覆事故”迅速启动重大突发事件理赔应急预案，开通理赔绿色通道，得到行业内外一致好评。电话回访成功率保持较高水平，犹豫期内电话回访成功率97.24%。

三、专业支撑

持续为邮银渠道提供培训支撑，通过专职讲师队伍和网格化工作小组持续为上海邮银渠道提供培训辅导服务。举办培训464场次，1434课时，5829人次。专业化培训项目支撑渠道期交发展，开展5大专项培训项目，全方位支撑上海邮银渠道转型发展，协同上海邮政初步建成一支22人的金融内训师队伍。持续推进机构管理工作，全市设立16个区中邮保险中心，配备专兼岗人员32名，定期对中邮保险中心和代管人员考核通报，有效提升经营发展及运营质量。

四、企业管理

1. 制度体系不断健全。新制定、修订或完善各类规章制度68个，现行有效的各类规章制度共103个。

2. 财务管控能力。建立健全全面预算管理模式，有效支撑经营发展；建立采购流程，实施集中采购项目，实施集中采购项目7个，涉及预算金额165.08万元，采购成交金额157.66万元，预算节约率4.49%。

3. 人力资源。制定员工绩效管理办法，建立激励约束机制，规范绩效薪酬考核分配管理；开展员工教育培训，组织开展员工能力提升教育培训50场，参训人数1120人次；加大同业引进和校园招聘，其中社招5人，校招3人。合规检查持续开展，开展"两两"回头看、"治乱打非"、市场乱象整治、防范非法集资等专项检查排查工作；启动"亮剑行动"，进一步规范渠道销售行为。

五、全面从严治党

夯实管党治党政治责任，强化落实党建工作责任制，与各部门签订年度责任书，建立分公司党建绩效考核指标，进一步压实责任；健全分公司基层党组织，成立3个党支部并设立支委会；加强思想政治建设工作，开展党委理论中心组学习10次、党员课堂11次；建立"四个第一时间"学习机制，深入学习习近平新时代中国特色社会主义思想和党的十九大精神；认真开展"大学习、大讨论、大落实"活动，专题研讨3次，心得体会27篇。加强党风廉政建设，坚持党风廉政建设与企业中心工作的"四同步"机制；利用"党风廉政建设宣传月"平台，组织开展"五个一"活动；加强重要节点的廉洁提醒，制作廉洁专题H5动画并向全体员工推送，确保党风廉政建设各项工作落到实处。

六、和谐企业建设

构建和谐企业的良好氛围，成立工会组织，召开首届工会会员大会；持续组织"四送""员工体检""生日慰问"等关爱员工活动，助力"员工幸福工程"体系建设；开展谈心谈话座谈以及职工思想动态调研及时了解员工思想动态，为出台各种政策制度提供有力依据；建立分公司荣誉体系进一步激发员工干事创业热情；持续开展各类喜闻乐见文体活动，丰富员工业余文化生活。（中邮保险/提供）

【中邮证券上海市分公司】 10月26日，中邮证券有限责任公司上海分公司举行开业仪式。中国邮政集团公司副总经理张荣林出席开业仪式并作重要讲话；中国邮政集团公司上海市分公司总经理陈必昌致欢迎辞；中邮证券有限责任公司总经理丁奇文宣布上海市分公司正式开业；杨浦区、财政部驻上海专员办、上海市证券同业公会相关领导出席开业仪式；开业仪式由中国邮政集团公司上海市分公司副总经理张健主持。（中邮证券/提供）

江苏省

【江苏省邮政分公司】

一、发展规模

全省邮政企业收入149.15亿元，比上年增长5.3%，规模列全国第二；经营利润9.44亿元，比上年增长7.03%，居全国第一。中邮保险实现新单保费41.28亿元，期交新单保费23.53亿元，均列全国首位。累计新增中邮证券有效户1.33万户、证券金融资产5.4亿元，均列全国第1位。代理金融转型升级，收入87.8亿元，列全国首位，比上年增长5.25%。寄递业务量质并举，业务量7.15亿件，比上年增长20.2%，业务收入65.4亿元，列全国第3位。市场占有率14.7%。渠道平台稳中有进，收入12.7亿元，比上年增长14.2%，规模列全国第3位。传统邮务创新发展，集邮业务收入5.82亿元，规模列全国第二；函件业务收入7.7亿元，规模列全国首位；报刊发行业务收入7.05亿元，规模列全国首位。

二、履行央企责任

"三大攻坚战"扎实推进。制订实施《江苏邮政扶贫工作三年规划》，扎实开展定点扶贫、电商扶贫、金融扶贫工作。全省扶贫工作受到了省委扶贫工作队的表扬。积极服务乡村振兴战略，制定三年行动方案。制定实施"绿色邮政"建设行动方案，江苏邮政"绿色行动"受到省政协主席充分肯定。认真履行普遍服务义务。扎实推进服务质量三年提升工程，深入开展普遍服务三年行动计划，积极推动"普遍服务专题教育月"活动。机要通信保持26年全红，受到国家邮政局通报表扬。服务社会能力不断提升。深入开展"放管服改革"助力行动，创建"邮帮办"政务品牌，累计实现合作项目885个。

三、推进改革

按照集团公司统一部署，9—10月，省、市、县寄递事业部相继挂牌成立。连续召开3次改革发展推进会，密集出台6项制度办法。加快网络资源整合，完成省市县处理中心、省际省内干线、指挥调度体系整合工作。优化省际干线邮路26条、省内干线135条。10—12月，邮速快包业务量合计增幅26.7%，高于行业6.7%；基础标快2480万件、收入3.6亿元，比上年分别增长10.9%、12.6%。处理能力显著提升，包状邮件日处理能力提升74.5万件。启动长三角区域"双提升"工作，标快重点城市次日递率提升至83.88%，快递包裹互寄次日递率提升至77.1%，标快出口次日达线路达成率行业排名第一。

四、机制创新和管理创新

实施立标对标，深化损益核算。全面启动立标对标达标工作，制定“业务发展质量”“成本费用管控”“流动资产管理”等48项标杆指标。完善绩效考核机制和KPI指标体系，构建县域责任中心损益核算体系。坚持效益导向，加强资金和资产管理。树立成本费用配置标杆，科学做好预算编制工作。加强资金集中管理，实现省级平台统一审核支付。建立用户欠费长效管理机制。完成“三供一业”改革工作。提升队伍能力，推进人力资源管理创新。实施投递、中心局工作写实和定额测试，开展岗位标准试套工作。完善基本薪酬正常增长机制。总结推广代理金融18个优秀网点工作法、保险抢售“九步法”“降丰十八掌”等营销技能。

第18届中华全国集邮展览5月11—13日在常州国际会展中心举办。

五、能力建设

1. 资源投入不断加大。先后制订实施实物网建设和县域物流运营中心建设三年规划，投资2.99亿元用于重要网络节点工程建设及工艺改造。新增社会自提代投点7000个，智能包裹柜544处。寄递翼能力投资占比提高到57.4%。投放CRS设备554台，智能柜员机（ITM）529台。

2. 科技支撑能力持续强化。建成江苏邮政实物网实时指挥调度系统，建设投递员辅助作业系统。开发金融智慧管理平台和金融电话营销系统。建设金融网点轮岗预警系统、柜面操作风险防控系统。开发科技项目27个，4个项目在集团公司获奖。推进数据支撑应用，推广应用数据服务项目210项，建立金融跨赛数据模型。

六、企业管理

1. 审计监督。全面开展寄递翼资产负债损益情况专项审计。开展审计项目1928个，审减不合理工程费用6093万元，审减率10.35%。强化问题整改和审计结果综合运用。

2. 采购管理。建立完善全省采购管理制度体系，建设采购项目管理系统。省分公司公开采购率69.22%，集中采购率提升到30.5%。

3. 安全管理和风险防控。认真做好国家重大活动期间寄递渠道安全保障工作，完成第18届中华全国集邮展览和2018两岸邮政发展研讨会安全保障任务。在第五轮金融机构安全评估中得98.1分，列全国邮政金融系统第2名。获得“平安邮政”创建优秀单位称号。

七、党的建设

党的建设显著加强，深入开展“大学习、大讨论、大落实”、解放思想大讨论、“书记领题”活动。组织“长三角区域时限”专题研讨活动。在无党员网点推行党员挂点工作制度，全省无党员网点占比下降9%。认真推进巡视整改工作。围绕中央巡视反馈4个方面问题，梳理24个问题，制定61项整改措施，完成55项，总体销号率超90.16%。注重制度建设，制定出台或修订完善各类规范性文件66项。精神文明建设再结硕果。1个集体荣获“全国工人先锋号”称号，1人荣获“全国五一劳动奖章”，4人荣获“江苏省五一劳动奖章”，13个集体荣获“江苏省工人先锋号”称号。6个单位被省总工会命名为“模范职工小家”。全省员工满意度得分83.28分，比上年提高4.75分。（江苏省邮政分公司 / 提供）

【邮储银行江苏省分行】 邮储银行江苏省分行设置一级部门20个、二级部门6个、直属单位1个，下辖13个二级分行。辖内邮政金融网点2509个，其中银行自营421个、代理网点2088个；县城服务覆盖率100%，乡镇网点1320个，占比52.61%。员工9334人，平均年龄36.3岁，其中本科及以上学历员工6339人，占比67.91%。

一、经营概况

总资产7391.66亿元。本外币各项存款余额6908.4亿元，居系统内第1位，比上年增长385.08亿元。本外币各项贷款余额4134.45亿元，比上年增长759.23亿元，余额及净增均居系统内第1位；年末存量贷款市场份额占3.54%，其中年末实体贷款余额3510.78亿元。收入111.42亿元，比上年增长19.04%，利润总额49.58亿元，比上年增长36.26%，均居系统内第2位。人均创收120.57万元、人均创利53.64万元，分别比上年增长19.04%、36.26%。成本收入比41.58%，机构运行费用比上年下降6.85%。年末不良贷款率0.43%，拨备覆盖率

372.09%。处置不良资产10.67亿元，比上年增长26.9%。

二、业务发展

1.“大零售”板块。自营储蓄年日均余额净增63.35亿元，比上年下降37.76%，计划完成率74.53%。理财类业务，代理保险新单保费39.15亿元，代销资管40.05亿元，基金有效销量2.21亿元。消费信贷净增352.8亿元，连续5年居系统内第一。小企业贷款、小额贷款与个人商务贷款合计净增98.84亿元；三农金融净增74亿元，贷款余额420亿元，落地极速贷、E捷贷、银政类、银担类新产品15项。信用卡发卡量比上年增长8.73万张。电子银行方面，新增手机银行激活客户78.5万户，结存激活手机银行367.2万户。

2.“大公司”板块。公司贷款年末贷款余额491.88亿元，净增4.24亿元。向制造业行业客户投放公司信贷72.78亿元，比上年增长9.91亿元。营销拓展上市公司86户。2018年公司存款日均余额950亿元，净增16亿元，不断做大做强非税、国土、资金监管与托管、建筑工人工资监管、法院破产清算管理人账户等项目，持续推进机构业务重点项目的营销和推广工作。国内贸易融资业务余额247亿元，比上年增长34%，国际结算、国内信用证、跨境项目融资等多个项目取得突破。小企业贷款3440户，余额168.28亿元，居系统内第3位，走访小企业新客户17422户。金融市场电子商业汇票贴现量占全部贴现业务的99.48%，存放同业业务新增119亿元。资产管理业务投资推荐项目新增33笔，金额108.98亿元。

三、转型发展战略

1. 调整考核体系。调整绩效考核体系，强化资本管理约束，提高“三农”和小微业务、发展质量指标的考核权重，切实体现发展导向。完善工效挂钩办法，鼓励超额发展。

2. 推进扁平化管理。在营运中心成立集中放款中心，日均放款69笔。推进县支行中后台29项职能上收，释放支行发展潜能，利润过亿元县支行8家。

3. 开展综合营销。建设省市县网点四级综合营销体系，调整六项机制保障营销体系运行，加强新增与存量优质客户的价值挖掘。年末零售信贷客户资金沉淀形成储蓄存款45.79亿元，其中活期占比88.6%。法人授信客户直接、间接引存109.01亿元，比上年增长24.14亿元。

4. 拓展线上渠道。打造在线获客平台，线上推广“白领贷”，拓展高端客户3万余户；开发网贷平台前置系统，全年“E捷贷”线上支用6万笔、173亿元，“网贷通”线上支用12万笔、133亿元，金额和笔数均居系统第1位。打造“邮选”权益平台，年末注册客户50万户；打造“邮储食堂”权益品牌，注册会员数15.27万。上线“邮约”线上预约平台，有力提升业务流转效率和客户体验。

5. 实施网点转型。制定新的网点装修设计规范，提升网点智能化水平，完成60个自营网点装修改造。推进营业网点派驻制，派驻444名营业主管，增强网点的合规管理力量。调整网点考核模式，试点推行网点经营月报和类比组管理。

6. 形成人才梯次格局。加强关系客户经理和专业客户经理队伍建设，压缩中后台人员配置，年末营销人员占比32.6%。加快优秀年轻领导人员培养，选派十余名年轻领导人员挂职交流。

四、风险管控与合规管理

1. 责任进一步压实。明确各级机构主要负责人是风险防控第一责任人，扎实推进风险防控各项举措，案防领导小组、风险内控委员会等内控机制有效运行，制订《打好防范化解重大风险攻坚战三年规划》，提升风险防控成效，严防重大风险发生。

2. 市场乱象整治持续深化。把开展好深化市场乱象整治作为防范金融风险的总抓手，开展三轮次全覆盖检查，检查发现问题笔数6431笔，坚持边查边改，问题整改率99.48%。

3. 资产质量进一步夯实。加强信贷资产质量真实性摸排，严格贷款风险分类管理。

4. 重点领域、重点客户风险防控不断强化。对重点防控客户实行名单制管理，差异化实施压、退、防措施，及时化解风险隐患。围绕重点业务和高风险领域，开展专项审计27项，发现问题1278个，提出审计建议205条，建议采纳率86.34%。

5. 违规问责力度进一步加大。修订员工行为管理“两个办法”。经济处罚21328人次，比上年增长18.32%，处罚金额432.3万元，比上年增长33.41%，其中纪律处分71人次；对3064名员工进行轻微违规行为记分。

五、服务实体经济

坚守零售战略定位，坚持服务社区、服务中小企业、服务“三农”市场定位，大力发展普惠金融，积极服务实体经济。

1. 强化组织领导。明确将普惠金融业务列为“一把手工程”重点推进，认真落实“五个亲自”要求。进一步推进三农金融事业部落地，强化三农金融业务经营管理职能。

2. 加强政策传导。提升绩效考核权重，推动“两小”业务发展，配置专项额度，用于满足小微涉农、精准扶贫信贷需求，配置2400万元战略性费用，支撑实体发展。

3. 落地重大项目。主动服务“一带一路”“长江经济带”等重大战略，全年为省内29个重点项目提供61亿元信贷支持，推动南京地铁七号线、扬州广陵保障房、粤海水务、国投响水新能源、沪通大桥等项目落地。

4. 创新产品涌现。创新推出“农户置业贷”“特色田园乡村农房改造贷款”“乡村旅游民宿小额贷款”等产品，助力江苏美丽乡村建设，拓宽小额贷款市场空间。创新推出“发票贷”“流水贷”等线上产品，累计放款超4亿元。创新开展市场化债转股业务，获批全国首单实体企业债转股项目。

5. 延伸服务触角。拓宽服务覆盖面，打通服务“最后一公里”。年末金融服务省内行政村覆盖率83.39%，比上年提高0.7%，配备2958台助农取款机。

六、党建工作

1. 党的领导不断强化。不断夯实党建基础，深入推进“两学一做”学习教育，做实“强基固本”工程常态化制度化建设，开展“不忘初心、牢记使命”主题教育，组织全辖党员干部专题学习35次，参与学习党员干部3037人次。保持作风建设高压态势，制定中央八项规定实施意见细则并严格执行。

2. 中央巡视反馈意见整改取得阶段性成果。党委召开11次会议，研究部署巡视整改工作，建立并实行“一措一档”以及整改措施完成认定机制，切实做到严核查、真整改，既拿出“当下改”的措施，又形成“长久立”的机制，规定时间内54项巡视整改举措全部纳入“完成和阶段性完成”范畴。

3. 党风廉政建设扎实开展。强化监督执纪问责，驰而不息纠正“四风”，全年对12名党员给予党内纪律处分。深化信访源头治理，全年受理纪检监察信访量比上年下降30%。

4. 和谐工程深入推进。坚持民主管理常态化，充分发挥职工代表作用，推进职工小家建设提档升级，组织对全行100余名先进劳模、基层代表以及困难职工进行慰问，发放慰问金31.6万元。举办邮爱公益、趣味运动会、篮球比赛等丰富多彩的文体活动，营造良好职工文化氛围。（邮储银行/提供）

【江苏省寄递事业部】 全省寄递业务量7.15亿件，比上年增长20.2%，业务收入65.4亿元，列全国第3位，市场占有率14.7%。

一、业务经营

1. 标快业务。政务专递持续高速发展，收入2.81亿元，比上年增长27%，税务发票寄递项目获国务院办公厅、国家邮政局点赞，成为全国性标杆业务。运营扬州工行制卡中心项目，上线小米南京同城211及省内业务次日递项目，中标H&M昆山仓电商寄递业务，收入规模破千万元。首次推行员工体验式营销，全省累计收寄大闸蟹邮件65万件，业务收入2161万元，比上年增长44.6%。2018年，全省标快业务量9017万件，收入12.6亿元，分别比上年增长15.8%和8.3%。

2. 包裹业务。聚焦产业集群市场开发，对品质型集群客户开展邮乐网引流入驻、聚合支付推广等资源整合营销，全省重点集群客户聚合支付覆盖率67%；聚力“长三角”市场开发，引导各地实施“省内＋优势流向”打包营销策略，利用优势流向带动长三角业务量的提升。组织旺季营销，以“客户为中心，重构营销体系，加密重点区域布局，提高综合服务能力”的总体思路，以打赢寄递翼改革后的首个旺季攻坚战为目标，指导地市加快融合、形成合力，开拓旺季市场，确保目标完成。全省快递包裹业务量5.27亿件，收入22.95亿元，分别比上年增长38.2%和27.6%。

3. 国际业务。一是做大做强国际标快“10-30-50工程”，加快发展e特快业务，重点营销存量e邮宝、国际小包客户，形成组合产品进行营销推广，抢占高端跨境电商市场。二是转变跨境轻小件业务发展模式，从经营客户向经营优质大客户转变，充分发挥优质客户、专业团队、口岸及政府政策等优势资源，在全成本损益核算的基础上，执行市场化的资费机制，实现与大客户、大平台的深度合作。三是全方位统筹，顺利启动美向包机项目，并依托美向包机时限优势，开展专项营销活动，全省美东业务量（e邮宝及国际小包）日均增量5.5万件以上。

4. 物流业务稳中求进。精耕行业创新发展，通过创新千万元级淮安海澜之家退货仓、国际物流及苏州雅鹿项目OTO线上线下协同物流挖掘服装行业新增点；通过创新五百万级常州重汽干线集配中继站模式加快汽配行业市场拓展；通过创新千万元级连云港天晴项目信息化引领流程优化及渠道优化，持续打造医药行业龙头标杆。狠抓仓储转型发展，成功开发淮安海澜退货仓（1.45万平方米）、常州重汽仓（5000平方米）、常州博世仓（1500平方米），努力推进供应链管理提档升级。规模项目提速发展，全省百万级以上客户比上净增6家。

二、寄递翼改革

10月，省、市、县三级寄递事业部相继挂牌成立。省分公司连续召开3次改革发展推进会，统一思想，提高认识，密集出台《关于加强营销资源整合，举全省邮政之力加快标快业务发展的实施意见》《产品管理办法》《加强标快协议客户资费管控办法》《包裹快递快速理赔处理办法》等6项制度办法。

1. 加快资源整合。一是加快寄递网资源整合。完成省市县处理中心、省际省内干线、指挥调度体系整合工作。优化省际干线邮路26条、省内干线135条，全省优化盘活453人。二是推进营销资源整合。释放邮政大客户资源和营销资源，协同深度开发政务和商务市场；释放邮政网点等渠道优势，协同开发散户及农村市场。三是推进客服资源整合。探索项目客服向综合客服转变的新方法新路径。推进整合寄递客服管理体系，统一客服工单处理模式，完善11183系统接单响应、揽收反馈以及超时未响应进行警示等功能。

2. 推进机制创新。一是推进经营服务机制创新。出台一线散件揽收超出标准资费部分按 20% 奖励揽收人员的政策，最大限度调动一线员工积极性；出台协议客户开发高于标准折扣部分进行四、六分成的机制，积极鼓励一线经营人员开发品质客户；完善国内包裹快递快速理赔办法，严格执行最高 8 倍赔偿的政策，大力改善客户体验。二是完善业务协同发展机制。省分公司牵头制定板块间互为代理发展业务的结算、奖励指导意见，构建完善协同发展机制。

三、能力建设

1. 投递网能力。推进自提平台建设，新增社会自提代投点 0.7 万个，累计达到 3 万个；深化与中邮速递易公司合作，新增布放智能包裹柜 544 处，全省格口数量 43 万户；增配投递车辆和设备，新增机动汽车 181 台（含普服 36 台）、电动三轮车 1174 台，购置摩托车 213 台，提升投递能力；购置投递 PDA2793 台，提升投递信息的实时反馈率；基本完成投递视频监控及对讲系统建设，初步实现投递网点的可视化管控；初步建成 450 条段道 +480 人的特投队伍，大幅提高重点项目妥投率。

2. 信息化建设。改进政务邮件管理系统，实现线上取消订单信息处理流程；完成法院回执联图像接口开发，实现法院回执联自主扫描，并将图像反馈至法院；改进海关监管辅助系统，提高数据对接的实时性与准确性；升级工行项目处理软件，实现邮件号码预分配；开发连云港天晴医药、德源医药物流项目系统，通过接口接收客户发货信息，结合 PDA、无线打印技术提高作业效率；完成散户促销业务管理系统开发，准确计算促销奖励与统计。

四、服务质量

以突出解决邮件运行异常为抓手，将质量问题解决在客户申投诉之前。对时限质量问题，充分利用时限管理系统，做到严格执行时限计划，加强作业组织，强化过程管控；对跟单系统发现的异常，严格落实相关责任人责任，销号解决；着力加强揽投服务规范和申投诉判责规则培训的力度，不断提高一线人员规范操作水平；创新监督管理手段，针对重点单位邮件丢失问题实施问责制，现场召开质询会专项分析，持续监督，限期整改；构建全省客户服务质量动态管控体系，利用数据分析工具，主动发现、分析、解决问题，同时发挥客服质量监控作用，对各项重点服务指标、阶段性重点服务线路、重要服务品种提供监控数据分析报告，着力解决影响客户申投诉的难点痛点。

五、党的建设

制定巡视反馈问题整改方案、巡视反馈问题整改清单，梳理 49 条整改措施，抓好整改过程管控，推进完成 45 项（含阶段性完成需持续推进），销号率 91.8%。完善和落实党建工作各项制度，制定印发《2018 年全省邮政速递物流党建工作要点》，党建重点工作分解为 5 大类 19 项重点工作 30 项具体任务；健全党建工作调研制度和党建联系点制度，密切党群关系，更好服务基层。完善年度党建检查制度，抓好《2018 年主体责任书》的贯彻落实，抓好基层党组织建设和党支部“三会一课”制度执行。落实专责责任监督，与全省 20 个下级单位签订 2018 年度纪检监察“专责监督责任书”。制定下发 2018 年纪检监察工作要点和工作任务责任分解表，组织指导各单位按照要求做好本年度纪检监察工作任务并将党风廉政工作纳入绩效考核；凝聚监督合力，严格执行非领导职务设置与管理实施办法及纪检机构领导人员提名考察任免办法，组织全省 126 名领导人员填报 2017 年度廉政档案，不折不扣做好干部监督；积极开展效能监察，开展全省房屋土地资产租入租出效能监察项目整改落实工作，对部分单位存在的问题和隐患，均提出整改要求并限期落实整改。（江苏省寄递事业部 / 提供）

【中邮保险江苏省分公司】

一、全面达成经营发展计划目标

总保费 69.37 亿元，比上年增长 33.5%。趸交保费 18.22 亿元，期交保费 50.63 亿元，比上年增长 65.82%；其中，期交新单保费 25.38 亿元，比上年增长 73.66%；续期保费 25.24 亿元，比上年增长 58.62%；长期期交新单保费 4.95 亿元，比上年增长 175.59%。团险保费 5128.87 万元，比上年增长 181.18%，其中完成简易险保费 3937 万元，比上年增长 706.7%。以上 8 项保费规模均列全国中邮保险首位。集团公司专门下发贺电对江苏邮银保提前完成一季度期交新单和长期期交新单目标点赞肯定。

二、运营管理

新契约抽检合格率 99.68%，人核件全流程时效 4.54 天，满期给付全流程时效 0.29 天，理赔申请支付时效 1.47 天，犹豫期内电话回访成功率 99.10%，亿元保费投诉件数 0.015，13 个月保费继续率 96.5%，主要运营管理指标均居全国中邮保险前列，服务评价专业 KPI 得分列全国中邮保险首位。举办全省中邮保险运营业务技能比赛，蝉联全国运营业务技能大赛团体一等奖。制定江苏《关于巩固和深化中邮保险“自营 + 代管”模式的实施方案》，深入推动“自营 + 代管”模式工作。

三、党建引领

把学习贯彻习近平新时代中国特色社会主义思想和党的十九大精神贯穿全年工作，融入分公司党建各方面和全过程，树牢“四个意识”，坚持“两个维护”，坚定“四个自信”。坚持问题导向，以巡视整改为契机推动改革促进发展，按照整改方案清单列明的 19 项整改任务、40 条整改措施均已完成。聚焦主责主业，强化监督检查，建立重点工作事项效能监察机制，将中邮保险“期交翻番工程”分片挂钩督导纳入重点工作效能监察事项，加强月度工作督导，推动重大决策部署有效落实。

四、和谐企业建设持续加强

荣获2016—2017年度全国交通运输行业文明单位；荣获邮政系统企业文化示范单位；荣获第一届团险路演比赛团体一等奖；开发的江苏中邮保险风险预警可视系统、营运支撑管理系统分别获得集团2018年全国邮政科技创新成果二等奖和小技改、小发明奖；在集团公司“双先”评选中，1人荣获先进个人；1人荣获邮政青年员工践行党的十九大精神演讲比赛三等奖。

五、合规经营和全面风险管理

制订《中邮保险江苏分公司关于打好防范化解重大风险攻坚战三年规划（2018—2020年）》，建立任务分解表，实施季度通报追踪机制，确保各项工作任务有效落实。积极健全邮银保联动合规管控工作机制，深入开展“治乱打非”专项行动等工作。获评“2017年人民银行南京分行反洗钱评级A类机构”“2017年保监经营等级评价A类公司”，通过南京平安金融示范单位评审验收。在江苏保监局2018年寿险公司合规内控情况测评中获评满分（100分），获评中邮保险2018年度合规与风险管理先进单位。

六、开展保险扶贫

坚持中邮保险“服务基层，服务三农”的责任定位，制定《2018—2020年中邮保险江苏分公司扶贫工作规划》《中邮人寿保险股份有限公司江苏分公司服务“三农”工作实施方案》，进一步明确分公司扶贫工作目标、重点举措和保障措施。1月，继续在扬州市江都实施“爱心保险守护民生”中邮保险精准扶贫项目，推广“新农合＋中邮小额保险”保险精准扶贫模式，保费收入17万元，为当地10万农户提供20.16亿元的保险保障服务。9月，试点“中邮保险普惠扶贫保险项目”。联合海门邮政开拓培才村村邮站团险项目，为3000余名村民设计专属小额保险保障方案。此项目先后获《中国保险报》《中国邮政报》专门报道，在业内和邮政系统取得良好反响。

七、绿色邮政建设行动

制定并下发《中邮保险江苏分公司关于开展绿色邮政建设行动的实施方案》，明确总体意义、发展定位、主要目标、重点任务和配套措施等重点内容。明确绿色邮政建设行动各关键指标和工作责任部门，切实把绿色发展理念融入各方面工作中。线上出单率从年初的68.67%提升至74.21%，人均用纸金额比2017年下降57.32%。

八、邮保营销队伍共建

定期开展兼职讲师履职考评，增聘兼职讲师48人，聘任中级兼职讲师26人，兼职讲师队伍扩增至137人，共建金融营销人员1938人、营销团队39个。创新培训运作模式提升队伍能力，针对全省邮银中高层经营管理人员等举办荣誉定制培训班，推进理财经理队伍分级培训，提供以基层需求为导向的定制化培训，针对落后地区采用“集中培训＋网点辅导”的方式，组织实施价值型产品转型实战能力提升培训班。

九、团险直销业务

聚焦快递行业团险客户，承保吴江瑞达货运公司、瑞拓物流公司等企业团险项目，团险保费收入23.58万元。

十、快速应对“7·5”普吉岛沉船事件

7月5日，两艘载有127名中国游客的游船在泰国普吉岛发生翻覆事故。分公司第一时间联合邮银开展客户信息排查工作，开通理赔绿色通道，及时赴机场慰问客户家属，快速赔付两名遇难客户保险金47.8万元。

十一、服务品质

在全省开展“邮福到家”“少儿邮票设计大赛”、高端客户体检等活动近50场，维护客户10万余人，中高端客户近600人。升级打造“有温度的优＋理赔服务”，开展安心、省心、舒心差异化“三心”理赔特色服务，主动上门服务1000余次，赔付保险金5800余万元，客户满意度98.78%，获赠锦旗33面。

十二、开展公益活动

7—9月，分公司联合南通、泰州邮政，组织开展“跟着邮票看泰州”“关爱留守儿童　构筑爱心彩虹”关爱留守儿童文化扶贫系列公益活动、“重走爱心邮路　关爱空巢老人”扶贫公益活动。（中邮保险／提供）

【中邮证券江苏省分公司】

一、总体情况

1. 经纪业务。开户152286户，其中有效账户20623户，占比13.5%；邮储银行第三方存管账户129082户；客户资产13.8亿元；成交609.2亿元。鹏华产业债销售2.09亿元、鸿利来2号5533万元、招商金鸿3926万元。定制化的产品为邮银提供了营销他行客户的抓手，成为邮政系统获客引流的有效途径，实现证券和邮银系统发展的共赢。开发两融客户37户，其中机构户1户，个人户36户。两融客户总资产10772.3万，两融授信额度14505万，额度使用37.99%。“金鸿小贷”客户实现融出金额1091.2万元。

2. 资管投行。存续资管项目规模88.54亿元，位列全国分公司前列；金陵2号资管管理计划正式成立。太湖湖泊成功挂牌，为全国分公司成功挂牌新三板的首个项目。申通快递股票质押项目正在顺利推进中；与多家股份制银行、商业银行建立良好沟通，并且与南京银行建立授信，多维度进行交流合作；新签约凯地兰一单新三板推荐挂牌项目；泰州市、镇江市就风景区ABS项目持续跟进中；目前四板拟挂牌企业有多家，同时拥有了一定的债券以及ABS项目储备；近期伴随科创板的初期政策陆续出台，各项准备工作正在加紧推进。

二、发展措施

1. 邮银融合。一是加强管控，协同推进。抓住各种会议契机，持续与省邮政、省分行主要负责人及分管总汇报并寻求支持；直接赴地市、县级单位开展调研，与邮政企业、邮储银行主要领导座谈，整合资源，推进经纪和资管投行业务发展，取得良好效果。二是加强培训，扩大影响。分公司通过全省集中培训、地市分片培训、理财经理远程培训等方式，借助全省金融转型大使、金融督训师、证券业务主管等培训班，进行不间断的业务知识宣贯，使全省各级邮政企业的营销人员了解和掌握证券基础知识。三是开展活动，提升效益。借助邮银联合开展的金融跨年度竞赛，将证券开户和资产净增指标列入邮银的发展目标进行联合推进。四是加大支撑，提高效率。在做好全省邮政运营支撑的基础上，分公司建立工作 AB 角协作制度，及时补位。按照总部的统一部署，先后组织实施鹏华产业精选基金、招商金鸿基金和鸿利来等集合资产管理计划的销售工作，销售金额在各分公司名列前茅。在做好高净值客户维护的基础，深入开发融资融券客户，成功将扬州、苏州、南京等地的邮储高净值客户开发为两融客户。

2. 拓展市场。一是盘活有限人力资源，组建外拓业务小分队，分片挂区拓展业务。接收上报的股票质押项目约 70 个，符合监管要求和总部准入门槛的约 25 个，基本形成初步尽调报告的 8 家，拓展市场，实现股票质押工作的新突破。二是经纪人与理财经理队伍逐渐稳定，发展客户质量显著提高。截至 10 月 31 日，经纪人 9 名，发展客户 85 名，引进证券资产约 868 万元。开发理财经理 1 名，引进证券资产 4435.6 万元。

3. 合规运营，风险管控把控运营风险，结合总部工作安排，推进合规运营。按照总部要求上报交易所重点关注账户情况说明；制订总部要求的全面风险排查计划，完成全面风险排查报告以及全面风险排查整改报告。同时按照总部要求开展反洗钱培训月，开展全体员工培训。

4. 党建及纪检工作。始终坚决把党的政治建设摆在首位，组织广大党员干部以支部书记讲党课、中邮网院学习、全体党员大会大讨论等形式认真学习贯彻习近平新时代中国特色社会主义思想。分公司党委坚持以“三会一课”为基本制度，以党支部为基本单位，以解决问题、发挥作用为基本目标，建立党内经常性教育工作机制。分公司党委召开专项整改组织生活会，学习省级机关党委下发的“十不提醒”，以及中央巡视发现泰州学习记录造假问题。(中邮证券 / 提供)

浙 江 省

【浙江省邮政分公司】 业务总收入 102.41 亿元，比上年增长 15.66%，增速居全国邮政首位。经营利润 2204 万元。

一、聚焦重点业务、重点项目

1. 金融业务持续高质量发展。全省金融业务收入 42.37 亿，比上年增长 5.44%，新增余额 237.73 亿。全省跨赛（跨赛一阶段）新增 130.00 亿、排名全国邮政第二，比上年多增 71.63 亿、排名全国邮政第一。全省累计实现中邮期交保费 15 亿元，中邮长期险保费 2.2 亿元。

2. 寄递业务改革与发展同步推进。9 月 11 日，省寄递事业部宣布成立，推进寄递翼改革各项工作。全省寄递业务总收入 82.5 亿元，比上年增长 17.55%，高于全国平均 9.10%。其中累计完成快递包裹业务量 7.26 亿件，业务收入 27.73 亿元，量收规模均列全国邮政第一。标快业务量 1.19 亿件，收入 11.05 亿元。完成国际业务收入 35.96 亿元。在寄递翼改革期间，全省“开着汽车换轮胎”，力保邮速发展不停滞。改革后的首个“双 11”旺季，完成收寄量 4277.5 万件，峰值超过 800 万件，高居全国邮政第一。

3. 农村电商持续提升发展质量。全省建设“邮乐购”站点 3.54 万个，其中商超型站点 2.45 万个。全省批销金额 12.99 亿元，位列全国邮政第三，站点月均批销活跃度列全国邮政第一，其中全省统一组织的康师傅饮料大单品项目，要数金额累计超过 2800 万元，累计配送量超过 50 万箱。基本形成“万斤农产品进城”项目、“邮善邮乐”精准扶贫项目、品牌农品馆 3 种主要模式，累计运作 161 个农产品进城项目，将 370 万斤农产品送进城。

4. 基础性业务转型发展。函件业务收入 3.6 亿元；集邮业务收入 2.1 亿元，集邮产品毛利率 47%；报刊业务收入 5.02 亿元，列全国邮政第四。增值业务收入 6567 万元。

5. 三大重点项目取得突破。“警医邮”项目，建成“警医邮”服务点 383 个，业务量 54.05 万笔，建点数和业务量均居全国邮政首位。简易保险项目，简易险保费 6662.34 万元。腾讯新媒体广告项目，收入 8397 万元，比上年增长 632.6%，收入规模列全国邮政第三。

二、立足“四个着力解决”，推进“四个年”建设

1. 开展“作风建设年”活动。深入学习贯彻习近平新时代中国特色社会主义思想和党的十九大精神，开展全省邮政三级副及以上领导干部集中轮训工作，集中培训应训率 100%。5419 名党员全部完成网上学习，网上学习活动参与率、完成率 100%。开展“大学习、大讨论、大落

实”活动，三级副及以上领导干部撰写学习体会文章187篇。开展“作风建设年”活动，建立党建联系点278个，征集到意见、建议2725条，解决实际困难和问题2038个。狠抓机关作风建设，围绕“六个方面”突出问题，提出887项整改举措。从严从实推进巡视整改工作，23项整改任务、60项整改举措全部完成。针对中央巡视选人用人检查反馈意见开展专项自查整改，规范选人用人程序，着力整治突出问题，匡正选人用人风气。贯彻民主集中制，健全完善党委议事规则、“三重一大”决策制度、任职回避、领导人员异地任职管理等相关制度文件27个。完成市分公司巡察“回头看”全覆盖。形成了巡视整改常态化、长效化机制，巡视的“利剑”和“紧箍咒”作用有效发挥。

2. 推进“基层党组织提升年”建设。推进基层党组织标准化建设，进一步深化应用“三建七招”（将支部建在支局、支部建在专业、支部建在项目，灵活采取独立式、下派式、联合式、复合式、帮扶式、统建式、挂靠式“七种招式”），有效发挥基层党组织战斗堡垒作用和党员先锋模范作用。建有党支部763个，党员活动室485个，782个党员空白支局（网点）纳入255个党支部的工作范围，设立了657名党建联络员。大力开展群众性创新活动、劳动竞赛等，关心关爱困难党员和群众，汇聚企业改革发展合力。浙江省邮政分公司党建工作受到肯定，新华社内部刊物刊登《浙江邮政抓住党建“牛鼻子” 实现业务逆势扩张》，浙江省委书记车俊作出批示肯定。《人民日报》《浙江日报》等主流媒体对浙江省邮政分公司基层党组织建设工作进行报道。浙江省邮政分公司被选为央企唯一代表参加“2018之江国企党建论坛”。

3. 推进“企业文化落实年”建设。坚持“人民邮政为人民”的服务宗旨，切实履行普遍服务义务和特殊服务使命，制订实施《浙江邮政提升普遍服务特殊服务水平，拓展便民公益服务三年行动计划（2018—2020）》。机要通信连续25年无失密丢损。优化网运作业流程，深入推进集包作业，日均处理能力提高到600万件。试点混合收寄模式，收寄速度从3秒/件提升至1秒/件。树立“客户至上”服务理念，邮政服务水平明显提升，全省邮政服务质量申诉率百万分之0.92；全省申诉处理满意率100%、列全省快递行业第一，客户服务质量综合满意度85.67分。

4. 推进“成本管控年”建设。加强营销费用管控，累计支付营销费用3.51亿，营销费用率3.43%，比上年下降0.65%。快递包裹欠费率4.85%，低于全国平均。电子面单使用率96.54%，列全国邮政第一。（浙江省邮政分公司 周静/提供）

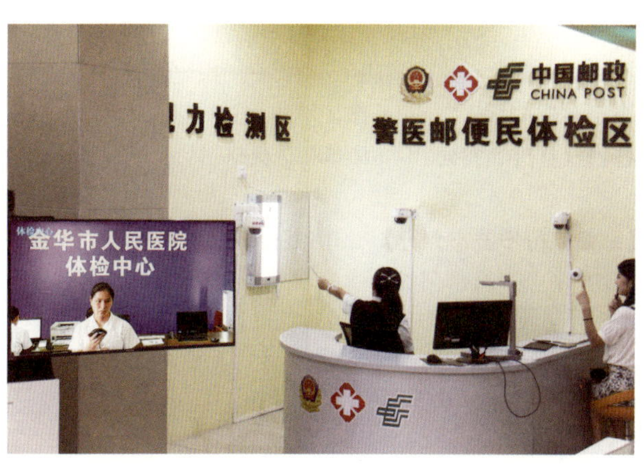

浙江省邮政分公司推出“警医邮”项目。

【邮储银行浙江省分行】 邮储银行浙江省分行设有一级部门21个、二级部门9个、直属单位2个；下辖10家二级分行（不含宁波）、55家一级支行。员工6887人，营业网点1385个，是省内网点数量最多的金融服务机构，其中，83%的网点分布在县城及县以下地区。

一、经营概况

资产规模3613亿元，自营收入76.3亿元，居系统第5位；考核净利润31.5亿元，居系统第6位，增幅42%；成本收入比38.6%，居系统第5位。人均创收112万元，居系统第4位；人均创利46万元，居系统第5位；人均EVA为10万元，居系统第11位。不良贷款率0.42%，居系统第8位。

二、业务发展

1. 负债业务。通过优化产品要素、调整营销模式、抓实客户维护等方式，夯实负债业务发展基础。各项存款余额3322亿元。其中，自营储蓄余额614亿元，居系统第11位；公司存款余额389亿元，居系统第12位。

2. 资产业务。贷款结余2521亿元，居系统第3位，比上年上升1位；净增524亿元，居系统第2位，比上年上升3位。零售贷款结余突破1500亿元，本净增302亿元，创五年来新高；其中，个人经营性贷款（含小额、个商，下同）净增超过100亿元，结余和净增均居系统第1位；小企业贷款结余251亿元，净增47亿元，结余和净增均居系统第1位，温州、台州、杭州市分行本净增排名全系统二级分行前3位。

3. 中间业务。现中间业务收入13.5亿元，增幅39%，居系统第2位；中收占比17.7%，居系统第3位。信用卡发卡33.54万张，新增客户20.65万户，业务收入比上年增幅41%；新增手机银行激活客户63.9万户，手机银行客户渗透率56%，居系统第1位；微信银行签约客户突破100万户，居系统第1位；贸易融资（含福费廷）发生额189亿元；票据业务收入1.89亿元，规模结余229亿元，比上年末增长102亿元，居系统第2位；同业投资落地业务29笔、金额119亿元。

三、改革创新

1. 组织架构调整。完成网络金融部、金融同业部、运营管理部更名和职责调整，升格市分行小企业金融部和信用卡部，梳理职责边界、调整职能配置；省分行营运中心设立预警核查团队、信用卡风险审查团队、信贷放款团队、反洗钱团队，落实风险防控导向。

2. 体制机制建设。单列党建工作考核指标，增加内外部监管评价及整改落实情况考核要求。推进支农支小政策落地，加大对“两小”、涉农、小微等贷款的考核力度，提升风险调整后收益的指标分值。

3. 产品服务升级。创新推出“白领贷”线上获客产品，促进信用消费贷款增幅177%，增速居系统第1位，累计获客超过3.3万户；住房消费贷款业务在信贷工厂全面上线，业务从上报到终审的用时最多缩短8.59天；小企业快捷贷授信金额提升至1000万元，覆盖70%客群；持续为优质客户提供无还本续贷服务，有效降低客户的资金周转成本。

四、风险管理

1. 风险管控体系建设。制订《浙江省分行防范化解重大风险攻坚战三年规划》，提出未来三年全面风险管控的工作目标和具体举措。加强资产质量及真实性管理，重点提高新增不良贷款的管控力度；积极提升反洗钱工作质效。加大消费者权益保护力度。严格执行“十条禁令”和“操作风险红线十五条”。

2. 市场乱象深化整治。组织落实全辖市场乱象深化整治工作，制定细化工作方案，对2017年度“三三四十”及信用风险专项排查工作进行自评估，全部完成整改；按月召开省分行部门协调会、编制工作简报，按季开展全辖范围的典型案例剖析，实现辖内机构“约谈全覆盖、督导全覆盖”。

3. 不良资产处置。扩展不良资产委外催收范围，加强风险化解、贷款平移、转贷、重组等处置手段的合规运用，准入7家委外催收机构，将委外业务拓展到全部贷种。修订风险化解制度，确保不良资产各项处置手段规范开展。清收不良贷款6.86亿元、核销0.64亿元，合计处置金额7.50亿元。

五、服务支撑

1. 信息科技。完成133个项目开发和升级上线，完成全省51个县市的财政统一公共支付平台的推广上线，开发超级柜员机的大额存取转汇集硬币兑换等多项新功能，改进数据分析管理系统，推进大数据平台建设，强化数据治理，提升数据安全。

2. 审计监督。通过现场和非现场方式，扎实开展审计项目，超额完成全年审计项目计划；建立“监审联动”机制，以操作风险为切入点，通过信息共享、定期沟通、模型共建等方式，联动监管部门开展监督检查。

3. 人力资源。推进干部队伍年轻化、专业化，市分行领导班子平均年龄下降1岁，县支行领导班子平均年龄下降1.7岁。严控机关用工，通过机构撤并盘活人员。各级行举办培训班1642期，培训5.85万人次；岗位持证率79%，比上年提升6%。

六、党建与纪检监察

1. 干部监督管理。出台领导人员管理办法及系列配套制度、干部监督系列管理制度，明确领导干部个人事项管理规定，强调组织工作纪律要求，建立选人用人检查监督机制。组织对辖内异地交流任职领导人员超标准报销探亲交通费、周转房租赁费情况开展专项检查。

2. 工作作风建设。修订贯彻落实中央八项规定的实施细则，在全辖严格执行。修订差旅费、会议费、党组织工作经费管理实施细则及领导人员异地任职有关事项管理规定，从严从紧统一标准。紧盯节假日等关键时点，组织开展明察暗访，防止“四风”问题反弹回潮。

3. 基层党建工作。省分行党委与浙江红船学院签订党建共建合作协议，省分行机关党委加入下城区天水街道党建联盟，舟山市分行党委与市银保监局开展党建联建，丽水市分行“新时代新邮储”讲习所做到“四个100%”，区域“大党建”格局初步营造。

七、企业文化建设

1. 社会责任。服务小微方面，1000万元以下普惠型小微企业贷款余额537亿元，比上年末净增124亿元，客户数量比上年末净增0.41万户，“两增两控”目标阶段性完成。支持乡村振兴方面，全辖涉农贷款净增238亿元，增幅26.05%，较各项贷款增速高3.54%，完成“两个不低于”目标；自三农事业部成立以来，浙江省分行“三农”个人经营性贷款余额净增近120亿元，居系统第1位。

2. 企业形象。全年各类媒体刊发浙江分行正面报道3800余篇，举办“支持民营企业十项行动新闻发布会”，得到省政府领导批示肯定。温州市分行的小企业金融服务被央视《焦点访谈》节目报道。

3. 员工获得感。省分行工会被中华总工会评为“全国模范职工之家”荣誉称号，海宁、苍南支行职工小家获得“全国邮政系统模范职工小家”称号；全新增“妈咪暖心小屋”42家。员工工作环境得到进一步改善，员工的各项权益落到实处。（邮储银行/提供）

【邮储银行宁波市分行】 邮储银行宁波市分行内设一级部门19个、二级部门5个、直属单位1个，下辖一级支行9个；邮政金融网点307个，实现城乡全覆盖，其中银行自营57个、代理网点250个。员工1227人，其中分行本部273人，本科及以上学历员工1010人，占比82.31%。

一、经营概况

资产规模550.7亿元，比上年增长7.4%。实现邮政金融业务收入15.68亿元，其中银行自营收入10.5亿元，利润4.16亿元。各项存款余额511.02亿元，比上年增长5.7%；各项贷款余额379.8亿元，比上年增长17.8%。不良贷款率0.42%，低于宁波市同业平均1.24%。

二、业务发展

1. 负债业务。一是个人储蓄业务。个人储蓄时点余额103.19亿元，比上年增长5.5亿元，日均余额97.51亿元，比上年增长2.23亿元，净增额创5年来最高。二是公司负债业务。开展存款招标破冰行动再出发，中标项目10个，机构类客户占公司存款比重26.9%，比上年提升14%。

2. 资产业务。一是零售信贷业务，个人贷款比上年增长39.3亿元，个人商务贷款比上年增长12.55亿元，住房按揭贷款比上年增长24亿元，成功入围市公积金业务承办行，小企业金融增长9.75亿元，在邮储系统率先成立小微企业“双创金融”实验室，实现小微易贷业务、无还本续、“双创”金融跨境电商贷等新业务首落地，与甬丰农资、市个体劳动者协会签订战略合作协议，与天邦股份创新开办线上小额合作贷业务，落地首笔农房建设小额贷款，开办在建渔船贷款业务。二是批发业务，与总行级战略客户宁波舟山港加深业务合作，再次实现用信5亿元。成功中标宁波杭州湾大桥SCP金额4亿，宁波开投MTN金额5亿的债券承销业务。三是国际业务，国内贸易融资增量居系统第5位，贸易融资产品多样性居系统第1位，成功投放分行首笔供应链项下保兑仓业务，实现买方付息自营福费廷、U链福费廷、涉外预付款保函业务的首笔落地。四是金融市场业务，新增同业存单10亿元、金融债9.3亿元。

3. 中间业务。人民币理财销售19.4亿元，保险业务4814万元，实现信用卡收入1010万元，比上年增长28%。电子银行客户突破160万户，电子银行交易替代率86.9%，其中手机银行新增17.8万户，客户有效数列宁波市同业第3位。

三、精细管理

1. 财务管理。成本收入比为46.02%，比上年末下降10.28%，为成立以来最低水平。

2. 授信管理，连续5年获评人行信贷政策导向效果综合评估A等单位。完成个贷审批1.26万笔，小企业法人600笔，公司信贷368笔。

3. 集中运营管理，在邮储系统内率先推广营业主管派驻制，聚焦凭证去库存、精简网点登记簿。

4. 信息科技支持，开发“国家级贫困户查询”和“个人结算账户国家级贫困户查询”两个系统，助力分行精准扶贫。

四、风险内控

1. 摘掉重点问题监管对象的帽子，做好人行综合评价问题整改和落实，启动“内控提升年”活动。

2. 推进深化银行业市场乱象系列整治工作。通过自查发现问题273个，完成整改问题210个。金融消费者权益保护能力提升，监管转办投诉，比上年下降35.8%，在金融知识宣传教育视频评选中荣获最佳“人气奖”，被人行评为活动先进单位，银监评为活动A级单位。

3. 加强不良清收，清收不良贷款1.12亿元，完成总行下达清收计划的224%。

4. 开展各类审计和内控评价项目25项，检查发现问题363个，提出审计意见和建议76条。

5. 完成19家单位的安全保卫达标验收工作，在邮储系统率先使用电子安全台账，网络视频监控系统实现分行、一支、二支3个层级全覆盖。

五、党建工作

1. 开展“大学习、大讨论、大落实”活动，将党委中心组学习频次从每季度1次提升到每月2次。组织召开党委中心组学习14次和巡视整改工作例会8次。

2. 开展“走一线，破难题，抓落实”专项活动，确定11个经营管理中的重大难题和重要项目，建立“一个任务、一名领导、一个小组、一抓到底”的工作机制，项目完成率100%。

3. 开展“两个责任”落实情况检查，实现分行第二轮巡察全覆盖，对“重点问题整改推进”“负债业务”“信用卡/ETC”等6个新项目效能监察，制订第二轮巡察规划。（邮储银行/提供）

【浙江省寄递事业部】 寄递业务收入82.5亿元，比上年增长17.55%，高于全国平均9.10%。

一、寄递翼改革及资源整合

9月11日，中国邮政集团公司浙江省寄递事业部宣布成立，推进寄递翼改革各项工作。完成全省各级寄递事业部机构设置。网运先行，加快整合步伐，基本完成干线网络、处理中心、揽投网、基层经营单元等各项资源整合工作。

二、寄递服务质量

坚持“人民邮政为人民”宗旨使命，制订提升普遍服务特殊服务水平三年行动计划，持续推进省内网优化，省内标快、快包“T+1”准时率稳定在95%，位居全国前三。深入推进集包模式，日均处理能力提升至600万件；率先试点混合收寄模式，收寄速度从3秒/件提升至1秒/件。用好京穗邮航专线，北京、广州邮航通达区域出口次日递率分别提升19%和50%。形成“跟单系统+客户申投诉处理”的问题邮件监控处理体系，服务申诉处理满意率位居全国前列，重点城市客户满意度得分持续提高，均80分以上。

三、传统标快业务

标快业务量1.19亿件，收入11.05亿元。“互联网+

政务”日均寄递量从2017年4月的2300件增加到8992件；法院专递项目通过创新“E键送达”等个性化服务模式，收入7321.8万元，增长24.3%。移动、电信和联通三大通信运营商项目收入2111.7万元，比上年增长25.7%；鞋服类品牌调换货项目收入562.2万元，比上年增长13.6%；阿里小邮局、发票寄递项目收入4012万元，比上年增长54.0%。现费业务收入5679.9万元，增长17.1%。

四、快包业务

快递包裹业务量7.26亿件，日均业务量200万件以上，业务收入27.73亿元，量收规模均列全国邮政第一。每公斤资费水平提高1.35元，件均重量减少到0.64kg。扎实开展电商仓配项目仓配分开、精细核算，全年仓储管理和供应链业务收入超过6000万元。电子面单使用率96.54%，列全国邮政第一。

五、国际业务

用足用好中国杭州—新西伯利亚邮航专线，累计执飞超过180班、运邮3700余吨。中邮海外仓业务拓展至全省10个地市及慈溪、永康、安吉等县市，新增客户226个，收入增幅171%，利润超250万元。国际e邮宝资费100%实现线上审批、按实列收。（浙江省寄递事业部/提供）

【中邮保险浙江省分公司】 总保费46.4亿元，排名全国第三，完成全年目标的108.3%。其中期交新单16.2亿元，排名全国第五，比上年增长40.9%；续期保费20.42亿元，排名全国第二，比上年增长54.6%。长期期交保费2.27亿元，排名全国第五，比上年增长110.3%。期交新单点均产能117.3万元，排名全国第一；长期期交点均产能16.4万元，排名全国第二。在省内寿险业市场占有率3.8%，排名第七，银保期交新单市场占有率27.6%，排名第一。

一、业务结构

1. 联合浙江省邮政分公司实施季度、年度“双绩效考核”政策，组织开展“期交爆破周”“时点网沙赛”专项营销活动，重点抓住业务进度、日平台、出单率、破零率四项指标日常管控，稳固提升期交日均保费。打造“主题活动＋网点沙龙＋特训营”等立体式营销活动模式，组织策划“U未来”“U健康”创意营销活动及“畅邮迪士尼”“小小银行家”精准营销活动。开展主题客户活动5万场，帮助邮银渠道引流客户35万人次，其中新客户7万人次。开展特训营活动15场，期交保费6330万元。

2. 结合存量客户画像，编写《分客群差异化销售指引》《存量客户二次开发营销指引》，开展分类指导，形成“分类筛选、精准邀约、客户活动、意向跟进、签约促成”的“精准营销五步法”，针对期交交费期满客户、满期及新年A客户、单张保单客户等，加大二次开发力度。期交新客户10.5万个，其中1.43万个来自存量客户二次开发，占比13.6%，贡献保费2.45亿元；中邮期交新单客户占邮政金融5万元以上资产客户的比重从2017年底的6.6%提升到9.7%。

3. 参与“世界短池游泳锦标赛”“浙江中通通信”等大项目竞标，积累大项目开拓经验。两款产品入围“浙江省基本医疗保险个人账户购买商业健康险推荐目录”，推动“白领医保通”项目，加快家庭小团单、个人健康险业务开发。实现团险保费收入634.83万元，其中借款人意外险331万元，排名全国第一。

二、专业能力

1. 持续开展员工素质提升培训。组织开展各类员工培训24场，课时3325小时，人数487人次。50人获得寿险管理师、理财规划师等中高级资质，持证率56.82%。

2. 实施“飞行＋驻点”督训模式。组建3支区域支撑团队，重点针对落后单位，开展驻点支撑。强化网点辅导，开展客户筛选、意向邀约、活动组织、产品培训等工作，找出破题方法，累计现场指导707个邮银网点。引入线上课程，编制《每日微课》211期。各类培训及网点辅导累计1141场，覆盖2.3万人。

3. 下发《浙江省巩固和深化中邮保险“自营＋代管”模式实施方案》，完成省市县机构编制调整工作。结合金华、温州两个试点地市转型发展中的痛点难点，制定帮扶支撑、专业培训、专项检查等13项具体措施，努力打造模式深化工作标杆。市县机构履职能力稳步提升，考核得分95分以上的市县机构占比由2017年底的89.2%上升至98.5%。

4. 通过开展客户信息真实性专项自查整改、宣贯“访后付费”政策、提升理赔时效专项活动等措施，运营关键指标均实现了高位突破。新契约综合合格率达99.1%，比上年上升2%；人核件全流程时效7.8天，比上年缩短7天；保全结案时效0.4天，在省内银保系排名第一；亿元保费投诉件数为0件，全国排名第一；犹豫期内电话回访成功率为94.8%，比上年上升2.31%。

5. 紧扣“文化自信”“保险让生活更美好”等主题，组织开展“茶文化”养生健康、“万张保单进万家”“百场社科普及周”等客户维护活动32场，覆盖全省各市县，维护各层级客户1.4万余人，被浙江省保险学会授予“优秀科普小分队”荣誉称号。

三、风险管控

持续开展满期给付、退保风险排查和定期联合应急演练，处理满期给付3.37万件，金额7.33亿元，平稳渡过满期给付高峰。制定《防范化解重大风险攻坚战三年实施方案》，开展“治乱打非”“乱象整治”“亮剑行动”专项检查，做到问题隐患发现在早、处置在前、解决在小。对全省24个市县和69个网点开展现场检查，下发整改通知书26份，风险提示函24件，扣除违规积分17分。开展反洗钱、合同法、监管新政解读等合规培训，课时 25 小时，参训人次 320 人。

四、党建工作

1. 以学习习近平新时代中国特色社会主义思想和党的十九大精神为重点，建立“四个第一时间”学习机制，组织党委理论中心组学习 13 次、交流研讨 4 次、知识测试 4 次。把中央巡视反馈意见整改作为重大政治任务，召开巡视整改党委周例会进行研究部署，阶段性完成 39 条整改措施。联合杭州市农办、建德邮政开展“电商帮扶消薄 + 保险精准扶贫”项目，为 5 个贫困村的 3000 名贫困户提供 1.4 亿元保险保障。组织党员志愿者奔赴余杭区百丈镇溪口村，开展“联乡结村”行动，深化“党员在行动”的成效。

2. 制定《全面从严治党责任考核评分细则表》，增强对各支部、各部门的党建、党风廉政考核，加大考核力度和分值。持续推进企业廉洁风险防控工作，紧盯领导岗位和重点事项，开展廉洁风险点排查分析，完善内部监督制约机制。开展“读中华经典，树廉洁家风”家书评选活动，选送作品《一封家书——写给八十寿辰的爸爸》获全国二等奖，《静夜与父书》获全国三等奖，分公司获优秀组织奖。开展“家风助廉”系列宣传教育，以传统节日为契机，制作清明节、中秋节等 6 期微杂志，5 期廉洁过节提醒，丰富廉政文化建设。

五、和谐企业

深入推进“员工幸福工程”，为 16 名员工送上住院、结婚、生育慰问。成功创建杭州市级文明单位，为创建省级文明单位打下坚实基础。在杭州市政府组织的 2017 年度在杭保险机构支持杭州市经济社会发展评价结果中，名列人身险机构第三等次、排名第六。荣获中邮保险第一届团险大项目路演大比武亚军、第三届业务技能大赛团体三等奖。运营管理部荣获“浙江省省级青年文明号”。员工队伍中先进典型不断涌现，1 人荣获集团公司“庆祝改革开放 40 周年”摄影大赛一等奖，1 人荣获全国邮政信息网“优秀维护员”，2 人荣获中邮保险“巾帼标兵”，2 人荣获中邮保险“优秀营销员”，1 人荣获中邮保险“优秀审计人员”，1 人荣获中邮保险“最美调查人”。（中邮保险 / 提供）

【中邮证券浙江省分公司】 收入 1119 万元，比上年增长 205.8%，增长比例优于分公司平均（83.5%），收入规模位列所有分公司第 6 位；利润 222.9 万元，利润总额位列分公司第 2 位，同口径比上年增长 242%，收入和利润实现同步增长。

一、党建纪检

落实党建工作责任制，践行“一岗双责”，坚持党建工作与经营管理同部署、同落实，扎实推进全面从严治党主体责任和专责监督责任的落实。按照公司党委统一部署，以中央对集团公司党组巡视问题整改工作为契机，扎实推进整改落实，制定 21 项整改举措，全部完成 16 项立行立改措施，持续推进 5 项整改措施，通过整改全面提升分公司党的政治建设成效。推进支部规范化建设，贯彻执行“三个第一时间”学习机制，严格落实“三会一课”、“党员固定活动日”、民主生活会、组织生活会、民主评议党员和谈心谈话等党的各项组织生活制度。

二、板块协同

1. 协同发展证券业务的良好氛围初步形成。全省各基层邮政企业、各级金融业务部对中邮证券业务发展都给予大力支持，高度重视中邮证券三方存管有效户的发展，利用邮政金融客户资源积极开展中邮证券三方存管、产品销售的转介等业务，其中：完成有效户 6695 户，完成年计划 123.98%；完成新增资产 2.47 亿元，完成计划的 152.8%。

2. 利用省邮政分公司的考核政策提升协同发展的积极性。利用好全省邮政的绩效考核政策，争取集团各类协同考核指标纳入全省邮政的绩效考核，主动对接邮政企业市场营销部、金融业务部等考核部门，提供协同发展的考核参考方案。

3. 与邮储银行的协同取得新的突破，在保持存量资管类项目 60 多亿元的基础上，利用邮储客户、资金资源，开发吉利汽车 ABS 项目。秉承合作共赢的思路，与邮储银行进行业务互动和培训工作，将维护合作关系、建立客户多元化服务体系作为工作重心，协同邮储银行杭州分行、绍兴分行、金华分行、台州分行等单位进行多次客户拜访和业务沟通，为未来公司资管等业务合作夯实基础。

4. 参与邮政各板块的协同发展工作，纳入浙江邮政与铁塔浙江分公司进行战略合作，参与邮政各板块共同与浙江移动签订战略合作协议。

三、经纪业务

发展经纪业务，夯实发展基础，坚持“自营 + 协同”的发展战略，取得两手均有收获的初步成效。经纪业务实现收入 957 万元，占总收入比重 85%，其中：股票质押业务收入从无到有实现 625.5 万元；利息及佣金收入 331 万元，比上年增长 88%。

四、资管业务

协同资管分公司做好 8 单邮储银行通道类业务的维护工作，年初存量为 69.03 亿元，陆续到期项目 2 个，规模 5.5 亿元，提前赎回项目 1 个，规模 0.1 亿元。存续项目 5 个，存量规模 63.43 亿元，收入 145 万元。在维护存量规模的同时，探讨和开发资管新模式、新路径，将资产证券化、股票质押通道业务作为新增突破点，重点加强与邮储银行市级分行、邮政网点的合作开拓，努力寻求合作机会并取得突破。共营销推荐了绍兴诸暨交投公司公共汽车收费资产证券化、杭州吉利汽车租赁收费资产证券化两单业务，协同资管分公司完成吉利租赁 ABS 二期的 2.7 亿元的销售工作，实现了中邮证券首单市场化 ABS 项目的落地。

五、投行业务

确定“加大专业培训，协同集团优势，共同推进新三板和 IPO 业务发展，长短结合做好营收规划”的投行战略。在该战略思路的引导下，分别对分公司内部及邮政金融局开展了多次投资银行业务培训，同时充分利用集团公司的地区资源，加大存量客户的维护和新增客户的拜访量，积极开展对存量客户致威电子、正能空气能、永浪集团、华夏游乐、海星海事等 7 家拟 IPO 企业的日常沟通和拜访，加大了新三板客户拓展，累积了惠创风机、鸿达塑业、申乐电器、一站筑家等新三板准客户。

六、合规风控管理

1. 开展尤夫股票质押风险的自查及整改。组织分公司股票质押回购业务的多次全面自查，根据问题开展整改，梳理改进业务流程，制定股票质押专员考核办法，出台《分公司股票质押项目初审制度》。

2. 开展各类合规自查、风险排查。通过各类自查，发现分公司日常经营管理、业务运行上存在风险、问题和不足，并组织整改。

3. 加强岗位配置提升洗钱防控能力。针对人行洗钱风险分类评级较低、可疑交易排查不够及时等问题，分公司设置反洗钱专岗，开展反洗钱内部培训和洗钱风险知识测试、客户洗钱风险投资者教育等工作。（中邮证券 / 提供）

安 徽 省

【安徽省邮政分公司】 业务收入 71.32 亿元，居全国第 9 位；增幅 9.43%，居全国第 7 位，超全国平均水平 3.88%。4 个市、30 个县分公司收入增幅超全国优秀水平。实现考核口径利润 7.67 亿元，居全国第 3 位，完成集团公司目标的 111.66%。收入利润率 10.76%，居全国第 2 位。劳动生产率 33.55 万元 / 人，增长 11.02%。

一、普遍服务和特殊服务

大力弘扬“一封信一颗心”的光荣传统，制订普遍服务三年行动计划，开展平常邮件质量大提升活动，普服类产品服务质量全面提高。空白乡镇补建网点全部正常运营，四项普服业务开全率、乡镇局所覆盖率、建制村直接通邮率均 100%，县城及以上城区重点党政机关《人民日报》和《安徽日报》当日见报率稳定在 100%。完成六安、安庆等 5 市 12 县“集中连片特困地区”中央预算内资金普遍服务能力建设规划工作。建成 219 条“爱心邮路”，帮扶 305 名留守儿童、孤寡老人、贫困人员。机要通信工作连续 28 年保持质量全红。

二、坚持落实党的全面领导

确立“党建统全局”指导思想，推进党建与中心工作有机结合，为安徽邮政健康发展提供坚强保证。省分公司党组把抓好党建作为最大政绩，持续加强政治、思想、组织、作风、纪律建设和反腐败斗争。组织开展党的群众路线教育实践活动、“三严三实”专题教育、“两学一做”学习教育，以党组理论学习中心组学习会、党的十九大精神专题辅导报告会和培训班、党支部书记集中轮训等方式，持续抓好思想理论学习。将邮政网点打造成习近平新时代中国特色社会主义思想和党的十九大精神宣传点，让党的声音传播得更广。全面贯彻新时代党的组织路线，持续优化班子结构，选拔任用敢于负责、勇于担当、善于作为、实绩突出的领导人员。健全党组织工作体系，规范党建和纪检监察机构。率先打造“皖邮先锋”党建 APP，构筑“互联网 + 党建”新模式。开展基层党组织建设达标工程、创先争优活动和“一部一品”活动。深入推进“大学习、大讨论、大落实”活动，确保巡视反馈意见全面彻底整改。制订巡察工作实施办法和巡察工作规划（2018—2022 年），有序开展省内巡察工作。

三、贯彻落实新发展理念和省委五大发展行动计划

结合实际，着眼长远，谋划“五个邮政”发展目标。在“五个邮政”引领下，跳出一企、一时、一域之限，明确“大金融”发展理念和农村电商发展的牵头者、组织者、整合者的定位；打造最强省内网，成为寄递市场主导者；实施信息化引领等一系列发展战略。全省上下以高度的使命感和强烈的事业心，发挥安徽邮政人执行强、韧劲足的优良品质，聚焦既定目标，增强战略自信，想深、谋细、抓牢、做实，“五个邮政”发展目标取得阶段性成果。数据能力不断增强，信息设备投入持续加大，自动化、信

11 月 1 日，安徽省首家医邮便民服务站在安徽中医学院第一附属医院正式落成。

息化、智能化水平显著提升；创新机制更加健全，创新实践成果丰硕，发展动能持续增强；极致思维入脑入心，产品体系更加丰富，服务品质提档升级；品牌形象日益彰显，社会地位显著提高，员工自豪感持续增强；民主管理更加深化，关爱帮扶机制不断完善，企业关系更加和谐。

四、员工获得感幸福感显著增强

1. 成长成才通道全面打通。构建青年人才分层、定向、联动培养格局。建立693人的"三鹰"青年人才库，加大金融、电商、物流等重点专业人才培养力度，常态化组织青年人才交流571人次。强化青年大学生网点负责人培育，全日制大专及以上学历网点负责人占比22.27%，比上年提升4.72%。91名B类旺季金融百强百优网点员工，择优调整为A类合同用工。制定教育培训管理办法、技能人才培养三年规划，完成支局长三年轮训。

2. 关爱工程不断深化。"爱心帮扶十关爱"活动深入推进，1081名员工及家属等获得补助257万元。补充医疗保险理赔2441件，赔付金额521.63万元。612个四类库实现远程监控值守，彰显人文关怀。职工健康体检等6件实事全部完成。建成各类职工小家1781处，直接受益职工1.28万人。2处"职工小家"荣获"全国模范职工小家"。

3. 劳模示范引领作用充分发挥。1名同志荣获"全国五一劳动奖章"、5名同志荣获集团公司先进个人、2名同志荣获"江淮工匠"荣誉称号。建成劳模先进创新工作室24处，创新成果60多项。得到省委、省政府和集团公司领导的充分肯定，《人民日报》、新华社、《经济日报》等中央媒体相继报道安徽省邮政发展的突出成绩。省委宣传部牵头组织安徽电视台、《安徽日报》等省直主要新闻媒体，以《榜样》为题进行集中报道，这是邮电分营以来第一次。（安徽省邮政分公司／提供）

【邮储银行安徽省分行】 邮储银行安徽省分行下辖16个市分行，62个县（区）支行，拥有网点1756个，其中自营350个、代理网点1406个；员工7604人，服务客户数超过3600万，客户数占安徽总人口比例1/2以上。

一、经营概况

资产总额4705亿元，比上年增长428亿元，增速10%。人民币各项存款余额4437亿元，比上年增长342亿元；人民币各项贷款余额1939亿元，比上年增长413亿元，居省内国有大型商业银行第2位。不良贷款率0.63%，拨备覆盖率293.99%。

二、业务发展

1. 零售业务。个人存款余额3902亿元，净增339亿元；其中，自营储蓄余额877亿元，净增80亿元。小额贷款余额102亿元，净增13.26亿元；个人商务贷款余额155亿元，净增12.85亿元；个人消费贷款余额891亿元，净增178亿元；小企业贷款余额103亿元，净增17.49亿元。开展县支行两小业务"领导抓、部门挂、相互帮"活动，对于全省排名前36位的县支行，由前18名与后18名采取一对一结对的方式进行帮扶；对于全省倒数26位的县支行，由省分行行领导及各部门分别挂点督导。信用卡结存卡数111万张，结存客户数95.6万户，新增客户29.87万户。电子银行结存客户1218万户，新增客户232万户，新增手机银行激活客户241万户。

2. 公司业务。公司存款坚持存、贷、债、投联动发展思路，重点营销烟草资金、商品房预售资金、土地出让金等项目，日均净增28亿元，日均余额570.8亿元。公司贷款一方面依托大客户中心，建立完善分层分类的战略客户管理机制，签署战略协议21份，成功申报总行级战略客户5户、分行级战略客户28户，另一方面抢抓棚改、能源、交通、海绵城市等重点领域业务机会，授信额度1470亿元，贷款余额363亿元，余额净增58亿元。贸易金融板块福费廷业务净增45.29亿元，在云链保理、可循环额度项下信用证、敞口保函、进口押汇等低消耗产品上取得新突破。

三、风险管控

1. 加强党建对风控工作的引领，持续加强全面风险管理体系建设，将打好防范化解重大风险攻坚战纳入省分行党委的重要工作。

2. 深入推进深化市场乱象整治，成立9个专项工作组，邮银联动抽调240多名骨干，对16家市分行及市公司进行全覆盖现场检查，并由行领导带队开展现场约谈，对分支机构乱象整治活动加强督导。

3. 开展"大力清收五个月，资产质量走前面"活动，在用好传统清收手段的同时注重加大委外催收力度，推广执行公证模式，清收移交后不良贷款6.55亿元，居邮储系统第5位，核销计划完成率179.82%，居邮储系统第7位。

四、综合管理

1. 运营支撑。强化授信全流程管理，对小企业贷款实施分类作业、容缺受理、前中台互融等"五项机制"。强化集约营运管理，分批上线6家市分行零售信贷工厂项目，实现公贷放款审核、代收付对账省级集中、零售信贷放款审核市级集中。强化现金出纳管理，全面推广备付金核定数据模型，日均现金备付率0.56%，比上年下降0.03%。

2. 队伍建设。新引进250人，主要投向"三农"服务、公司业务、金融市场、小企业金融等重点领域，销售类岗位员工数增幅15.59%。

3. 信息科技。创新项目建设，在系统内率先完成小企业无还本续贷、数据贷的系统开发，完成非税电子化等32项省内特色中间业务开发推广，建成网点智能营销平台等8项管理系统。加快数据分析成果应用，完成省内数据分析课题17项，固化数据模型23个，资金流向审计模型获得全国邮政金融数据分析三等奖。

五、党建工作

完善体制机制，层层签订全面从严治党主体责任书，完成市分行党委书记现场党建述职第一轮全覆盖。制定巡视整改实施方案，严格执行周例会月例会工作推进制度。慰问困难职工和劳模先进153人、集体230个，发放慰问金、物资合计超40万元。安徽省分行荣获“全国交通运输党建文化建设优秀单位”称号，党委书记获评“2017—2018年全国金融系统文化建设先进工作者”。

六、社会责任

普惠型小微企业贷款净增41.09亿元，完成总行计划的265%；小微企业客户8.6万户，比上年末增长5133户。加大扶贫开发力度，金融精准扶贫贷款净增15.46亿元，增速51.03%；选派27名干部脱产驻村帮扶，联合设立“界首市扶贫励志好少年基金”。开展反电诈工作，查询和冻结涉案账户近1.8万个，冻结涉案金额近1344万元，返还被骗客户资金近63万元。加强品牌宣传管理，发布新闻报道11578篇，发稿量是2017年发稿量的2倍。（邮储银行/提供）

【安徽省寄递事业部】

一、寄递翼改革

完成寄递事业部组建工作，建立科学规范的治理结构，促进经营管理水平提升。充分整合邮速资源，形成发展合力，提升竞争力。寄递事业部成立后，围绕“立足新起点，展现新气象，整装新出发，取得新成效”，积极开展各项工作，取得一定成效。

1. 厘清“从哪里出发、如何出发?”的问题，找准了发展方向。

2. 开展“形象大改变、质量大提升、客户大开发”活动，展现了新的面貌。

3. 加快建章立制，推进各项工作的正常开展。

4. 通过四个视角立标和全业务、全流程、端到端、各环节、全要素对标分析，找问题，找差距，明确了改进策略和创新举措。

二、市场开发

全省寄递事业部业务收入20.05亿元，完成预算进度79.51%。

1. 标快业务持续发展。国内标快业务收入（不含e标准）4.21亿元，居全国第10位，比上年增长4.01%。以“极致”服务和项目创新进一步巩固政务业务的市场主导地位，收入1.93亿元，占标快总收入的45.8%，收入规模居全国第6位。身份证邮寄率67.7%，居全国第1位；“便民通”平台占比33%，居全国第2位。全省16个市签订烟草服务协议，运作配送线路36条；开发中国银行送餐等标杆型项目；运作阜阳临泉土鸡蛋等扶贫项目，受到地方政府的肯定。

2. 快包业务较快发展。以“省内件”“轻小件”引导高效业务发展，快递包裹业务收入8.07亿元，市场占有率19.78%，处于全国领先水平，全省快递企业第1位。

3. 国际业务平稳发展。深入推进“专业化、市场化、实体化”运作模式，国际业务收入3.62亿元。开通国际e邮宝和国际小包优势路向；在全省举办8场跨境电商峰会；开通TNT、DHL、联邦业务的合肥直发渠道。

4. 物流业务规模发展。物流业务收入3.4亿元。全省运作百万元级以上合同物流项目58个，其中千万元级项目8个，500万元级项目11个。京东干线运输项目运作线路持续增加，收入突破2000万元；博西华项目拓展江苏、天津等区域业务，收入逾4000万元；作为全国铁塔仓储源头项目组，为山东等省成功中标提供资质。

三、网络能力

以资源整合为契机，分层建设省内干线网、市县本地网、县域物流网，“最强省内网”得到一步巩固和完善。组开邮路1528条，总里程20.59万公里。省内互寄邮件地市城区及19个县城区实现“次晨达”，所有县以上城区及部分重点乡镇实现“次日递”，省内互寄次日递率稳居全国前列；标快省内互寄次日递率超过整合前水平，达到95%以上。

四、运营质量

快递包裹全程时长控制在56小时以内，省内互寄次日递率稳定在98%以上，省际进口标快及时妥投率92.9%，省际进口快包及时妥投率97.64%；申诉率下降到百万分之5.0，优于百万分之5.5的考核标准；投诉率下降到万分之3.6，优于万分之8的考核标准；问题邮件及时解决率92.4%，问题邮件一次解决率88.7%，理赔及时率97.1%。服务质量各项指标得满分，年度质效考核全省得分90.3分，在全国质效考核评比中位居小组第2名，获得质效考核达标奖和优胜奖。

五、协同发展

牢固树立“协同是中国邮政最大的优势”的理念，推进板块协同发展，落实由省分公司与30家省级政府单位、行业客户签订的战略合作协议中的寄递服务内容，与14家省级总部客户开展实质性合作，收入8646万元。其中：省内多个市县启动烟草配送项目，全省收入逾600万元；安徽铁塔仓储管理项目收入318万元；省电信公司号卡仓配项目收入931万元，省移动公司终端号卡仓配项目寄递收入885万元、物流收入1236万元。（安徽省寄递事业部/提供）

【中邮保险安徽省分公司】 总保费33.29亿元，规模排名全国第9位，完成全年预算的125.7%，在安徽寿险市场占有率 4.85%，总保费规模列省内人身险公司第 6 位。

一、经营发展

1. 期交“翻番计划”。深化邮银板块协同，加大对中邮保险业务关键指标的绩效考核力度。期交保费规模 22.54 亿元，比上年增长 100.6%。其中期交新单保费 13.1 亿元，完成目标进度 108.9%。长期期交保费 1.68 亿元，比上年增幅 265.1%。续期保费 9.43 亿元，比上年增长 100.9%，完成目标进度 108.3%。

2. 关键指标实现争先进位。总保费完成率列全国第 2 位，比上年提升 4 位。期交新单保费完成率列全国第 4 位，比上年提升 1 位。续期保费完成率列全国第 9 位，比上年提升 8 位。银保新单期交规模在全省寿险市场占有率 21.3%，较上年同期提升 7%，排名全省第 2 位。

二、自营和代管平台

1. 自营能力。应对形势变化，及时调整营业部筹建方向，通过批筹、筹建和现场验收，7 月营业部开业。强化对重点专业和关键领域的人才支撑，引进同业人才 11 人，校招应届硕士毕业生 11 人。持续提升员工队伍素质，开展员工培训 602 人次，向总公司交流借调人员 13 人次。

2. 模式深化稳步推进。认真落实集团公司 241 号文，配合出台实施方案和机构编委文件，积极推进机构建设、人员选聘和调整工作。加强代管队伍建设，组织全省拟选聘专岗人员岗前培训，面向全省营运条线开展集中培训 3 场、现场培训座谈 20 余场，组织 3 期续期进阶式培训，举办全省风险联络员培训班，开展全省第四届运营业务技能竞赛活动。

三、专业支撑

1. 营销支撑有效增强。持续开展邮银渠道长期期交标杆网点打造，纳入省邮政分公司省管重点营销项目管理。加强营销队伍共建，组织开展现场培训 12 期，培训覆盖 1820 人次。择优选聘 119 名兼职讲师，专兼职讲师培训 574 场、24377 人次。联合省邮政分公司开展“定存加码”营销活动，当月实现期交新单保费 5.7 亿元。

2. 运营质量。完善运营业务流程，对新契约业务抽检审核前置，集中统一管理保全批单，与邮储银行建立重空单证数据月度核对机制，开展积压档案追缴工作。新契约合格率 97.84%，比上年提升 1.12%，理赔赔案留存率 2.15%，比上年下降 6.44%。采取电话呼叫、寄递提醒函、发送短信等措施，强化续期过程管控。保费 13J 继续率 93.72%，保费 25J 继续率 97.65%。

3. 客服能力。调整呼叫中心作业流程，探索“分公司 + 呼叫中心 + 渠道”三方协同作业模式。新契约回访成功率 97.82%，比上年提升 10 个位次。综合回访成功率 99.7%，列全国第 2 位。开展健康体检、健康讲座、少儿道路交通安全知识普及、鲜花配送回馈客户等活动，服务客户 3300 余人次。

四、合规管理和风险防控

1. 合规管理。制定合规管理三道防线运行管理办法，有效提升合规管理效能。扎实开展“两两”终期自评估、“治乱打非”专项行动，认真落实监管重点工作要求。现场检查 9 个市、25 个县和 84 个网点，完成全年业务合规检查计划。积极应对诉讼风险，实现百倍保重大诉讼案件全国第一例二审胜诉。排查反洗钱可疑交易 902 笔，成功报送 2 笔，洗钱风险有效管控。

2. 风险防控。加入邮政企业代理金融风险内控案防管理委员会，自办保险联动风险管控平台初步建立。开展全面风险排查和“三反”专项排查，深化“市场乱象”整治，联合邮银开展“亮剑行动”，摸清风险底数，推动问题整改。强化偿二代风险管控，完成操作风险控制与自评估和 SARMRA 自评估。开展内控检查，持续跟踪历次自查检查问题整改。

五、管理水平

1. 人力资源管理。严格按照领导人员选拔任用工作程序，选拔四级领导干部 4 人。开展非领导职务聘任工作，聘任副主任科员 9 人，科员 17 人。继续强化对干部人事档案、因私出国（境）等重点事项的监督管理，落实提醒、函询和诫勉制度，开展提醒谈话 14 人次。做好基本薪酬和津贴补贴的调整发放。

2. 财务管理。深入贯彻零基预算理念，对重点费用加强过程动态监控。优先保证业务发展费用，投入变动业务费用 1244 万元，比上年上升 127%。组织集中采购 16 次，合同金额 1056 万元，资金节约率 8.3%。其中公开招标率为 75%，比上年提高 4.6%。

六、党的建设

1. 党建引领作用日益加强。将党建指标与业务指标同步纳入绩效考核体系。组织开展“大学习、大讨论、大落实”活动，深入学习习近平新时代中国特色社会主义思想和党的十九大精神。持续加强支部建设，开展党支部标准化建设达标验收。组织开展“党旗引领实践”活动，发挥支部攻坚克难堡垒作用。认真开展巡视整改工作，深化标本兼治，出台各类制度、方案、文件 55 项，按时完成全部 41 项整改措施阶段性目标。积极践行社会责任，扶贫活动覆盖建档立卡贫困人口 3100 余人，开展绿色邮政建设行动，下发深化服务“三农”工作实施方案，组织推进相关工作。

2. 党风廉政建设持续推进。针对选人用人、集中采购、“三重一大”制度执行等重点事项，做好过程监督。坚持不懈抓好作风建设，每半年开展“四风”问题专项自查。严格落实把握运用“四种形态”制度要求，开展各类廉政谈话 76 人次。组织开展党风廉政宣传教育月“5+4”系列活动，干部员工纪律规矩意识得到巩固加强。（中邮保险 / 提供）

福建省

【福建省邮政分公司】

一、业务发展基本情况

业务收入69.69亿元，比上年增长2%。认真履行普遍服务和特殊服务义务，建立普遍服务长效保障机制，制定提升普遍服务特殊服务三年行动计划和2018年行动方案，修订省内普遍服务管理办法，加大查处挂钩考核力度，1357个邮政局所全部提供四项法定普遍服务业务，14567个行政村100%直接通邮，投递频次达到监管要求，实现乡乡设所、村村通邮。推进平常邮件服务质量大提升，平信丢损率、快包有责丢失率大幅下降。机要通信服务质量和安全管理工作进一步夯实，继续保持安全无失。认真对接落实“三大攻坚战”，制定实施“三大攻坚战”行动方案。在防范化解重大风险方面，坚持合规经营，深化整治银行业市场乱象，深入开展“平安邮政”创建，全年无案件、无责任事故、无职工违法、无群体性上访事件发生。在精准扶贫方面，着力于党建扶贫、经济扶贫和电商扶贫相结合，全力支持邮政驻村第一书记履职尽责，以党建引领扶贫，通过企业和员工资助方式筹措资金助力扶贫，借力邮政助农销售开展电商扶贫；在污染防治方面，全面推进绿色包装工程网点全覆盖，投用轻装箱16.3万个、易封箱2.98万个、窄胶带1730箱。2018年福建邮政服务乡村振兴战略三年行动实施方案和战略指标体系四大类11项指标按期全面完成目标。

二、寄递翼改革工作

省市县三级寄递事业部全部按要求完成组建，人员划转顺畅，实施资源的初步整合，部分市县处理场地和揽投部已同场作业，合并撤销原邮速同路向一干邮路29条、二干邮路17条，新增组开一干邮路6条、二干邮路1条，降本增效迈出第一步。探索改革后寄递营销体系建设及揽收投递岗位、分拣封发岗位薪酬分配的思路举措，开展寄递翼改革专项审计的自查和整改工作，为高质量可持续发展夯实基础。同时按照“余额是重心、收入是中心、利润是核心”的发展思路，抓余额拓期缴，代理金融业务收入24.87亿元，比增2.6%，完成集团预算的100.6%；新增储蓄余额93.63亿元，列全国第15位，新增市占率10.26%；实现保费销量40.6亿元，保费收入2.59亿元，中长期保险占总保费收入比重由2017年的37%提升至2018年的80.2%。顺应互联网和移动支付发展趋势，加快电子支付业务发展，电子银行交易替代率92.81%，列全国第6位，电子支付收入8174万元，比上年增收3552万元，仅次于利差收入。

福建省福州市邮政分公司为投递员配备防暑降温用品。

三、运营质效与结构调整

寄递业务质量得到提升，寄递业务收入33.6亿元，规模列全国第5位，比上年增长4.3%。国内标快收入5.1亿元，比上年增长4.1%；电商快包收入9.2亿元，比上年增长23.6%；国际业务收入17.6亿元，比上年增长0.2%，其中国际速递收入12.8亿元，比上年增长19.6%，国际小包收入4.5亿元，比上年增长−32%。落实高质量发展要求，加强资费管控和欠费管理，质量及效率效益得到明显提升，企业国际小包单价从7月之前的9.9元/件提升至12月的14.7元/件。“双11”期间省际标快业务量、收增幅分列全国第1位和第3位，资费水平明显提升，标快和快包重均单价均高于全国平均水平；客户服务体验趋好，快递指数排名趋前。此外，邮务类业务持续迈出转型步伐，报刊订阅收入持续保持正增长态势，人均报刊订阅率列全国第5位，订阅收入增幅连续3年保持正增长；报刊大收订实现流转额9.16亿元，完成集团预算的100.7%，增幅3.8%。拓展拓宽文化传媒业务，培育新增长点，互联网广告收入1593万元，规模列全国第6位，比上年增长188%；电影卡项目收入2733万元，规模列全国第5位，比上年增长45%；兴业银行、人寿保险、工行、农行等大客户账单业务回归，账单业务收入比上年增幅列全国第2位。“919电商节”，批销额比上年增长181%。警邮、税邮、塔邮合作取得新进展，各地市相继设立了警邮便民服务中心或网办中心，全省代办交管业务邮政网点64个；税邮合作由2017年的569个邮政网点扩大至2018年的621个。

四、资源配置

完善全省二级中心局的节点布局和建设规划，推进福州旗山处理中心、平潭对台邮件（跨境电商）处理中心、福建邮政广场等重点工程建设进度，福州邮件处理中心旗山新场地双层包分机“双11”前投产使用，处理能力和效率大幅提升。继续推动县域“三合一”建设和“三位一体”运营模式，新增处理面积2.27万平方米，增配干线车辆30辆、揽投车79辆。沿海五地市新增速递易包裹柜2700多台。持续推进网络资源整合和工作流程优化，网运效能、质量、时限等大幅提升。

五、资产运营管理

加强用户欠费管理及清理，欠费总额比上年减少1.76亿元，降幅32.69%。完成集团公司部署的“三供一业”分离移交工作，企业职能进一步规范。加强人力资源管理，动态调整优化用工配置，支持配强农村地区普遍服务人员，着力稳定和激励基层员工队伍。加强板块协同组织，成立省级协同发展委员会，明确福建邮政板块间发展协同工作重点。加强信息化建设，完成新一代寄递业务信息平台省内推广上线、省中心机房扩容项目建设及网络设备更新改造等工作，保障日常生产特别是旺季期间信息网的安全运行。开展“两节”及高温慰问，建好用好“职工小家”等关爱活动。完成了全省全员工资晋升和津贴补贴调整。（福建省邮政分公司　杨文振／提供）

【邮储银行福建省分行】 邮储银行福建省分行设有一级部门22个、二级部门7个、直属单位1个，省营业部1个，下辖二级分行8个。邮政金融网点981个，其中银行自营171个、代理网点810个，县城服务覆盖率100%，乡镇网点439个，占比44.75%。自营员工5324人，其中本科及以上学历4047人，占比76.01%。

一、经营概况

资产规模1926.97亿元，收入47.92亿元，比上年增幅19.58%，高出系统平均水平1.84%；实现利润22.89亿元，比上年增幅47.42%，高出系统平均水平13.93%。各项存款余额1777.72亿元，新增110.87亿元；各项贷款余额1184.12亿元，新增190.66亿元。全辖8家二级分行中有7家自营收入、利润进入邮储系统前100名。不良贷款余额11.02亿元，不良贷款率0.93%，比上年末下降0.05%。

二、业务发展

1. 负债业务。个人储蓄存款新增22.68亿元，比上年增幅8.87%，增幅排名系统第8位。资产增长率11.66%，排名系统第3位。

2. 零售贷款。小额贷款新增14.04亿元，余额97.11亿元，分别排名系统第4位、第6位；个人商务贷款新增31.08亿元，比上年增幅116.14%，余额240.33亿元，分别排名系统第5位、第3位；小企业贷款新增11.95亿元，比上年增幅31.46%；调整消费贷款结构，房贷新增70.68亿元，非房贷新增7.03亿元，排名系统第7位。生源地助学贷款新增市场占有率31%，居全省同业第2位。

3. 公司业务。公司贷款新增38.35亿元，市场占有率比上年提升0.11%。ETC业务新增17.23万户，存量18.6万户，分别位列全省同业第1位、第2位。承销地方债48.1亿元，占全省债券发行总规模的5.38%，获得省财政厅的肯定。

4. 中间业务。信用卡新增发卡33.92万张，结存114.41万张，成为系统内第六家结存量突破百万的分行，新增分期金额33.24亿元，居系统首位。个人理财、贵金属TD、基金、国际结算等中间业务指标均位居系统前三位。进一步强化邮银协同，代理发展信用卡3039张，拓展手机银行70万户、比上年增幅50%，代理ETC新增发卡2.1万张。双方协同推进的移动便民支付示范工程作为先进经验在全国推广。

三、风险防控

以银行业市场乱象整治与信贷文化建设为抓手，通过提升风险与内控委员会运行质效，加强三道防线的风险履职考核，强化风险经理履职管理，实现员工排查“全覆盖”。开展员工排查20868人次，问责9349人次，经济处罚222.48万元。通过风险经理履职检查发现的风险问题7188个；通过银行业市场乱象整治发现问题204个。通过自营网点营业主管柜面“把关堵口”，成功堵截外部风险事件216起。开展信贷文化大讨论675场，参与人数1.06万人次。处置不良贷款10.76亿元，清收6.91亿元，排名系统第4位。连续6年全辖无案件和重大风险事件，连续两届获得总行内控合规管理“金盾奖”。

四、基础管理

按照“机关为基层、二线为一线、中后台为前台服务”的要求，通过强化绩效考核引导、调整资本资源配置、加强流程时限管理等举措，推动财务管理精细化、资产负债管理专业化、运营支撑高效化和信审流程标准化。人均年化经济增加值15.67万元，排名系统第5位；财务管理、运营管理工作考评均排名系统第1位；新发放贷款综合执行利率排名系统第5位；零售信贷全流程用时较传统模式缩减60%，工程项目建设期限缩短45%。

五、渠道建设

坚持以客户为中心，着力打造线上线下立体式的服务模式。全新增手机银行激活客户28.37万户；手机银行结存激活率80.1%、交易替代率40.9%、动户率6.75%，均排名系统第1位。投放ITM111台，分流柜面非现交易比例52%，离柜率71.31%，实现无低效网点目标，对外服务质量检查综合排名系统前三，2家支行获得“中国银行业文明规范服务千佳示范单位”称号。开发客户投诉处理流程监督平台，有效降低有理由投诉数量，服务类投诉压降率79.88%、总投诉压降率80.85%。网点服务品质提升活动连续3年位居系统前三。

六、创新驱动

强化科技创新支撑作用，推进远程视频、人工智能等技术在管理决策、业务自助分析等领域的应用，完成自助银行、新一代零售信贷工厂、新一代监控平台和省中心服务器虚拟化等工程项目建设。完成开发109项，创新项目36个，联网监控中心运行质量综合考评排名系统第1位，参与集团公司优秀创新点子评选活动，发布有效创新点子2.46万个，排名系统第1位。

七、社会责任

紧紧围绕打赢三大攻坚战任务，聚焦“三农”、民企、民生等领域，为新福建建设提供金融服务支持和保障。

1. 聚焦“三农”，启动实施“万村千乡”活动，涉农贷款新增79.08亿元，比上年增长22.02%，业务乡镇覆盖率97%。

2. 聚焦精准扶贫，制定三年行动指导意见，创新提出“党建＋支部联动＋助力乡村振兴”，新增精准扶贫贷款3.11亿元，发放贫困生信用助学贷款14827笔、1.1亿元，新增排名全省同业前列。

3. 聚焦民企，开展小微企业“大走访”活动和“三区一链，百园千企”专项活动，民营企业贷款新增35.05亿元，为6万户小微企业客户提供资金支持，获省银保监局服务实体经济质效评价第2名。完成精准扶贫、“两增两控”、利率管控等社会责任指标。

八、党的建设

扎实推进“两学一做”学习教育常态化制度化，有序推进“强基固本”建设工程，全面打造“党建＋”品牌。龙岩市分行党建微视频作品《初心》在“牢记使命　奋进新时代——2018年全国金融系统党建创新成果展示活动”中获评全国金融系统“十佳案例”，福州市分行党委和政和县支行党支部荣获“邮政系统基层党组织建设示范单位”荣誉称号。针对中央巡视和集团公司党组巡视反馈的问题，分别完成54条、153条整改措施，并开展三批巡察工作，发现问题140个，细化整改措施382条，完成整改措施369条，问责139人次。

九、企业文化

全行坚持以人为本，扎实推进职工之家、职工小家建设，持续健全员工医疗保障体系，按季开展基层调研，及时解决一线员工的困难和诉求。省分行获得“全国模范职工之家”，集团公司“营销争先”劳动竞赛“金融翼”先进单位等多项荣誉称号。福州市分行获得“邮政系统企业文化建设示范单位”荣誉称号，漳州市分行获得中国质量协会“全国用户满意企业”称号，龙岩市分行获得共青团中央金融工作委员会“银团合作”先进集体称号。全行13人分别获得“全国金融系统文化建设先进工作者”“省劳模”“福建金融五一劳动奖章”以及集团公司、总行先进个人等荣誉称号。省分行成功承办总行第二届职工羽毛球赛，并获团体冠军。（邮储银行／提供）

【邮储银行厦门市分行】 邮储银行厦门市分行设有一级部门20个、二级部门6个、直属单位1个、直属营业部1个，下辖一级支行营业部6个，二级支行25个。邮政金融网点81个，其中银行自营32个（含分行营业部）、代理网点49个。自有员工760人，平均年龄35岁，其中本科及以上学历667人，占比87.76%。

一、经营概况

收入8.28亿元，其中银行自营收入6.79亿元，目标完成率排名系统第5位；利润总额1.84亿元，目标完成率排名系统第11位。在各项业务收入中，分行公司业务收入首次突破1亿元，增幅排名系统首位；小企业金融收入1858万元，增幅排名系统第5位。成本收入比49.89%，比上年下降11.81%，压降幅度排名系统第2位。资产规模299.94亿元，增幅8.29%；各项存款余额158.79亿元，比上年减少9.84亿元，降幅5.83%；各类贷款余额302.25亿元，比上年增长24.52亿元，增幅8.83%。不良贷款余额1.32亿元，不良贷款率0.46%。

二、业务发展

1. 公司贷款。贷款期末余额63.85亿元，年度净增15.26亿元；绿色信贷发展取得重要突破，新增发放绿色信贷1.15亿元。

2. “三农”贷款。“三农”贷款期末余额142.10亿元，净增1.39亿元。其中，小额贷款期末余额3.48亿元，净增8797万元，净增额在计划单列市中位居首位；个人商务贷款余额41.69亿元，净增9.66亿元；在计划单列市中率先取得金融扶贫贷款业务突破，金融扶贫贷款年度净增5290万元，超额完成总行下达的年度目标。

3. 贸易融资。首笔进口TT融资、自营福费廷等业务成功落地，国内证项下贸易融资余额17.59亿元，位居计划单列市之首。

4. 小微金融。加大支持小微金融力度，“两增两控”工作目标完成，小企业贷款期末余额7.75亿元，净增2.56亿元，增幅49.28%，位列系统第2位。

5. 信用卡业务。信用卡发卡7.35万张，目标完成率位列系统第5位，点均新增发卡量、点均新增客户量及点均新增首刷卡量均位列系统第2位。

6. 电子银行。电子银行客户结存87.6万户，电子银行客户渗透率66%，交易替代率95.9%，渗透率、交易替代率均位列系统第2位；手机银行结存客户数61.6万户，结存手机银行客户激活率75.5%，位列系统第2位。

三、风险管控

1. 防范化解金融风险。制订出台《打好防范化解重大风险攻坚战三年规划》，进一步加强基础风险监测及关键环节风险管控，各项风险指标管控良好。不良率0.46%，资产质量排名系统第8位；逾期贷款余额8224.47万元，比上年末下降2678.08万元，逾期／不良比低于同业平均水平；收回不良贷款3375.83万元，清收计划完成率位居系统首位。

2. 组织开展各类检查。深入开展市场乱象整治工作，累计排查发现问题367个，整改问题341个，整改完成率92.92%。组织开展日常合规检查、运管检查超200次，专项审计项目15个，发现并整改问题超500项。深入开展"安全保卫工作标准化达标建设""平安邮储"等工作，辖内各单位全年保持安全、稳定运营。

四、管理运营

1. 科技支撑。完成新一代综合管理系统搭建工作，成功上线单册管理、文件管理等特色应用功能，分行作为"开发平台优秀推广省"获总行表彰。推进流程优化工作，"对公柜面客户身份识别一体化作业流程"获评邮储银行全国优秀项目二等奖。数据应用能力不断提升，信贷客户贷款资金流向预警系统、大零售客户积分系统全面落地。

2. 运营管理。运营管理工作基础指标排名系统第一（99.607分），综合考评考核列系统第十（101.482分）。其中，现金备付率0.59%、可分流交易离柜率75%、公司结算业务有效对账率（普通99.77%、重点100%），批量代付业务内部账户清零率100%。

3. 队伍建设。完成助理岗位人员调整工作，全面调整一级支行领导班子结构。推行支行零基预算模式，不断调整人工成本配置机制；调整岗位工资标准，完善绩效薪酬分配模式，进一步加大对一线员工、技能人才的工资倾斜力度。

五、党建工作

1. 基层党建。通过班子带头学、干部专题学、基层广泛学的方式，组织全员深入学习贯彻习近平新时代中国特色社会主义思想和党的十九大精神，坚持以"两学一做"主题教育为抓手，以"强基固本"工程建设为落脚，不断夯实基层党组织基础性建设，完成3名发展对象转预备党员工作，完成基层党组织支委换届选举工作。

2. 监督执纪。持续加大对采购招投标、选人用人等重点领域的监督力度，年度监督招投标83次，涉及"三重一大"采购项目22项，纪委书记全过程监督重要人事安排。深入翔安区支行党支部开展政治巡察，针对呆账核销、广告费用管理等项目开展效能监察，推动相关领域管理制度进一步健全、管理流程进一步规范。

3. 巡视整改。深入开展中央巡视反馈问题整改工作，研究制定整改任务22个、整改措施54项，按时按质完成各项阶段性整改任务。认真接受集团巡视，及时高效完成立行立改问题的整改与反馈。

4. 工会建设。辖内12个集体、39名员工获得市级、总行级荣誉称号；6家合格职工小家提档升级为模范职工小家；推出"冬送温暖""夏送清凉""金秋助学"等多项活动，为困难员工解决问题、排忧解难。（邮储银行/提供）

【福建省寄递事业部】 业务总收入33.6亿元，比上年增长4.3%，收入规模列全国第5位，完成集团预算指标82.1%。

一、寄递翼改革

1. 加强领导，扎实推进改革。按照集团公司深化寄递翼改革的统一部署，邮速双方密切配合、扎实推进，确保按照时间节点要求高质量地完成改革各项工作任务。

2. "双轨"运行，稳妥推进改革。明确改革过渡期间实行"双轨制"，确保各项工作平稳衔接。坚持积极稳妥的原则，在网络资源、人力资源、财务资源、投资资源、业务资源以及服务质量管理等整合上都从有利于寄递翼高质量发展、有利于资源整合、有利于双方利益最大化的角度来谋划、推进，确保改革工作有效推进。

3. 夯实发展基础。开展资产负债损益及财务收支真实性全面审计检查工作，为寄递翼事业部摸清家底，真实反映经营成果，夯实寄递翼发展基础提供有力保障。

二、国内标快业务

国内标快收入5.1亿元，规模列全国第7位，比上年增长4.1%，增幅列全国第13位。

1. 公文寄递和政务重点项目。紧抓放管服改革和"互联网+政务服务"，加强和各级政府部门办事系统平台的对接，国家公文寄递项目收入增幅27.7%。法院项目流程持续优化，开办六年免检业务，加强行政服务中心办事系统对接和服务入驻。

2. 总部经济及商企重点项目。统谈总部客户26户，收入756万元。建立首个规模通信仓，通信行业收入比上年增幅17.9%；保险行业比上年增幅16%；新零售行业比上年增幅22.2%。

3. 礼仪销售和极速鲜特色寄递市场。"思乡月"及"五节联送"实现专项营销利润及邮费收入753.5万元。规范极速鲜业务管控规定和极速鲜寄递平台、商城平台运营，结合精准脱贫打造建瓯春笋项目极速鲜助农的样板工程。

三、电商业务

电商业务收入9.17亿元，规模列全国第6位，比上年增长23.6%，增幅列全国第15位。

1. 电商客户营销。电商类客户比上净增925户，其中新开发3557户，新增国内收入1.22亿元。

2. 仓配项目业务。组织开展电商仓配项目专项营销活动，加快仓储客户营销，仓配项目业务量1068万件，收入7157万元，比上年增幅44%，建成1个日均业务量超5000件，月均收入超75万元的一级电商标杆仓库和4个日均业务量超2000件，月均收入超30万元的二级电商标杆仓库。

四、国际业务健康发展

国际速递收入12.9亿元，比上年增长20%；国际小包收入 4.5 亿元，比上年增长 −32%。

1. 深化服务模式，差异化发展跨境 e 系列产品。深化校企合作模式，加强与政府、协会沟通，做大项目规模。国际 e 邮宝收入 10.6 亿元，增幅 24%，净增 2 亿元。

2. 对接线上平台，优化产品结构，提升国际小包发展质量。对接线上平台，WISH 仓、速卖通仓实现“9+2”的布局。通过政策调整、线上宣传引导，提升国际小包平均单价。探索业务创新，打通两岸 e 小包业务运作。

3. 精耕园区、楼宇等国际标件重点市场。锁定 1000 个园区、楼宇市场单元，围绕 2-2-5 重点市场，加强政策导向，抓住新业务开办契机，精耕国际标快市场。

4. 强化能力建设，提升国际运营质量。完善商业口岸资质，出台操作规范，加强国际商业口岸管理。强化互换局能力建设，持续建设“国际运营质量监控体系”与“国际网运指挥调度体系”，信息化、常态化监控承运商运营质量，建立“事前、事中、事后”全流程闭环管理的操作质量管控体系，提升国际运营质量。

五、运营能力

1. 网运时限质量全面达标。普服邮件相关集团考核指标全面达标；标准快递省对市四项质效考核全面达标。

2. 网运能力。提升省际标件发运时限，南集下行赶发率由 82% 提升至 93%；加强民航接发管控，确保每个航班带运的实物与信息相符；优化省际汽车线路，拉直线路、加快时限；组织优化 17 条省内邮路，有力支撑高端业务发展。开展县级以上城市党政机关当日见报达标活动。

3. 管控能力。操作管理更加规范，信息与实物不符、计划执行不够到位等不规范现象得到明显好转；时限管控更加到位，强化环节管控，大幅提升质量管控精细化。

4. 落实重大事件保障任务。制定重大事件安全生产保障方案，强化邮件 100% 安检，强化邮运车辆安全运行安全，完成 2018 年第十八次上海合作组织峰会、2018 年第五届世界佛教论坛、2018 年首届国际进口博览会、2018 年福建省第十六届运动会等重大事件期间全省网运安全生产。

5. 全力保障旺季生产。结合两网资源整合，强化统一指挥调度，实施精准动态调度均衡生产，实现“保平稳、保畅通、保安全、保重点、保客户体验”的总目标。

六、服务质量

1. 建立质效看板，推动质效考核解码落地。

2. 时限质量稳步向好。62 个重点城市标快互寄出口次日妥投率由 63% 提升至 80.1%，进口次日妥投率由 59% 提升至 68.4%，邮件时效再获新保障。

3. 客户体验不断改善。建成 23 个主动客服团队，强化内部客服，提升客户体验。落实“日跟踪、周分析、月通报”制度，完善问题件升级流程，问题件处理水平显著改善。开展服务满意度提升专项活动，增强揽投员服务意识，提升企业品牌形象。有责申诉率为百万分之 3.1，比上年下降百万分之 2.4，有责投诉率万分之 1.7，比上年下降万分之 0.8。（福建省寄递事业部 / 提供）

【中邮证券福建省分公司】

一、业务发展

业务收入 244 万元，比上年增 −4.6%，完成年度计划 27%。其中，经纪业务收入占比 73.83%，比上年减少 7.88%；资管业务占比 4.88%，比上年增长 48.38%；投行业务占比 21.29%，比上年 0 增长。利润 −313.4 万元。发展有效户 7804 户，比上年 246.54%；有效户占比 13.16%，比上年增长 230.65%（根据集团 CRM 有效户周通报表进行填写）。开户 59282 户，有效户 2239 户（−11 户），客户资产 2.46 亿元（−6000 万）。

二、板块协同发展

认真落实集团公司“一体两翼”经营发展战略，尤其是协同发展这一中国邮政最核心的战略，推进板块协同，促进业务发展。新增有效户 7804 户，完成任务指标的 433%，资产新增 4466.55 万，完成任务指标 80.62%（数据来源集团 CRM 有效户周通报表）。

三、寻找重点项目

1. 上报资管项目 3 个，分别为厦门工学院学费 ABS 项目、武夷山印象大红袍门票收入 ABS 项目、福能租赁 ABS 项目。

2. 上报新三板挂牌项目 4 个，分别为三真药业有限公司新三板挂牌项目，中科天龙新三板挂牌项目，福建掌中宝新三板挂牌项目，鸿圣林业公司新三板挂牌项目。其中签约 2 个项目为三真药业有限公司新三板挂牌项目，中科天龙新三板挂牌项目。

3. 上报股权质押项目 8 个，分别为厦门钨业、三棵树漆、福建金森、鹿港文化，兴业科技、深南股份、南威软件、雪人股份。

四、营业部建设

厦门营业部批准筹建后，组织做好团队选聘、场地选址、设备采购安装、各项审批申报等工作，并于 3 月 2 日展业。营业部发展客户资产 2000 多万元，并开发一个机构客户。探寻厦门市大股东减持退税政策，并上报总部推广建议方案。

五、合规风险防控工作

严格按照监管要求做好业务流程管控，对重要节点重点布控，及时准确上报各项监管报表，有效防范风险的发生，分公司 2016—2017 年连续两年被福建证监局评为证券分支机构最高等级 A 级。

六、落实全面从严治党主体责任

认真贯彻落实党中央、集团公司党组和总部党委的决策部署，以问题为导向落实全面从严治党各项要求，不断促进党建工作与分公司发展的融合。认真落实巡视整改工作。自7月25日中央第二巡视组巡视中国邮政集团公司党组情况反馈会召开以来，根据总部党委工作部署，分公司党支部制定了巡视整改工作方案，明确24项整改任务，27项整改措施。通过系统地组织政治学习、阶段性地开展项目自查、加强风险防控与制度建设，推进巡视整改工作，初步完成27项整改措施。（中邮证券/提供）

江 西 省

【江西省邮政分公司】 业务收入44.96亿元，列全国同行业第17位，比上年增长6.55%，列全国同行业第12位；利润8505万元，超额完成集团公司预算。

一、党的建设

各级党组织和广大党员干部旗帜鲜明讲政治，在思想上政治及行动上始终与习近平同志为核心的党中央保持高度一致；坚持党对企业工作领导，加强企业党的建设。修订《党组工作规则》《“三重一大”决策制度暂行办法》和《重大事项报告制度》；不折不扣落实中央巡视整改工作，24项整改任务和58项整改措施完成率100%；出台巡察工作实施办法和五年规划，推动巡察监督向基层“最后一公里”延伸。认真做好定点扶贫工作，将电商扶贫工程作为政治工程、党性工程、民生工程持续推进，深入推进绿色邮政建设。深入学习贯彻习近平新时代中国特色社会主义思想和党的十九大精神，推动“党内大学习”走向基层、走进群众。开展“大学习、大讨论、大落实”活动和“初心使命、服务宗旨”主题教育活动。召开领导班子年度民主生活会，落实巡视重点任务民主生活会和巡视整改专题民主生活会；深化“党建+”理念，推行“1+3+X”工作方法；开展了“党员活动日”“我的政治生日”“三建”活动，建成3个集团公司和20个省分公司党建示范点、300个“三建”基层党组织。党风廉政建设和反腐败工作不断推进。

二、企业转型升级

1. 坚持创新为第一动力，驱动发展活力。三包认购、损益核算深入推进，“平台+金融”“电商+包快”模式推动客户引流和业务联动，促进“一体两翼”协同高效发展。

2. 农村电商影响持续扩大。省委领导和国务院扶贫办领导多次深入农村电商站点考察，对江西邮政电商扶贫工作给予高度评价。江西邮政被省委、省政府列为全省电商扶贫工程的主体实施单位，成为政府推动电商扶贫工作的核心体。建成电商扶贫站点1384个，对接扶持产业合作社419个，服务辐射贫困人口100万人；政府给予资金补贴4767万元，上线农产品3800多款，线上线下销售农产品3.63亿元，带动11.5万贫困人口受益增收，开启“绿水青山就是金山银山”的邮政实践。“廖奶奶咸鸭蛋”成为瑞金首个国家地理标志保护产品，亮相全国庆祝改革开放40周年展。《人民日报》、央视《新闻联播》《焦点访谈》等中央主流媒体多次报道。

3. 金融业务效益持续提升。收入30.03亿元，比上年增长7.18%，列全国同行业第9位；金融利润率52.4%，比上年提升1.3%。新增基础客户59.17万户，增幅5.04%，高出全国1.45%；新增价值客户15.33万户，增幅5.4%，高出全国2.45%；客户渗透率提升1.3%。打造嵌入式新零售消费场景，协同邮储银行与银联、通联和银联商务开展三方合作，共同推进移动便民支付小微商户“双千活动”，带动活期资金流入24.3亿元。代理金融全年零风险事件、零资金案件。

4. 寄递业务规模持续壮大。收入14.89亿元，比上年增长12.83%。快包市场占有率22.2%，列全国邮政和全省快递行业首位。标件收入2.39亿元，比上年增长12%，超全国增幅近6%，增幅列全国第5位。其中“赣服通”项目收入836万元，“警邮合作”项目收入3550万元。国际业务收入3.82亿元，比上年增长46.16%。寄递服务质量明显提升，在全省快递企业“公众服务满意度”调查中位居前列。

5. 函件业务积极打造文化传媒平台，加快推进千万级和百万级项目开发，收入1.21亿元，列全国同行业第17位。报刊业务坚持文化引领，加快渠道整合，加大重点市场和高效产品开发，收入2.27亿元，列全国同行业第16位。集邮业务加快推进渠道创新、产品创新、项目创新和资源分配机制创新，收入1.67亿元，列全国同行业第18位。

三、深化改革

1. 寄递翼改革。省、市、县三级寄递事业部相继成立，邮速人员、机构、运营组织基本划拨调整到位；生产作业流程、揽投站点、网运资源逐步优化整合到位。寄递翼改革后，一干邮路59条、二干邮路63条，运输及揽投汽车482辆、电动车3009辆，企业营投能力进一步增强。南昌邮区中心局日处理峰值140万件。

2. 对外合作全面展开。与国税、地税、交管、铁塔、江西航空等7家单位签订战略合作协议。税邮项目代开税票7万多张，代征税款1.09亿元，引流金融客户7000多户，沉淀资金6419万元；塔邮项目开展中邮保险业务合作；警邮项目代办六项交通便民服务。板块协同不断加强，邮银建立行业客群项目开发“六个一”支撑工作机制，共同推动总部营销、商圈建设、社保代发等项目开发；代理中邮保险12.56亿元，比上年增长6.15%，其中

为迎接第 49 届世界邮政日，10 月 8 日，江西省峡江县邮政分公司举行“邮政开放日”活动，邀请该县实验小学的学生来到邮政网点参观。

中邮期交 7.79 亿元，比上年增长 46.21%；中邮证券新增有效户 2878 户，新增资产 7917 万元，均超额完成集团公司计划。“电商 + 金融”吸收金融会员 119 万户，兑换积分 1353 万分；“报刊 + 金融”通过开展“课堂内外杯”创新作文大赛，带动金融资产增长 5 亿元、报刊流转额增长 175 万元。

3. “双创”项目。完成 735 个，收入 2.08 亿元，新增沉淀资金 33.26 亿元；“一地一创新”项目覆盖率 100%；云创平台动员率和有效发帖量均列全国同行业第 2 位。

4. 金融网点。收入 31.6 亿元，比上年增长 7.6%，点均收入 282 万元，比上年增加 20 万元；利润 18.6 亿元，比上年增长 13%，收入利润率 59%，比上年提升 2.9%。全省县分公司网点中，利润增幅 30% 以上的有 14 个，增幅 20% 至 30% 的有 17 个。网点员工人均月收入比上年增加 1045 元，增幅 14.2%。

5. 推进政务、网购等客户数据分析项目。转化金融客户 5.6 万户，净增金融总资产 21.3 亿元。“三大金融项目”成效初显，积分兑换项目发展金融会员 209 万人，占金融客户 14%；会员总资产 966 亿元，占金融总资产 41.9%；会员资产净增 124.1 亿元，占金融净增总资产 34.1%；存量客户资产提升 135.1 亿元。

四、邮政普遍服务能力

出台江西邮政普遍服务三年行动计划和普遍服务管理办法；16610 个建制村全部实现通邮；县及县以上党报党刊当日见报率 100%。机要通信工作连续 23 年质量全红。国家邮政局、集团公司委托第三方测评江西邮政用户满意度全国排名均靠前。完成 186 个金融网点、948 个普服营业网点的标准化改造；改善 1569 个营业生产场所环境；374 个手工营业网点完成电子化改造。改造 30 个城市投递部，更新投递电动三轮车 521 辆，城市包快专投段道电动三轮车、汽车配备率 100%。完成省中心机房改造和省中心网络改造工作；开发金融网点运营监控系统、江西邮政资金流向信息平台、省邮政工会综合管理网站等系统。开展“平安邮政”创建活动，落实“双纵双横”安全管理机制，加快推进安全管理转型。将投递部纳入远程集中监控系统，技防能力进一步提升。省分公司连续 8 年荣获全省综治工作（平安建设）先进单位，在第五轮金融机构安全评估中获得优秀。企业安防能力进一步增强。

五、企业“双改善”及队伍建设和文明创建活动

1. “双改善”规划。职工小家建设层次和质量不断提升。新建城市网点职工小家 54 个、城市投递员之家 93 个、网运职工之家 33 个；建成全国模范职工小家 2 个、全国邮政模范职工小家 5 个、全省邮政模范职工小家 25 个。员工生产生活环境进一步改善，在全部解决员工用餐的基础上，提高用餐补贴标准，扩大了补助范围。用户用邮环境进一步改善，网点智能化转型、营业窗口服务升级、网点和生产作业场地标准化改造全部完成阶段目标。

2. 干部队伍建设。将政治品德作为选干部的首要标准，严把干部的政治、品行、作风、廉洁关。调整任用三级人员 101 人（含寄递翼改革调整人员）。完善干部交流锻炼机制，组织三级领导人员赴县分公司挂职锻炼，安排第一批 9 名干部下基层挂职锻炼。分类制定各类人才培训培养方案，系统实施干部教育培训规划和全员素质提升工程；组织领导人员、优秀管理骨干、支局（所）经理、支局（所）骨干等，赴省委党校、上海交大、浙江大学、华为大学等院校学习。举办培训班 891 期，培训人次 5.9 万人。重视大学生员工培养和使用，建立新入职员工试行导师培养机制。

3. 员工幸福指数。员工收入进一步提高，合同员工人均年收入 9.34 万元，劳务用工人均年收入 7.26 万元。提高劳务用工岗位绩效系数，突出对个人业绩贡献的考核。选取南昌、抚州市分公司作为试点单位，全面推行金融、投递从业人员薪酬分配优化机制，实现同工同酬。出台投递、营业人员休假制度，确保投递、营业人员逐步实现正常休假。提高补充医疗保险待遇，惠及广大员工。组织开展送温暖、送清凉、互助帮扶等活动，走访慰问先进劳模、离退休老同志、一线员工、困难员工、受灾员工以及在岗员工高龄父母。发放慰问金 400 余万元。

4. 精神文明创建工作。创建一批精神文明成果和企业文化建设示范单位。举办 2014—2017 年度全省邮政劳动模范集体、劳动模范表彰大会，营造崇尚先进、学习先进的良好氛围。开展群众性创新、劳动竞赛、知识竞赛、演讲比赛、旺季生产帮扶等活动。（江西省邮政分公司　叶金平 / 提供）

【邮储银行江西省分行】 邮储银行江西省分行设置一级部门 22 个、二级部门 6 个、直属单位 2 个，下辖 11 个市

分行、82个县（市、区）支行；87%以上的营业网点分布在县及县以下农村地区，农村网点数量在省内全国性商业银行中列第1位。自营从业人员6726人，平均年龄36岁，其中本科及以上学历员工占比68%。

一、经营概况

资产总额2863.45亿元，净增174.32亿元，比上年增长6.48%；各项贷款结余1586亿元，列系统第10位、省银行业第8位，净增293.76亿元，比上年增长8.5%，贷款不良率0.51%。负债总额2798.31亿元，净增147.99亿元，比上年增长5.58%，其中各项存款结余2651亿元，净增95.85亿元，比上年增长3.75%。收入55.72亿元，比上年增长11.13亿元，增幅24.96%。利润28.22亿元，比上年增长7.62亿元，增幅36.99%。收入利润率升至50.64%，成本收入比降为38.25%，列系统前3位；人均经济增加值15.1万元，列系统第6位；经济资本回报率19.20%，列系统第7位；人均创利42.82万元，比上年增长11.22万元；点均创利796.1万元，比上年增长227.2万元。

二、业务发展

投放江西省内资金1265亿元，各项贷款净增293.76亿元，列全省第6位、系统第8位，增长22.73%、高出全省平均增速4.71%，贷款净增和增速列省内六大国有商业银行首位，提前3个月完成省政府下达的年度信贷净增指导计划，完成比117.5%。

1. 大个金业务。年末储蓄余额2300亿元，列系统第13位，净增90.67亿元。其中，自营储蓄余额677.63亿元，列系统第10位，净增9.88亿元，市场占有率4.04%，列系统第4位。手机银行激活客户净增145.1万户，完成总行计划的188%、列系统第5位。基金、黄金定投结存客户分列系统第3位、第6位；代理中邮保费、中邮期缴保费分列系统第2位、第1位；中邮证券新增客户列系统第4位，基金定投新增客户、黄金定投新增客户均列系统第1位。信用卡发卡20.1万张，年消费金额284亿元，列系统第9位；分期金额18亿元，列系统第4位；银联快捷支付绑卡数列省内同业第1位。

2. 大零售业务。“三农”贷款结余320.36亿元，列系统第5位，净增41.61亿元，列系统第6位，在邮储系统首创“老板贷”“赣工贷”“乡村贷”等特色“三农”产品和模式。小企业法人贷款结余90.7亿元，列系统第9位，净增18.64亿元，列系统第5位。上市贷客户江西沃格光电成为系统内第一个正式登录上交所主板的小企业客户；上市贷客户江西志特新材料成为系统内第一个拟赴深交所上市的小企业客户。消费贷款年末结余723.39亿元，列系统第10位，净增140.97亿元，列系统第9位。其中，非房消费贷款结余171.81亿元，净增10.27亿元，列系统第5位。

3. 大公司业务。公司存款年日均余额357.6亿元，净增28.65亿元，列系统第8位；公司贷款结余262.33亿元，净增35.55亿元。在新产品、新项目、重点产品上陆续取得突破，有近20项大公司业务指标进入系统前10位。其中，ETC新增发卡17.18万户，新增市场占有率44%，列系统第3位；国库现金管理余额、公司外汇存款余额、再贴现业务、理财业务余额、理财业务净增、托管业务余额净增均列系统前3位。实现全省税银代收系统、26家市县分支行的公共资源保证金系统、8家市分行的公积金银企直联和4家市分行的房屋资金监管系统的对接上线，新增服务全省十余家大型企业客户。

三、党建工作

切实扛起巡视整改的政治责任，认领的22项整改任务、制定的54项整改措施，严格按照总行党委要求推进。对抚州、宜春、景德镇市分行党委开展巡察，对九江和新余市分行党委进行巡察“回头看”。坚持每月至少举办1次、举办17次省分行党委中心组（扩大）学习；以每月2次的频次开展“大学习、大讨论、大落实”专题学习研讨活动；创新开展“诵读红色家书　传承红色基因”“做政治上的明白人”“学习十九大·知史遵规知识竞赛”等特色党建活动；在系统内首创开发运用“邮储银行党建+”APP；独创“邮行青年说”“邮行读书会”等特色群团活动。省分行党委获得总行2017年度基层党建述职考评第1名。宜春市分行党委和省分行营业部党支部获评集团公司“双百示范点”。

四、渠道建设

1. 网点建设。省分行新综合营运用房建设加速推进，萍乡、九江市分行及上犹、南城、湖口等县支行的新综合营运用房投入使用。投放344台ITM，754台CRS和存折存取款一体机、252台ATM。辖内2家网点被中国银行业协会评为四星级服务示范单位、4家网点被评为三星级服务示范单位。

2. 电子银行。电子银行客户结存640.16万户，其中自营结存225.10万户，比上年增长37.23万户；电子银行交易替代率90.04%，其中自营92.24%，比上年增长4.48%。电子银行渗透率44.9%，其中自营46.0%，比上年增长5.69%。手机银行净增激活客户145.1万户，其中自营激活客户数40.4万户，完成年度计划143.7%。全省95580投诉量1441笔，比上年压降23.11%，投诉处理及时率99.17%，投诉处理满意率99.79%。

五、风险管控

1. 风险管理。风险与内控委员会、案防工作领导小组会议机制化运作，加强“闭环管理”，推进全面风险管理和案防体系建设。

2. 内控体系完善。狠抓案防管理“28条举措”落实落地，调整授权标准、制度标准、内控标准、非现场数据标准、违规问责标准。将“内控提升”作为深化市场乱象整治、防范化解金融风险、守住风险底线的重要抓手，邮银联合、各级联动，严守责任关。

3. 审计工作。开展业务专项审计15个，高管离任审计15个，工程审计19个、审减金额247万元、审减率19.25%。

4. 安全生产。完成35个标准化网点达标建设任务，省分行联网监控中心通过总行安全管理标准化达标验收。成功处置破坏自助机具、纵火、电信诈骗、解救传销人员等安保类风险事件16起。

5. 授信管理。推进“三农”、小微普惠金融审批权下移，加快推行专职审批人制度，提高单、双人审批比重，单笔授信业务审查审批时限有效缩短。通过加强不良资产责任认定、资产保全，收回不良贷款4.5亿元。连续五年实现无安全事故、无资金案件、无重大风险事件、无大额不良、无大额罚款、无重大负面舆情“六无”管理目标。

六、品牌建设

持续深化“借（造）船出海”战略，“朋友圈”不断扩容，与江西省委、省政府10多个部门和50多个市县区人民政府、100多家企业建立全面战略合作关系。提前1年实现2014年5月邮政集团同江西省政府达成的5年内净增投放江西资金不低于1000亿元战略合作协议主要目标。连续第2年独家总冠名“2018第九届环鄱阳湖国际自行车大赛”，联合江西省委农工部、省人社厅、省工信委共同承办央视《创业英雄汇》南部赛区项目选拔活动，联合省总工会推出“赣工贷”业务。服务实体经济的特色亮点赢得新华社、《人民日报》、《工人日报》、新华网等中央及各级地方媒体超2.1万篇次的报道。2018年，分行获得全国和全省“五一劳动奖”、全省文明单位、全省金融服务地方突出贡献奖、全国金融系统企业文化建设先进单位等200余项先进集体及个人荣誉。（邮储银行／提供）

【江西省寄递事业部】 全省寄递业务收入14.89亿元，比上年增长12.83%。快包市场占有率20.7%，列全国邮政和全省快递行业首位。

一、寄递翼改革

1. 场地整合基本完成。10个非省会地市和全部县实现同场作业，减少地市处理中心13处，增加生产面积4020平方米。

2. 邮运网整合稳步推进。对原邮速网络从客户、竞争、发展三个维度重新规划，加密进出口频次，优化作业流程，改革整合后，一干邮路59条、二干邮路63条，日增加处理能力40万件／天，减少日计划行驶里程10000公里左右，减少运输及盘驳费用近1000万元。

3. 揽投网整合积极推进。优化整合地市以上揽投网点，合计调减网点26个，整合率100%。在确保普服标准的前提下，按照网格化全覆盖、加密重点区域的原则，重新规划投递段道范围，平均缩短段道里程1—2公里，加快响应速度10分钟。

4. 机构人员调整到位。省、市、县三级寄递事业部均相继成立，邮速人员、机构、运营组织等全部划拨调整到位，整合后员工7143人，其中一线人员4068人，揽投人员3569人，占总人数的49.97%。

5. 加大寄递能力建设投入。累计投入2600余万元购置伸缩胶带机23台、直线传输设备300米、安检机29台、投递机动车21辆、邮运车辆79辆、电动三轮车404部。

二、业务规模

1. 标快业务。标件收入2.39亿元，比上年增长12%，超全国增幅近6%，增幅列全国第5位。全面打造“赣服通”项目，带动政府机关公文、国税、工商、社保等政务寄递业务，实现收入836万元，比上年增幅46%。加速推进“警邮合作”项目，深入拓展出入境、公安交管、户政等公安类业务，收入3550万元，比上年增幅14%。南昌市寄递事业部与交管部门合力打造“智慧车管服务大厅”，在全省树立交管业务发展标杆。

2. 快包业务。快包业务量1.39亿件，比上年增长61%，超全国增幅22%，增幅列全国第六；业务收入完成6亿元，比上年增长10.3%。快包市场年度占有率20.7%，在全国邮政和全省快递行业排名中列第一。“双11”期间，全省快包交寄量853万件，比上年增长34.9%，规模、增幅分列全国第8位和第7位。

3. 国际业务。国际业务收入3.82亿元，比上年增长46.16%；其中非邮渠道业务收入1701万元，比上年增长116%。

4. 物流项目不断拓展。物流业务收入1.8亿元，比上年增长17.6%；其中南昌市物流分公司收入1.65亿元，比上年增长20.3%。

三、寄递时限

新增南昌公司航站1600出口频次，实现标准特快“下午揽收、夜间航发运”，扩大省际出口次日递覆盖范围。利用地方民航资源，开通3条经济航线，加快地市邮件出口时限。接入无锡长三角夜间集散、江苏省内互寄频次和省际集散频次，全面加快至江苏省、安徽省、山东省电商件全程时限。开通周边省份标快高铁邮路，打造4小时高铁干线运输服务圈，扩大省际标快次日递范围。增加省内高铁午间进出口频次，确保南昌民航上午进口到港的标快和南昌上午揽收的省内文件型标快当日递。

四、运营质量

1. 质效水平。全面执行“一会一中心”“日通报、周分析、月解决”等制度，对质量“黑点”问题分析诊断、对症整改，实现质量管控模式由事后通报考核向事中警示解决的转变。质效得分 86.7 分，荣获集团公司质效达标奖称号；其中出口段及时赶发率 98.65%，列全国第 3 位；省际进口时限达标率 95.65%，列全国第 8 位。

2. 服务质量行业认同。省 EMS 企业满意度得分 85.36 分，高于全省快递行业平均得分 2.12 分，居全省快递行业第 3 位。其中揽收、投递和售后三个环节客户满意度均列全省快递企业前列；申投诉管控领先行业。

3. 客服支撑。构建"省集中客服平台 +VIP 项目主动客服平台 + 生产机构协同客服平台"的全环节售后支撑服务体系，VIP 主动客服原渠道占比 94.3%，比年初提升 39%；智能跟单及时有效处理率 82.8%，高于集团标杆 32.8%；全年有责申诉 209 单，比上年减少 107 单；有责投诉率万分之 2.6，低于集团标杆万分之 4.4。

五、管理能力

建立健全两级损益管理体系，动态掌握各经营单位及处理中心的运营管理情况。加强欠费管理，制定欠费率控制目标，对超账期欠费责任人停职收欠，对长期未回款项目立即终止，降低坏账风险。大力推广应用全省资金管理平台，建立专用缴款渠道账户台账，实现营业现金缴款的可视化，提高了资金归集效率，确保现金缴款率达标。

六、党建工作

坚持把理论武装作为首要任务，每月召开中心组学习会，深入开展"大学习、大讨论、大落实"活动，组织机关党支部开展"铭记初心"精准帮扶及"双 11 党员示范岗、帮扶突击队"活动，为基层解决实际困难和问题，促进党建工作与经营工作有机融合、共同发展。深入推进干部队伍纪律作风建设，组织领导干部集中观看警示专题教育片《为了政治生态的山清水秀》，组织全省 27 名领导干部家属参加家风专修班，强化了党员干部的"底线思维"。（江西省寄递事业部 / 提供）

【中邮保险江西省分公司】

一、协同发展

中邮保险总保费 25.6 亿元，完成计划为 109.47%，规模列开业省第 11；全省寿险市场占有率 5.3%，列中邮保险开业省分第一。

1. 期交方面。中邮新单期交保费 9.23 亿元，比上年增长 50.4%，银保渠道期交市占率 29.8%，列开业省第三。其中邮政企业新单期交保费 7.8 亿元，比上年增长 47.3%。邮储银行全国率先完成全年计划，新单期交保费 1.43 亿元，规模列全国第五，完成全年预算的 117.4%，完成进度列第 1 位。

2. 长期期交方面。长期期交保费 12877 万元，比上年增长 51.5%。完成全年预算的 100.4%。其中邮政企业完成 1.11 亿元，邮储银行实现 1729 万元，完成全年预算的 107.71%。缴费期五年及以上长期期交保费 2627 万元，列全国第一。

3. 团险方面。团险保费 683.35 万元，规模列开业省第九。其中团险兼业保费 324.64 万元，比上年增长 144.35%。完成年度预算的 162.32%。外扩客户 279 户，兼业保费和外拓客户数连续多年列全国已开业省第一。

二、党建共担引领发展

1. 落实两个责任。32 项党建工作和 41 项纪检监察工作任务全部完成。机关第四党支部在全国邮政系统基层党组织示范点评比中获"邮政系统基层党组织建设示范单位"称号。扎实推进巡视整改。制定整改任务 19 项，整改措施 39 条，阶段性整改任务全部完成。

2. 加强意识形态宣传。党委委员讲党课 6 次，党委中心组学习 19 次；支部书记讲党课 8 次，各支部、部门集中学习研讨 48 次；组织全体员工进行十九大精神和党建知识闭卷测试 6 次。

3. 用好"问责利剑"。问责 39 人次，其中诫勉谈话 2 人次，提醒谈话 1 人次，通报批评 14 人次。

4. 担当政治责任，认真参与精准脱贫。向鄱阳县建档立卡贫困户赠送意外伤害险 2500 余份，保额 1.37 亿元。向定南县岿美山镇敬老院赠送棉被等物资。

三、质量共抓品质发展

1. 核心运营指标持续优化。新契约合格率 98.41%。剔除中短存续期产品后，标准退保率 1.3%，比上年下降 0.68%；回访成功率 99.45%，列全国第四，全年 13 个月继续率 95.1%，列全国第五；25 月继续率为 96.8%，列全国第七；宽末综合达成率 97.86%，列全国第七。理赔申请支付时效 1.53 天；连续两年入选"江西保险业双十大典型赔案"。监管统计口径有效投诉件为 0，优于行业平均水平。

2. 运营创新项目《构建以前置管控为核心的中邮保险运营体系》先后荣获第十六届全国交通行业管理现代化创新成果（部级）三等奖、第十九届江西省企业管理现代化创新成果一等奖和第十三届全国邮政企业管理现代化创新成果三等奖。

四、风险共控合规发展

1. 认真开展治乱打非。三方联合开展治乱打非专项检查，查出销售行为不规范、客户信息真实性、内控监管不严格等五类问题，全渠道问责 111 人。

2. 认真开展市场乱象整治。对问题件明细、各部门费用凭证、客户信息真实性等问题开展排查，并及时进行整改。

3. 现场检查 6 个市中邮保险局，30 个县区中邮保险局，111 个代理网点，排查整改风险隐患 113 个，下发整改通知单 43 份，风险提示函 11 份。

4. 做好反洗钱风险排查。排查可疑交易 485 件，未发现可疑交易。

五、精细共管效率发展

1. 信息化引领作用凸显。开发工作任务管理系统，实现工作全流程跟踪和关键节点提醒，提升工作效率质量。开发客户管理模块、重复电话说明模块、工资条邮件发送功能等一系列应用程序，信息化水平进一步提升。分公司“精准营销系统”获得全国邮政科技创新三等奖。

2. 财务管理基础夯实。修订完善分公司财务制度9个，实施集中采购项目9个，零星采购25个，节约预算资金66.36万元。业务招待费比上年下降64%，会议费比上年下降51%，公杂费比上年下降29%。

3. 进一步加强了综合管理，全年无安全生产事故。

六、能力共建促进发展

1. 人力资源持续优化。通过社会招聘、校园招聘等方式，引进各类人才18名。77人获“高级三师”，为员工总数的83%，为行业内最高。对渠道开展帮扶培训1061场次，帮扶21600余人次。

2. 文化建设成果突出。被集团公司评为“邮政系统企业文化建设示范单位”；被省直机关工委评为“江西省直机关第十四届文明单位”；被总部评为“2017年度营销体系建设先进单位”一等奖、“2018年度优秀审计单位”。运营管理部被市总工会授予“南昌市工人先锋号”；“和谐幸福号”情景剧获全省邮政文艺汇演二等奖。

3. 先进典型不断涌现。许志勇在第三届中国保险业金牌讲师俱乐部年会总决赛中获评优秀奖，陶遂获评“中邮保险工匠”，吴婷、涂志芳获评“中邮保险巾帼标兵”，熊志远、龚明获评“2017年度优秀营销员”等称号。（中邮保险／提供）

【中邮证券江西省分公司】 账户总规模99599户，有效户5741户，托管总资产（含两融）6.54亿元，各项指标均位列新开业省分公司前列。

一、经纪业务协同

高度重视与省邮政公司的协同工作，通过与省邮政分公司领导的紧密沟通，下发《关于开展2018年玉犬迎春·财富增值协同发展中邮证券营销活动的通知》，江西省分公司每年都组织讲师到各市县分公司进行宣传、培训。针对阶段性重要产品销售活动，通过召开全省电视电话动员会及现场培训等方式推动重点产品快速销售。

二、资管投行业务协同

秉持“板块协同是中国邮政最大的战略，最核心的优势”的理念，依托省邮储银行资源，资管投行业务主要开展以下工作：一是新三板业务协同。经邮储银行宜春市分行推荐以及市场化资源开拓，分别与宜春市上高县企业江西正宇生物科技有限公司、九江市共青城企业江西天翌光电有限公司及吉安市泰和县企业江西爽利源食品有限公司签订新三板挂牌协议。二是对外战略合作。开展对外战略合作，11月27日由分公司牵头与九江市文化旅游发展集团洽谈新三板业务。

三、培训宣讲

1. 4月，经省邮政分公司同意，省公司金融业务部下发《关于全省开展资管投行业务培训的通知》（赣邮金融传〔2018〕51号），吉安、抚州、赣州等地市在培训结束后推荐上报意向企业，并安排人员进行重点企业走访。

2. 联合政府进行上市宣讲。7月，联合九江邮储银行先后在德安县政府和共青城市政府，召开政银证企联动暨企业上市挂牌培训会，使参加培训的各企业学习了解企业上市挂牌相关政策、业务知识以及新三板专属融资产品，为中邮证券在该地区进一步开发新三板业务奠定良好的基础。

四、强化合规，迎合监管要求

自开业以来一直以合规经营为理念，组织学习合规知识5次。组织合规自查3次、接受陕西证监局现场检查1次。各项业务均严格按照监管和公司的合规要求开展。

五、贯彻落实反洗钱工作

严格执行公司总部制定的有关规章制度，根据公司总部的有关规定，开展反洗钱工作。参加反洗钱学习7次，其中分公司内部学习2次，总部学习4次，南昌人行学习1次。

六、强化基层党组织建设

分公司党支部始终严格执行民主生活会、组织生活会、谈心谈话、民主评议党员等制度，按期召开民主生活会、组织生活会，认真研讨修改民主生活会、组织生活会材料，严肃认真开好民主生活会和组织生活会，起到批评—团结—进步的效果。（中邮证券／提供）

山东省

【山东省邮政分公司】

一、从严治党全面加强，巡视整改取得实效

1. 深入学习贯彻习近平新时代中国特色社会主义思想和党的十九大精神。全省邮政累计组织党课1054次、中心组学习790次、主题党日活动2526次。

2. 以高度的政治责任感抓好中央巡视整改。召开巡视整改专题民主生活会，构建巡视整改常态化、长效化机制，完成整改任务60项、104条，完成进度96.3%，完善修订制度办法39个，对移交的16个信访件全部核查完毕。

3. 加强基层党的建设。核增地市及以下党建和纪检监察专岗123个，组织开展党建、纪检监察主题巡回培训，提升党组织和党员覆盖面，推动党建工作制度化、规范化、信息化。

4. 创新纪检监察工作。探索破解“旁站式”监督，规范化开展招投标监督、选人用人监督、合同监督，创新开展效能监察、廉洁风险防控工作，严肃执纪问责。

5. 落实党管干部原则。选优配强领导班子，新提任 8 名三级领导人员，其中 4 名三级副领导人员在 40 岁以下。加强干部监督管理，强化任前审核把关，开展选人用人“大起底”和巡视专项自查。

二、经营发展稳中求进，质量效益显著提升

收入 128.83 亿元，比上年增长 7.4%。不含寄递事业部原速递部分，收入 110.67 亿元，比上年增幅 6.58%；经营利润 6.2 亿元，创历史最好水平，增幅 12.42%。代理金融再创佳绩。总量新增 734 亿元，居全国第 3 位。其中净增余额 379 亿元，居全国第 2 位，菏泽年增余额蝉联全国地市分公司第一；代理保险新增 247 亿元，居全国第三。实现中邮保险新单保费 27.66 亿元，全面完成期缴和长险目标。寄递业务持续向好。收入 28.64 亿元，居省内全行业第 2 位，比上年增长 13.36%，市场占有率 12.54%。邮政快递包裹毛利率 22.5%，比上年提升 4%。渠道平台（农村电商）业务稳步推进。农村电商批销规模 28.4 亿元，其中“919 电商节”批销交易额 8.5 亿元，均居全国首位。分销业务累计收入 10.4 亿元，产品毛利率 14.2%，高于全国平均 3.93%。文化传媒业务整合创新。集邮、函件收入规模全国位次前移。函件线下媒体业务规模全国第一。报刊发行直接经营利润比上年增加 4547 万元，日常收订流转额净增 9447 万元。

三、基础管理更加扎实，企业运行更加规范

1. 投资管理“靶向”突出。围绕基础能力和金融发展，安排投资 2.73 亿元，完成 2 处中心局工艺改造、6 处仓储中心和 9 处支局建设。服务质量明显改善。开展三年服务质量提升工程、普遍服务邮件时限和作业质量“双达标”及“三大歼灭战”等活动，邮政服务综合满意度得分 94.38 分，各渠道投诉比上年减少 27.61%。网运“三效”不断提升。车辆装载率平均 58.82%，比上年提升 11.62%；单位运输成本 0.63 元 / 吨公里，比上年降低 0.13 元。

2. 人才支撑更加有力。强化领军人才考核，抓好优秀大学毕业生引进和培养工作，分层分类加强人才梯队建设，培养后备支局经理 300 人，招聘高素质大学生、劳务用工预备役 1257 人，支局经理、综合柜员实现 100% 合规配备。

3. 安全风控得到加强。加强安全基础管理，抓好全国“两会”、青岛“上合峰会”“上海进博会”等重大活动期间寄递安全工作，代理金融风控管理有效提升，全年未发生资金案件和较大风险事件。

四、改革创新稳步推进，体制机制迸发活力

1. 寄递翼整合基本完成。整合寄递资源，组建省、市、县三级寄递事业部，整合现有中心局及网运、处理、投递中心，完成一级干线整合优化。

2. 营销创新效果明显。先后与省文化厅、省公安交管、省铁塔公司等 10 家省级大客户签订合作协议，其中文化惠民项目实现销售收入 1.18 亿元，代征税款突破 14 亿元，代缴交通罚款 7.3 亿元。线上营销交易额突破 2 亿元。

3. 科技创新取得新进展。完成集团公司新一代寄递业务信息平台、ERP、CRM 系统等省内试点及推广，创新开发云迹系统、山东邮政金融智能平台、智能投递系统，建设数据共享综合服务平台二期。1 项管理创新成果获国家级现代化管理创新成果二等奖，2 项成果获部级现代化管理创新成果二等奖，1 个信息化项目获全国邮政科技创新成果一等奖。

五、普遍服务持续改善，央企担当更加彰显

1. 普遍服务和特殊服务。制订提升普遍服务特殊服务水平、拓展便民公益服务三年行动计划，按照集团公司部署做好平信条码化试点，全省建制村通邮率 100%，基本实现党报党刊在县级以上城市党政机关当日见报。机要通信连续 21 年保持质量全红，连续 3 年获“全国机要通信保密安全和服务质量用户评价”第 1 名。

2. 电商助农和精准扶贫。持续抓好农产品进城，交易额超过 8 亿元。“919 电商节”活动期间同步开展“农产品进城助力精准扶贫”活动，销售时令农特产品 20 余万斤。为菏泽曹县“第一书记”包挂村投入资金 460 万元，帮助贫困户全部脱贫。打造“绿色邮政”。在所有网点布放新标准包装箱，推广胶带科学打包方法。快包电子运单使用率 96%。电子银行交易替代率 87.67%。

六、深化和谐企业、精神文明建设，员工获得感不断提升

不断深化企业民主管理，为员工办实事、办好事，建成农村支局职工小家 1748 个、城市投递员之家 131 个、网运职工之家 20 个，一线职工覆盖率 85% 以上，星级职工小家占比 82%。坚持收入分配向基层一线倾斜，一线员工收入增幅 8%，内退人员生活费实现 9 年连增。持续抓好网点轮休和职工带薪年休假工作，从严处理硬性摊派、薪酬二次发放等问题，维护职工合法权益。开展企业文化建设。将战邮精神与齐鲁文化、儒家文化融合，对中国邮政企业文化作了对接诠释与延伸解读。结合庆祝改革开放 40 周年、邮政独立运营 20 周年，通过组织座谈会、书画作品展、集邮展等宣传活动，讲好改革开放以来，特别是党的十八大以来的邮政故事，宣传企业品牌形象。精神文明建设成效显著，新增省级文明单位 2 个、省级“工人先锋号”2 个。菏泽、济宁市分公司荣获全国邮政用户满意企业。济南投递员王明梅、泰安投递员宋宪臣等 7 名职工被授予“山东省劳动模范”称号。3 位同志被授予全

1 月 24 日，山东省沂源县邮政分公司组织开展“爱心腊八粥、情暖环卫工”活动。

国工会积极分子。7 个集体、9 名个人被评为全国邮政系统先进集体和个人。1 位同志被授予山东省职工创新能手。（山东省邮政分公司 / 提供）

【邮储银行山东省分行】 邮储银行山东省分行内设一级部门 22 个、二级部门 5 个、直属单位 1 个，下辖二级分行 16 个，邮政金融网点 2678 个，其中银行自营 456 个、代理网点 2222 个，实现城乡全覆盖。员工 11687 人，其中本科及以上学历员工 8361 人，占比 71.54%。

一、经营概况

资产规模 6046 亿元，居省同业第 4 位。收入 79.17 亿元，居系统第 4 位，居省同业第 5 位；比上年增长 17 亿元，增幅 27%，创近七年来新高。利润 32.73 亿元，居省同业第 1 位；比上年增长 9 亿元，增幅 39%，创近四年来新高。各项存款 5721 亿元，居省同业第 4 位；增长 456 亿元，居省同业第 4 位。各项贷款 2242 亿元，居省同业第 7 位；增长 424 亿元，连续 4 年保持省同业第 1 位。不良贷款率 0.4%，资产质量保持省同业第 1 位，跻身系统前 3 位。

二、党群工作

1. 党的建设全面加强。深入学习贯彻习近平新时代中国特色社会主义思想和十九大精神，开展“大学习、大讨论、大落实”活动，全行开展中心组学习 158 次、党委书记讲专题党课 39 次、十九大专题培训 30 次。巡视整改扎实推进，制定整改措施 54 项，完成率 100%。作风建设扎实推进，开展“两优一先”评选表彰活动和二级支行长廉洁从业教育。用好监督执纪“四种形态”，组织函询 19 人次。对 3 个市行、8 个县行开展巡察。严肃处理两起违反八项规定问题。

2. 员工幸福感提升。薪酬分配更加向一线倾斜，客户经理、柜员、二级支行长收入增幅排名前三。省、市行共办好事 122 件。职工小家提档升级，改善母婴室条件，建设离退休人员活动场所。开展送温暖活动，走访劳模先进、困难职工等 135 人，慰问集体 194 个。

3. 企业文化建设。办公楼、网点主要标志、标识初步形成。调整企业文化理念，丰富内涵，形成 17 条风险文化理念。连续 10 年荣获省级文明单位荣誉称号，省级文明单位 46 家、新增 11 家。

三、业务发展

1. 零售战略。个人金融以“四个集中”推进旺季营销，储蓄存款净增 64 亿元；国债、期交保险和贵金属收入均居系统第 1 位；中邮保险总保费和期交保费系统第一，代理消费金融放款系统第三。“三农”金融开展“县域特色行业专题研究”活动，实现净增 60 亿元，居系统第 3 位；市场占有率 6.1%、新增市场占有率 11.6%，均居省内大型商业银行首位。消费金融实现净增 182 亿元，居系统第 5 位，其中非住房贷款净增连续 15 个月居系统第 1 位。小企业金融实现净增 21 亿元，居系统第 4 位。信用卡新增发卡 55 万张、客户 42 万户，均居系统第 1 位；ETC 发卡 18 万张，完成总行计划的 112%。手机银行新增激活客户 100 万户，居系统第 3 位，连续两年新增百万。

2. 公司金融。公司存款以“项目、联动、结算”为重点，净增 31 亿元，居系统第 3 位。公司贷款把握发展时机，余额 528 亿元，居系统第 4 位。战略客户业务收入比上年增长 191%。票据业务方面，商票贴现、承兑规模分列系统第 1、2 位。国际业务办理国际结算 11 亿美元，比上年增长 9%；国内贸易融资新发放 99 亿元，居系统第 2 位，比上年增长 48%。同业融资办理 211 亿元；再贴现业务量收均居系统第 1 位，资产证券化、同业理财业务成功破零。

3. 服务实体经济。涉农贷款余额 818 亿元，新增 136 亿元，比上年增长 20%。将“金融精准扶贫”“银保监会两增”“人行降准净增”“利率管控”确定为四项政治任务，均超额完成目标，小微信贷余额、净增、市场占有率及新增市场占有率四项指标均列省内同业（不含法人机构）第 1 位。绿色信贷 135 亿元，比上年增长 270%；占比较同业高出 2%。支持新旧动能转换贷款 112 亿元，基础设施建设贷款 128 亿元。

四、风险管控

1. 内控管理。压实案防责任，开展重点领域专项排查，扎实开展市场乱象整治，贯彻“开门办银行”理念。连续 4 年在省银监局案防法规及禁止性规定测试中位列首位。

2. 资产质量管控。主动揭示、化解风险，做好公贷“腾笼换鸟”，优质客户余额占比提升至 94%，压降退出一般企业 18 户、金额 26 亿元。主动化解县域房产市场潜在风险，做到“两个坚决”（坚决清理、退出一批开发资质较低、存在潜在风险的存量一手房项目；坚决防止向高风险客户发放房贷），退出县域三级及以下资质一手房项目 191 个，退出率 55%。主动防范“大企业”“担保圈”“两高一剩”三大区域性风险，顶住压力，累计否决退回公贷问题客户 56 户、金额 256 亿元。坚持保全创造价值的理念，处置不良资产 6.6 亿元，其中现金清收 4.7 亿元，核销后清收 2.3 亿元，增幅 79%。

五、转型发展

1. 深化综合营销。综合营销收入 3.8 亿元，比上年增长 52%。信贷客户派生存款 163 亿元，比上年增加 20 亿元。

2. 增强科技支撑能力。建设 GP 大数据平台，为系统内首创，获总行科技创新奖。加大智能设备投放，新增 237 台 ITM、20 台 STM，智能设备达到点均 1.2 台。

3. 提升作业效率。零售信贷工厂试点运营，审批效率提升 30%。组建反洗钱集中处理团队，网点集中数量系统内第一。

六、精细化管理

1. 突出财务配置资源作用。考核体系不断完善，打破原来市行副职简单按正职绩效 80% 的分配模式，改为按照分管专业进行排名，多维度强化条线考评。

2. 完善人力资源管理。组建“战客办公室”，推动十大战略客户深度挖掘。调整职级薪级管理，实现员工职级晋升常态化。9 个市行领导班子配齐职数；推动年轻干部培养，“80 后”提任 10 人。

3. 夯实授信管理基础。创新授信管理手段，开展作业监督会审，引导实现“上下互动，前后合控”的风险监测体系。启动为期三年的“信贷管理年”建设工作。

4. 加强运营管理。运营管理综合评价保持在系统前列，实现自营网点营业主管派驻全覆盖。调整作业流程，集中授权、公司结算、资金汇划处理效率分别比上年提升 19%、27%、24%。

5. 推进工程建设。市行办公楼购置基本完成，县行自有率 43%；盘活 15 处闲置房产，盘活率 75%。（邮储银行 / 提供）

【邮储银行青岛市分行】 邮储银行青岛市分行设置一级部门 18 个、二级部门 13 个、直属单位 1 个。下辖一级支行 12 个（含分行营业部），辖内有营业网点 266 个，其中自营网点 49 个、代理网点 217 个。从业人员 1141 人，其中本科及以上学历人员 815 人，占比 71.43%。

一、经营概况

资产规模 517.99 亿元，增长 6.59%；负债规模 514.82 亿元，增长 6.35%。收入 8.69 亿元，比上年增长 24.8%，增幅系统内排名第七，完成总行预算进度的 115.92%，进度系统内排名第三。利润总额 2.14 亿元，比上年增长 61.37%，增幅系统内排名第七，完成总行预算进度的 152.90%，进度系统内排名第四。成本收入比 48.86%，比上年压降 9.09%。人均利润 18.6 万元，比上年增长 7.1 万元；网均利润 436.6 万元，比上年增长 166 万元。全口径不良贷款结余 2.72 亿元，不良贷款率 0.68%，不良率系统内正向排名第 15 位。

二、业务发展

1. 负债业务。各项存款余额 464.91 亿元，日均余额合计净增 7.48 亿元。其中，储蓄存款多点发力，围绕厅堂营销、外拓营销、资产类业务联动营销三条主线开展客户维护及挖潜；公司存款多措并举，中标青岛市国库现金管理项目、参与青岛市地方债招标、营销机构客户大额存单、突破国土出让金及旅游质量保证金业务、创新现金管理与代收付业务结合模式，公司存款日均余额净增 6.22 亿元，超额完成全年计划。

2. 资产业务。信贷规模 395 亿元，净增 77 亿元，完成净增计划的 103.21%，重点投向民生需求、小微金融、乡村振兴、基础设施建设等领域。小额贷款净增 2762 万元、个人商务贷款净增 4.53 亿元、小企业贷款净增 5.79 亿元、个人消费贷款净增 19.33 亿元、公司贷款净增 32.08 亿元。开展小微金融“大走访大营销”活动，走访小微客户 8833 户、全年放款 47.4 亿元。

3. 中间业务。信用卡新增发卡 8.8 万张，完成总行预算进度的 146.67%。电子银行提前完成总行注册及激活任务，手机银行注册客户新增 5.94 万户，完成总行计划的 118.6%；手机银行激活客户 6.38 万户，完成总行计划的 135.3%。邮银充分联动，ETC 发卡 3.47 万张，完成总行计划的 115.51%。

三、风险管控

1. 案件防控。深入开展银行业市场乱象整治工作，组织对 12 家经营单位及同级邮政公司开展专项督导，发现问题 85 个，涉及金额 1480 万元，负向积分 176 分，合计经济处罚 17600 元，分行市场乱象整治工作获青岛银保监局筹备组高度肯定。出台防范化解重大金融风险攻坚战三年规划，突出风险防控长效机制建设。以市场乱象整治为契机深入开展合规提升年活动，营造对违规问题零容忍的氛围，未发生重大案件及影响分行可持续发展的重大风险事件。

2. 不良资产处置。处置不良贷款 9837.27 万元，不良贷款清收百日竞赛期间收回 3459 万元，完成总行计划的 247%，完成率系统内排名第 6 位。提前介入联港石化信用证业务风险事件处置，有效保全实物资产。

3. 授信风险管理。通过平行作业、送培训下基层、授信工作以工代训等措施，提升信审作业服务质量，组织平行作业 145 人次；通过时限管理提升审查审批效率，“两小贷款”审查审批笔数比 2017 年增长 40%；通过重点客户现场调研、乱象整治全程参与、作业监督及授信评价常态化开展等措施，加强业务全流程管控及重点行业、重点区域的实时监测。

四、助力精准扶贫

制定精准扶贫工作方案、助力打赢脱贫攻坚三年行动指导意见等方案，通过个人精准扶贫贷款投放、异地对接国家级贫困户、积极推进银证合作类涉农贷款等方式，助力乡村振兴并落实金融精准扶贫。对当地经济薄弱镇村及贫困村所在区市发放各项贷款余额100.82亿元，比上年末增长20.66亿元，增幅25.78%，高于各项贷款增幅（20.85%）；全行农户贷款余额111.98亿元，比上年末增长13.34亿元，增幅13.52%。

五、支持地方经济

为驻青大型企业及地方龙头企业提供信贷资金支持，助力地方经济发展。公司贷款坚持早投放、早收益，与海尔股份、青岛啤酒、海湾集团等地方龙头企业，与中国电建三公司、中交一航局二公司等驻青大型企业，与青岛地铁、青岛城投、青岛机场等地方国有企业充分沟通互动，陆续开展授信合作，公司贷款净增32.08亿元，完成年度计划的128.33%。

六、管理支撑

1. 财务管理。推进标杆管理、持续管控成本，成本收入比48.86%，比上年下降9.09%，较总行下达的预算目标低5.99%。

2. 人力资源管理。稳步推进机构改革，加强专业团队建设，完成2个一级部及1个二级部部门更名，对机关8个部门职责进行调整，成立集中采购管理委员会；扎实推进人工成本零基预算、后备人才动态管理、薪酬部分延期支付等工作。

七、党建工作

按照习近平总书记在全国国有企业党的建设工作会议上的重要讲话要求，坚持党对国有企业领导不动摇，全面推进分行党的建设。分行党委充分发挥领导核心和政治核心作用，围绕“把方向、管大局、保落实”开展工作，忠诚履行政治责任、承担社会责任、忠实履行经济责任，着力推动党建工作和企业改革发展深度融合，分行领导班子凝聚力、向心力得到进一步增强，各级干部职工积极性、主动性得到进一步提升，分行改革发展的活力得到进一步释放。（邮储银行/提供）

【山东省寄递事业部】 全省邮政寄递业务收入28.64亿元，增长13.36%。其中：邮政收入10.48亿元，增长14.13%；速递物流收入18.16亿元，增长12.92%。

一、体制机制

推进邮政寄递翼改革，完成省市县三级寄递事业部组建工作。深入推进“众创众享”，实施“合伙经营”，244个经营单元推行业务合伙经营，占经营单位的88.7%，推动计件工资向计件＋利润分享转变，提升员工经营参与感和发展获得感。省、市电商、物流、国际、商企、政务团队专业化、实体化运营稳步推进，省公司5大实体单位收入1.68亿元，增长38.76%。

二、业务发展

开展省际标快提速发展活动，深入拓展“互联网＋政务”项目，推进“三进工程”，挖掘电信金融等重点行业，国内标快收入6.86亿元，与上年持平。优选客户、优选线路、优化结构，快递包裹业务收入9.75亿元，增长18.14%，重量单价提升0.2元。菜鸟项目突破4000万元，增长35%。加快跨境电商业务发展，拓展商业渠道，培育新增长点，国际业务收入5.02亿元，增长19.6%。开展大项目挖潜和小项目开发，物流业务收入4.69亿元，增长14.2%，其中重汽、海尔项目收入3.12亿元。

三、网络资源

推进处理中心、邮路、网点整合工作，明确济青潍三大处理中心功能定位，完成市级处理中心物理整合，整合后退租场地2处、盘活场地6处。完成一级干线邮路整合优化，撤销原速递属性一干邮路31条，新增出口直发邮路12条。因地制宜确定网点整合模式并积极稳妥推进，有力支撑和促进普遍服务、包裹快递业务共同发展。

四、生产运营

完成烟台、泰安邮件处理中心工艺改造建设，建成城市代投自提站点2.3万个，速递易包裹柜比年初新增500台。开展邮件投递“三大歼灭战”和普通邮件作业时限和质量“双达标”活动，普邮信函、印刷品和普通包裹同城互寄、省内互寄及省际各时限指标均达到考核要求。完成新一代寄递平台信息系统生产流程全环节上线。推广便携打印、云打印、电子支付、扫码资金归集等应用，支撑营销及管理，完成全省揽投人员PDA更新，更换4G版PDA3800多台。

五、质量管控

建立清晰明确的质效考核体系；推进售后服务保障体系建设，优化理赔流程，提高赔付速度，加大省属重点项目维护力度，全省有责投诉率、申诉率均呈现下降态势，完全丢失下降23.5%；虚假信息下降28.3%。省内互寄次日递率完成91%，提高3.4%，出口段时限准时率完成98.2%，提高2.9%，卡哈拉leg1完成98.01%，提高5%。

六、企业管理

持续完善财务制度，加强预算管理，强化成本管控，严格收支两条线，资金当日缴款率和次日缴款率分别达到99.49%、99.99%。人力资源配置效率不断提升，全省（不含邮政划入部分）劳动生产率完成18.3万元，提高6.4%。质效考核稳步提升，各市公司比上年提升2.1分，操作质量扣罚比上年降低43万元。

七、党建工作

创新党建工作清单模式，党建清单强化 7 个方面 36 条内容，进一步明确目标、落实责任、执行监督。抓实巡视反馈整改工作，发现的问题均已完成整改，并建立长效机制。推进基层党组织示范点建设工程。深入推进反腐倡廉工作，坚持挺纪在前，强化执纪审查，对临沂、济宁市分公司开展巡察。推进员工关怀制度化，为员工购买补充医疗、重疾、意外三种商业保险，持续推进全省职工小家建设。（山东省寄递事业部 / 提供）

【中邮保险山东省分公司】

一、坚持全面从严治党，扎实推进巡视整改工作

1. 提高站位，加强思想政治建设。严格落实“四个第一时间”学习机制，组织党委理论学习中心组扩大学习 18 次，以党委理论中心组学习研讨、民主生活会和“三会一课”为基础，以党组织书记讲党课、党校教授专题辅导、“大学习大讨论大调研”主题教育活动为抓手，推动“两学一做”学习教育常态化制度化。

2. 将巡视整改工作作为分公司首要政治任务，一切工作的重中之重。根据公司党委统一安排，分公司党委对照整改内容，明确 20 项整改任务，43 项整改措施，全部整改完毕。在整改过程中，坚持问题导向，深挖问题根源，对 21 项立行立改事项立即整改；对于需要持续推动问题，建立长效机制和督查机制，以实际成效检验巡视整改情况和效率，以巡视整改为契机推进分公司健康持续发展。

3. 党风廉政建设、反腐败工作与经营管理同抓共管。纪委监督执纪力度加大，追究责任 26 人次，其中给予党内警告 1 人次，行政警告 4 人次，诫勉谈话 1 人次，通报批评 3 人次，起到强大警示和震慑作用。

二、业务发展

保费 49.56 亿，规模列全国第二，山东寿险行业第 10 位。总保费规模比上年增长 40.2%，期交占比 75.2%，其中，期交新单保费 19.67 亿，比上年增长 83.74%。长险保费 2.95 亿元，比上年增长 280.2%。续期保费实收 17.6 亿，比上年增长 69.2%。

三、运营承载能力

承保总量超 15 万件，续期实收保费 17.9 亿，核心运营指标保持稳定，赔付金额 1743.89 万元。坚持以中邮保险的合规带动邮银渠道的合规，逐步构建起邮银保三方联动风险防控体系。连续 3 年获评山东保监分类监管评价和济南人行综合评价双 A 类机构，新增被济南人民银行营管部评为 A 类机构。

四、专业能力建设

1. 专业队伍建设。同业引进人才 16 位，在核心岗位发挥重要作用。经过系统培训及考试，员工专业素质有效提升。高级寿险管理师 60 人，中级 13 人；在讲师、合规、运营等条线都涌现出一批在全国全省比赛竞赛中斩获佳绩的专业能手。

2. 营销培训支撑体系日趋完善。培训团队、课程体系、督导模式逐渐成熟，成为服务渠道大金融发展的骨干力量。开展培训 1586 场次，培训 2901 课时，受训人数 3.36 万人次。（中邮保险 / 提供）

【中邮证券山东省分公司】

一、主要工作情况

综合收入 1295 万元，比上年增长 470.5 万元，比上年增幅 57%，收入绝对值排全国第 8 位；经纪业务收入 1160 万元（含股票质押业务收入 923.5 万元）、销售资管产品收入 47.9 万元、资管投行业务收入 86.3 万元；其中青岛分公司实现了良好开局，团队建设、邮政协同、社会合作、区域拓展全面启动，半年时间实现综合收入 294.5 万，开发两融客户 1 个，授信额度 2424 万元，股票质押托管市值 2.49 亿元。开户 38966 户，新增开户数 4587 户，其中有效户 4348 户，有效户占比 11.15%，资产规模 4.12 亿元；其中青岛市分公司开户 284 户，有效户 72 户，有效户占比 25.3%，资产规模 2.67 亿元。

二、协同发展

1. 加大政策支撑，夯实发展基础。与省邮政分公司联合下发《关于进一步加快中邮证券业务发展的通知》《关于开展中邮证券专项营销活动的通知》《关于开展金融业务旺季“蓄客户　留资金”专项营销活动的通知》等一系列方案，联合制定《中国邮政集团公司山东省分公司绩效考核管理办法》，理清发展思路、明确工作重点，依托邮政资源发展相对成熟的证券投资客户，以促进分公司快速提升有效客户数量及资产规模。

2. 以渠道为基，加快证券业务覆盖。联合省邮政分公司组织多次专项营销活动，重点开展全省广发、鹏华、招商基金销售工作及“金潮 1 号”资管管理计划的募集工作。分公司销售金融产品 2.21 亿元，其中销售公募基金规模 1.51 亿元，募集资管计划规模 0.7 亿元。

三、合规风险管控

各类自查、检查、稽核 22 次，内容涵盖：合规经营、分类评价、网络信息安全、网上开户客户资料、客户适当性评估、员工投资行为、全面风险排查、分公司总经理强制离岗稽核等内容；参与并配合总部柜台系统测试 9 次；业务培训方面，组织实施各类培训 20 余次，内容包括：产品合规销售、业务合规管理、最新监管案例、反洗钱制度及业务知识等。

四、全面从严治党

1. 加强党的领导。及时调整党建工作领导小组，修订完善了党支部工作规则和执行“三重一大”决策制度，

坚持党支部会议研究讨论决策重大问题的前置程序，组织党支部会24次。

2. 强化党建引领。建立“三个第一时间”学习机制，开展“大学习、大讨论、大落实”活动，深入学习党的十九大、习近平系列重要讲话精神，组织全体员工学习28次。

3. 全力配合中央巡视整改。成立巡视整改领导小组办公室，先后召开4次党支部专题研究制定整改方案，制定4项整改任务，22条细化措施，完成阶段性整改任务。（中邮证券／提供）

河南省

【河南省邮政分公司】 全省邮政企业收入117.42亿元，完成集团公司预算的101.63%，比上年增长8.98%；寄递事业部收入29.44亿元，比上年增长16.3%。完成集团公司下达的利润预算目标。

一、经营发展

1. 金融业务迎难而上，稳住发展大局。坚持以存款为核心，新增储蓄余额421亿元，列全国邮政第1位。新增保费299.8亿元，总保费和期交保费均提前超额完成目标，转型发展取得新成效。金融业务收入78.64亿元，比上年增长6.25%。

2. 寄递业务整合资源，实现较快发展。落实改革部署，加强资源整合，强化市场开发，成为拉动企业收入增长的重要动力。其中，快递包裹收入8.15亿元，比上年增长36%。国际业务收入10.73亿元，比上年增长25%，实现规模发展。

3. 基础性业务融合创新，保持平稳发展。打造邮政文化传媒品牌，总体实现平稳发展。函件业务扎实推进商函、互联网媒体等项目实施，稳住收入规模；集邮业务充分发挥创意策划优势，深化转型发展；发行业务实现3.63%的增长。

河南省邮政分公司统筹推进定点扶贫、金融扶贫和电商扶贫工作，通过加强农村电商线上线下渠道建设，助推“工业品下乡，农产品进城”，助力打赢脱贫攻坚战。

4. 农村电商加快探索，平台效应显现。通过平台实现分销收入7亿元，占总分销收入比重67%，比上年提升8%。累计建成安装邮掌柜系统的邮乐购站点4.3万个，渠道基础进一步夯实。

5. 专业联动发展加强，对外合作拓展。完善协同机制，持续推进公安交管等重点项目的落地推广，与中国移动、中国铁塔签订战略合作协议，强化共赢发展。

二、邮政服务水平

1. 普遍服务和特殊服务。落实中央巡视整改要求，进一步提升对普遍服务的认识。严格落实监管要求，严格普遍服务营业场所及业务审批。巩固并持续保障普遍服务达标，扎实开展平常邮件质量大提升等活动，普邮全程时限实现达标。

2. 邮政服务质量。扎实开展客户投诉专项整治活动，客户申诉率、综合投诉率分别下降82%、60%。标准快递省内互寄次日妥投率达92.63%，高于考核标准2.63%；省内互寄邮件次日递率较年初提升12.7%。

3. 打好“三大攻坚战”。防范化解重大风险，持续加大金融案防工作力度，深入开展“平安邮政”创建工作，保障重要活动期间寄递渠道安全畅通。助力精准脱贫，统筹推进定点扶贫、电商扶贫和金融扶贫工作，派驻驻村干部384人；累计助农销售额2.3亿元；累计建成助农取款点5.13万个。助力污染防治，制定《绿色邮政建设行动三年规划大纲》。

三、企业改革

1. 寄递翼改革。组建省市县三级寄递事业部，机构人员整合到位，处理场地整合全部完成。“双11”期间，在邮件处理量比上年增长63.68%的情况下，生产作业平稳有序。

2. 激励机制改革。制定完善组织绩效考核体系，实现全覆盖。完善弹性人工成本配置机制，充分调动各层面的积极性。

四、能力建设

1. 基础能力建设。推进普遍服务基础设施建设，条件简陋的纯邮政网点和农村支局所的改造工作基本完成。按照“微改造，大提升”原则，对适宜改造的348个金融网点进行改造。为72个市、县邮件处理场地改造或增配工艺设备，新增“私车公助”车辆1460台，建成自提代投点5.1万个。

2. 信息化建设。推进集团公司信息化工程的落地实施，强化自建信息系统的推广应用。自主研发的“外拓客户关系管理系统”荣获全国邮政企业科技创新成果一等奖。

五、管控水平

1. 财务管理。强化全面预算管理，按照零基预算管理要求，强化人工成本、固定资产投资预算管理。优化企业资源配置，实现预算与核算、绩效考核等闭环管理。建立预算过程管控机制，强化对营销费用等重点成本的全流程管理。推进管理会计体系建设，强化业财数据分析应用。推进“三供一业”分离移交工作，稳步推进全面清理整合股权投资工作。

2. 人力资源配置。严把管控红线，开展优化盘活工作，一线操作岗位增员987人，支撑普遍服务开展。坚持“基本配员＋定效配员”的用工总量核定机制，深化市场化用工配置。

审计监督和采购管理有效强化。持续开展财务收支审计、营销费用专项审计，及时开展工程项目审计，组织开展寄递翼专项审计自查，规范经营行为。建立完善采购管理制度，加大公开招标和集采力度。

六、党的建设

1. 巡视整改取得阶段性成效。省分公司党组以对党绝对忠诚的政治态度，全面履行巡视整改主体责任，针对中央巡视反馈意见制定整改任务24项、整改措施68条。各项整改任务按时间节点全部完成。出台完善相关制度办法62项，健全长效机制。

2. 全面从严治党进一步深化。深入学习宣传贯彻习近平新时代中国特色社会主义思想和党的十九大精神，开展专题轮训65期，举办专题辅导讲座52次。启动基层党组织建设达标工程和创先争优活动，选建38个示范点打造标杆。持之以恒纠治“四风”，深化运用监督执纪“四种形态”，严肃查处各类违纪违规问题。修订完善巡察工作办法，推动全面从严治党向基层延伸。

3. 干部人才队伍建设进一步加强。出台11项干部监督管理制度，开展选人用人等情况专项检查，加快高层次专业人才队伍建设，全年共举办全省性培训班219个，覆盖超4万人次。

全省邮政1人获得“全国五一劳动奖章”，8人获得省“五一劳动奖章”；5个集体荣获“全国邮政系统先进集体”，7人荣获“全国邮政系统先进个人”。（河南省邮政分公司／提供）

【邮储银行河南省分行】 邮储银行河南省分行下辖19家二级分行，114家一级支行，467家自营网点；全行员工10612名。省分行获得“全国五一劳动奖状”、总行经营管理绩效考核第1名，成功承办邮储银行“2018年资本市场开放日”活动。

一、经营概况

各项存款6729亿元，净增529亿元，均列省内同业第1位。各项贷款2590亿元，净增407亿元，列省内同业第1位。收入114.37亿元，列系统内第1位，增幅17.49%。利润55.27亿元，列系统内第1位，增幅25.71%；EVA21.45亿元，列系统内第1位，增幅19.95%，高出平均水平3.08%；RAROC 21.92%，列系统内第2位，高出平均水平7.72%。成本收入比41.77%，比上年下降1.51%；收入利润率48.32%，比上年提升3.16%。人均收入107.8万元，比上年增长16万元，增幅17.5%；点均收入2454万元，比上年增长370万元，增幅17.7%；人均利润52.07万元，比上年增长11.5万元，增幅28.2%；点均利润1186万元，比上年增长263万元，增幅28.5%。不良贷款率0.55%，实现全年零案件目标。

二、业务发展

储蓄存款1423亿元，日均余额净增96.22亿元，均列系统内第1位。公司存款1137.81亿元，列系统内第1位，净增19.82亿元，列系统内第4位。个人贷款1594.74亿元，净增245.49亿元，列系统内第4位。公司贷款509.44亿元，列系统内第4位；小企业贷款比上年增幅、净增额均列系统内第2位。信用卡结存卡量187万张，列系统内第1位；新增发卡46万张，列系统内第3位；卡消费规模在系统内首家突破千亿元。

三、总部营销

十年来首次成功中标省级社保基金财政专户代理银行资格；与省妇联签订战略合作协议，未来五年力争对全省创业创新妇女提供不少于50亿元的信贷支持；与省总工会、旅游局联合开展“工会卡畅游河南”系列活动；与河南移动、铁塔签订战略合作协议；与科技厅联合推广科技贷业务。

四、转型发展

1. 线下产品线上迁移。个人网贷放款129.41亿元，比上年增幅36.81%；小微易贷线上放款1.33亿元，列系统内第3位；线上理财468.35亿元，占全渠道销量的95.76%。

2. 线下客户线上迁移。新增手机银行115.34万户，结存469.39万户；新增微信银行客户111.93万户，结存156.71万户，均列系统内第1位。创新研发二维码聚合收单项目，获得中国支付清算协会“便民服务奖”。

3. 线下管理线上迁移。全行累计压降自营网点台席349个、调整人员347人；撤并低效离行式自助银行106处。建成全省首个无高柜零售型网点。压缩低效自助设备240余台，布放智能设备400余台，移动展业近1400台，离柜率67.65%。

4. 增加中间业务收入。实现中收13.07亿元，列系统内第3位，收入增幅26.8%，创历史新高，中收占比11.43%，排名提升8个位次。

5. 增加外币业务规模，外币业务收入首次接近一亿元。

6. 增加高端客户规模。全省资产10万元以上中高端客户数增加3.53万户，增幅8.78%，AUM（金融总资产）增长80.64亿元，增幅8.07%。

五、助力打好“三大攻坚战”

向53个贫困县投放各类贷款236.21亿元，完成省委省政府脱贫攻坚年度工作目标的147.64%。开展“邮爱捐助 助力扶贫”“邮爱光山 户容提升”“助力光山 麻鸭养殖”系列专题扶贫活动。援建卢氏县五里川镇毛坪学校，是第一家在卢氏县援建希望小学的金融机构。在省委组织部指定的扶贫村（平舆县射桥镇西关村）援建水厂。与省工会、省旅游局联合开展豫西山区旅游扶贫活动。多次在省政府、人民银行、银保监局召开的金融扶贫会议上做经验发言。深化市场乱象整治，全行查摆问题10247条，整改率97.12%。绿色信贷余额比上年末增长32.02%，高于全行法人授信业务增速22.26%。“两高一剩”行业法人贷款结余比上年末下降84%。经营类贷款净、银保监“两增”考核、涉农贷款增速、扶贫贷款投放、普惠小微贷款利率压降五项社会责任指标达标。

六、风险防控

逐级签订“四无三下降”目标责任书，各分支行没有发生案件、系统性风险、重大舆情事件和重大外部处罚，不良贷款增幅、信访举报数量比上年实现下降。处置不良资产13.27亿元，其中清收不良贷款9.41亿元，比上年多清收2.29亿元。完成总行清收竞赛计划的190%，获团体一等奖。首次系统梳理、编制《河南省分行业务规范化管理指引手册》。实施各类审计项目17个。推进标准化达标建设，新增182个达标网点，达标率高于系统内平均水平。

七、精细管理

1. 首次提炼总结河南省分行企业文化体系，塑造富有自身特色的企业文化，树立“扶贫路上背包银行”的品牌形象。

2. 全面推行零基预算，合理确定费用标杆和控制目标。2018年市场发展费、机构运行费占收入比重下降0.32%。

3. 围绕价值创造，树立“轻资本”理念，中收占比持续提升。

4. 强化定价管理，新发放一般贷款收益率高于系统内平均水平99BP；新发生定期存款付息率低于系统内平均水平10BP。

5. 制定《工程投资及建设项目应知应会操作指引》《基建工程现场管理办法》等制度，规范工程现场管理。

八、队伍建设

实施“三工程一通道两加强”人才培养工程。加大大学生支行长培养，有34名大学生走上相关领导岗位。加强中青年干部双向交流，采取上派下挂的形式，交流13名青年干部。开展“百名人才社会招聘工程”，提升队伍专业化水平。首次开展二级分行领导副职公开选聘，提任11人，挂职7人；完善竞聘上岗工作机制，出台省分行竞聘上岗实施意见，143人通过竞聘走上管理岗位。

九、党建工作

以党的政治建设为统领，引导广大党员干部树牢“四个意识”，坚定“四个自信”，坚决做到“两个维护”。深入学习宣传贯彻习近平新时代中国特色社会主义思想和党的十九大精神，严格落实“三个第一时间”学习机制，全面开展“大学习、大讨论、大落实”活动。扎实开展基层党组织建设达标工程和创先争优活动、“强基固本”工程常态化制度化建设。省市分行党委书记讲党课50次、党委中心组学习274次；组织开展“学习十九大 不忘初心跟党走”知识竞赛。扎实做好中央巡视整改工作，制定的54项整改措施，均完成或阶段性完成，修订下发制度、规范性文件24个。坚持全面从严治党向纵深推进，对2家分行开展巡察；开展各类监督检查活动22项；对13家二级分行开展巡视整改督导检查。（邮储银行／提供）

【河南省寄递事业部】 业务收入29.44亿元，比上年增长16.3%，完成年预算目标的89.8%，其中原邮政公司完成12.84亿元，比上年增长30.5%，完成预算目标94.4%；速递物流16.6亿元，比上年增长7.3%，完成预算目标86.5%。

一、寄地翼改革

按照“整合资源、分层运作、清晰核算”的思路，组建省市县三级寄递事业部，机构人员整合到位，处理场地整合全部完成，揽投站点整合积极稳妥推进。全省18个市寄递事业部、153个区县寄递事业部整合到位，省、市、区县寄递事业部领导班子均发文任命；人员整合到位，改革前人数14774人，改革后人数14774人，占比100%；市、县公司处理中心、场地全部实现整合，完成率100%；全省2700个邮政营业网点、73万平方米邮政仓储资源整合到位；网运资源整合到位，投递网整合完成过半。

二、寄递业务发展

1. 标准业务。组织开展国内标快业务商务市场“反击战”、政务市场“攻坚战”、商品生鲜市场“抢夺战”“三大战役”营销活动。项目带动，服务政府“放管服”，加大“互联网＋政务”项目开发，实现由靠政策发展向靠服务发展经营模式的转型，着力发展政务市场。突出重点，主攻六大细分市场，聚焦“8+X”行业客户，深耕商务市场开发。搭建平台，强化运营管控，发展生鲜特产业务，拓展特产寄递市场。全省国内标快业务收入4.62亿元，全省129个行政服务中心有80个完成与政府服务网的系统接口对接工作。

2. 国际业务主动服务“一带一路”。进一步加快郑州邮政航空口岸建设，开展中国邮政“郑欧班列”运邮工作，通过创新产品和服务，提升“一带一路”沿线的快递物流服务能力。全省国际业务累计收入10.73亿元，比上年增幅24.4%。开通36个国家45个城市直封邮路，发运全网国际邮件包机75架次、带运邮件2264吨，郑州邮政口岸成为全国唯一欧美包机集疏基地，处理能力、通关效率全国领先；实现中欧班列（郑州）国际运邮常态化，带运英国、法国、荷兰、意大利等9个国家邮件，11个集装箱，4035袋，73吨，解决3C产品航空运输难等问题，为河南省及周边省份跨境电商等用户提供品质更好、价格更优、时效更稳、渠道更广的国际邮政寄递服务。

3. 电商业务立足平台与产业规模发展。为规模型电商平台提供个性化专项服务，相继开发聚美优品、网易考拉、菜鸟落地配、三只松鼠等平台运营项目；服务河南服装、食品行业特色产业，助力向电商转型；立足农业大省实际，主动融入国家“精准脱贫”战略，助力“农产品进城”。全省快递包裹收入8.15亿元，增幅36.3%；策划惠农项目51个，惠及36个县、2000多户农户。

4. 物流业务围绕重点客户稳步发展。以大客户为核心，拓展合同物流业务，物流收入3.78亿元，比上年增长21.91%，服务鹤壁富士康、洛阳中铝、新乡百威啤酒等千万级客户3户，其他百万级客户35户。拓展仓配业务，服务郑州中石化、民生医药和汇优等千万级客户3户，郑州新生活、泸州酒、太阳神和豫商纸业，三门峡亚宝医药，洛阳铁塔等百万级客户6户，其他中小规模客户183户。

三、整合网络资源

通过资源复用，优化作业流程，处理能力和成本效益得到大幅提升。郑州邮区中心局峰值处理量160万件/日，比上年120万件增长33.3%；其中双层包裹分拣机上机量达90万件/日，超出设计能力200%。一级干线运输整合原速递组开的9条省际电商专线，比上年节约360万元；省内二级干线运输根据邮件流量流向，夜间邮路将主要带运省内互寄邮件，省际邮件改由原普邮网返程邮车带运，运行班次计划压缩至17条，预计每年节省运行费用240万元。揽投网点现有揽投人员协同作业，投递能力得到有效释放，投递效率得到有效提升。“双11”期间，在进口业务量峰值125万件，比上年增长39%，全省城市段日均投递量峰值178件的情况下，投递作业实现平稳运行，主要投递指标均达到集团要求标准。

四、能力建设

1. 加快处理中心建设。按照集团公司要求，认真研究分析郑州邮区中心局增配处理设备的工艺方案，做好郑州邮区中心局东院分拣机二期工程建设，对郑州、焦作、漯河、周口、驻马店等5地市投资近1500万元，改造生产场地工艺设备，处理效益能到大幅提升，进一步提升生产环节智能化水平。

2. 深入推进投递网优化工作，支撑寄递类业务高速发展。建设县域“三合一”场地86个，对省辖市区106个投递部中的48个投递部优化升级，增加机械辅助分拣设备，推进信息化辅助建设。

3. 开展私车公助，有效提升投递能力。按照集团公司要求，省分公司全面开展邮政投递“私车公助”工作，明确“私车公助”燃油补贴、相应租赁费用和车辆保险政策。新到位“私车公助”车辆1460台，全省累计“私车公助”车辆2200余台，为推进农村投递汽车化，提升投递能力奠定基础。

4. 推进自提（代投）网络建设，分流投递压力。建设自提（代投）网点5.1万，其中城市1.5万、农村3.6万个。全省自提业务量占比43%。

5. 整合省内网络资源，开通省内快速网。通过调整午间、省内互寄邮路车型和复用省内二干邮路资源，细化地市揽投作业频次、处理中心作业频次，形成标准特快邮件多频次集散，实现揽投网、省内网与航空网、省际陆运网紧密衔接，出口民航重点城市实现“次日上午递”、省内二干运行平均时速较之前提升约15%、进口邮件传递时限提升3—4小时，标准特快时限水平稳定提高。

五、服务品质

通过强化时限质量管控，明确各环节分工，层层落实至最小单元和责任人，切实建立起指标责任制体系，通过上下联动，齐抓共管，质量提升显著。

1. 标快时限质量稳步提升。标准快递省内互寄次日妥投率92.63%，超过集团公司90%的考核标准2.63%，连续3个月排名全国第5位。标准快递进口邮件及时妥投率91%，超过集团公司85%的考核标准6%。

2. 陆运网时限指标改善明显。全省陆运网整体运行质量水平较年初提升明显，其中，省内互寄邮件次日递率65.35%，比年初提升12.7%；省际出口邮件时限达标率88.98%，比1月增长2%；省际进口邮件时限达标率84.48%，比1月增长6.8%；一级干线邮车运行准点率91.26%，比1月增长5.3%。

3. 重点项目管控。惠普、戴尔、苹果处理6.1万票，整体及时配送率97.9%，信息反馈率99.81%，均达到集团标准要求，排名全国前5位。

4. 客户体验进一步改善。质效考核服务质量板块自5月起连续7个月获得满分。寄递事业部11183派揽及时率99.15%；问题邮件48小时及时解决率98.17%，一次解决率91.08%，理赔及时率99.45%。有责投诉率、申诉率继续保持良好水平。（河南省寄递事业部/提供）

【中邮保险河南省分公司】 总保费41.59亿元，居全国第5位；期交新单保费17.14亿元，完成计划114%，居全国第1位；其中长期期交2.26亿元。续期保费14.44亿元，居全国第5位。对标同业，分公司银保新单总保费和期交新单保费、人身保险新单总保费和期交新单保费等四项重点规模指标，均居全省10家银行系保险公司第1位。

一、服务支撑

协同发展不断深入，做到自办保险“同部署、同督促、同考核”，邮银保三方召开联席会议36次、下发经营文件42份，优先发展自办保险的共识持续提升。协同组织“福旺新春争一流”“奋战90天”季度营销活动，策划市县“元宵喜乐会”“萌娃大赛”“保险+”观影主题活动，探索推动城市业务。制定实施党委班子基层联系点、中层及以上领导基层调研、包联考核等制度，中层及以上领导基层调研300余天，服务支撑更加全面。系统组织8期近900名理财经理参加“标杆网点”“百万精英”“城市示范网点”培训，进一步加大团队共建力度，组织全省132名基层管理人员参加“CMF圆桌大会”，创新组织邮银优秀管理人员“荣誉定制”培训，100名学员走进西南财经大学，培训活动受到了邮银渠道的高度认可。

二、自营运营能力

分公司营业部获批开业，组建专职营销队伍，实现自营保费新进展。持续提升外拓能力，开发和维护中国铁塔、中铁七局等23家系统外客户，发展取得新突破。运营指标逐步优化，新契约抽检合格率98.85%、理赔7日调查完成率94.20%、保全业务时效0.26天，均创开业以来最好水平。犹豫期电话回访成功率99.55%，居全国第1位。举办全省市县专岗技能提升培训暨运营业务技能大赛，增强市县管理水平。创新策划“3·15保险消费者权益保护周”“最美河南非遗文化行”“微光行动 助力乡村建设公益行”系列活动，得到监管和客户的高度认可。先后从同业引进7名专业人才，补充调整中层领导人员5人次，进一步充实干部员工队伍。分层分类开展员工教育培训，组织讲师外派培训，提高讲师专业技能。连续开展8期“员工成长大讲堂”，提升员工综合素质。

三、风险管控

风控体系不断完善，坚守“先合规再发展”理念，首次召开风险合规工作会，把风险防控全面融入经营发展环节。建立部门风控联络员制度，初步形成全方位风险防控组织体系。联合邮银开展“治乱打非”“市场乱象”“亮剑行动”系列专项行动，形成渠道协同、全面防控的安全壁垒。开展10期“合规大讲堂”活动、5期基层销售人员培训、3期中邮专兼岗人员培训，制作3期反洗钱动画，并将合规知识纳入年度支撑培训课程，提高全员合规意识。先后开展防范非法集资、扫黑除恶专项排查活动，打击防范金融诈骗、非法商业保险。分公司未发生群体性事件、保险资金案件，无重大负面新闻。

四、党的政治建设不断加强

分公司各级党组织和全体党员树牢“四个意识”，坚定“四个自信”，坚决做到“两个维护”。开展“大学习、大讨论、大落实”活动，建立“四个第一时间”学习机制。认真落实管党治党责任，组织召开2018年度党的建设暨纪检监察工作会议，逐级签订落实全面从严治党主体责任书，强化考核和责任追究，压实管党治党责任。扎实做好巡视整改工作，制定整改任务19项、整改措施40项，扎实推动整改落实，完成阶段性整改任务。加强基层党组织建设，认真做好党员发展工作，转正3人，发展预备党员4人，吸纳积极分子5人。组织党风廉政专题教育5次、“每月一学”12次。开展监督执纪“四种形态”“回头看”，开展例行廉政谈话、任职廉政谈话等28次，教育警示54人次。

五、和谐企业建设

构建和谐企业，员工收益进一步提升，切实共享企业发展成果，在全国“第三届中邮保险业务技能大赛”中，分公司荣获团体二等奖，其中蒋文举、杨东旭夺得“优秀个人奖”。履行央企责任，加大精准扶贫力度，为光山县9.59万余名建档立卡贫困人口提供37.4亿元风险保额，开展学校爱心捐赠、保险进农村健康咨询及电影下乡等系列扶贫活动，以实际行动践行国企责任担当。组织工会活动，开展精神文明创建活动，组织员工思想动态调查，开展形式多样的文体活动，员工团险顺利续保，“主席接待日”常态化、制度化推进，兴趣小组活动蓬勃开展，和谐企业氛围愈发浓厚。（中邮保险／提供）

【中邮证券河南省分公司】

一、经纪类业务

1. 协同工作全面展开。分公司主动对接省邮政公司、邮储银行、速递物流、中邮保险等各大板块，探索协同发展模式。协同发展客户23135户，有效户5094户，有效户率22.02%，超额完成集团公司下达的3100户的战略绩效考核目标。客户总资产1.33亿元，超额完成9160万的战略绩效考核目标。

2. 自营工作。制订自营计划，并确立高质量发展有效户的原则，通过营业厅投资者教育、投资沙龙分享、外拓宣传、网点驻点、微信服务等多种方式推动自营工作的开展。截至11月30日，自营开户484户，其中有效户105户，有效户率20.7%。发展两融户1户，推荐经纪人8人，推荐机构客户4户，有效锻炼队伍、提升专业化水平。

3. 培训工作。开展各类培训超100次，有效支撑业务发展。

二、资管投行类业务

建立协同发展机制，深入挖掘板块联动资源。同省邮政公司、邮储银行、速递物流公司沟通对接，深度挖掘机构业务资源，取得良好效果。推荐、筛选、整理企业资料225家。尤其在中邮证券总部的指导和推动下，开展与省邮储银行的新三板试点推广活动，实地走访15家企业，协同效果初步显现。

三、开展自营营销

搜集、整理、上报涉及财务顾问、股票质押、新三板挂牌、ABS等企业资料50余家；直接现场拜访对接企业30家（如许继电气、华兰生物、牧原股份、驰诚电气、嵩山硼业等），行业涉及电子、生物、农业、高新材料等，其中重点跟踪并向总部报送资料7家。（中邮证券／提供）

湖北省

【湖北省邮政分公司】 全省收入规模95.52亿元（含速递物流公司）。省邮政分公司业务收入81.45亿元，比上年增长10.24%，完成集团公司预算100.85%，提前两年实现“十三五”收入目标，收入规模及增幅均居全国第6位、中部第2位，超额完成集团公司下达的利润预算。

一、从严治党

1. 政治建设。扎实做好中央巡视反馈问题整改，整改率100%。健全省内巡察制度体系，落实中心组学习，开展三级干部专题培训班。逐级签订《落实全面从严治党要求主体责任书》《落实全面从严治党要求专责监督责任书》。省分公司连续3届被湖北省委授予“党建工作先进单位”荣誉称号。

2. 队伍建设。开展干部竞聘、选派年轻干部赴基层挂职以及“百名大学生支局经理”培养等活动，全省干部选用工作总体满意率和新提任人员基本满意率保持98%以上。领导干部个人事项抽查一致率保持100%。

3. 作风建设。开展案例警示、廉政讲堂、节日预警等教育预防活动，深化岗位廉洁风险防控，党员干部廉洁承诺率100%。省分公司荣获“全国交通运输廉政文化建设优秀单位”，是全国唯一获此荣誉的省级邮政单位。

4. 组织建设。坚持和完善“三会一课”、双重组织生活会、民主评议党员等制度，对各市州分公司年度民主生活会进行全覆盖督导。武汉武珞路和孝感马口2个支局支部工作的典型案例入选由中央组织部和国务院国资委编发的《基层党组织书记案例选编（国企版）》。

二、智慧服务

1. 智慧服务优体验。以客户为中心，提高服务质量。客户服务满意度82.9分，超集团公司指标5.9分，客户申诉处理满意率98.7%。重建和改造普遍服务网点119处，69处手工网点实现电子化运行，全省建制村通邮率100%，县及县以上城市党政机关《人民日报》《湖北日报》等重点党报党刊当日见报率100%。

2. 智慧平台提效能。加快智慧化能力建设，完成59项投资项目，投资金额4.53亿元，在全国率先实现金融网点智慧大堂全覆盖。投入使用身份证自动分拣机、自动封装机等设备，投递作业自动化水平大幅提高。建成新一代省内SDN骨干网络，1376个网点上线第三方支付结算服务。

3. 智慧营销强融合。建立板块协同联动机制，邮银联动累计开通ETC服务网点660个，发卡14万张，放款金额突破2亿元。邮保联动圆满完成集团公司下达的各项指标，中邮期交保费首破10亿。创建“分析报告＋营销方案＋客户数据”的数据应用模型，开展联动营销活动2300余场。切入武汉国际马拉松赛事传播品牌形象，微信广告触达20万人。速递微信平台粉丝114万人，实现业务收入2230万元。

三、协调发展

1. 代理金融。代理金融从高速增长向高质量发展转型，金融收入55.36亿元，居全国第5位。新增综合资产512亿元，居全国第4位。新增储蓄余额221.7亿元，市场占有率14.22%，居全国第2位；新增保费231.84亿元，居全国第4位，保险市场占有率50.94%，连续5年居省内同业首位。新增客户99.46万户，代收付资金1152亿元，新增第三方支付绑卡客户141.18万户，电子银行替代率86.06%。发放社保卡66.75万张，居全国第2位。

2. 寄递业务。推进寄递翼改革，成立省寄递事业部，整合邮速网络、处理场地、揽投网点等，节约成本1191万元，收入21.85亿元，比上年增长24.7%、居全国第2位；市场占有率15.2%，比上年提高0.5%。“双11”期间，寄递量1685.2万件，比上年增长44%，取得市场占有率、规模中部、省会城市、增幅、原速递增量、原速递增幅和单层包分机日处理量“7个第一”。

3. 农村电商。电商分销收入7.91亿元，基本实现

湖北省嘉鱼县邮政分公司农村电商服务橘农到田间地头。

“一县一仓”。打造扶贫产品200余款，实现销售额1000余万元。连续4年（2015—2018年）举办邮政农村电商精准扶贫特色产品（文化）展，得到湖北省各级党委政府肯定。

4. 文化传媒精彩纷呈。集邮业务收入2.97亿元；函件业务收入3.5亿元;《知音湖北　楚楚动人》智慧明信片获“第二届中国明信片文化创意大赛特别奖”；报刊业务收入3.1亿元。

5. 开放合作。先后与湖北体彩、湖北广电、湖北盐业、湖北电信、湖北移动、湖北铁塔等企事业单位签订战略合作协议，16个省级总部经济项目收入2.9亿元。与各级政府签订“互联网+放管服”服务协议。与湖南邮政建立长期战略协同发展关系。税务双代规模发展，收入1.05亿元，居全国第1位。警邮合作收入2294万元，首创的“武汉警邮梦工厂”合作模式受到集团公司肯定和推广。

四、管理转型

1. 经营发展。以“对标+三看（看标杆、看定位、看进位）”营造争先氛围，收入规模领先对标省份（四川）5.31亿元（含寄递事业部收入）。打造转型标杆智慧网点10个、投递转型标杆站点16个，固化转型站点320个，新增转型站点320个。

2. 财务管理。推进零基预算，优化财务资源配置。全年投入“一核两轮”、网运提能、普惠民生等成本补贴2.04亿元。对营销费用实行总额控制，营销费用率下降4.1%。在全国邮政率先将人工智能技术应用于财务管理。

3. 人力资源。在全国邮政率先制定代理金融网点人员配置方案，新增代理金融岗位劳务用工2061人。组建省市县三级中邮保险专业队伍。开展岗位技能轮训2.18万人次。武汉分公司王魏骄黎荣获全国杰出财富管理师大赛第4名，取得邮政员工历次参赛的最佳成绩。

4. 基础管理。采购管理将预算50万元以上的项目纳入省级集中采购范围，公开招标率27.96%。一、二级目录集中采购节约预算资金2052万元。审计项目247项，增收节支金额5977.15万元。机要通信实现保密安全“零事故”、重点服务“零投诉”、监管整改“零逾期”目标。安防达标建设实现金融资金零案件、安全生产零重大责任事故。“三供一业”完成分离移交，协议签订率100%。

五、邮政新动能

1. 文化自信优环境。展现湖北文化魅力，编纂出版《成语湖北》，扩大邮政品牌影响。省分公司总经理应邀到湖北日报楚天传媒大讲堂、武汉大学国学院交流探讨湖北文化。邀请唐翼明、米鸿宾、刘希彦、孙劲松等知名学者走进“文化大讲堂”。实施“文化引擎”工程，扩大企业文化示范点覆盖面。武汉邮政艺术团品牌文化获评全国交通运输行业11大品牌文化之一，孝感市分公司的诚信文化获评全国交通运输行业优秀专项文化成果。

2. 创客创新添活力。参与集团公司“金点子”评选、创新项目孵化等创新活动，获评卓越“金点子”1个、“金点子”4个，创新积分712.24分，高出全国平均水平124.72分，位居全国创新实力A+榜单第6位。举办第三届青年员工创意大赛，为青年员工拓宽成长舞台。《“互联网+放管服”便民寄递》《“小蜜蜂邮选”平台设计方案》分获第三届全国“互联网+”快递大学生“双创”大赛金奖和铜奖。构建邮政智慧营销链成果获全国邮政企业管理现代化创新成果三等奖。

3. 真情关爱暖人心。开展春送爱心、夏送清凉、金秋助学、冬送温暖等关爱活动，共投入慰问资金249万元。提档升级省级示范职工小家30个，新建模范职工小家102个；为全省邮政员工购买意外伤害和重疾保险，为一线外勤员工增配8172套保暖服和保暖帽。承办第三届全国邮政职工乒乓球比赛，湖北邮政代表队比赛成绩创历史最好。（湖北省邮政分公司／提供）

【邮储银行湖北省分行】 邮储银行湖北省分行设有一级部门21个、二级部门8个、直属单位2个，下辖二级分行17个、一级支行68个。辖内邮政金融网点1638个，其中银行自营338个、代理网点1300个；员工7825人，平均年龄37岁，其中本科及以上学历员工4439人，占比56.73%。

一、经营概况

资产总额5450.7亿元，净增385.7亿元，增幅7.6%。收入58.9亿元，排系统第11位，完成总行预算107.39%；利润24.5亿元，排系统第11位，完成总行预算130.9%。EVA实际完成7.4亿元，排系统第11位，经济资本回报率17.7%。全口径各项储蓄余额4651亿元，市场占有率17.68%，排全省同业第2位，排系统第5位。其中，自营储蓄余额1074.1亿元，排系统第6位；公司存款余额563.1亿元，净增11.2亿元，排系统第7位。各项贷款余额1472.2亿元，市场占有率3.4%，排全省同业第9位，净增287.9亿元，完成总行计划109.5%。金融同业业务结余552.7亿元，净增53亿元。各项不良资产16.1亿元，不良率1.07%。

二、中央重大政策落实情况

1. 风险治理。对全行196笔、6.6亿元小企业不良贷款制定“一户一策”方案，化解2.9亿元。初步判断纳入显性债务余额19.7亿元，隐性债务余额35.3亿元，严控政府债务风险。以银行业市场乱象治理为抓手，规范业务流程和环节近20个，整改问题4015个、业务3948笔、金额42.5亿元，整改率97%。

2. 精准扶贫。全省金融精准扶贫贷款结余31.2亿元，净增12.7亿元，完成总行计划139.4%。扶贫小额信贷结余8.2亿元，净增4.5亿元，超额完成省扶贫办净增计划。

省分行获评湖北银保监局“四个一”金融扶贫先锋单位。

3. 建设绿色银行。法人贷款业务中“两高一剩”行业贷款结余33.5亿元，下降25.7亿元，降幅43.4%；绿色信贷余额77.2亿元，净增21.3亿元，增幅38.2%，完成绿色银行建设三年规划目标的53.3%。

4. 支持“两小”工作。新增普惠性小微企业贷款平均利率6.7%，比一季度下降1%。小微企业贷款余额241.6亿元，净增31.3亿元，完成净增计划211%。

5. 助力乡村振兴。明确2018—2020年“三农”贷款具体目标，提出服务乡村振兴战略“八大举措”，涉农贷款余额517亿元。

6. 支持长江经济带战略。学习贯彻习近平总书记视察湖北重要讲话精神，支持长江经济带建设项目贷款余额304.5亿元，获得《经济日报》等媒体广泛报道。

三、创新工作

1. 成本核算到条线。在系统内率先实现利润核算到条线，加强对部门业绩考核，实现条线盈利水平可量化，7个条线实现盈利。

2. 人员管理到岗位。自主开发员工工作写实系统，在省分行机关投入运行，有效提升员工工作质效和机关工作效率。

3. 科技支撑到流程。完成数据提取306次，《VIP潜在流失客户预警分析》研究课题获总行推广。自主开发完成设备管理系统及APP应用在全省上线推广，获得总行2018年科技创新奖。

4. 绩效管理到薪酬。严格执行总行薪酬总额“零基预算”，加大对当期经营效能考核权重，体现地区收入差异，兼顾效益公平。动态调整各行绩效预算，严格总额管控。

四、风险内控

1. 深入开展“内控合规管理深化年”等活动，检查发现员工轻度违规行为9641人次、处罚151.9万元；发现严重或较重违规行为员工105人。邮政代理检查发现员工违规7669人次、处罚101.4万元。加强客户投诉整治，全行投诉量比上年压降39.6%。成立反洗钱集中处理中心，提高反洗钱工作规范性和有效性。

2. 明确营业主管42项工作职责，完成410名营业主管派驻上岗。组织全辖推广企业网银和电子对账，电子对账净增1.1万户，电子对账比率84.9%，净增43.2%，电子对账开通率97.8%。加强差错治理，差错率下降0.1%。

3. 自主开发省内员工排查管理系统，排查2.9万人次、发现问题104个，完成整改62个，持续跟进整改42个。

4. 完成全省营业网点视频监控硬盘扩容工程。调整监控中心接警处警工作流程，提升技防能力。

五、改革转型

1. 推进三农事业部改革。初步建立起一支三农专职信贷团队，配备三农信贷专职客户经理883人，成立专业化服务团队276个，培养管户超过5000万元的客户经理38人，管户超过3000万元的客户经理162人。

2. 推进网点转型。辖内低效网点全部扭亏，78%的网点面积达标。提前1年完成台席压降计划，压降台席100个、柜员153名。上线新型智能设备348台，网均量1.03台，高于邮储系统平均水平。

3. 升级营销体系。以“专业化管理、综合化开发”为方向，突出3大板块、5个条线客户经理队伍建设的差异化管理规范，加大各条线客户经理交叉营销的关键业绩指标、考核权重。

六、党建工作

1. 认真学习贯彻十九大精神。把学习宣传贯彻习近平新时代中国特色社会主义思想和十九大精神作为首要政治任务，全行开展21期十九大精神专题培训，组织937人参加，举办“喜迎十九大，不忘初心跟党走”“拥抱新时代，担当新使命”十九大精神知识考试和竞赛等活动。

2. 推进巡视整改工作。把巡视整改作为首要政治工作，将中央巡视组反馈的4大类、10个主要问题、20个具体问题分解为56条具体整改措施，实行对账销号，整改措施阶段性完成。

3. 加强干部队伍管理。省分行党委管理的干部调整25人次，其中提任5人、同级调整11人。严格领导干部因私出国（境）管理，规范因私出国（境）审批流程，增加征求纪检监察部门意见的程序，规范开展提醒谈话、函询和诫勉工作。

4. 加强党风党纪建设。在辖内启动首轮巡察，对黄冈市分行开展巡察工作。开展“党风廉政宣传教育月”活动，用身边事警示身边人，通报各类违规违纪人员23次。组织全行签订全面从严治党主体责任书80份，开展“两个责任”“两费”等专项监督检查，创新开展“优秀廉政短信征集评选活动”，组织省分行机关开展专项整治。

七、企业文化建设

组织开展2018年“重实践　创实效”合理化建议征集评比活动，开展“职工小家”示范点建设和模范“职工之家”评选，在全省17个市州分（支）行各建立1家示范点。联合业务部门开展“五比五看”储蓄跨年度竞赛等23项“比武”活动，召开2008—2018年“双百优”表彰大会，对100个优秀集体和100名优秀个人进行表彰。实现企业年金待遇发放常态化，继续参加重大疾病和意外伤害保险，稳妥实施全行岗位工资和津贴补贴调整方案，全行从业人员人均收入比上年增长6.4%。（邮储银行／提供）

【湖北省寄递事业部】 9月17日，按照集团公司寄递翼改革方案，中国邮政集团公司湖北省寄递事业部揭牌成立。设有 6 个经营与支撑部门、3 个综合职能部门和 3 个直属单位。收入 21.85 亿元，比上年增长 24.7%，收入规模排名全国第九，增幅排名全国第二。其中邮政速递物流收入 14.07 亿元，保持全国第 9 位，预算进度（101.07%）排名全国第二，增幅（25.26%）排名全国第一；邮政包裹快递收入 7.77 亿元，排名全国第 10 位。

一、寄递翼改革

按照“三四五”理念（“三个变”：全员变思路、工作变打法、管理变架构；“四个一”：一家人、一条心、一张网、一块牌；“五个不”：人心不能散、队伍不能乱、发展不能等、数字不能凑、效益不能降），推进寄递翼改革，成立寄递事业部，从网络、产品、场地、人员、营销、信息等方面整合邮速资源，做到“网合业合人合心合”，初步实现“1+1>2”的整合目标。“双 11”期间，寄递量 1685.2 万件，增长 44%，取得市场占有率、规模中部、省会城市、增幅、原速递增量、原速递增幅和单层包分机日处理量“7 个第一”，营销开发、处理能力和投递服务“3 个新高”；2018 年全省寄递业务收入增长 24.7%、居全国第 2 位；市场占有率 15.2%、提高 0.5%。

二、网络运营

新增邮运车辆 99 台，投入燃油投递汽车 180 辆，带车加盟投递汽车 470 辆，投递电动三轮车 600 辆，新增投递 PDA2796 部、揽投智能手机 2089 台，市州处理场地面积新增 2.7 万平方米，完成陆运中心机器人三期建设和武汉邮区中心局包裹分拣机升级改造，武汉日处理能力 160 万件。优化陆运干线网络组织，强化邮航发运管控，湖北 EMS 政务平台打通政务服务邮政寄递“最后一公里”，启动线上“小蜜蜂邮选”商城，试点“收寄一体机”，上线黄石捷德自动封装机项目。

三、业务发展

1. 标快业务。收入 4.74 亿元，比上年增长 8.2%。政务市场发挥国企品牌服务优势，巩固主渠道地位，收入 1.67 亿元，其中身份证项目收入 4420.85 万元，出入境项目收入 2464.54 万元，交管项目收入 3550.24 万元，“放管服”签订协议 1740 家。商企市场发挥团队协同作战能力，以银行、保险、通信、写字楼、校园五大行业为重点，通过拓项目、增团队、推方案、保品质的四项措施，成为收入新增点。现费市场发挥网点资源，推广支付宝、微信等电子渠道，湖北邮政 EMS 官方微信号关注人数 114 万人，收入 2230 万元。

2. 快递包裹业务。业务收入 7.6 亿元（含 E 标准），比上年增长 21.5%。加强仓配资源布局，以“菜鸟”项目为重点夯实武汉全省核心仓配资源建设，以“云集”“三只松鼠”等客户为基础，推进鄂西京山、鄂东鄂州电商仓配重点布局。打通“进城”“下乡”通道，服务农村电商，做大县域寄递市场。对产业集群市场进行“销号式”走访开发，形成了以仙桃“无纺布市场”、孝感“纸都”、襄阳“鞋都”等为代表的产业集群市场。抢抓电商促销活动集中的时点，先后组织了“年货节”“双 11”等营销活动，“双 11”快递包裹业务量 1473 万件，业务拉动作用明显。

3. 国际业务。业务收入 5.91 亿元，比上年增长 61.3%。新增武汉至大阪、伦敦两条直航发运计划和日本、欧线旺季运能，开通武汉—芝加哥、武汉—比利时列日全货机运邮专线，货运专线发运邮件总重量 1250 吨。在全国率先推出豆沙包保险服务，在行业率先推出冷链专线业务。

4. 物流业务。物流收入 2.32 亿元，比上年增长 5.6%。深入挖潜固有客户，神龙项目中标神龙西安仓、北京仓，收入规模 5111 万元；百威项目新增省内和天津线、北方空瓶业务、襄阳 BTB 业务等；维他奶项目新增粤北、沈阳线路运输。

四、客户服务

加强质量监控，跟单调度率从年初的 25.08% 控制到全年 10.54%，当班解决率从年初的 28.45% 提升到全年的 43.26%，异常邮件发生率由年初的 26.98% 控制到全年的 12.9%。开展收寄、投递、信息、虚假丢失、安全等 7 项专项视察，全省收寄环节出现的问题邮件下降 50% 以上。改善客户服务，深化主动客服，申诉有责量下降 68.3%，投诉有责量下降 54.2%。

五、企业管理

健全人工成本管理，采取“标杆定额”与“弹性模型”相结合，完善零基预算机制，通过标杆定额方式合理设定岗位薪酬分配，发挥薪酬分配的激励作用。开展三费整治，加快推广实施支付宝企业账户和工行二维码聚合支付应用。加强资费管控，清理优惠和折扣不匹配客户 296 家，资费水平整体提升。

六、企业文化建设

组织召开全省邮政速递物流学习贯彻党的十九大精神专题培训班，对全省邮政速递物流三级副及以上领导干部进行为期 5 天的封闭式轮训。全面开展党建示范点创建，加强日常廉政教育宣传和党风廉政建设宣教月活动部署。开展员工思想状况调研，开展帮扶活动，解决基层困难，转变机关作风。开展绿色快递包装箱回收活动，传播倡导绿色发展理念。组织参加第三届“互联网 +”全国快递大学生创新创业大赛，荣获金奖和铜奖。（湖北省寄递事业部 / 提供）

【中邮保险湖北省分公司】

一、业务发展

1. 经营发展。保费 36.92 亿元，比上年增长 49.1%，首次突破 30 亿元平台，规模居全国第 7 位；完成计划的 121.1%，进度居全国第 3 位。总保费规模在全省 42 家寿险公司市场份额占比 3.45%，排名第 11 位。

2. 转型升级。期交新单保费 12.9 亿元，比上年增长 85%，规模在全省银保市场排名第 1 位。期交保费占比 69.7%，比上年上升 10%。开展长期期交特训营，实现长期期交保费 1.95 亿元，比上年增长 9 倍，实现跨越发展。

3. 协同发展。主动协同邮银开展中邮保险转型升级竞赛，打造创新标杆（襄阳市），长期期交标杆（随州市），规模期交标杆（恩施自治州），期交和长期期交双项标杆（宜昌市），在全省营造浓厚氛围。

4. 营销策划精准到位。结合渠道发展节奏，联合开展“百日攻坚战”“邮保平安”“奋战金秋”等营销宣传活动，为邮政“汉马”运动员提供团险保障，保额 948 万元，针对重要节日策划开展“贺新春　中邮伴您行”保险知识有奖问答、少儿邮票设计大赛等活动，加强中邮保险品牌推广。

二、专业支撑

1. 培训支撑。发挥专职讲师优势，联合邮银初步组建一支专职讲师 20 人（含驻训 10 人）、内训师 108 人、理财经理 900 人的优秀队伍。培训 519 场 2446 小时 21300 人次。

2. 运营指标。未发生群体投诉和群体性事件。开展重大退保与满期给付应急大演练，荣获省保协“应急处置大演练”活动十佳优秀单位。为 649 位客户提供优质高效的理赔服务，案件量比上年增长 31.38%；累计赔付 1204.29 万元，比上年增长 34.37%。

3. 客户服务。践行“以客户为中心”，结合客户需求，创新服务方式，紧抓重要节日节点，线上线下、分层分类组织开展“3・15”保险消费者权益保护、“7・8”全国保险公众宣传日、金融知识普及月主题宣传、客户大走访和客户观影、免费体检、亲子活动等 100 余场，优化客户体验，增强客户忠诚度。

4. 系统推进模式深化工作。落实全国试点省分工作要求，邮银保三方成立“自营 + 代管”深化模式领导小组，出台全省深化模式实施方案。推进异址营业部筹建，营业部获监管准予开业批复。

三、风控合规管理

1. 风险防控。切实防范化解重大金融风险，深入开展“治乱打非”、市场乱象整治、销售误导专项整治“亮剑行动”和客户信息真实性专项排查。

2. 合规管控。联合举办“中邮保险杯”代理金融合规知识竞赛，组织全省理财经理、销售人员合规培训 7 次，营造“人人讲合规、人人懂合规”的文化氛围。

3. 严格落实“三道防线”。各部门针对业务流程存在的问题，逐项制定整改措施；风控合规部开展合规督导、送培上门和现场检查；分公司审计岗定期对分公司合规管理情况进行独立审计。

四、企业管理

1. 人力资源。加大专业人才引进，员工队伍 86 人，本科学历占比 100%，研究生学历占比 27%。有力支撑业务发展。组织员工教育培训 24 期。

2. 财务管控。严格执行零基预算办法，落实预算管控责任，推进实现财务报销信息化。引入第三方招标代理，规范采购管理工作。与同业开展个团险财务管理工作交流，不断丰富财务管理经验。

3. 切实履行国企社会责任。扎实推进精准扶贫，为十堰竹溪县和黄冈英山县 6 个贫困村 3086 名建档立卡贫困人口赠送团体意外伤害保险，保额 8294 万元。在十堰竹溪县荣玉村举办“金秋献关爱　邮情佑未来”精准扶贫公益活动。深入推进“绿色邮政”，邮银渠道在线出单率、在线培训覆盖率、纸质宣传折页海报费用占比等指标均优于公司要求。扎实推动“平安邮政”建设，公司检查组对分公司“平安邮政”创建工作给予积极评价。

五、党建统领

1. 扎实做好中央巡视整改。认真研究制定 19 项整改任务和 41 项整改措施，对 5 人次进行问责。组织召开巡视整改党委例会 11 次，41 项整改措施全部完成，取得阶段性成效。

2. 夯实管党治党政治责任。开展“大学习、大讨论、大落实”活动，建立“四个第一时间”学习机制，深入学习习近平新时代中国特色社会主义思想和党的十九大精神，确保上级精神在分公司学习传达和贯彻落实。

3. 加强党风廉政建设。制定落实中央八项规定实施细则实施办法，建立并严格执行党委班子成员基层驻点调研联系点制度。坚持每半年“四风”自查，开展集中整治形式主义、官僚主义专项活动。

4. 深化企业文化和精神文明建设。加强企业文化宣贯，开展“人民邮政为人民”服务宗旨主题教育和专题研讨，将保险文化与分公司企业文化深度融合。组织分公司客户联谊会，《荆楚幸福伞》节目获省邮政分公司好评。（中邮保险 / 提供）

【中邮证券湖北省分公司】 分公司业务收入 1891 万元，完成年度计划的 135%，年度奋斗目标的 105%，收入规模位列全国省级分支机构排名第 2 位（仅次于江苏），比上年增长 240%，增幅位列全国省级分支机构排名第 1 位。全年实现利润 135 万元，位列全国省级分支机构排名第 3 位。开户数 7.79 万户，资产规模 9.5 亿元。取得自成立以来最好成绩，收入规模在行业新设机构中处于领先地位。

一、板块协同

根据邮政营销特点，按季开展协同活动，效果明显。一季度，开展走访调研季。对省邮政、重点市州邮政开展一系列调研走访活动，收集整理各单位的建议和意见，制定分公司联动发展工作目标。二季度，开展联动宣传季。在前期调研走访的基础上，根据发展文件精神，对各市州针对有效户、资产及新三板等业务及政策全面开展走访宣传，推进各市州证券业务发展。三季度，开展产品销售季。受训人数超过2000人次。新增鹏华基金客户1259户，销售基金7582万元，新增招商金鸿客户786户，销售基金1284万元。截至12月31日，基金销售新增有效户2245户，销售金额9233万元，销售金额全国排名第4位。四季度，开展协同提升季。在省邮政分公司组织下，开展各板块协同会议和活动，通过成立协同小组、提前谋划2019年协同战略工作等。

二、自营发展

1. 创新尝试与同业战略合作。拜访省联社、民生银行、渤海银行、汉口银行、湖北银行、宏泰集团等近30家金融同业。重点开展与省级金融机构的合作工作，分公司与省邮储行、省联社签订三方战略合作协议，全面对接与省联社及其下属机构。

2. 做好私募产品开发。分公司牢牢把握私募基金发展壮大的机遇，继续保持与各大私募公司的联系和沟通，承续一单产品的基础上，储备2—3只产品，为2019年发展打下基础，私募业务发展继续保持全国领先。

3. 创新与上市公司大股东建立联系。分公司在上年全省上市公司大走访的基础上，不断尝试与上市公司大客户的联系，与顺灏股份、日出东方、九州通、美年健康等建立起密切的联系机制。

三、党建领航

1. 优秀党组织建设初见成效。在集团公司创建“双百示范点”表彰活动中，湖北省分公司机关党总支成为中邮证券省级分公司三家获得“基层党建示范点”单位之一。7月，在省公司“七一”表彰中，湖北分公司党总支获得“优秀基层党组织”光荣称号。

2. 巡视整改工作落到实处。分公司为全面做好巡视整改工作，成立巡视整改工作领导小组，下设巡视整改工作领导小组办公室。围绕巡视指出的问题，深挖根源、深刻反思，梳理18个问题，24项整改措施，截至12月24日，24项整改措施全部完成。

四、文化创建

1. 持续开展证券知识普及、推广工作。通过赴基层各单位开展送教上门活动，面向全省金融管理人员、理财经理、金融从业人员开展培训40余场，参训人员超过4500人次。通过全省视频路演、赴各市州、县市与各单位联合开展10余场投资报告会、证券沙龙、投资者教育等活动，为客户提供专业的投资理财建议。

2. 精益求精做好服务支撑，推动业务发展。做好全省17个市州的日常管理、重点客户维护、重点网点巡点等工作，提升渠道的服务能力。分公司的服务联动取得了总部及证券业协会的一致好评，分公司客服人员许佳珍获上海证券交易所“投教新锐”光荣称号。（中邮证券/提供）

湖南省

【湖南省邮政分公司】 全省邮政业务收入76.34亿元，排全国第8位。

一、全面从严治党

1. 坚定践行“两个维护”。把坚决做到“两个维护”作为首要政治纪律，“四个意识”更加牢固，“四个自信”更加坚定。认真落实中央巡视整改工作。针对中央巡视反馈提出的4个方面突出问题，省分公司党组深入查摆自身存在的主要问题36个，制定了24项整改任务和62项整改措施。并采用清单制工作法，建立例会、协调、评估和长效机制予以推进，巡视整改工作取得阶段性成效。强化干部领导队伍建设。严格按照“20字”要求，选拔干部，加强领导人员履职考评。加强干部教育培训和锻炼，选拔8名年轻干部到市、县进行多岗位历练，推选9名三级领导人员到中央党校和集团公司党校参加培训，举办490多人次参加的三四级干部专题培训班，提升其政治素养和专业能力。加强基层党组织建设。开展“支部建设在一线、作用发挥在基层”活动，新建党支部286个。开展基层党组织建设示范单位和党员先锋岗创建活动，推动基层党组织标准化建设。围绕“党旗领航 党员闪光”这一主题开展系列活动，推动基层党组织全面进步。

2. 狠抓作风建设。深化党员干部联系点工作，设立服务基层集中日，增强服务基层意识。驰而不息纠治“四风”，重点加强对企业四级副以上领导人员“四风”问题的监督和重要时间节点的警示提醒。强化对党员干部的纪律教育、日常监督，深入推进反腐败斗争。强化监督执纪问责，运用监督执纪四种形态处理128人次。

二、企业发展

围绕服务体系建设，创新构建“三种服务模式”，建设“六支营销队伍”，打造服务、传播、客服三大体系。专兼职营销人员6806人，占全省从业人数比重26%。明确金融、集邮“六大阵地”，寄递业务“八个阵地”，实施适众客群精准营销。加快打造互联网线上阵地，邮三湘平台粉丝177万人，年交易额3.63亿元。搭建全省统一的积分兑换平台，线上兑换102.5万笔。各专业依托服务体系，加快转型发展。

1. 金融转型。树立以余额为核心的总资产全面发展理念，一季度以空白区域和日日升为新增长点，以专业融合提服务助推余额发展；二、三季度固化以客户为中心的客群经营模式，强化客户维护，抓实基础；拓展互联网新型业务，转型发展成效明显，实现规模与效益双提升。新增金融总资产466.49亿元，排全国第6位。其中，新增储蓄余额243.3亿元、排全国第6位，新增市场占有率12.71%、排全国第4位；保险新增114亿元；人民币理财新增79.27亿元、排全国第2位；消费金融新增放款9.8亿元，网银代发新增17万户、代发金额2.7亿元，微信/支付宝/云闪付绑卡将近167万户，ETC拓展11.2万户，均排全国前3位。全面推广金融客户分户管户，累计新增微信好友157.7万户。

2. 寄递业务。做强农村电商造包、城市同城寄递、大宗农产品寄递等项目，打造“精准扶贫+电商创客+业务代办+便民服务”等四店合一的综合高效型农村电商孵化基地，加大“以仓换单”电商大客户开发，推动发展转型。加快推进寄递业务改革。8月1日开展寄递业务“百日会战”，期间收入比上年增幅18%，有效拉动“双11”高质量发展，期间量收分别增长35%和25%，高于全国30.23%；快包毛利率提升到19.5%，居规模大省第4位。9月1日在全国率先成立省寄递事业部，省市县三级机构9月20日全部正式运行；调整22个县网运组织，县城以上省内互寄次日递全覆盖，次日递率居全国前列；撤销省内二干和区内邮路13条，节约运输成本700多万元。狠抓质量管控，深化全程时限管理。在全国率先推出“湘鄂次晨达、次日递”跨区产品；1—11月质效得分91分，排全国第1名。

3. 农村电商。农村渠道建设稳步推进，建成邮乐购实体店3.5万个；配备专兼职渠道经理近520人，推广“地推三定法”，加大巡店力度，站点活跃度67.2%。以自营带入驻促批销成效明显，批销额10.55亿元，分销收入4.01亿元、增幅124.9%，其中自营批销额4.67亿元、比上年增幅285%，并打造创维、可口可乐、食盐等销售收入过千万元的自营大单品项目。创新发展零售业务，“919电商节”期间，邮乐小店分享人数6.2万人次，列全国第1位；与省内64所院校联合开展学生创业大赛，参与人数超1.4万人，零售订单数415.5万笔、列全国第1位，增幅95.75%。拓展简易险产品和渠道。先后上线财产险、责任险、意外险、医疗健康险等60个产品；近2000个加盟站点通过电商平台系统直接受理业务，开全国邮政之先河。

4. 文化传媒。函件业务力拓传媒市场，开展劳动竞赛、百场沙龙，强化第三方合作及培训赋能，收入5437万元、增幅195.4%；开发旅游市场，以“旅游+邮政”形式，开发亲子卡、自驾游、跟团游等旅游产品，推出《芳菲湖南》邮票书及“行走潇湘”卡，收入2817万元，增幅64%。抓好封片基础项目，收入9204万元，排全国第5位。集邮业务以多元创新引领发展。以项目为抓手加快转型，500个“集邮+金融”示范点创收6955万元；线上创收5653万元，集邮微营销排全国第2位；开发全国线上定向及线下县域定向第一大单。报刊发行业务实现逆势增长。日常收订增幅6%，流转额8419万元、排全国第5位；提前10天超额完成2019年大收订计划，增幅6%、排国第4位。线上订阅流转额1.89亿元，规模排全国第2位。聚焦时政、消费热点开发图书、文创、新媒体等转型项目，实现流转额3236万元，增幅30.9%，其中《习近平谈治国理政》第二卷等专项产品销售规模排全国第1位。《时代邮刊》连续3年发行过百万份。

5. 总部营销。总案项目收入超过16亿元。战略合作得到进一步深化，与8家单位达成战略合作协议，战略合作项目收入1.96亿元，发展金融总资产5400多万元。其中，创维O2O项目开创全国邮政线上线下合作先例。

三、能力建设

1. 网运能力。投入4100万元，用于长沙中心局邮件处理中心（南楼）工艺改造、衡阳中心局新租临时生产场地矩阵胶带处理设备投产，3个市州和50个县（市）处理场地的搬迁、改造以及脐带机（线）等设备设施的配置，邮件日处理能力由2017年的250万件，提升到350万件以上。建设用地246亩、预计投资8.9亿元的中南地区邮政快递枢纽长沙邮件处理中心建设项目正式启动。完成网点建设装修及仓储装修改造项目283个。购置158台邮运生产车辆，统购投递汽车75辆、电动三轮车315辆、PDA 2409台，城市机动化水平提升至60%。

2. 信息化支撑能力。完成集团公司新一代寄递平台、国际业务环节线上大数据平台及CRM系统在省内的布置应用工作；省际、省市骨干网络带宽由42M扩充到150M。推动业技融合创新。推广“口袋”云顶、重构积分系统、优化揽协储系统和开发厅堂客户识别系统；开发实物固定资产管理系统、360°干部考评系统和党建纪检云平台。推进运行维护全面化。信息网运行平稳安全，实现全年零故障。

四、企业管理

1. 财务集中管控。推进零基预算管理，完善零基预算模型，进一步规范和控制外包等重点管控成本，重新制定11项重点指标和优化目标，成本结构持续优化，营销类成本、会议费、招待费比上年分别下降18.06%、29.36%、28.68%。深化损益核算，持续推进专业、县域、网点损益核算，加强毛利率测算、分析、通报并及时预警；建立县域效益指标体系，并根据指标完成情况实施级别调整，推动降本增效；推行14个中心局部门、车间分级损益核算，提升内部处理效益。深化资金管理。通过资金清分系统流入资金123.32亿元，清分率98.95%；强化收支两线管理，年末沉淀在集团公司的资金20.34亿元，实现系统内融资利息收益1736.3万元。加强资产管理，完成60宗房屋土地资产的办证工作；租赁资产系统数据归集准确率全国第1位；全面完成“三供一业”分离合同签订工作。

2. 人力资源管理。优化人员配置，根据业务发展重点，确定不同环节、岗位的增员方式，严格实行分类管理，用工总量低于集团公司控制目标278人。规范用工管理，通过严格系统审批、规范退出程序、实施合同清查、清理不规范用工、加强外包管控，有效规避了用工风险。扎实开展培训和技能鉴定工作，分层分级办班2795期，全员培训率93.5%。全省职业资格证书持证率92.2%；银行从业资格证持证率比上年提高16.14%。

3. 投资建设管理。严格中央预算资金项目管控，确保开工率100%，中央预算内资金支付率100%。制定完善投资计划、资金分摊、成本类能力提升等管理办法。审核各类大修项目811个，节约成本2300万元。全面核对清理全省代管建设资金情况，支撑科学决策。

4. 审计监督。开展企业审计项目23个，提出审计建议69条；完成工程结算审计项目661个，送审金额近1.76亿元，核减3640万元，审减率20.68%；完成工程财务竣工决算审计13个，审定金额3821万元。扎实开展各项专项审计调查和寄递翼专项审计自查，防范企业风险。

5. 安全管控。严格落实邮件收寄“三个100%”制度，切实做好寄递渠道邮件安全。加大安全督查和隐患整改，整改安全隐患2159处。先后投入5000万元，用于提升全省邮政金融安全技防水平。持续开展“平安邮政”创建工作，连续7年保持省委、省政府综合治理“平安单位”荣誉称号。

6. 防控金融案件风险。对14个市州分公司全覆盖开展“金融案件风险防控及安全生产巡查活动”，发现问题972个，对779人次进行问责；制定发布《湖南邮政安全警言》《代理金融从业人员十一条禁令》；公布五种举报渠道，创新“三合一”金融风险防控队伍建设模式，增强全省邮政的金融案件风险防控能力与水平。

五、普遍服务

1. 普遍服务和特殊服务。推广“政企三联”工作机制，推进营业网点、农村投递网的建设和优化，实现四项业务在普服网点的全面开办，农村投递“周五班”以上覆盖率由之前的18%提升至94%；实施平信条码化，提升客户满意度；县以上城市党政机关《人民日报》《湖南日报》等主要党报实现当日见报；普遍服务客户综合满意度84分，高于全国平均水平1.8分，处于全国第一梯队。机要通信连续12年未发生国家秘密载体失泄密事故。服务质量得到有效提升。创新非现场检查方式，实现监督检查工作制度化、常态化、规范化；构建全产品售后客服体系，申诉处理满意率100%。

湖南省邮乐购麻阳县电子商务公共服务中心。

2. 助力精准脱贫。持续加大电商扶贫力度。推进“一市一品”“一县一品”农产品进城项目，实现销售额突破4亿元。在习近平总书记“精准扶贫”首倡地——湘西十八洞村建设扶贫便民主题邮局并开展系列富有成效的扶贫活动，得到省委、省政府及有关国家部委的肯定。高质量落实定点扶贫。省市县三级邮政驻村帮扶工作队基本完成阶段性驻村帮扶任务。3个市州、4个县分公司获当地优秀扶贫工作队（优秀扶贫单位）称号，5名个人获扶贫工作先进个人荣誉。创新做好教育扶贫。积极开展形式多样的爱心公益活动，加大留守儿童等困难群体关爱力度，积极落实党报党刊发行、教育期刊免费阅读、农家书屋文化工程，持续推进扶贫助学等智力帮扶，提升贫困地区文化水平。

3. 为员工谋福祉。落实工资增长正常机制，在职员工人均月增资额243元。为员工购买大病保险和补充医疗保险，将投保前未治愈疾病报销比例提高到70%。开展暖冬行动，为外勤人员统一配发保温杯、手套等防寒套装。加大送温暖力度。慰问困难职工1734人、劳模先进204人、受灾职工112人以及基层集体696个，发放慰问金727.49万元。推动职工小家提质升级。1062个农村支局建成“星级模范职工小家”，145个投递部建成“城市投递员之家”。激发员工干事创业的积极性。组织开展以“主人杯”竞赛为主的多种竞赛，省公司机关发展储蓄年日均余额4.77亿元；投递员一季度发展邮储余额44.22亿元；常态化开展岗位练功，提高职工专业操作技术水平；广泛收集合理化建议（提案）、金点子1800余条。

4. 企业竞争实力。湖南邮政运用现代信息技术，打造线上线下相融合的邮政综合便民服务平台。建设邮政服务点近4.2万个，实现全省乡镇和行政村的100%全覆盖；组开各类邮路1582条、单向里程18.7万公里；拥有各类生产车辆8600多台、大型包裹自动分拣设备2套、大型机械化胶带分拣设备62套、各类金融自动机具3300多台、计算机类设备4万多台，覆盖城乡、通达全国、连通世界，生产管理机械化、自动化、信息化水平不断提高，实力明显增强。湖南邮政已发展成为集“物流、信息流、资金流、商流”四流合一，服务范围延伸至经济社会各个领域、触及人们生活各个方面的现代“公众服务平台”。

5. 国企担当彰显邮政品牌形象。湖南邮政坚持“人民邮政为人民”的服务宗旨，忠实履行普遍服务义务，承担特殊服务责任，基本实现“乡乡设所、村村通邮”；机要通信做到万无一失；实现14个市州、93个县的城区《人民日报》等主要党报当日见报。打好三大攻坚战，构建具有湖南邮政特色的电商扶贫服务体系，助力精准扶贫；强化金融风险防控工作；推动绿色包装、绿色运输和绿色金融相关项目；服务乡村振兴战略，湖南邮政扶贫工作得到了省委省政府以及社会各界的充分肯定。

6. 精神文明建设。坚持发展依靠员工，实施人才强邮战略，大专以上学历人员占比67.64%，员工资格证书持证率87%。坚持发展成果与员工共享，改善员工生产生活条件，建成各类职工小家1343个。提升员工福利水平，全面建立员工企业年金，实施员工大病保险和补充医疗保险、意外伤害保险并逐年提升报销比率，统一全省员工住房公积金缴费比例，建立员工互助基金会、受益人数达11200人次。扎实推进精神文明建设，湖南省分公司，岳阳市分公司、常德市分公司、娄底市分公司，以及彭小燕等一大批省市县先进邮政企业和优秀个人先后获得“全国交通运输公益文化建设优秀单位”“全国五一劳动奖状”“全国五一劳动奖章”等荣誉。（湖南省邮政分公司/提供）

【邮储银行湖南省分行】 邮储银行湖南省分行下辖15家二级分行、106个一级支行，70%的营业网点分布在县及县以下地区，是湖南省服务网点最多的金融机构。员工7683人，平均年龄38岁，其中本科及以上学历人员占比59.64%，销售类人员占比22.92%。

一、经营概况

突出“三稳三强”（稳增长、稳风控、稳资产，强管理、强基础、强县域）工作主线，创新推进普惠金融生态版图、九大金融直通平台模式，“两增两控”完成。资产规模4767.11亿元；收入58.98亿元，完成总行预算105.4%，超预算3.02亿元，比上年增长16.17%；利润27.69亿元，完成总行预算126.36%，超预算5.78亿元，比上年增长29.55%。人均创利36.01万元，比上年增长8.7万元；点均创利692万元，比上年增长106.6万元。各项存款4522亿元，年增252亿元，排省内同业第3位；各项贷款1606亿元，年增256亿元，排省内同业第7位。不良率0.85%，拨备覆盖率235.27%。

二、业务发展

1. 个人金融业务。突出重点客群营销，加快源头性项目开发，年末储蓄余额4057亿元，净增288.7亿元，分别排省内同业第1、第2位。信用卡突出场景化营销拓客，结存卡量83.12万张，排系统内第12位。加快构建移动支付金融生态圈，手机银行客户突破1000万，新增271万户，微信公众号“邮储银行湖南分行”粉丝突破百万，均排省内同业第1位，电子银行交易替代率94.1%。

2. 零售信贷业务。突出服务实体经济主线，省分行制定“三农”、小企业营销指引，创新版图模式，重塑一线营销能力。“三农”业务贷款净增19.77亿元，比上年增长15.92亿元。小企业贷款净增12.06亿元，排系统内10位，新增客户303户；小微易贷等重点新产品推进较快，长沙市分行净增6亿元，排全系统二级分行第6位。消费金融调整结构，汽车消费贷余额50亿元，净增4.75亿元，分别排系统内第1、第2位。

3. 公司金融业务。克服市场变化、账户清理及转型困难，扭转长时间被动发展局面。存款余额回升至474.98亿元，排系统内第10位；贷款余额402.16亿元，排系统内第8位，净增38.65亿元；公司业务收入14.64亿元，收入占比24.84%。

4. 金融同业业务。积极应对政策调整，加快推进标准化业务转型，人均创收1500万元。贸易融资围绕核心企业开发云链业务，为139家小微企业融资6.8亿元，供应链业务新增排系统内第2位。

三、风险合规管理

1. 内控合规方面。一是以提质增效年为契机，全省纵深推进市场乱象整治工作，组织专项督导排查22个，邮银协调推进内控案防工作，畅通专用电话、邮件等违规举报渠道，建立联防群治机制，检查发现各类问题3100笔，问责4183人次。二是开展审计项目40个，创新实施平台融资风险、呆账核销、贷款重组等重点业务审计，形成信贷员风险保证金等审计专报10个。三是“平安邮储”建设，完成省分行监控中心、42个标准化网点验收，全省自营机构实现零发案、零事故、零处罚。

2. 授信管理方面。编制区域授信政策营销指引，制订绿色银行三年规划，突出普惠金融“双提”，打造既有效控制风险又提高效率的授信管理体系。实施差异化准入和限时服务，授信、支用审查审批效率分别提升38.53%和17.83%，零售信贷工厂全流程平均用时较上线初期提升47.52%。持续完善贷后监督管理体系建设，推进长沙、岳阳市分行试点，上线贷后辅助系统，全省通过贷后检查化解处置各类风险贷款1993笔、金额4.51亿元。

3. 质量管控方面。突出资产质量管控和重点领域风险防范化解，强化风险限额管理，聚焦表内表外，创新推行淘宝网拍等处置方式，强力压降不良贷款。清收不良5.21亿元，核销3.34亿元，分别完成总行计划任务的165.39%、120.57%。

四、综合管理

1. 计划财务管理。全面推进零基预算，突出战略和效益导向，持续完善机构、人员和部门绩效考核体系，精准服务经营管理大局。严格管控成本，实行市场发展费用集中调度，会议费、业务招待费、差旅费分别下降11%、11.8%、5.2%。

2. 机构人员管理。完成二分党建监察机构设置和人员调整，推进网络金融部、金融同业部、运营管理部更名与职责梳理，调整机关部室团队49个。提拔领导人员24人，区域调整干部26人；招录大学生108人，社会招聘54人，选拔团队负责人30人次。制订“学习型银行”第二个三年规划，全年举办集中培训2868期，培训8.3万人次。

3. 运营管理。引入“自有+外包”模式，集中营运考评指标经总行考评全部满分，其中集中授权、公司结算处理效率排系统内前列，信用卡预审质检合格率由85.44%提升至98.05%。持续推进营业主管竞聘派驻工作，压降台席120个，精简柜员142人，实现智能设备自营网点全覆盖。

4. 科技管理。完成湖南税务征缴社保费系统、总行财务绩效管理系统等105个信息化工程项目的建设推广上线，中间业务应用系统自主开发率上升至40%，强化网络优化扩容和电子设备集中维护管理，全省重要基础信息设施完好率、网络完好率100%。

五、党的建设

1. 持续加强企业党的建设，认真学习贯彻习近平新时代中国特色社会主义思想和党的十九大精神，深入开展“大学习、大讨论、大落实”活动和机关作风整顿工作，着力破解“三大难题”，落实基层联系点制度，推动党建与经营深度融合。

2. 扎实推进中央巡视整改工作，省分行党委全面履行本单位巡视整改主体责任，推进全省22项任务、55条措施全面完成，启动湖南省分行党委中央巡视整改“回头看”工作，分批开展对辖内二级分行督导检查，取得阶段性成效。

3. 深入开展监督执纪工作，严格落实中央八项规定及其实施细则精神，坚决纠治“四风”和特权思想，健全巡察工作领导机构和工作机制，制定巡察工作规划和工作意见，对娄底、郴州、益阳、长沙四家单位开展内部巡察；深化运用监督执纪“四种形态”，开展效能监察2个、监督检查9项，党纪问责处理69人次。

六、和谐银行创建

先后与娄底、张家界、湘潭、永州市政府及省工商局、省铁塔公司等签订战略合作协议；零售信贷工厂模式在全省同业推介；省分行在第三届湖南金融创新价值榜暨新浪金麒麟（湖南）论坛被评为“最受信赖银行”，三农金融事业部制改革被评为湖南金融创新力量。举办“学习其美多吉　争当向上向善好青年”演讲比赛、“庆祝改革开放40周年”书画比赛等活动。（邮储银行 / 提供）

【湖南省寄递事业部】

一、增强核心能力

1. 以“八个阵地”持续发展为基。揽投部阵地重在确保人员、“532”结构、“众创众享”机制“三个到位”，收入计划与段道、与客户匹配，锁定责任人和底线时间，销号式开发。“创客”团队阵地以收入直达、成本直达、考核直达落实实体化，与客户、与项目精准对接。校园阵地聚焦学校的教学需求、师生的生活需求、创业的物流需求，用好学生团队、学生会、社团、宿管老师等资源，重点抓好散件市场、政务市场、商务市场和电商微商四个市场。写字楼阵地在核心商圈重点楼宇叠加服务功能，紧盯标准快递、退换货、B2C、增值（到付、返单、代收货款）等业务需求。园区阵地在国家级工业园区、省级开发区中找准以标快为主的客户富集区为主攻目标，用“揽投部+营销团队”模式，带动仓配、运输等业务开发。专线阵地夯实产品、营销、价格、渠道“四个基础”和网运组织、财务、客服“三个支撑”，社会化运营，点对点直达，打破时限和价格瓶颈，打造优势线路，加快电商业务发展。仓储阵地按照“创客团队+基本仓储+核心客户+落地时间”要求，坚持物流6个园区、电商4个园区建设不动摇。国际阵地实现国际分公司对所有市州的直管，突出国际标快发展，在各市州建立专业营销团队。

2. 以本土客户开发为本。在落实营销员、揽投员日访三户的同时，推进“每人开发一个客户”活动。同时，加大流失客户劝返和竞品客户转化力度。

3. 以平均单价提升为要。通过全资费标快提成30%、折扣业务提成减半政策，发挥薪酬分配机制导向作用。加强客户评估，严格资费审批流程和权限，推进客户事后等级优惠。突出高端高效客户开发。

4. 以规模发展现金客户为重。抓微信公众号和APP推广应用，抓好“创客”团队和揽投队伍培训，抓微信扫码建群，抓渠道建设。

5. 以市区核心市场规模扩张为先。“创客”团队、市区揽投部针对行业大中客户、辖区小微客户及散户分级营销；狠抓“节日销售+寄递”。同时，坚持抓好县域融合发展。

二、补齐短板实现“五突破”

1. 突破性加快揽投部标快发展。把揽投部鲜明地确立为标快发展主阵地、主战场，只下达标快发展计划，其他业务只核发酬金而不计收，解决观念认知、行为组织、考核导向、预算编制问题。

2. 突破性加快电商仓储与合同物流发展。牢固树立仓储是电商与合同物流发展之根本的理念，将仓储作为核心资源，以“团队＋阵地＋大型电商客户”开展“自建仓模式”营销，以“团队＋客户＋阵地”开展“嵌入式模式”营销，以“菜鸟B网＋落地配＋代收货款”开展“落地配模式”营销，以“张家界娃娃鱼＋湘西张家界猕猴桃＋炎陵黄桃＋永兴冰糖橙”开展“极速鲜模式”营销。

3. 突破性加快五个“6+1”项目开发。坚持“有所为有所不为”，聚焦既定项目和既定客户，老项目精耕细作、增量增效，新项目加快开发、增收创效。

4. 突破性解决物流效益性问题。以仓配一体化业务为重点，以“团队＋阵地＋项目”打造园区，以“信息＋网络＋板块”布局网络平台，融入地方共同配送体系和中欧班列体系，由供应商向平台公司转变。

5. 突破性解决国际标快规模发展不够问题。聚焦留学市场、银行、制造业、医药四大本土市场；防控风险、优化结构、提升效益，从单价、路向、客户数上做优国际e邮宝、非邮和进口快件等产品。寄递业务收入19.15亿元，比上年增幅12.74%。其中，8月1日至11月10日组织“百日会战”“尖刀班行动”主攻标快，“两提升两走访靶向行动”主打电商。“百日会战”收入增幅18%，标快高出全国5%；“双十一”期间，收寄量775万件，增幅28.7%，处理量2573万件，增幅19%，实现大幅增量增收、高效稳定运行。

三、改善客户体验

1. 以网络平台打造“硬实力”。规范全省市县邮路运营流程，紧扣吨公里单价、车辆装载率、单车油耗、单车维修费等四个指标抓好运输管理。制定专项管理办法，倒逼各环节强化规范作业。

2. 以服务质量提升“软实力”。在主动客服体验上下功夫，落实“两标”业务客服新标准，实现客服标准全面分层。强化视察检查，以“六个零容忍”为抓手，每月开展一次交叉检查，现场发现、现场考核。

四、寄递翼改革

9月1日在全国率先成立省寄递事业部，9月20日全省市县三级机构全部整合到位，按新架构开始运行。优化作业组织和流程，对路由、频次、运营资源整合优化，快包重庆路向改由邮航发运，运行时间由18小时缩至2小时，邮航载运量提升47%；调整22个县网运组织，县城以上省内互寄次日递全覆盖，次日递率提升8.65%，达到91.55%；撤销省内二干邮路7条、区内邮路6条。以“532”结构（精品网点50%、支撑网点30%、同城网点20%）调整揽投部；以“532”原则（揽投合一段50%、投递段30%、专揽段20%）调整段道，93%的市州完成揽投网整合。（湖南省寄递事业部／提供）

【中邮保险湖南省分公司】

一、业务发展

1. 保费规模。总保费34.63亿元，比上年增长63.2%，完成计划进度127%。其中新单总保费24亿元，续期保费规模为10.49亿元，团险保费收入完成1467万元。

2. 转型升级。期交业务占比68.3%，比上年增长10.4%；期交新单业务占比达38%，比上年增长8.8%；长期期交新单业务占比达5.42%，比上年增长2.76%；续期业务占比达30.3%，比上年增长1.6%；城市业务占比18.8%，整个高效业务占比68.7%。

3. 市场份额排全国前列。分公司保费规模在省内寿险市场份额为4.1%，排名全省第7位，比上年提升4位，在全国开业省排名第5位，比上年增长62%，排名全省第4位。

4. 业务发展。主动对接，三方联动协同发展；项目营销，创新营销方式；加强培训，加强队伍共建；党员带头，分片包干支撑；深耕渠道，积极外拓业务。

二、能力建设

1. 运营质量。运营KPI指标全面达标，列全国第5位：人核件全流程6天，比上年缩短2.19天；出险支付时效71.85天，比上年缩短65.38天；理赔申请支付时效1.42天，比上年提速0.3天；新契约综合合格率96.80%、团险理赔十日结案率97.56%、赔案留存率2.64%均圆满收官。重点指标管控到位：重空单证核销率100%、签单扫描率100%、实物档案隔月归档率100%、保全复核修改率0.12%、理赔差错率1.2%、理赔7日调查完成率97.37%。

2. 续期管控。13J保费继续率93.6%，比上年增长1.9%；25J保费继续率97.25%，比上年增长1.6%；宽末综合达成率97.5%，均超过总部考核线，主要做法是联合省邮政下发全年续期保费计划和关键指标目标，落实日常通报督导，加强基层支撑，优化续期催收流程，加强对11185呼叫中心人员的培训。开展12场续期客户主题活动。

3. 客服水平犹豫期内电话回访成功率96.71%、回访录音资料上传率99.98%、回访问题件工单资料系统上传率100%、亿元保费投诉件数0.029件。成功开展客户服务季系列活动。在张家界和怀化开展精准扶贫公益活动，惠及贫困村民和留守儿童1500余名，104家媒体进行宣传报道。

三、风控能力

1. 打好防范化解重大金融风险攻坚战，牢牢守住合规经营和风险防控的底线。制订分公司打好防范化解重大风险攻坚战三年规划（2018—2020年）；开展“治乱打非”专项活动。

2. 推进“合规管理提升年活动”，提升风险合规管理水平。加强邮银保协同联动，三方风险防控联席会议常态化召开，打造“大邮政”联合检查机制；加强风险联络员队伍建设；建立“合规园地”专栏，制作“合规销售宣导视频”，编印《合规手册》，开展9期“合规大讲堂”；加强监管政策和内控制度学习，举办“砥砺奋进五年 合规根植于心”反洗钱合规知识竞赛；加强风险提示。

3. 防控非法集资，加强合同和案件管理。健全完善防范和处置非法集资应急预案和应急处理流程，开展防范非法集资专题宣传月活动。审查合同80余份，标的额1600余万元，选聘2018年度法律顾问。

4. 健全工作体系，切实履行反洗钱义务。不断建立完善反洗钱工作机制，2017年度湖南金融机构反洗钱工作考核评级分公司考核总分列湖南全省寿险公司第2名。

四、企业管理

1. 强化行政管理。加强制度建设；加强新闻信息和舆情管理；获得湖南保险行业协会“2017年度新闻宣传先进单位”荣誉称号；加强督办管理。督办264项重点工作；加强审计监督，开展内控评估、营销费用专项审计、外包业务审计；加强消防安全管理，组织开展消防培训、争创“平安邮政”优秀单位工作。

2. 完善财务管控。贯彻落实零基预算管理模式；完善采购管理，公开招标率达37.16%，资金节约率8.67%，充实评审专家库；定期组织资产清查、营销费用使用情况开展自查；完善修订财务相关制度；获得2017年度湖南省保险行业先进统计单位。

3. 优化人力资源管理。招聘录用11人；组织开展分公司内部培训24次；调整岗位工资，职工岗位工资平均增幅10.5%；加强绩效考核管理；选拔提任5人次；开展市县中邮保险局（中心）专业岗位人员选聘。

4. 提升信息技术。打造分公司首个较为大型的信息支撑辅助平台（ISAP）；配合业务改造续期系统、开发客户信息真实性系统等系统平台，加强信息安全管理，深入开展数据分析。

五、全面从严治党

1. 党的建设进一步深化。全面落实管党治党主体责任；深入学习贯彻习近平新时代中国特色社会主义思想和十九大会议精神；打造特色化的党建文化，加大阵地建设；着力加强基层党组规范化建设；进一步健全完善了分公司党建制度体系。

2. 中央巡视整改有力推进。调整分公司巡视整改工作领导小组及办公室成员；建立中央巡视整改工作台账；严格落实巡视整改工作例会制度；根据总部整改巡视检查工作小组意见逐项落实整改。

3. 党风廉政建设持续推进。全面加强党的纪律建设；巩固拓展作风建设成果，持续落实中央八项规定精神；继续进行廉洁教育，开展“廉洁教育宣传月”活动等。

4. 精神文明建设成效显著。获得2018届“省直机关文明单位”，职工向劲峰获得“湖南金融行业工匠”称号，营业部取得四星级柜面称号。

5. 群团工会工作有序开展。5月，成立团支部，选举产生团支部委员，组织开展纪念五四青年节系列志愿者服务活动；深入推进职工小家建设。（中邮保险／提供）

【中邮证券湖南省分公司】 产生收入323万元，分别是经纪业务收入211万元，其中手续费及息差收入188.5万元，两融利息收入6.7万元，金鸿小贷收入15.5万元；资管业务收入93万元；投行业务18.9万元。新增客户数2506户，开户数93986户，客户总资产2.46亿元，其中证券市值2.21亿元，交易量64.29亿元。融资融券开信用账户有23户，新增7户，8位客户有使用额度，融资余额218.49万元。

一、经纪业务

1. 渠道协同。按照“渠道建联，分片负责，保障服务”的渠道协同工作办法，鹏华产业和招商金鸿基金产品销售均创分公司最好业绩，分别销售1498万元和1423.12万元，其中招商金鸿基金销售还获得总部嘉奖。

2. 板块联动。省内邮政、邮储银行、速递物流、保险和证券等三大板块五个单位的板块协调制度初步建立，联合下发《关于加快推进湖南板块协同发展的通知》，对2019年板块协同发展提出具体规划。轻型营业部建设取得突破性成绩。其中郴州证券营业部于12月5日正式开业。营业部普通账户累计开户数166户，有效户100户，资产总值3115万元，户均资产18.76万元，累计交易金额3.7亿元，佣金总计收入4.4万元。两融业务累计开户4户，融资金额13万元。

二、资管业务

与当地国企和优质民营企业建立业务关系其中包含：耒阳市棚户区改造投资有限公司、湘潭市地产集团、湖南富兴集团、湖南和立东升实业集团有限公司和大汉集团等。操作的项目有湖南和立东升北交所私募债、富兴与湖北金租的融资项目、大汉集团与东兴投资的融资项目。开发并落地项目为中南建设股票质押，预计创收1200万元。

三、合规风控逐步规范

高度重视合规风控工作，不断加强风险管理，时刻强调合规经营，严格落实、执行公司风险合规管理的各项制度，无发生任何风险事项。认真组织学习各项合规风控制度，不断强化认识，增强意识。严格按照监管机构及公司各项规章制度开展合规管理工作，业务管理及操作流程符合合规要求，风险控制到位。配合外部监管，贯彻落实人民银行相关政策，结合“贯彻落实3号令，维护金融秩序”的要求，9月开展反洗钱维护金融稳定专题宣传月的活动。

四、党建纪检工作

1. 积极落实“两学一做”学习教育常态化制度化。充分运用“三会一课”组织好学习教育和党员评议工作。牢固树立“四个意识”，强化党性观念，自觉在思想上、行动上向党中央看齐。

2. 全面落实纪检巡视工作要求。一是按照中央纪委六次全会要求，切实保持遏制腐败的高压态势，持续保持反“四风”、正党风的战略定力，推动作风建设向纵深发展。二是严肃对待巡视整改工作，针对中央巡视组反馈的问题，迅速成立了分公司巡视整改领导小组，制定26条整改措施，并坚持即知即改、立行立改。（中邮证券/提供）

广东省

【广东省邮政分公司】

一、从严治党

1. 扎实推进巡视整改。省分公司党组制定的65项整改措施和各二级单位制定的整改措施全部完成整改。

2. 全面推进党的建设。深入学习宣传贯彻习近平新时代中国特色社会主义思想和党的十九大精神；实现全省骨干网点党员全覆盖；完成寄递事业部基层党组织设置和调整工作；创新基层党建工作，开展交叉讲党课活动，着手建设党性锤炼“四个基地”；加强党建纪检干部、基层党支部书记培训工作。

3. 认真推进“三大攻坚战”。加强重大风险防范，持续推进“平安邮政”建设工作，积极推进广东邮政安全宣传教育基地建设，深入应用广东邮政安全信息化管理系统。致力“脱贫攻坚”，帮扶贫困户5347户、近1.5万人，通过电商扶贫、金融扶贫等措施，对口贫困村脱贫率达70.5%，连续两年获得“广东扶贫济困红棉杯铜杯”，荣获省农电协会“优秀农村电子商务服务型企业奖”和“农村电子商务标杆企业奖”等。落实绿色邮政行动，报废“黄标车”1500辆，新增手机银行客户276万户，净增激活量全国排名第一；新增移动支付396万户，支付13.57亿笔，自办网点新封装标准实现全覆盖。

二、经营发展

总收入154.6亿元，全国排名第一，比上年增长2.3%，完成集团下达的利润预算目标。

1. 邮务板块。传统函件业务创新发展，收入7.3亿元，排名全国第二。新媒体收入1.8亿元，全国排名第二，比上年增长48%。报刊业务积极向新型文化服务平台转型，收入4.13亿元，累计进度100.9%，比上年增长2.5%。2019年度报刊大收订实现流转额11.66亿元，完成进度101%。政务图书发行取得较大突破。集邮业务健康稳定发展，收入4.67亿元，完成集团预算进度111%。

2. 金融板块。代理金融业务收入75.29亿元，排名全国第三，比上年增长3.58%。储蓄余额逆势奋起，四季度新增月日均余额129亿元，超额完成集团下达目标；新增激活手机银行客户276万户，排名全国第一；新增移动绑卡客户396万户，实现卡通收入3.28亿元，比上年增长72.2%；“微信邮付”全省累计开户30万户。代理保险业务累计新增保费188亿元，比上年多增2.7亿元。中邮保险期交保费、长期期交保费规模均居全国第三。中邮证券有效户考核完成进度129.8%。简易险业务快速发展，保费9.1亿元。其中非车险保费5.8亿元，比上年增长66%，收入1.59亿元，比上年增长47%。简易保险服务的客户数量突破200万，1639个邮务机构完成保险兼业代理许可证续期。

3. 寄递板块。寄递翼全年累计业务量8.6亿件，增长2.9%；收入131.7亿元，增长7.3%。国内标快业务收入18.8亿元，比上年增长13.3%；快递包裹业务收入13.6亿元，增长9%；国际业务收入87.1亿元，增长5%（量收口径）；物流业务收入4.6亿元，增长43.8%。

4. 三大工程。城市金融重点项目推进有力，东莞和深圳代发工资进度、点日均新增手机银行、新增绑卡客户量均排名全省前2位。农村电商发展成效良好，平台建

广东省邮政分公司践行“人民邮政为人民”的服务宗旨意识，全面提升服务质量。

设、批销和零售等主要指标均完成集团任务。东部邮政发展明显提速，东部五市增幅均超过全省平均水平，潮州、汕尾、揭阳实现两位数增长，增幅列全省5—7位。

5. 总部客户开发。邮政网点代办公安交管业务初具规模，432个网点开办代办业务，累计受理业务157万笔，收入2350万元；商会协会项目全面启动，各地市走访意向单位300多家，78家挂上"商会协会邮局"牌匾；与三大通信运营商、铁塔公司等机构签订战略合作协议。

三、企业改革

1. 寄递翼改革。实现资源整合、平稳过渡。压缩内设机构数量，精简领导职数；省市县寄递事业部全部组建完成，内部处理和运输资源整合基本完成；严格审计，摸清家底；落实财务配套工作，完成核算体系的搭建、资产划转、制定财务配套制度等工作。

2. 协同发展。基本搭建广东板块协同机制，确定协同发展工作方案和协同工作原则。金融邮务专业协同、板块协同均取得一定进展。

3. 完成中央和集团公司交办的"三供一业"分离移交任务。

四、管理水平

1. 创新研究。荣获集团科学技术奖5项、科技创新成果9项、管理创新成果3项、"金点子"20项，均排名全国第一；云创平台推广动员情况排名全国前列；广州智邮行项目在全国A级创新项目路演中排名第三。

2. 信息化应用。完成新一代寄递业务平台等集团系统推广；优化全省客户营销系统，全面推广微信营销助手；应用人脸识别等新技术打造智慧网点；1783个网点开通微支付，营业额2.2亿元；开发应用国际小包比价、普服管理系统；加强大数据营销应用，荣获集团金融数据分析奖4项。

3. 资源配置。投入1.55亿元，用于网点整治及金融设备；投入4800万元，用于普服基础设施；具备施工条件的网点完工102个；3项中央预算内资金项目如期建成。优化人力资源配置，人员投放上更加注重效益导向，优化工资总额配置办法，教育培训资源重点向高效业务倾斜。

4. 激励机制。工资及劳务费额度分配、业务发展奖励和各类评先均以效益和质量为导向；强化领导人员薪酬考核。

5. 损益核算应用。持续开展干线邮路损益核算，广东干线邮路重量装载率提升25%；推进直开省际邮路，提升发展效益和出口时限，促进省际出口。推行"闲忙时段"差异化分拣结算政策，引导邮件错峰。

6. 用工结构。用工总量（原口径）41490人，比上年底减少2328人，劳动生产率36.2万元/人，比上年增长6.5%；代理金融用工总量15438人，比上年增加120人，其中营销人员增加386人，营业人员减少267人。

7. 资产运营。房产出租收入5.3亿元，增幅5.23%，房产收入持续排名全国第一；加强设备和车辆的运营管理；积极推进智能包裹柜重组工作。强化对外投资管理，上报对外投资清理方案并得到集团批复。

8. 对标管理。自觉将对标作为管理工具，牢固树立对标意识，明确改进方向。

五、服务质量

践行"人民邮政为人民"的服务宗旨，各项服务质量指标稳中有升。行政处罚数量6笔，比上年下降71%；平信丢失率持续下降，丢失率0.35%；客户满意度排在全国前列，集团公司测评客户满意度84.14分，大客户满意度94.37分，均优于集团公司标准，国网申诉处理满意率和申诉率优于集团公司标准和全国平均水平；无着邮件新增量比上年下降12.08%；网点四项普服业务开全率达100%；全力保障特殊服务，机要通信业务质量全红，全省所有县及县级以上城市党政机关实现《人民日报》当日见报。

六、和谐企业建设

精神文明创建成果显著，获1个"全国五一劳动奖章"、3个省"五一劳动奖状"、2个省"五一劳动奖章"、1个省直最美志愿服务组织等荣誉；全面开展星级之家、小家和"家文化"的"双创建"活动以及东部五市职工小家和城市金融网点职工小家的"双帮扶"活动，帮扶、提升建设职工小家525个；推进"员工关爱工程"，落实帮扶资金485万元、慰问资金925万元；开展"我为金融献客户"等7项全省性劳动竞赛，激发员工投身企业发展的热情；开展岗位练兵、技能比赛、文体活动等，提高员工素质，丰富员工生活。同时，企业工程建设、采购、离退休、群团、法务、信访、保密、宣传、舆情等各个条线，围绕中心，服务大局，也做了大量卓有成效的工作。（广东省邮政分公司/提供）

【邮储银行广东省分行】 邮储银行广东省分行设置一级部门23个、二级部门9个、直属单位1个，下辖二级分行20个，邮政金融网点1922个，其中自营489个、代理1433个，县城及以下网点1091个，占比56.76%，县城服务覆盖率100%。全行从业员工11389人，其中本科及以上学历员工7429人，占比65.23%。

一、经营概况

资产规模5878.69亿元，列广东省银行业第5位。各项存款余额5490.67亿元，列广东省银行业第5位，净增240.12亿元；各项贷款余额2511.46亿元，列广东省银行业第6位，净增401.5亿元。自营收入95.65亿元，列系统内第3位，考核利润36.18亿元，列系统内第4位。收入利润率37.83%，比上年增长4.3%；成本收入比

51.79%，比上年下降 6.22%。经济资本回报率 15.44%，经济增加值 9.34 亿元，比上年增长 23.29%，人均经济增加值 8.18 万元，比上年增长 24.57%。不良率为 0.52%。

二、业务发展

1. 个人金融业务。自营储蓄存款规模 1100.45 亿元，列系统内第四，新增 64.3 亿元。中邮期交保费累计销售 1.87 亿元，列系统内第三。实物贵金属销售 8805 万元，列系统内第二。重点基金加权销量 2.21 亿元，列系统内第一。

2. 信用卡业务。结存卡 129 万张，列系统内第四；新增发卡 37.9 万张，新增客户 18.16 万户，新客占比 48%，激活首刷率 44%。

3. 三农金融业务。小额贷款结余 78.33 亿元，净增 13.03 亿元；个商贷款结余 215.06 亿元，净增 29.58 亿元。涉农公司贷款结余 12.02 亿元，净增 4.12 亿元。为国家级、省级建档立卡贫困户和产业发放的金融精准扶贫贷款余额 15.9 亿元，净增 10.3 亿元，累计带动省级建档立卡贫困户 1.11 万户。

4. 消费金融业务。消费贷款余额 1223.8 亿元，净增 213.30 亿元，均列系统内第三。车贷业务比上年增幅翻番，净增 6.56 亿元，列系统内第一；“总对总”贴息车贷放款、净增、余额三项指标列系统内第一。

5. 小企业金融业务。小企业法人贷款余额 169.53 亿元，净增 33.36 亿元，均列系统内第二。

6. 网络金融业务。自营手机银行新增激活客户 114.42 万户，新增注册客户 107.93 万户，均列系统内第二。电子银行交易笔数 27.04 亿笔，交易金额 1.69 万亿元，交易替代率 94.91%。

7. 公司业务。公司存款时点余额 1017.3 亿元，列系统内第二，新增 57.06 亿元，列系统内第一。公司贷款（含并购）余额 492.86 亿元，净增 127.08 亿元，列系统内第三。票据承兑业务发生额 79.24 亿元，余额 40.42 亿元，均列系统内第一。

8. 国际业务。对公国际结算 23 亿美元（如含境内划转为 41.61 亿美元），新增 7.49 亿美元，列系统内第一；对公结售汇 8.77 亿美元，列系统内第二；对公外币存款余额 3.86 亿美元，列系统内第一。

9. 金融同业业务。同业融资业务规模 213 亿元。自营理财余额 224.7 亿，列系统内第四，其中自营净值型理财余额 42.63 亿元，列系统内第二。

10. 托管业务。运营规模 2418.98 亿元，营销规模 1818.93 亿元，列系统内第三，新增营销规模 726.52 亿元，列系统内第一。

三、服务支撑

1. 科技创新。自主完成新业务开发 20 多类，完成新业务上线 60 项。信贷工厂的全流程整体用时 32.53 小时，较邮储银行全行平均用时少 41.19 小时，零售信贷作业中心运营综合评价连续 4 个月排名系统首位。

2. 财务管理。结合总行 112 项成本费用指标以及全省成本费用开支情况，调整优化 83 项指标。完善基建工程管理流程，省分行营运用房和 8 家二级分（支）行工程建设有序推进。

3. 营运支撑。扩大智能金库项目试点。企业开户服务全流程耗时缩短一半。日均现金备付率 0.68%，比上年末压降 0.11%。全面推广集中授权影像切片功能，切片通过率提升至 92.27%，切片交易等待时长由 5.8 秒下降到 0.7 秒。

四、风险合规

1. 开展市场乱象整治工作。召开 7 次党委会、3 次行长办公会及行长专题会、2 次阶段通报会和 5 场约谈会，专题研究部署深化市场乱象整治工作。省分行先后派出 29 个现场检查组、370 余人次，实现辖内分支机构乱象治理督导的全覆盖。发现问题 11369 笔，完成整改 11319 笔。问责机构 19 个，问责人次 7702 人，处罚金额 180.34 万元。

2. 夯实内控与案防基础。召开 5 次风控会、6 次案防会，出台《打好防范化解重大风险攻坚战三年规划》等制度文件，推动全面风险管理工作的落地执行。创新开展关键岗位接管式检查和“飞行检查”，提高对违规操作的震慑力。稳步推进消费者权益保护工作，荣获“广东省首届金融知识普及教育工作先进集体”称号。

3. 发挥审计监督作用。创新开展现场与非现场相结合、季度评价与年度评价相结合、专项审计与内控评价相结合的评价方式；开发经济责任审计信息管理系统。

4. 加强安保工作。推动 143 个网点、营运中心和联网监控中心实现安全管理标准化达标。获得省综治办“2016—2017 年度全省金融系统综合治理（平安金融）工作先进集体”和“先进个人”两项殊荣。

五、队伍建设

1. 职级晋升。创新推行员工积分晋升机制，907 名员工实现职级晋升，实现职级晋升常态化、可视化。

2. 干部选拔。通过“组织推荐 + 公开选拔”的方式选用 7 名省分行党委管理的优秀年轻干部，平均年龄 37 岁。

3. 能力建设。举办各类培训班 2746 期，培训人数超过 6.8 万人次、62.95 万学时。全省岗位资格新增持证 16522 人次，银行职业资格持证率 82%，总行岗位资格持证率 91%。

六、党建工作

1. 学习宣传。组织学习宣传贯穿党的十九大精神专题培训班，274 人参加集中培训，7926 人次参加远程学习。1 万余名员工参加微信公众号党廉知识答题，3711 名党员参加党规党纪考试。

2. 基层党建。扎实推进“强基固本2.0”“两学一做”学习教育常态化制度化，制定实施“三会一课”议题指导实施细则。省分行党委下辖21个党委，包括省分行机关党委和20个二级分行党委，190个党支部，174个党小组。全行党员4046名，占员工队伍比重35.53%。

3. 巡视整改。认真贯彻落实中央第二巡视组对集团公司党组巡视反馈问题的整改要求，形成22项任务、54项措施的整改清单。省分行党委召开17次党委会，8次巡视整改领导小组周例会，研究巡视整改议题43项，组织3次巡视整改落实情况现场检查和1次非现场检查。

4. 群团工作。建立健全员工企业年金、重大疾病保险和意外伤害保险制度，全年发放慰问资金121万元，重病大病职工受助24人、金额72万元；坚持薪酬分配向基层员工倾斜，员工薪酬福利水平得到提升。（邮储银行／提供）

【邮储银行深圳市分行】 邮储银行深圳市分内设22个一级部门、6个二级部门及4个事务处理中心，下辖1个二级分行（前海分行）、1个营业部、6个一级支行，67个二级支行（含前海分行、一级支行营业部），辖内网点141个，其中邮政代理网点73个，网点数量排名深圳银行业前列。分行（不含代理营业机构）在岗员工1698人，其中合同用工1602人；代理营业机构（不包括邮政市分公司及分局）员工1017人，其中合同用工575人。

一、经营概况

总资产823.3亿元；总负债余额780.43亿元。各项存款余额712.51亿元，比上年增长9.11亿元，各项贷款余额694.25亿元，比上年增长79.71亿元。年末不良贷款额3.3亿元，不良贷款率0.48%，低于系统及同业平均水平。自营收入33.57亿元，完成预算126.2%，超预算6.97亿元；自营收入比上年增长10.34亿元，增幅44.5%，排名系统第1位。利润总额22.1亿元，完成全年预算178.7%，超预算9.7亿元；利润总额比上年增长11.25亿元，增幅103.7%，排名系统第2位。成本收入比29.6%，排名系统第1位，比上年下降12.9%。中间业务收入14.3亿元，比上年增长6.7亿元，增幅87.5%，占总收入比重42.6%。

二、业务转型发展

1. 零售金融转型升级。大零售板块收入占总收入比重55%，比上年增长65%；个人贷款余额274.41亿元，比上年增长11.53%；个人存款余额448.57亿元，比上年增长14.36亿元。分行积极拓展以高素质、高净值为特征的城市新群体，自主构建完善线上平台载体，借助互联网平台科技优势，探索金融科技引领传统零售业务转型。一是加快拓展政府公务员、优质企业员工、有车一族、个人商户等优质客群，财富客户数比上年增长17%，高净值客户数比上年增长11%。二是完善线上平台功能，微信银行粉丝突破百万人，实现线上放款1.3亿元，线上申请信用卡2.7万张；建设面向C端客户的“邮惠生活”APP，上线半年注册账户2.5万个，带来新客户约2000户。三是推广营销人员“一人一码”，配套激励政策发动全员大营销，日点击量约1200次；建立分行营销系统，制作客户资产视图，开展客户画像，助力精准营销。四是探索建设新零售体验中心，个性化设置智能百货平台、书吧、水吧等功能区，吸引客户“走进来”，分析客户消费支付数据，针对性投放权益，实现客户“留得住”。

2. 公司业务综合拓展。大公司板块收入占总收入比重35%，比上年增长45%；单位存款余额213.88亿元，比上年下降23.74亿元；国库定期存款42.1亿元，比上年增长14.1亿元；公司贷款余额397.38亿元，比上年增长9.5%。一是夯实客户基础。与4家央企、12家国企开展业务合作；拓展上市公司37家、在途30余家。公司授信有效客户数89户，比上年增长20户；授信金额3570亿元，信贷余额287亿元，比上年增长49亿元。二是拓展综合需求。叠加公司授信、投行、结算、存款理财等多项产品，实现对华润集团本部及下属地产、电力、水泥等业务板块的金融服务全覆盖，各板块均上线邮储银行银企直连业务，推动分行成为华润集团主要结算行，华润系账户日均存款余额13亿元，集团综合收益贡献超1亿元；以流贷业务为突破挖掘深圳市投资控股有限公司综合需求，实现债券投资、存款、私募基金托管以及并购贷款等多项业务落地。

3. 小微金融稳步发展。新增小微企业贷款24.62亿元，比上年多增11.61亿元，总体不良率1.1%。“三个不低于”小微企业贷款余额129.89亿元，比上年增长2.84亿元，增速2.23%，存量贷款户数3322户，申贷获得率78.21%。“两增两控”口径下小微企业贷款余额65亿元，比上年增长11.58亿元，增速21.67%，高于同期各项贷款增速；存量贷款户数2684户，比上年增长265户，实现“两增”达标。一是调整客户结构。面对深圳经济转型、产业升级，重点拓展科创类小微企业，年末科创类小企业贷款余额14.6亿元，占比26%，比上年提升9%。二是调整业务结构。担保类贷款占比26%，比上年提升4%；抵押类贷款占比65%；信用类贷款占比1%。三是拓宽获客渠道。深化与政府、担保公司、保险公司、产业园区平台合作，实现业务平台批量开发。

4. 资金资管调整转型。面对“强监管、严处罚”的市场环境，资金资管业务按照“回归本源、化解风险、规范管理”的总基调，持续调整业务结构，推动业务转型。金融同业板块业务收入3.19亿元，收入占总收入比重10%，资产规模321亿元，托管运营规模2575亿元。

三、渠道建设

1. 网络金融优先发展。电子支付收入 11.7 亿元，比上年增长 103%。手机银行注册客户净增 8.1 万户，比上年多增 2.5 万户，激活客户净增 9.3 万户，比上年多增 2.7 万户。客户渗透率 69.3%，排名系统第一；电子银行交易替代率 98.07%，排名系统第一。完善微信银行平台功能，粉丝突破百万人；面向 C 端客户建设推广“邮惠生活”APP。

2. 自助渠道建设。撤并 65 个自营离行网点，自助银行更新 20 台 ATM，建设运营 40 个 ATM 连锁便利网点，试点推广 15 台 ITM、3 台 STM（现金出纳机），改造 ATM 设备 109 台。

3. 实体网点布局。有序落实网点三年规划，完成新址租赁网点 5 家，完成改造立项网点 6 家；利用腾讯大数据优势分析网点周边潜在客群，助力网点功能定位优化。实施四季主题及节假日网点软装，创建银行业星级网点。

四、风险合规管理

1. 开展防范化解金融风险系列工作。制订实施分行《打好防范化解重大风险攻坚战三年规划》，分类部署、有序推进；深入开展市场乱象整治工作；针对同业违规担保、同业理财销售、飞单、代销费等问题开展同业及理财业务排查；开展信贷资产质量真实性检查。

2. 开展制度与流程大讨论活动，打造知规懂规守规的合规氛围。

3. 实施员工行为“高压线”管理，加大问责处罚力度。

五、党建工作

1. 扎实推进巡视整改。围绕巡视反馈问题建立整改清单，认真对照检查，上下联动推动整改落实。

2. 深入开展政治理论学习。通过党委会、党委中心组理论学习、“三会一课”、专题培训等形式深入学习贯彻习近平新时代中国特色社会主义思想和党的十九大精神，第一时间传达学习习近平总书记重要讲话、中央重要会议和文件精神，营造浓厚的政治理论学习氛围。

3. 突出政治纪律和规矩。加强员工思想政治教育，开展党员亮身份、党员承诺践诺活动、强化员工日常行为管理，引导全行员工进一步增强“四个意识”、树立“四个自信”、做到“两个拥护”。（邮储银行 / 提供）

【广东省寄递事业部】

一、从严治党

通过深入开展党的思想建设、不断完善组织建设、持续加强作风建设，并扎实开展廉洁风险防控工作、切实抓好中央巡视整改工作、开展多形式的检查督导，提高广大党员领导干部政治素养和思想理论水平，巡视整改突出问题得到解决，明晰廉洁风险防控责任和初步建立风险防控体系，从严治党取得新成效。

二、业务发展

寄递翼累计业务量 8.6 亿件，增长 2.9%；收入 131.7 亿元，增长 7.3%。业务收入比上年增速在全国规模前十的大省中排第 5 位。

1. 开展重点业务市场阻击战营销战役活动。国内标快业务止跌回升，业务收入 18.8 亿元，比上年增长 13.3%。

2. 多措并举提升快递包裹经济效益。量收增幅差值为 14%，优于去年 24%，优于全国平均水平 5%，业务收入 13.6 亿元，增长 9%。

3. 国际业务。受到外贸复杂形势和内部调价等政策因素影响，但总体保持平稳，业务收入 87.1 亿元，增长 5%（量收口径）。

4. 重点推进 B2B 集配模式的发展。促成物流 + 电商整合营销，加快物流业务转型升级，业务收入 4.6 亿元，增长 43.8%。

特别是政务业务领跑全国取得突破性发展，收入 7.36 亿，比上年增长 32%，其中车驾管项目、出入境项目、法院专递项目分别超过 1 亿元，全国仅有。6 月，广东省政府办公厅正式复函将广东邮政速递“智慧物流”融入广东“数字政府”建设中，确立邮政 EMS 在“互联网 + 政务”服务中唯一的寄递地位。

三、网络整合

1. 局部调整处理中心功能定位，提升省内网生产效率。

2. 分类整合地市内部处理场地。21 个地市市、县处理中心按集团要求完成整合，可节省场地租金、外包人员等相关费用约 524 万元。

3. 优化整合各级邮路。19 个地市邮路整合达到集团要求，整合各级邮路 266 条，其中撤销 200 条，可节省运输成本约 2087 万元。

4. 推进揽投网点整合。21 个地市全面启动揽投部整合试点，其中 240 个揽投点整合完毕。

四、运营能力

1. 网络能力。局部调整省内网功能，优化邮航核心资源优势，灵活配置国际邮件发运渠道，提升国际网时限。

2. 运营质量。质量稳步提升，平均 89.3 分，11 月 93.9 分，排名全国第一组第 1 名，排名全国第 2 名。

3. 服务能力。工单升级率、一次解决率以及申诉率等重点指标持续领先。

五、职能管理

1. 强化对标管理。高度重视对标工作，把对标作为一种科学有效的管理手段，自觉运用到工作实践中，对比标杆找差距找问题，向标杆对象借智、借道、借力。

2. 优化会议制度。通过优化总经理办公会议汇报制度、扩大月度经营分析会参会人员范围、建立每月预算分析会制度，改进工作作风，增强全体人员关注企业发展的意识，营造“上下同欲，左右齐心”工作氛围。

3. 强化财务管理。推进两级核算管理，加强月度预算管控。严格实施资金欠费考核机制，用户欠费率从年初10.6%下降到10.29%，在全国各省中排名第二，在第一组省份中排名第一。通过完善“支付平台”资金清分清算功能，全面推进无现金收款，加强资金可控性，加快资金回笼速度。

4. 推进人力资源工作。加强人工成本预算管理，强化工资性薪酬考核分配对经营发展的导向作用，发挥正向激励对质量、品控工作的促进作用。

5. 履行审计监督职能。35个单位自查实现全覆盖。

6. 安全生产管理和风险防控。开展安全检查9次，整改安全隐患66处。800余人次参加消防、交通、邮件等方面的安全培训。严格资费稽核工作，严防经营中的“跑冒滴漏”。

六、创新驱动

1.“众创众享工程”深入推进。按照“先试点，后铺开”的思路，推动“两个全面”实施，做到所有地市、经营单元全面覆盖，纵深推进“众创众享工程”。广东“众创众享工程”经营单元业务收入71.8亿元，比上年增长11.6%。

2.“创业计划”+终端代办点拓展工作加快推进。打造“自有为主、多样辅助、确保服务、支撑发展”的揽投平台，通过做好模型引导，分享推广成功经验，实现终端渠道拓展新突破。开发12个创业计划点，承包48个道段，雇员人数60名。月均投递10.6万件，月均揽收3万件，月均业务收入22万元。

3. 发挥集团双创平台作用。将创新与生产经营工作紧密结合，通过建设智能揽投平台、试点开办“速包包”业务、打造全新校园服务模式、探索商厦楼宇服务新模式，助力业务发展和品质管控。

4. 电子渠道应用高速发展。电子渠道中心平台粉丝突破543万，净增199万；销售额2.74亿元，比上年增长45%。极速鲜商城促消费升级，下沉乡村助农，全年完成销售额1985万元，比上年增长268%。

七、和谐企业建设

1. 启动“暖心”工程，把企业的温情送达每位员工。

2. 完成职代会换届，确保员工参政议政的权利。

3. 推进“建家”活动。建成职工小家（揽投员之家）371个，覆盖全省各县级以上网点。

4. 弘扬正气树立先进典型，形成“学先进、当劳模、争上游”的良好企业氛围。

5. 坚持做好群团工作。（广东省寄递事业部/提供）

【中邮保险广东省分公司】

一、经营工作

总保费收入44.27亿元，完成总部序时目标进度110.59%。其中，新单期交保费17.27亿元，比上年增长77.31%，规模位列全国第三；长期期交保费2.91亿元，比上年增长278.92%，提前一个季度完成全年任务，累计达成总部目标的122%，位列全国第三。首年开展兼业团险业务，外部团险156.4万元，兼业108.2万元，直销48.2万元，外部团险保费规模全国第二。简易险保费2290.6万元，达成率127.3%，全国排名第二。

1. 渠道经营。促进邮银保三方达成发展共识，通过关键节点会议推动、月度督导通报以及领导签发文件等方式，明确发展目标和要求。同时，分渠道施策，确保全年任务目标达成。

2. 渠道支撑。创新打造期交“黄金2—3—5”支撑模式（2天市县层面启动会，3天网点走访储备客户，5天集中出单达目标）和长期期交“密集联动网沙”支撑模式，创造多地中邮保险业绩发展纪录，支撑队伍能力获地市高度认可。

3. 营销模式。创新性打造“网点O2O营销新模式”，并推动两轮试点，覆盖全省20个地市，为网点积累4.2万名客户信息。

4. 渠道能力。开展四季度中邮保险“鹏程计划”系列营销实战培训项目，覆盖全省1000余名网点支局长、理财经理等，着力提升一线营销人员专业能力。

二、运营水平

运营服务工作整体保持良好状态，所有指标全面达成，为转型发展提供了强有力保障。理赔申请支付时效（1.52天）、理赔出险支付时效（56.94天）、团险理赔10日结案率（99.73%）、协议业务处理时效（0.4天）等指标均位于全国前三。新契约回访成功率96.3%，亿元保费投诉率0.069件/亿元，处于行业良好水平。续期实收保费14.66亿元，提前一个季度完成总部续期保费任务，13个月保费继续率94.46%，比上年升约3%，25个月保费继续率97.20%，宽末综合达成率97.66%。

1. 运营能力。首年满期给付业务取得0满期群体性事件、0满期投诉案件、0异常满期业务、0使用总部满期备用金的全国领先成绩。扎实稳健推进“自营+代管”模式深化工作，走在全国前列。

2. 客服水平。开展微信公众号二期建设，上线电子保单和电子发票等功能，减少纸张消耗，践行“绿色邮政”发展理念，进一步提升客户体验。

3. 队伍能力。举办第一届广东邮政中邮保险销售技能、运营技能大赛暨专业技能提升培训，创新打造线上培训新模式，参训率达128%，获得总部和省邮政分公司一致好评，并在全国范围内推广使用。另外，在第三届全国运营技能大赛上，取得了团体二等奖、三项个人一等奖和一项个人三等奖的优异成绩。

三、风控合规管理

1. 重点风险防控。开展13大类主要风险点防范排查工作，形成了一套科学、有效、切实可行的检查方法，该项工作获得总部表扬。同时，建立风险合规联席会机制，召开联席会议10次，通报问题71项，有效建立问题整改长效机制。

2. 合规管控。组织开展治乱打非、市场乱象整治、防范非法集资、扫黄打非、销售误导“亮剑行动”等专项排查工作，并按要求完成排查、整改等工作。积极开展合规检查，全年累计对11个地市、31个县区、100个营业网点机构开展了合规现场检查，下发风险提示函4次，问题整改单2次，加强关键风险监测与管控。

3. 三方协同。参加全省邮银资金安全联席会议，充分发挥三方合规联动管控机制，联合省邮政分公司组织2次对3个地市、5个县区中邮保险局及7个网点的合规现场检查，并于11月启动全省“亮剑行动”。

4. 审计监督有效发挥。审计发现问题19个，督促整改落实19个，整改完成率100%，审计基础工作评分位列全国首位。

四、企业管理

《基于五层次管理架构的廉洁风险防控量化管理提升》荣获第二十八届广东省企业管理现代化创新成果一等奖。首次申报广东省保险学会课题，获得专项研究资金支持，课题荣获全省三等奖。

1. 深化目标管控。建立三级目标管控体系，形成动态指标分析预警管控模式，有效确保经营责任制考核成绩名列前茅。

2. 财务管控。公开招标率76%，比上年提升23%。完善财务预算滚动管控机制，达成总部预算管控目标。开展税务自查与清查工作，未发现分公司存在重大税务问题。

3. 人力资源管理。专业人才队伍进一步壮大，在册员工95人，其中引进优秀专业人才18名，通过选拔任用、系统内调入和人才引进等方式，新任干部5人次，调整干部5人次。同时，强化业务发展激励支撑，有力助推分公司的业绩达成。开展13项关键工作，切实发挥关键工作对经营发展的引领作用。

4. 信息技术。深化“互联网＋新国企”发展理念，打造“网点O2O营销新模式”支撑平台，为中邮保险实现精准营销，迈出坚实一步。建设技能竞赛培训系统，并在全国推广使用。

5. 办公环境大幅改善。建设绿色环保、便捷高效的新职场，并于12月正式投入使用，极大改善员工办公条件。

6. “绿色邮政”扎实推进。成立绿色邮政行动领导小组，协同参与省绿色金融项目。邮银渠道在线出单率89.28%，人均办公用纸比上年下降10.05%。

7. 安全生产护航公司发展。“平安邮政”获优秀评级，“平安金融”获良好评级。

五、全面从严治党

以习近平总书记系列重要讲话精神为指导，深入贯彻落实中央、集团、总部对于国有企业改革和党建、监察工作的新部署、新要求，强化国企责任担当，在分公司形成了“风清气正、求真务实、敢于担当”的良好氛围，为分公司持续健康发展提供有力保障。在集团公司“双百示范点”评选活动中，分公司被评为“邮政系统企业文化建设示范单位”和“邮政系统基层党组织建设示范单位”。

1. 党的建设进一步深化。深入落实“全面从严治党”主体责任，积极推进基层党组织建设，组织开展“大学习、大讨论、大落实”活动。

2. 巡视整改工作有力推进。认真研究制定巡视整改方案，制定整改任务19项、整改措施40条，制定完善相关制度、方案等13个，形成了巡视整改常态化、长效化机制。

3. 党风廉政建设不断深入。坚决落实中央八项规定精神，严肃执纪问责，开展常态化监督检查，着力推进廉洁风险防控工作，紧盯关键少数和重点事项，总结经验和做法，探索创新廉洁风险防控体系。

4. 建设企业文化示范点，不断加强党的群团工作。

5. 打好精准扶贫攻坚战。研究部署分公司2018—2020年扶贫工作规划，加大精准扶贫力度，向梅州市五华县水寨、周江、郭田镇建档立卡贫困户赠送人身保险，捐赠保费超过22万元。（中邮保险／提供）

【中邮证券深圳市分公司】 业务收入391万元，其中经纪业务259万元、资管70.4万元、投行60.4万元。新增开户1657户，现有客户18338户，有效户3223户，占比17.6%，客户资产总额（含两融）3.43亿，融资余额1000万左右。

一、党建纪检工作

坚决做到“两个维护”，保证中央方针政策和决策部署得到贯彻落实。贯彻落实新发展理念，对深圳证券市场进行对标，研究发展业务的对策。坚持“三重一大”决策制度，严格执行民主集中制讨论和决定分公司重大事项。召开2次专题会议研究部署分公司党建和纪检工作。

二、板块协同发展

借助集团公司板块协同政策，与深圳市邮政分公司、邮储深圳市分行建立板块业务协同工作小组，并设定新增有效户的发展目标，每周定时通报业务进展情况，加强与邮政各板块的沟通和互动。通过板块协同，以产品销售为主要抓手，新增有效户1091户。

三、融资融券业务

办理两融征信 14 户，开通融资客户 10 户，其中新开客户融资 129.7 万。主要是通过不断地走访，增强与深圳本地私募机构的接触，利用资金成本的差异化优势，在行业内发出声音，寻求合作的机会。

四、客户服务

针对有效户、高净值客户，采取按客户资产规模、交易量分级建群的方式，提升重点客户的咨询服务。完成对 A、B、C 三类客户 1500 余人次的回访，成功 645 人。（中邮证券 / 提供）

广西壮族自治区

【广西邮政分公司】 全区业务收入 43.6 亿元（不含速递账），完成集团预算目标的 106.5%，预算完成进度位居全国同行第 1 位；业务总收入比上年增长 13.8%，位居全国同行第 2 位，收入规模位居全国同行第 18 位，比 2017 年上升一位。有效业务收入比上年增长 5.4%，完成经营利润预算目标的 105.8%。

一、业务发展

1. 金融翼。按集团口径，全区代理金融业务收入 25.39 亿元（含保险收入），占总收入 58.2%，完成集团预算的 103.48%，排全国第 6 位。新增日均余额 86.6 亿元，在 2017—2018 跨年度专项营销活动中，被评为全国“十强省份”。电子支付业务新增收入 3890 万元，占代理金融业务新增收入的 26.78%，成为弥补收入的重要板块。代理保险业务累计实现保费规模 43.42 亿元，手续费收入 2.32 亿元，比上年增长 25.4%，增幅排全国第 6 位。总保费区内银保渠道占比 64.1%，比上年提升 15%，市占率保持行业第 1 位。

广西邮政分公司揽投员在果农自营店收寄邮件。

2. 寄递翼。速递物流业务收入 12.19 亿元，比上年增长 30%，其中邮政账收入 5.78 亿元，比上年增长 55.7%。市场占有率 19.8%，高于全国平均水平 7%。全面深化与公检法单位和 ETC、小米、平安公司等的合作，政务业务收入突破亿元。南宁、凭祥国际业务“双渠道”作用逐步发挥，国际业务规模突破 2 亿元。

3. 集邮与文化传媒业务。函件传媒业务收入 1.49 亿元，比上年增长 20.2%，增幅排全国第 2 位。新媒体广告业务全年业务收入 1052 万元。报刊发行业务稳健发展，业务收入 1.99 亿元，比上年增长 1.76%。2019 年报刊大收订流转额 5.15 亿元，比上年增长 4%。集邮专业保持较快发展，业务收入 1.68 亿元，比上年增长 10.8%，增幅排全国第 1 位。自治区成立 60 周年项目业务收入突破千万元。

4. 电商分销业务。销售收入 3.77 亿元，比上年增长 21.28%，收入规模排全国第 7 位。线上平台销售额 4303 万元，完成计划目标的 143%。打造百色杧果和贵港富硒百香果两个千万级农产品项目。

5. 增值业务。代征税业务征税额 7.38 亿元，比上年增长 81%，业务收入 3266 万元；简易险业务收入 1769 万元，收入规模排全国第 5 位。

6. 鑫达公司。业务收入 3.25 亿元，比上年增长 22%，超额完成利润目标。押运业务总部项目和县域市场开发齐头并进。资金归集业务新开发客户 39 个。管库清分工作各项指标优于 2017 年水平。集中配钞设备占离行设备总数的 78%。

二、企业管理

1. 深化内部模拟市场化绩效考核机制。营销中心尝试项目竞标模式，推动项目创新、业务上量。数据中心按“结算单价 + 效益提成”的方式对项目进行模拟结算，并实行多劳多得的薪酬奖励机制。尝试将线上平台非核心业务外包，微商城累计销售额比上年增长 2.5 倍。11185 客服中心通过有偿使用客服业务，效益有所提升，超额利润 16.9 万元。启动软件开发中心模拟市场化运作。

2. 基层发展能力。下放报销报账审批权限、归口管理成本费用权限、四类业务库安防审批权限、邮路组织权限、投递平台经营权限、常规分销产品引进权限、B 类合同用工自主招聘权限等，让基层在应对竞争时更能灵活应战。管、服与放同步，在权限下放同时确保经营风险可控、支撑服务得到强化。

3. 财务精细化管理。推进重心前移和支撑延伸，引领和服务企业经营发展。建立健全经营考核和对标体系，注重动态跟踪，确保全年利润目标的完成。通过能力建设集中投入和重点成本归口管理，满足急需领域的资源配置要求。深化资金精细化管理，用户欠费大幅下降。克服困难，按时按质按量完成“三供一业”分离移交工作中的协议签订、预拨资金申请等阶段性工作。

4. 人力资源管理。从业人员年人均收入比上年提高6.35%，调增基本工资和津贴补贴，增强员工获得感。加大干部交流力度，干部培养选拔更注重基层工作经历。代理金融网点负责人、综合柜员岗位合规任职100%。建立代理金融督训师队伍。实施网点专项考核。初步建立分层、分级全岗位系统化的员工培训体系。

5. 安全工作。连续6年实现无重大、特大责任事故、案件发生。对6个市分公司开展安全巡察，首次启动市对县的安全巡察。先后出台消防安全、道路交通安全、邮件安全等规范化工作指导意见，完成316个代理金融营业场所安全管理标准化建设。

6. 审计工作。审计项目957项，其中工程审计906项，覆盖面100%，审减率7.95%。提出审计建议并被采纳21条。创新开展协议存款、集中采购、房屋租赁、教育培训等专项审计，配合做好寄递事业部专项审计，完成农村电商扶贫专项审计。

三、能力建设

1. 邮政寄递网络。有序推进邮速网络资源和网络组织整合工作。紧密衔接干线网络，建立24个省会城市直达运输邮路，省际出口邮件时限普遍缩短5至8小时。启动5个市级邮件处理中心、3个县级区域集散中心的建设。

2. 固定资产投资。固定资产投资1.8亿元，比上年增长14%。推进邮政农村电商一体化运营项目。购置南宁新邮件处理中心土地近200亩。

3. 信息技术。信息网运行维护质量排全国第3位。实施新一代寄递平台功能上线、CRM项目功能上线等19项集团公司统建项目，推进区内电子地图、积分兑换等15个自主研发项目，完成邮码头PC商城、跨境电商综合服务平台等15个区内重点工程项目。自主维护金融设备1448台，技术完好率高于全国及全区邮政平均水平，自主维保较外包方式节约成本22%。

4. 大数据应用。初步建成区内数据整合平台。实现邮务、金融多个专业系统数据和互联网数据的自动采集。数据提取144次，完成数据分析报告6份，推进效益型数据应用项目7个、管理型数据应用项目26个，有力支撑了企业经营管理。

5. 重点渠道（平台）建设。金融渠道建设：离行服务点运营效能持续提升，新增月日均余额14.27亿元。手机银行新增激活客户数88.1万户；电子渠道替代率95.1%，排全国第2位；拓展云闪付用户35.66万户；移动惠民支付商圈突破200个，“邮＋讲堂”示范点、邮惠购示范点完成建设目标，邮帮手客户信息建档1070万户。投递平台建设：加快农村投递网络建设，推行“私车公助”，逐步实现农村投递配送汽车化。建成邮件自提点15000多处，“双11”期间，140万件包裹通过自提网络代投，比上年增长180%，有效缓解末端投递压力。综合服务平台建设：新建成邮乐购站点2209个，建成户外大牌14块。跨级关注网络终端的运营模式和关键人培养，召开首届全区邮掌柜大会、首届全区支局长会议。各级邮政单位获得集团公司及政府部门农村电商补贴资金3000多万元。国际业务渠道建设：恢复设立凭祥国际邮件互换局，新增广西至欧美等33个互换局的出口函件总包直封关系，初步搭建具有成本优势的中越、中马、中台以及面向主要发达国家的3C带电物流专线。与马来西亚国际贸易与工业部建立了常态化沟通合作机制。深度参与中国（南宁）跨境电子商务综合试验区建设运营。电子地图工程：明确经营、管理、支撑、提升客户体验、大数据应用五个方面的搭建方向，目前电子地图工程一期43项生产、经营功能已通过集团公司中邮快递APP实现，14项管理、支撑功能已进入开发实施阶段。终端战略工程：确立构建“一云三网六平台”生态圈，制定终端战略工程整体框架和实施计划。微营销工程：实现对部分市分公司微信平台宣传资源的整合管控。积分兑换平台：完成积分系统二期开发及相关应用的需求开发，对“积分优惠购”新兑换模式进行了探索。

四、全面从严治党

巡视问题整改取得阶段性成效，构建巡视整改常态化、长效化机制。坚持做好十九届中央巡视集团公司党组反馈问题整改工作，明确60项整改任务和60项整改举措，基本完成整改任务。

1. 企业党的建设全面加强。建立“三个第一时间”学习机制，扎实开展“大学习、大讨论、大落实”活动，在“学懂弄通做实”上取得实效。实现全区党建考核全覆盖，市分公司党委独立设置党务工作部门全覆盖。3个单位荣获“邮政系统基层党组织建设示范单位”称号，创建12个区级“基层党组织示范点”。2015—2018年度“桂邮党旗红”主题实践活动取得良好阶段性成效。

2. 纪检监察工作。加大党风廉政建设考核权重。重点围绕维修改造、物资采购、资产租赁、干部任免、执纪审查等重点管理事项扎实开展廉洁风险防控。完成4个直属单位及2个市分公司巡察。加强扶贫工作履职不力的监督通报。持续加强节假日期间违规违纪、异地交流领导人员“两费”等方面的监督检查。建立了领导干部廉洁“活页夹”。对营销费、包裹快递业务欠费、分销业务库存及欠费开展了效能监察。

五、和谐企业建设

5个单位获“广西工人先锋号”，3人获“广西五一劳动奖章”，2个支局所获“全国邮政系统模范职工小家”，1个营业所获“全国模范职工小家”荣誉称号。持续开展为职工办实事工作，慰问困难职工200人、劳动模范65

人、班组集体 797 个，发放慰问金 730 万元；帮扶困难职工 877 名，发放帮扶资金近 170 万元；对全区 20 名困难女职工进行专项帮扶，资助 55 名困难职工子女上学。试点开展职工心理健康测评，关心职工身心健康。举办全区邮政员工乒乓球比赛、摄影采风活动。（广西邮政分公司 贾礼文 / 提供）

【邮储银行广西分行】 邮储银行广西分行下辖 14 个二级分行、1 个直属营业部、45 个一级支行；辖内营业网点 957 个，其中银行自营 252 个、代理网点 705 个，乡镇网点 780 个，占比 81.5%。员工 4990 人，平均年龄 36 岁，其中本科及以上学历员工 3358 人、占比 67.29%，销售类人员占比 30.09%。

一、经营概况

总资产 1934 亿元，比上年增长 8.2%。实现收入 32.43 亿元，比上年增长 19.79%；利润 11.71 亿元，比上年增长 76.23%。各项存款余额 1829 亿元，比上年增长 6.3%；各项贷款余额 801 亿元，比上年增长 27.9%。不良贷款率 0.98%，拨备覆盖率 227.57%，比上年增长 18.43%。

二、业务发展

1. 个人银行业务。个人客户 2244 万户（有效客户数 1615 万），其中个人 VIP 客户 55.52 万户。个人存贷款业务方面，个人储蓄存款余额 1704.27 元，比上年末增长 102.78 亿元，增幅 6.42%，其中活期存款 965.63 亿元，活期存款占比 56.66%，市场占有率 11.15%。个人贷款余额 381.98 亿元，比上年末增长 61.86 亿元，增幅 19.32%，市场占有率 3.67%。

三农金融业务方面，涉农贷款余额 202.11 亿元，占各项贷款总额的比重 25.23%，比上年末增长 27.19 亿元，增幅 15.54%。其中，涉农公司贷款余额 3.55 亿元，新增 3 亿元。金融精准扶贫贷款（含已脱贫人口贷款）结余 18.36 亿元，比上年末增长 14.44 亿元，增幅 369%。加强和改善农村金融服务，设立助农取款服务点 3016 个，全辖 957 个网点全部开通农民工银行卡特色服务，年办理农民工银行卡跨行交易笔数 23529 笔，交易金额 4296.12 万元。

银行卡业务方面，全行借记卡结存发卡量 2693.76 万张，比上年末增长 167.43 万张，比上年增长 6.7%。其中，绿卡存款余额 976.21 亿元，比上年末增长 59.92 亿元，增幅 6.6%。信用卡全新增发卡 30.16 万张，结存 76.44 万张，全辖交易金额 294.02 亿元，卡均交易金额 3.85 万元。

代收付业务 362.47 亿元，比上年增长 2.33%。代理开放式基金 31.68 亿元，比上年末增长 20.16 亿元，增幅 175.08%；代销国债 1.97 亿元；代理保险新单保费 46.69 亿元。全年销售个人人民币理财产品 314.79 亿元，比上年末增长 43.55 亿元，增幅 16.06%。ETC 发卡 17.5 万张，实现新增发卡量、服务覆盖能力及主管部门合作评价三项指标均排名区内同业第一。

2. 公司银行业务。公司存贷款业务方面，发放公司贷款 98.4 亿元，年末公司贷款余额 174.32 亿元，比上年末增长 27 亿元，增幅 18.2%。其中，民营企业贷款余额 70 亿元，比上年末增长 5.8 亿元，增幅 9%。公司存款余额 131.97 亿元，比上年末增长 5.9 亿元，增幅 4.68%。

小企业金融业务方面，2018 年发放小企业贷款 51.44 亿元，小企业贷款余额 59.32 亿元，比上年末增长 4.92 亿元，增幅 9.04%。“两增”口径小微企业贷款新增 11.82 亿元，贷款规模 123.08 亿元，列广西区内同业第 1 位（不含农信和村镇银行）。“人行”口径小微贷款余额 133.31 亿元。

国际结算与贸易融资业务方面，贸易融资（含国内外）资产余额 74.65 亿元，比上年增长 70%，保持零不良。其中，跨境贸易融资余额 9.8 亿元人民币，比上年末增长 8.8 亿元；国际结算业务（含本外币）完成 8.26 亿美元，其中边贸跨境人民币结算业务 33.19 亿元，系统内排名第一。

票据业务方面，办理票据转贴现买断业务 210.95 亿元，余额 107.49 亿元；办理票据转贴现卖断业务 111.75 亿元；办理质押式逆回购 48.40 亿元；办理质押式正回购 30.02 亿元；办理票据再贴现业务 1.54 亿元；办理票据直贴 14.39 亿元，年末直贴余额 8.82 亿元，比上年增长 146.23%；办理承兑业务 2.72 亿元，比上年增长 83%。

3. 资金业务。非信贷投资业务，全年新投放资产 80.42 亿元，其中标准化资产投资 63.21 亿元，占比 78.60%，非标资产投资 17.21 亿元，管理非信贷资产（不含票据）规模 201.70 亿元。理财业务，理财余额 116.73 亿元，比上年末新增 –1.1 亿元，其中个人理财产品余额 115.90 亿元，机构理财产品余额 0.83 亿元。投资银行业务，成功承销超短期融资券（SCP）金额 4 亿元，区分行首笔债券承销业务落地。托管业务，托管资产规模 325.74 亿元。贵金属业务，实物贵金属年销量 5228 万元，比上年增幅 97%。

三、渠道拓展

1. 网点建设。推动网点系统化转型，推进网点分类调整，加快网点作业组织和流程调整，压降台席 83 个，盘活柜员 108 人。推进引导厅堂营销、增设自助设备、低效网点整治等措施，网点点均收入 1056 万元、点均利润 640 万元，比 2017 年末分别提升 25.6%、25.8%。

2. 网络金融发展。构建互联网生态体系，建设手机银行二维码支付商圈 31 个；手机银行激活用户规模 147.44 万户，五类重点客群渗透率 39.18%，增幅 9.82%。

作为邮储银行首家试点分行成功上线O2O生活服务平台。以手机银行、快捷支付和云闪付APP为基石，多渠道构建线上线下支付生态圈，年电子支付交易6.44亿笔，交易金额2286.39亿元。

3. 自助设备布放。全辖布放ATM（含CRS）3664台、其他自助设备799台。其中，布放智能设备ITM 181台、STM 7台，完成17台刷脸取款设备试点改造。全年自助设备交易量1.98亿笔，交易金额1680亿元，交易替代率14.6%。

四、信息科技建设

1. 确保系统安全，处理生产系统运维事件单566个，完成系统版本升级变更133次；处理IT设备软、硬件问题1500余个。

2. 加强信息化建设，完成信贷工厂、双活灾备、流程开发管理平台、重点客户网络金融营销系统等34个信息化项目建设。

3. 强化数据分析，完成数据提取下发1457次，增幅48%，推广网点资金流向系统、网点效能分析系统、重点客户网络金融营销系统项目在全区应用落地。

五、强化风险管控

全方位精细化升级"行长主控、风险牵头、部门协作、分支联动"的全面风险管理机制，打造适应、引领、推动和保障业务发展的全面风险管理体系。在风险与内控委员会统领下，完善风险防范的制度机制、考核机制和人员机制，夯实基础管理。行长主控、风险牵头，部门协作，分支联动，实现前中后台三位一体风险风控体系。强化基层支行风险管理，探索试点"2+1"风险治理模式。邮银联合，主动作为，促进邮银风险管理有机统一。

六、党风廉政建设

全行深入学习领会习近平新时代中国特色社会主义思想和党的十九大精神，扎实推进中央巡视问题整改、"强基固本"工程、"两学一做"等工作，严守中央八项规定和实施细则精神，严防"四风"问题返潮，获得"2018年全国交通运输廉政文化建设优秀单位"。（邮储银行/提供）

【广西寄递事业部】 业务收入12.19亿元，比上年增长30%，其中邮政账收入5.78亿元，比上年增长55.7%；速递账收入6.57亿元，比上年增长16.4%（其中拼销10—12月收入1624.09万元）。市场占有率19.8%，高于全国平均水平7%。

一、业务规模

1. 政务业务。业务收入逾亿元，深入拓展政务市场，挖掘车驾管、法院项目潜力，转化出入境寄递业务模式，深化警邮合作，推进"互联网+政务服务"，抢占网上申领、线下寄递市场。加强开发商企客户，深挖传统行业客户需求，全面发力调换货、交通运输、房地产行业；推进"三进工程"，加大人员和政策支撑，做好重点市场拓展。不断深化生鲜市场，打造生鲜销售+寄递造包新模式，加强与政府开展扶贫项目合作。开展省际标快"大决战"和各类劳动竞赛活动。上线桂邮EMS寄件下单系统，深挖现金散户市场。

2. 快递包裹业务。业务收入4.18亿元，比上年增长53%。电商快包收入快速增长，成为拉动全区快递包裹业务发展的主要动力。农特产品寄递规模持续提升，打造杧果、百香果、螺蛳粉3个千万级大项目。通过租赁+盘活方式建成仓储配送中心超45个，仓配一体化项目规模得到提升。组开12条省际一干汽车单程冷链邮路及15条百色杧果定制线路，水果邮件运输能力大幅增强。

3. 国际业务。规模逾2亿元，南宁综保区跨境电商监管中心运营成效初显，在全国首创国际邮件、跨境电商、国际快件、保税备货"四体合一"的监管方式和业务模式；凭祥跨境电商监管中心打通沿边陆路通道。南宁、凭祥国际业务"双渠道"作用逐步发挥。新增广西至欧美等33个互换局的出口函件总包直封关系，初步构建具有成本优势的中越、中马、中台、3C带电等物流专线。与自治区政府、南宁市政府及越南邮政等达成重要合作，并得到自治区政府、市政府在政策和资金补贴上的大力支持。

4. 物流业务。业务收入1.44亿元，比上年增长24%。重点关注合同物流项目；积极参与政府及大型企业投标；加强开发亮点、热点市场。

二、作业组织能力

1. 网运支撑能力方面。陆续开通14条省际一干冷链汽车邮路。对全国24个省会城市建立直达运输网络，省际出口邮件时限进一步加快。下放邮路组开、停运、撤销权限，提高网络灵活性。下放投递体制改革权限和平台经营权利，促使网络由被动建设向主动经营转变。启动桂林、百色、北海、钦州、防城港等市级邮件处理中心场地以及融安、德保、荔浦等区域集散中心建设工作。

2. 投递能力方面。推进营揽投一体化队伍建设，实行片区网格化承包。加快农村投递网络优化升级改造，实现农村投递配送汽车化。加快投递网点改建扩建。推进自提网络建设。完成人工自提点15246个，新增2372个，完成目标的119%，农村自提率56.82%。包快邮件城区当日妥投率95.42%，比上年提高1.08%。进口及时妥投率87.56%，高于目标值（85%）2.56%，比2017年提升2.76%。

3. 信息技术方面。强化信息技术支撑，优化生产流程，提高作业效率。上线新一代寄递平台网运模块；在各级邮件处理中心推广应用分拣码分拣邮件。持续加大对政务、商企项目技术支撑的研发力度，加快研发嵌入客户业务流程的信息系统。

三、服务品质

原速递 5 项客服重点质效指标中 4 项均优于速递物流总部考核标准，其中投诉率万分之 4.26，申诉率百万分之 2.34，理赔及时率 98%，问题邮件及时解决率 91.23%；原邮政申诉率为百万分之 0.9，理赔及时率 97%，均优于集团公司考核标准；4 项跟单重点质效指标中均优于速递物流总部考核标准，智能跟单邮件异常发生率 6.9%，及时有效处理率 88.4%，普通跟单内部调度率 6.4%，当班解决率 60.3%。开展全面提升平信报刊投递服务质量“三大歼灭战”活动，有效提高投递普遍服务水平。

四、效益管控

贯彻落实集团公司寄递事业部改革要求，全面梳理财务核算规范。全面推行两级损益管理，深入对标末级核算单位。加快推广热敏面单，纸质面单月均请领量比上年减少 90 万份。加强资金资产管理，防控企业流动性资产风险。全区资金次日缴款率 99.98%。加强税务管控，业务规模增长的情况下企业税负与 2017 年基本持平。

五、人力资源配置

继续严控二、三线人员，提高一线人员比重，一、二、三线人员（原速递部分）比例分别为 72.7%、20.2%、7.1%。2018 年全员劳产率为 23.78 万元（原速递部分），比上年提高 12.75%。（广西寄递事业部 / 提供）

海 南 省

【海南省邮政分公司】

一、经营发展

营业总收入 111385 万元，比上年增长 5.51%，完成集团公司下达预算的 100.12%，在全国邮政排名 14 位。利润 –2605 万元，完成全年预算的 111.47%，节支 338 万元。劳动生产率 25.94 万元，比上年增长 5.75%。

1. 金融业务。代理金融业务突出余额核心地位，加快提升网点综合竞争力，加强电子渠道建设，收入 78699 万元，比上年增长 4.42%。

2. 寄递业务。通过拓展省内市场、深入拓展微商电商市场、助力精准扶贫，采取措施降本增效等，快递包裹业务收入 11666 万元，比上年增长 26.83%；邮政寄递业务收入 17036 万元，比上年增长 11.02%。邮政寄递业务市场占有率 10.74%，比上年提升 5.65%。

3. 电商分销。加快渠道建设步伐，持续推进营销活动，推进农产品进城，分销业务收入 2837 万元，比上年增长 93.97%，完成全年预算目标的 141.85%。增值业务收入 1711 万元，完成全年预算目标的 100.63%。

4. 基础性业务。抓热点，抓时政，抓创新，促进基础性业务发展，函件收入 1733 万元，集邮收入 3020 万元，报刊发行收入 6961 万元。

5. 强化协同发展。加大板块协同、产品协同、项目协同和客户协同力度，发挥整体竞争优势，力求实现整体利益最大化。

二、服务水平

1. 普遍服务和特殊服务。严格落实普遍服务标准，邮件报刊寄递安全和寄递时限基本达标，建制村通邮率、全省所有县级城市及乡镇政府所在地的党报党刊当日见报率 100%，确保邮政机要通信工作万无一失。

2. 服务质量。通过视察综合检查和质量提升专项活动相结合，强化服务质量环节管控。9 月起，投诉申诉压降出现明显成效，用户满意度比上年提升近 6%。

3. 服务能力。新增处理场地 3378 平方米、投递场地 1500 平方米，设置包裹自提点 570 个、智能包裹柜 635 个。整合航空邮件处理中心和陆运邮件处理中心资源，实施技术改造，优化生产作业流程，邮件处理能力提升 30%。

三、履行央企责任

1. 着力打好三大攻坚战。在主动防范化解重大风险方面，一是强化金融风险防控，开展“平安邮政”建设，实现“无案件、无重大风险事件、无重大违规违纪行为”的目标。在助力精准脱贫方面，统筹推进定点扶贫、电商扶贫，助力消费扶贫。省分公司定点扶贫村临高县皇桐镇美香村公示整村脱贫。在污染防治工作方面，推广绿色包装，推行无纸化交接和二维码揽收，提高电子面单使用率。

2. 探索服务海南自贸区（港）建设措施。提出服务海南自贸区（港）建设的总体方案，在集团公司的大力支持下，与中邮资产公司共同开发建设中国邮政跨境电商科创中心。

四、改革工作

1. 寄递翼改革。平稳有序完成省级及以下寄递事业部机构、人员整合，全省邮速网络资源整合工作。

2. “三供一业”分离移交等。与海通服签订物业移交项目协议，完成家属区物业项目和人员的移交。职工家属区“三供一业”分离移交工作完成 100%；集团公司督办的 8 家“僵尸企业”完成清理注销 6 家。

五、企业精细化管理水平

1. 财务管理坚持利润导向。一是深入推进零基预算管理，强化成本管控。业务材料用品费、租赁成本和公务费用非生产性开支分别比上年减少 751 万元、556 万元和 105 万元。二是强化资金集中管控，提高资金管控效率效益。三是强化资产盘活管理，确保资产保值增值。

2. 人力资源管理更加规范。坚持党管干部，公正选人用人，不断优化领导人员和干部队伍专业知识结构、能力结构、年龄结构。加强优秀年轻员工培养，组织第二届“优秀年轻员工”选拔。规范地市邮政企业党建和纪检监察机构设置。完成全省271个代理金融网点负责人任职资格的审核和聘任。

3. 网运管理聚焦提质增效。优化调整省内干线邮路的站序和运行计划，实施第一频次邮路和报纸专线邮路分开运输，提高了邮件输运时限和效益。

3月11日，中国邮政贺年有奖邮资封片卡开奖暨日常明信片开奖活动在海南省海口市举办。

4. 采购管理强化合法合规。修订采购管理办法，规范采购制度，纪检监察、审计部门参与集中采购项目。完成采购项目62个，预算金额15322.39万元，合同金额12500.44万元，节约资金2821.947万元，节约率18.42%。其中，公开招标率71.55%，集中采购率99.08%。

5. 重点项目建设。固定资产投资计划6561.91万元。海口邮件处理中心土建工程进入全面收尾阶段，生产主楼基本完工，启动工艺安装；琼海通信生产楼工程完成主体检测及验收；三亚红沙邮件处理中心工程、三亚月川农产品特殊功能仓储配送中心工程项目规划报建。

6. 科技创新。开发信息项目11个，节省研发投资55万元，支撑创收超621万元。自主研发的邮政面单打印系统将订单收寄速度提升5倍，比传统面单节省97.5%的成本。

六、党的建设

1. 深入学习。坚持把党的政治建设摆在首位，开展“我最喜爱的习总书记”一句话、党建知识应知应会闭卷考试、“大学习、大讨论、大落实”等活动，建立“三个第一时间”学习机制，在职党员参加十九大精神培训率100%，推动各级党组织和广大党员干部牢记以人民为中心的发展思想，树牢“四个意识”，增强“四个自信”，坚决做到“两个维护”。

2. 落实党建责任。省分公司党组书记、纪检组长分别与各单位书记、纪委书记（纪委组织）签订落实2018年度主体责任书和专责监督责任书。认真组织开展巡视整改工作，对照2018年中央巡视集团公司反馈问题制定整改清单并推进整改，49条整改事项完成47条，完成率96%。对万宁、临高分公司开展巡察。

3. 严格监督执纪问责。加强制度建设，紧盯“关键少数”，通过微信提醒、集体约谈等方式督促各级领导人员带头转变作风。深入推进廉洁风险防控工作，明确各部门、各岗位廉洁风险点，制定防控措施。

4. 强化意识形态工作。出台关于加强和改进海南邮政新闻舆论工作的指导意见，加强正面宣传报道，加强舆情管控，凝聚企业正能量。（海南省邮政分公司　韩冰/提供）

【邮储银行海南省分行】 邮储银行海南省分行设有海口、三亚2家二级分行，16家一级支行，全省350个邮政金融网点，其中80%的网点分布在县域和乡镇，实现对辖内县域的“全覆盖”，全行从业人员1677人。

一、经营概况

资产规模672.62亿元，比上年增幅5.01%。各项贷款余额236亿元，比上净增46亿元，增幅24.06%，信贷资产占总资产的34.03%。各项存款余额630亿元，比上净增17.33亿元。收入12.59亿元，完成总行下达预算目标的109.66%，超额完成1.11亿元；净利润3.78亿元，完成总行下达预算目标的108.58%。人均收入比上年增长10.97万元，人均利润比上年增幅4.23%，网均利润比上年增长34.69万元。不良贷款率0.44%，系统内排名第六，优于行业平均水平。

二、转型发展

1. 队伍建设。以“213”人才工程建设为抓手，提升队伍专业化水平。信贷员160人，理财经理76人、大堂经理78人，网点客户经理73人，公司队伍9人，合规专管员15人、风险专管员18人、网点合规经理115人，清收队伍20人。

2. 综合营销。打造“一个综合营销平台”，发挥绩效考核的引导作用，搭建全省“一个标准、统一排名”的积分考核平台，激发网点综合经营活力。网均创收1594万元，比上年增长280.21万元；网均创利478万元，比上年增长34.69万元。

3. “三项支撑”运营。一是资产质量支撑方面。人员预警—按周制定信贷龙虎榜，机构预警—按月通报机构风险限额执行情况，客户预警—省行安排人员直接参与现场催收，集中诉讼—对全省不良贷款诉讼实施集中管理全面提升资产质量。二是现金管理安全支撑方面。加强邮银协同，调整现金管理流程，网点现金全额清分，减少业务库二次清分工作量，集中建设海口、三亚、儋州、琼海4个区域现金管理中心。三是合规文化支撑方面。组建首支专职风险内控管理队伍。全行稽核差错率持续走低，系统内排名第4位。四是绩效考核。正向营销积分引导全员参与，负向违规积分发挥警戒作用。各项负向积分指标整体向好，人均负向积分持续走低，二级支行合规水平提升。全省二级支行网点成功营销发放各类贷款34.13亿元，全省80个二级支行初具综合营销平台雏形。

三、发展业绩

1. 负债业务。全口径个人储蓄存款规模530.18亿元，年增21.13亿元。其中，自营储蓄存款规模159.70亿元，年增4.02亿元；自营活期占比67%，居系统内第二。公司存款对公存款实现100亿元，实现收入1.91亿元，占总收入的15.24%。

2. 资产业务。分行信贷资产余额236亿元，增幅24.06%，信贷资产占总资产比重34.03%，比上年提高4.36%。三农金融方面，倾力支持乡村振兴，涉农贷款余额62.62亿元，新增6.8亿元；18家市县行均实现收入比上年正增长。推进信用村建设工作，构建邮储农村信用评价体系，评定“信用村”123个，实现全省县域全覆盖。小额贷款放款21.42亿元，比上年增长37.9%；个商贷款放款16.43亿元，比上年增长22.5%；消费信贷放款29.82亿元。小企业金融方面，完成总行净增计划和“两增两控”“减费让利”目标，普惠型小微贷款结余35.74亿元，净增6.99亿元，完成总行净增计划的175%；普惠型小微贷款利率比上年末下降95BP。贷款结余14.84亿元，比上年末增长3.04亿元，不良率0.03%，系统内排名第二。公司贷款53.64亿元，比上年增长26.58%；公司业务收入突破3亿元，增幅24.75%；公司信贷全年实现收入1.18亿元，增幅76.17%。先后与国家开发银行、海南银行、海南省股权交易中心签订战略合作协议，实现优势互补，助力海南自贸区（港）建设。

3. 中间业务。中间业务收入1.32亿元，中间收入占比10.51%，比上年增长3.96%。

四、风险防控

1. 化解重大风险事件，保持资产的安全。

2. 加强清收工作，完成总行下达核销计划的109%。组建专业清收队伍，处置移交后不良贷款清收2306万元，完成总行下达清收计划的136%。累计案件风险排查金额0.73亿元，银邮全员签订《合规承诺书》1933份，保持“零案件”态势。成立反洗钱集中处理中心和监测预警中心，加强诉讼和授权管理。

3. 完善风控激励约束机制，实施分行部门风险专管员、分支行合规专管员、网点派驻合规经理、负向积分考核等管理。

五、信息科技

系统运维稳定高效，安全运行竞赛考核列系统第一。完善绩效考核系统，进行新增公司业务认领功能、个金业务网点储蓄目标积分模块等11次升级；完成关系人信贷业务核查、信贷业务龙虎榜、信贷流程跟踪等系统的开发、测试及部署上线。大数据支撑服务发展，提供数据分析305批次。

六、党建党廉

1. 夯实党建基础。按照总行党委关于印发中央巡视反馈问题整改方案的通知要求，全面完成阶段性整改任务。扎实推进“两学一做”学习和“强基固本”常态化制度化建设工程。在市县分支行党支部下组建党小组27个，逐步推进党的建设向二级支行全覆盖；推行党建负向积分促进规范化建设。

2. 推进党风廉政建设。认真贯彻落实中央八项规定及实施细则精神，开展内部巡察工作，深化运用监督执纪“四种形态”，全年进行诫勉谈话1人、提醒谈话9人、纪委书记约谈39人次、批评教育12人次。

七、企业文化

关爱员工方面，为全行员工建立统一的重大疾病保险和意外伤害保险制度，实施“补充医疗保险”进一步缓解员工因重大疾病或意外伤害所承受的经济压力，增强员工的归属感。聚力发展方面，开展劳动竞赛14项，形成“工会搭台、业务唱戏”的劳动竞赛格局，促进重点业务的转型发展。开展“海南省分行十佳系列、先进集体、先进个人”评比表彰活动。三亚市分行、文昌市支行等市县行营运用房得到改善。荣获“第九届海南省优秀企业”“海南省企业100强”“海南省小微金融服务先进单位”称号。（邮储银行／提供）

【海南省寄递事业部】 寄递业务收入17036万元，比上年增幅11.02%。

一、寄递翼改革

深入贯彻集团公司深化寄递翼改革的总体部署和要求，结合实际，制定改革实施方案并组织推进实施。9月12日，成立海南省寄递事业部。海南省寄递事业部配备总经理1名、常务副总经理1名、副总经理3名；内设市场部、服务质量部、运营管理部3个经营与支撑部门和设立综合部（党委办公室、党委党建工作部、监察室）、计划财务部2个综合职能部门，下辖中国邮政集团公司海口邮区中心局1个直属单位。

二、扶贫工作

根据集团公司和省分公司的部署，以开展农产品电商业务作为精准扶贫工作抓手，全省联动开展“消费扶贫”扶贫产品寄递活动，开发水果寄递业务，加快农产品进城，助力农村经济发展，邮政揽投服务整体得到好评。

三、重点业务

1. 国内标快业务。开展对标工作，集中力量组织开展航空省际标快“大决战”，组织打好商务市场“反击战”和政务市场“攻坚战”，开办省内“当日递”“次日递”业务，针对海口和三亚两个经济市场较活跃的区域推出“高铁运邮当日递”业务，推广电子返单服务，大力拓展现费客户市场。速递物流海南省分公司国内标快业务收入1630万元，比上年增幅24.33%。

2. 电商业务。以农产品电商为重点，引导客户使用极速鲜寄递平台和极速鲜商城，开展“海南荔枝”总部级极速鲜项目的上线运作，开发跨境电商落地配项目，推广标准箱应用，拓展微商电商市场。电商业务收入1411万元。

3. 物流重点业务。以烟草项目的配送服务为重点，做好配送服务工作，并以农网配送和城市终端配送为突破口，拓宽合作项目的服务领域，在做好海口、琼海、儋州、三亚全省四大烟草分公司以及红塔卷烟厂的烟草配送服务基础上，开发昌江烟草农网配送。物流业务收入632万元。

四、运行管控

加大对运输车辆、终端处理PDA等设备的投入，扩大邮件处理场地，增加内部处理场地3031平方米。1月，增开海口至广州、深圳、武汉、长沙、重庆及成都6条快递包裹出口航空邮路；分步推进寄递翼改革后全省邮速网络资源整合，开展省际干线网、省内网以及全省各市县内部处理、投递等资源整合，进一步优化调整省内二干邮路计划。有序开展网运作业组织，完成“博鳌论坛年会”期间网运安全及服务工作，组织做好特殊用报的运递工作，组织做好新一代平台网运模块上线工作，组织做好春节、“双11”期间旺季生产工作。

五、客服工作

加强客户服务体系建设，加强对11183、11185人员及业务的全面整合，初步建立省、市县两级协调互动的客服机制；着力规范客服工作，做好售后服务工作，开展业务视察检查工作，各项服务质量指标逐步提升。

六、内部管控

强化企业内部经营管理工作，规范经营行为，搞活运营机制。深入开展盈利模式建设，启动处理中心向利润中心转型工作；推进落实零基预算，开展客户欠费清缴；组织开展省寄递事业部资产负债损益及财务收支真实性自查和审计工作。认真落实“双定”工作，加大人工成本管控力度，按照规定组织做好领导干部个人事项填报工作，开展人事档案整理；认真落实安全生产责任制，与各部门签订《安全生产责任书》，组织开展安全生产工作，强化对邮件安全的日常检查、管理和考核，突出抓好节假日和国家重要会议期间的安全生产工作，落实邮件收寄验视，落实实名制，严格执行邮件过机安检，确保了生产安全。

七、党建工作

把学习贯彻落实习近平新时代中国特色社会主义思想和党的十九大精神作为首要政治任务，牢固树立“四个意识”，坚定“四个自信”，坚决做到“两个维护”。坚持和加强党的全面领导，强化党建工作统领作用，制订党委理论中心组2018年学习计划，组织12次集体学习，并邀请专家开展专题辅导讲座，各部门领导岗位人员参加集团公司和省分公司举办十九大专题培训班和辅导会；开展十九大知识测试活动，开展宣传贯彻，在全公司内部兴起学习宣传贯彻党的十九大精神的热潮。与各支部签订全面从严治党主体责任书和监督责任书，印发速递物流海南省分公司党建工作要点和党的建设实施方案，开展党建工作专项检查，积极开展党性教育，规范党支部基础工作材料，积极开展主题党日活动；强化落实党建工作述职评议考核制度，认真履行监督责任，认真落实十九届中央第一轮巡视中国邮政集团公司各项工作，强化巡视整改工作落实；实施专项监督检查，开展对上级重大决策部署落实、“三重一大”制度执行、中央八项规定精神实施细则、全面从严治党“两个责任”执行等情况开展监督检查，动态跟踪党员廉洁自律情况，加强关键节点作风建设的提醒监督，防止“四风”问题反弹。

八、工会工作

深化企业民主管理，维护职工合法权益，开展“送温暖”“送清凉”等员工关爱活动，组织开展踏青、健步走、篮球友谊比赛等文体活动。（海南省寄递事业部 / 提供）

重庆市

【重庆市邮政分公司】 收入规模50.33亿元，规模排名晋升3位，列全国第13位；完成集团预算104%，列全国第3位，超全国平均预算进度5.35%；收入增幅11.48%，列全国第5位，超全国平均增幅5.93%；利润5.62亿元，列全国第5位；收入利润率11.17%，列全国第1位；总资产收益率和净资产收益率均列全国第2位；自有货币资金11.9亿元，比上年增加2.88亿元；劳动生产率35.27万元 / 人，列全国第3位，比上年增幅12.73%。无重大安全生产事故发生。

一、经营发展

1. 代理金融。新增余额198.34亿元，余额规模2212.58亿元，均列全国第10位；余额市场占有率14.4%，列全国第1位。新单保费规模115.7亿元，列全国第12位；期交保费25.87亿元，列全国第4位，比上年增幅 238.3%，列全国第 3 位。

2. 渠道平台业务。收入 4.94 亿元，比上年增幅 45.4%。其中，代理车险保费规模 3.07 亿元、收入 5198.11 万元，分列全国第 5 位、第 3 位；市场占有率 2.13%，列全国第 1 位。简易险保费规模 8721.49 万元、收入 2598.33 万元，分列全国第 4 位、第 3 位。农村电商批销业务交易额 3.53 亿元，进度列全国第 2 位。

3. 文化传媒业务。收入 4.49 亿元，完成目标进度 105.3%，列全国第 2 位。以主题营销为抓手，开展文化巡展、“集邮与少年”等主题集邮文化活动；《当代党员》《今日重庆》等一批优质期刊先后回归邮发；推进自有媒体建设，年投资回报率 37%。

4. 总部合作。新增总部项目 5 个，总部客户 30 个，收入 1.93 亿元（不含金融代理保险）。39 个区县 1324 个网点开办“双税双代”业务，代开代征收入 2979 万元，“票易达”寄递收入 525 万元。代收加油款收入 1866 万元，邮政车辆加油优惠 250 万元以上。提供“敬老卡”从申请到寄递的一体化服务，有效助推政府民生工程落地。10 个区县 59 个网点试点开展代办营业执照、资料寄递等服务，助力放管服改革。

二、精细管理

1. 重大改革。围绕“六合”要求（资源整合、人员融合、机制磨合、流程契合、协同配合、发展聚合），有力推进寄递翼改革，如期完成资源整合、机构设置、人员选配等工作，在全市逐级成立寄递事业部。有效推动“三供一业”分离移交，达到集团进度要求。进一步完善机构编制设置，增设区县分公司营销班组，增加城片区分公司视察检查人员编制，建立市级、片区两级预警稽核队伍，调整城片区党建纪检机构编制设置，设置中邮保险编制机构。

2. 财务管理。完善零基预算模型和成本费用标杆体系，合理安排各项成本支出 45.73 亿元。定期分析通报损益结果，助推业务结构调整。推进差异化考核及绩效闭环管控，切实发挥战略绩效考核的战略导向作用。资金、资产管控效益显著提升，上存集团资金利息比上年增加 320 万元；强化欠费联动管控和风险预警；资产信息化管理水平和制度建设进一步加强，房租收入比上年增长 13.22%。

重庆邮政第三邮件处理中心于 10 月 26 日投产运行。

3. 基础设施建设。投入能力建设资金 6.86 亿元；其中：固定资产投入 4.58 亿元，成本投入 2.28 亿元。实施网点装修改造 85 处，邮件处理及仓配中心建设改造 52 处，综合业务用房局部整修 31 处。农村电商渠道体系建设初见成效，累计建成区县运营中心 31 个、县级分拨仓 30 个、县下周转仓 45 个、邮乐购店中店 205 个、邮乐购店 11307 个；新增邮乐小店 6.78 万个，累计 13.85 万个；14 个区县分公司与政府签订农村电商合作协议，获得地方政府资金、仓储、车辆等方面的支持。投入 1000 万元用于经营分析等 10 个信息系统开发建设。

4. 服务质量管控能力。持续开展“情系万家　信达天下”专项活动。申诉处理满意率连续 31 个月 100%，保持全国第一。建立 VIP 客户快速响应机制，实现由“事后处理”向“事前防御、事中控制、事后反馈”的转变。新增无着包裹发生率十万分之 0.79，列全国第 5 位；无着包裹复活率 42.2%，列全国第 3 位。按照“先外后内、先赔后查”原则，使用赔偿基金 44.04 万元。

5. 人力资源配置。从严管控用工总量，连续两年保持零增长。持续规范用工管理。整改清理长病和内部退养，以及不符合企业用工管理规定人员 145 人；通过内部竞争、考评等方式，清退岗位胜任力低、转岗学习后仍不能胜任的人员 22 人。加强 7+N 业务外包服务商监管力度，37 个单位实施 118 个业务外包项目。

6. 薪酬分配激励机制。持续开展人工成本零基预算管理，有效体现经营发展贡献和地区差异，优化人工成本配置。完成全市各岗位人员基本工资和津贴调整工作。有效维护员工社会保障，支付社会保险费用 27391 万元、住房公积金 9685.32 万元。

三、和谐发展

1. 秉承央企责任担当，全力以赴打好“三大攻坚战”。全面防范重大风险：建立“横向到边，纵向到底”的安全压力传导机制，持续推动邮银安全深度合作，持续开展“乱象整治”“治乱打非”“排雷行动”“安全生产月”等专项活动，1471 个代理金融网点和邮件处理中心、揽投部视频监控全部联网接入集中监控系统，重庆邮银代表队勇夺全国邮政系统“安全伴我行”辩论赛冠军。助力精准扶贫：落实乡村振兴战略与扶贫攻坚工作统筹推进，大力推进电商扶贫，保质保量完成城口县鸡鸣乡双坪村定点扶贫任务。大力开展绿色邮政建设：着力塑造绿色品牌形象，大力传播绿色发展理念，积极推进绿色包装工程，快递包裹电子面单使用率 93.8%。

2. 干部员工队伍建设。选拔调整领导人员 36 人，培训领导人员 357 人次。举办各类培训 259 期，培训学员

80116 人次；邮政通信生产人员持证率 95% 以上，稳居全国前列。持续深入打造“6+2”业务发展能手队伍（合计 880 人）。

3. 和谐邮政企业。率先在中西部省市完成全市网点业务库集中监控并实现异地值守，将网点员工从传统的夜间现场值守中解放出来。深入开展集团公司“双创”和云创平台“金点子”推选工作，2 个金点子获选集团“金点子”项目；持续提升“双创”项目成果转化率，创新成果申报“一地一创新”达标率 100%，列全国第 1 位。加强先进典型选树，荣获全国邮政系统先进集体 3 个、先进个人 3 名。落实“双关心”工作，扎实开展两节送温暖、“职工小家”建设等 9 件好事实事项目，支出各项非货币性福利和其他福利 4215.7 万元。（重庆市邮政分公司 / 提供）

【邮储银行重庆市分行】 邮储银行重庆市分行设有一级部门 22 个，二级部门 10 个，下辖 1 个营运中心、1 个直属支行（市分行营业部）、7 个二级分行和 39 个一级支行，有员工 4048 人。全市邮政金融网点 1698 个，其中银行自营 227 个、代理网点 1471 个，是重庆市网点最多的金融机构之一。

一、经营概况

1. 质量效益。利润收入超预算目标，利润总额 11.40 亿元，系统内排名 18 位，比上年增长 25.60%；业务收入 30.89 亿元，系统内排名 19 位，比上年增长 6.10%。成本收入比 51.47%，比上年下降 0.49%，人均经济增加值比上年增长 39.62%。不良贷款额比上年减少 0.26 亿元，贷款不良率比上年减少 0.17%，降幅系统内排名第 2 位。

2. 业务规模。资产规模 2982 亿元，增长 282 亿元；各项存款余额 2841 亿元，增长 245 亿元，市场占有率比上年提高 0.25%；各项贷款余额 737.58 亿元，增长 94.57 亿元。

二、业务发展

1. 负债业务。自营存款 628 亿元，增长 46.23 亿元。其中储蓄存款 502 亿元，新增 34.68 亿元，比上年多增 17 亿元；公司存款 126 亿元，新增 11.55 亿元。

2. 资产业务。“三农”贷款结余（含个商贷款）104 亿元，净增 22.64 亿元，授信首笔涉农公司贷款业务。小企业贷款 36 亿元，增长 5.54 亿元。消费信贷 384 亿元，净增 39.22 亿元。公司资产业务 138.77 亿元，净增 5.18 亿元。同业融资新增 129 亿元、债券投资 21.1 亿元、资产证券化 45.82 亿元，票据转贴现余额 72.53 亿元，新增 21.56 亿元。

3. 中间业务。信用卡结存卡量 50.51 万张，新增发卡 14.35 万张，新增 11.62 万户；交易额 129 亿元，比上年增长 15.39%。代理基金销售 10.60 亿元，销售实物贵金属 1790 万元，期交保费 5492 万元。手机银行激活净增 21.3 万户，交易替代率 88.72%，比上年提升 2.06%；净增云闪付用户 25 万户，移动支付交易 165 万笔，比上年翻两番。托管运营规模 1570 亿元，新增纯托管 72 亿元。

三、党的建设

1. 巡视整改方面，贯彻中央巡视工作要求，扎实推进巡视整改工作，22 项整改任务、55 项整改措施，阶段性集中整改 100% 完成。

2. 主体责任方面，牢固树立“四个意识”，坚定“四个自信”，坚决做到“两个维护”，召开“肃清孙政才恶劣影响和薄熙来、王立军流毒”专题民主生活会，大力营造风清气正的良好政治生态。落实“三个第一时间”学习机制，开展“大学习、大讨论、大落实”活动，推进“强基固本”常态化制度化建设，开展“讲政治、重经营、强管理、促和谐”机关作风整顿。

3. 监督责任方面，对 2 个二级分行及 3 个一级支行实施内部巡察。深化廉洁风险防控工作，推行《党组织和党员领导干部记分管理办法》。

4. 群团工作方面，持续推进党的群团工作、企业文化和精神文明建设，开展“送温暖”和员工重病互助保障，发放慰问金 43.06 万元，对 9 名重病员工补助资金 10.91 万元。

四、社会责任

1. 助力精准脱贫，扶贫贷款余额 30.14 亿元，净增 9.43 亿元，增长 45.55%，高出各项贷款平均增速 30.84%。

2. 服务实体经济，实体经济贷款余额 638.95 亿元，净增 80.26 亿元。普惠型小微企业贷款余额 96.39 亿元，比上年增长 24.22 亿元。

3. 发展绿色金融，绿色信贷余额 4.28 亿元，比上年增长 1052.89%，重点投向水力发电、轨道交通、绿色贸易、绿色农业等领域。

五、风险管理

1. 健全全面风险管理体系，完善风险与内控委员会决策机制，搭建一分、二分、一支、网点四个层级的案件风险监测体系。

2. 市场乱象治理，市分行市场乱象整治领导小组和 9 个工作组切实履行组织、协调和督导职责，深入开展乱象整治工作，召开 3 次党委会、8 次专题工作会研究部署，开展现场督导检查 3 次、专项审计 1 次，对 20 余项业务进行排查。开展支付结算问题整改，排查商户 479.7 万户，整改率 99.96%。

3. 资产保全，清收不良贷款 3.84 亿元，比上年增长 20.44%，比上年多收 0.65 亿元。核销呆账贷款 2.83 亿元，压降不良率 0.38%。

六、案防合规管理

持续开展“走基层、促平安”系列活动，对 6 个二级分行及市分行9个部门负责人进行案防合规述职；对39个一级支行、114个网点开展一体化暨尽职检查，飞行检查56个网点。邮银联动开展“员工行为管理巩固年”等7项专项活动。加强消费者权益保护，规范投诉管理渠道和邮政金融“一区双录”工作，处置银行卡盗刷事件12起。完成专项审计项目21个，对8个二级分行开展内控评价。安保工作方面，投入改造资金982万元，实现自营网点高清视频监控全覆盖，建成78个安全管理标准化达标网点，成功防范外部风险事件5起。

七、综合管理

1. 创新发展模式。建立零售信贷联动发展负债和中间业务机制，建立交叉营销积分业绩管理系统，增强联动发展、综合营销能力。

2. 推进网点转型升级。8个低效自营网点全部扭亏，通过缩租、迁址、停业等方式减少网点租赁面积约1400平方米，节约租金141万元/年。开展网点柜面作业组织调整工作，压降营业台席95个，盘活柜员56人。增加网点硬件设施投入，CRS占比提升至65%，ITM智能设备实现网点全覆盖。

3. 强化授信评审管理。完成贷审会委员专职化，建立分行集授信管理部、三农金融事业部、零售信贷作业中心三位一体的一级分行审批体系。持续推进对二级分行进行差异化授权。

4. 运营架构调整。完成一级分行、二级分行两级运营管理，营运中心、网点两级营运处理架构建设。

5. 财务精细管理。成本费用标杆化，限额管控和预算执行得到加强。信贷计划优先满足政策支持性业务。制定完善采购制度9项，实施集中采购项目224项，节约预算费用4460万元。

6. 信息科技建设。完成市财政非税、社保联网代发等17个普惠金融项目的开发建设、升级改造工作。

7. 人力资源管理。绩效考核引入人均经济增加值、成本收入比、经营绩效考核得分等指标，将机构盈利能力纳入人工成本分配体系。面向同业引进销售类人员70人；调整完善部门职责，成立反洗钱处理团队、合规检查团队，增设二级部资产管理中心。（邮储银行/提供）

【重庆市寄递事业部】 按照集团公司统一部署，组建重庆市寄递事业部和13个城片区寄递事业部、26个区县寄递事业部。截至10月，完成人员整合、机构设置、人岗选配相关工作，机构人员全部按时到位。总收入94445万元，比上年增幅24.53%。其中标快业务收入20492万元，比上年增幅3.17%；快包（含E标准）业务收入31993万元，比上年增幅26.63%；国际业务收入15429万元，比上年增幅46.27；物流业务收入23135万元，比上年增幅29.27%。快递包裹业务（含原速递口径快包、E标）市场占有率为16.2%，高于全国邮政平均水平8.8%，全国邮政排名第4位，西部邮政排名第1位。整体运营质量达到小组第一，全国第二，完成“保十争八”管控目标。惠普项目6月运作质量核心竞争力评价指标评比得分全球第一，中国区承运商评比得分第一，获得惠普公司“优秀供应商”称号。

一、经营发展

1. 高定目标，全力发展。一是开展收入与经营单元的匹配工作。将日均收入计划严格匹配到营业部、团队、项目、客户、段道和个人，确保计划不落空、不截留。二是开展日均收入监控。全市各经营单位每天12：00、16：00、18：30三个时间点上报收入，便于随时把控、及时督导各单位收入完成。三是开展“易企秀”经营轮值制度。每天轮值单位以“易企秀”方式汇报全市经营效果、通报业务发展情况、展示营销风采。四是开展业务调研。通过与竞争对手开展对标，优化揽投部作业组织、推进销售部转型。

2. 活动引领、激发潜能。一是落实寄递改革“四个一”和“六合”工作要求，开展2018—2019年跨年度包裹快递旺季营销竞赛活动，开展超级营销英雄系列评比。二是开展散户市内标快促销活动，对全市标快、快包散件揽收奖励进行统一规范。

3. 强化营销、组建团队。一是营销团队构建到位。按照“人员到位、计划到位、政策到位、培训到位、考核到位”的总体要求，全面推进实体化运作，组建客户营销中心，实现全市营销体系市场化、专业化、系统化和规范化。二是深化首席客户经理制。明确市寄递事业部领导和各单位主要负责人为首席客户经理，并在营销管理系统中进行设置，绑定重点维护项目和客户。三是每周对营销管理系统异常情况进行及时维护，保持与量收管理系统数据零误差。

4. 模式构建、创新发展。一是构建业务发展模式，设立300万元专项业务发展奖励基金。二是推广“八小工作法”。将做好“小布局”、确立“小目标”、制定“小奖励”、跑好“小营销”、管好“小客户”、带好“小团队”、引入“小机制”、打造“小特色”确立为营业部提质增效的抓手和突破口。三是组建国际物流营销队伍，成功切入国际航空快件业务，抢夺DHL红岩国际三包件业务市场。

5. 强化管控、管好资费。一是每日对各单位提交的较低资费优惠续签客户情况逐一核实，每月对各单位各板块业务平均单价、重量单价和优惠率情况进行通报。二是通过分析客户流量流向、单件重量、航空运输情况等，找到客户损益为负的原因，有针对性地整改。三是结合资费检查对部分异常邮件占比较高的营业部进行实地调研，了解邮件在收寄环节存在问题。每月邮件修改率均达到总部标准。四是对主城部分重点营业部开展“飞行检查”，对发现的问题限期整改。

6. 加强规范、降低成本。一是规范重件业务列支方式，对收入计列、利润标准、欠费回收和成本支出等方面进行规范。全市实现重件业务收入2664.99万元，利润率达到17.76%。二是规范业务代办费管理，对范围、标准、报销和督查等方面进行了规范。全市业务代办费337.01万元，比上年降低58.19%。

二、服务质量

1. 资源整合。组织实施7处区县处理中心及仓配中心场地的租赁及改造，同步配置流水化工艺设备，为各区县寄递事业部配置生产车辆492辆（投递车349辆，邮运车143辆），完成新能源投递车辆租赁188台。

2. 完成三邮转场投产。根据重庆实际情况和全网生产要求，学习兄弟省份工艺流程、流水化作业组织的先进经验，详细制定三邮功能定位、功能区布局、皮带机利旧、生产运营组织、中心局转场等实施方案，保证中心局转场和三邮投产工作顺利实施。

3. 完善“渝新欧”运邮生产作业流程。积极协调海关驻邮办、重庆铁路办等机构，建立渝新欧运邮收寄、转运、分拣封发、通关通检、暂存装箱、智能关锁施封等生产作业流程，保障国际业务快速发展。

4. 服务质量得到提高。建立服务质量“日监控、周分析、月通报”工作机制。对全市双跟单情况及时监控、及时整改。针对突出问题，安排专人逐一到生产机构写实，将问题及解决办法细化到每个生产机构。针对无收寄信息及邮件重量不符、生产信息错误、关键环节信息缺失等情况开展专项整治活动。

三、企业管理水平。

1. 财务管控强。一是完成6个城区速递物流分公司资产、负债、权益的数据拆分工作；建立寄递事业部统一的财务内控制度和费用报销标准，规范邮政账和速递账的管理。二是开展全市性欠费清理工作，计提坏账准备金880万元。三是对财务收支、损益真实性进行全面自查，真实呈现利润水平。四是对重点成本项标杆实施过程管控，自办公路运输费比上年下降17%，减少净额517万元；业务代办费比上年下降68%，减少净额569万元；单册耗材比上年下降32%，减少净额378万元。五是逐日监控营收资金归集，加速资金回笼；按收支配比的原则严控现金流出，集中资金保运营，速递账偿还总部资金3117.89万元。

2. 人力资源管理。一是修订完善绩效考核办法，引入KPI考核，将考核指标与绩效系数相结合，体现多劳多得。二是统一全市投递单价，将投递绩效与散件揽收完成情况挂钩，激励揽投人员多揽多投。三是解决原速递物流员工2015年工资“空调”等问题，保障员工的利益。四是举办培训班18个，参培人员2183人次，全员有效培训率94%。（重庆市寄递事业部 / 提供）

【中邮保险重庆市分公司】

一、坚持党建统领

旗帜鲜明讲政治，持续深入学习贯彻习近平新时代中国特色社会主义思想和党的十九大精神，坚持以党的政治建设为统领，将党建工作总体要求纳入企业发展全过程。夯实主体责任，层层签订全面从严治党责任书，深入推进“一岗双责”落实。加强党的作风建设，贯彻落实中央八项规定精神，聚焦形式主义、官僚主义新表现，定期开展“四风”自查。紧盯重要节假日等关键节点，加强节前教育提醒、节中明察暗访、节后监督检查，形成有效闭环。加强基层党组织建设，积极开展基层党组织建设达标工程和创先争优活动，强化党支部制度化建设和规范化管理，为分公司高质量发展提供坚强组织保障。

二、优化业务结构

总保费20.34亿元，比上年增长58.2%；续期保费6.67亿元，比上年增长86.8%；期交新单保费14.72亿元，比上年增长118.8%；长期期交保费1.18亿元，比上年增长229.7%。期交业务占比72.5%，期交新单占比39.6%，续期占比32.9%，期交新单占全市银保市场份额20%，首次位列全市第一，实现单一低效规模发展向期交规模化发展转变，初步形成期交新单、续期保费拉动发展的新格局。

三、风险防控能力

以“治乱打非”为抓手，开展邮保联动检查，自查网点1400余个，联合检查区县单位和网点70个，形成“拉网式”效应。以“亮剑行动”为突破，重点整治销售误导、客户信息不真实、回访和双录管理不规范等四大问题，排查保单超10万份。自主研发反洗钱自评估系统，实现反洗钱台账式管理、全过程管控。创新合规培训检查方式，开展合规知识网络竞答，录制双录示范流程视频。采取培训检查“1+1”模式，深入基层单位和网点近百个，大力提升培训检查实效。开展“合规大讲堂”11场、邮银渠道培训33场；深入开展“保险五进入”活动，普及保险知识，宣传合规文化。未发生重大负面新闻和声誉事件，未发生系统性区域性群体性风险事件。荣获人民银行重庆营管部2017年金融机构综合评价A级公司，为全市唯一一家连续3年获评A级的寿险公司。

四、运营品质和客服能力

1. 运营管理能力逐步加强，主要运营指标持续保持优良水平，13个月保费继续率96.6%，25个月保费继续率98.62%。新契约合格率99.72%，犹豫期撤单率12.93%，退保率1.55%，复核修改率0.06%，赔案留存率3.94%，理赔立案差错率0.93%，新契约全流程时效3.95天，保全资料流转时效0.13天，持续保持有效投诉零记录。获评 2018 年上半年重庆保险公司综合服务评价 A 类 A 级公司，连续 3 年保持同业“双 A 服务公司”称号。

2. 强化客户服务支撑。坚持以客户为中心理念，举办高考志愿填报讲座、客户观影、VIP 客户健康体检等公益活动 18 场，覆盖人群 1600 余人。加强理赔服务支撑，强化报案出险、资料收集、理赔支付等全过程服务工作，以专业和周到服务赢得客户信赖。

3. 信息化建设加快推进，自主研发薪酬查询、续期催收、保单质量排查、反洗钱管理等系统，升级改造理赔辅助工具、企业微信平台。

五、专业支撑能力

1. 经营培训支撑。建立常态化培训机制，开展常规培训 639 场，近 1.6 万人次参训。强化重点培训，开展驻点培训 52 场次，培训网点 482 个，2022 人次参训。突出长险专项培训，以“培训 + 强化 + 追踪 + 辅导”为抓手，提升全域发展高价值业务能力。强化骨干队伍培训，锁定片区理财经理，开展 10 期“泰山行动”特训、4 期转型大使和销售精英定制化培训。

2. 营销服务支撑。突出营销宣传实效，支撑基层经营工作开展，发放印刷类宣传品 100 万余份，客户宣传品 7 万余份。协同邮银渠道加强营销过程督导，对发展严重滞后单位实施“一地一策”“一点一策”，强化巡点督导、重点帮扶，促进后进单位发展。借助微信客户宣传平台，深入开展“我的中邮保险”微信号宣传，引导和培养客户消费习惯，不断提升客户体验。

3. 续期管理支撑。坚持“分局包片”，强化重点客户服务，突出重点区域帮扶。加强续期质量管控，强化失效保单管理，压存量、控增量，确保续期业务健康发展。累计清理失效保单 1372 件，复效 1047 件，复效率 48%，全国排名第一。

六、综合管理能力

1. 不断规范人力资源管理。加强员工队伍建设，推进员工素质能力提升工作。组织开展员工内训 24 期，参训人员 1013 人次。加强专业人才引进，通过招聘引进运营、经营、财务、党建管理等急需人才 15 人。加强员工基础管理，编制全员《岗位说明书》，进一步明确员工履职责任，规范员工履职行为。

2. 持续强化财务专业管控。严格零基预算管理，强化营销费用管控，优化资金资源配置。加强流动风险管理，严格资金、收付费、大额资金使用管理。加强物资采购管理，严格物资采购流程，规范物资采购行为。

七、切实履行国企社会责任

积极响应党中央打赢脱贫攻坚战战略部署，认真落实集团、总公司精准扶贫工作要求，制定分公司《2018 年精准扶贫工作方案》《2018—2020 年扶贫工作规划》，把扶贫工作纳入年度重点工作。支持乡村振兴，坚持服务“三农”，域内 38 个区县全部开办普惠简易险业务，承保简易险超过 8 万笔，理赔金额 202 万元。开展精准扶贫，邮保协同联合开展城口县双坪村、丰都县三建乡、石柱县中益乡定点扶贫，为 5264 名建档立卡贫困户赠送意外伤害保险，提供风险保额 2.63 亿元。落实绿色邮政建设行动的总体要求，全面完成绿色经营、绿色运营、绿色品牌建设目标任务。（中邮保险 / 提供）

四 川 省

【四川省邮政分公司】 业务收入 79.2 亿元（不含速递账），增长 7.4%，高于全国 1.8%；完成集团公司下达计划 101.4%，规模列全国第 7 位；实现经营利润 5.3 亿元，列全国第 6 位。寄递事业部业务收入 18.3 亿元，增长 21.4%，高于全国 13.6%，其中原速递物流公司收入 11 亿元，速递业务板块收入增幅和完成预算进度均列全国第 2 位。

一、业务发展

1. 代理金融。新增余额 291 亿元，新增规模、新增活期、活期占比提升分列全国第 3 位、第 2 位、第 1 位，发展聚合支付、ETC、工会会员卡客户 156 万户，电子银行替代率 87.4%。代理金融收入 55.7 亿元，增长 5.4%，总收入占比 70.3%。新单保费 161 亿元，比上年多增 19.7 亿元，全国排位提升两位，收入 7.4 亿元，增长 21.1%，中邮保险三项指标全面达成。邮银联动营销信用卡 8.9 万张，激活首刷 4.4 万张，列全国第 1 位。中邮消费贷款净增 8413 万元，列全国第 4 位。

2. 寄递业务。寄递事业部成立以来，收入增幅从改革之初的 16% 升至 21.4%。标快业务收入 4.5 亿元，增长 8.4%；国际业务收入 3 亿元，增长 44.9%；快包业务收入 6.4 亿元，增长 32.8%，毛利率同口径改善 15.7% 达到 11%；物流业务收入 2.6 亿元，增长 10.8%。跨境电商产业园项目高速发展，收入 1.4 亿元，增长 89.4%。

3. 文创业务。探索文创转型，组建新媒体运营团队，研发引进 30 种 135 款主题文创产品，中邮传媒平台建设得到集团公司认可。函件业务收入 2.1 亿元，增长 9.8%，高于全国 13.7%，其中媒体广告业务收入 9298.5 万元，增长 27.4%。集邮业务收入 2.6 亿元。报刊业务收入 4.3 亿元，增长 9.9%，新增收入连续两年列全国第一。主题邮局收入 799 万元，增长 53%。

4. 电商分销。加强与保险公司合作，车险销量 5.2 亿元，简易险销售额增长近 6 倍，单月销售破千万元，带动电商业务收入 1.8 亿元。彩票孵化项目获集团公司创新路演。分销业务收入 3.5 亿元，增长 38.6%，农产品进城项

四川省资阳市邮政分公司举办2018戊戌年生肖邮票首发仪式。资阳市七彩贝尔幼儿园的54位小朋友体验“鸿雁传书”的传统文化精神。

目销售额近亿元，列全国第5位。

二、服务质量

1. 服务管控。将“邮政服务质量”指标分值由10分调增至15分。开展客户投诉专项整治，7—12月有责申诉比上年下降23.7%，95580代理金融投诉比上年下降50%。进口邮件（标快+快递包裹）及时妥投率90.3%；标快次日妥投率81.8%；快递包裹同城邮件次日递率94.5%；包裹快递城市当日妥投率95.7%。未发生重特大违规经营行为和中央级、省级媒体曝光事件。

2. 普遍服务水平。3131处营业手工网点开始电子化运行，建制村直接通邮率98.2%，平信丢失率（测试）比上年下降83%，省内互寄挂信T+3日递率97.6%，省内互寄普包T+3日递率93.5%。《人民日报》当日见报率提升2.7%，达到74.3%。机要通信连续25年安全无事故。

3. 服务项目。创新服务模式，嵌入“互联网+政务”平台，打造“网上车管”“网上户籍”等便民新服务，承接公共服务、普惠项目30余项。新近与四川联通、铁塔、广电等9家企事业单位建立合作关系。

三、发展能力

1. 农村电商。建设“邮乐购”站点2.8万个，批销额6.9亿元，增长152%。发展掌柜及掌柜会员45万，A类掌柜占比15.8%，沉淀金融资产158.7亿元。发展邮乐小店用户28.8万人，零售订单141.6万笔，形成包裹331万件。建成农村电商扶贫示范网点900处，建设“三合一”仓68个（在建15个）。“网络代购+平台批销+农产品进城+公共服务+普惠金融+物流配送+电商培训”的农村电商服务体系不断完善。

2. 寄递网效能。按照“省会三中心、省内双节点”模式优化作业组织。完成24个省市处理中心、128个县（成都郊县除外）处理中心及邮路、20个市州（成都除外）揽投网资源整合工作。成都邮区中心局航空处理中心人均处理效率951件/天，比上年提升60%；1—10月成都邮区中心局包件处理成本0.5元/件，优于标杆值和全国平均值。

3. 投资采购。固定资产投资计划4.3亿元，加快推动以前年度中央预算资金项目，项目开工率100%。扩大集采覆盖面，将宣传品纳入集采。24个单位“三供一业”项目签订正式分离移交协议。

4. 信息化建设。新一代寄递业务信息平台（二阶段）顺利上线，生产资源共享平台二期正式启用，代理金融客管系统全面推广。全年信息网平稳运行，系统完好率和网络可用率100%。软件研发团队、数据中心开始模拟市场化试运行，数据中心完成分析课题10个，新增分析成果报表16个。

四、综合管理效能

1. 财务管理。深化零基预算管理，强化资金资产管控，推进房屋土地资产处置市场化运作。创新绩效考核，评级方式由排序定级调整为以分定级。狠抓欠费存货治理，用户欠费率（不含报刊欠费）指标居全国前列、西部优秀水平，存货总额比年初压降2487万元。优化集中核算体系，缩短报账核算周期。争取税收政策支持，减轻资金压力。

2. 人力资源。完成基本工资和津贴补贴调整。加强人才评价选拔，新聘专业技术职务人员192人。开展集中培训1348期、远程培训41期，培训17.1万人次，举办首届内训师大赛。组建委代办管理工作专班，建立业务外包管理台账，基本做到“底数清、现状明”。

3. 安全形势总体平稳。深入开展“平安邮政”创建，出台代理金融机构安防设施三年达标规划，集中开展银行业“市场乱象整治”等六大专项活动，基本完成远程集中监控中心建设并投入试运行，代理金融风险总体可控。

4. 审计监督。开展农村电商扶贫示范网点补贴资金、寄递翼财务收支真实性及工作效能专项审计工作。加大审计发现问题整改跟踪力度，提出审计意见114条，整改率100%。

五、从严治党

1. 巡视反馈整改落实。对照中央巡视反馈问题，列出24项整改任务、60项整改举措，除需长期坚持的19项外，全部整改完成。开展省内巡察工作，对2个市级企业党委及所属10个县分公司党支部开展巡察。

2. 主体责任巩固深化。在全国邮政率先实施党建综合考核，推动“两学一做”学习教育常态化制度化，建立“三个第一时间”学习机制，开展“支部基础建设年”活动。推动建立党委管党建、书记抓党建、逐级抓落实的党建工作机制，基层党组织建设逐步规范。

3. 监督责任扎实落地。修订完善巡察工作制度，启动党的十九大后省公司党组首轮巡察。开展节前作风教育、违规收受礼品礼金明察暗访、异地交流任职领导人员“两费”超标专项检查、扶贫领域监督检查。深化运用监督执纪“四种形态”，处理344人次。

4. 队伍建设。选派22名同志参加中央党校分校班和集团公司党校班学习，落实门诊医疗保险，加强职工小家建设，推行网点异地值守，维护员工合法权益，保障员工民主权利，解决许多员工关心的热点难点问题。（四川省邮政分公司　周蓉／提供）

【邮储银行四川省分行】 邮储银行四川省分行下辖21个市（州）分行，1个直属支行，140个一级支行，有营业网点3037个，员工9714名。

一、经营概况

资产规模5744.39亿元，比上年增长8.18%。各项存款余额5412.67亿元，比上年增长6.74%；各项贷款余额1915.93亿元，比上年增长21.65%。收入76.05亿元，列系统第6位，比上年增长18.04%；利润29.94亿元，列系统第8位，比上年增长44.07%。成本收入比49.41%，比上年下降4.6%。人均利润31.18万元，比上年增长46.06%；点均利润558.22万元，比上年增长46.46%。经济增加值（EVA）6.22亿元，比上年增长97.66%；人均EVA 6.48万元，比上年增长100.4%。年末不良贷款13.32亿元，不良率0.71%，拨备覆盖率280.62%。清收资产保全管户下不良贷款8.79亿元，列系统第1位。

二、提升金融服务水平

以客户为中心，着力构建多元、立体、高效、“全接触”的服务平台，不断丰富客户交易手段和体验。

1. 发展移动金融。“优友宝”日均交易10.22万笔，比上年增长156倍。加快推进移动支付便民示范工程，特别是银联二维码及云闪付工作。新增手机银行激活客户246.83万户，结存828.23万户，分别列系统第6位、第5位。

2. 提升物理渠道布局、效能。网点智能化进一步提高。新型智能设备823台，列系统第2位，离柜率79.17%。完成流动服务车网络升级改造。通过驻点和集中的方式实现网点业务全功能覆盖。辖内4个网点被评为2018年度中国银行业协会千佳示范单位。

3. 丰富应用场景。坚持“智慧、生态、协同”发展方向，实现涵盖交通、教育、医院、商圈等多个热门场景。

4. 流程优化调整。现金备付率比上年下降0.06%，日均现金备付规模比上年下降3.23亿元，节约资金成本484万元。信贷工厂综合运行效率列系统第4位。

三、业务创新

1. 发行邮储系统和西部地区首单“民营企业债券支持工具（CRMW）”、邮储系统和四川省首单“扶贫票据”，被总行授予2018年度投资银行业务优秀分行“创新发展奖”。

2. 作为唯一金融机构，与省人社厅签订金融服务战略合作协议，支持全省推进返乡下乡创业；与省农业农村厅签订战略合作协议，共同推进乡村振兴农业产业发展。

3. 成功落地资管新规实施以来四川省首单收益权质押非标融资项目，金额4亿元。

4. 稿件《金融立体扶贫案例》首次被新华社内参采用。

四、精细化管理

1. 改革转型持续深入。等级行制度助推“双强”战略，分支行“提档进位”成效显著。一级支行平均利润增幅40.85%，平均人均利润增幅63.34%。对部分城区一级支行实施扁平化管理。

2. 客户经理制纵深推进。初步建立起以客户经理制为核心的营销体系，修订客户经理管理办法。297家网点配备专职大堂经理、理财经理。定向开展社会招聘，补充客户经理队伍，客户经理人数2732名，占比28.16%。

3. 强化案防内控，实现“零案防”目标。启动三年合规文化建设活动，成立监控预警团队。完成67个审计项目，在总行开展的审计效能竞赛中夺得冠军。

五、推进精准扶贫

金融精准扶贫贷款余额80.9亿元，列系统第1位，净增15.7亿元。其中，个人精准扶贫贷款余额17.68亿元，列系统第1位；产业精准扶贫贷款余额17.35亿元，列系统第2位；项目精准扶贫贷款余额45.88亿元，列系统第2位。在12个深度贫困县开展金融立体扶贫“四个一工程”，得到省政府、监管机构及社会各界高度认可，被四川银监局评为“2017年银行业扶贫工作先进单位”，多家国家级主流媒体多次报道四川省分行精准扶贫工作。

六、落实普惠金融

选派20余名团干部挂职，在提升农村金融服务水平、推动农村青年创业就业、助推乡村振兴和金融精准扶贫等方面做出大量工作。辖内多家机构和个人获得中央金融团工委2018年度“银团合作”优秀派出机构和优秀个人奖，获奖数量在省同业中列第1位。与省就业局合作，计划用18亿元的额度支持创业担保贷款。与省总工会合作开发的四川省工会“掌上川工”手机APP和普惠微信公众号两大服务平台，为全省工会普惠性服务工作提供支撑，真正解决服务职工“最后一公里”问题。发放工会联名借记卡138.25万张，工会联名贷记卡17.68万张，“掌上川工”APP注册用户数1.45万户。

七、助力乡村振兴

新型农业经营主体贷款余额32.77亿元，净增13.12亿元，占小贷业务净增额的91.43%。

1. 开展农村产权抵押融资试点工作，受到省委领导充分肯定。

2. 农业产业化，发放2018年邮储系统首笔涉农公司流动资金贷款，独立承销三农金融事业部四川省分部成立后首笔涉农企业发债业务，发放系统内首笔低风险产业扶贫贷款，获批三农金融事业部四川省分部成立后首个涉农公贷项目。

八、支持民营、小微企业发展

1. 监管指标圆满完成。“两增”口径小微企业贷款净增41亿元，超额完成总行下达目标。人行口径任务完成率192%，年末余额343亿元，列四川银行同业第1位。

2. 结合四川实际推进重点产品。排污贷净增2.64亿元，列系统第1位；小微易贷、燃气贷、加油站贷款余额及净增均列系统第2位。

3. 持续搭建各类平台，促进集约经营。新增搭建银政、银税、银协、银保、银担各类平台10个。

4. 开展营销对接，分层走访各级财政、经信、税务、科技等1000余家机构，6000余家企业。

九、全面从严治党

以深入学习贯彻习近平新时代中国特色社会主义思想和党的十九大精神为主线，落实从严治党主体责任，层层签订《主体责任书》和《专责监督责任书》。开展“大学习、大讨论、大落实”活动，建立“三个第一时间”学习机制，进一步推进全行“强基固本”常态化制度化建设工作。扎实做好巡视整改“后半篇文章”，有力推进全面从严治党向纵深发展、向基层延伸。以“零容忍”态度保持正风肃纪。（邮储银行／提供）

【四川省寄递事业部】 业务收入18.3亿元，比上年增长21.4%，高于全国13.6%，发展速度跑赢全国。其中，原速递物流公司收入10.99亿元，比上年增长20%，收入规模上升1位，速递业务板块收入增幅和完成预算进度均排名全国第2位。原邮政公司收入7.31亿元、比上年增长23.6%。寄递事业部全员劳动生产率14.8万元／人，其中原速递物流公司25.4万元／人。

一、寄递翼改革

9月11日省寄递事业部正式成立，9月15日市、县寄递事业部全部组建到位。寄递事业部运行以来，加快推进网络资源、客户资源、产品体系等整合融合，寄递业务收入增幅从9月的16%提升至12月的21.4%。

二、业务发展

标快业务收入4.48亿元，比上年增长8.4%。省际标快收入1.63亿元，增长3.3%。政务业务嵌入“互联网+政务”平台，打造“网上车管”“网上户籍”等便民新服务，收入1.78亿元，增长20.7%。商务市场标快收入1.48亿元，增长11.1%。省银行专项营销活动网点覆盖率提高18%。搭建销售与寄递通路助农精准脱贫，开展以“攀枝花米易西红柿”“宜宾茵红李”“汶川及雅安大樱桃”为代表的极速鲜专项活动，为农民创收120余万元。快包业务发展量质并重，收入6.44亿元，比上年增长32.8%。菜鸟项目收入9744万元，增长90.9%。中标华为成都仓项目，收入198万元。国际业务发展势头强劲，收入3亿元，比上年增长44.9%。跨境电商产业园项目实现高速规模化发展。物流业务收入2.64亿元，比上年增长10.8%。泸州老窖项目收入4335万元，增长54.3%。输出型质押监管项目下线40个，缩减敞口7.03亿元。

三、推进盈利模式落地

速递账全省总成本费用低于收入增幅1.63%。加强损益管理，划小核算单位，推进生产经营单位实体化运营。国际业务分公司收入2.16亿元，利润2292万元，人均劳产率156.3万元／人；电商营销中心收入1.5亿元，利润2450万元，人均劳产率118.1万元／人；政务营销中心完成收入2612万元，实现利润1079万元，人均劳产率45.9万元／人。快递包裹毛利率11%，同口径改善15.7%。提升产品边际利润，国内标快、国内电商、国际EMS、国际e邮宝业务直接利润率分别为78.9%、37.7%、19.8%、37.9%。强化网运成本管控，提高运行效益。1—10月，成都邮区中心局综合处理成本0.65元／标准件，包件处理成本0.5元／件，均优于全国平均值。航空中心月人均处理效率951件／人·天，比上年提升60%。

四、网络能力建设

开展寄递翼网络资源整合，完成所有市州24个省市处理中心，128个县（成都郊县除外）处理中心及邮路整合，20个市州（成都除外）揽投网资源整合，每年可减少运行费用约1600万元。持续加强运营质量管控，进口（标快+快递包裹）及时妥投率90.3%，高于达标值4.3%；省内互寄标快次日妥投率81.8%，高于达标值1.8%；快递包裹同城邮件次日递率94.5%，高于达标值2.5%；包裹快递城市当日妥投率95.7%，高于达标值3.7%。持续推进网运能力建设，加强网络优化和流程管控。加快投递终端布局，人工自提代投点1.36万个、中邮速递易智能包裹柜1.08万台，邮件入柜率持续排名全国第一。完成改革后首次“双11”旺季生产实现“五保”目标。成都中心局三中心日最高处理量167万件。持续加大科技兴邮，完成新一代寄递平台系统二、三期功能上线。电子面单应用占比85%。切实做好普遍服务，建制村直接通邮率98.4%。协同做好全省报刊大收订工作，流转额突破12亿元，新增流转额排全国第1位。

五、服务质量

主动客服稳步开展，有责申诉率百万分之3.2，下降0.8个百万分点，有责投诉率万分之2，下降0.4个万分点。质控体系基本形成，扩大跟单系统应用。视察检查成效显现，邮件丢损和虚假信息呈逐月下降趋势。1—11月全省速递机构邮件丢失849件，比上年下降1663件；虚假信息邮件162件，比上年下降291件。绵阳速递物流公司被集团公司授予“2017年度全国邮政用户满意企业”。

六、管理机制

推动渠道多元化建设，深入推进营销体系建设，逐步建立和完善适应包裹快递业务发展的营销体系。纵深推进“众创众享工程”，加快推进“创业计划”。优化人力资源配置，完善生产经营单位领导班子薪酬分配体系，调整基本工资和津贴补贴，增强员工获得感。强化经营管控，资费、欠费、营收款“三费”工作取得成效。狠抓安全管理，开展“平安邮政”创建活动，未发生重特大安全事故。启动和主要竞争对手的对标工作，对标管理效能不断提高。

七、全面从严治党

把党的政治建设摆在首位，建立上下联动、统一协调的从严治党责任体系。选举产生省寄递事业部第一届党委会和纪委会。组织开展“大学习、大讨论、大调研”和“大学习、大讨论、大落实”活动。本部部门负责人以上人员下基层263人次。持续做好中央巡视整改工作。加大纪律审查力度，持续纠治“四风”，着力解决形式主义、官僚主义突出问题。群团工作和精神文明建设取得进展。

（四川省寄递事业部／提供）

【中邮保险四川省分公司】

一、基本概况

1. 发展效益大幅提升。总保费38.78亿元，全国排名第六，比上年增长44.00%。新单总保费24.70亿元，全国排名第六，比上年增长30.00%。其中期交新单保费14.88亿元，全国排名第六，比上年增长81.00%（含长期期交保费2.44亿元，提前73天完成年度计划，规模全国第四，较2017年翻两番）。实现团险保费1776万元，全国排名第四。实现续期保费13.90亿元，提前66天完成年度计划。

2. 行业地位持续攀升。省内寿险市场总保费排名第12，比上年上升4位，期交新单保费排名第七，比上年上升3位；省内银保渠道总保费排名第五，比上年上升6位，银保渠道期交新单保费排名第一，比上年上升1位。

3. 品质指标不断优化：续期13月、25月保费继续率（分别为95.67%、98.37%）两项指标在四川银行系公司排名第一，续期保费复效率（70%）排名全国第一，3项主要运营指标（人核件回执回销完成率、团险核保问题件下发率、理赔赔案留存率）全国前五，15项运营指标比上年提升。

二、模式深化进一步推进

推动“自营＋代管”模式深化指导意见落地实施，率先启动、有序推进系统内部选聘，专岗人员选聘工作走在全国前列。

三、联动机制进一步深化

不断强化邮银保联动机制建设，三方联席会议形成常态化，联合下发文件15份，召开6场安排布置会，出台邮保《中邮保险转型发展指导意见》。“业务指导中邮负责，管理推动邮银负责，经营督导、风险防范三方负责”的管理模式更加清晰。邮银渠道更加重视自办保险转型，“三个不会变”理念渐入人心（中邮的产品、客户、收益是邮政的不会变）。

四、“一市一策”进一步发力

联合29个市州、县区开展效能提升活动，累计实现期交保费2.2亿元，其中长期期交保费1.5亿元，二、三季度期交保费比上年增长200.7%和139.8%，长期期交比上年增长238.3%和343.3%。在极大地树立市县网点发展信心同时，优化和推广了锁客、邀约、营销、追踪全流程邮保协同客户二次开发模板，助力基层网点开发客户和提升客户黏性，可持续发展能力得到增强。

五、队伍共建进一步深入

印发《四川邮政中邮保险营销体系建设指导意见》，协同邮政举办覆盖范围最广、历时时间最长、共建效果最优、持续练兵最实的首届“讲出十分精彩”内训师大赛、“财”艺双全理财经理大赛和“制度我先行”业管人员大赛，将480名内训师、2584名专兼职理财经理、600余名业务管理人员纳入共建范围，开展邮银渠道培训900余场次，覆盖19000余人次；联合邮银建立队伍共建培训常态化机制，协同启动全省“大练兵、大比武”活动，分批次组织各层级人员参与，2018年综合评分排全国第一。

六、客户服务进一步改善

携手市县邮政累计开展主题宣传活动3场、客服及公益活动18场，现场参与客户数3000余人。中邮保险VIP客户“优惠购”成功上线，探索分层分级服务思路初见成效。丰富客户服务方式，主动与5.6万余名客户产生互动，共同维系“大邮政”客户资源。

七、运营能力进一步提升

通过开展“创优争先”、技能比武、应急演练、保单质押借款逾期清理工作，打造运营专业化人才，在第三届中邮保险业务技能大赛中获得个人二等奖1名、三等奖3名。平稳应对业务高峰，有效应对集中退保和满期给付高峰期。退保1.68万件，退保金额8.89亿元；满期给付5.78万件，给付金额9.76亿元，件数和金额均列全国前三，未发生重大纠纷和系统性风险。突发事件响应迅速，有效应对巴中面包车坠河、泸州房屋垮塌2起突发事件。

八、风险防控进一步增强

组织内控风险摸排、反洗钱自查、深化市场乱象整治等专项排查10次，同时联合邮银开展“治乱打非”专项治理和“铸盾行动”第三季活动，对3市、6县、93个网点进行联合督查，发现问题 59 个，涉及保单 3149 笔，完成 3098 笔问题保单的整改。开展审计项目 8 项，审计金额超过 2 亿元，发现问题 20 个，全部整改，有效地发挥了审计第三道风险防线的作用。

九、荣誉体系进一步完善

结合年度重点经营指标和工作，将区域结构调整、城市转型网点打造、长期期交贡献等指标纳入邮政“金熊猫”“猎鹰计划”等荣誉评奖机制；与省分行基于常态化发展原则，联合启动银行渠道荣誉体系建设，通过会议表彰、氛围营造，不断释放荣誉激励的引领作用，助推转型发展。

十、精准扶贫进一步加强

按照省邮政直属机关党委统一安排，指派优秀员工驻点一年，对口帮扶仪陇县武棚乡新丰寺村，并对扶贫村 168 位 60 岁以上老人开展 2018 新春慰问，收到当地政府赠予“精准扶贫暖人心、中邮保险显真情”的锦旗。制定《分公司 2018 年保险扶贫项目实施方案》，聚焦深度贫困地区，以保险扶贫、公益扶贫为工作重点，为凉山州昭觉县、金阳县 6 个村的 2581 位村民赠送意外伤害保险，在来来寨村建设了四川中邮保险少数民族第一村，为尔觉西乡中心学校捐赠了 23 台电脑，为推进精准扶贫、全面建成小康社会履行国企社会责任。

十一、员工获得感进一步增强

成立各类兴趣活动小组，组织开展乒乓球、羽毛球、演讲比赛和新春游园、“三八”节、健步走等活动，把“快乐工作，健康生活”演绎得多姿多彩。创办“我们”电子杂志，举办“川分早班车”晨会活动，对分公司每月重点工作进行宣导，开展团队小游戏、员工微课堂等，为员工提供了展示个人魅力的平台，力求海纳百川、百花齐放，让激情和创新有更好的生长土壤，增强了企业凝聚力。（中邮保险 / 提供）

【中邮证券四川省分公司】 客户账户数 80981 户，托管客户资产总额 10.69 亿元，业务收入 1716 万元，完成目标计划的 95.33%，比上年增长 36.7%。其中，经纪业务收入 1494 万元，占总收入 87.06%；资管投行收入 222 万元，占总收入 12.94%。2018 年成本支出 641 万元，利润 1075 万元。

一、经纪业务

客户账户数 80981 户，比上年增加 7804 户，托管客户资产 4.56 亿元（不含融资融券）。

1. 融资融券。开发客户 32 户，新增两融客户 18 户，总部授信额度 27671 万元，授信融资余额 2143 万元，资金使用率 7.74%，收入 95 万元。

2. 股票质押业务。股权质押融资 4 户，融资总额 2.1 亿，托管资产金额 5.92 亿，收入 1042.8 万元。

3. 证券投资基金及理财产品销售。理财产品销售 19223 万元。其中招商金鸿 8 笔，金额 32.03 万元；鹏华产业精选 18 笔，金额 115.11 万元；鹏华产业债 19 笔，金额 54.66 万元；鹏华金元宝 8411 笔，金额 19021 万元。

二、资产管理业务

资管投行业务收入 222 万元，其中资产管理业务收入 208 万元。管理产品 11 只，比上年减少 5 只，存续管理规模 56.74 亿元，比上年下降 2.77 亿元。

三、投资银行业务

投资银行业务收入 14.2 万元。储备一单 6 亿元资管股票质押业务、两单投行企业改制财务顾问项目、一单新三板挂牌项目。签约并落地了一单改制财务顾问项目，签约金额 55 万元，收入 15 万元。与四川纳兴实业集团有限公司对债券发行工作初步达成合作意向。

四、营销队伍及渠道建设

签约证券经纪人 30 人，客户经理 1 人。营销一部开发客户 231 户，资产 3695 万元；高新区营业部及其营销团队开发客户 89 户，资产 7598.09 万元，净佣金收入 20.23 万元。筹建四川省绵阳市涪城区证券营业部，开发客户 300 余户，资产 3.7 亿。

五、板块协同

持续加强向省邮政和省邮储分行汇报、争取支持，将证券有效户和资产净增指标纳入绩效考核，作为邮政金融转型重要手段；赴市（州）县开展调研、座谈，整合资源，推进经纪业务和资管投行业务发展。采取全省集中培训、地市分片培训、理财经理远程培训等方式，借助全省金融转型、金融内训师、理财经理培训班，进行不间断的业务知识培训，培训 48 场、5800 余人次。

六、运营合规

落实运营风控制度要求做好日常运营管理，理顺机制、流程，支撑业务发展；加强运营新制度和新监管要求的学习，提升员工合规意识；加强合规管理，梳理柜台人员权限管理工作，开展业务自查，规范操作；按照人民银行要求落实反洗钱工作，及时报送反洗钱监管报表。

七、党建纪检工作

做好党建基础工作，加强学习，坚决落实“两个维护”，牢固树立“四个意识”。采取集中学习、个人自学、网络学习、观看电影和视频、座谈交流、公开承诺等活动，锻炼党员党性修养；完善制度。制定了《重大事项请示报告及处置办法》《支委会议事规则》《总经理办公会议事规则》等，规范工作程序，做到重大事项集体研究决策；加强警示教育，持续推进廉洁风险防控工作，修订完善廉洁风险目录，严防违规违纪问题发生。

八、落实巡视整改

分公司党支部召开支委会 5 次，研究布置巡视整改有关工作。分公司成立巡视整改工作领导小组，召开巡视整改工作例会6次。组织党员参加公司集中培训会2次，组织支部党员学习会议9次。制定制度5个。分公司按制定的23项措施落实整改，取得阶段成效。

九、推进“三大攻坚战”

成立“三大攻坚战”领导小组。在组织学习防范化解金融风险会议文件精神基础上，按总部和监管要求开展全面自查，促进分公司合规经营，防范风险。积极协助企业推进“扶贫债”工作。开展绿色邮政宣传周活动。项目开发不与“两高一剩”企业合作，与一家新能源公司初步达成资产证券化业务合作。（中邮证券／提供）

贵州省

【贵州省邮政分公司】

一、业务发展

业务收入28.04亿元，增幅1.68%，规模继续保持在全国第22位。88个县级经营单位收入25.01亿元，占全省收入的89.21%，比上年上升2.06%。经营利润8768万元，完成集团公司下达的利润目标；企业资产负债流动比率100.9%、速动比率85.92%，高于西部兄弟单位平均水平；有效收入18.51亿元，占总收入65.93%，增幅3.91%，高于总收入增幅2.23%；劳产率27.1万元，增幅3.1%；员工年平均收入增幅6.15%，其中一线员工7.46%。

1. 重点业务。代理金融业务18.29亿元，增幅5.2%，排全国第13位；证券业务新增有效户1144户，完成进度114.4%；寄递业务4.93亿元，其中企业完成2.6亿元；增值业务1.4亿元，规模排全国第10位；报刊、集邮等业务完成收入比上年增幅高于全国平均水平，报刊业务增幅排全国第5位。

2. 转型升级。打造标杆示范金融网点，人民币理财保有量78.28亿元，排全国第20位，比上年末提升2位；新增手机银行客户93.99万户，排全国第13位；新增及结存客户激活率分别排全国第12位和第6位，“云闪付”APP绑定邮储卡31.85万张；在线订阅实现流转额1402.5万元，规模排全国第11位；“戊戌年生肖贺岁季”项目实现业务收入5181.1万元，举办集邮内购会75场，收入2108万元，完成计划的263%；函件新媒体产品销售规模及进度均排全国第14位。

贵州省邮政分公司乡村投递员为山区群众带来中央政策。

3. 项目营销。完成总部项目12个，收入1.95亿元。其中，汽车产业链集群项目收入3750万元，完成年计划的110%，收入绝对值排全国第8位；代理金融2月连续两天刷新单日新增余额纪录，春节前后15天新增余额87.58亿元，占全国比重2.65%；二代证项目收入2678万元，增幅13%，车险专项营销活动保费1.48亿元，规模排全国第8位。

二、管党治党全面加强

成立5个专项检查组开展专题责任落实检查，制定巡视反馈问题整改清单，59项整改措施全部完成或阶段性完成。召开省市分公司领导班子民主生活会，对党建工作领导小组成员进行调整和充实，逐级签订年度全面从严治党主体责任书。建立“三个第一时间”学习机制，认真开展“大学习、大讨论、大落实”活动，对邮政企业异地交流任职领导人员周转房或租赁房及交通费用进行专项巡察，收缴租赁住房超面积租金14.93万元、超标准或未据实报销交通费11.25万元，对2名三级干部、6名四级干部进行书面诫勉，对3名三级干部、33名四级干部进行通报批评。开展党风廉政宣传教育640次、警示教育160次、廉政约谈265次；监督招投标和采购项目537项3.86亿元，审核合同1405份2.98亿元；受理信访32件，执纪问责35人，其中，党政纪处分12人，组织处理23人。

三、为民服务

普遍服务满意度得分84.4分，高于全国平均水平0.2分，排名全国11位；建制村直接通邮率99.25%，高于集团公司标准3.25%；普遍服务局所全部正常运营，四项基本业务开办率98.91%，高于集团考核指标13.91%。制定便民公益服务三年行动计划活动实施方案，持续巩固服务质量达标成果。机要通信保密安全服务工作运行平稳，机要通信保密安全实现28年服务质量全红。

四、基础能力建设

县级分公司综合楼项目立项4个、市州级邮件处理中心项目立项4个、升级改造1个，翻建网点29个，购置全功能金融网点4个，信息网贵州省中心机房改造工程完成初步验收；大数据分析应用平台系统正式投入运行，移动端报表系统开发集邮摇奖、交警罚没款批量代扣等5个系统，改造升级警邮非现场业务、代收燃气费、金融客户营销管理等7个系统；完成金融类、邮务类系统升级和网点网络监控、新一代寄递业务信息平台等系统上线工作，完成短信、新网银、国税小微贷等11个系统调试；新增更新运钞车38辆、更新基层单位行政用车20辆；购置投递汽车104辆、网运汽车47辆、电动三轮车183辆、笼车1000台；配备揽投PDA 600台、图形终端1049台、手持智能终端2088台；布放CRS/ATM 29台、POS机具85台、智能包裹柜46台，配置伸缩胶带机25台。

五、精神文明创建

培育选树先进典型，六盘水市分公司荣获“贵州省五一劳动奖状”、贵阳邮区中心局邮件处理中心维护班荣获“贵州省工人先锋”，遵义市播州区分公司、黔南州瓮安县分公司草塘支局荣获“全国邮政系统先进集体”；黔东南州锦屏县分公司乡邮员张林昌荣获“全国岗位学雷锋标兵”，毕节市分公司钟学俊、黔东南州分公司杨荣法、松桃县分公司田乔英荣获“贵州省五一劳动奖章”，大方县分公司李小成荣获“全国邮政系统先进个人”等荣誉称号。深入学习其美多吉先进事迹，对2014—2017年全省邮政涌现出的先进集体、先进个人进行表彰，营造崇尚先进、学习先进的良好氛围。（贵州省邮政分公司／提供）

【邮储银行贵州省分行】 邮储银行贵州省分行内设18个一级部门、7个二级部门；下辖9个二级分行、1个直属支行，31个一级支行，109个二级支行。辖内邮政金融营业网点959个，其中银行自营140个、代理网点819个，县及县以下区域网点804个，占比83.84%。在职员工2641人，平均年龄34岁，本科及以上学历员工占比75.69%。

一、经营概况

资产规模1257亿元，比上年增长5.9%。各项存款余额1190亿元，新增50亿元；各项贷款余额525亿元，新增76亿元。收入20.05亿元，增幅21.21%，系统内排名第18位。利润总额8.06亿元，增幅64.89%，系统内排名第5位；税前经济增加值（EVA）1.34亿元，增幅8674.32%，系统内排名第1位。成本收入比43.70%，收入利润率40.22%，税前经济资本回报率（RAROC）13.25%。人工成本利润率提升至137.70%。

二、业务发展

1. 个人金融业务。储蓄余额162.51亿元，新增余额6.54亿元。信用卡发卡12.35万张，比上年增长5.47%，新增信用卡客户9.4万户。新增保险规模6158.12万元；销售实物贵金属1368.51万元，收入232.82万元。

2. 零售信贷及“三农”业务。个人零售贷款净增47.64亿元。消费贷款余额（不含资产证券化）214.8亿元，净增34.2亿元，其中汽车消费贷款净增1.88亿元，网贷业务放款1.38亿元。“三农”贷款余额71.79亿元，净增13.44亿元，净增创近六年新高。坚决落实中央重大决策部署，助力乡村振兴、金融扶贫、服务小微。涉农贷款净增33.71亿元，新型农业经营主体贷款增速23%，高出各项贷款增速6.41%；扶贫小额信贷和产业精准扶贫贷款增速均高于各项贷款平均增速；个人经营性贷款规模在全省国有大型商业银行中排名第一。新建信用村164个，新增投放农户小额信用贷款2.25亿元，发放系统内首笔易地扶贫搬迁、同步搬迁款7.35亿元。

3. 公司业务。公司存款稳健增长，累计购买地方政府债16.4亿元，国库现金管理年日均存款4.47亿元，比上年增长3亿元，增幅190%。票据贴现创历史新高，贴现总金额3445.78万元，推动“内保直贷”等跨境业务帮助贵州企业获得海外低成本融资，累计为贵州企业融入境外资金4.7亿美元（折合人民币32.9亿元），产生中间业务收入0.74亿元。开展联动营销，高速公路项目贷款带动个人储蓄、理财及储蓄发卡，交通贷款余额127.07亿元，比上年增长28.44亿元。

4. 小企业金融业务。小企业贷款余额38.26亿元，净增5.46亿元，惠及约800户中小微企业。实现法人房产按揭贷款、学校贷、军民融合贷、燃气贷等新产品贷款投放，其中发放省内首笔军民融合贷300万元、发放首笔燃气贷2950万元、发放法人房产按揭贷款440万元，大力推广快捷贷、助保贷等重点产品。全年走访平台机构462家，走访企业1405户。

5. 金融同业业务。收入6502.08万元，营销同业存单，同业存款存量50亿元，系统内排名第13位。销售第一只净值型理财“邮银·畅享3号”471万元。完成贵州省分行首笔32天盛盈定制型理财销售，销售金额1亿元。开展《贵阳市经世科金大数据产业共享创业投资基金》的托管准入，全面完成同业授信工作。加入企业2018—2020年度SCP超短期融资券承销团，成为贵州高速公路集团有限公司2018年第一期超短融的联席主承。积极响应绿色金融工作号召，成功申报投资两笔绿色金融债券。

三、渠道建设

1. 网点建设。拓展低效网点零售信贷业务功能，实现总行认定低效网点成功“摘帽”。推进网点系统化转型，狠抓“经营月报表”推广，开展网点类比组分组和网点绩效考核。投放CRS 150台，140个自营网点ITM设备实现全覆盖。推动毕节市分行（营业部）筹建，对全省11个老旧、功能布局不完善的网点实施装修改造。深入开展“客户投诉综合整治”活动，投诉比上年下降48.91%。在贵州省百佳示范单位评选中，5家网点获评星级网点，贵阳市乌当支行获评贵州百佳网点。

2. 电子银行。净增手机银行注册客户120.56万户，手机银行行动方案目标完成率177.9，系统内列第6位；净增手机银行激活客户118.64万户，手机银行行动方案目标完成率181.2%，系统内列第7位。全行电子交易替代率 94.2%，系统内列第 7 位。

四、风险案防

1. 扎实开展各项案件风险排查工作，案件防控工作连续两年被总行评为优秀。

2. 探索金融知识宣传新方式，创建邮储银行“3H”（3 个 Help）金融知识宣教品牌，连续两年被贵州银行业协会评为普及金融知识万里行活动先进单位，消费者权益保护工作连续两年被贵州银监局和人民银行贵阳中心支行评为一级。

3. 履行审计监督职责，明确审计重点，实施审计项目 22 个、审计金额 21.5 亿元，发现问题 1779 个，整改率 86.56%，提出审计建议 131 条。

4. 发挥资产保全利润中心作用，清收 2.81 亿元，完成总行计划的 216.15%，比上年增长 625.86 万元，增幅 2.28%。

五、助力乡村振兴脱贫攻坚

支持农村基础设施建设、易地扶贫搬迁、产业扶贫等扶贫重点领域，进一步提升农业产业化金融服务能力。其中，个人精准扶贫贷款余额 10.23 亿元，净增 5.62 亿元，增幅 95%；产业精准扶贫贷款余额 3.34 亿元，净增 3.02 亿元，增幅 945%，完成总行计划的 302%；项目精准扶贫贷款余额 10.2 亿元，净增 10.2 亿元，完成总行计划的 104.72%。向 66 个贫困县投放信贷资金 500 亿元，其中向 14 个深度贫困县投放信贷资金 99 亿元，获评贵州省金融助推脱贫攻坚劳动竞赛先进单位。

六、管理支撑

1. 财务管理。全面树立“轻资本”理念，完善绩效考核体系，配套出台信用卡及中间业务、小微企业贷款、ETC 业务、跨年度旺季营销等财务激励政策，建立绩效考核失分分类问责机制。加强财务精细化核算，强化网点绩效挂钩考核，将利润、EVA 统一纳入网点预算指标体系，促进网点经营向价值导向转变。优化信贷资源配置，提升利率定价水平，完善成本费用标杆管理机制，成本收入比 43.70%，比上年下降 5.35%。

2. 人力资源管理。一是围绕“六强两建”（强行领导班子、强中层干部、强支行长、强客户经理、强中后台人员、强前台营业主管及柜员，建设人才梯队、建设专业人才队伍）狠抓队伍建设。二是选优配强二级分行领导班子，鼓励“一大一小”两头优秀的支行发挥标杆作用，修订《支行评级管理办法》，开展“十优二十佳”客户经理评选表彰，建成骨干客户经理库，启动营业主管派驻工作，开展营业主管、梯队人才大竞聘。三是加强薪酬总体管控，开展岗位工资和津贴补贴调整，员工收入普遍上调。四是加强职工小家建设，2 个职工小家获总行“模范职工之家”称号。贵阳市中华北路支行荣获集团先进集体，六盘水荷城东路支行荣获总行先进集体、盘州支行荣获省总工会“工人先锋号”表彰。

3. 金融科技支撑。层层签订网络安全工作责任书，深入开展全行大数据应用工作，完成高端客户分析、贷款担保网络分析等 10 项数据产品上线，实现 ETC 储值卡缴费和圈存功能，开通 ETC 记账卡代发及 ETC 通行费、套餐费代收业务。完成碳汇资金代发等省内重点中间业务系统的接入。上线贵州电网、遵义烟草等两家第三方银企直连系统。

4. 综合管理。认真贯彻总行“运管分离”的理念，推进运营集中。完成公贷、小企业贷款业务放还款集中处理，推广代收付业务内部账户集中对账，全省 2000 多个异常账户结清率 97.43%。业务处理流程优化，日均备付率 0.97%，比上年下降 0.13%，周转率比上年同期提高 1.48%，备付压降 0.66 亿元。加强业务印章及重要空白凭证、同业账户管理，会计稽核考评排名并列系统第 1 名，资金汇划考评排名系统前 10 名。实施集中采购项目 140 个，集中采购率 92.37%，节约采购预算资金 985 万元。

七、党建工作

1. 深入学习贯彻习近平新时代中国特色社会主义思想和党的十九大精神，结合推进“两学一做”学习教育常态化制度化，开展“听党话　跟党走”主题系列教育，省分行党委中心组集中学习 13 次，各二级分行中心组学习 122 次。

2. 以政治建设为统领，以中央巡视整改为抓手，持续加强党的领导，着力提升党的建设质量。

3. 认真落实中央重大决策部署和集团党组、总行党委决策决定，认真履行党建工作第一责任人责任，落实“三个第一时间”学习机制，党委书记带头转作风，落实“5 个亲自”要求，实地调研 41 次。

4. 以提升组织力为重点，筑牢基层党组织坚强战斗堡垒，实现所有县支行设立独立党支部，一级支行无党员空白点，党的工作在各级分支机构实现全覆盖。

5. 深入学习贯彻落实习近平总书记关于巡视工作的重要讲话精神和中央巡视反馈四次重要会议精神，成立巡视工作领导小组，建立巡视例会制度，召开 16 次党委会议专题研究巡视整改工作。聚焦“六个围绕、一个加强”，对照 54 个“是否”，开展 8 次“大学习、大讨论、大落实”专题学习，按照中央巡视反馈问题整改工作要求，聚焦巡视整改重点任务，扎实推动整改落实，阶段性完成 55 项整改。

6. 建立“省分行巡察人员人才库”，对六盘水市、黔南州分行开展巡察，2018 年度二级分行领导班子共发现的 139 个问题，制定 243 项整改措施，完成阶段性整改工作任务。加强对重大决策部署落实、“三重一大”决策制度、效能监察、选人用人等工作的监督。开展民意调查，强化同级监督，对省管干部给予纪律处分 4 人次，函询及

谈话 107 人次。（邮储银行 / 提供）

【贵州省寄递事业部】 在集团公司和省公司的正确领导下，各项工作基本情况：一是企业发展符合预期：全省寄递业务收入 4.93 亿，比上年增幅 4.6%（其中原专业公司总收入 2.33 亿元，增幅 23.5%，增幅在全国排名第 2 位，预算完成进度全国排名第 1 位）。国内标快 15317.6 万元；快包业务 16502.46 万元；物流业务 7525.8 万元；国际业务 939.9 万元。二是企业效益稳中向好：全省完成利润 –2.78 亿元，完成总部下达预算。用户欠费 6003 万元，用户欠费率 11%。三是改革工作稳步推进，按照集团公司统一部署，顺利完成省、市州、县区寄递事业部的组建工作，基本实现资源整合，初步形成“管理统一、经营统一、网络统一、核算统一”格局。四是质量水平持续提高：重点指标基本达到总部目标值，陆运网一级干线车辆运行准点率、省际出口邮件时限达标率在全国名列第一，省际进口邮件时限达标率、省内互寄邮件次日递率和同城互寄邮件次日递率等多项质量指标在全国省会中心局名列前茅。GPS 采集指标提升至 98.6%，排名全国第二。

一、党的建设全面加强

认真落实新时代党的建设总要求，牢固树立“四个意识”，坚定“四个自信”，做到“四个服从”，坚决维护习近平总书记在党中央和全党的核心地位，坚决落实集团公司党组和省公司党组的重大决策部署。专业公司上下级单位签订从严治党《主体责任书》，严格执行“三重一大”决策议事制度、党建工作领导小组制度、基层党建联系点制度。组织中心组学习 11 次，原专业公司党委书记、纪委书记分别讲授专题党课。组织干部 27 人参加十九大精神专题闭卷考试；组织 156 名普通党员参加中邮网院十九大精神网上学习参学率 100%；举办领导干部十九大精神专题集中培训班，参学率 100%、考试平均 90 分，合格率 100%。

二、提高政治站位落实巡视整改

成立巡视整改工作领导小组及办公室，制定整改工作方案，拟定整改清单明确 59 项整改措施，召开 2 次专题会议听取责任部门整改工作情况汇报。召开巡视整改专题民主生活会，严肃认真开展批评和自我批评，主动认领责任，带头落实整改，会后进行通报。巡视整改在持续整改或长期坚持推进。

三、企业发展符合预期

国内标件立足重点，政务业务创新发展，政务业务实现收入 6350.6 万元，比上年增幅 23%（其中政务中心 4531 万元，增幅 40.8%，增幅全国排名第 4 位）。快包业务调整结构，电子平台超出预期，通过优化网络组织、提高省内时限加快省内业务发展。借助电子商务线上平台深入对接精准脱贫，助力农产品进城，以猕猴桃、老干妈、六甲等土农副特产为龙头，发展其他相关销售产品。销售收入约 1700 万元，比上年增长 220%。快包业务 16502.46 万元，增幅 9.05%（其中邮政公司 13908.15 万元，增幅 6.97%；专业公司 2594.28 万元，增幅 21.68%）。物流业务 7525.8 万元，增幅 32.72%。国际业务全省累计完成 939.9 万元。“众创众享工程”和“创业计划”效果明显、超出预期。全省 23 个实施众创众享工程全环节成本核算的营业部，利润 776.97 万元，比上年增加 1095.03 万元。实施众创众享政务项目的 7 个分公司利润 901.87 万元，增加 510 万元；3 个创业网点较自营前节约 50 余万元运营成本。

四、综合能力

1. 持续加快省内网优化，通过开行遵义、凯里、铜仁报刊专线，调整黔东南下行区内邮路，增开二级干线 15 条固定加班车邮路，提高全省次日递水平 20%。

2. 持续完善航空网络平台建设，降低西安、南昌等 23 条线路运行单价，节约航空运费 116 万元。

3. 持续提升邮区中心局能力建设，遵义、毕节、安顺邮件处理中心，威宁、纳雍等处理中心异地搬迁，仁怀、金沙等处理中心原址改扩建等项目；贵阳、遵义、毕节、铜仁邮件处理中心新增皮带传输设备，各重要生产环节作业条件及生产效率得到进一步提升。

五、管理水平

1. 质控体系进一步健全，持续推进质效管控机制，加强考核和激励，实现质效考评达标。质效考核小组排名第 5 位，比上年提升 4 位。

2. 财务管控进一步完善，强化用户欠费管控力度，将欠费与收入、利润联动考核，堵塞了通过增加欠费虚增收入、虚增利润的漏洞，做实收入和利润。

3. 人力资源管理进一步加强，对市州公司完善绩效考核办法，真正做到奖优罚劣、拉开差距。

六、精神文明和企业文化建设

贵阳专业公司党支部获得集团公司“基层党组织示范点”称号。省专业公司获全国邮政速递物流“模范职工之家”称号，贵阳沙冲营业部、遵义汇川营业部获全国邮政系统模范职工小家称号。物流业务分公司华为项目组获全国邮政 2014—2017 先进集体，王利平获“贵州省五一劳动奖章”。（贵州省寄递事业部 / 提供）

【中邮证券贵州省分公司】

一、经营情况

1. 经纪业务。普通账户 8017 户，新开户 1108 户。累计实现收入 9.6 万元，累计实现利润 –11.18 万元，新增有效户 188 户，累计有效户 363 户。新增客户资产 1555 万元，累计客户资产 1898 万元。上半年代销南方成安基金、鹏华产业精选基金和鹏华创新驱动基金，销售 56 笔，销售额 208.81 万元。其中，南方基金销售 85.3 万，分支机构排名第五，鹏华基金销售 123.51 万元，分支机构排名第八。下半年代销招商金鸿基金 742 笔，销售额 464.9 万元，完成销售计划的 154.97%。

2. 投行资管。向总部报送“贵州省物资集团”的股票质押项目和“双龙航空港开发投资集团”的融资需求项目。其中，“双龙航空港开发投资集团”融资需求项目目前仍在跟进中。

二、运营风控

分公司各项业务均严格按照监管和公司的合规要求开展，严格执行适当性管理的相关要求开办业务，符合监管和公司的相关规定，各项业务有序开办和进行。定期开展合规培训，让员工充分认识到合规经营的重要性，确保企业健康稳定发展。严格按监管要求报送各类监管报表。

三、板块协同

在省分公司的大力支持下，于 8 月下发《关于对三季度业务发展竞赛活动中“中邮证券项目”奖励调整的补充通知》，对新增有效户按 100 元 / 户进行奖励，很大程度上鼓舞了推荐证券业务的积极性。10 月销售招商金鸿债券型基金时，在省分公司领导班子的关心支持下，督促各市（州）推荐发展证券业务，取得了较好的销售业绩。

四、加强党建基础工作

1. 加强学习，坚决落实“两个维护”，牢固树立“四个意识”。采取集中学习、个人自学、网络学习、观看电影和视频、座谈交流、公开承诺等方式，锻炼党员党性修养。

2. 严肃政治纪律和政治规矩。落实党风廉政建设“主体责任”和“一岗双责”。制定《重大事项请示报告及处置办法》。严格执行中央八项规定，反对“四风”，加强警示教育，严防违规违纪问题发生。

3. 严肃党内政治生活。建立支委会议事规则，做到重大事项经支委会集体研究决定。认真落实“三会一课”等制度。（中邮证券 / 提供）

云南省

【云南省邮政分公司】 业务总收入 27.38 亿元，比上年增长 12.76%，增幅全国排名第 3 位，收入完成进度 104.5%，全国排名第 2 位，增幅和进度均比上年提升 24 位。代理金融收入 15.22 亿元，比上年增幅 13.84%，收入增幅全国排名第 1 位，比上年提升 5 位；余额规模 1017 亿元，全国排名比上年提升 2 位；新增存款绝对值 176 亿元，增幅 20.92%，排名全国第 1 位。新增储蓄存款市场占有率 15.04%，全省同业排名第 2 位，全国邮政排名第 1 位。标快业务收入 2.59 亿元，比上年增长 16.96%，增幅全国排名第 3 位，比上年提升 9 位，发展速度高于全国平均水平 11.9%。增值业务收入 2.48 亿元，全国排名第 4 位（不含短信），提升 15 位，比上年增长 23.01%，全国排名第 4 位。经营利润 2196 万元，超额完成集团公司下达的利润目标，实现扭亏为盈，比上年减亏 1.12 亿元，货币资金存量在全国排名 22 位。州市分公司包件单件处理成本和单位运输成本均下降 10%；昆明邮区中心局包件单件处理成本比上年下降 11.97%，邮件单件运输成本比上年下降 39.79%。服务质量持续向好，客服满意度 84.7 分，全国排名第七，比上年提升 12 位；邮政服务有效申诉率百万分之 0.65，全国排名第八，比上年提升 13 位；申诉处理满意率 100%，全国排名第一，比上年提升 15 位。员工人均收入增幅超出承诺的 5%；全员劳动生产率 21.39 万元 / 人，增幅 12.46%；工资总额比上年增长 9.58%，员工薪资福利保障不断提升。

一、经营发展

1. 代理金融、标快、增值等。收入 19.04 亿元，占总收入比重 69.54%，比上年提升 1.4%。其中：代理金融业务采取营销竞赛活动、“金融创客”机制创新、深化邮银协同等举措，有效激发基层发展内生动力，提升“自营 + 代理”核心竞争力。标快业务对标主要竞争对手，强化旺季营销，加大政务项目开发，启动“标快反击战”。邮速协同开展“生鲜大会战——松茸战役”，进军高端生鲜寄递市场。政务业务收入 1.02 亿元，增幅为 44%。物流业务坚持大项目带动，取得 GSP 资质，进军医药的销售、运输、配送和供应链金融业务等领域。西南地区首个入场物流标杆项目——云内动力落地运行。全国率先实现军民融合项目创新突破，启动云南省空军后勤油品运输项目。代征税款 22.7 亿元，规模全国排名第 3 位。短信业务收入 8243.19 万元，有效用户 467.87 万户，占全省活期账户 31.6%。综合商旅服务稳步提升，收入全国排名第 2 位。深挖盐业项目潜力，销售配送盐业产品 9309 吨，收入 3081 万元，全国排名第 1 位，占云南盐业市场总量的 4.65%。

2. 推进集邮、函件、报刊等基础邮务类业务以及与金融等专业的融合发展。“金融 + 商演”、账单商函业务深挖市场成效显著，集邮与文化传媒专业收入 1.59 亿元；报刊专业突出重点发展，做大报刊重点营销项目规模，收入 1.94 亿元，完成进度全国排名第 4 位；报刊大收订抓紧抓实，流转额 5.69 亿元，收订进度与比上年增幅均列全国第 2 位。

二、机制创新

1. 实施公司化运营。出台公司化运营工作方案，构建“一管控十考核”的公司化运营工作内容，各州市成本意识、质量理念、利润导向、资金管控、精细化管理能力等均取得了较大进步，全网的资金、利润、结算、质量理念得到进一步增强。

2. 推进创客计划。采取专业推动、试点先行的方式，在邮政营业、包裹快递、代理金融、网运支撑等各专业、各环节推行创客计划的试点运营，组建各类创客团队353个。

3. 提升资源效能。强化陆运网资源整合及作业组织优化，省内互寄次日递率由优化前的35%提升到60%，同城次日递率由70%提升到90%。盘活出让土地房产14个项目，收到货币补偿3423万元。房屋出租收入8325万元，比上年增长35.9%，增加2200万元。推进“三供一业”分离移交工作，全面推进业务外包规范管理。

4. 推进寄递翼改革。寄递事业部机构设置工作于9月完成。全方位整合机构、人员、网运、市趟、网点资源等，实行合署办公，形成统一管理、相互融合的工作格局，保证改革期间“队伍不散、思想不乱、工作不断”。

三、管理转型

1. 经营管控型财务体系建设转型。由“结果”管理向“过程”管控转变，突出问题导向、对标分析和效果评价，构建全新经营评价机制，推动大数据经营分析平台建设。进一步清晰损益责任主体，建立寄递事业部损益核算体系，推进责任中心损益核算。

2. 提升人力资源效能。强化以利润为中心的薪酬分配激励导向，推动战略绩效考核落地，创新薪酬分配思路，强化预算监控，推行渐进性市场化薪酬分配机制；持续深入推进省级就业见习基地建设，获得政府专项补助资金140余万元。完成73期4407人次的集中培训；技能鉴定21批次1527人次，持证率88%。

3. 基础管理。通过开展质量专项整治、普遍服务建制村通邮等工作，服务质量水平及用户体验进一步提升。组织完成约3.2亿元的采购项目，节约资金3100万元，公开采购率83.27%。安排省内固定资产投资总额8422万元，完成集团公司下达的中央预算内资金项目建设目标。强化安防设施规范达标建设，代理金融网点安防合格取证率97.2%，业务库安防合格取证率55.2%。完成14个州市远程集中监控系统中心平台建设和466个前端网点改造接入。实现金融资金零案件、安全生产零重大责任事故、机要工作安全保障全红。

四、从严治党

围绕巡视反馈意见和20个具体问题，制定50条整改措施，并建立整改长效机制，确保整改取得实效；加强基层党的工作机构设置和人员配置，着力夯实基层党组织建设。强化党建与经营深度融合，不断激发“党建+”创新模式发展动能。坚决落实“两个责任”，加强廉政警示教育，推进岗位廉洁风险防控，有效防止“四风”问题反弹回潮；以领导班子建设为重点，修订完善干部管理制度，严格选用程序，强化干部日常监督，完善考核评价机制及结果应用。完成全省寄递事业部的组建和干部的配备调整，对全省三级单位开展选人用人专项巡察。

10月9日，世界邮政日，云南省迪庆藏族自治州德钦县云岭乡乡邮员尼玛拉木以宣传片的形式再次出现在万国邮政联盟总部。

五、能力建设

加强渠道整合升级，提升渠道运营品质，通过开展掌柜节、电商购物节等一系列活动，有力推动业务联动发展；对普洱景谷、澜沧，怒江华坪、福贡，临沧云县，保山腾冲6个县实施流水化改造，配置笼车618台，投递PDA 919台，邮运车126辆，电动三轮车104辆，筹备建设云南省邮政分公司指挥调度中心监控中心；完成省中心机房原址在线改造，实施双录系统、新一代寄递网运等10多项信息化建设，提高了系统对业务的承载能力。开发“昆明车驾管业务”“储蓄人员轮岗管理”等10余套系统，完成集中监控461个网点上线，制定网络整合方案，实现集中监控网和生产网的整合复用；自主研发的“工会”和“储蓄柜员培训”系统，首次向全国推广。

六、企业建设

扎实推进为职工办十件实事，开展职工代表专项巡察，改造提升40个“职工小家”和40个“职工之家”，新建10个“网运职工小家”。组织600名先进职工疗休养，提高职工体检费用标准，互助关爱工程关爱职工1722人次，支付关爱金143.07万元；从助医、助学、助困等方面帮扶困难职工1812人次，帮扶196.69万元。强化企业文化视觉识别系统建设工作，彰显企业文化软实力；夯实精神文明创建工作，全省邮政企业文明单位建成率连续3年实现正增长，省分公司继续保持“全国文明单位”和“云南省文明行业”2项殊荣；创先争优成果丰硕，2人获中华全国总工会表彰；4个集体获“全国邮政系统先进集体”，4名个人获“全国邮政系统先进个人”；3个网点获“全国邮政系统模范职工小家”；3人获“云南省五一劳动奖章”；1人获“云南省三八红旗手”。组织各类劳动竞赛，多角度提升员工队伍素质。（云南省邮政分公司／提供）

【邮储银行云南省分行】 邮储银行云南省分行下设13个二级分行，33个一级支行；网点833个，其中自营网点130个、代理网点703个。员工3202人，平均年龄37.45岁，其中本科及以上学历2016人，占比62.97%。

一、经营概况

资产总额1345亿元，实现自营收入20.98亿元，超总行预算目标1.78亿元，预算完成率列系统第14位。考核利润7.15亿元，完成总行下达预算的155.43%，完成率列系统第8位，比上年增幅143.62%，列系统第3位。各项存款余额1280亿元；各项贷款余额671亿元。EVA首次为正，实现0.24亿元，列系统第22位，比上年增长118.68%。不良率1.48%；拨备覆盖率193.53%。

二、业务发展

1. 个人金融业务。个人存款余额1175.83亿元，新增储蓄存款189.79亿元，系统排名第13位，比上年增长19.25%，系统排名第1位，新增存款市场占有率居省内同业第2位；基金业务全年竞赛计划完成率116%，系统排名第10位。

2. 零售贷款业务。零售贷款余额292.29亿元，其中，小额、个人商务、住房按揭贷款、其他消费贷款业务余额分别为96.02亿元、33.06亿元、122.26亿元、40.93亿元。全新增贷款41.67亿元，其中小额贷款实现净增2.05亿元，消费贷款净增32.57亿元，个人商务贷款净增7.05亿元，创近三年增量新高。

3. 小企业贷款。小企业贷款余额30.74亿元，在核销1.95亿元不良贷款的情况下，净增3.19亿元，全面完成各项社会责任指标，扭转多年来负增长局面。

4. 公司资产业务。公司贷款余额194.6亿元，新增公司贷款27.45亿元，投放和净增再创新高，分列系统第19位和18位。首次实现行内银团和行外银团组建，首次实现所有二级分行公司信贷业务全面突破。

5. 公司负债业务。公司存款余额105.55亿元，在全省同业负增长894亿元的情况下，实现正增长0.62亿元，存款结构更加合理，机构类存款余额为47.21亿元，比上年提升5.27亿元，机构类存款占全部公司存款比例45.23%，占比比上年末提高4.77%。

6. 金融市场业务。金融市场业务收入1.42亿元，其中票据收入0.19亿元，同业投资收入1.16亿元。强化内控、夯实管理、调整结构，进一步防范化解金融市场各类风险；提高客户服务能力，配合总行为26家非金融企业提供45.93亿元直接融资服务。

三、金融服务创新

1. 研究高原特色农业，聚焦云南省“八大产业”、新“三张牌”战略。开创性地对云南高原特色农业开展专题研究，摸清云南省未来三年重点打造的八大产业企业分布情况，形成“云系”八大产业全产业链金融产品落地指引。

2. 助力乡村振兴和精准脱贫。一是涉农贷款，结余235亿元，净增56亿元，比上年增长31.42%，有力支持农村地区的社会经济发展。二是精准扶贫贷款，贷款结余45.54亿元，净增25.65亿元，系统排名第1位，完成总行下达计划的188.57%。其中小额扶贫贷款结余14.87亿元，系统排名第1位，净增4.03亿元，系统排名第5位。三是产业精准扶贫和项目精准扶贫贷款，产业精准扶贫贷款净增1.35亿元，结余1.88亿元；项目精准扶贫贷款从零开始，净增19.89亿元，系统排名第1位，完成计划253%，系统排名第2位。成功以信用证押汇对涉农企业投放贷款2.34亿元。四是聚焦“三区三州”脱贫攻坚工作，对迪庆、怒江制定出台专项金融支持方案。五是加大定点扶贫工作投入力度，捐赠扶贫资金及物资305.07万元，派出30名驻村工作队员，履行扶贫攻坚社会责任。

3. 支持民营、小微企业发展。全面加大小微企业贷款投放力度，落实“人行普惠口径”“两增两控”和“降费让利”等工作。“两增”口径小微企业贷款比上年末增长15.50亿元，完成总行下达5亿元净增计划的310%，净增894户，超额完成户数不低于去年结余户数的目标。人行降准达标口径普惠小微贷款净增15.14亿元，完成计划的233%，普惠小微企业贷款利率下降114BP，超计划14个BP。

4. 加大创业担保贷款投放力度。创业担保贷款投放32.40亿元，占市场投放量的56%，余额占比32%，其中再就业贷款余额占比61%，成为云南省就业局再就业贷款的第一大合作银行。

5. 创新产品。积极创新产品，发展区域特色业务，实现经济林果权抵押、畜牧贴息、温氏养殖产业链等产品落地，针对小微企业金融需求“短、小、频、急”的特点，推出“小微易贷”“无还本续贷”等产品。

四、风险内控管理

1. 合规管理。全面开展“内控提升”活动，从严整治“整改流于形式”问题，推动合规文化建设。实现189个网点反洗钱集中处理。深入开展深化整治银行业市场乱象工作。合理规划审计项目，扎实开展审计工作，审计项目26个。狠抓“一个中心、两个强化、三项达标、四项活动”建设，提高安全生产管理水平。

2. 运营管理。一是探索机构组织调整，试点大零售营运体系，打破条线界限将个人金融部与零售信贷部整合为“大零售”营运中心；制定临沧、迪庆、怒江3个支行直管工作机制。二是加强网点营销队伍建设，实施营业主管派驻，网点“人防屏障”建立；营运中心通过“营运工匠”队伍建设，推进作业优化及标准化建设。三是推进网点智能化建设，加强低效网点治理，有效分流高柜柜台交易，交易替代率95%。

3. 综合管理。一是全面落实计划工作制，逐步完善督办工作机制，分解落实104个重要工作事项。二是品牌建设工作稳步开展，加强舆情监测，全年未发生重大负面舆情。三是采购管理集中采购率、公开采购率、公开招标率稳步提升。四是信息科技强化“建平台、打基础”，制订全省信息科技建设规划，持续强化信息科技风险控制和业务连续性保障。

五、党的建设

1. 加强党建工作。学习宣传贯彻习近平新时代中国特色社会主义思想和党的十九大精神，严格落实“三个第一时间”学习机制，深入开展“大学习、大讨论、大落实”活动。省分行党委中心组开展13次专题学习，发挥示范引领作用，全行545人次参加十九大精神宣传贯彻的集中培训，广泛开展网上学习、微信推送、读书、征文等活动。

2. 推进巡视整改工作。提高政治站位，认真对照中央巡视反馈问题在基层的具体表现，详细制定整改方案，形成54项整改措施，各二级分行查找问题286项，形成整改措施702条，上下联动推动整改落实。制订省内巡察工作五年规划，完成大理、丽江2家二级分行首轮巡察工作，推动全面从严治党进一步向基层延伸。严格落实全面从严治党专责监督责任制。围绕中心服务大局，组织开展“两个责任”专项检查、岗位廉洁风险防控、党风廉政宣传、效能监察等工作，逐级传导管党治党责任压力。

3. 工会工作。围绕中心工作组织先进集体、先进个人事迹巡讲报告会，发挥榜样的示范带头作用。组织开展各类有益于职工身心健康的文体活动，丰富职工文化生活，其中“职工之家”和“职工小家”建设平台作用进一步发挥，为职工营造和谐良好的工作、学习、活动环境。加强困难员工帮扶，开展送温暖活动。（邮储银行／提供）

【云南省寄递事业部】

一、总体情况

寄递业务收入85958万元，增长18.08%，规模全国排名第19位，增长15.62%，增幅全国排名第9位。速递板块收入52847万元，其中，标快业务收入25903万元，规模排名全国16位，增长16.95%，增幅排名全国第3位；省际标快收入9166.5万元，规模排名全国第16位，增长22.68%，增幅排名全国第2位。物流业务收入24956万元，比上年增长46.91%。质效考核评分得分93.4分，全国排名第2位，小组排名第1位，获优胜奖奖励。

二、寄递翼改革

全面落实集团公司寄递翼改革总体要求，提高政治站位、统一思想认识，各级干部员工讲政治、顾大局、尽心力、守纪律，稳步推进寄递翼改革，确保改革工作有序、有力、有效推进，做到改革发展“两不误、两促进”。9月17日，云南省寄递事业部挂牌成立，成立后实行合署办公，形成统一管理、相互融合、便于协调的工作格局，全面提高管理效能。同时，16个州（市）与126个县（区、市）按时设立寄递事业部。“双11”前完成除昆明外15个州市所辖的内部处理场地、邮路资源、揽投站点场地、人员、设备、车辆等的全面整合，全省州市、县减少处理中心30个，减少处理场地面积1700平方米；减少干线邮路6条、市趟邮路28条。昆明邮区范围内8个县市出口标快时限提快一天；省际进口州市时限提快一天；省内互寄次日递率由优化前的35%提升到60%；同城次日递率由不到70%提升到近90%。

三、速递业务

1. 打好“政务市场开发战”。政务业务收入10251.33万元，增长44%。

2. 对标发展标快业务。启动“围点打援，拔点插旗——标快反击战”。标快业务收入25903万元，增幅居全国第3名；省际标快业务收入7596万元，比上年增长22.7%，增幅居全国第2名。

3. 打好跨境电子商务争先战。搭建出口平台，使云南成为全国邮政第一个商业口岸运作直邮出口业务的省份，运作出口业务20多吨。启动云南首个陆路快件监管中心——磨憨口岸国际快件监管中心。

4. 发挥原产地优势，进军高端生鲜寄递市场。在迪庆、丽江、楚雄、大理启动“生鲜大会战——松茸战役”，收寄野生菌标快邮件7.5件，业务收入284.49万元，市场占有率超过40%。发挥“极速鲜”平台优势，助力扶贫攻坚，大理紫皮蒜扶贫项目订单1.2万件。

5. 夯基础，谋创新，抓关键，快包业务规模发展。持续推进客户走访，做大基础客户规模。推进营销团队、营业网点、揽投站的分级走访，实施“建档—蓄客—提升”三步走，新增客户691户；从产品源头抓起，探索出快包发展新模式，形成“农户+邮政供货+电商+邮政寄递”新模式。

四、物流业务

1. 聚焦大项目，实施重点营销。在集团公司的大力支持下，成功拿下云内动力VMI入场物流项目，促成股份公司总部与云内动力集团签订总对总的战略合作协议，实现云南首个全国性物流项目的开发，也成为全国首个装备制造发动机行业入场物流项目，业务收入814万元。

2. 进军医药销售、运输、配送和供应链金融业务等领域。聚焦医药行业，取得药品GSP认证，快速切入医药经营，破解医药项目新课题。初步形成“院外药房”和“中小药房”两个业务模式，自6月启动业务以来，销售额967万元。

3. 项目拓展，复制突破中石化项目，中石化业务收入 2347 万元。

4. 创新突破，实施军民融合项目。在全国率先开展创新型“军民融合”项目，为空军某部队提供油品运输服务，实现零事故安全运输，完成 3000 吨航空油料的运输任务。

五、创新机制

1. 纵深推进创客机制。按照全覆盖的要求，在项目团队、段道、商厦写字楼、园区、校区、客户服务班组等推进“众创众享”工程，划小创业单元，推动创客裂变，提升内生动力。目前，全省创客团队共 534 个，比上年增加 113 个。全省众创团队业务发展速度高于全省平均水平 4%。大力弘扬众创精神，举办首届创客大会。

2. 深化效益管控理念，推行全省网运公司化运营，实现网络运营提质增效。州市分公司包件单件处理成本比上年下降 10%，单位运输成本比上年下降 10%，包件处理效率达到 550 件 / 人；昆明邮区中心局包件单件处理成本比上年下降 11.97%，邮件单件运输成本比上年下降 39.79%。

3. 按照专业化、市场化、实体化要求，推进营销体系建设。省层面建立政务、商务、电商、国际营销中心，省会城市营销中心实现实体化经营。各州、市、县组建专业营销团队、项目组 68 个。

六、运营能力

1. 对全省航空邮件全程发运计划进行管控，62 个重点城市互寄标快次日递率从年初的 46.22% 提升到 84.57%。

2. 打造行业领先、运营高效的省内快速网。对标行业先进，优化内部处理流程，省内互寄次日递率由 35% 提升到 60%；同城次日递率由 70% 提升到 90%。围绕昆明核心节点，打造昆明半径 150 公里县和 250 公里州市范围内的快速陆运网，以及昆明至昆明半径 350 公里重点经济圈陆运网络支撑平台，提升省内互寄时限，邮件全程平均时长超过行业水平。

3. 将红河建水、曲靖陆良搬迁至新邮件处理中心，对普洱澜沧、保山腾冲等六县实施流水化改造，配置 618 台笼车，有效提升省内邮件处理中心能力。

4. 配置邮运车 116 辆、“三农”服务车 10 辆，配置投递电动三轮车 104 辆，提升邮件运输的传递能力和效率，配置 919 台投递 PDA，缓解投递能力不足的问题。

七、客户服务

1. 以问题为导向，强化质效考核。实施重点监控和精准整改，持续推进“客服、质控、视检”三个体系建设，确保全省各单位经营质量、运营质量和服务质量得到有效提升。苹果、惠普、戴尔等项目运营质量管控稳居全国前三位。

2. 质量管控重心前移，全面融入生产经营，为客户提供市场化服务方案，确保重点项目高质量发展。16 个州市共为 26 个 VIP 客户提供主动客服服务。

3. 开展“三年服务质量提升工程——操作质量年”专项活动，有责申、投诉率达到双降 10% 的目标，服务质量、运营质量“双达标”。

八、管理效能

开展“三效”提升工作。优化省内二干邮路，提升内部处理效率，昆明邮区中心局包分机分拣量实现 3 万件 / 小时、航空邮件处理中心分拣效能达到 800 件 / 人天、州市处理中心分拣效能达到 500 件 / 人天。调整揽投站点、揽投段道设置，加大服务模式调整，提高揽投网运行效率，及时妥投率超过 85%，揽投人均效率从 83 件提高到 93 件。（云南省寄递事业部 / 提供）

西藏自治区

【西藏邮政分公司】

一、全面从严治党

1. 全面从严治党主体责任持续强化。坚持以全面从严治党统领全局，营造“风清气正、干事创业”的良好氛围。层层签订《落实全面从严治党主体责任书和监督责任书》，将党建纪检工作充分融入企业经营管理各项工作中，持续开展“两学一做”学习教育常态化制度化、“四讲四爱”“党风廉政建设宣传教育月”活动。以巡视整改为切入点，组织开展以学习贯彻习近平新时代中国特色社会主义思想、党的十九大精神和巡视反馈会议精神为主要内容的“大学习、大讨论、大落实”专题学习活动和“人民邮政为人民”的服务宗旨专题学习研讨活动，进一步提高了党员领导干部的政治意识和规矩意识，积极推动全面从严治党工作。组织召开党建述职评议考核现场会，5 个单位党委书记进行现场述职，并把评议结果纳入绩效考核。同时，党组书记带头讲专题党课，并建立“四个第一时间”学习机制，做到党中央、集团公司党组精神在西藏邮政能够及时全面的贯彻落实。以“六围绕、一加强、一提升”为重点，完成那曲市分公司和尼木、索县、扎囊等 6 个县分公司的巡察以及山南市分公司综合巡察“回头看”工作。

2. 党风廉政建设不断深化。充分把握运用监督执纪“四种形态”，紧盯“关键少数”和关键节点，持续强化日常廉洁警示教育；针对巡察、个别谈话、民主测评、信访中发现的苗头性、倾向性问题，及时对相关领导干部进行约谈提醒。围绕“三重一大”决策制度执行、重点费用使用管理、薪酬发放、采购合同管理等开展效能监察工作，进一步规范企业经营管理行为。修订《西藏邮政分公司党组贯彻落实〈中共中央政治局贯彻落实中央八项规定实施细则〉的实施办法》，积极开展集中整治不作为慢作为、文山会海等形式主义、官僚主义突出问题专项活动，不断改进工作作风，防止“四风”问题反弹。稳步推进廉洁风险防控体系建设，防控信息化水平不断提高。

3. 巡视整改工作全面落实。中央第二巡视组巡视情况反馈后，西藏邮政分公司党组高度重视，迅速成立巡视整改工作领导小组和工作办公室，明确党组担负巡视整改主体责任，党组书记直接抓、抓具体、抓到底，班子成员各负其责，共同抓好整改工作。对照巡视反馈问题整改清单，及时制定《中国邮政集团公司西藏自治区分公司党组关于中央巡视反馈问题整改方案》和整改清单，共涉及4个方面、10个主要问题、20个具体问题、40个典型问题、25项整改任务、64项整改措施、84项具体整改内容，并按周进行进度分解安排。同时，制定了巡视整改领导小组办公室工作机制和巡视整改周工作汇报制度，统筹推进、督导跟进巡视整改工作。年内，全区64项整改措施已完成或阶段性完成。

4. 战斗堡垒作用有效发挥。积极推进基层党组织建设达标工程和创先争优活动。进一步优化基层党组织设置，完善工作机构设置，消除党建盲区。完成寄递事业部党组织的设置及调整工作。全区新发展党员31名，新增党务专兼职人员10名，新增独立党支部5个，解决6个县分公司无党员问题。广泛开展“四讲四爱”主题教育实践活动，努力创建“党员责任区”“党员先锋岗”等活动载体，创新开展主题党日等活动，促进了党建工作与生产经营深度融合。

5. 干部人才工作日趋规范。纪检监察部门全程监督选人用人工作。全面开展选人用人“一报告两评议”。先后制定出台《加强区分公司领导人员配偶、子女工作管理有关问题的通知》《加强区分公司干部监督工作的指导意见》《组织人事部门对领导干部进行提醒、函询和诫勉的实施办法》《进一步加强因公出国（境）证照管理的通知》等管理规定，进一步强化干部管理制度体系建设。

6. 驻村扶贫工作扎实开展。在认真落实驻村重点任务的同时，结合邮政行业自身特点，发挥电商平台及金融优势服务于驻村点农牧民群众，全面落实脱贫攻坚工作。先后筹措近24万元帮扶物资，并积极与当地政府沟通，帮助开发电商扶贫“阿洛羊”项目。开展“党员领导干部结对认亲交朋友送温暖”活动，116名党员与驻村点的70户贫困户结对，先后筹集结对帮扶资金10.5万元。完成了第13批、14批驻村队轮换交接工作，有效地保证了驻村工作的有序开展。

二、业务发展

业务收入2.96亿元（集团口径），比上年增长4.02%，增幅居全国第19位，完成集团公司预算进度102.76%，预算进度居全国第4位，超全国平均水平4.11%。

游客在天上西藏邮局珠峰店前合影留念。

1.“一核双擎”蓄势发力。一是代理金融业务收入8341万元，比上年增长2.67%，完成序时进度100.81%。代理金融收入占全区邮政主营业务收入的34.43%，比上年提升0.65%。其中代理费收入6293万元，比上年增长8.41%，增幅列全国第7位，占代理金融收入的75.45%。全区储蓄余额规模为42.67亿元，比上年增长4.5%。在全国邮政代理金融2017—2018跨年度“十强百优千佳”营销活动中，西藏邮政分公司首获“十强省”称号。在全国邮政代理金融2018—2019跨年度专项营销活动第一阶段评比中，西藏邮政分公司储蓄余额净增5.91亿元，再次进入全国“十强”，排名第5位。同时，3个地市分公司暂列全国“百优”地市分公司，13个营业网点暂列全国“千佳”营业网点。代理金融储蓄存款市场占有率4.42%，比上年下降0.16%，列全区金融机构第4位；全区结存卡户51.50万户，卡均余额5800元，列全国第2位。代理保险新增保费3716万元，其中期交保费突破1000万元，比上年增934万元，银保市场占有率60.5%，领先于同业。新增激活手机银行客户2.26万户，比上年多增1.02万户，渗透率29.90%，比上年提升6.42%，提前半年完成集团公司年度净增客户及净增激活客户双目标，两项指标分别列全国第1和第2位，电子银行替代率93.09%，比上年提升3.7%。营销信贷业务引荐贷款305笔，放款金额1.27亿元，代理佣金突破160万元。二是寄递业务。收入11491.68万元（含结算收入），比上年增长1.82%，完成序时进度93.22%。其中，国内标快业务收入3376.06万元，比上年增长1.08%；快递包裹业务收入2566.15万元，比上年增长0.29%；物流业务收入2207.25万元，比上年增长0.06%；国际业务收入249.60万元，比上年下降0.13%。三是电商分销业务。收入2919万元，完成序时进度108.11%，比上年增长8.27%。其中，分销业务收入2298万元，完成序时进度109.43%，比上年增长14.17%；增值业务收入621万元，完成序时进度103.50%，比上年下降9.98%。

2. 传统业务稳。集邮业务收入2202万元，完成序时进度87.73%，比上年下降13.90%。函件业务收入2215.82万元，完成序时进度96.51%，比上年下降6.42%。报刊业务收入3991万元，完成序时进度119.31%，比上年增长21.22%，序时进度和增幅均列全国第1位。

三、普遍服务水平

开通拉萨至昌都、阿里一级干线汽车逐日班往返邮路，昌都、阿里邮件分别提速65和26个小时以上，43个县城邮运班期加密至逐日班，实现拉萨到地市、地市到县邮运班期全部逐日班。增加县城投递人员56名，增配321名乡镇邮政网点专职营业人员，同步提升县域、乡村投递频次，延长营业时间，确保基本达到新普服标准。5467个建制村直接通邮率100%，比上年提高89.34%；完成4629个建制村村邮站设备的采购，并根据政府确定的村邮站位置及人员情况正陆续开展安装工作。按照自治区党委政府“八到农家”“寺庙九有”工作要求，对西藏现有1787个注册寺庙和所有强基惠民扶贫驻村点实现党报党刊投递全覆盖。推进机要通信工作，落实机要场地和安防设施达标建设，实现机要通信连续26年质量全红目标。

四、服务地方经济

1. 加快实施农村电商战略布局。畅通工业品下乡、农产品进城双向渠道，助力精准扶贫。建成邮掌柜站点736个，“一县一馆”建设27处，上线产品196种，代购订单2.21万笔，销售额42.03万元；新增邮乐小店1295户，发放掌柜贷4.5万元，扫码付8.05万元。提前21天完成集团公司“919电商节”活动目标，提前3个多月完成农村电商战略绩效考核指标。

2. 助推地方旅游经济发展。努力推动西藏旅游文化与邮政的深度融合，为西藏旅游发展提供邮政解决方案。一是开展统一的邮政助力西藏旅游的整体VI设计、产品设计，现有的7个主题邮局全部统一为“天上西藏”品牌，同步推出“天上西藏”线上主题邮局，搭载集邮、函件文创产品、西藏特产分销产品等的线上线下销售。二是将邮资明信片与景点门票相结合，扩大西藏旅游宣传受众面，多层次地广泛传播西藏旅游文化，为景区吸引更多游客，也开辟了邮政传统业务的增收路径。

五、精准管理

1. 经营管理精准发力。一是加快转型落地。加快金融转型，筹划组织“开门红”营销活动，制定有力激励引导政策，组织开展代理保险转型发展。深化网点转型，加强系统学习应用，强化网点服务管理，落实客户走访建档和维护管理工作。二是拓展总部项目。持续加强与政府相关部门、大型企业集团的合作，先后与自治区盐业、铁塔、移动等单位签订战略合作协议。就“打好污染防治攻坚战”，与自治区生态环境厅开展宣传合作。三是强化融合联动。邮银建立定期协调沟通机制。邮银联动争取到农牧民补贴资金“一卡通”代理银行资格，代发户数过万户，累计代发金额近亿元。同时，邮银双方将金融资产类业务向县以下区域延伸，在2017年3个地市23个网点的基础上，逐步向昌都、日喀则市分公司的部分县域推广。

2. 基础管理有效夯实。财务管理深化损益核算，提高全面预算管控水平；强化重点费用管控，优先保障普遍服务和特殊服务需求；加强资金资产管理，不断提升管理效益。人力资源管理加大教育培训力度，强化员工素质能力提升，选派64名三级经理及“十强支局”负责人、19名业务骨干赴内地进行培训、交流，组织内训师培训选拔工作，推进内训师队伍建设；完善制度，规范地市分公司党建纪检工作机构设置；完成全区寄递事业部改革工作；开展薪酬纪律检查，规范分配制度；完成基本工资和津贴补贴调整工作。服务质量管理进一步提升客服体验，客户有效申诉量下降30%，申诉处理满意率97.1%，达到集团公司标准。采购管理进一步规范采购流程，加大集中采购力度，加强采购计划管理，建立采购全过程跟踪制度。全年共实施采购项目99个，采购金额13481.71万元，节约资金417.08万元。审计管理以权力监督、工程项目、内部控制为切入点，切实履行审计监督职责，完成审计项目144项，工程审计审减金额474.07万元。安全生产管理按照“平安邮政”创建工作要求，持续强化安全生产责任，坚持执行24小时维稳值班、带班和“零”报告制度。强化消防、枪支弹药、寄递渠道、交通等安全生产管理，加大网点安防建设力度，实现金融资金零案件、安全生产零重大责任事故。

六、能力建设

1. 基础设施建设。统筹安排固定资产投资8472万元。推进拉萨东郊邮政综合楼、拉萨邮件处理集散中心一期工程、日喀则网运处理中心等重点项目开工建设。拉萨职工周转房建设一期工程、5个县分公司综合楼重建和8个金融及邮务网点装修改造项目前期工作全部完成。

2. 网点渠道建设。加大物理网点的新增规划、改造装修和自助渠道建设工作。新增代理金融网点8个，择优上报3个代理金融网点新增计划。加大自助设备布放和移动服务终端的配备使用力度，布放ATM/CRS 33台，配备10台流动服务车、30台移动展业设备。

3. 网运能力建设。一是优化整合调整区内主干邮路并加密邮运班期。二是优化市趟计划，调整航空邮路作业计划，有效解决趟车进点晚、投递出班晚、航空发运计划不规范等问题。三是加强车辆使用管理，提高车辆使用率。推广上线车管平台，完成157辆邮运车辆GPS设备安装工作，盘活邮运车辆，调拨牵引车头、甩挂车厢统一组织省内一级干线邮运工作。四是持续增强揽投能力建设。大幅提升智能包裹柜的完好率和使用率，客户自提邮件11.8万件，比上年增长13.25%；揽收业务量占比36%，收入占比29%。

4. 信息化平台建设。完成“新一代寄递业务平台”等22个信息化项目推广应用。完成“一区双录”“机要信息”“工会管理”等系统的开发建设工作。

七、和谐邮政建设

1. 文化建设成果丰硕。积极践行以人民为中心的发展理念，完善企业民主管理，加强职代会规范化建设。完成机关工会换届及部分单位的工代会、职代会换届选举工作。组织开展企业劳模先进的选树培养工作，益西卓嘎、周晓婷、次旦加措获“全国邮政系统先进个人”荣誉称号。“2018中央行业媒体西藏邮路行”采访活动取得显著成效，新华社播发的图文报道《活跃在中国最高乡的投递员》好评如潮，点击率过百万，企业形象进一步提升。

2. 关爱员工落到实处。坚持“员工为本”的理念，努力为职工解难事、办实事。筹集资金19.7万元，对全区邮政系统劳模、先进和病困职工进行慰问。对全区病困职工进行摸底建档。从员工最关心、最直接、最现实的问题入手，为员工办好“五件实事”，不断提升员工的幸福感和职业尊荣。一是职工休假天数由35天增至45天。二是加大职工小家的资金投入，新建、升级职工小家32家，并对所有职工小家给予运营成本补贴。三是建设职工周转房82套。四是修订《西藏邮政职工互助保障基金会章程》，扩大保障范围，提高保障标准。五是开展奖励性疗休养工作，完成第一批18名劳模、先进个人疗休养。年内，除职工周转房项目正在加快推进外，其余工作均已圆满完成。（西藏邮政分公司　李峰/提供）

【邮储银行西藏区分行】 邮储银行西藏区分行高级管理层下设6个专门委员会，内设15个一级部室、9个二级部室，下辖5个一级支行；邮政金融网点97个，其中自营18个、代理网点79个。在职员工349人，平均年龄32岁，藏汉比例为4∶6，其中本科及以上学历278人、占比78.97%，党员128人、占比37%。

一、经营概况

资产规模120.18亿元，比上年增长15.61%。各项存款余额108.25亿元，净增8.85亿元，存款区内市场占有率2.20%，比上年提升0.19%。各项贷款余额115.94亿元，净增27.75亿元，贷款区内市场占有率2.54%，比上年提升0.36%；分行贷款拨备覆盖率2579.69%。不良贷款余额1082万元，不良贷款率0.09%，低于全区平均0.21%，低于邮储系统平均1.95%。

二、业务发展

1. 传统个金业务。个人存款余额68.39亿元，新开办住房公积金存款业务，代缴燃气费项目成功上线。信用卡新增发卡7762张，信用卡激活率70.85%，系统内排名11位。手机银行年内新增1273户，比上年增幅32.5%；电子银行交易替代率比上年提高1.69%，排系统第2位。大理财业务定制化西藏特色贵金属理财产品取得突破；实现代理期缴保险保费600余万元，增幅居系统首位。

2. 个人信贷业务。截至年末，消费、小额和个商等个人贷款余额28.32亿元，净增8.53亿元，比上年增幅43.1%。住房公积金委托贷款和一手房按揭贷款实现“零”突破，发放公积金贷款1324万元，发放一手房按揭贷款11147万元。

3. 小微金融业务。小企业贷款净增4.07亿元，完成总行下达计划的145.36%；银监“两增”口径净增42户、2.07亿元，完成监管要求的目标任务。精准扶贫工作发放产业扶贫贷款105笔、6.9亿元，完成总行下达全年指标任务的127.31%，带动近万名建档立卡贫困户增收致富，先后两次作为全区唯一金融机构交流发言，得到自治区党委、政府的充分肯定，荣获自治区脱贫攻坚“组织创新先进单位”。

4. 公司金融业务。加大公司业务发展力度，公司战略客户储备取得新进展，与西藏航空、华电、大唐等大型集团实现合作。公司存款余额40.07亿元，净增8.59亿元，增幅27.29%，市场占有率0.97%，比上年末上升0.2%。公司贷款余额74.9亿元，净增15.15亿元，增幅25.36%，市场占有率2.22%，比上年上升0.3%。金融同业业务全新增13亿元，增幅433%。

三、风险防控

1. 推进全面风险管理。以银行业市场乱象整治为契机，深入开展对公重点业务风险排查和“三三四十”专项排查工作，将重大风险管理事项纳入党委会、行长办公会研究，从源头上减少风险事件发生。

2. 加强授信审查审批。推行授信业务审查审批环节限时服务、平行作业、贷前会商制度和异议协商机制，授信审批效率得到提高。

3. 开展内部审计。扎实开展集中采购、大额资金运作、整治银行业市场乱象等管理类、资产类业务的专项审计，及时揭示重点领域的问题和风险，进一步提高全行合规意识。

4. 加大资产保全工作力度。开展2018年不良贷款清收竞赛活动和委外催收工作，清收各类不良贷款56笔，清收不良贷款512.51万元，占不良贷款余额的30.58%。

四、案件防控和安全生产

案防管理方面，建立党委会研究部署案件防控工作机制，进一步完善案件防控制度，严格落实“一把手”案防主体责任，完成拉萨、昌都和日喀则等地市3个代理网点的接管式检查。安全生产方面，严格落实安全生产责任制和维稳工作要求，加强敏感时段安全维稳管理，实现区党委政府提出的“三不出”维稳目标，深入推进“平安邮储”建设活动，不断提升安全生产管理水平。

五、基础管理

1. 加强队伍建设，完成校园招聘和社会招聘工作，调整干部 21 人次。激励约束机制进一步完善，出台正向激励的全员综合营销积分管理办法，体现“多劳多得”的政策导向。

2. 全面加强预算管理，严格按照零基预算和成本标杆管理要求，进一步加大财务支撑业务发展力度。

3. 加快工程建设进度，推进分行营运用房购建项目，获得总行同意批复；西郊支行原址重建工程项目全面启动，完成山南支行、国际城支行和雪新村支行装修工程；按期完成林芝市支行办公用房装修初步设计及概算。

4. 提升运营管理效率，实现会计业务系统分行集中处理和资金汇划集中处理，深入开展业务流程优化工作。

5. 提升科技服务水平，完成 88 个总行统建系统的上线工作。

六、邮银合作

坚持邮政金融网点差异化布局策略，形成拉萨市区以银行自营网点为主，拉萨周边县域及其他地市以邮政代理金融网点为主的机构布局，向监管部门争取邮政金融代理网点营销消费贷款、信用卡等业务资格。

七、党的建设

坚持把思想政治建设放在首位，充分发挥党委理论学习中心组的统领作用；进一步规范党内组织生活，切实增强各级党组织的战斗力和凝聚力。健全完善组织机构，调整理顺党组织隶属关系，成立机关纪委。深入推进“强基固本 2.0”工程常态化制度化建设，扎实开展“大学习、大讨论、大落实”活动。以党风廉政建设为抓手，运用监督执纪的“四种形态”，不断深入落实“三转”，持续推进“四风”整治，强化“两个责任”全面落实。积极开展深化市场乱象整治和呆账核销效能监察，扎实开展西藏分行作风建设专项活动，切实转变工作作风，深化行业廉洁风险乱象整治和廉洁风险防控工作。

八、工会工作

坚持党对工会工作的领导，不断夯实工会基层组织体系建设，新成立 10 个工会小组，完成地市支行职工之家建设工作，职工之家建家率和职工入会率 100%。进一步完善工会权益保障机制和帮扶救助机制，发放各项慰问金 75 万元。组织各类技能知识竞赛 9 项；树创活动，2 人荣获集团和总行优秀个人，2 个部门荣获集团和总行优秀集体，1 人荣获“全区金融机构五一劳动模范”称号，1 人荣获总行“优秀营销员”。（邮储银行 / 提供）

【西藏寄递事业部】

一、机构调整

西藏寄递事业部内设 5 个职能部门（分别为综合部、计划财务部、市场部、服务质量部和运营管理部）及 2 个直属单位（拉萨邮区中心局、物流运营部）。西藏自治区寄递事业部本部 66 人（不含 3 名援藏人员），拉萨邮区中心局 211 人，物流运营部 49 人，拉萨市寄递事业部 149 人（不含 1 名援藏人员），其他地市 335 人，寄递事业部改革后 826 人，在岗员工 807 人，内退人员 19 人。拉萨邮区中心局拥有各类邮运车辆 49 辆，承担着 5 条一级干线邮路、6 条二级干线邮路、11 条市内转趟邮路的邮件运输工作。物流运营部拥有厢式、敞篷、半挂等各吨位邮政特种车辆合计 46 台，其中敞篷车 8 台，40 吨半挂 1 台，厢式车 35 台，柴油叉车 2 台，合计一次性运能 610 吨。物流业务覆盖面从西藏区内拉萨至各地市以及拉萨至各县（含乡镇），西藏区外主要服务拉萨至西宁以及全国各地包车指定到达地。

二、业务发展

包裹快递业务量 233.5 万件，比上年增长 16.19%；寄递业务收入 10001.3 万元，比上年增长 –1.59%，完成序时进度 89.15%，累计欠收 1216.7 万元。其中：原邮政公司收入 4896.27 万元，比上年增长 1.53%，完成序时进度 99.92%，占总收入的 48.96%；原速递物流公司收入 5105.03 万元，比上年增长 –4.42%，完成序时进度 80.8%，占总收入的 51.04%。

1. 分拣量完成情况。总包交换量 1226.34 万袋，比上年增长 24%；分拣封发包状总量 1134.73 万件，比上年增长 19%；函件 2230.82 万件，比上年增长 78%；报刊 14156.55 万份，比上年增长 26%。

2. 邮件运输完成情况。接卸省际进口加班车 1370 辆次，总包 563.05 万袋；累计派发省际、省内加班车 602 趟次（区内加班 553 趟），运邮 60.16 万袋，其中运输地市分销物品 1588 吨，派发专趟加班 102 趟；新开拉萨至昌都，拉萨至阿里邮路，运邮 61.69 万袋；完成计划邮运频次 7665 趟，行驶里程约 350 万公里。

3. 陆运网指标情况。出口邮件分拣准确率（省会地市）99.61%，进口邮件分拣准确率（省会地市）98.73%，地市出口邮件时限达标率 97.86%，地市进口邮件时限达标 94.92%，各项考核指标正向提升。

三、经营发展

开发社保卡、网上车管等政务类项目，银行对账单、通讯号卡等商企类项目，项目收入 148.71 万元。开展高考录取通知书、军包等专项营销活动，开发录取通知书寄递高校 7 个，收寄军营包裹 2.7 万件，以上专项营销活动业务收入 173.4 万元。将曲水县藏鸡蛋作为“精准扶贫”项目上线总部“极速鲜”平台运作，业务收入 4.4 万元。拓展国内、国际第三方非邮渠道，解决客户超规格、航空时限和直递运输等个性化业务需求，航空、陆运非邮渠道的全引入，业务收入 35.75 万元。在物流业务上，开发西藏自治区民政厅、三德九方科技、西藏自治区藏剧团、西藏自治区话剧团、山南艺术团等新项目。业务收入 231.57 万元。

四、网络运行

开通拉萨至昌都、阿里一级干线汽车逐日班往返邮路，时限较以前缩短 1—2 天。推广新一代寄递信息平台二阶段国内环节及国际处理环节上线应用。全面落实集团公司部署，在拉萨市完成便携式蓝牙打印机的推广应用工作，在提升客户用邮体验的同时，实现企业降本增效。加强车辆使用管理，提高车辆使用率。推广上线车管平台，完成 157 辆邮运机要车辆可视监控与 GPS 定位设备系统安装应用，盘活邮运车辆，调拨甩挂车辆统一组织省内一级干线邮运工作任务。持续增强投递能力建设及投入。借速递 e 资产重组时机，对现有智能包裹柜进行布放和故障包裹柜维修，智能包裹柜的使用率和完好率得到大幅度提升，有效减轻投递环节的压力。优化市趟计划，调整航空邮路作业计划节点，通过加强航空进出口发运频次管控，提升邮件运行效率。航空邮件出口及时赶发率 98%，航空邮件进口及时妥投率 88.4%，两项考核指标完成较好。

五、服务质量

将运营指标考核与问题邮件考核相结合，强化问题邮件监控、通报、考核和责任追究，实现评价指标、操作考核指标稳中有升，投递服务有明显改善。邮政速递物流质效考核西藏得分 91 分，列居小组第 2 名。开展“加强服务、营销策略、团队建设”等相关内容的培训，手把手指导规范操作，提升员工的操作技能。规范邮件赔偿流程，强化重点客户及超额保价邮件跟踪查询及实时汇报力度。专业公司邮件丢失赔偿情况有明显改善，理赔 54 笔，理赔金额 12.02 万元，赔偿金额比上年下降 36.84%。

六、寄递翼改革

邮速双方高度重视，及时召开联席会议，成立改革领导小组，研究制定改革实施方案和过渡期各项生产经营组织工作。结合西藏邮政网络资源、投递网资源的实际情况，制定《西藏邮政网络资源整合方案》《拉萨市揽投资源整合方案》，有序对原邮速双方资源整合。本着“绝对服从、结合实际、盘活资源、力推有效”的原则，按照集团相关要求完成人力资源系统的对接，财务系统新增账套设置及 ERP 静态数据填报等工作。

七、科学管理

全面实施零基预算管理，推进成本费用预算定额标准体系建设工作，对成本费用进行切块管理，细化到最末级单位，引入责任成本机制，强化损益核算，切实提高企业资源的投入产出效率。加强财务检查工作，强化风险管控。开展以“三费治理、用户欠费、代收货款、专项审计”等为主要内容的财务专项检查，查摆出问题 60 项，并按进度完成整改工作。不断加强公司集中采购工作计划性、科学性，完成车辆、邮政房屋、设备租赁等集采项目的合同续签工作，并委托第三方招标代理机构对新型包装箱和第三方物流车辆租用进行了集中采购。完善协议客户管理，建立客户预警机制和月分析制度，关注并掌握重要客户的用邮情况，提升客户的有效用邮率。持续抓好安全生产、文秘、保密、宣传及维稳工作。

八、从严治党

1. 从严治党引向深入，党的建设持续加强。一是强化约束机制，层层落实责任。签订《主体责任书》，增强各级干部履行“一岗双责”的思想自觉和行动自觉；制定《2018 年党的建设工作实施意见》，对党的建设重点工作进行了细化；深入贯彻落实《关于新形势下党内政治生活的若干准则》，增强党内政治生活的政治性、时代性、原则性和战斗性。二是夯实党建基础。严把党员发展入口关，提升党员发展标准，规范党员发展程序，吸收预备党员 3 人；定期召开支委会，促进党建基础工作逐步实现标准化、规范化；成立西藏寄递事业部党委、纪委，选任党委书记、党委副书记和纪委书记。三是扎实做好理论学习制度建设。制订《2018 年党委理论学习中心组学习计划》和《2018 年党支部学习计划》，召开党委中心组理论学习会议 16 次。四是深入学习贯彻习近平新时代中国特色社会主义思想和党的十九大精神。以党员领导干部为重点，采取集中学习研讨、撰写学习心得、组织答题测试、开展十九大知识竞赛等多种形式，推动党的理论进班子、进部门、进支部、进班组、进岗位。五是持续推进“两学一做”学习教育常态化。结合落实“三会一课”、支部定期学习等制度，把学习贯彻习近平新时代中国特色社会主义思想作为“两学一做”学习教育常态化制度化的主要内容，做到学而懂、学而信、学而用。

2. 狠抓巡视整改，阶段性成效明显。公司党委全面履行巡视整改主体责任，对照巡视反馈问题整改清单，紧密结合西藏寄递事业部实际，确定 55 项具体整改措施，明确每周整改任务，抓好整改工作督促落实。其间召开党委（扩大）会议 4 次，党委专题民主生活会 1 次，党委中心组理论学习会议 4 次；支部开展专题学习研讨 4 次，知识测试 1 次，排查工作 2 次，专项检查 10 次，按期完成了巡视整改工作任务，并形成了巡视整改专题报告。

3. 坚持以人为本，提升经营活力。一是强化正向激励，支撑业务发展。从工资总额弹性预算中预留部分资金作为奖励，激发各经营单位的市场开拓意识和员工的创收意识。二是强化教育培训，推进员工素质工程，保障业务水平提升。开展“员工大讲堂”学习活动及各类业务培训 22 场次，培训人员 1213 人次；外派人员参加集团和总部培训 21 场次，参训人员 34 人次。三是根据集团统一部署，对现行的基本工资和津贴补贴进行调整优化，按照“倾斜一线、技能优先、激励先进、对标管理”的原则，认真落实基本工资晋级晋档、特殊荣誉贡献薪级工资加分、提升技术工人待遇等工作，加大对劳动模范等特殊荣誉称号的激励力度，突出先进典型的引领和示范作用，通过此次调标工作月人均薪酬水平提高205元。

4. 发挥桥梁纽带作用，增强企业凝聚力。全面深入推动企业文化建设，大力弘扬“挑战不可能，实现新跨越”新文化精神，倡导、弘扬有特色、有创新、有亮点的典型案例。积极开展了合理化建议征集、慰问困难职工和一系列丰富多彩的文体活动，继续推进“职工小家”建设工作，持续抓好职工小家的运行和管理，工会组织的桥梁纽带作用进一步发挥，有效增强了企业凝聚力。（西藏寄递事业部／提供）

陕 西 省

【陕西省邮政分公司】 全省邮政企业收入41.28亿元，增幅3.18%；利润1.96亿元，增幅2.72%；全员劳动生产率24.19万元，增幅3.92%。

一、党的建设持续加强

以“整改不落实，就是对党不忠诚”的政治担当，扎实做好中央巡视整改工作召开党组巡视整改例会11次，制定完善办法方案39个，扎实落实24项整改任务，确定的64项整改措施全部完成。开展“大学习、大讨论、大落实”和专题研讨活动。建立党组班子基层党建联系点，开展多轮次、全覆盖对口督导帮扶。党员干部职工“亮身份、做表率、当先锋”积极发挥模范作用，推动党的建设与中心工作同促进共发展。认真履行“两个责任”，紧盯“关键少数”及重点环节、重要节点开展监督检查。严格落实中央“八项规定”及实施细则精神，灵活运用监督执纪“四种形态”，保持反腐败高压态势，营造良好的改革发展氛围。

陕西省邮政分公司通过各类宣传物料、线上线下宣传途径，开展“绿色邮政宣传周”推广工作。

二、央企责任坚实履行

1. 履行经济责任。深化改革创新，持续提升发展实力，较好地完成经营任务和各项重点工作，实现国有资产保值增值。

2. 履行政治责任。牢固树立“四个意识”，始终坚定“四个自信”，坚决做到“两个维护”，不折不扣落实“三个坚决”，保证党和国家重大决策部署，以及集团公司重要工作部署在企业贯彻执行。

3. 担当社会责任。1.76万个建制村基本实现“直接通邮”，四项普服业务开办全部达标，县以上党报党刊当日见报率提高到97.2%。机要通信万无一失。

4. 坚决打好“三大攻坚战”。代理金融风险防控连续10年保持“零案件、零风险事件”。创建“平安邮政”，支撑确保重大活动期间邮政渠道寄递安全。全面落实集团公司定点扶贫项目，带动商洛地区2.1万贫困人口脱贫。建成电商扶贫示范网点494个，荣获省电商行业协会“电商扶贫先进单位”称号。印发绿色邮政建设行动实施意见，投入使用新能源车辆，全面推广新标准包装箱及窄胶带。

三、经营发展

1. 邮务类业务。渠道平台专业批销交易额1.79亿元，增幅67%；农产品进城销售额6435万元；双险保费1.41亿元，增幅居全国第2位。集邮与文化传媒业务收入4.26亿元。集邮专业创新产品开发，获评全国集邮网厅优秀运营单位。推出生肖自制邮品预售模式，《集邮文化礼品手册》受到集团推广。函件专业创新推出组合营销方案，加快向广告新传媒转型。报刊专业超计划完成大收订。

2. 代理金融。收入30.35亿元，增幅3.31%。余额规模2029.36亿元。新增余额238.07亿元，比上年增107.71亿元，居全国第1位；增幅居全省金融机构第2位。代理储蓄新增市场占有率12.76%，居省内金融机构第1位。代理保费新增66.78亿元，期交保费占比36.33%，居全国第2位。中邮保费17.19亿元，占比25.74%，居全国第1位。

3. 寄递类业务。邮速合计收入7.11亿元，增幅与上年基本持平。其中标快收入1.72亿元；快包收入3.02亿元，增幅16%；国际业务收入1.03亿元，增幅12.81%。物流业务收入0.64亿元。农产品寄递量3167.5万件、增幅51.37%，收入2亿元、增幅23.15%。建仓面积8.75万平方米，引进电商客户835家。

4. 协同发展。着进板块协同项目营销，5个集团级协同项目创收8087万元，汽车产业链项目收入2499万元。与陕西铁塔、陕西移动、陕汽、陕西烟草、省公安厅等单位搭建业务综合开发良好平台。联动内部资源开发重点市场，大春节、大中秋、农民节联动营销活动直接创收 4.05 亿元。

四、企业改革

全省各级寄递事业部全部组建成立，机构人员调整到位；完成全省场地资源及 3 市邮路资源整合；实现航陆分开作业，减少盘驳，提升出口时限。渭南、汉中试点探索最佳改革模式。168 个家属区全部签订“三供一业”分离移交正式协议，完成率居全国首位。对外投资清理通过“一企一策”明确全省 12 家单位个性化清理整合方案，4 家单位注销清理，清理数量居全国第 3 位。

五、能力建设

1. 科技应用不断深化。实现陕西政务、公安等 10 余个信息系统对接，在营业网点推广第三方扫码支付。建成投产大数据分析平台，4 个分析项目被集团公司复制推广。

2. 网络能力有效提升。处理邮件 2.6 亿件，增幅 36.8%，投递邮件 1.01 亿件，增幅 51.26%。打赢春节及“双 11”旺季生产战役。省内互寄全程时长平均 36 小时，省际出口时限达标率 97.08%，居全国第 2 位。新增投递车辆 300 余辆、手持终端 1663 部，人工代投自提点超过 1 万个。

3. 资源配置紧贴发展重点。固定资产投资 2.28 亿元，推进 5 个处理中心及 11 个重点技术改造项目，扩大处理场地 8100 平方米，改造网点 124 处，配备各类设备 9000 余台，港务区西安邮件处理中心工程建设有序推进。

六、管理水平

1. 经营管理。各专业在全国对标，强化发展本领，加快提速进位，集邮、分销、电商、报刊 4 个专业收入增幅高于全国平均水平；各市分公司省内对标，加快超产增收，促进转型升级。

2. 人力资源。规范干部管理，持续推进年轻干部储备培养和人才结构优化。增强人工成本预算管控，投入产出效益不断提升。持续加强队伍素质建设，被评为“国家技能人才培育突出贡献单位”。

3. 财务管理。营销费用、运输费用、资产相关成本等重点成本指标整体优化，业务直接成本更趋合理。扶贫、普服资金使用进一步规范。出租资产使用效能不断提高。开展寄递专业全环节多维度成本写实和损益分析，引导寄递业务科学合理扭亏。

4. 支撑作用。审计项目 312 项，审减工程费用 1128.6 万元。集采项目 89 项，公开采购率居全国前列。

5. 员工获得感、幸福感明显增强。完成薪酬晋级晋档，一线员工和高技能人员薪酬水平稳步提高。为全省在职员工和退休人员购买健康保险，为 2757 名员工及时提供经济救助。不断推进职工建家，充分发挥劳模和工匠人才的示范引领作用，企业向心力、凝聚力持续提升。（陕西省邮政分公司 / 提供）

【邮储银行陕西省分行】 邮储银行陕西省分行高级管理层下设 7 个委员会，设置部门 21 个，直属单位 1 个、营业部 1 个，下辖二级分行 10 个，网点 1247 个，其中银行自营 218 个、代理网点 1029 个，实现城乡全覆盖。从业人员 4790 人，其中专业技术人员 669 人，占比 13.97%。

一、经营概况

资产总额 3172 亿元，比上年增长 12.54%；负债总额 3149 亿元，比上年增长 12.01%；营业收入 42.57 亿元，净利润 18.24 亿元；中间业务收入 5.35 亿元，比上年增长 2.8%。经济增加值（EVA）5.37 亿元，经济资本回报率（RAROC）16.93%；成本收入比 44.63%，比上年下降 3.47%。各项存款余额 3026.39 亿元，比上年增长 11.05%；各项贷款余额 1096.17 亿元，比上年增长 15.12%；存贷比 36.22%，比上年提高 1.28%。

二、业务发展

1. 个金业务。储蓄存款年日均余额新增 20.20 亿元，比上年增长 3.92%。保费新增 14.83 亿元，比上年增长 28%；理财销量 120.17 亿元；贵金属收入 543 万元，比上年增长 35%；ETC 发卡 10.58 万张，新增市场占有率 21.70%。信用卡新增发卡 23 万张，净收入 1.39 亿元。手机银行新增激活客户 45.10 万户，激活率 77.2%，渗透率 66.98%，交易替代率 93.97%。

2. 零售业务。“三农”贷款投放 105.19 亿元，比上年增长 12.41%，净增 13.60 亿元；小企业贷款净增 5.64 亿元，新增客户增长 217.86%；消费贷款新增 61.52 亿元，非房贷新增 7.97 亿元，比上年增长 81.31%。

3. 公司业务。公司存款日均净增 25.27 亿元；公司贷款净增 21.96 亿元；贸易融资净增 20.53 亿元；企业债券承销 47.5 亿元。公司业务收入 13.94 亿元，占全行收入的 32.75%。金融市场收入 1.65 亿元；资管收入 3626 万元，托管收入 6696 万元，净值型理财产品销量 42.10 亿元，落地邮储银行首单净值型理财托管、陕西省首笔同业存单和 ABS 业务。

三、案防风控

加强市场乱象整治，自查发现 24 类问题，涉及 684 户、1108 笔业务，问题整改率 99.91%。深化“内控提升”“合规建设深化年”活动，开展案件风险排查 84 次，检查邮银网点 1545 次，整改问题 4887 个，经济处罚 4327 人次；对员工违规行为进行严肃问责，行政处罚 34 人、经济处罚 62 人。开展“春节亮剑”“百日清收”竞赛活动，年处置不良贷款 4.63 亿元，比上年增长 15.46%。

四、机构改革

三农金融事业部完成 9 个市分行的授信职能划转，三农专职客户经理人数增至 377 人，专职化率 80%。建成总行级“三区一链”小企业特色支行 9 个，新增下沉支行 12 个。成立省分行公司业务部大客户营销中心，设立

37家县支行公司业务部，成立116家支行公司业务团队。辖内5家市分行、32家支行实现零售信贷工厂推广上线，累计放款1.1万笔，金额35亿元。

五、科技创新

完成各类信息化项目20余项，上线同城支付前置直连、录音录像全国联网改造等7个系统，双创工作参与率98.32%、动员率99.96%，大数据平台项目获得总行“科技创新奖”。

六、网点转型

试点推广网点类比组分组、经营月报，网均收入1731.11万元，比上年增长11.39%；网均利润1161.23万元，比上年增长5.14%。投放综合智能柜台20台、自助设备194台，离柜率73.36%。网点服务类投诉压降58%，服务质量检查比上年提升2.23分，2家网点分别被评为“中国银行业协会千佳示范网点”和“省级银行业文明规范服务单位”。

七、队伍建设

省分行择优选拔21名省管干部，招聘引进新员工356名，制定关心关爱基层员工20条措施，调整核增员工岗位工资和津贴补贴505.8万元。开展习近平新时代中国特色社会主义思想和党的十九大精神轮训，举办各类干部主体培训班20余期，培训干部3100余人次，基层党组织书记、党务干部参训率100%。

八、运营管理

陕西省分行营业主管派驻覆盖全部自营网点，公贷审核、放还款实现集中处理，自营网点压降台席41个、柜员39人。日均备付金率0.57%，单储蓄网点全面实现无实体印章办理业务。调整同城支付和资金归集业务流程，公司账户开户时间缩短到4个工作日内。营运中心个人集中授权、公司结算处理、会计稽核、信用卡预审、95580投诉处理、资金汇划等多项指标排邮储系统前3位。

九、邮银协同

建立陕西邮银省、市协同会议制度，按季度召开案防风险联席会议，加强代理机构分级管理和内控检查工作。打造“11185”金融营销服务平台，客户满意度99%，信用卡分期外呼收入2554万元，占分期收入的34%。陕西邮政金融储蓄新增市占率17.05%，中邮保费新增2.20亿元，联动发放公司贷款28.2亿元，发展集邮联名卡8.88万张、EMS联名卡特色信用卡4.6万张。

十、党建工作

深入学习贯彻习近平新时代中国特色社会主义思想和党的十九大精神，建立“三个第一时间”学习机制，开展“大学习、大讨论、大落实”学习活动，落实国企党建30项重点任务，推进“强基固本”工程常态化制度化建设，深化“三会一课”、主题党日、党员示范岗建设、民主评议党员等工作，发挥基层党组织战斗堡垒作用。

十一、社会责任

实体经济贷款净增123.30亿元，比上年增长14.37%；涉农贷款净增46.52亿元，金融精准扶贫贷款净增18.53亿元，比上年增长87.35%，向省内56个国定贫困县投放各类贷款91.90亿元，小微企业法人贷款利率比上年末下降92BP，获评“陕西地区普惠金融银行”“支持陕西‘一带一路’建设优秀金融机构”称号。（邮储银行／提供）

【陕西省寄递事业部】

一、推进改革

按照集团改革方案，7月4日成立全省寄递翼改革领导小组及工作组，启动改革工作。全省上下紧密协作，系统推进，9月3日印发《陕西邮政寄递翼改革实施方案》，9月17日批复10个市寄递事业部改革方案。9月21日召开陕西省寄递事业部成立大会和干部大会。随后各市寄递事业部陆续成立，搭建组织架构，各项工作稳妥有序推进。在渭南、汉中开展试点融合，探索最佳改革模式，寄递翼改革初见成效。

二、业务发展

在改革持续推进过程中，省、市、县各级寄递事业部坚定不移抓发展，努力确保“市场份额不降、客户资源不丢、发展速度不减”，收入平稳增长。邮速合计收入6.89亿元，增幅与上年基本持平。速递业务量8030万件、增幅34.9%，速递业务收入6.07亿元、增幅5.14%。其中标快业务收入1.72亿元，快包业务收入3.02亿元，国际业务收入1.03亿元，物流业务收入0.64亿元。全省政务市场收入快速增长，出入境证件、法院文书、身份证专递三大项目均突破千万。农产品寄递量3167.5万件、增幅51.37%，收入2亿元、增幅23.15%。运营仓储面积8.75万平方米，引进电商客户835家。

三、整合全网资源

坚持优势互补，推进两支队伍融合协同，全省寄递事业部人员7601人，其中邮政5019人，速递物流2582人。按照“四统一”原则，优化整合全省场地、车辆、邮路、设备、揽投平台资源，在确保普遍服务质量达标的前提下，实现处理、运输、投递网络资源利用的集约化、最大化。完成全省处理中心场地整合，撤并揽投部34个，撤减干线邮路8条。开通党报党刊西安—榆林航空邮路，组开西安—兰州高铁快速邮路，扩大经航范围和运能。加强能力建设，调整新增仓储和处理场地1.5万平方米、胶带机36套、汽车158辆、电动三轮车316辆、笼车1011辆。加快技术应用升级，积极推进全省1238个生产机构新一代寄递信息平台应用。推进电子地图分拣和“分拣码”应用。完成10余个政务服务项目信息系统对接。推广预收寄系统、收寄一体机、便携式热敏打印应用，更新升级全省手持终端2428部。

四、运营质量

扎实开展竞争对手“端到端”对标工作，推进省际、省内邮件提速。实施省内快速网及大关中同城网优化调整，省内互寄标快、快包次日递率达到90%和76%，比上年分别提高8%和6%。强化运营质量管控，各项KPI关键指标均达到集团公司考核要求，多项排名全国前列，集团公司对省陆运网运行质量奖励2447万元。保障重点项目运营，陕西红樱桃重点城市次日妥投率接近85%，隔日妥投率超过98%。完成业务旺季、重大活动保障工作，“双11”期间全省组织有力、运行畅通，日峰值处理量153.9万件，投递66.7万件，均超历史纪录。服务质量稳中有升，有责申投诉总量比上年下降30%，客服中心22项运营指标中2项排名全国第一、6项排名全国前五。重点项目协议客户主动客服达到全覆盖。获评第七届（2018年度）陕西顾客满意度测评最佳服务单位。

五、管理基础不断夯实

通过会计检查、财务自查和集团审计，规范财务收支，真实反映经营成果，夯实发展基础。开展寄递翼各环节成本写实，明晰网点损益、产品损益、人工效能、网运效能、资源配置情况。强化营业资金和用户欠费管理，营收资金次日缴款率提高到100%。规范用户欠费“对账、合同账期、发票开具、函证确认、业财对账、欠费核销、责任落实”等工作。推进西安邮区中心局利润中心转型，劳动生产效率进一步提升，单位综合成本、包件处理成本、单位运输成本比上年均有下降，一、二级干线邮车日均行驶里程均高于集团公司达标值。加强寄递翼队伍建设，强化领导干部选拔任用、考核、监督工作。规范劳动用工管理。专业培训大力开展。全省邮政寄递渠道安全畅通。

六、党的建设扎实推进

做好寄递事业部党组织建设筹备工作。在省邮政分公司党组的领导下，进一步加强党的政治建设，认真学习习近平新时代中国特色社会主义思想，牢固树立“四个意识”，坚定“四个自信”，坚决做到“两个维护”。积极参加省分公司党组“大学习、大讨论、大落实”活动，切实把思想统一到中央的决策部署上来，把行动统一到解决实际问题上来，真正做到以习近平新时代中国特色社会主义思想武装头脑，指导实践，推动工作。以党建为统领，团结带领全省寄递翼广大党员群众抓改革促发展，各项工作取得了新进展。（陕西省寄递事业部／提供）

【中邮保险陕西省分公司】

一、业务发展

总保费收入30.31亿元（含续期），完成年计划任务的111.7%；实现中邮新单规模保费22.32亿元，全国排名第9位；中邮期交新单保费11.54亿元，比上年增幅96.5%，增幅全国排名第7位；实现中邮十年期及以上产品保费1.67亿元，完成年计划的103.5%，进度全国排名第11位，比上年增幅216.7%；续期实收保费10.78亿元，完成9.88亿元年计划的109%，规模排名全国第8位，13个月保费继续率96.38%，全国排名第4位，25个月保费继续率98.28%，全国排名第5位，续期绩效综合评价全国排名第3位；累计实现团险保费306万元，其中兼业团险18万元，比上年增长200%；实现简易险保费766万元，完成年计划的191%，综合竞争力稳步提升。

二、主要荣誉

被陕西省保险行业协会评为“A类寿险公司”；分别荣获陕西省保险行业协会组织的“陕西保险业公众宣传大比武”“讲师大赛”的“最佳组织奖”和“优秀组织奖”，在“第三届中邮保险业务技能大赛”中，荣获个人三等奖等。

三、长期险业务

以“30强示范单位”建设为主要抓手，联合省邮政分公司打造一批基础扎实、管理高效、发展潜能大的示范单位，开展高价值业务能力和长期期交销售能力培训，实现渠道资源高度融合和充分利用。“30强示范单位”实现期交保费4.5亿元（长期期交6751万元），占比企业代理期交保费的43%，初步树立示范标杆引领作用；同时，四季度在全省8个市分公司，3个市分行开展长期期交能力提升培训，实现长期期交保费1.16亿元，在总公司2018年四季度长期期交业务专项营销活动中，保费规模和进度均排名全国第1位，一举完成全年长期期交计划任务。

四、简易险业务

开展简易险双破零特训营活动，首日实现简易险出单130笔，保费收入1.3万元；二、三季度开展“双险双擎火红盛夏”销售活动，以“福邮宝贝A计划”为主，开展中邮学平险进校园活动，开创销售额新高；四季度开展“双险惠民”跨年营销活动，推出简易险合疗意外保（惠农保），基本消灭“零产量”县局，网点业务发展逐渐常态化；为了加强厅堂营销氛围，加大中邮简易险的市场宣传力度，复制广东经验，对邮政营业厅背景墙等进行布置改造，有效调动简易险的销售氛围，促进简易险业务的常规化发展。

五、续期服务管理

强化对续期催收业务量实时监测，按季修订完善座席管理细则，充分调动座席工作积极性与主动性，确保当月、宽一、宽末的电话催收服务饱满、充分；强化失效保单清理的专题督导与培训，引领渠道不断重视失效保单清理工作，全年清理失效保单3057件，净存量比年初减少528件，清理成效明显；按月做好与省公司数据中心客户账户余额的匹配工作，尝试性开展失效保单客户的联系方式匹配，将失效通知书升级为约投挂号的形式，提升妥投率，取得较好成效。

六、“自营 + 代管”全面深化

为落实集团公司巩固和深化中邮保险“自营 + 代管”模式的相关要求，坚持“协同推进、机构完善、人员专业、考核管控”的原则，推进特色模式不断深化和完善，联合邮银成立全省邮银保联合领导小组和工作组，下发专项文件，开展省内市县专岗队伍人员选聘工作，为下一步“自营 + 代管”模式深化工作奠定基础。

七、运营能力

紧盯重点指标，不断优化整改，指标水平稳步提升。人核件全流程时效比上年缩短 6.67 天、保全两日结案率比上年提升 3.8%、理赔出险支付时效比上年缩短近 73 天。完成退撤 27646 件，金额 8.99 亿元；满期给付 25321 件，给付金额 6.51 亿元。服务时效达到总公司指标要求，未发生退保、满期给付引发的投诉与群体事件。

八、理赔服务时限提速

时刻牢记中邮保险“服务基层　服务三农”的宗旨，为 60636 位存量有效保单客户发送提示短信，同时在 300 个重点网点布放中邮保险理赔服务宣传展架，让客户详细了解理赔流程，使理赔时间从提出申请到收到赔款仅需 1.9 天，客户满意度大幅度提升。

九、增强员工专业能力

及时出台相关政策，从培训体系建设、创新培训方式等多个维度进行专业能力的深度打造。加大培训力度。构建总、省、市、县、网点五级业务培训体系，实现培训全员、全程、全覆盖。深入全省 112 个县区，开展培训 567 场，累计授课 670 小时，参训人次 8562 人，使一线柜员进一步熟悉中邮主推期交产品，提升合规营销技能。创新培训方式。联合国内著名高校举办荣誉定制培训班，对全省渠道销售精英等进行保险专业知识培训，利用“走下去”和“请上来”的战略，实现全省县级简易险业务管理人员培训全覆盖，促进业务的快速发展。举办技能竞赛。举办“全省中邮保险营运业务技能竞赛”，有 40 余名业务能手参赛，锻炼市县运营队伍的专业能力。随后，又选派人员参加全国“第三届中邮保险业务技能大赛”，最终有两人荣获个人三等奖。

十、风险防控与合规管理

不断加强风险管理与防范，强化风险防控能力，严守风险底线，厚植合规文化。专项检查治重点。开展“治乱打非”“乱象治理”“扫黑除恶”“亮剑行动”等专项检查工作，系统梳理隐患，强化责任追究、问题整改的闭环管理。合规审检排风险。开展覆盖 6 个地市、31 个县、60 个网点的合规检查 91 次，切实做好重点业务领域的风险防范工作；严格审核各类合同、制度、方案等 100 余项，强化重点风险防控。迎接检查促提升。迎接原陕西保监局现场检查，检查结果总体达到监管要求，未被实施行政处罚。针对检查发现的不足，也强化责任追究，确保问题整改到位。三方联动管风险。主动参与陕西金融案件专项治理委员会的 5 次联席会议，促进三方联动合作形成长效机制，有效开展风险管控工作。

十一、深入学习贯彻党的十九大精神，持续强化党建工作引领作用

始终以习近平新时代中国特色社会主义思想为指导，深入学习贯彻党的十九大精神和国企党建会精神，提升企业治理能力，创新党建工作模式。

1. 强化意识加强党的政治建设。引导教育领导党员干部牢固树立“四个意识”，坚定“四个自信”，做到“两个坚决维护”和“五个绝对忠诚”；落实全面从严治党要求，明确 30 项党建、48 项纪检监察工作要点；与各部门、各支部签订《2018 年全面从严治党责任书》，从六个方面明确“一岗双责”履职要求和全年党风廉政建设任务目标。

2. 丰富形式加强党的思想建设。按照“两学一做”常态化制度化教育学习安排，以组织开展“大学习、大讨论、大落实”专题学习活动为载体，以“四个第一时间”学习机制为保障，切实推动习近平新时代中国特色社会主义思想和党的十九大精神学习入脑入心。

3. 扎实开展中央巡视整改。针对中央巡视反馈集团的四个方面、10 个主要、20 个具体的问题，制定 19 项整改任务、39 条整改措施，并且逐条销号整改；同时，还组织开展中央巡视整改完成情况监督检查，逐项核查佐证材料，进一步夯实巡视整改成效。

4. 不断加强干部队伍建设。一是始终坚持党管干部原则，以新时代好干部标准，选好配强中层干部，不断优化干部队伍结构。平级调配 5 名中层干部，干部队伍活力得到进一步激发。二是加强干部教育培训，坚持将习近平新时代中国特色社会主义思想作为培训的重要内容，形成政治素质培训和专业能力培训并重，有效提升干部综合素质。三是按照科学发展观、正确业绩观的标准，开展中层干部年度综合考评工作，通过定量及定性分析，全面评价中层领导干部，加强干部考核履职。

5. 有效落实干部监督。一是严格落实领导干部个人有关事项报告制度，组织 2017 年度领导干部个人有关事项填报工作，无漏报、瞒报情况。二是进一步规范因私出国（境）管理，开展专项检查，严格执行集中管理及审批程序，集中管理因私出国（境）证件 14 本，审批出国（境）事项 2 人次。三是开展“一报告两评议”工作，加强领导干部选拔任用全过程监督。四是落实选人用人巡视检查整改情况“大起底”工作，对标中央和集团公司新精神，全面评估整改效果，成效显著。

十二、建设和谐企业文化

发挥工会桥梁纽带作用，努力提升公司凝聚力。通过

建设“职工之家”、慰问员工“送温暖”、开展职工心态讲座、组织“先进个人”创先评优等活动，持续助力“员工幸福工程”体系建设；积极开展盘扣沙龙、健步走等文体活动，不断丰富员工生活；积极开展企业文化建设，道德讲堂、团员青年“一学一做”等活动，动员广大员工建功立业，无私奉献；积极开展精神文明建设，被评为“区级文明单位”。

十三、精准扶贫

贯彻中央“精准扶贫”战略，响应保险行业扶贫号召，用实际行动积极践行国企担当，助力集团扶贫工作扎实推进。落实保险扶贫项目。落实集团公司保险扶贫项目，为66个产业扶贫村建档立卡的14174人、2068名扶贫贷款申请人及5262名中邮保险村村民提供高达10亿元的人身意外风险保障。聚焦扶贫村建设。在商州区上河村和洛南县罗坡村组织开展扶贫义诊、送文化下乡、扶贫党课等活动5次，捐赠LED显示屏2块，不断丰富中邮保险扶贫村建设内容，为下一步全面完成脱贫攻坚任务打下了坚实的基础。热心公益类捐赠。联合高新区丈八街道办事处共同开展“美居行动暨扶贫献爱心”活动，为高新区40户贫困家庭免费提供意外风险保障并赠送棉被、米、油等生活慰问品。（中邮保险／提供）

【中邮证券陕西省分公司】 陕西省分公司存量客户2330户，客户资产1944万元。

一、经纪业务

1. 投资者教育活动。及时、准确地对投教园地的内容进行更新；针对不同的客户群体发放与其相匹配的投教手册、折页等宣传用品，审慎评估客户自身投资需求和风险承受能力。

2. 增强业务人员合规意识。定期组织业务人员合规、反洗钱等业务专项培训，使各个岗位的人员真正做到明职责、细制度、严操作。

二、资管业务

遵循公司总体发展战略，推动投行资管业务的发展。1个在途项目，产品名称为“金融投11号”定向资产管理计划，总金额80亿，起始运作日2017年1月20日，期限“5+1”年；“金鼎3号”宁夏银行同业存款项目，总金额1亿，于11月28日到期。截至12月31日，陕西省分公司资管收入308万元。

三、党委党建工作

1. 认真学习宣传贯彻习近平新时代中国特色社会主义思想和党的十九大精神。

2. 中央巡视整改工作有效推进。9月4日陕西分党委召开党委会，学习并传达中邮证券有限责任公司党委《关于印发中央巡视反馈问题整改方案的通知》（中邮证党〔2018〕62号），制定《中邮证券陕西分公司直属机关党委巡视整改方案》，要求下属各党支部按照整改方案的内容要求，有效推进巡视整改专项工作。制定整改措施31项，完成立行立改27项，持续推进4项。（中邮证券／提供）

【中邮证券西安电子二路营业部】 电子二路营业部收入1540万元，利润1034.7万元。收入结构仍然倚重经纪业务（含两融），经纪业务收入占比99.68%，资管业务通过产品销售带来4.9万元收入，投行业务尚未形成收入。销售资产管理产品782万元，在35家分支机构中排第3位。托管客户资产12.93亿元，交易量121.8亿元。

一、“自营＋协同”发展模式

营业部与西安邮政分公司达成意向，分成4组对接高新、土门、长安、小寨等4个分公司，开展现场培训10余次，邮政渠道推荐有效户50户，激活老客户138户，有效户188户。邮政渠道新开客户引入资产109.41万。营业部与邮政企业、邮储银行对接联系，拓展资管、投行及股票质押等机构业务。

二、各项业务发展

1. 营业部一方面做好新客户的开发，一方面继续深挖存量客户价值，为客户提供差异化服务，有效叠加高附加值业务。开展四轮存量客户服务评比工作，营业部与存量客户交流更加频繁，沟通更加顺畅，能及时了解客户想法，增强客户黏性。营业部存量客户维护在公司创新项目评比中获得第2名的成绩。

2. 不断提升客户经理展业能力。营业部共有客户经理4人，证券经纪人6人，队伍营销能力不断提升。下一步，营业部将继续引入外部优秀营销人员充实营销团队。

3. 快速提升信用交易业务规模。营业部开立的两融账户数占满足条件开两融账户数的比例较大，营业部安排专人下大力气做好存量两融客户的风险防控及预警工作，并通过召开巡视整改工作会议，研究落实营业部的金融风险防控工作。做好事前、事中、事后以及风险事项的处理，严格按照规矩办事。梳理业务流程中可能存在的风险隐患，做好风险的预防与排查，将风险的发生降至最低。营业部的两融业务及金鸿小贷业务均未发生风险事件，各项业务平稳健康运行。

三、综合发展能力

1. 管好运营服务人员。营业部运营服务岗位人员3人，未发生业务差错。

2. 做好风险防控。通过自查、演练及每日巡视签字等形式，提升营业部信息系统稳定性与安全保卫能力，未发生重大信息系统与安全事故。

3. 抓好客户服务工作。客户服务团队员工6人，投资顾问李辉亮在首届新财富最佳投顾比赛中脱颖而出，取得16%收益率，位居全国排名第15位，期中最佳收益奖榜单第10位。客户服务团队建立晨报小组，开展多种形式的活动，对服务存量客户提供了有效支撑。

四、经营管理

1. 人力资源管理。组织全员参与公司及营业部培训超百次，全面提升员工的素质。

2. 费用管理工作。结合2018年中央巡视组反馈意见及2018年集团公司的审计反馈意见，对营业部的费用支出，尤其是差旅费、业务招待费、业务宣传费、车辆运营费等项目进行严格控制，实施先审批后安排再报销，促进了营业部财务费用的规范使用，将日常监管与专项审计相结合，为稳健经营保驾护航。

五、党建和企业文化建设

营业部党支部紧紧围绕集团党组、公司及陕西分党委的总体工作思路，深化思想工作，转变工作作风，根据十九届中央第二巡视组对集团巡视情况反馈意见，制定31项整改举措，坚定不移推动全面从严治党向纵深发展，忠实履行国有企业的政治责任、社会责任、经济责任，深入做好支部的党建及纪检工作，努力把党支部打造成关键时刻听指挥、拉得出，危急关头冲得上、打得赢的基层战斗堡垒。（中邮证券/提供）

【中邮证券西安南大街营业部】 收入2677.53万元，利润1855.04万元，收入利润率70%。营业部账户总数51676户，资产规模20.34亿元，两融余额1.38亿元。

一、板块协同工作

1. 账户推荐。新开邮储三方存管客户82户，有效户15户，老户激活有效户43户，引进资产94万元。

2. 信用业务。融资余额13.8亿元，收入1575万。两融业务收入占营业部总收入60.2%。股票质押业务仅开展“金鸿小贷”，存量客户4户，额度41.2万。

3. 产品推介与销售。理财销售金额近976万元，代销收入约2.3万元。

二、日常经营及管理

1. 营业部及时组织公司新系统培训，特别是适当性系统上线，部分业务迁移至该系统，营业部及时调整了业务人员权限及双录讲解业务，保障了业务顺利办理。

2. 加强存量客户服务。由营业部投资顾问、理财经理、两融专员开展特定分类服务，提升客户黏度，深化客户投资风险控制，特别是信用客户。通过与客户长期有效沟通和服务，帮助客户在市场起伏时能够更好地控制投资方向，做好客户服务以及风险防控和化解工作。结合客户适当性要求，以实名制要求为重点，开展存量客户回访工作计8113户，占有效户的20.95%。

3. 做好营日常培训工作。落实“每日一训”培训工作，利用周一至周四下午一个小时开展业务制度、合规、反洗钱等各项培训。

4. 抓好安全管理。认真落实公司安全管理工作要求，加强人身、消防、车辆、资金、信息安全管理工作。在2月中国证券期货业协会联合应急演练和陕西证监局模拟应急演练、9月信息系统应急演练、年度集中消防知识培训和西安市消防中心培训中，表现较好，有效保障运营安全。

三、专项工作

1. 拓展营业部收入。与多家上市公司进行接洽商谈，最终有两家有意向合作，力争在股票质押业务有所突破。

2. 做好投资者教育。配合各项活动主题积极开展投资者教育宣传活动，持续开展进社区宣传，制作海报张贴。

3. 加强存量客户适当性新规管理。日常客户业务办理通过适当性系统办理，加强业务人员培训，做好客户受限咨询情况答疑。

4. 开展两融及股票质押专项盯市工作。客户账户维保比例变动较大，营业部及时调整人力，加强盯市，做好服务沟通，及时化解账户风险。发生4名客户强行平仓风险，其中两融客户1名，金鸿小贷客户3名，未发生系统性风险及客户纠纷情况。

5. 开展全面合规自查及全面风险排查工作。通过从基本情况、人员管理、执业行为管理、应急与安全管理、印章管理、信息技术、运营及账户管理、客户服务、营销管理、融资融券业务和股票质押业务管理等方面进行细致检查和核对，加强对业务合规和风险点的把控，对发现的问题及时整改。

6. 做好合规管理及反洗钱工作。将反洗钱工作贯穿在各项业务办理中，安排专人通过内控平台进行反洗钱可疑交易账户分析和报告。

四、党建及纪检监察工作

按要求召开2018年度支部组织生活会，扎实推动学习宣传贯彻党的十九大精神，建立党建学习园地和十九大知识宣传栏，落实“三会一课”相关要求，开展巡视整改工作，配备纪检监察人员1名开展纪检监察工作。（中邮证券/提供）

【中邮证券阎良营业部】 阎良营业部收入912万元，利润435万元。产品销售5682.8万元。

一、建立特色服务机制

阎良区入驻券商5家，竞争激烈。营业部注重优先稳定存量客户，通过对精细化分类制定了个性化、专业化的客户服务措施，坚持以客户为本深入开展客户服务。营业部核心客户服务覆盖率100%，通过电话、短信、邮件、微信群等多种方式及时将公司研究报告、咨讯传达给客户。定期举办投资者报告会，不仅为客户讲解投资策略、热点分析、技术指标，还向客户推广新业务和新产品，并对意向客户持续跟进。通过提高投资者实战能力，让投资者了解服务能力，从而扩大营业部影响力，提升客户的忠诚度。结合营业部老龄客户居多的特点，营业部成立了信息技术服务小组为客户提供上门服务，尤其对没时间或行动不便的客户。小组成员多次上门，为客户安装软件，耐心讲解操作，帮助解决问题，得到客户的肯定和赞扬。营业部刘新荣被邮政公司评为优秀运维人员。营业部高度重视与客户进行感情交流。春节前夕邀请陕西著名书法家现场为客户免费书写春联，对维护与客户的感情起到积极作用。

二、投教工作

营业部在“3·15”、“5·17”、金融知识普及月宣传活动、宪法日宣传、反洗钱专项宣传活动开展的过程中，邀请阎良区人民法院、阎良区人民检察院共同组织开展形式多样的投教宣传活动，为群众普及金融知识，讲解法律知识，收到较好的宣传效果。其中“3·15”、宪法日相关宣传活动刊登在《西安日报》、今日头条、陕西法制网，扩大了受众面，增强了中邮证券的品牌影响力。11 月由陕西电视台和陕西证券业协会举办的首届优秀投顾评选活动中，邢幻同志通过网络海选和专家评审团评审在脱颖而出，获得全省第 3 名。

三、针对目标客户推荐银行理财产品和基金

代销基金及金融产品 5582.78 万元，其中银行理财产品销售 5401 万元，完成公司销售目标。

四、专业素质

认真参加公司每周培训，对各类新业务制度及时宣讲，结合业务办理重点学习，保证制度的落实，进一步丰富员工业务知识，提高业务水平，增强金融风险防范能力和合规执业意识。

五、板块联动工作

营业部走访邮政、邮储网点，了解对方关于培训及服务方面的需求，协商达成双赢目的方法，解决存在问题，较好地推动板块联动工作。

六、党建和纪检工作

在公司党委和陕西省分公司直属机关党委的领导下，营业部党支部全体党员认真落实全面从严治党工作要求，贯彻公司党委和陕西分公司党委工作部署，开展中央巡视整改工作，结合营业部工作实际，不断加强党支部的政治建设、思想建设、组织建设和作风建设，为营业部合规经营提供了思想和组织保证，并以党建工作为统领，不断推进营业部的经营发展。（中邮证券 / 提供）

【中邮证券渭南营业部】

一、营业部基本情况

渭南营业部员工 8 人，其中经纪业务人员 7 人，一人长期借调，无客户经理，经纪人 1 名。截至 11 月 30 日，资产总额 7370 万元；客户总数 5527 户；两融负债为 786 万元。

二、经营情况

新开有效户 133 户，新增客户资产 148 万元；截至 11 月 30 日，营业收入 85.77 万，利润总额 −55.68 万元。营业部把工作重点放在两融业务方面。积极沟通客户争取达成，以实现效益最快最大化。截至 11 月 30 日，两融账户 41 户，两融业务实现担保物价值 1790 万元，融资余额 786 万元。为防止客户流失，营业部通过上门拜访、电话沟通等多种方式，保持与客户的联系密度。未出现较大资产流失和客户流失。在招商金鸿债券基金销售工作中完成公司下达的任务，基金销售 72.9 万元。

三、合规情况

业务零差错、零投诉，未发生合规风险和不安全事件；员工合规培训从不放松。按照合规要求通过回访检查营销人员展业的合规性，全部合规，未出现违规事件；按照计划每季度至少进行一次反洗钱培训，按时提交反洗钱报表、报告；在工作中严格按照公司合规管理要求执行，无不安全、不规范行为发生。由于合规专员长期借调或支援分公司建设，为保证营业部合规工作正常运行，11 月派员工赴公司总部进行为期一个月的专职培训，经考试合格，预计 2019 年正式上岗。

四、板块联动

营业部与渭南邮政、邮储等机构联系，沟通合作事宜，在市级、县级邮政机构举办多次开户业务、投资咨询培训，宣传公司各项业务以及金融产品。在邮政机构的积极配合下，四季度开始初显成效，有效户数量快速上升。来自邮政系统介绍客户新增 117 户，其中有效户 103 户，老客户激活 213 户，新增客户资产 154 万元。至此来自邮政系统介绍客户 3772 户。

五、党务工作

在公司党委的领导下，营业部党支部按照集团党组和公司党委的要求，充分认识和积极贯彻执行集团公司经营战略，以发展为第一要务，切实加强思想、组织、作风和制度建设，加强学习，充分发挥党建工作在业务经营与发展中的保证促进作用。坚持不懈地贯彻执行党章的各项规定，增强党的观念和党员意识。与公司党委签订党建目标责任书，切实履行在新形势下党支部责任。（中邮证券 / 提供）

【中邮证券咸阳营业部】 收入 224 万元，实现利润 −12.91 万元。收入主要来源经纪业务和融资融券业务。托管资产总额 1.42 亿元，账户数 10810 户，其中有效户 781 户，占比 7.22%。

营业部高度重视融资融券客户维护，融资融券业务比较稳定。加强与咸阳市邮政分公司的业务联系，集中、多次到邮政区县网点进行沟通和培训，为每个网点指定客户经理，督促客户经理加强对邮政网点的支持。四季度，与邮政合作取得一定突破，激活或新增有效户 319 户，引入资产 386 万。

营业部深入学习党的十九大精神和新修订党章，加强党风廉政建设、持续落实纪检监察工作要求。通过深入学习增强了四个自信，树牢了四个意识，确保营业部全体在政治立场、政治方向、政治原则、政治道路上同党中央保持高度一致，坚决维护习近平总书记在党中央和全党的核心地位、维护党中央权威和集中统一领导。（中邮证券／提供）

【中邮证券汉中营业部】

一、深挖传统型股票客户潜力，提升投顾能力，深度开发高净值客户

由于市场持续疲弱，开发客户面临极大的困难。为此，营业部想方设法通过员工极强的个人投顾能力，重点跟踪市场上成熟的个人大客户。

二、激活睡眠户，提升有效户占比

提升有效户占比是工作重点。除邮政渠道客户之外，营业部存量客户中无效户占比也较高，特别是有大量客户群体属于因市场行情撤资，针对此类客户营业部利用“天天万利宝”、公司推出的债券基金等产品重点向客户进行推介，按期更新产品信息，对比同类银行理财收益率等，通过针对性的业务宣传，客户资金明显回流，连同银行理财资金也流入证券账户，稳定营业部资产量。

三、抓好产品推荐，扩大销售规模

结合证券市场的情况，营业部力求将“产品销售”打造成区别于往年的亮点。传统的经纪业务在新型业务的冲击下市场红利逐年下降，投资者类型也由单纯的“炒股”型转化为多元化需求。员工只有不断提高投资知识，才能满足多元、转型的投资者需求。营业部要求员工通过提升“学习力”增加“竞争力”扩大“影响力”，在每次有产品需要销售的时候能迅速找准客户群体，全力出击。通过产品销售，营业部也丰富了客户类型，“综合型投资者”在不断增加，提升客户黏性。

四、开展板块联动工作

营业部按区域划分网点进行对接工作，落实责任到人，根据对接情况，本着谁对接谁负责的原则，要求员工做好后续服务工作，并根据对接情况开始筛选能快速开展的业务。从证券基础知识讲解开始，从网点工作人员理财意识的培养开始，不断打破合作僵局，向共赢转换。（中邮证券／提供）

【中邮证券宝鸡高新大道营业部】

一、业务发展

在证券市场极度低迷情况下，收入 392 万元，利润 73 万元。业务主要以经纪业务为主，两融收入占营业部总收入在 37% 左右。业务发展主要依靠自身营销团队，邮政板块协同发展取得一定的成绩，发展有效户 306 户，新增交易资产 200 多万元。营业部在业务发展过程中，坚守合规底线，全年未发生合规风险。

二、全面履行党建工作责任

深入学习贯彻习近平新时代中国特色社会主义思想和党的十九大精神，为推动营业部党员干部兴起学习贯彻党的文件精神热潮，营业部党支部书记切实履行主体责任，建立营业部党建纪检 QQ 工作群，通过现代科技手段和现场组织相结合方式带领党员干部进行党的重要文件学习、传达、落实。坚持把政治建设摆在工作首位。认真落实好关于加强和维护党中央集中统一领导的若干规定精神，贯彻落实好新形势下党内政治生活若干准则，并落实好公司党委安排的专项自查整改工作。（中邮证券／提供）

甘肃省

【甘肃省邮政分公司】

一、基本概况

全省邮政收入 17.01 亿元，增幅排名全国第 14 位；完成预算进度 99.7%，排名全国第 15 位，收入规模排名全国第 26 位，比上年上升 1 位，减亏 400 万元。邮政储蓄余额净增 35 亿元，比上年增 9 亿元。中央巡视反馈整改工作扎实推进，机关作风明显好转，团青工作焕发活力，扶贫攻坚扎实有力，党的建设卓有成效，基层党组织的战斗堡垒和先锋模范作用充分体现。提高政治站位，加大资金投入，普服能力和服务质量进一步提升，基本实现“乡乡设所、村村通邮”，全省县域党政机关《人民日报》等重点党报党刊当日见报率稳定在 60% 以上。代征税款突破 8 亿，“双代”业务代征税款突破 8 亿元，收入 2755.6 万元，比上年增长 254%。按照集团统一部署，完成寄递翼改革阶段性目标，人员整合全部到位，岗位职责全部明确，生产运营有序推进。立足高质量发展，省分公司组建网点转型办公室，实施网点转型改造工程，全省 37 个网点实现升级改造；组建数据分析团队，加强数据应用，完成报刊客户分析等 12 个项目的分析和成果应用。落实总部客户项目，与铁塔公司签订战略合作协议，与中盐、中烟等 8 家单位持续开展业务合作。举办兰州 2018 中华全国航天・专题集邮展览。合同用工人均年收入增幅 9.88%，劳务用工人均年收入增幅 9.84%；调增基本工资和津贴补贴标准，8405 人增资，月人均增资 230 元。

二、业务发展

1. 金融业务。收入 10.28 亿元，比上年增幅 6.04%，

全国排名第 11 位，收入占比超过 60%，比上年提高 3%。坚定余额核心理念，存款结构持续优化。深入贯彻高质量发展要求，积极创新客维方式，围绕重点客群精耕细作，储蓄余额规模超过 530 亿元，其中价值存款占比 91.2%，高于全国 4.6%；转变保险销售方式，发展质量有效提升。推进期交转型，期交保险销售 9.4 亿元，期交占比 33%，全国排名第 3 位，收入多增 1600 万元。

2. 寄递业务。寄递业务收入 3.63 亿元。"二代证"、出入境类、交管类和法院专递项目实现两位数增长；开发网上车管、互联网 + 政务、网上办税寄递服务等项目；商务市场开发有成效。组织开展省际标快大决战、行业客户挖转、重点省际线路营销等活动，收入 3800 万元，比上年增长 8%；重点电商项目有收获。百合集群市场收入比上年增长 33.43%，灵泰服饰项目收入比上年翻番；物流仓配项目有进展。北京华联、海纳百川和陕西医药配送等项目顺利落地，收入 257.75 万元；山西汾酒项目仓储面积翻番，每年可增加收入 50 万元。

3. 传统业务。集邮与文化传媒业务收入 2.43 亿元，其中：函件收入 4862 万元，完成进度 103.44%，增幅全国排名第 4 位；报刊专业收入 11605 万元，完成进度 100.74%，增幅排名全国第 18 位；集邮收入 7798 万元，增幅排名全国第 9 位。文创产品销售收入 1120 万元，比上年增长 139%；线上媒体广告收入 521 万元，收入规模排名全国第 14 位；构建全省视频联播网点 337 个，成为全国第三个搭建视频联播广告平台的省份；函件专业库存压减 59.18 万元，完成全年目标 118.36%；2019 年报刊大收订流转额 3.11 亿元，所有板块正增长，提前超额完成计划目标；收订《幼儿画报》17600 份，比上年增长 133.21%，进度列全国第一；生肖贺岁季实现产品销售额 5305 万元，完成计划目标的 106%，进度列全国第一；全国航天邮展收入 1192 万元；集邮产品毛利率高于全国平均 3%。

4. 渠道业务。增值业务收入 3413 万元，完成预算目标的 189.61%，全国排名第 3 位，比上年增长 80.65%；分销业务收入 6627.27 万元，毛利率高于全国平均水平 0.3%，年终库存率 7.9%，欠费率 0.96%，经营管控指标全面达标。建成"邮乐购"站点 5593 个，完成计划目标的 111.9%；建成"自营网点邮乐购站点"65 个，完成计划目标的 108%；代购 41.54 万笔，完成计划目标的 104%。

三、邮政服务水平

聚焦服务短板，开展专项整治活动，强化重点问题整改。申诉率由百万分之 6.27 下降到百万分之 0.41，全国排名第 8 位；寄递业务客户投诉率从万分之 3.8 下降到万分之 1.46；寄递出口段时限准时率由 95.5% 提升到 98.02% 并达标；省内互寄邮件次日递率由 59.5% 提升到

甘肃省会宁县邮政车辆运输农产品。

71.7% 并达标；进口及时妥投率全年稳定在 86.1% 左右并达标。完善客服体系，推进高效运行，强化客户投诉分析，加快工单调度处理，提高质量。省 11185 客户服务中心呼入话务量 12.39 万次，人工接通率 92.33%，客户满意度 99.49%，均高于集团的达标要求，全国排名靠前，客户体验进一步提高。

四、创新引领

1. 网点转型。通过集中办公、并行作业等方式，有效压缩网点立项、审批、招标、实施、验收等系列工作时限，加快网点转型增效；推动网点业务叠加，107 个文创专柜实现销售收入 1115 万元，占函件总收入的比重 22.82%，586 个网点开办双代业务，网点占比 35.4%。

2. 科技应用。扩编大数据团队，将省分公司数据分析人员增加到 11 人，研究生占比 72.7%，增强数据分析团队实力；建立全省统一的数据申请及数据下载通道，确保各类生产数据和客户信息在各环节的安全性与保密性；及时对接业务需求，完成代收移动话费改造、网点自助填单系统等 8 个应用软件的开发工作。

3. 线上平台。打造以金融积分为核心的客维平台和以文化产品、土特产寄递为一体的线上营销平台，建立线上线下共通互容的新型营销模式。发展粉丝 17.6 万；绑定金融客户 2.96 万户；兑换订单 14.1 万笔；平台销售 1182.52 万元；线上订阅 2522 万元。

五、企业精细管控

1. 财务管理。深化预算管理。创建分环节代办费预算管控模型，合理控制重点成本费用过快增长；优化预算执行。借助 ERP 预算管控模块，建立成本预算双向预警机制，控制资金预算偏离；规范资产管理。加强租赁资产基础管理，引入第三方评估定价，推进资产经营市场化运营，推行银行保函制度，坚持固定资产投资项目"三不付"原则，规范工程建设管理；强化资金分析。细化资金分类，统一资金分析模板，强化资金流量、流向分析和网

点暂存资金分析，重点解决“隐藏欠费”和“调节收入”问题。

2. 人力资源管理。优化机构编制管理。推进寄递事业部改革，按期完成机构整合和人员划转工作；规范市州分公司党建和纪检监察机构设置，明确纪委书记职责分工；加强劳动用工管理。组织开展第三方合作机构服务情况评估，强化用工风险管理；逐步调整优化合同用工、劳务用工及承揽人员占比。全口径用工总量11288人，比上年减少215人；完善薪酬分配制度。修订岗位绩效考核、金融从业人员薪酬分配、投递人员计件制薪酬分配等制度办法，进一步体现“按劳分配、多劳多得”和“基本保障与有效激励并重”的基本分配原则；强化人工成本管控。健全人工成本管理制度，确保工资总额和劳务用工、劳动报酬零基预算有效实施；加强员工教育培训。修订完善集中培训管理办法，科学制订培训计划，强化培训过程管控，提高培训实效。组织开展各类集中培训25期、远程培训46项，开展职业技能鉴定15期；深化服务支撑中心建设。深化事务性工作集中处理程度，提高人力系统数据维护质量，保证全省薪酬及时、合规发放、企业年金移交等项目配套工作，保障重大改革平稳推进。

3. 审计管理。充分调动内外部审计资源，科学运用ERP审计系统，对104个审计对象实施各类审计599项，纠错防弊金额3297.01万元，增收节支1449.55万元。其中：建设项目审计金额2.45亿元，节支1242.55万元，结算审减率13.72%。

4. 能力建设。投资计划1.52亿元。完成普遍服务工程项目19个，完工率90.4%；集中维修工程项目32个，完工率72.7%。邮政信息网甘肃省中心机房工程顺利通过集团公司竣工验收，省邮政信息网具备A级服务承载能力；庆阳等4个市州新场地投入使用，会宁等7个县域场地改造完成；更新车辆218台，新增57台，更新电动三轮车328台，增加131台；投放智能包裹柜166台；更新和新增PDA、蓝牙打印机、皮带机等，快递“最后一公里”问题持续改善。

5. 网运管理。网运环节提质增效明显，节约成本1969.35万元。标快业务每公斤单价比上年提升0.23元，电子面单使用率85%，轻小件占比65%，比年初提升3%；有效利用民航航线资源，兰州出口至72个重点城市次日递率由年初的33%提高到43%；规范操作流程，取消兰州航空邮件处理中心40个省内封发格口；强化邮路运行管控，邮车运行准点率98.29%，比上年提高10.66%。

6. 采购工作。制定采购管理系列制度办法，确保项目实施有章可循。完成76个集中采购项目，执行集中采购预算6196.4万元，节约资金845.95万元，资金节约率14.26%。其中，采用公开招标方式采购61次，公开率为96.66%。

7. 安全管理。集中开展代理金融网点10项安全隐患整改；组织实施视频安防系统专项整治；完成145个代理金融网点监控数字化、高清化改造，1316个邮政网点实现监控全覆盖；依托监控平台，加大非现场检查力度，排查隐患1426个，整改1222个，整改率85.7%。

六、职工权益保障

坚持发展依靠员工，发展成果与员工共享，员工幸福感、获得感显著提升。建成一批示范型“职工小家”；提高员工收入和艰苦地区津贴补贴；强化员工劳动保护措施，提升劳动保障水平；下拨经费120万元用于开展慰问活动；实施困难员工帮扶措施，帮助17名在档困难员工实现脱困。部分集体和个人获得了全国总工会、省总工会和集团公司在不同层面和不同领域的各项表彰奖励。（甘肃省邮政分公司）

【邮储银行甘肃省分行】 邮储银行甘肃省分行下辖14个二级分行，59个一级支行，87个二级支行，598个营业网点。员工6010人，平均年龄36岁，其中，本科及以上学历员工2043人，占比68%。

一、经营概况

资产总额810.11亿元，新增17.83亿元，自营业务收入18.39亿元，增幅0.16%。负债总额812.78亿元，新增24.49亿元，各项存款余额759.24亿元，新增7.44亿元。其中，自营个人存款余额134.84亿元，新增3.54亿元；公司存款余额93.06亿元，下降31.04亿元。各项贷款余额488.43亿元，新增18.85亿元。各项贷款占省内市场份额2.52%，各项存款占省内市场份额4.07%。

二、业务发展

1. 小企业金融业务。深化“三化”建设，围绕辖内企业、医疗教育、美丽乡村等，在全省8.95万个有连续纳税记录的小微企业中开展走访，共走访1329户，确立目标客户681户、19.89亿元，完成放款113户、4.41亿元，转化率22.17%。积极搭建政府平台，分类营销走访。多措并举降低融资成本，2018年分行对小微企业的利率下降102个BP。

2. 个人金融业务。个人金融以产品、项目、社群带动发展，推进“社保卡”“银医通”“三供一业”等项目，搭建个人客户积分系统，扩大个人存款规模，提高活期占比。自营个人存款134.84亿元，活期存款占比60.02%，比上年末增长2.61%。信用卡业务紧抓“发卡、用卡、质量管控”，截至年末，信用卡结存26.01万张，新增10.09万张，增幅98.54%。手机银行渗透率41.63%，比上年末提升4.69%。

3. 公司业务。聚焦政务客户，参与甘肃省政府债券承销及国库现金管理、省级社保基金定期存款招标，承销地方债5期、金额12.7亿元，中标省级国库定期存款4

期、金额16.32亿元，省级社保基金定期存款2期、金额4.25亿元。与各级财政部门和人行对接，实现辖内4家分行的12个支行代理国库集中支付电子化系统和甘肃省非税电子化系统的成功上线。聚焦现金管理，发挥“自营+代理”优势，提升电力、烟草、移动等客户服务，结算量1069.17亿元。发放扶贫项目贷款10亿元，向省内知名建筑业发放流动资金贷款5亿元，实现零用信客户突破。抓行业监测，对“两高一剩”行业客户实行名单制跟踪管理。

4. 同业业务。加强与省内地方法人机构的业务合作，建立6家同业授信客户，开展同业借款9亿元，同业存款新增10亿元；销售大额同业存单金额2亿元；票据转贴现恢复办理，业务规模33.30亿元；新增债券投资6.7亿元，余额24.63亿元，理财投资同业存款余额5亿元。

三、风控合规管理

1. 健全风控机制。实现全流程、全业务、全产品、全覆盖的风险管控，合理确定风险限额，强化考核和评价运用。制定“三大战役”应对举措，针对不良贷款清收“攻坚战”、存量业务资产质量不再劣变的“保卫战”和新时期实现高质量发展的“持久战”，通过全年不间断开展清收活动，保持高压态势，综合发挥司法、委外、经侦力量“啃硬骨头”，竭力压缩存量不良资产规模，处置移交后不良资产6.28亿元。

2. 内控合规。深入剖析、吸取教训，建立违规惩戒教育、问责通报等工作机制。发挥“三道防线”的作用，共筑风险防火墙。增强检查、揭示、问责力度，常规检查、飞行（接管式）检查并举。组织法规知识竞赛、禁令制度考试、案件通报警示教育等，全辖开展各项活动近400场次，组织培训1.25万人次、警示教育9400人次。推进深化市场乱象整治，梳理内外部检查发现问题2154个，建立整改台账，实行销号管理。开展“以案为镜、吸取教训、查找问题”大讨论及述职述廉述合规、“践行合规、永当表率”演讲比赛等活动。

四、助力扶贫攻坚

在全省建立精准扶贫驻村帮扶联系点85个，帮扶干部453人；被帮扶贫困户户数1886户、人数6871人；办实事423件；自筹帮扶资金及购买捐赠物资价值378万元。8月，在全省范围内开展“党旗领航”信用村镇建设活动，与地方党委、政府结合，重点对全省1.6万个行政村分层分级开展大走访，通过搭建“银村合作”平台，发挥农村基层党组织、“驻村第一书记”、扶贫驻村工作队、致富能人作用，全面开展信用村、信用户创建，调整小额贷款传统利率下限至6%。全行建成信用村755个，评定信用农户3.8万余户，放款1.4万户；发放信用村信用贷款8.49亿元，结余9936笔、6.12亿元；发放信用村其他贷款2723笔、2.45亿元。走访个体工商户5590户，放款414户。在第二届“陇上金融家”评选活动中，家庭农场贷款荣获“最佳金融产品和服务奖”，甘肃省分行荣获2018年金融支农优秀合作单位，全年获得涉农贷款增量奖励883万元。甘肃省分行助力特色产业扶贫工作获得省领导的高度认可。

五、党群工作

1. 推进党建“五大项目”。一是落实“阵地建设”项目，在省内南梁、庄浪和腊子口建立红色教育基地。邀请专家教授为全行党员领导干部讲授十九大精神，举办三期“不忘初心、牢记使命”党性教育轮训。将“强基固本”建设常态化与党支部建设标准化结合推进，以“三册两记”、党务工作“四项管理”、发展党员“14项资料”推动全行基层党组织建设实现“两化”。二是落实“创新创效”项目，开展“转变作风改善发展环境建设年”活动，召开省行机关转变作风督导推进会，开展“党员身边无违规”主题实践活动。三是落实“党群共建”项目，组织开展“宣传贯彻十九大，中国梦、劳动美”演讲比赛。四是落实“典型示范”项目，组织全行开展优秀共产党员、党务工作者、先进党组织评选，号召全员学习先进。五是落实“党建目标管理”项目，将考评结果与二级分行党委年度经营绩效挂钩。

2. 群团工作。组织员工参加各类赛事及书法、绘画、摄影作品展，常态化开展送温暖、帮困关爱活动，为3名大病致困员工发放救助金近6万元，开展授信、贸金等6项技能劳动竞赛。表彰奖励全省2017年以来获得省级以上荣誉的集体和个人62个，营造积极向上的干事创业氛围。（邮储银行／提供）

【甘肃省寄递事业部】

一、机构改革

实施“一个主体、整合资源、分层运作、清晰核算”，自上而下整合邮政公司寄递业务主要资源和速递物流公司全部资源，组建了寄递事业部，对内作为快递物流业务经营管理的责任主体，对快递物流业务实行统一管理、统一经营、统一网络、统一核算、统一考核。9月18日，中国邮政集团公司甘肃省寄递事业部正式成立，作为甘肃省邮政快递物流业务的内部经营管理主体，承担全部经营、管理、损益责任，没有进行工商注册；中国邮政速递物流股份有限公司甘肃省分公司对外仍保留分公司实体经营法律地位，其全部经营管理职责由寄递事业部行使。寄递业务总收入3.63亿元，比上年增长2.6%，完成年计划的82%。

二、充分发挥党建政治保障作用

1. 深入贯彻落实习近平新时代中国特色社会主义思想和党的十九大精神、国企党建会精神、中央巡视反馈会议精神。召开10次中心组学习会议，制订并落实集体学习和个人自学计划，组织开展“大学习大讨论大落实”活动和建党97周年活动，组织开展三级副及以上干部学习十九大精神培训班和全体党员网上学习十九大精神，引导全体党员和各级干部坚定理想信念，牢记初心使命，强化政治担当。严肃认真抓好中央巡视问题整改，44项整改任务完成42项。

2. 狠抓关键少数责任落实。落实党委抓党建主体责任和党委书记抓党建第一责任，逐级签订年度主体责任书和专责监督责任书，将全面从严治党责任落实和阶段性重点工作完成情况纳入班子月度考核。举办党支部书记、党务和纪检监察工作人员培训班，按季度实地检查基层党建和纪检监察工作情况，引导各级党建工作者更好履职尽责。

3. 扎紧制度和纪律的笼子。修订业务招待费、差旅费、八项规定实施办法等制度规定，组织开展“党风廉政教育宣传月”活动和效能监察工作，对节假日期间廉洁风险防控进行专门提醒和检查，严肃开展违规违纪责任追究。

4. 抓好党的群众工作和精准扶贫。各级工会组织围绕中心，服务大局，组织开展丰富多彩的文化体育活动和员工慰问活动。落实省委精准扶贫工作部署，累计向定点扶贫单位任劳村投入帮扶资金5.96万元。

三、寄递事业部改革

根据集团公司和省分公司统一部署，甘肃省寄递事业部于9月18日成立，各市州、县区相继成立，寄递业务经营管理的架构全部搭建完成。改革启动之后，省分公司与寄递事业部逐一制定工作衔接清单，逐项明确工作分工，防止改革过程中出现工作漏项，确保了省市县各层面工作有效衔接，生产发展平稳运行。

四、应对经营严峻形势

经济下行压力增大，邮政寄递因自身存在的销售、网络和服务能力等方面存在的不足，业务发展形势严峻。与此同时，预计中的苹果、樱桃、李广杏等生鲜特产寄递项目，由于天气灾害原因，造成大面积收入缺口。主营业务收入2.96亿元，比上年增长4.62%。

1. 主动开发政务项目。开发不动产、高等学历认证、地税等项目。重点项目收入增长较好，“二代证”、出入境类、医院病例和法院专递项目收入分别比上年增长28%、19.24%、18.43%和46.98%。

2. 抢夺商务市场。组织开展省际标快大决战营销活动、顺丰客户抢夺专项工作，实施“三进工程”，商务市场收入3800万元，比上年增长28%。

3. 发展电商项目。百合市场收入比上年增长33.43%，灵泰服饰项目收入比上年翻番。兰州京东、天水京东项目收入突破1500万元，分别比上年增长23.81%和39.46%。

4. 转型发展物流项目。陕西医药配送、北京华联和海纳百川等项目顺利落地，收入257.75万元。山西汾酒项目仓储面积翻番，每年可增加收入50万元。

五、提升服务质量

强化质效考核引导作用，强化部门和环节联动，组织开展视察检查、VIP客户主动客服和揽投部内部客服，以及服务质量专项整治活动，努力弥补能力不足短板，丢失邮件数量比年初减少71.28%，客户投诉率从年初的万分之3.8下降到万分之1.46，申诉率从百万分之12.1降至百万分之0.63。

1. 提升客户服务指标。有责投诉比上年减少19.39%、有责申诉比上年减少22.41%，投递质量、时限延误、邮件丢失和收寄质量投诉申诉明显减少。兰州EMS客户满意度为81.6分，比上年提高2.3分，高于全国邮政EMS满意度0.4分。

2. “双11”客服指标全部达标。协查方工单比上年下降30.24%，工单48小时及时回复率和问题邮件一次解决率分别比上年提高2.6%和5.51%，直派工单及时反馈率比上年提升4.24%，主导方工单数量比上年提升13.57%。

3. 开展生产作业规范年活动。加强对各环节操作人员的现场培训，规范操作流程，各生产环节操作质量均有较大提升，外省稽核甘肃省违规经营、总包规格、邮件规格等不合格邮件量分别比上年下降21.8%、45.36%和29.71%。

4. 无着邮件明显降低。兰州邮区中心局使用“五点复活法”核查异常邮件线索，复活无面单邮件等异常邮件，待查邮件100%复活，陆运处理中心包裹快递邮件零入库。

六、持续增强网运支撑能力

出口段时限准时率由年初的95.5%提升至10月份的98.02%并达标；省内互寄邮件次日递率由年初的59.5%提升到10月的71.7%并达标；进口及时妥投率稳定在86.1%左右并达标。

1. 调整优化网运计划。在充分利用邮航频次进行出口发运的同时，有效利用民航航线资源，兰州出口至72个重点城市次日递率由年初的33%提高至43%。

2. 规范优化操作流程。完成新一代寄递业务平台二阶段网运环节和三阶段国际邮件中转处理环节省内上线推广，提升了运行效率。取消兰州航空邮件处理中心40个省内封发格口，规范了操作流程，提升网运问题快速发现、快速解决能力。

3. 发挥指挥调度体系职能。综合运用“预警预报调度、动态调度、生产现场调度和日常管控调度”等智能调度方式，强化旺季提前谋划，强化邮路运行管控，邮车运行准点率98.29%，比上年提高10.66%，完成2018年春节和“双11”等旺季网运任务。实施淡旺季作业计划。支撑土特产寄递项目发展，先后阶段性开通酒泉李广杏冷鲜专线、武威蜜瓜冷鲜专线和天水、平凉苹果出口省际直达专线等多条土特产专线邮路，支撑土特产寄递项目发展。

4. 提升网络运营能力。场地建设方面，庆阳、金昌、嘉峪关和陇南4个市州投递新建生产场地投入使用，完成会宁、景泰、泾川、清水、张家川、古浪和西峰区7个县市区处理场地改造。车辆设备方面，更新车辆218台，新增57台，电动三轮车更新328台，新增131台，更新部分PDA、蓝牙打印机、皮带机等设备。完成兰州中心局车辆运管平台上线。开通首条无人机邮路，更快更好地直接服务10个行政村。

七、推动提质增效工作

1. 经营发展提质增效。在揽投员中倡导开展“一元钱”提升活动，标快业务每公斤单价从上年的13.21元提升至11月的13.44元。电子面单使用率从年初的66%提高至12月的85%。轻小件占比从年初的62%提高至12月份的68%。

2. 网运环节提质增效。优化酒泉到兰州邮路，每年可节约成本92.4万元。降低兰州至乌鲁木齐等11条邮路和兰州中心局内部处理外包价格，每年可节约成本575万元。国内运输成本收入率从上年的49%下降到38%，比上年节约155万元。推行“无缝隙积木装车法”，运输成本减少175万元。将部分方向e标准邮件由航空转陆运发运，开通兰州—天津经济邮航，民航费用比上年减少41.61万元，邮航费用比上年减少174.36万元。

3. 严格管控人工成本。调整规范全省计件薪酬标准，并严格落实审批，确保政策执行到位。根据各生产经营单位业务收入和利润实绩，以人事费用率为标杆，核定原速递各单位可使用人工成本，速递账工资总额比上年增长1.39%，低于主营业务收入增幅1.55%。（甘肃省寄递事业部／提供）

青 海 省

【青海省邮政分公司】 全省邮政业务收入4.25亿元，比上年增长6.44%，完成集团公司预算101.31%；成本费用7.72亿元，比上年增长12.09%；经营利润－1.28亿元，完成集团公司预算100.59%；全员劳动生产率13.73万元，比上年增长6.19%。

一、网点转型

代理金融业务收入2.12亿元，比上年增长1.51%。代理储蓄余额新增7.54亿元，余额规模130.88亿元，市场占有率5.9%。全省邮政保费1.03亿元，理财保有量9.45亿元；电子银行新增7.66万户，手机银行激活7.46万户；ATM/CRS自助设备197台，点均1.6台。开展覆盖全省的“新支点、新动能”网点转型培训，网点转型更加深入人心。突出协同优势，创新服务方式，牧区“寺院经济”、邮商联盟、樱桃有礼等各类“金融+”主题营销活动取得新突破。全面推广客户分层分级管理模式，对万元以上客户实施一对一精准维护。强化政策支持，加大余额发展力度，开展“每周一星”评选活动。

青海省海西州诺木洪支局员工深入田间地头了解枸杞收成，向农民介绍邮政电商服务举措。

二、寄递事业改革

9月18日，中国邮政集团公司青海省寄递事业部成立。各单位充分整合寄递资源，及时组建各层级寄递事业部，积极建立市场化机制，激发经营活力，加快业务发展，改革发展初见成效。网运工作由“管理型”向“经营型”转变，建立市场开发联动机制，全程参与寄递市场项目开发；打造省际精品线路，拓展重点市场；完善网运协同客服机制，着力提高处理的时效和质量。深化“航空＋陆运”组网模式，全网邮件运递速度全面提升；陆运网质量管控稳中有升，陆运网KPI指标获得集团公司奖励。加强指挥调度中心平台应用，全网动态指挥调度能力明显增强。寄递业务竞争力显著提升，包裹快递业务量435.3万件，比上年增长24.5%；收入11586.4万元，比上年增长17.2%。“极速鲜”牛羊肉生鲜寄递项目收入568万元。京东“落地配”项目收入557万元；邮快合作收入132.58万元；“一月一品、借品造包”项目实现配送收入50.78万元；全省邮政包裹快递业务揽收量111.58万件，揽收量占比43.51%；揽收收入1890.81万元，比上年增加407.13万元，揽收占比40.91%，比上年提升4.85%。

三、综合平台建设

函件业务收入1705.3万元，完成全年预算的102.1%，比上年增长4.26%。与青海省社保局深度合作，五险账单寄递项目收入327万元。坚持做好县域主题项目，申报项目136个，收入566万元。集邮业务生肖贺岁季主题营销活动销售额856万元。第十七届环湖赛系列产品销售额118万元。定向邮品开发金额225万元。集邮网厅线上零售商品4000多套，收入近72万元。集邮产品毛利率48%。报刊流转额1.15亿元。代投、赠报、教材等其他业务收入98万元。增值业务2786.07万元，比上年增幅94.25%。"税务双代"业务代收金额6.3亿元，业务量30.43万笔，业务收入突破3000万元。代理航空机票销售30437张，其中"航意险"加办率55%。代售汽车票6440张，火车票155477张。分销业务收入903.3万元，比上年下降33.88%。"五节联送"营销活动收入423.21万元。共和县农村电商运营稳中向好，入驻共和电子商务馆的企业41家，线上交易613.9万元。建成邮乐购站点1211个，站点活跃度21%，比上年提高6%。邮乐小店建成20076个，活跃度16.46%。加快批销业务发展，产生批销金额47万元。第二届邮乐919电商购物节总订单量比上年增长89%，销售额165万元。

四、精细管理

1. 深化资金管理。加强资产管理，房屋出租收入比上年增长49.4万元。依托ERP平台，改进管理方式，企业管理从粗放向精细化转变，财务精细化管理水平持续提升。

2. 人力资源管理。不断完善薪酬机制，持续推进战略绩效考核和分类分级考核制度落实，并加强结果运用。优化用工结构，完成2018届50名邮政营业员和100名储蓄营业员定向委培工作，择优转招为合同用工。按照"倾斜一线、技能优先、激励先进、对标管理"的原则，完成基本工资和津贴补贴调整工作。

3. 服务质量管理。省内考核13项通信质量指标全部完成，扎实开展服务质量投诉专项整治活动，申诉处理满意率100%。全国平常邮件质量大提升专项活动中，集团公司对青海省检查验收评分93分；组织开展"补质量短板，提用户体验"通信服务质量竞赛，纳入竞赛的16项重点管控指标有14项大幅提高。加强无着邮件管理。全省邮政监督检查履职资料综合得分90分。全省4139个建制村全部实现直接通邮，建制村直接通邮率100%目标。党报党刊当日见报率提高到52%。

4. 协同发展。隆重表彰2017年度重点项目获奖单位。与青海省环保厅、铁塔公司、中石化等签订战略合作协议。投资5869.9万元，统筹安排生产性用房、营业网点改造和标准化建设，大力改善生产生活条件。完成"三供一业"分离移交工作第一阶段任务。

5. 采购管理。纳入战略绩效考核，建立健全青海省分公司公开招标实施办法、采购管理办法等制度。省分公司集中采购金额7841.14万元，以公开招标方式进行集中采购的项目占比66.15%。

6. 审计监督。审计项目69项，开展青海省寄递事业审计调查、营销费用等专项审计。风险防控和安全生产管理，严格落实风险防控主体责任，采取"整体接管+合规检查+指导督导"方式对重点业务、薄弱环节开展了合规检查。开展"市场乱象整治"等八个专项风险排查，排查覆盖率99.51%。加强金融风险日常防控，规范经营管理行为。狠抓安全生产责任制落实，全省邮政未发生重特大安全生产责任事故。

五、建设"快乐家园"

省分公司党组提出"青海邮政践行企业文化76条"，扎实推进"快乐家园"建设，员工获得感、幸福感、安全感大幅提升。扎实推进企业文化建设和精神文明创建工作，营造崇尚先进、学习先进的良好氛围，隆重表彰了全省邮政营业员、营销员、投递员"三十佳"优秀员工，召开青海省"全国邮政系统先进集体、先进个人事迹报告会"。组织开展青海邮政独立运营20周年文化艺术周活动。开展三级教育培训，持续提升各级管理人员能力水平。利用企业自有资源，开展业务、服务、党建等各类省级集中培训班46期，培训3677人次。

六、党建工作

省分公司党组全面履行巡视整改主体责任，召开专题会议研究部署巡视整改工作，建立工作例会制度，实行整改台账管理。围绕中央巡视反馈意见和指出的问题，省分公司党组制定24项整改任务，57项整改措施，扎实推动整改落实。全省邮政逐级签订《落实全面从严治党要求主体责任书》和《落实全面从严治党要求专责监督责任书》。认真开展基层党组织书记党建工作述职评议考核工作。制定省分公司党组关于开展基层党组织示范点建设实施方案、落实基层党组织建设达标工程和创造争优活动实施意见等制度，促进各级党组织知标准、懂依据、会抓建。省分公司党组成员带队开展调查研究，形成综合调研督导报告15份、专题调研督导报告4份。监督执纪问责不断强化，传导专责监督责任压力，专责监督责任书签订率100%。制订《青海邮政企业2018—2022年巡察工作规划》，明确今后巡察工作总体思路和目标任务。启动内部巡察工作，对格尔木、西宁分公司党委进行巡察，并严肃处理巡查中发现的问题。以效能监察和专项治理为抓手，效能监察立项54项，将采购项目执行、营销费用使用和违规发放薪酬纳入效能监察项目。认真组织开展"一报告两评议"选人用人民主评议工作。出台青海邮政企业"优秀县分公司总经理""优秀支局长"及优秀营业员、营销员、投递员、邮运员"四十佳"评选办法，大力营造"想干事、肯干事、能干事、干成事"的良好干事创业氛围。

（青海省邮政分公司／提供）

【邮储银行青海省分行】 邮储银行青海省分行内设17个部门，1个营运中心；下辖11个一级支行，1个直属营业部。从业人员968人，营业网点178个，县域联网覆盖率100%，是青海省网点覆盖面最广的银行之一。

一、经营概况

资产规模330.85亿元，比上年增长3.26%。营业收入9.21亿元，比上年增长1.97%；自营收入7.15亿元，其中，公司业务收入5亿元，占比69.93%。各项存款余额308.53亿元，比上年末增长5.24亿元，增幅1.73%。各项贷款余额215.69亿元，比上年末增长1.84亿元，增幅0.86%。绿色信贷余额102.19亿元，覆盖率47.38%。年末不良贷款额5.82亿元，不良贷款率2.7%。

二、业务发展

1. 负债业务。个人资产方面，个人储蓄余额185.11亿元，新增8.49亿元。公司负债方面，公司存款余额128.73亿元，比上年末新增1.74亿元，系统内排名24位，增幅1.37%；“以债引存”，投资地方政府债15.4亿元，引存国库现金管理47.65亿元，引存率309.42%。

2. 资产业务。多措并举发展“三农”业务，加强“银政担”合作，发放各项政府平台类小额贷款4766万元、农担平台贷款962万元；全力推进扶贫小额信贷，深入推广果洛“双基联动＋驻村第一书记”扶贫模式，全年发放扶贫小额信贷443笔，比上年增长571%，金额1158万元。网贷业务净增11946万元，结余13120万元，比上年增长1018%；小企业授信业务余额8.07亿元；公司信贷投放规模71.19亿元，余额167.53亿元。

3. 中间业务。中间业务收入5651万元，比上年增长41%，其中理财类业务收入1504万元，增幅74.27%；实物贵金属净收入138万元，完成总行计划的150%；新增黄金定投2629户，完成总行计划的197.6%；代销基金1599万元，完成总行计划的213.2%，完成率系统内第一。信用卡发卡创历史新高，新增发卡4.8万张，不良率压降至1.54%。

4. 电子银行业务。电子银行客户数量72.77万户，其中手机银行客户数55.08万户，自营机构客户25.26万户。新增激活手机银行客户12.1万户，其中自营新增4.64万户，年度计划完成率136.47%。电子银行交易替代率88.12%，增幅排系统第一。

三、党建工作

1. 扎实做好巡视整改工作。深入学习习近平总书记关于巡视工作的重要指示精神，把中央巡视整改作为头等政治任务，分行党委围绕巡视反馈的问题，明确整改责任，研究制定整改措施53项，建立整改清单，扎实推动整改落实完成。构建巡视整改常态化、长效化机制，通过巡视整改，广大党员干部职工干事创业的积极性、主动性、创造性得以激发，巡视整改的“利剑”和“紧箍咒”作用得到发挥。

2. 全面推进企业党建工作。全面落实新时代党的建设总要求，学习贯彻加强国企党建工作会议精神，把抓好党建作为最大政绩，围绕“把方向、管大局、保落实”，把分行党组织内嵌到全行公司治理结构之中，全力推进企业党建工作，推进党支部标准化、规范化建设，做到组织落实、干部到位、职责明确、监督严格。发挥党建文化在企业文化建设中的引领作用，着力推动党建工作和企业中心工作深度融合。

四、风险防控

1. 加强风险管控。落实“一把手”风险管控主体责任，指导各级风险管理委员会规范运作，强化对分支机构的风险考核，全面加强风险控制的综合治理。持续强化重点领域风险防范，通过风险排查发现问题758个，整改688个，整改率90.76%，经济处罚582人次，问责率95%以上。成立资产保全中心，强力推进不良核销与清收，移交不良贷款3.04亿元，清收不良1.38亿元，移交后清收不良0.34亿元。

2. 完善内控体系。全面落实监管要求，健全合规管理、审计监督长效机制，支撑全行健康发展。一是合规管理回归“铁账本、铁算盘、铁规章”的“三铁文化”，探索实行“人人会监督、人人被监督”的岗位制衡工作机制，对辖内120个网点全覆盖开展综合现场检查。在原青海省银监局消费者权益保护工作考评中，青海省分行连续2年保持2级A类成绩。二是建立审计直接向党委负责制度，开展资产质量整改回头看专项审计。运用数据分析模型，建立审计模型库，加强非现场审计监督力度。完成审计项目34项，审计金额39.68亿元，发现问题1072条，问题整改率95.22%，问责204人次，金额8.3万元。

五、管理能力

1. 科技支撑。开发建设“报表管理系统”，将工作用时由原来的1小时缩短至10分钟。利用大数据平台对不良贷款成因进行分析，建立贷后风险预测模型，实现贷款逾期预警、贷后风险的有效管控；通过对网点柜台配比、交易量、资金流向等进行深入分析，为网点柜面压降和网点转型发展提供策略依据。

2. 管理集约化。推进扁平化管理，上收一级支行管理权限，下放经营权限，拓宽部门管理幅度，减少管理层级。在OA中增加省分行文件发往单位，凡是涉及二级支行的文件由省分行机关直接发送至二级支行，一级支行无须再转发。一级支行大幅减少向省分行报送的各类报告、报表，不再单独制定各类实施细则，直接执行省分行下发的管理办法细则，切实减轻一级支行工作负担，使其全身心投入经营发展。打造专业化的管理团队，成立小企业作业中心、资产保全中心、反洗钱中心、网点检查团队，进一步完善专业化管理体系，向“前台业务后台化、后台业务集中化、集中业务专业化”方向迈进。（邮储银行/提供）

【青海省寄递事业部】 全省寄递业务量435.3万件，比上年增长24.5%；业务收入11586.4万元，比上年增长17.2%。分项业务中，国内标快收入4599.4万元，比上年增长9.3%；快递包裹收入2764.4万元，比上年增长19.9%；物流业务收入1136万元，比上年增长109.7%；国际业务收入158.3万元，比上年增长21.3%。

一、寄递事业改革

7月5日，青海邮政成立改革领导小组及工作组，启动寄递翼改革工作。8月2日，向集团公司上报《中国邮政寄递翼改革青海省实施方案》请示。8月15日，收到集团公司《关于青海邮政寄递翼改革实施方案的批复》。9月6日，青海邮政寄递翼改革领导小组召开内设部门及西宁市寄递事业部相关人员任前集体谈话会议。9月11日，正式印发《中国邮政寄递翼改革青海省实施方案》。9月18日，召开青海省寄递事业部成立大会。9月20日，召开全省寄递翼干部大会。随后各市州寄递事业部陆续成立，搭建组织架构，各项工作正常有序开展。在改革持续推进过程中，省、市（州）、县各级寄递事业部有效衔接，坚持问题导向，强化责任担当，坚定不移地推进寄递业务发展，为在青海高原全面重塑寄递业务“国家队”形象做出应有贡献。

二、业务发展

1. 标快业务。重点打好标快业务“三大战役”和重点项目拓展。认真组织开展省际标快“大决战”活动，结合实际组织开展专项劳动竞赛活动，有效拉动省际标快业务发展。全力打好重点商务市场“反击战”，主动发力“8+X”商务市场，纵深推进“三进工程”，持续开展“假日营销”。精心组织生鲜市场“抢夺战”，持续深挖青海“极速鲜”牛羊肉寄递项目潜力，“极速鲜”牛羊肉项目收入规模翻倍增长，收入870万元。“互联网＋政务”项目取得新突破。先后开发国税发票寄递项目、西宁市不动产便民邮寄项目、青海省政府行政服务中心便民邮寄业务，开办全省邮政网点代办交管业务等。

2. 快递包裹。充分利用邮政优势资源，积极拓展集群市场。统签战略合作项目发展上，西宁天猫项目、京东家电大件、苏宁大件配送、盐业电商寄递平台、“邮快合作”“一月一品、借品造包”“定制运输”等项目运作取得成效。

3. 国际业务。拓展教育、制药、制造业、银行、跨境平台、藏毯寄递等市场，加大与敦豪DHL的深度合作。

4. 合同物流。聚焦合同物流、中石化非油品、烟草配送、名优特产、医药、通信等优质客户，推动行业客户规模拓展。京东“落地配”物流承运项目收入557万元；中石化非油品配送项目收入287万元；与烟草公司加强合作，扩展配送路线，收入160万元。

5. 协同发展。按照集团公司协同发展的总要求，认真贯彻落实青海邮政三大板块协同机制，充分发挥协同最大战略和最核心优势，共促青海邮政协同发展。

三、网络运营管控能力

1. 网运转型升级著。加快网运工作由“管理型”向“经营型”转变，建立市场开发联动机制，全程参与市场项目开发；打造省际精品线路，拓展重点市场，青海邮政快递收入市场占有率24.2%，高于全国14.7%。进一步深化“航空＋陆运”组网模式，全网邮件运递速度全面提升；陆运网质量管控稳中有升，在集团公司陆运网KPI评价考核中全国排名第5名，西北区位居第1名，获得集团公司奖励。强化投递末端服务，扎实推进投递管理转型升级，实现普遍服务达标、竞争性业务对标，投递服务水平不断提升。党报党刊当日见报率提高到52%。

2. 网运考核指标。以73个重点城市为抓手，充分利用民航、邮航网络资源，优化网络组织，增强网络能力，提高运行效率。标快业务及时妥投率92%；全国73个重点城市标准快递次日递率29.6%；全环节超5日未投递邮件占比13.2%；出口邮件赶发率97.2%；各揽投部下段及时妥投率88.9%；卡哈拉时限准时率100%；“苹果”“菜鸟”等项目及时妥投率100%，各项KPI关键指标均达到集团公司寄递事业部考核标准，有效提升业务发展核心竞争能力。

四、精细化管理

1. 开展竞争对手对标工作。根据集团公司寄递事业部的统一安排部署，认真开展省内竞争对手“端对端”对标工作从营销端、收寄端、信息端、处理端、运输端、投递端等方面进行对标，客观的分析自身优劣势，研究竞争对手发展态势，从客户的视角和竞争对手的视角研究分析，多角度立标，不断提升市场竞争力和抗风险能力。

2. 财务精细化管控。对标行业先进，推进盈利模式落地。加强零基预算管理，持续推进财务对标。加强资金管理，严控企业流动性风险。加大对营业资金和用户欠费的监督检查力度。对用户欠费“对账、合同账期、发票开具、函证确认、业财对账和欠费核销”等内容进行规范，强化责任落实。加强财务风险管控，提高企业运行效益。严格遵守财务行为“九条禁令”，规范代办费支付。

3. 人力资源管理。加强干部队伍建设，提升企业后续发展能力。加强劳动用工管理。根据企业经营管理需求，从严择优招录应届大学毕业生，择优招录C类员工，充实到相应的生产一线岗位，保证生产经营工作人力需求。加强教育培训，提高员工队伍综合素质。认真开展职业技能鉴定工作，为畅通员工职业发展通道奠定基础。加大员工基本薪酬保障力度，进一步提升一线员工薪酬水平。

4. 安全生产工作。在2018年“两会”“上海合作组织会议”“青岛峰会”“中非论坛”等重大活动期间，进一步强化检查落实督导，及时发现消除安全隐患和服务薄弱环节，有力确保邮件寄递安全保障工作万无一失。全年无重大安全生产事故发生。聚焦客户体验，服务质量水平稳中有升，用户满意度稳步提高。

5. 加强客户服务。坚持以问题为导向，强化责任，细化分工，严格落实。全面加强 VIP 主动客服，主动客服 24 小时完案率 96.5%。加强营业部主动客服，对特安邮件做到 100% 监控。加快客户理赔速度，业务理赔及时率 99.05%。加强派揽监控，确保订单反馈及时率。处理派揽单 11067 件，订单反馈及时率 97.8%。

6. 强化质量管控。根据集团公司寄递事业部质效考核办法，修订完善《2018 年度质效考核办法》。督促各环节规范作业，确保各项 KPI 服务质量指标持续提升。狠抓智能跟单系统运用，安排专人负责每日跟单系统和智能跟单系统的内部调度处理，提升问题邮件的解决率，用户满意度 81.72 分。（青海省寄递事业部　郝汉 / 提供）

宁夏回族自治区

【宁夏邮政分公司】 业务收入 4.47 亿元，比上年增长 3.05%，增幅列全国第 22 位；完成集团公司预算的 96.41%，完成预算进度列全国第 23 位。全面完成集团公司下达的利润指标；企业全口径货币资金比上净增加 2050 万元。全员劳动生产率 13.67 万元，比上年增长 2.24%；员工收入比上年增长 2.46%。服务质量综合满意度 82 分，申诉满意率 100%；建制村直接通邮率 100%，机要通信连续 30 年保持质量全红，《人民日报》等党报党刊县及以上城市当日见报率 100%。信息网安全平稳运行，在全国竞赛活动中位列第 9 名，比上年提升 11 个位次。

代理金融专业收入 2.37 亿元，金融总资产规模 146.51 亿元；新单保费 4.28 亿元，其中中邮期交保费 7705 万元，比上年增长 6.5%。包裹快递专业收入 4326.8 万元，比上年增长 28.1%，其中快递包裹收入比上年增长 61.2%，增幅列全国第 3 位。报刊专业增幅 9.3%，排名全国第 6 位；2019 年度报刊收订流转额增幅及完成进度均居全国第 1 位；分销配送业务 2324.6 万元，增幅 59.3%，完成进度 126.3%。

一、以巡视整改为契机，不断提高政治站位

全面履行巡视整改主体责任，按照集团公司巡视整改部署，建立整改清单，制定 58 项整改措施，扎实推动整改落实，取得阶段性成效。全区邮政各级党组织和党员干部的思想觉悟、政治站位显著提高，充分认识到邮政作为央企担负的使命和责任，认真做好普遍服务和特殊服务，助力打好“三大攻坚战”，确保普遍服务水平不断提升，

宁夏邮政分公司做好普遍服务工作。

金融风险防控持续保持高压态势，精准扶贫与农村邮政转型发展更加紧密结合，“绿色邮政”理念深入人心，党中央和集团公司党组重大决策部署得到坚决贯彻落实。

二、推进普遍服务达标

加大对全区邮政普遍服务情况的调研力度，找出问题的关键点，对照新普遍服务标准，完善规章制度，建立问题清单，实现立查立改、逐项销号整改。深入推进“三大歼灭战”、平常邮件质量大提升和客户投诉专项整治等活动，全面提升服务质量，全区邮政客户申投诉大幅下降，普通邮件全程时限达标率高于普遍服务标准。主动争取地方政府和监管部门的支持和帮助，争取到自治区建制村通邮建设资金 615 万元，切实解决普遍服务投入不足、资金不足等问题。在保证普服运营成本的基础上，新增普服资金 1100 万元，全部用于普遍服务基础设施建设改造。增配投递汽车 88 辆、电动三轮车 113 辆，投递 PDA500 部，安检机 20 台。创新普遍服务工作方法，通过推进“平罗模式”有效落地，合理调整农村网点布局，加强“邮乐购”站点建设，优化人力资源配置等，发挥“邮乐购”站点在普遍服务和业务发展方面的潜能，使农村地区邮政普遍服务网点能够“建起来、活下来、服务好”，有效推动普遍服务全面达标。全区邮政普遍服务网点四项业务开办率 100%；县乡投递频次、投递深度、投递时限均达到普遍服务标准。

三、改革创新

1. 寄递翼改革。坚持快改、真改，在全国率先组建区、市、县三级寄递事业部，完成邮速双方场地、人员、岗位职责等整合工作。进一步优化生产作业流程，将速递邮件处理中心整合到银川邮区中心局，优化邮速双方处理环节、质量检查等职能，减少交接环节，提升处理能力；整合 11185、11183 客服中心，合并业务台席 6 个，提升客服人员综合服务能力。精简压缩内勤管理、物流配送、质押监管、客服、速递邮件处理等岗位人员数量，先后调整 34 人充实一线揽投力量。加快推进网络重组，组开地

市至省际处理中心夜间集散邮路，有效衔接航空网和省际陆运网，保证当日收寄的快递包裹及时出口；建立以地市为中心的本地网络，依托本地网，大力发展同城业务，组建市、县城区范围内互寄邮件同城网，全面提升同城互寄邮件传递时限。有序推进银川市揽投网建设，整合原有同城网、邮速市趟网、盘驳网，以及揽投部、揽投段道、自提点等，提升银川市分公司揽投能力。理顺基层计件薪酬标准，真正实现“统一管理、统一考核”。

2. 五项转型工作。针对上半年经营发展工作中存在问题，在全面深入调研分析的基础上，找出问题症结所在，开展代理金融、包裹快递、邮务类、普遍服务和农村邮政发展及陆运网五项转型工作。同时集中转型资金2050万元，配套工资总额和运营成本，切实支撑转型工作。金融业务转型主要集中解决存量客户的留存提升和新客户开发的问题；包裹快递业务转型主要集中解决揽收能力提升、业务收入增加的问题；邮务类业务转型主要集中解决“以客户为中心，提高营销体系、渠道平台效能”的问题；普遍服务和农村邮政发展转型主要集中解决普遍服务达标和农村邮政发展问题；陆运网转型主要集中解决加快邮件全程时限，促进陆运网运行质量指标达标的问题。

3.“三供一业”分离移交及股权清理工作。按要求剥离邮政企业办社会职能，开展全区邮政家属区“三供一业”分离移交工作。充分利用好国家和地方政府有关政策，克服资金困难，主动与政府沟通协商，与接收单位开展多轮次谈判，认真测算改造费用，力争降低改造标准，加快推进分离移交，物业、供水、供暖移交协议签约率均100%，解决历史遗留问题。围绕“一企一策”开展股权清理，制定清理时间表，按照先难后易的原则，按计划进度完成今政印刷厂等5家公司股权清理工作，并做好人员分流安置，确保企业稳定。

四、运营管理水平

1. 开展预算质询。开展区分公司对市分公司、银川邮区中心局以及市分公司对县（区）分公司的预算质询。通过对收入、利润、成本的预算质询，帮助基层单位明晰业务发展方向，拓宽经营思路，提升了各级管理人员的系统思维能力，做到围绕市场、客户需求安排经营工作，明确经营工作的重点和着力点；使各级管理人员增强成本意识，掌握成本控制的方法，增强各层面严控成本的主动性、自觉性。

2. 规范用工管理。强化人工成本管控，严格用工准入制度，严控用工总量，重点对代办费、业务外包费等隐性人工成本加强监控；针对金融网点客流逐年减少，物理网点和客户的交易关联性逐年下降的情况，持续开展网点人力资源优化工作，精简高柜人员数量，增加厅堂服务营销人员，提升了网点人力效能和营销能力。人力资源HR系统管理应用成绩排名全国第1位。

3. 重点单位成本管控。针对银川市分公司、银川邮区中心局的人工成本、业务运营成本、网运成本、重点业务效益及内部流程等方面开展对标分析，找出成本管控的关键节点，开展降本增效，进一步优化生产作业组织，强化成本意识，提升全环节运营效率和效益。

4. 工程建设管理。强化投资立项、工程建设统一管控，将固定资产投资与业务发展、信息化建设、经营效益等紧密结合起来，强化工程闭环管理，加大项目建设前置审查及现场勘查力度，工程建设成本得到有效管控。完成银川邮件处理中心工程建设和搬迁工作，启动省中心机房搬迁工作。

五、协同发展

1. 各专业协同发展。充分利用网点、平台、客户及项目等资源，加大各专业协同发展力度，引导各专业由关注自身发展向共同研究市场、研究客户转变，做到客户资源综合利用开发，项目多元化管理，实现专业间联动发展。

2. 板块间协同发展。落实邮银、邮保联席会议制度；制定宁夏邮政推进市场协同工作指导意见，持续推进与银行、保险、寄递等板块联动。加大与邮储银行区分行合作力度，共同做好中邮消费金融、手机银行、对公业务、信用卡、ETC等业务发展及金融风险防控工作；强化邮保合作，与中邮保险宁夏分公司共同开展调研互动，共同做好督训师队伍建设、转型骨干网点业务培训等工作，重点加快自办保险业务发展，实现中邮保费1.34亿元，比上年增幅19%。寄递事业部物流分公司、银川市分公司、银川邮区中心局三方通力合作，共同做好“烟草配送”项目，增强协同发展的主动性。突出抓好汽车产业链、代理中邮保险期交业务、代理消费金融等集团重点推进项目，打造邮政综合产业链，收入1027万元。

3. 总部战略合作项目运作。先后与中石化、中盐、公安交管、铁塔等单位签署战略合作协议，共同打造合作共赢、开放共享的合作平台，进一步加深对市场、对客户的了解。其中公安交驾管、烟草、中石化等重点总部客户项目收入487.4万元，比上年增长10.9%。加快推动战略合作落地，与宁夏铁塔公司合作成立新能源锂电池“动力试点工作”小组，加快推进投递车辆动力锂电池试点工作。

六、管党治党责任落实

1. 全面推进党建与经营发展深度融合。认真学习贯彻习近平新时代中国特色社会主义思想和党的十九大精神，围绕中心抓党建，着力解决“两张皮”问题，继续抓好机关党建基层联系点结对帮扶工作；深入开展党员“三亮三比”活动，将“亮身份、亮承诺、亮形象”“比技能、比服务、比业绩”在党员中发扬光大，充分发挥了支部和党员在企业经营发展中的战斗堡垒和先锋模范作用。探索

"党建＋业务"融合发展道路，西城分公司党支部与银川市长城社区党支部联合开展社区党建共建活动，中邮物流公司党支部与宁夏医药行业协会党支部联合开展了主题党日活动，通过把党建工作融入业务发展、服务对象中，找到"依托党建、相互融合、服务社会、壮大企业"的党建工作新路。

2. 持续深化党风廉政建设。着力加强作风建设，区分公司党组成员带头深入基层调查研究；严格落实中央八项规定和实施细则精神，坚决纠治特权思想和特权现象，驰而不息整治"四风"。深化运用监督执纪"四种形态"，加大违规违纪问题的查处力度，保持反腐败高压态势。健全党组巡察工作机制，对石嘴山市分公司开展内部巡察，企业良好政治生态更加巩固。

3. 加强干部人才队伍建设。严格落实党管干部的要求，规范选人用人程序，匡正选人用人风气。加强干部管理监督，落实提醒函询诫勉制度，做到抓早抓小，防微杜渐。加强干部教育培训，提高政治站位，强化责任担当。加大优秀大学毕业生引进力度，加快年轻干部培养选拔，为企业发展储备力量。

4. 扎实推进精神文明创建。宁夏邮政被继续确认为"自治区文明行业"；宁夏中邮物流公司被评定为自治区民族团结进步示范单位；银川邮区中心局获得"自治区五一劳动奖状"，银川市分公司兴泾镇营业部荣获"自治区工人先锋号"称号。切实关心关爱员工，从提升素质能力、解决员工思想问题、生活困难入手，持续强化员工教育培训，开展"送温暖"工程，扎实推进职工小家建设，干部员工的获得感、幸福感日益增强。（宁夏邮政分公司／提供）

【邮储银行宁夏分行】 邮储银行宁夏区分行设有一级部门18个、二级部门7个、直属单位1个，下辖二级分行5个、一级支行22个；邮政金融网点202个，其中银行自营42个、代理网点160个，县城服务覆盖率100%，县级及以下网点102个。员工1172人，平均年龄36岁，其中本科及以上学历员工868人，占比74.06%。

一、经营概况

资产规模230.07亿元；自营收入6.91亿元，比上年增长9.3%，完成总行下达预算的102.46%；利润总额1.33亿元，完成总行下达预算的114.75%。年末不良贷款余额4.3亿元，不良率2.47%；拨备覆盖率151.3%。

二、业务发展

1. 负债业务。各项存款余额212.24亿元，其中，个人储蓄存款余额167.05亿元，自营储蓄余额新增1.93亿元；公司存款余额43.15亿元。自营个人客户新增5.05万户，比上年增长5.83%，VIP客户增加4788户。

2. 资产业务。各项贷款余额174.13亿元，比上年增长17.76%，新增30.93亿元，增速21.59%，居全区商业银行第4位；年末个人贷款新增市场占有率5.33%，比上年提高1%。其中，小额贷款发放31.36亿元，新增7.01亿元，比上年增长2.33%；消费类贷款发放18.39亿元，新增8.28亿元，比上年增长20.87%；个人商务贷款发放4.79亿元。公司贷款发放36.49亿元，新增5.31亿元。小企业贷款发放10.75亿元，新增2068万元。发展同业融资业务27亿元，比上年增长80.31%，创历史新高。票据转贴现14批次、22.23亿元，比上年增长1倍。

3. 中间业务。全年实现收入1.07亿元，比上年增长46.86%，系统内排名第三；收入占比15.44%，系统内排名第七，比上年提高3.95%。

三、深化改革

1. 运行机制创新。绩效管理评价体系逐步完善，确立经济资本管理、价值贡献导向，强化监管评价考核；开展机关员工绩效考核、支行绩效分类考核；实施产品积分绩效考核。推进市县基层三农事业部建设，调整营运、网金、同业、小企业条线设置。在自营全覆盖的基础上，对15个代理网点实行营业主管派驻制。实现财务全区集中核算、资金集中支付；落实成本费用标杆管理。

2. 产品创新。推动服务"大三农"升级，精准扶贫整村推进向整乡推进升级，"蔡川模式"获评全国邮政系统"营销争先"优秀营销项目，"政银保担农"产品获得自治区金融创新三等奖。旅游信用卡在邮储银行77款区域性产品中名列第十，卡片活跃率61.76%、激活率78.06%，分别居系统第一、第二；户均消费居系统第四，拉动信用卡增发5.5万张。围绕"三区一链"创新小企业客户服务，发放贷款45笔、2.45亿元。公司类金融服务实现六项零突破，即第一笔债务平移贷款落地；首次投资地方银行二级资本债2亿元；首次投资银行间同业存单（CD）4批次12亿元；第一笔贸易金融无追索权保理业务1.5亿元；第一笔敞口承兑业务2亿元；第一笔利用财政拨款支付电子化系统办理活期转定期业务。

3. 服务创新。零售金融生态圈合作商户800户；邮薪贷、邮你贷等互联网贷款发放1.27亿元。石嘴山游艺东街支行商圈型、银川紫园社区型轻型智能网点试运行。邮银协同提升网点综合服务能力，联合设立60个ETC业务网点，新增客户1.37万户；新增邮政电子商务平台缴纳交警罚没款业务，月均缴费4.6万笔、511万元。加强信息科技支撑，完成电子验印、分行中心网络安全设备上线等16个系统上线；开发改造石嘴山社保新农保缴费、ETC增值税发票等14个项目。

四、风险防控

制订实施《打好防范化解重大风险攻坚战三年规划》，狠抓资产质量，加强合规管理，深入开展市场乱象整治为重点，推动全面风险管理逐步向纵深推进。落实乱象整治工作，严格自查自纠。开展“现金贷”整顿、信用风险排查、信贷资产质量真实性排查，问责332人次。编制区域授信政策营销指引，实施差异化授信政策，持续加强全流程授信管理。加大不良贷款清收力度，清收1.24亿元，其中资产保全口径清收3168万元，完成计划186%。呆账核销金额7254万元，完成年计划的112%。持续推动案防“28条措施”落地，推进岗位履职，各级“一把手”案防及合规履职述职102人次；加强案件风险排查和员工行为管控，强化违规行为“十条禁令”执行，通过签订合规承诺书、内控管理手册、举办合规警示教育、知识竞赛、落实反洗钱及消费者权益保护工作等，培育合规文化。开展审计项目18项，审计金额42.63亿元。建成安全管理标准化达标支行2处，成功堵截7起电信网络诈骗事件。

五、党建工作

1. 深入学习贯彻习近平新时代中国特色社会主义思想和党的十九大精神。严格执行“三个第一时间”学习机制，落实“大学习、大讨论、大落实”活动，开发“塞上邮储微党课”平台，组织党校集中培训，邀请专家讲座，集中培训4期2650人次。

2. 开展基层党组织建设达标工程、党建专题调研，落实自治区“三强九严”工程，开展机关与30个支行党支部党建共建，基层党组织战斗堡垒作用有效提升。

3. 落实巡视整改任务。以党委为主体，建立工作机制，研究制定整改方案、监督检查方案，明确22项任务、54条具体措施，召开党委巡视整改例会8次，如期全面完成巡视整改任务。

4. 加强监督执纪。开展选人用人、物资采购、招投标等监督71项。规范高效地对石嘴山分行进行巡察。开展呆账核销和采购管理效能监察，推进廉洁风险防控和专项整治。把握“四种形态”，对两名违纪人员进行问责处理。

六、助力精准扶贫

制定实施《助力打赢脱贫攻坚战三年行动实施方案》《全面支持乡村振兴战略实施方案》，超额完成总行下达的年度小额贷款新增目标、自治区下达的精准扶贫小贷投放目标。金融精准扶贫“蔡川模式”在全区563个行政村推广，建设贫困村信用村103个；“蔡川模式”在首届中国普惠金融创新发展峰会上，作为最终遴选出的12个典型案例，获评“中国普惠金融助力脱贫攻坚典型案例”，邮储银行成为获此殊荣的两家国有大型商业银行之一。分行积极探索由“整村推进”向“整乡推进”升级，在海原县关桥乡、固原市原州区河川乡进行整乡推广，发放建档立卡户贷款占当地应贷款户数的70%以上。宁夏区分行扶贫小额贷款净增5.21亿元，列系统第一。（邮储银行/提供）

【宁夏寄递事业部】 全区寄递业务收入1.24亿元，比上年负增长6.4%。其中，国内标快业务收入3511万元，比上年持平；快递包裹业务收入3200万元，比上年增长50.3%；国际业务收入176万元，比上年负增长15.9%；物流业务收入4847万元，比上年负增长25.7%。运行服务质效位列全国速递质效考核第四小组第1名。标快国内问题邮件及时解决率和邮件一次解决率均排名全国第一。快递包裹省际进出口时限达标率、省内互寄次日递率达到集团公司要求的指标值；进口分拣准确率从年初的99.04%提升至99.65%。挂刷、普包省内互寄、同城互寄指标全部达到集团公司要求。但同城邮件次日递率、挂信同城T+2日递率、省内互寄T+5日递率均未达到集团公司指标值。

一、寄递翼改革

1. 在全国率先组建区、市、县三级寄递事业部，完成邮速双方场地、人员、设备车辆的整合和职能的优化。

2. 进一步优化生产作业流程，将速递邮件处理中心整合到银川邮区中心局，优化邮速双方处理环节、质量检查等职能，减少交接环节，提升内部处理能力。

3. 整合11185、11183客服中心，合并业务台席6个，提升客服人员综合服务能力。

4. 精简优化内勤管理、物流配送、质押监管、客服、速递邮件处理等岗位人员数量，先后调整34人充实到揽投一线。

5. 理顺基层计件薪酬标准，真正实现“统一管理、统一考核”。

二、网络重组

组开地市至省际处理中心夜间集散邮路，有效衔接航空网和省际陆运网，保证当日收寄的快递包裹及时出口；建立以地市为中心的本地网络，依托本地网，发展同城业务，组建市、县城区范围内互寄邮件同城网，全面提升同城互寄邮件传递时限。有序推进银川市揽投网建设，整合原有同城网、邮速市趟网、盘驳网，以及揽投部、揽投段道、自提点等，优化段道35条，整合自提点372处，进一步提升了银川市分公司揽投能力。

三、重点市场开发

1. 标快业务政务和生鲜寄递市场开发。紧抓政务项目落地，重点推进二代身份证、国税发票、公安交管、互联网+政务服务项目，身份证寄递项目收入136.5万元，比上年增长133%；法院专递项目收入278.9万元，比上年增长46%；交管项目收入55万元，比上年增长61%；新开发警牌邮、不动产寄递等项目，政务类项目在标快发展中的地位进一步凸显。联动开发生鲜市场，极速鲜寄递业务收入433万元，比上年增长35%，生鲜寄递市场拓展进一步发力。

2. 快递包裹业务发展。拓展电商枸杞轻小件寄递市场，通过推广标准箱业务，推行分仓和集包等作业模式，收寄快递包裹422万件，比上年增长134%，增幅列全国第3位。

3. 借助中速–DHL、苏迈克斯等非邮渠道，着力红酒、化工产品等市场开发，全区非邮渠道国际业务收入67万元，比上年增长15%。

4. 聚焦合同物流业务。扩大夏进、中石油、中石化等项目运营规模，年内存量项目收入3839.6万元，比上年增长2%。

5. 协同发展。在区邮政分公司的统一组织下，充分发挥协同最大优势，推进公安交管项目、铁塔、中石化等项目的综合性营销，并启动烟草配送项目。

四、能力建设

1. 新型包裹分拣机完成初步试运行，日均处理效能18万件。

2. 新增和更新手持终端、网箱车、揽投电动三轮车、汽车以及干线牵引车头、半挂车厢，进一步增强了揽投和网运生产能力。

3. 区指挥调度中心监控大屏投入使用，智能调度水平进一步提高。

五、服务质量管控

整合11185、11183客服考核评价指标，确保寄递翼改革持续推进过程中关键服务考核指标不下滑。按照集团寄递事业部总体部署，全面做好邮政生产机构"双跟单"系统上线、运用工作，有效提升问题邮件的解决率。

六、制度建设

1. 加快基层计件薪酬标准的统一。制定下发《银川市寄递事业部营业部人员四季度薪酬考核办法》，统一揽投人员计件薪酬标准，保证一线员工队伍的稳定。

2. 实施基本工资及津贴补贴的调整工作，调整标准倾向生产一线和劳动模范，有效调动基层员工发展业务积极性和主动性。

3. 建章立制。制定下发《客户管理办法（试行）》《产品管理办法（试行）》《财务审批办法（试行）》《差旅费管理办法》等7个管理办法，对客户管理、财务审批流程等事项进行统一明确规范，促进寄递翼改革有序进行。同时制定下发《全区速递统结项目清分结算办法》《关于调整身份证寄递项目收入清分等相关事项的通知》等文件，规范业务收入计列和资金清分标准。

4. 按照改革发展的总体要求，开展物流业务分公司、客户服务中心、银川邮区中心局和银川市寄递事业部的人员优化和降本增效工作。（宁夏寄递事业部／提供）

【中邮保险宁夏分公司】 总保费收入27870万元，比上年增长39%，完成预算进度92%。其中，新单趸交保费收入6067万元，比上年增长25%，完成预算进度113%；新单期交保费收入8305万元，比上年增长8.3%，完成预算进度71%，新单期交占比58%，渠道期交占比60.8%；续期实收保费13344万元，比上年增长84.3%，完成年度保费预算的107%。总保费市场占有率2.4%，提高0.4%，银代市场占有率为11.7%，银代期交市场占有率18.5%。

一、业务转型

1. 板块联动。一是落实邮银保三方领导小组会议制度，协调组织开展中邮保险业务营销活动、中邮长期期交营销活动，将中邮期交业务发展纳入邮政秋季特训营、跨年度营销活动中。二是协同制定方案，推进巩固和深化中邮保险"自营＋代管"模式工作，明确市县中邮保险机构设置及岗位人员编制，完成现有市县机构人员摸底、初选工作。三是联合邮银渠道分片挂钩督导，利用线上平台推广产品信息及营销案例。四是印发《宁夏邮政中邮保险风险合规联动检查办法》，联合邮银渠道组织年度检查，对5个市中邮保险局、17个县（区、市）邮政分公司、28个代理网点进行合规检查。

2. 协同转型。融入邮政转型，全程参与五个市转型导入、固化培训督导工作，在秋收特训营活动中实现期交保费2076万元；与银川市邮储银行开展中邮保险期交特训活动，实现期交保费405万元；组织海原、沙坡头等县区进行效能提升实战培训，实现期交保费240万元。

3. 多种培训全面覆盖。一是讲师分组对邮银网点进行实地培训帮扶510余场次，网点覆盖率100%。新产品及营销技巧多轮培训105场，培训3000余人次。二是采取视频培训、送培下基层、UMU平台等多种形式，对市县机构岗位人员及网点人员开展13场产品营销、运营业务培训及应急演练。三是组织分公司全员法律合规知识培训6场；组织邮银渠道金融内训师、中邮保险局岗位人员、网点负责人及销售人员法律合规知识培训8场，4000余人次。

4. 支撑发展全员行动。一是落实区域联系及巡点制，全员与银川市网点实行一对一挂点服务。二是组织团险业务营销活动，拓展外部客户共8户，续保率100%；与邮政签订兼业代理协议，兼业代理承保9家，实现保费7万元。团险保费收入72.5万元，比上年下降29%，完成预算进度24%；小额保险保费收入81万元，比上年下降36%，完成预算进度151%；网均产能41.34万元，网点出单率57.61%。

二、服务品质

1. 续期增收效果明显。一是通过电话呼出外包、回执信函，增加催收频次和力度；完善续期催收电话、短信、信函档案归集整理；将续期重点指标纳入分公司季度绩效考评，加强区域通报督导，宽末综合达成率96.95%，13个月保费继续率95.05%，25个月保费继续率97.85%，总部续期业务品质等级评定为优秀，列全国第5名，

90.36分。二是协调邮银制定失效保单专项清理工作方案，规范失效保单清理流程，复效保单289件，挽回保费230万元。

2. 运营质量。除理赔申请支付时效未达标外，其他运营指标均达到总公司要求。一是进一步规范承保业务处理，对新契约差错件整改、线上承保申请纸质保险合同流程进行规范。二是对保全质量时效欠佳的地区开展专项培训，时效性明显增强，申请资料流转时效0.14天、保全复核时效0.05天、复核修改率0.14%，均位居全国前五位。三是开展理赔出险支付时效专项提升活动，出险支付时效61.93天，全国排名前五，理赔7日调查完成率100%、团险理赔10日结案率100%，全国排名第一；分公司受理理赔案件95件，赔付金额183.4万元，拒付3笔，为公司挽回损失13万元。

3. 客服质量。新契约客户回访量8745件，犹豫期内电话回访成功率99.37%，位列全国第3名，再创新高；处理各类工单767件，回访问题件占比2.2%，为全国最优；有效投诉0件。在公司服务定量考评中，犹豫期内电话回访成功率、问题件占比、万张保单投诉件数、投诉件办理时效四项指标均得满分。

4. 客服活动开展"续保有礼"送话费、VIP高端客户答谢等活动。针对部分城市网点、重点客户组织基因检测、健步走、亲子种植等活动，维护高端客户资源。组织"3·15"消费者权益保护、"7·8"全国保险公众宣传、"三进入"金融知识宣传月等活动。

三、精细管理

1. 财务管理。修订完善采购相关制度，对营业部装修、电话服务外包、司驾外包、业务宣传品等10个项目进行了集中采购，采购节约率3.8%。

2. 人力资源管理。内设营业部，提任部门领导2人，对5名关键岗位员工轮岗，招聘新员工6人。修订月度、年度绩效考核办法；组织参加内、外部及远程培训74场，892人次，人均154课时。

四、风险管控

1. 专项检查取得实效。开展"治乱打非"、深化市场乱象整治、打击非法商业保险活动等专项行动和相关风险排查，协同邮银渠道重点针对销售乱象、渠道乱象等问题，对代理网点自查，督导整改销售管理类问题9项，新契约问题件整改2378件，清理失效保单394件，清理质押借款逾期未还款保单88件，妥善处理客户投诉、纠纷3起。

2. 重点风险防范。印发运营、客服、会议费管理办法等制度50余个。做好满期给付及集中退保工作，受理满期给付业务2270件，给付金额5272万元，集中退保387件，退保金额3764万元，未发生非正常满期给付及退保纠纷；组织开展分公司内控评估、反洗钱、关联交易、外包业务、营销费用等5个审计项目，发现问题6个，全部整改。争创"平安邮政"优秀单位活动扎实有效。在中邮保险省级机构合规管理综合评价中，列全国第5名。

五、党建工作

1. 党的建设稳步推进。落实全面从严治党责任书，实行量化考核。把学习贯彻党的十九大精神与"两学一做"学习教育常态化、制度化紧密结合，组织好"大学习 大讨论 大落实"活动，组织中心组学习研讨9次，支部学习研讨20次，党员学习考试78人次，党务人员专题培训12人次。召开"三强九严强基础，担当作为做表率"专题组织生活会，开展纪念建党97周年主题党日活动，组织"凝聚智慧力量，争当创新驱动转型发展排头兵"演讲比赛。

2. 巡视整改取得阶段性成效。成立巡视整改工作领导小组，对中央巡视反馈提出的4个方面突出问题、19项整改任务，制定40项整改措施，召开巡视整改专题民主生活会，修订党委工作规则、总经理办公会议事规则、领导人员管理规定、任免工作程序等制度20个，按期完成全部整改任务，并接受总部现场检查。

3. 党风廉政建设持续强化。传达中央八项规定精神，组织党员观看家风图片展、《红旗渠》等引导员工向先进看齐，传达集团公司警示教育大会精神、组织党员参观宁夏廉政警示教育中心，各类廉政谈话8次39人次。与全员签订廉洁自律承诺书，未发生违背承诺的事项。开展防止"四风"、选人用人及集中采购等专项自查14次，及时督促整改。

4. 精准扶贫有效开展。成立扶贫工作领导小组，制定扶贫工作方案，为西吉、彭阳等贫困县区建档立卡户3000人捐赠人身意外伤害保险，保费7.5万元，提供保险保障7200万元。为三合村小学捐赠电脑、图书，为海原县米湾村捐赠电子汽车衡等，共计5.4万元，帮扶解决实际困难和问题。（中邮保险/提供）

新疆维吾尔自治区

【新疆邮政分公司】 业务收入22.19亿元，完成集团公司年度预算目标的94.2%。全区劳动生产率平均19.1万元。

一、全面加强党的建设

1. 常态化开展党组（委）中心组学习，强化意识形态管理，排查肃清新疆邮政各类业务及宣传载体有关余毒影响；持续开展发声亮剑，反对"三股势力""两面人""两面派"；坚持开展全区邮政员工思想状况调查，以其美多吉和区邮政先进等榜样为引领，弘扬企业文化；

深入开展“领导下基层、现场转作风、问题再研究、工作再推进”活动，切实转变工作作风。

2. 强化组织建设，党建与中心工作同研究、同部署、同落实、同考核；成立区寄递事业部党委纪委；增补14个地州市分公司党委纪委和区分公司直属机关各支部委员19名；16个地州市分公司单独设立了党建和纪检监察机构；着力解决基层党建“六个没有”问题，发展党员99名；重大项目和急难险重任务发挥好支部和党员作用，区分公司直属机关43名干部主动到维稳任务重的分公司帮扶，49名干部积极报名参加2019年“访惠聚”驻村；选树3个全国邮政党建示范典型、3个地州市级党建示范区、20个基层党支部示范点和50名党员先锋示范岗。强化干部监督与管理，提任三级副以上领导24人，充实选拔到区县分公司任领导31人，培养交流干部36名；对20个单位主要领导进行经济责任审计，对15个有提任干部的二级单位开展选人用人“一报告两评议”工作；经常性开展纪律教育，以零容忍态度持续推进反腐败工作，核查信访件41件，立案12起，给予党纪政纪处分的12人，对信访反映不实的问题及时进行了澄清。强化制度建设，制定完善党建及组织工作制度33项。

3. 落实巡视整改要求，深入推进全面从严治党，成立整改工作领导小组和工作专班；研究制定巡视整改工作方案和整改任务清单，提出82项整改措施，完成65项，余17项加紧推进；把加强党的领导融入邮政改革发展稳定各项工作中，议定事项131件；开展清欠压库，优化业务结构，两翼业务收入占比提高8.3%，业务成本下降8.6%，收回历史欠费1.04亿元，清理历史库存7218万元，助推企业健康可持续发展。

二、维稳工作注重落实，精准把控政治方向

下沉进村住户工作范围从“访惠聚”驻村工作队员扩大到各级领导和管理人员，“访惠聚”驻村增加5个深度贫困村第一书记的驻村任务，驻村工作队新补充9名优秀队员，各地州市县分公司派出68支工作队，参加“访惠聚”驻村人数216人，累计参与“访惠聚”驻村、进村住户“双覆盖”、民族团结一家亲“结亲周”、维稳值班等各项工作人数20036人次；下沉人员深入住户，开展与农户同吃同住同学习同劳动的“四同”活动；“结亲周”活动驻村入户累计27960天，其中半数以上地州市、县分公司领导每月驻村达10天以上，其余地州市、县分公司领导每月驻村至少5天以上；部分地州市分公司承担护边、巡逻、驻寺管会、公交车站执勤、参加民兵训练、当教培老师等维稳任务，累计参与3248人次。新疆邮政52个驻村工作队认真贯彻党中央扶贫工作决策部署，大力发展邮政电商助力扶贫工作。建设8个邮乐标准地方馆，建立以邮乐网和新邮寄微商城为主体的线上农特产品销售平台，累计上线农特产品1475个，实现销售额1320万元；完成2017年度200个农村电商示范站点的验收和2018年度135个站点的建设工作；为社会公众寄递特色农产品690万单，带动农民增收7亿元，当年各类扶贫投入累计366万元。完成4个贫困村的脱贫验收。

新疆邮政分公司和乌鲁木齐铁道国际旅行社联合开展“平安春运，有序春运，温馨春运，让旅客体验更美好”明信片活动。

三、经营发展

1. 突出发展重点。一是储蓄余额新增45.65亿元；四季度新增60.32亿元，比上年增18.67亿元，创单季增长新高，排名全国跨赛新增第14位；销售期交新单保费1.69亿元，比上年增幅18.52%。二是国内标快开展“抢峰会战”，推进“三大平台”标快转化与主动营销揽收，累计收入2.84亿元，比上年增幅19%，其中同城标快收入7588万元，比上年增幅25%；现金散微客户收入8357万元，比上年增幅37%。三是快递包裹业务量717万件，收入1.99亿元，比上年增幅分别为7.01%和9.49%，毛利率提升4.79%。四是2018年度报刊一次性大收订流转额5.04亿元，完成计划目标105.65%，比上年增长8.83%。新增报刊补续订流转额6938万元，完成计划139%。

2. 转变发展方式。一是推进转型，开展多元化经营，强化岗位培训，应用营销系统，提升发展能力。二是拓展线上。手机银行与银联开展“云闪付”等借记卡营销活动，新增激活手机银行客户26.74万户，新增激活率100%；新增扫码付商户1.18万户，结存3.38万户，沉淀活期日均余额4.35亿元；与邮储银行合作开办ETC业务，拓展客户6803户。发展积分优惠购项目，运营会员超市254家，签约会员83.64万人，参与线下线上积分优惠购1.77万人，积分兑礼4.37万人，新增储蓄余额12.97亿元，新增客户总资产13.64亿元。微商城上线商品规模507款，累计订单9.74万件，销售额1117.88万元，粉丝人数17.46万人；集邮网厅线上销售224.63万元，报刊微信订阅流转额760.51万元；全区16个地州市、45个县分公司实现中邮传媒平台业务开发，收入34.4万元。三是完善三级营销体系并出台营销体系建设实施意见；推行区级大客户代表制，确定区级大客户218家；举办新疆邮政大客户交流会。修订员工营销积分管理办法，积分奖励4078万元；修订专职营销人员管理办法，明确营销人员归属和考核。确定12大重点营销项目，带动业务发展。四是加强合作。携手“邮电”，与移动、电信、铁塔签订战略合作协议。夯实“邮税”，代征税款53.28亿元，收入6052万元。深化“邮警”，113个网点开办代办交管业务，“警邮新丝路”项目累计收入462.54万元，收入规模比上年增长4倍。开创“盐烟”，与盐业、烟草建立战略合作关系，2个分公司、3个网点被确定为首批卷烟零售试点单位。拓展“邮油”，与中石化达成财务凭证包寄递合作共识，寄递及易捷便利店合作实现突破。创新“邮彩”，在乌鲁木齐试点铺设“小桔箱”100台，成为全国首个自动彩票机引入的省（区）。推进“邮馆”。落实“邮车”合作。五是延伸服务。开发维稳邮资封75.86万枚，申报收入198.3万元。收订结亲报21万份，新增流转额3446万元。

3. 注重发展质量。控制低效与高险业务规模，资费价格实现管控，库存欠费大幅压缩，有效收入提高1.7%。

四、资源整合

1. 加大能力投入。“十二五”和“十三五”期间中央预算内资金项目完工692项，累计支付资金3.76亿元。投资计划2.4亿元。自筹6868万元完成全区540个代理金融网点高清监控改造项目。制订全区网运能力建设规划并完成第一期7个处理场地（分拨中心）的改造及工艺设备投资。获得地方政府安检设备补贴资金838万元。

2. 信息化建设。完成包裹快递产品整合信息化改造省中心硬件扩容等19项工程验收和全区营业网点运行监控与调度平台建设。新一代寄递信息平台网运、国际业务模块成功上线，“警邮新丝路”应用系统推广使用。开发金融客户和客户积分营销系统、信息设备在线、社会化用工等管理系统并上线运行。

3. 网路布局。编制2018—2020年网运投递发展建设规划。建立以阿克苏、哈密为中心的南疆、东疆省际进出口通道。乌鲁木齐到全区21个地市县报纸、包裹类邮件试行分网运作，报纸到达时间平均提高10小时。开通乌鲁木齐始发的省际15条航空新产品航线，开通喀什、库尔勒始发的省际直达航空邮路，提高经营支撑能力。

4. 邮速资源整合。初步完成巴州、喀什揽投资源整合。“双11”期间，资源整合发挥生产效能“1+1>2”的重要作用。

5. 运行质量。省际进口时限达标率、当日妥投率等核心指标提高22%和10%。邮件及时妥投率等6项指标均达标。

6. 采购管理。全区采购项目159个，采购金额1.4亿元，节约率15.35%。

五、管理工作

1. 修订完善各类制度办法118项。

2. 组建新疆区及以下寄递事业部，设置编制，明确职责，划转人员；组建3个县级邮政分公司。岗位招聘录用607人；劳务用工补充990人。

3. 合理配置有限资源，营销费、代办费、运输费“三费”指标实现持续优化。

4. 确保投资建设及经营发展的资金需求。完成“三供一业”分离移交阶段性工作。

5. 推行网运生产、投递人员计件薪酬，实现提质增效。

6. 发挥审计作用，年度绩效审计覆盖面100%。经济责任审计17项；工程竣工决算审计327项、施工结算审计1203项，审减金额2642.6万元；及时通报审计发现的问题，对收入、利润底线目标未完成，清欠压库造成损失负有责任，以及虚列收入等单位和责任人进行处理。

六、履行好普遍服务义务

破解普遍服务存在的“十难”问题，全区359处空白乡镇网点投入运营，859个乡镇通邮率达到百分之百，1536个普服网点业务量收全面破零，全区建制村通邮率由75.4%提升至97.4%，机要通信质量连续18年万无一失；启动新疆邮政普服全面达标工程，确立2018年阶段达标、2019年全面达标、2020年以后长期巩固的总体目标，明确12项标准和14项重点任务，初步完成6项达标任务和1项阶段性达标任务，68个乡镇、452个建制村获批调整投递频次。将普服补贴资金逐级清分至各基层单位。推进三年服务质量提升工程，开展“优服杯”劳动竞赛和平常邮件质量大提升、邮件丢失虚假信息、投递服务质量整治等活动，邮件丢失率下降十万分之21.2，虚假信息下降80.1%，客户服务满意度比上年提高1.24分。有责申诉比上年下降57.4%，申诉处理满意率比上年提升0.4%。

七、风险预防和控制

1. 夯实安全基础。配合维稳安全防范硬性要求，新增271名保安，配备43个安检门、202个安检机、807套视频监控系统；严格执行邮件收寄验视“三个百分之百”，65个县市分公司对邮件投递实行“一采四拍”；层层签订目标管理责任书，建立安全生产责任清单；制定安全生产目标管理、“平安邮政”实施办法及考核细则；累计排查隐患3532处，整改3500处；确保重要时间节点邮件寄递安全；12个分公司完成金融押运外包工作。

2. 防范金融风险。实施综合柜员上收一级管理；推进合规检查人员履职集中管理，对各县检查人员实施“下管两级”，确保专职专岗；推行领导人员风险内控履职；完成深化市场乱象整治工作；开展2期“合规大讲堂”警示教育、15期“合规微讲堂”学习、5期综合柜员和检查人员素质提升大讲堂活动；组建全区风险预警团队提升非现场检查能力。

3. 规避法律风险。聘用法律顾问；出台合同管理办法，发挥预警作用。

4. 降低经营风险。代收营业款到期合同实现全面终止；开展清欠压库，建立“六要素”台账，全面实行预收款制度，严格业务资金审批，重新规范各类协议，完善流程制度。

八、构建和谐企业

全员人均年收入10.12万元，比上年增幅3.9%；投入2000多万元进行“三难”支局改造、精准帮扶特困员工、员工健康体检、商业补充医疗保险、互助互济等；开通“总经理信箱”，妥善回复员工信访问题23件；85名三级领导人员与94个县分公司、140个支局建立直接联系点，解决基层实际问题376个。组织各类培训提升员工素质；制定“三杯”“三先”评选表彰办法，奖励512名先进骨干；1人荣获“开发建设新疆奖章”、1个集体荣获自治区“工人先锋号”；3人、2个集体分获全国邮政系统“先进个人”和“先进集体”；4个集体分获“全国模范职工小家”和“全国邮政系统模范职工小家”；7个集体分获自治区安康杯竞赛“优胜单位”和“优胜班组”。（新疆邮政分公司　汪春梅／提供）

【邮储银行新疆分行】 邮储银行新疆分行内设18个部门，一个直属单位，下辖16个地、州（市）分行，92个一级支行，124个自营网点、536个代理网点，有从业人员3246人。

一、经营概况

资产总额1002亿元，比上年末增长5%；负债总额997亿元，比上年末增长6%。各项存款余额940亿元，年新增37亿元，比上年末增长4.1%。各项贷款结余365亿元，年降5亿元，比上年末下降1%。银行自营收入17.7亿元，比上年增长2.6%，完成总行预算的97.23%。完成利润总额2.57亿元，比上年增幅−9.4%，完成总行预算的101.05%。不良贷款率2.33%，比上年末提高1.11%。

二、机制改革

1. 调整组织架构。小企业金融部升格为一级部，调整运营管理部、个人金融部、计划财务部、网络金融部主要职责，完善各二级分行党建、监察机构及部分内设部门设置。

2. 健全绩效考核体系。单列党建工作类、普惠金融重点领域贷款和“两增”指标；提高风险合规类指标权重，安排一定分值用于监管评价和监管处罚考核，强化风险合规意识；修订《二级分行领导班子和领导人员年度考核评价办法》，发挥考核对干部的激励鞭策作用。

3. 深化薪酬分配改革。推进零基预算人工成本办法实施，采用标杆定额和弹性模型的方式核定工资总额，重点与二级分行当年的发展效益挂钩，实现资源向发展好、效益高的分行倾斜；出台新疆分行违反薪酬纪律行为处理办法，进一步规范薪酬分配秩序；组织开展薪酬自查，明确将硬性摊派营销任务且过度考核、员工薪酬二次分配及工资费用化问题纳入审计、巡视检查范围；出台新疆分行、二级分行领导人员、区分行本部及营运中心绩效薪酬延期支付及追索、扣回管理规定，从薪酬管理角度进一步加强风险防控。

三、业务发展

1. 个人金融业务。收入5.13亿元，比上年增长16.1%。个人储蓄存款余额842.47亿元，增51.34亿元；其中，自营储蓄存款余额183.87亿元，增5.69亿元。中间业务收入占比47%，比上年提高7%。信用卡新增发卡8.51万张，比上年多增2.2万张；结存卡片激活率80.03%，列系统第1位；信用卡激活首刷率74.77%，列系统第1位，账户活跃率54.91%，列系统第9位。电子银行业务提速发展，自营网点新增手机银行注册客户完成率150.65%，列系统第7位；新增手机银行激活客户完成率154.13%，列系统第8位；电子银行交易替代率91.66%，列系统第12位。

2. 公司信贷业务。投放公司贷款35.53亿元，余额净增7.25亿元，比上年增长8.38%。公司贷款收入1.3亿元，比上年增长61%。小企业业务逾期和不良金额双降，分别下降5641万元和1489万元。

3. 金融同业业务。收入0.93亿元，完成全年预算的148.78%。票据转贴、直贴、债券承销、资金资管比上年同期均实现高幅度增长。

4. 零售信贷业务。全年实现零售信贷业务收入7.7亿元，比上年下降8.5%。住房贷款净增19.4亿元，比上年增长45%，其中二手房贷款净增17.8亿元，比上年增长44.3%，达到历史最高值。网贷业务实现放款5800万元，比上年增长8.4%，邮享贷、邮薪贷净增位居系统第13位和第15位。

四、风险防控

以信贷资产质量管控为切入点，筑牢稳健合规发展根基。针对全行复杂的资产质量问题和案防形势，认真落实中央和监管部门防范化解金融风险重大战略部署，推进深化整治银行业市场乱象工作，约谈7家不良超限重点分行一把手和区分行零售信贷部、授信管理部负责人。制订《打好防范化解重大风险攻坚战三年规划》，通过“飞鹰大队”现场检查、接管式检查、业务违纪问题专项自查、信贷资产质量真实性检查、员工道德风险专项排查、信贷风险化解督导、对洛浦案件进行顶格问责、洛浦案件大分析大讨论活动等各种方式逐步摸排全行风险底数。全行人工下调风险分类不准确贷款约14亿元，及时处置和化解重大风险。开展不良贷款清收压降工作，清收不良贷款本息2.5亿元，完成清收计划的125%。

五、队伍能力建设

1. 开展全行干部队伍建设问题大讨论活动，基本摸清干部队伍底数。

2. 干部队伍建设措施多元化，完善“三个通道”建设，6名二级分行领导人员到区分行交流锻炼，14名人员进行双向交流，区分行5名骨干提任地州分行12职级管理岗，启动乌鲁木齐分行干部员工赴和田分行交流帮扶计划。

3. 促进人才梯队建设，打通区分行机关优秀员工晋升通道，补充新疆分行领导人员任职资格条件，以“先提后派”的方式，选派优秀干部员工参加“访惠聚”工作。

4. 组织全区支行长集中培训，强化支行长对综合管理、风险管控、营销管理、人力资源、党建知识及最新监管政策内容的学习。

六、党的建设

认真学习贯彻习近平新时代中国特色社会主义思想和党的十九大精神。严格落实集团“三个第一时间”学习机制，开展“大学习大讨论大落实”活动6次，区分行党委中心组学习16次。接受巡视整改政治体检，年内召开巡视整改例会9次，制定完善相关制度、方案等文件75个，54项整改措施全部或阶段性完成。认真贯彻落实集团公司基层党组织建设质量水平“百千万”工程和总行“强基固本”常态化制度化建设要求，提出新疆分行基层党组织建设“三步走”工作思路，建立基层党支部授牌机制，努力打造规范化基层党组织。支持辖内各级党组织派驻的“访惠聚”工作队和“第一书记”所在村的基层党支部建设，在这些村的村小队建立党小组活动中心，投入74.27万元购置办公家具、电视等设施。完成35个党建活动阵地建设。

七、维稳工作

认真落实自治区党委有关稳定工作的决策部署，参与“访惠聚”“民族团结一家亲”活动。全区14家分行77家机构派出147人到53个村、社区等开展“访惠聚”工作，769名干部员工与1083户少数民族群众开展结对认亲活动。针对定点扶贫工作，创新发展党组织领导下的村集体经济，以融资与融智相结合的方式，盘活区分行机关“访惠聚”工作队所在地的5座蔬菜大棚资源。区分行、兰干村工作队及1名工作队队员被自治区党委定等为2018年度优秀派出单位、优秀工作队及优秀工作队员。（邮储银行/提供）

【新疆寄递事业部】

一、业务发展

寄递业务实现业务量3247.8万件，增长11.06%，经营收入7.79亿元，增长11.42%。

1. 国内标快业务。收入2.85亿元，增长19.02%，市场占有率14.9%。一是践行高质量发展理念，开展“2018年国内标准快递业务会战”，标快收入13176万元，比上年增幅20.34%，和田、阿克苏、阿勒泰、克州、伊犁、喀什6个分公司累计增幅超35%。二是融入“互联网+政务”，拓展身份证、护照、法院、车驾管、政务服务大厅等政务项目，单证照业务收入5467万元，比上年增长22.17%。创新打造“警邮新丝路”平台，113个网点开办代办车驾管业务，收入1616万元。三是开发商企市场，开发联通、铁塔、移动等全区统谈项目，引进“云集”项目落地新疆。四是借助新航空线路，推进“极速鲜”“新邮寄”等助农平台，业务收入132.7万元。五是各单位加大代收货款类业务开发，业务收入突破1000万元。

2. 快递包裹业务。收入1.99亿元，增长9.5%，市场占有率6.07%。一是紧盯集群市场、电商微商客户，加大营销开发力度，拉动业务发展。二是集中资源优势，开展协议客户挖转，挖转协议客户1281户，收入2635万元。三是推进快递包裹电子面单使用，快递包裹协议客户电子面单使用率提升至45%，增强客户体验和客户黏度。四是迎战旺季高峰，开展“冲刺40天”营销活动，带动快包业务实现正增长。

3. 国际业务。国际业务收入1.45亿元，增长10.73%。一是通过送培到局等方式，加大国际标快和国际包裹业务指导，国际标快业务收入361.3万元，比上年增长48.7%。二是实行专业化管理，开发8个国际e邮宝客户，收入2788万元。三是加强国际小包业务指导，开发本地直客，收入1.09亿元。四是中哈合作中心海外仓测试成功，收入14.8万元。

4. 物流业务。物流业务收入9133万元，增长10.05%。一是推动“仓+配”业务，实现“腾笼换鸟”转型升级。二是严格管控物流运输项目差额率，提质增效。三是挖潜仓储客户，提供特快寄递、专车配送、库内分拣等增值服务。

二、经营能力

1. 持续推进营销体系建设，制定全区寄递业务营销体系建设方案和实施计划，启动营销管理系统应用，深入推进众创众享工程。

2. 对标竞争对手，研究全区寄递业务的资费体系。

3. 狠抓政务、商企、快包、国际业务培训，强化素质与能力提升。

4. 推广新一代寄递平台、营销管理系统、楼宇管理系统、便携式蓝牙打印、二维码标签下单等新技术上线应用，支撑经营工作。

5. 通过新媒体和传统媒体对重点项目、阶段营销和企业形象进行宣传。

6. 加大增值业务管理，清缴2012年以来增值业务欠缴资金541.8万元。

三、网运服务能力

1. 提升网络组织效率。推进网路优化，编制2018—2020年全区邮政网运投递发展建设规划；建立阿克苏二级邮件处理中心，调整吐鲁番地区邮件层级关系；全区21个地市县报纸、快递包裹试行分网运作。

2. 强力支撑省际标快发展。相继开通15条航空新产品邮路，发运邮件257吨，节约运费约102万元。开通喀什、库尔勒省际直达航空邮路；加强航运管控，强化邮件少件管控；持续优化区内网，实现乌鲁木齐至13个地州市城市“次日递”。

3. 完善普邮时限质量管控体系。制定普邮时限质量提升方案、新疆邮政寄递网信函、印刷品、包裹邮件运行质量考核办法；开展全区普遍服务邮件时限和作业质量“双达标”活动。

4. 规范网运作业组织。狠抓作业计划执行，提升时限质量；强化网管网控，指挥调度中心实行7×24小时值班，强化网路运行日常管控。

5. 信息化支撑能力增强。完成全区新一代寄递业务信息平台网运功能上线，475辆邮运车安装车载GPS设备实施科学管控。结合“一采四拍”要求，量身设计开发投递管理软件，提升投递质量。乌鲁木齐邮区中心局提质增效取得初步成效。

四、质量管控

1. 完善监控管理体系。加大质量考核办法执行力度，开展重点质量指标质询；坚持“一会一中心”制度，做到重点指标日监控、周分析、月总结；加强跟单系统应用，逐日督办重点机构，提升时限计划和作业规范的执行力，降低邮件异常发生率。

2. 以问题邮件为抓手，抓好投递服务工作。开展“全区提升投递服务质量整治活动”、单证照等重点业务专项整治，清理长期未投递身份证邮件6万余件，加大对菜鸟平台、苹果等项目邮件的管控；“三大歼灭战”取得了初步成效；启动每日质量红图通报工作；针对全区投递质量、客服质量、虚假信息、邮件丢失专项整治和“双十一”旺季生产等进行现场检查、送培和督导。

3. 加强经营服务支撑。对2068个快包客户提供主动客服，异常邮件提醒率93.3%；认真分析理赔延迟明细，理赔及时率提升至90%。

4. 狠抓经营秩序检查。重点治理邮件丢失和虚假信息，邮件丢失比上年下降35.2%，虚假信息比上年下降71.6%；视察检查471人次，累计检查生产机构252个，实施问题清单销号式整改。

五、寄递翼改革

研究制定新疆区寄递翼改革方案及网络资源、人力资源、财务管理等配套整合方案。成立新疆区邮政寄递翼改革领导小组和工作专班，明确职责任务，定期督导改革推进进度。区、地两级寄递事业部组织架构已建立，组建工作完成，人员逐步到位。建章立制工作有序推进。乌鲁木齐、巴州、喀什邮速机构、人员、道段、车辆、揽投范围等整合工作稳步推进等。（新疆区寄递事业部　石田 / 提供）

【中邮证券新疆分公司】 深入实践“自营+协同”的发展模式，紧紧依托邮政资源，有效制定发展策略，实现业务规模突破。总账户14378户，新开户10209户（全国排名第四），客户总资产1.84亿元，新增1.1亿元。

一、加强板块协同，积极探索“自营+协同”发展模式

1. 加大政策联动，夯实发展基础。与区邮政公司、邮储银行建立协同发展机制，按月召开协同发展会议；每月区邮政分公司经营分析会通报证券业务发展情况，专人负责督导地州市分公司证券业务发展情况；协同制定了《中国邮政集团公司新疆分公司绩效考核管理办法》；协同开展了第三季度“财富增值　协同发展”和第四季度“拼搏四季度——冲刺年目标”中邮证券第三方存管业务专项营销活动；将中邮证券第三方存管业务纳入2018年度全区12项重点营销项目；中邮证券有效户数纳入中国邮政集团公司新疆区分公司员工营销积分奖励办法。

2. 突出专业培训，增强业务引领。不断创新协同培训形式与内容，参加全区各级邮政企业经营服务、代理金融工作会议、支局长培训班，进行业务宣贯、座谈；培训覆盖16个地州市51个县，轮训98场，培训近4625人次，有力进行协同宣贯及业务推动。

二、组织产品销售，提升营销能力

以广发基金、鹏华产业债等基金为抓手，引导地州市参与基金销售，助力地州市分公司攻克有效户，稳固资产规模，实现证券资产的挖转。代销金融产品2545万元，超额完成金潮一号、招商金鸿基金目标计划。

三、整合服务能力

对现有客户进行梳理，按资产将客户划分为五个等级，资产在50万元以上的客户，由专业投顾定期进行服务，对核心高净值客户跟进沟通，促成符合条件且具备风险承受能力的客户办理融资融券、港股通等高附加值业务。10万—50万元的客户由市场部相关人员进行定点维护，10万元以下的客户由责任包干人员具体维护。

四、党建和纪检监察工作

切实强化党建、党风廉政建设，认真开展巡视整改工作。坚持问题导向，强化责任担当，狠抓工作落实，整改落实工作取得良好成效，制定26项整改措施全部整改完毕，完成率100%。（中邮证券 / 提供）

重要文献

◇ 2018 年邮政行业发展统计公报

◇ 2018 年邮政市场行政执法情况通告

◇ 2018 年中国快递发展指数报告

◇ 2018 年纪特邮票发行目录

◇ 2018 年邮储银行年报

2018年邮政行业发展统计公报

2018年是全面贯彻落实党的十九大精神的开局之年，是改革开放40周年，是决胜全面建成小康社会、实施“十三五”规划承上启下的关键之年。全行业深入学习贯彻习近平新时代中国特色社会主义思想和十九大精神，认真落实习近平总书记重要指示精神和中央各项决策部署，坚持稳中求进工作总基调，坚持深化供给侧结构性改革，坚持更好服从服务国家重大战略，坚持以人民为中心的发展思想，深入贯彻新发展理念，继续按照“打通上下游、拓展产业链、画大同心圆、构建生态圈”的工作思路，全行业实现了持续健康发展，保持了总体平稳、稳中有进的良好态势，圆满完成了2018年初制定的任务目标。全行业业务总量首次突破万亿元大关，业务收入达7904.7亿元，快递业务量突破500亿件。

一、业务发展情况

全年邮政行业业务总量完成12345.2亿元，同比增长26.4%。全年邮政行业业务收入（不包括邮政储蓄银行直接营业收入）完成7904.7亿元，同比增长19.4%。

2014—2018年邮政行业业务发展情况

年份	全年邮政行业业务总量（亿元）	较上年增长率（%）	全年邮政行业业务收入（亿元）	较上年增长率（%）
2014	3696	35.6	3203	25.7
2015	5079	37.4	4039	26.1
2016	7397	45.7	5379	33.2
2017	9764	42.9（32.0）	6623	23.1
2018	12345	26.4	7904	19.4

（一）邮政寄递服务业务

邮政寄递服务业务量累计完成237.1亿件，同比增长0.6%；邮政寄递服务业务收入累计完成368.3亿元，同比增长4.2%。

函件业务持续下降。全年函件业务量完成26.7亿件，同比下降15.2%。

包裹业务降幅扩大。全年包裹业务量完成2407.6万件，同比下降9.4%。

报刊业务继续下滑。全年订销报纸业务完成172.8亿份，同比下降2.2%。全年订销杂志业务完成7.7亿份，同比下降2.2%。

汇兑业务继续萎缩。全年汇兑业务完成2520万笔，同比下降32.7%。

（二）快递业务

快递业务快速增长。全年快递服务企业业务量完成507.1亿件，同比增长26.6%；快递业务收入完成6038.4亿元，同比增长21.8%。

2014—2018年快递业务发展情况

年份	全年快递服务企业业务量（亿元）	较上年增长率（%）	快递业务收入（亿元）	较上年增长率（%）
2014	139.6	51.9	2045	41.9
2015	206.7	48.0	2770	35.4
2016	312.8	51.4	3974	43.5
2017	400.6	28.0	4957	24.7
2018	507.1	26.6	6038	21.8

快递业务收入在行业中占比继续提升。快递业务收入占行业总收入的比重为76.4%，比上年提高1.5个百分点。

同城快递业务稳定增长。全年同城快递业务量完成114.1亿件，同比增长23.1%；实现业务收入904.7亿元，同比增长23.6%。

异地快递业务持续增长。全年异地快递业务量完成381.9亿件，同比增长27.5%；实现业务收入3101.9亿元，同比增长23.4%。

国际/港澳台快递业务快速增长。全年国际/港澳台快递业务量完成11.1亿件，同比增长34%；实现业务收入585.7亿元，同比增长10.7%。

异地业务占比提升。同城、异地、国际/港澳台快递业务量占全部比例分别为22.5%、75.3%和2.2%，业务收入占全部比例分别为15%、51.4%和9.7%。

东、中、西部地区各项快递业务均保持了持续稳定的增长势头，中、西部地区业务增长持续提速，市场份额继续上升。全年东部地区完成快递业务量405亿件，同比增长24.6%；实现业务收入4830.8亿元，同比增长20.4%。中部地区完成快递业务量62.4亿件，同比增长34.8%；实现业务收入678亿元，同比增长26.9%。西部地区完成快递业务量39.7亿件，同比增长35.5%；实现业务收入529.6亿元，同比增长28.9%。东、中、西部地区快递业务量比重分别为79.9%、12.3%和7.8%，快递业务收入比重分别为80%、11.2%和8.8%。

快递业务量收排名前五位的省份合计在全国占比较上年有所下降。快递业务量排名前五位的省份依次是广东、浙江、江苏、上海和北京，其快递业务量合计占全部快递业务量的比重达到65.4%，较上年下降2.1个百分点。快递业务收入排名前五位的省份依次是广东、上海、浙江、江苏和北京，其快递业务收入合计占全部快递业务收入的比重达到66.6%，较上年同期下降1.9个百分点。

快递业务量排名前十五位的城市依次是广州、金华（义乌）、上海、深圳、杭州、北京、东莞、苏州、成都、泉州、揭阳、武汉、温州、宁波和南京，其快递业务量合计占全部快递业务量的比重达到57.5%。

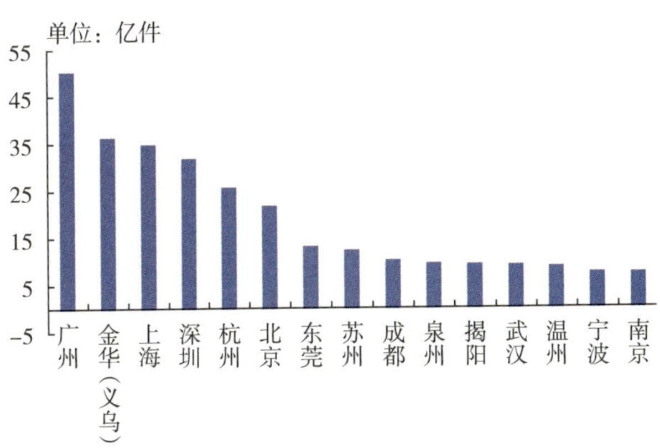

快递业务量前15名城市情况

快递业务收入排名前十五位的城市依次是上海、广州、深圳、北京、杭州、金华（义乌）、东莞、苏州、成都、武汉、天津、南京、宁波、泉州、郑州，其快递业务收入合计占全部快递业务收入的比重达到60.8%。

国有、民营、外资企业业务量占全部快递与包裹市场比重分别为12.3%、86.2%、1.5%，国有、民营、外资企业业务收入占全部快递与包裹市场比重分别为11%、83.6%、5.4%。

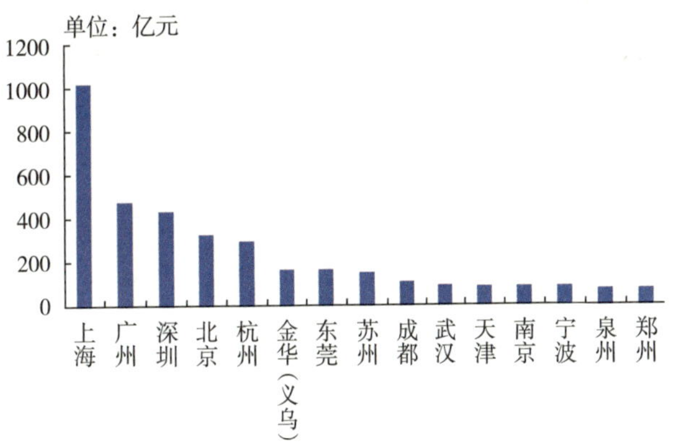

快递业务收入前15名城市情况

快递与包裹服务品牌集中度指数CR8为81.2。

二、基础能力和服务水平

（一）机构设备

全行业拥有各类营业网点27.5万处，其中设在农村的10万处。快递服务营业网点19.9万处，其中设在农村的5.9万处。全国拥有邮政信筒信箱12.2万个，比上年末减少0.3万个。全国拥有邮政报刊亭总数1.7万处，比上年末减少0.3万处。

全行业拥有国内快递专用货机116架，比上年末增加16架。全行业拥有汽车32.2万辆，比上年末增长9.2%，其中快递服务汽车23.9万辆，比上年末增长7.7%。

快递服务企业拥有计算机51.2万台，比上年末增长6.9%；手持终端114.7万台，比上年末增长17.7%。

（二）基础网路

全国邮政邮路总条数2.8万条，比上年末增加1045条。邮路总长度（单程）985.1万公里，比上年末增加46.7万公里。全国邮政农村投递路线9.5万条，比上年末增加4797条；农村投递路线长度（单程）403.1万公里，比上年末增加22.5万公里。全国邮政城市投递路线7万条，比上年末增加3351条；城市投递路线长度（单程）171.2万公里，比上年末增加8.3万公里。全国快递服务网路条数17.7万条；快递服务网路长度（单程）2959.7万公里。

（三）服务能力

全行业平均每一营业网点服务面积为35平方公里；平均每一营业网点服务人口为0.5万人。邮政城区每日平均投递2次，农村每周平均投递5次。全国年人均函件量为1.9件，每百人订有报刊量为8.9份，年人均快递使用量为36.4件。年人均用邮支出566.5元，年人均快递支出432.7元。

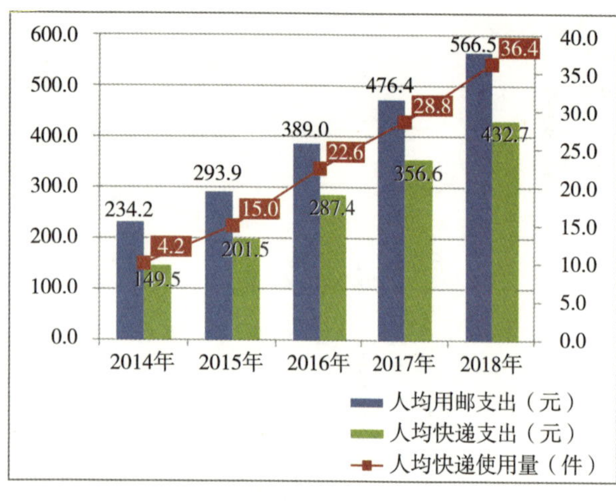

2014—2018 年人均用邮支出、快递支出和快递使用量情况

备注：

1. 本公报中邮政寄递服务业务、通信能力和服务水平有关数据来自年报，其他数据为月报统计数据。

2. 各项统计数据未包括香港和澳门特别行政区及台湾地区。

3. 部分数据因四舍五入的原因，存在着与分项合计不等的情况。

4. 邮政行业业务总量按 2010 年不变价格计算。

5. 全国人口数据来自国家统计局《2018 年国民经济和社会发展统计公报》。

2018 年邮政市场行政执法情况通告

一、总体情况

2018 年，全国各级邮政管理部门加大邮政市场监督检查和行政执法工作力度，查处违法违规行为 1.5 万次，约谈告诫 1424 次，下达整改通知 8635 件，办理邮政市场行政处罚案件 5810 件，罚款 4162.86 万元。

按照邮政市场行政处罚案件类别统计，七类案件数量依次为：邮政行业安全监管类 3839 件；快递业务经营许可类 1780 件；快递服务质量监管类 416 件；市场秩序类 14 件；邮政用品用具市场监管类 12 件；集邮市场监管类 1 件；行政管理秩序类 3 件。具体情况见表 1。

按照处罚种类统计，全年各级邮政管理部门共作出罚款 5145 次，停业整顿 387 次，警告 322 次，吊销许可证 6 次，其他处罚 4 次。

表 1　案件类别统计表

序号	类　别	数量（件）	占比
1	邮政行业安全监管类	3839	63.33%
2	快递业务经营许可类	1780	29.36%
3	快递服务质量监管类	416	6.86%
4	市场秩序类	11	0.18%
5	邮政用品用具监管类	12	0.20%
6	集邮市场监管类	1	0.02%
7	行政管理秩序类	3	0.05%
合　计		6062	100.00%

注：因存在一案多由情况，故案由数量大于实际案件数量。

二、常见违法违规行为

按照案由使用次数统计，邮政市场案件中排名前十的违法行为分别是：未按规定对从业人员进行安全生产教育和培训（1046 件，占比 17.26%），安全设备使用不符合国家或行业标准（727 件，占比 11.99%），未按规定办理变更手续（715 件，占比 11.79%），安全设备安装不符合国家或行业标准（527 件，占比 8.69%），未按期提交年度报告书（484 件，占比 7.98%），设立分支机构未备案（335 件，占比 5.53%），不执行收寄验视制度（301 件，占比 4.97%），未整改重大安全隐患（289 件，占比 4.77%），违反快递服务标准（177 件，占比 2.92%），未按规定分拣作业（163 件，占比 2.69%）。具体情况见表 2。

表2　案由使用量统计表

序号	案　由	数量	占比
1	未按规定对从业人员进行安全生产教育和培训	1046	17.26%
2	安全设备使用不符合国家或行业标准	727	11.99%
3	未按规定办理变更手续	715	11.79%
4	安全设备安装不符合国家或行业标准	527	8.69%
5	未按期提交年度报告书	484	7.98%
6	设立分支机构未备案	335	5.53%
7	不执行收寄验视制度	301	4.97%
8	未整改重大安全隐患	289	4.77%
9	违反快递服务标准	177	2.92%
10	未按规定分拣作业	163	2.69%
11	未实行安全查验制度（《中华人民共和国反恐怖主义法》）	113	1.86%
12	未制定突发事件应急预案	110	1.81%
13	未按要求维护、保养和检测安全设备	100	1.65%
14	未实行寄递客户身份、物品信息登记制度（《中华人民共和国反恐怖主义法》）	94	1.55%
15	违反有关禁限寄规定收寄快件（邮件）	82	1.35%
16	未按规定报送企业运营信息	78	1.29%
17	未使用实名收寄信息系统对寄件人身份和交寄物品进行信息登记（《福建省促进快递行业发展办法》）	61	1.01%
18	未经许可经营快递业务	55	0.91%
19	委托未经许可企业经营	52	0.86%
20	未按规定公示服务承诺	52	0.86%
21	超地域范围经营	51	0.84%
22	未制定突发事件专项预案	46	0.76%
23	未按规定办理备案手续（企业设立分支机构、分立、合并除外）	46	0.76%
24	违规收寄不能确定安全性的物品	45	0.74%
25	未安排具备专门技能的人员对快件进行全面安全检查（《福建省促进快递行业发展办法》）	44	0.73%
26	未按规定记录和保存寄递服务信息	40	0.66%
27	授权或委托个人经营快递业务（《河南省邮政条例》）	32	0.53%
28	未按要求报送监控资料	29	0.48%
29	未按规定建立突发事件应急机制	15	0.25%
30	违反加盟管理规定	13	0.21%
31	其他	140	2.31%
合计（因存在一案多由情况，故案由数量大于实际案件数量）		6062	100.00%

（一）邮政行业安全类案件

邮政行业安全监管方面的违法案件3839件，占违法案件总量的63.33%。其中，未按规定对从业人员进行安全生产教育和培训1046件，占比17.26%；安全设备使用不符合国家或行业标准727件，占比11.99%；安全设备安装不符合国家或行业标准527件，占比8.69%；不执行收寄验视制度301件，占比4.97%；未整改重大安全隐患289件，占比4.77%；未制定突发事件应急预案110件，占比1.81%；未按要求维护、保养和检测安全设备100件，占比1.65%；未实行寄递客户身份、物品信息登记制度94件，占比1.55%；违反有关禁限寄规定收寄快件（邮件）82件，占比1.35%；未实行安全查验制度113件，占比1.86%；未按规定报送企业运营信息78件，占比1.29%；未使用实名收寄信息系统对寄件人身份和交寄物品进行信息登记61件，占比1.01%；未制定突发事件专项预案46件，占比0.76%；违规收寄不能确定安全性的物品45件，占比0.74%；未安排具备专门技能的人员对快件进行全面安全检查44件，占比0.73%；其他案件136件，占比2.24%。

（二）快递业务经营许可类案件

快递业务经营许可方面的违法案件1780件，占违法案件总量的29.36%。其中，未按规定办理变更手续715件，占比11.79%；未按期提交年度报告书484件，占比7.98%；设立分支机构未备案335件，占比5.53%；未经许可经营快递业务55件，占比0.91%；委托未经许可企业经营52件，占比0.86%；超地域范围经营51件，占比0.84%；未按规定办理备案手续（企业设立分支机构、分立、合并除外）46件，占比0.76%；授权或委托个人经营快递业务32件，占比0.53%；其他案件10件，占比0.16%。

（三）快递服务质量监管类案件

快递服务质量方面的违法案件416件，占违法案件总量的6.86%。其中，违反快递服务标准177件，占比2.92%；未按规定分拣作业163件，占比2.69%；未按规定公示服务承诺52件，占比0.86%；违反加盟管理规定13件，占比0.21%；未按规定处理用户申诉7件，占比0.12%；其他案件4件，占比0.07%。

（四）其他

其他类别的违法案件数量分别为：市场秩序类案件11件，邮政用品用具监管类案件12件，集邮市场监管类案件1件，行政管理秩序类案件3件。

2018年中国快递发展指数报告

2018年，中国快递业以习近平新时代中国特色社会主义思想为指导，以深化供给侧结构性改革为主线，按照“打通上下游、拓展产业链、画大同心圆，构建生态圈”的发展思路，市场规模高位运行，市场结构持续优化，质量效益加速提升，新技术、新业态、新模式不断涌现，行业高质量发展进程加速，为宏观经济稳中向好注入了新的动力和活力。

（一）整体情况

2018年，中国快递发展指数为814.5[①]，同比提高23.6%，行业加速进入高质量发展阶段。从一级指标来看，发展规模指数为1765.3，同比提高25.5%，实现持续高速增长；服务质量指数为133.4，同比提高30.2%，速度首次超过规模发展指数，呈现加速提升势头；发展普及指数为377.2，同比提高5%，稳健提升；发展趋势指数为92.9，与上年基本持平，总体趋于稳定。

表1 2010—2018年中国快递发展指数变化

年 份	中国快递发展指数
2010	100.0
2011	119.8
2012	154.1
2013	205.9
2014	277.4
2015	382.1
2016	539.5
2017	659.1
2018	814.5

（二）分项指数

1. 发展规模指数

2018年，发展规模指数为1765.3，同比增长25.5%。

表2 2010—2018年发展规模指数

年 份	发展规模指数
2010	100.0
2011	147.9
2012	221.7
2013	341.7
2014	510.0
2015	738.8
2016	1104.6
2017	1406.1
2018	1765.3

市场规模高位运行。2018年，全国快递业务量突破500亿，达到507.1亿件，比上年增长26.6%。全国快递企业日均快件处理量1.4亿件，最高日处理量达到4.2亿件，同比增长25.7%。快递业务收入超过6000亿元，达到6038.4亿元，同比增长21.8%。2018年快递业务量收分别是2010年快递业务量收的21.7倍和10.5倍，年均复合增长率分别为46.9%和34.2%，远高于同期国内生产总值增速7.4%[②]，成为新经济的亮点。

表3 2010—2018年快递业务量变动情况（单位：亿件）

年 份	快递业务量变动情况（亿件）
2010	23.4
2011	36.7
2012	56.9
2013	91.9
2014	139.6
2015	206.7
2016	312.8
2017	400.6
2018	507.1

① 以2010年为基期，基期值为100。

② 根据国家统计局公布的2010—2018年国内生产总值增速计算。

表 4　2010—2018 年快递业务收入变动情况（单位：亿元）

年　份	快递业务收入变动情况
2010	574.6
2011	758.0
2012	1055.3
2013	1441.7
2014	2045.4
2015	2769.6
2016	3974.4
2017	4957.1
2018	6038.4

表 5　2010—2018 年服务质量指数情况

年　份	服务质量指数
2010	100.0
2011	88.7
2012	85.6
2013	87.7
2014	89.2
2015	90.8
2016	98.8
2017	102.4
2018	133.4

业务规模全球领先。2018 年，我国快递业务量超过美、日、欧发达经济体之和，规模连续 5 年稳居世界第一，是第 2 名美国的 3 倍多，占全球快递包裹市场的一半以上，成为全球快递包裹市场发展的动力源和稳定器。

规模增长亮点频现。一是增量创历年来新高。2018 年全国快递业务量净增量 106.5 亿件，现在每增长 1 个百分点相当于五年前增长 5.5 个百分点，增长含金量提升。二是增长极作用凸显。浙江快递业务量首次超过百亿件大关，和广东成为行业增长的两极。2018 年广东、浙江两省快递业务量对全国增长的贡献率达 46.9%，接近一半。三是跨境寄递增长迅猛。2018 年跨境快递业务量达到 11.1 亿件，同比增长 34%，比行业增速高 7.4 个百分点，连续 2 年超过行业整体增速，成为快递业务增长的亮点。

产业协同效应凸显。随着快递市场规模的扩大，快递服务现代农业、先进制造业和跨境电商成效明显。2018 年，快递业年支撑网络零售额超过 7 万亿元，占社会消费品零售额比重达到 18.4%[①]，成为拉动消费和促进生产的重要力量。全年农村地区收投快件量超过 120 亿件，带动农产品进城和工业品下乡超过 7000 亿元，极大释放了农村地区消费活力。快递服务制造业形成 318 个重点项目，涵盖航天、汽车、电子、制药、服装等多个领域，年产生快递业务量约 9.4 亿件，直接带动制造业总产值约 2269.7 亿元，快递发展现代供应链进入快车道。快递企业海外仓覆盖 50 多个国家和地区，支撑跨境网络零售额 3500 亿元，有力支撑了我国产业和产品“走出去”。

2. 服务质量指数

2018 年，快递服务质量指数为 133.4，比上年提高 30.2%。

服务质量同步提升。2018 年，快递服务满意度得分为 75.9 分，比上年提高 0.2 分。72 小时准时率为 79%，比上年提高 0.3 个百分点。快递服务有效申诉率首次降到百万分之二以下，同比改善近一半，有效申诉率连续 6 年改善。快递企业愈发重视用户消费体验，将其视为企业发展的内生需求，服务质量改善和市场份额提升逐步形成良性循环。主要品牌企业服务质量较高，市场份额提升较快，2018 年快递与包裹服务品牌集中度指数 CR8 达 81.2，比上年末提升 2.5，提升幅度创五年以来最高，市场集中度提升也带动了行业整体服务质量提升。

服务能力持续增强。德邦快递成功上市，7 家主要快递企业齐聚资本市场，外部资本加速流入，为行业基础设施建设注入新的活力。快递企业加强运输能力（航材购置和车辆购置）、智能化处理能力（智能化分拣和分拨）及科技信息化投入，开始向重资产转变。自主快递航空运能提升，湖北鄂州顺丰国际快递物流核心枢纽项目开工建设，浙江嘉兴圆通航空物流枢纽项目启动，行业拥有国内快递专用货机 113 架，比上年末增加 13 架。快递与铁路合作深入推进，开通高铁快递线路 431 条，快递与铁路成立合资企业，开发高铁快递产品，快件铁路运输比例上升。快递企业加快新建、改扩建分拨中心，添置自动化、半自动化分拣设备，行业建成自动化分拨中心 232 个，主要企业骨干分拨中心基本实现自动化分拣，极大提升了分拣处理效率。

高新技术广泛应用。云计算、大数据、人工智能、物联网等新技术广泛应用，不断提升数字化、自动化、智能化、共享化水平，助推行业从劳动密集型向技术密集型转变。数据分单、数据派单等技术应用，推动行业实现了作业环节和路由管控智能化，结合物流地图实现了路由动态优化，提升了快件转运效率。区块链技术在产品溯源、快件实时追踪等领域开始应用。以无人机、无人车、无人仓为代表的无人技术在行业应用场景日益丰富，部分快递企业推出“快递到车”业务，部分快递企业参与物流无人机标准的制定。AGV 机器人等设备加快推广应用，行业生产效能明显提升。快速企业新技术、新装备国产化比例提升，降低了应用成本。

① 根据国家统计局数据计算。

3. 发展普及指数

2018年，快递发展普及指数为377.2，比上年提高5%。

表6 2010—2018年发展普及指数情况

年 份	发展普及指数
2010	100.0
2011	115.2
2012	139.9
2013	178.6
2014	204.4
2015	283.2
2016	340.3
2017	359.4
2018	377.2

城市投递形式多元化。2018年，全国建成城市公共快递服务站和农村公共取送点分别达到7.1万个和6.7万个，江苏、河南等部分地区探索快递共同配送。主要快递企业城区自营网点标准化率超过92.7%，较上年末提高10个百分点，行业服务形象明显改善。主要企业投入运营智能快件箱27.2万组，新增近7万组，箱递率达到8.6%，提高1.6个百分点，投递效率明显提升。平均每万人1.5个快递网点，每百平方公里2.2个快递网点，"末端一公里"便利化程度继续加强，199个城市出台快递末端服务车辆管理政策，覆盖率达60%。形成住宅投递、智能快件箱投递和公共服务站投递等多种模式互为补充的末端投递服务新格局。

农村服务网络快速延伸。"快递下乡"成为乡村振兴战略的重要支撑，主要快递企业积极响应国家号召，加快向下延伸服务网络。全国农村地区快递服务网点达到6万多个，快递企业乡镇网点覆盖率达到92.4%，同比提高5.1个百分点。"寄递＋电商＋农特产品＋农户"脱贫模式作用凸显，快递企业打造服务农业"一地一品"项目905个，覆盖国家级贫困县34个。全国98%以上的人口足不出乡就可以享受便捷的快递服务，快递已经成为刺激农村消费、振兴农村经济的重要助力。

快递普及成效显著。2018年，人均快件使用量为36件，较上年增加7件。快递企业日均服务2.8亿人次，相当于每天5人中就有1人使用快递服务，快递成为现代生产生活不可或缺的组成部分。快递业务收入占国内生产总值的比重为6.7‰，同比提高0.7个千分点，对经济增长的直接贡献提升。快递业新增就业人数超过20万人，对国内新增就业贡献率达2%以上，为保就业做出了积极贡献。

4. 发展趋势指数

2018年，快递发展趋势指数为92.9。预计2019年快递业务量将超过600亿件，同比增长22%。预计2019年快递业务收入超过7000亿元，同比增长18%。

快递业发展基本面持续向好，行业高质量发展进程将持续加快。市场结构进一步优化，市场主体、业务模式等更趋多元化，快递服务领域加速拓展，服务品种更加丰富。绿色发展进程加快，生态环保将重塑行业生产、运输和包装等各个环节。5G应用将推动"互联网＋制造业＋快递"发展模式更加完善，快递将更多嵌入先进制造业和供应链发展全流程。行业将紧扣质量变革、效率变革、动力变革，在破解问题中找准路径方向，助推快递业高质量发展。

2018年纪特邮票发行目录

志号	邮票名称	类别	枚数	发行日期	面 值	备 注
1	戊戌年	T	2	0105	1.20元、1.20元	另发行小本票，售价12元
2	拜年	T	1	0110	1.20元	
3	中国剪纸（一）	T	4	0124	1.20元、1.20元、1.20元、1.20元	
4	元宵节	T	3	0302	1.20元、1.20元、1.50元	

续表

志号	邮票名称	类别	枚数	发行日期	面　值	备　注
5	中华人民共和国第十三届全国人民代表大会	J	1	0305	1.20 元	
6	海棠花	T	4	0325	1.20 元、1.20 元、1.20 元、1.20 元	
7	中央美术学院建校一百周年	J	1	0401	1.20 元	
8	中国古典文学名著——《红楼梦》(三)	T	4+1	0422	1.20 元、1.20 元、1.20 元、1.50 元、6 元	
9	马克思诞辰 200 周年	J	2	0505	1.20 元、1.20 元	
10	当代美术作品选（二）	T	3	0511	1.20 元、1.20 元、1.50 元	
11	丝绸之路文物（一）	T	4	0519	1.20 元、1.20 元、1.20 元、1.20 元	
12	全国助残日	J	1	0520	1.20 元	
13	中国古代科学家及著作（一）	J	4	0526	1.20 元、1.20 元、1.20 元、1.20 元	
14	喀什风光	T	4	0609	0.80 元、1.20 元、1.20 元、1.20 元	
15	屈原	T	2+1	0618	1.20 元、1.20 元、6 元	
16	上海合作组织青岛峰会	J	1	0609	1.20 元	
17	清正廉洁（一）	T	4	0624	1.20 元、1.20 元、1.20 元、1.20 元	
18	水果（三）	T	4	0714	1.20 元、1.20 元、1.50 元、1.50 元	
19	近代民族英雄	J	5	0729	1.20 元、1.20 元、1.20 元、1.20 元、1.20 元	
20	四景山水图	T	4	0804	0.80 元、0.80 元、1.20 元、1.20 元	另发行小全张，售价 6 元
21	二十四节气（三）	T	6	0807	1.20 元、1.20 元、1.20 元 1.20 元、1.20 元、1.20 元	
22	大雁	T	1	0817	1.20 元	
23	长江经济带	T	6	0826	1.20 元、1.20 元、1.20 元 1.20 元、1.50 元、1.50 元	另发行小全张，售价 11.70 元
24	诗经	T	6	0908	0.80 元、1.20 元、1.20 元 1.20 元、1.50 元、3 元	
25	月圆中秋	T	1	0915	1.20 元	
26	宁夏回族自治区成立六十周年	J	3	0919	1.20 元、1.20 元、1.20 元	
27	中国农民丰收节	J	1	0923	1.20 元	
28	国际老年人日	J	1	1001	1.20 元	
29	广西壮族自治区成立六十周年	J	3	1018	1.20 元、1.20 元、1.20 元	
30	中国国际进口博览会	J	2	1105	1.20 元、1.20 元	
31	港珠澳大桥	J	3	1030	1.20 元、1.50 元、1.50 元	
32	北京 2022 年冬奥会——雪上运动	J	4	1116	1.20 元、1.20 元、1.20 元、1.20 元	
33	两岸“三通”十周年	J	1	1215	1.20 元	
34	改革开放四十周年	J	2+1	1218	1.20 元、1.20 元、6 元	
总　计			98+3		总面值 138.80 元	总售价 168.50 元

2018年邮储银行年报

财务概要

本报告所载财务数据和指标按照中国会计准则编制。除特别说明外，为本集团合并数据，本报告以人民币列示。

1. 主要财务数据

人民币百万元，另有标注除外

项　目	2019年	2018年	2017年
年度经营业绩			
营业收入	276,809	260,995	224,572
利润总额	63,745	53,487	51,111
净利润	61,036	52,384	47,709
归属于银行股东的净利润	60,933	52,311	47,683
扣除非经常性损益后归属于银行股东的净利润	59,719	53,966	52,295
经营活动产生的现金流量净额	26,443	184,505	(399,348)
每股计（人民币元）			
基本和稀释每股收益[(1)]	0.72	0.62	0.59
扣除非经常性损益后基本每股收益[(1)]	0.70	0.64	0.65

注（1）：根据中国证监会《公开发行证券的公司信息披露编报规则第9号——净资产收益率和每股收益的计算及披露》（2010年修订）的规定计算。本集团并无潜在摊薄普通股，因此稀释每股收益与基本每股收益相同。

人民币百万元，另有标注除外

项　目	2019年[(4)] 12月31日	2018年[(4)] 12月31日	2017年 12月31日
报告期末数据			
资产总额	10,216,706	9,516,211	9,012,551
客户贷款净额[(1)]	4,808,062	4,149,538	3,541,571
金融投资[(2)]	3,675,030	3,387,487	3,167,033
负债总额	9,671,827	9,040,898	8,581,194
客户存款[(1)]	9,314,066	8,627,440	8,062,659
归属于银行股东的权益	543,867	474,404	430,973
资本净额	671,834	593,729	555,445
核心一级资本净额	492,212	421,678	381,673
其他一级资本净额	47,948	47,927	47,887
风险加权资产	4,969,658	4,316,219	4,440,497
每股计（人民币元）			
每股净资产[(3)]	5.75	5.26	4.73

注（1）：为便于查阅，本报告中的“客户贷款”指“发放贷款及垫款”，“客户存款”指“吸收存款”。

注（2）：2018年—2019年包括交易性金融资产、债权投资、其他债权投资、其他权益工具投资；2017年包括交易性金融资产、可供出售金融资产、持有至到期投资及应收款项类投资。

注（3）：为期末扣除其他权益工具后的归属于银行股东的权益除以期末普通股股本总数。

注（4）：根据财政部发布的《关于修订印发2018年度金融企业财务报表格式的通知》（财会〔2018〕36号）规定，2018年起各项金融工具的账面余额中包含相应资产和负债计提的利息，应收利息和应付利息不再单独列示。列示于其他资产或其他负债中的应收利息或应付利息余额仅为相关金融工具已到期可收取或应支付但于资产负债表日尚未收到或尚未支付的利息。

2. 财务指标

项　目	2019年	2018年	2017年
盈利能力（%）			
平均总资产回报率[(1)]	0.62	0.57	0.55
加权平均净资产收益率[(2)]	13.10	12.31	13.07
扣除非经常性损益后加权平均净资产收益率[(2)]	12.83	12.72	14.33
净利息收益率[(3)]	2.50	2.67	2.40
净利差[(4)]	2.45	2.64	2.46
手续费及佣金净收入占营业收入比率	6.17	5.53	5.67
成本收入比[(5)]	56.57	56.41	61.57

项　目	2019年 12月31日	2018年 12月31日	2017年 12月31日
资产质量（%）			
不良贷款率[(6)]	0.86	0.86	0.75
拨备覆盖率[(7)]	389.45	346.80	324.77
贷款拨备率[(8)]	3.35	2.99	2.44
资本充足率（%）			
核心一级资本充足率[(9)]	9.90	9.77	8.60
一级资本充足率[(10)]	10.87	10.88	9.67
资本充足率[(11)]	13.52	13.76	12.51
风险加权资产占总资产比率[(12)]	48.64	45.36	49.27
总权益对总资产比率	5.33	4.99	4.79

注（1）：指净利润占期初及期末资产总额平均值的百分比。

注（2）：根据中国证监会《公开发行证券的公司信息披露编报规则第9号——净资产收益率和每股收益的计算及披露》（2010年修订）的规定计算。

注（3）：按照利息净收入除以生息资产的平均余额计算。

注（4）：按照生息资产的平均收益率与付息负债的平均付息率之间的差额计算。

注（5）：以业务及管理费除以营业收入计算。

注（6）：按照客户不良贷款总额除以客户贷款总额计算。

注（7）：按照客户贷款减值准备总额除以客户不良贷款总额计算。2018—2019年客户贷款减值准备总额包括以摊余成本计量的客户贷款的减值准备和以公允价值计量且其变动计入其他综合收益的客户贷款的减值准备。

注（8）：按照客户贷款减值准备总额除以客户贷款总额计算。

注（9）：按核心一级资本（减核心一级资本扣除项）除以风险加权资产计算。

注（10）：按一级资本（减一级资本扣除项）除以风险加权资产计算。

注（11）：按总资本（减资本扣除项）除以风险加权资产计算。

注（12）：按风险加权资产除以资产总额计算。

3. 其他主要指标

项　目		监管标准	2019年12月31日	2018年12月31日	2017年12月31日
流动性比率（%）[1]	本外币	≥25	67.96	61.17	42.10
最大单一客户贷款比例（%）[2]		≤10	27.19	29.78	35.04
最大十家客户贷款比率（%）			39.42	41.39	47.80
贷款迁徙率（%）	正常类		1.28	1.24	1.61
	关注类		16.42	25.01	21.39
	次级类		63.32	75.09	92.74
	可疑类		81.80	83.55	88.95

注（1）：按流动性资产除以流动性负债计算。

注（2）：最大单一客户贷款比例 = 最大一家客户贷款总额 / 资本净额 ×100%。最大一家客户是指期末各项贷款余额最高的一家客户。截至2019年12月31日，本行最大的单一借款人为中国国家铁路集团有限公司，本行对中国国家铁路集团有限公司的贷款余额为1,826.73亿元，占本行资本净额的27.19%。本行对中国国家铁路集团有限公司的授信中包括本行历史上为中国国家铁路集团有限公司提供的2,400亿元授信额度，该额度得到中国银保监会许可。截至2019年12月31日，中国国家铁路集团有限公司在该经中国银保监会批准的额度下的贷款余额为1,650亿元，扣除该1,650亿元后，本行对中国国家铁路集团有限公司的贷款余额占本行资本净额的2.63%。

4. 信用评级

项　目	2019年	2018年	2017年
标准普尔	A（稳定）	A（稳定）	A（稳定）
穆迪	A1（稳定）	A1（稳定）	A2（正面）
惠誉	A+（稳定）	A+（稳定）	A+（稳定）
标普信评	AAAspc（稳定）	–	–
中诚信	AAA（稳定）	AAA（稳定）	AAA（稳定）

5. 分季度财务数据

人民币百万元

项　目	2019年			
	第一季度	第二季度	第三季度	第四季度
营业收入	68,426	73,180	68,759	66,444
归属于银行股东的净利润	18,520	18,861	16,907	6,645
扣除非经常性损益后归属于银行股东的净利润	18,338	18,504	16,311	6,566
经营活动产生的现金流量净额	346,421	（233,150）	（26,701）	（60,127）

编 后 记

因为新冠肺炎疫情的影响，《中国邮政集团公司年鉴（2019）》延迟了出版时间。值此出版之际，衷心感谢集团公司各部门、控股子公司及直属单位、各省（区、市）分公司的大力支持。同时，向为本年鉴的编辑、出版付出辛勤劳动的全体撰稿、审稿人员致谢。

由于水平有限，难免存在不足和错讹之处，诚请批评指正。

《中国邮政集团公司年鉴》编辑部

2020 年 6 月